21世纪经济学管理学系列教材
国家统计局统计学推荐教材

统计学

第三版

STATISTICS

主 编 游士兵
副主编 廖 祺 李 梅 潘 伟

WUHAN UNIVERSITY PRESS
武汉大学出版社

总　序

一个学科的发展，物质条件保障固不可少，但更重要的是软件设施。软件设施体现在三个方面：一是科学合理的学科专业结构，二是能洞悉学科前沿的优秀的师资队伍，三是作为知识载体和传播媒介的优秀教材。一本好的教材，能反映该学科领域的学术水平和科研成就，能引导学生沿着正确的学术方向步入所向往的科学殿堂。作为一名教师，除了要做好教学工作外，另一个重要的职能就是，总结自己钻研专业的心得和教学中积累的经验，以不断了解学科发展动向，提高自己的科研和教学能力。

正是从上述思路出发，武汉大学出版社准备组织一批教师在两三年内编写出一套《21世纪经济学管理学系列教材》，同时出版一批高质量的学术专著，并已和武汉大学经济与管理学院达成共识，签订了第一批出版合作协议，这是一件振奋人心的大事。

我相信，这一计划一定会圆满地实现。第一，合院以前的武汉大学经济学院和管理学院已分别出版了不少优秀教材和专著，其中一些已由教育部通过专家评估确定为全国高校通用教材，并多次获得国家级和省部级奖励，在国内外学术界产生了重大影响，对如何编写教材和专著的工作取得了丰富的经验。第二，近几年来，一批优秀中青年教师已脱颖而出，他们不断提高教学质量，勤奋刻苦地从事科研工作，已在全国重要出版社，包括武汉大学出版社，出版了一大批质量较高的专著。第三，这套教材必将受到读者的欢迎。时下，不少国外教材陆续被翻译出版，在传播新知识方面发挥了一定的作用，但在如何联系中国实际，建立清晰体系，贴近我们习惯的思维逻辑，发扬传统的文风等方面，中国学者有自己的优势。

《21世纪经济学管理学系列教材》将分期分批问世，武汉大学经济与管理学院教师将积极地参与这一具有重大意义的学术事业，精益求精地不断提高著作质量。系列丛书的出版，说明武汉大学出版社的同志们具有远大的目光，认识到，系列教材和专著的问世带来的不止是不小的经济效益，更重要的是巨大的社会效益。作为武汉大学出版社的一位多年的合作者，对这种精神，我感到十分钦佩。

谭崇台

第三版前言

统计学教材国内版本比较多，本教材作为综合性大学经济与管理学科各个专业的专业基础课程的教材，经过若干年的使用和不断完善，具有一定的特色。随着大数据时代的到来，作为一门数据分析与方法论课程，为了适应时代的需要，在第三版中，我们特别增加了“大数据与统计学”一章的内容，各个章节的内容也进行了一些必要的修改和补充，此外，对书中某些文字错误、公式错误和图表错误进行了校正。

再版后本书共分 15 章内容，各章内容及作者如下(括号内为该章作者)：第一章：导论(游士兵)；第二章：统计数据及数据来源(游士兵、廖祺)；第三章：大数据与统计学(潘伟)；第四章：平均指标和标志变异指标(游士兵、廖祺)；第五章：可靠程度的统计方法(潘伟、廖祺)；第六章：相关分析和回归分析(廖祺、李梅)；第七章：因子分析(李梅、潘伟)；第八章：统计指数(廖祺、余艳琴)；第九章：抽样推断(廖祺、游士兵)；第十章：统计假设检验(刘智强、曾伏娥)；第十一章：方差分析(刘智强、曾伏娥)；第十二章：品质变量分析(游士兵、廖祺)；第十三章：统计预测(潘伟、游士兵)；第十四章：统计决策(廖祺、李梅)；第十五章：博弈分析(潘伟、李梅)；各章的 Excel 操作(李梅)；附录(游士兵、廖祺)。

全书由武汉大学经济与管理学院游士兵教授任主编，武汉大学经济与管理学院李梅、潘伟和中南财经政法大学统计与数学学院廖祺任副主编，负责全书的审定、修改和定稿工作。该教材是在大数据时代下，全国各个高校争创双一流学科建设的背景下的再版，得到了武汉大学出版社的大力支持和配合，也得到了武汉大学经济与管理学院的关心与鼓励，在此表示感谢。

尽管该教材已经是第三版，但是由于增加了一些新的内容，再加上统计理论和方法在不断的完善和更新，书中可能会存在一些错误、不足和瑕疵，一方面我们会在教学和科研中不断完善，另一方面也请广大读者给予批评指正。

编者

2018 年 2 月于武汉珞珈山

第二版前言

作为大学经济学与管理学所有专业的专业基础课程教材，《统计学》从2001年第一版出版至今已经整整9年了。9年来，该教材除武汉大学使用以外，也被国内很多大学选为教材使用，我们在备感荣幸的同时，也深感压力，许多使用的反馈信息也不断地反映过来。呈现在大家面前的这部第二版《统计学》，应该说是老师、学生和所有使用过第一版《统计学》读者的共同关注和努力的结晶。

本次再版在第一版的基础上作了以下调整：

1. 将Excel操作分解到每一章，去掉了原第十三章统计数据的计算机处理一章的内容。

2. 第二章增加了第四节"信度与效度"。

3. 新增了一章内容："因子分析"。

4. 对原版中的许多文字错误、数据错误进行了校正和修改。

再版后本书仍然分十四章，各章内容及作者安排如下(括号中为该章作者)：第一章：导论(游士兵、罗四新、刘智强)；第二章：统计数据及数据来源(吴圣涛、余艳琴)；第三章：平均指标和标志变异指标(游士兵、罗纺文)；第四章：可靠程度的统计方法(宋马林、龙欢)；第五章：相关分析和回归分析(游士兵、龙欢)；第六章：因子分析(李梅)；第七章：统计指数(余艳琴、曾伏娥)；第八章：抽样推断(游士兵、罗四新)；第九章：统计假设检验(刘智强、曾伏娥)；第十章：方差分析(曾伏娥、刘智强)；第十一章：品质变量分析(游士兵)；第十二章：统计预测(曾伏娥、游士兵)；第十三章：统计决策(宋马林、龙欢)；第十四章：博弈分析(吴圣涛、宋马林)；第一章的Excel操作(李梅)；附录(游士兵、刘智强)。

全书由武汉大学经济与管理学院游士兵教授任主编，余艳琴副教授、李梅副教授和安徽财经大学宋马林任副主编，负责全书的审定、修改、总纂和定稿工作。该教材的再版，首先要感谢这些年来使用本教材的广大读者提出的宝贵意见和建议，是你们热情的呵护和期望，使我们有信心和责任对我们的这部教材进行不断完善和修改，最终得以出版。同时，在本书的第一版的编辑、出版、发行过程中，也得到了武汉大学出版社的大力支持与配合，使之成为"国家统计局统计学推荐教材"，在再版过程中，武汉大学出版社也给予了全力支持和保障，在此表示感谢。

在本书的编写、修订和使用过程中，许多本科生、研究生从不同角度提出了宝贵意见，对书中出现的文字错误、数据错误和公式错误提出了许多修改意见，我们特别感谢这些学生们。

教材的编写是教学的一个重要环节，本教材能够得以再版，得到了武汉大学以及作者所在的经济与管理学院各级领导的支持与重视，将其列入为武汉大学“十一五”规划教材，使我们深受鼓舞。

尽管是再版，本书仍然可能会有一些错误和瑕疵，恳请广大读者继续给予批评指正。

编　者

2009 年 5 月于武昌珞珈山

第一版前言

本教材是在统计学作为一级学科的背景下编写的。

统计学教材的建设，一直是大家所关心的问题。经过多年统计学教学实践与研究，汲取统计理论界研究精华与共识，结合综合性大学各类专业统计学教学的实际情况与需要，我们编写了这本《统计学》教材。本教材力求突出以下几个特点：

1. 按照国际惯例，从根本上抹去社会经济统计学与数理统计学的界线，真正体现了统计学作为方法论科学的实质。

2. 由于本教材主要是针对非统计学专业的读者编写的，因此，其内容尽可能涵盖研究客观事物数量关系和数量特征的各类方法，并且突出常用方法，介绍特殊以及最新方法。

3. 教材集中解释关键术语，附有案例和习题，便于把握与思考，突出理论方法的应用与实践。

4. 本书专门集中附上有关理论方法和公式的证明与推导，为从事理论研究的读者和其他有兴趣的读者提供一些参考资料。

本书共分十四章，各章内容及作者安排如下(括号中为该章作者)：第一章：导论(游士兵、罗四新、刘智强)；第二章：统计数据及数据来源(吴圣涛、余艳琴)；第三章：平均指标和标志变异指标(游士兵、罗纺文)；第四章：可靠程度的统计方法(龙欢)；第五章：相关分析和回归分析(游士兵、龙欢)；第六章：统计指数(余艳琴、曾伏娥)；第七章：抽样推断(游士兵、罗四新)；第八章：统计假设检验(刘智强、曾伏娥)；第九章：方差分析(曾伏娥、刘智强)；第十章：品质变量分析(游士兵)；第十一章：统计预测(曾伏娥、游士兵)；第十二章：统计决策(游士兵、龙欢)；第十三章：统计数据的计算机处理(余艳琴)；第十四章：博弈分析(吴圣涛)；附录(游士兵、刘智强)。

这十四章里面，为了突出表现统计学方法论科学的真实特点，抹去原来社会经济统计学原理和纯数理统计学的烙印，我们在有些章节的编写中进行了内容上的调整和增减：

1. 第一章的内容，对统计学的发展历史，只是作了简要回顾，增加了“学习统计学应具备的几点认识和观念”这一节，将统计学的基本概念进行了比较大的扩充，建立了一个基本的统计学观念群。同时，把一般统计学中作为单独一章内容介绍的“总量指标和相对指标”浓缩成两个基本概念，放入了第一章的基本概念之中。

2. 在第三章平均指标和标志变异指标中，除详细介绍平均指标的最基本的方法外，增加了“先进平均数、偏度和标准化的应用”一节，突出地反映了平均指标的延伸应用。

3. 本书的第四章，我们没有像有些统计学教材中那样称为“概率与概率分布”或者“概率基础”，而是称为“可靠程度的统计方法”，意图很明确，那就是尽可能地将读者引入一个通俗的统计方法应用领域。

4. 除了一般统计学教材所介绍的内容以外，我们特别增加了第十章“品质变量分析”、第十三章“统计数据的计算机处理”、第十四章“博弈分析”，这不仅是非统计专业教学过程中的需要，同时也是对统计学研究领域拓展的一个尝试。其中，本书第一次系统地介绍了品质变量的含义和种类，对品质变量的有关方法也进行了探索和应用。在“统计数据的计算机处理”一章中，对常用的统计软件包(SPSS 和 SAS)的使用以及 Microsoft Excel 的统计功能的使用作了介绍。增加“博弈分析”这一章，是考虑到统计学作为一门方法论科学研究延伸的需要，在这一章里面，着重介绍了博弈分析的基本原理和应用。

全书由武汉大学商学院游士兵副教授任主编，余艳琴副教授任副主编，负责全书的审定、修改、总纂和定稿工作。该教材的出版，得益于武汉大学商学院各级领导、组织的支持与关怀，同时，也得到了武汉大学出版社的配合与支持。本书的编写过程中，得到了武汉大学商学院周茂荣教授、谭力文教授、赵锡斌教授、景奉杰教授、张秀生教授、王林昌教授、严清华教授、黄静副教授、李燕萍副教授、刘伟副教授、张广玲副教授的热情关心和帮助，在此一并致谢。

此外，在本书的编写过程中，我们参阅了大量的文献和相关资料，在此，也向这些文献的作者表示深深的谢意。

编写这种内容结构的统计学教材，是我们的一种尝试，由于我们的水平有限，错误和不妥之处在所难免，恳请广大读者给予批评指正，提出宝贵意见和建议。

编　者

2001 年 10 月于武昌珞珈山

目　录

第一章　导　　论

第一节　统计学发展简介

统计学的发展，源远流长。这里并非介绍统计学的发展全貌，而是概要地向读者介绍迄今为止统计学的发展脉络，从而让读者，特别是非统计学专业的读者对统计学有一个较为清晰的印象。

一、统计学发展源泉

在公元前2250年，大禹治水时，他根据地理位置、人口及物产与贡赋的多少，将全国划分为九个州，汇编成禹贡九州篇，从而形成了统计的雏形。公元前300多年，在商鞅的调查研究思想中，已有了全国范围的人口调查登记制度和人口按年龄、职业的分组，并进行了各种数量对比分析。自秦汉以来，户籍统计和田亩统计都有很大发展。我国不论是统计方法、统计制度、统计组织都居当时世界各国先进水平。

西方的统计实践也有悠久的历史。在公元前3050年，埃及建造金字塔时，为了征集建筑费用，对全国的人口和财产进行了普查。到17世纪至18世纪资本主义上升时期，随着社会生产的发展，统计有了很大的发展。人口、工业和农业的“国情普查”逐渐形成了制度，商业、工业、农业、海关、外贸、物价等方面的统计，都先后得到了广泛的发展。19世纪中叶以后，统计得到了日益广泛的应用。

二、统计学的三个发展阶段

从统计学的产生和发展过程来看，可以把统计学大致分为古典统计学、近代统计学和现代统计学三个时期。

（一）古典统计学时期

古典统计学时期是指17世纪中叶至18世纪中叶统计学萌芽时期。当时有记述学派和政治算术学派两大学派。

1. 记述学派

最初的统计学主要是记述国家重大事项，称为国势学派或记述学派，其创始人是17、18世纪德国的康令（H. Conring，1606—1681）和阿亨瓦尔（G. Achenwall，1719—1772）。康令对许多国家的状况进行了记述，并在各大学开设“国势学”课程。康令的国势学和我们现在的统计学是明显不同的。虽然对人口、版图、政体、财政、军备等方面进行了文字性的记述，但几乎不用数字资料。到18世纪，阿亨瓦尔将统计学明确定义为“把国家的显著事项全部记述下来的学科”，并称此学科为 Statistik(德文：统计学)。他对康令的业绩给予了很高的评价，称他为“统计学之父”，但后人一般都称阿亨瓦尔为“统计学之父”。他的主要著作为《近代欧洲各国国势学概论》。康令和阿亨瓦尔都很少进行数量方面的观察，没有涉及到统计资料的实质。

2. 政治算术学派

政治算术学派产生于17世纪中叶的英国，创始人是威廉·配第(W. Petty，1623—1687)，其代表作是《政治算术》。在这部著作中，他以数字资料为基础，用计算和对比的方法对英、法、荷的实力进行了比较，论证了英国称雄世界的条件和地位。他主张一切论述都用数字、重量和尺度来进行，只重视经验上的论证，反对受主观因素左右的思辨的议论。他还提出了用图表形式概括数字资料的理论和方法。这种理论和方法对后来统计学的形成与发展有深远的影响。马克思称他为“政治经济学之父，在某种程度上说是统计学的创始人”。该学派的另一代表人物是约翰·格朗特(J. Graunt，1620—1674)，其论著《关于死亡表的自然和政治的观察》首次提出通过大量观察，可以发现新生儿性别比例具有稳定性和不同死因的比例等人口规律，第一次编制了粗具规模的“生命表”，对年龄与人口寿命作了分析。

政治算术学派用计量方法以及对比法综合研究社会经济问题，具有开创性的意义。尽管当时还未采用统计学之名，却已有统计学之实了。

(二) 近代统计学时期

18世纪末到19世纪末的一百多年中，统计学有了很大的发展，又形成了许多学派，其中主要是数理统计学派和社会统计学派。

1. 数理统计学派

数理统计学派产生于19世纪中叶，它是在概率论已有相当发展的基础上，把概率论引进统计学而形成的。其奠基人是比利时物理学家和统计学家凯特勒(A. Quetelet，1796—1874)，其代表作有《论人类》、《概率论书简》和《社会物理学》等。他最先用大数定律论证了社会生活现象纷繁复杂变化不定的偶然性中存在着规律性，并且提出了误差理论，用来解决统计上的准确性问题。此外，他还饶有兴趣地提出了“平均人”的概念，塑造了一个具有平均身高、平均体重、平均智力和平均道德品质的人物“模特”，宣称统计的任务就是关于“平均人”的比较研究。如果社会所有的人同平均人没有差异，社会矛盾就会趋于缓和。

2. 社会统计学派

19世纪后半叶，正当英美数理统计学派开始发展的时候，在欧洲又兴起了社会统计学派。

社会统计学派以德国为中心，由德国大学教授克尼斯(K. G. A. Knies，1821—1898)首创，主要代表人物有恩格尔(C. L. E. Engel，1821—1896)以及梅尔(G. V. Mayr，1841—1925)等人。他们认为统计学是一门社会科学，是研究社会现象变动原因和规律性的实质性科学，以此同数理统计学派的通用方法论相对立。他们认为统计学研究的是社会总体而不是个别的社会现象，而且由于社会现象的复杂性和整体性，必须对总体进行大量观察和分析，研究其内在联系，才能揭示社会现象的规律。

（三）现代统计学时期

这是指20世纪初至今的统计学发展时期。这一时期是各项科学技术迅猛发展的时期，统计学的发展也不例外。

这一时期，数理统计学由于同自然科学、工程技术科学紧密结合，被广泛应用而获得迅速发展，进入了鼎盛时期。首先，它在随机抽样的基础上建立了推断统计的理论和方法。这种方法源于英国数学家哥塞特(N. S. Gosset，1876—1936)的小样本t-分布理论。其后由费希尔(R. A. Fisher，1890—1962)加以充实，并由波兰统计学家尼曼(J. Neyman，1894—?)等人进一步发展，建立了统计假设理论。后来，美国统计学家瓦尔德(A. Wald，1902—1952)又将统计学中的估计和假设理论加以归纳，创立了"决策理论"；美国的威尔克斯(S. S. Wilks，1906—1964)，英国的威沙特(J. Wishart，1898—1956)等统计学家对样本分布理论又加以充实和发展；美国的科克伦(W. G. Cochran，1909—1980)等又提出了实验设计的理论和方法，进一步拓宽了统计学的范围。

20世纪60年代以后数理统计学的发展越来越广泛地应用数学方法，出现了如抽样理论、非参数统计、多变量分析和时间序列分析等新分支和计量经济学、工程统计学等边缘学科，同时，计算机的应用与推广，更加加快了数理统计学的发展。与此同时，社会统计学也有所发展，其基本趋势是由实质性科学向方法论科学转变。

三、我国统计学的现状

1990年以前中国的社会经济统计学，基本上是前苏联1954年统计工作会议确立的那种模式，即把统计学定义为一门具有阶级性、党性的社会科学。这种统计学理论体系被中国统计界的一些学者称为"马克思主义的无产阶级统计学"。虽然前苏联的统计模式给中国统计界提供了良好的示范作用，但把统计学确立为前苏联模式后，由于在科学概念上把社会经济统计学与数理统计学割裂开来，这使得社会经济统计学的发展始终限定在以简单描述为工具的狭小的圈子里。

改革开放加快了中国统计学的发展。中国统计面临着世界统计严峻的挑战和深刻的矛盾，挑战和机遇要求我们必须坚持实事求是的科学态度。经过一个较长时期的讨论和探讨，我国统计界终于发生了质的变化和飞跃。1992年11月，国家技术监督局正式批准统计学为一级学科，1998年教育部进行的专业调整也将统计学归为一级学科。统计学一级学科地位的确立，表明中国统计在与国际接轨的进程中迈出了重要一步。在国际惯例上根本就不存在社会经济统计学和数理统计学之分。统计学(Statistics)是一门综合性很强的边缘科学，它既不是数学，也不是经济学。统计学是研究客观事物数量关系和数量特征的方法论学科。

第二节　学习统计学应具备的认识和观念

一、什么是统计

当今时代，几乎所有有知识的人都懂一点统计，然而，除非人们亲自学习统计，否则他们无法准确描述统计的全部含义和重要性。现在，统计已经广泛应用于几乎所有的科学调查研究领域，因为它能够让人们找到大量重要、复杂而且有趣问题的答案。例如：

1. 科学家如何评价新理论的有效性？
2. 医学人员如何检验新药的有效性？
3. 军事指挥官如何决定对选定目标轰炸的次数？
4. 社会学家如何预测未来任一时间世界人口数量？
5. 人们如何区分数千里外发生的一次核爆炸和一次小地震？
6. 经济学家怎样确定物价指数的变化是长期趋势、季节波动还是随机波动？
7. 人们如何通过访问几百名选民来预测选举的结果？
8. 企业如何通过市场调研来确定新产品的开发与推广？

这只是统计应用的几个例子，要回答这些问题，就必须应用统计知识，对什么是统计应该有一个较清楚的认识。实际上，统计广泛应用于各种科学研究、管理与控制等领域，而不仅仅局限于上述问题体现的几个方面。大家也许会认为数学是科学之母，因为数学为其他几乎所有学科提供理论框架。如果你学过物理，你可能熟悉一些处理物体的数学法则：如重力、能量、光、电等。然而，你可能并不知道，理论统计学家几乎每天都在发展着数学思想。例如，这些受过概率论和统计理论训练的人在如下领域拓展统计学的应用：物理方面的空间飞行，心理学方面的动物学系理论和人类行为，生物学中的基因工程、智能和变异，社会学方面的人口迁移，公共卫生领域的流行病传播，保险领域的报酬理论和索赔分布。

很多人认为报纸上的一系列数字或图表就是统计。数据的确是统计的一部分，但它们仅仅是原始资料，必须运用一系列统计技术对其进行处理方能使之满足进一步的需要。

统计是随着社会生产的发展、适应国家与社会管理的需要而产生和发展的，其涉及的范围也逐步扩展到社会的各个领域。统计具有不同的涵义和范围。一般地说，统计一词可以解释成这样三种涵义：统计活动、统计资料和统计理论。

1. 统计活动是指为了研究客观事物的数量关系和数量特征而进行的统计设计、统计调查、统计整理和统计分析的全部过程的总称。

2. 统计资料是指反映客观事物的数量关系和数量特征的数据资料和相关资料的总称。

3. 统计理论是指统计的理论和方法。

统计的三种涵义是相互联系的。统计活动是统计的实践过程；统计资料是统计活动的成果；统计理论是统计活动的理论指导，它来源于实践，又高于实践。三者是理论与实践辩证统一的关系。

二、未来的统计

科学技术迅猛发展，社会经济生活发生的巨大变化，对统计学提出了新的要求，现代统计学将出现新的分化与组合。对自然科学与社会科学各个领域的研究，统计成为其不可缺少的工具。展望统计学的发展趋势如下：

1. 统计理论和方法不断完善。随着统计应用范围的扩大和要求的提高，对自然界、社会各种纷繁复杂现象的数量表现和数量关系，都要求有比较完备的理论和方法去进行研究，这就要求统计学不断从其他学科汲取营养，从而使统计学得到不断充实和完善，不断发展和提高。

2. 计算机和计算机软件的应用加速了统计的效率。当今世界计算机及其软件广泛应用于统计研究与统计分析工作中，复杂的计算与分析，都可以通过计算机来解决，为统计学的发展，开拓了广阔的道路。

3. 国际经济一体化的形成，为统计学的发展提供了更广阔天地。

三、如何理解统计学的精确度问题

作为一门方法论科学，统计学的精确度问题也就显得格外重要。但如何理解统计学的精确度，怎样看待各种统计分析方法所得到的统计数据的结果和误差，需要我们树立一个正确的观念和认识，这无论对于统计资料的提供者还是对于统计资料的使用者来说都是非常重要的。

关于统计学的精确度问题，可以用一个比较通俗的话来概括，那就是："点到为止"。统计误差无论是对于自然科学，还是对于社会科学都是不可忽视的。统计学的精确度要分统计过程和统计结果两个不同的阶段来认识。在统计过程中，包括统计数据的采集、统计运算和统计推断，其精确度的要求是非常高的，有时甚至比会计核算有着更高的要求。但对统计结果，特别是根据统计过程中所得到的数据进行描述、揭示客观现象基本规律时，其统计数据精确度则界定在能达到研究目的的基本前提下，数据本身是为统计研究目的服务的。在社会经济现象中，许多现象都是通过统计数据来表明某种状态，而这些状态往往是需要一个数据区间来表示的。一个国家的人均 GDP 为 800 元或 799 元、一个城市的人均可支配收入为 2 000 元或 2 005 元，在反映一个国家和一个城市的生活水平状态时是没有任何差异的，或者说，人们从这些尽管有差异的统计数据中所得到的对某一现象某种状态水平的认识是一致的。当然，这并不意味着，我们由此可以认为统计学的数据是没有科学性的结果，或者认为在对现象进行统计分析和推断的时候，可以毫无科学依据地进行分析。

四、正确把握统计学理论研究方向和灵活应用统计学方法解决现实生活中各种有关问题

统计学在中国被列为一级学科，这只是统计与国际接轨的第一步。由于统计界长期受前苏联模式的禁锢，与中国其他学科一样，统计学面对市场经济已显露出日趋严重的危机。

中国目前正处在新旧经济体制的变革时期，面对市场经济，任何学科都需调整自己的位置，重新审视和制定自己的发展目标。市场经济的理论和实践对统计信息的需求急剧增加，对统计学理论和方法提出了更高的要求，前苏联模式的统计学面对市场经济的需求已显得无能为力。现代市场经济的理论与时代的潮流使中国人文社会学科和财经管理学科学者的弱点暴露无遗。中国几千年的优秀文化给中国学者思辨性的思维以深厚的底蕴，但也遗留下了忽视形式逻辑的弊端。先秦诸子以来，我国学者的思辨性思维是较为发达的，但这些思辨性思维常常缺乏经验事实做基础，空泛的议论较多，实质性的内容较少，逻辑推理的思维方式淡化，更不追求严密的公理化体系，以至于我国人文社会学科和财经管理学科学者面对现代社会经济的发展有力不从心之感。

面对21世纪，如何摆脱困境、走向未来，置身于古老东方文化氛围之中的中国学者需要对此冷静反思。时代要求我们必须抛开偏见，克服由于文化背景的差异所产生的观念障碍，正确理解与批判地吸收建立在发达商品经济基础上的外来文化，加强对数学方法、统计学方法的学习，提高我们的定性分析与定量分析相结合的能力。

哪里有数据，哪里就有统计。统计学是总结经验的学科。统计方法可以帮助我们获得利益，统计方法也可以保护我们已获得的利益。统计数据中隐含着非常丰富的宝贵信息，如果用简单的描述统计方法，就只是对统计数据的粗加工，难以看到数据中隐含的规律性。使用这种方法要从杂乱无章的统计数据中发现事物质的规律性就像雾里看花，只有靠现代统计分析方法才能真切地看到其统计规律性。

自然科学、人文社会科学、财经管理科学的学者要跟上时代的步伐，就必须在研究事物质的规律性的同时，研究其量的规律性。任何现象都是质和量的统一，质是量的基础，而一定的量是质存在的必要条件。定性分析是定量分析的基础，定量分析则使定性分析更加准确可靠，使人们对质的规律性的认识更加深入全面。以马克思主义理论为准则，高举邓小平理论的伟大旗帜，以江泽民“三个代表”的思想为指导，在自然科学、人文社会科学、财经管理科学研究中融入量化分析，是学科本身进一步完善的根本要求。

现代管理一个很重要的标志就是模型技术的运用，而这里的模型技术更多的是指统计模型技术。诺贝尔经济学奖获得者萨缪尔森曾说，第二次世界大战以后的经济学是计量经济学的时代。计量经济学的模型技术就是以统计模型为基础的。诺贝尔经济学奖设立以来，已有40多位学者获奖，其中2/3以上获奖者是统计学家、计量经济学家、数学家。从大多数获奖者的经历和著作看，他们对统计方法的运用具有娴熟的技巧。瑞典皇家科学院爱立克·伦德伯教授在诺贝尔经济学奖的授奖仪式上精辟地指出：“你们都是把经济学发展为数学和定量科学的先行者，你们借助于发展成熟的理论和统计分析来创造经济政策和经济规划的合理基础的贡献，涉及重大科学突破。”这足以说明统计量化分析研究已成为现代经济科学研究的重要手段。

面向21世纪，社会发展问题，国际竞争力问题，金融、投资风险问题，人口与社会保障问题，经济持续发展问题，环境保护问题等都迫切地等待着我们去深入研究。这些问题的分析与解决都将借助于统计学的应用与发展。

五、正确认识统计学的研究特点

首先，统计学是在经济现象、自然现象的质与量的辩证统一中研究其数量方面的，也就是说统计数量研究总是密切联系现象的内容性质进行研究。统计学也需要数学运算，但统计研究决不是纯数量的运算，统计学不是数学，数学撇开事物的具体内容研究抽象的数量关系和空间形式，而统计学则是研究事物本身的数量关系。

一方面，统计研究现象和过程，要先确定现象的质的特征，然后才能正确地研究现象的量的关系。统计对于每个人可能具有不同的意义：对于足球迷来说，统计就是记载每场球赛的进球数；对于汽车司机来说，统计就是记录行车里程和油耗数量；对于工人来说，统计就是计算他的产量和出勤日数；对于公司经理来说，统计就是销售额和利润的报告，等等。这些数字都是明确易懂的，它都说明一定事物的内容。许多统计数字，它的涵义并不像上述各例中所举的那样容易理解。如果对所研究现象质的规定性没有明确的了解，那就无法研究它的数量表现。例如要进行"工业产量"统计，如果不明确什么是工业生产活动，在工厂进行的修理作业算不算工业生产活动，在林场进行的森林采伐算不算工业生产活动等，那么工业产量的统计也就无法进行。

另一方面，统计所取得的数量也不仅仅是一种数量，而是要求它能够反映一定现象的内容和性质。特别是通过统计分析具体探明事物复杂联系的数量关系，确定划分事物不同性质的数量界限，这对于正确认识和把握自然现象和社会现象的规律都具有十分重要的意义。总而言之，从质量和数量的辩证统一中研究现象的数量方面是统计研究的基本特点。

其次，统计学是从整体的观点出发，研究大量现象的综合数量。这就是说，统计学的数量研究是要对大量普遍存在的事实进行综合研究，对大量单位的调查数据和资料，加以分析，得到反映现象总体的数量特征，说明现象变化的规律性。

统计学也不是只概括而不研究个别事实。以大量观察实验为依据的综合数量特征形式来研究现象发展规律，不可避免地趋于一般化、抽象化，因此又需要有选择地抽取个别单位深入研究现象的具体联系和生动情况，使得我们对现象发展过程的认识更加深刻和丰富。

六、全面了解统计分析方法的步骤

统计分析方法的步骤大体上可分为以下几步：

（一）提炼具体问题，确定欲达目标

无论是自然科学，还是人文社会科学、财经管理等领域都存在着大量需要深入探讨的实际问题，它们往往表现为一个立体网络体系，变量之间的关系复杂多样。然而能力、知识和条件的局限使得我们不可能对它们的研究面面俱到，因此，在实际问题的研究中，集中精力抓主要矛盾、提炼问题、确定切实可行的目标，就成为首要步骤。

（二）根据定性理论，设置指标变量

面对具体的实际问题，根据定性理论进行分析研究，设置指标变量是统计方法研究实际问题的重要一环。如回归分析方法主要是揭示事物间变量联系的因果关系，在研究某一经济问题时，我们必须根据具体经济问题的研究目的，利用经济学理论，从定性角度来确定这种经济问题中各因素之间的因果关系。当我们把某一经济变量作为"果"之后，接着更重要的就是要正确选择作为"因"的变量。在经济问题回归模型中，前者被称为"内生变量"或"被解释变量"，后者被称为"外生变量"或"解释变量"。变量的选择，关键在于能否正确把握所研究经济活动的经济学内涵，这就要求研究者对所研究的经济问题及其背景应有足够了解。例如，要研究中国通货膨胀问题，必须懂得一些金融理论。通常把全国零售物价总指数作为衡量通货膨胀的重要指标，那么，全国零售物价总指数就是被解释变量，影响全国零售物价指数的有关因素就作为解释变量。在研究中国通货膨胀问题时，曾把国民收入、居民存款、工农业总产值、国有单位固定资产投资、货币流通量、职工平均工资、社会商品零售总额等18个指标确定为解释变量。在研究中国储蓄波动机理时，曾把各项银行存款作为被解释变量，把货币发行量、全国零售物价指数、股票价格指数、银行利率、国债利率、居民收入等16个指标确定为解释变量。

对一个具体的经济问题，当研究目的确定之后，被解释变量容易确定。被解释变量一般直接表达、刻画研究的目的，就像上面所谈到的问题，直接将全国零售物价总指数和银行存款分别作为通货膨胀问题和储蓄问题的被解释变量。而对被解释变量有影响的解释变量的确定就不太容易，一是由于我们认识上的局限性，可能并不知道对被解释变量有重要影响的因素；二是为了模型参数估计的有效性，设置的解释变量之间应该是不相关的，而我们很难确定哪些变量是相关的，哪些是不相关的，因为在经济问题中很难找到影响同一结果的一些因素之间是独立的情况，这就看我们如何在多个变量中确定几个重要的且不相关的变量；三是我们从经济关系角度考虑非常重要的变量应该引进，但是在实际中并没有这样的统计数据，这一点，在建立经济模型时会经常遇到。这时，可以考虑用相近的变量代替，或者由其他几个指标复合成一个新的指标。

在选择变量时要注意与一些专门领域的专家合作。研究金融模型，要与一些金融专家和具体业务人员合作；研究粮食生产问题，要与农业部门的一些专家合作。这样做可以帮助我们确定模型变量。

另外，不要认为一个经济模型所涉及到的解释变量越多越好。一个经济模型，如果把一些主要变量漏掉肯定会影响模型的应用效果，但如果让无关紧要的变量一起进入模型也未必就好。引入的变量太多，有可能选择了一些与问题无关的变量，还可能由于一些变量的相关性很强，所反映的信息有较严重的重叠，就会出现共线性问题。变量太多时，计算工作量过大，计算误差累积也大，估计出的模型参数精度自然不高。

总之，指标变量的确定是一个非常重要的问题，是运用统计分析方法最基本的工作。这个工作一般一次并不能完全确定，通常要经过反复试算，最终找出最适合的一些变量。在计算机的帮助下，这已变得不太困难了。

（三）收集、整理统计数据

统计模型的建立基于指标变量的样本统计数据。确定好指标变量之后，就要对这些变量收集、整理统计数据。数据的收集是建立经济问题统计模型的重要一环，是一项基础性工作，样本数据的质量如何对统计模型的水平有至关重要的影响。

常用的样本数据分为时间序列数据和截面数据。

顾名思义，时间序列数据就是按时间顺序排列的统计数据。如中华人民共和国成立以来历年的工农业总产值、国民收入、发电量、钢产量、粮食产量等，每年都有一个对应的数据，那么到1999年，每种指标就有49个按时间顺序排列的数据，这些都是时间序列数据。研究宏观经济问题，有关的时间序列数据来自国家统计局或一些专业部委的统计年鉴。如果研究微观经济现象，如研究某企业的产值与能耗，那么数据就要在这个厂的计划统计部门获取。

对于收集到的时间序列资料要特别注意数据的可比性问题和数据的统计口径问题。如历年的国民收入数据，是不是按可比价格计算的。中国在改革开放前，几十年物价不变，而从20世纪80年代初开始，物价变动很频繁，那么你所获得的数据是否具有可比性就需认真考虑。在宏观经济研究中，国内生产总值(GDP)与国民生产总值(GNP)二者在内容上是一致的，但在计算口径上不同。国民生产总值按国民原则计算，反映一国常住居民当期国内外所从事的生产活动；国内生产总值则以国土为计算原则，反映一国国土范围内所发生的生产活动。对于没有可比性和统计口径不一致的统计数据要进行认真调整，这个调整过程就是数据整理过程。

时间序列数据容易产生模型中随机误差项的序列相关，这是因为许多经济变量的前后期之间总是有关联的。如在建立需求模型时，人们的消费习惯、商品短缺程度等具有一定的延续性，它们对相当一段时间的需求量有影响，这样就产生随机误差项的序列相关。对于具有随机误差项序列相关的情况，要通过对数据的某种计算整理来消除序列相关性。

截面数据就是在同一时间截面上的统计数据。如同一年在不同的地块上做的施肥量与小麦产量试验的统计数据就是截面数据。再如某一年的全国人口普查数据、工业普查数据，同一年份全国35个大中城市物价指数等都是截面数据。用截面数据作样本时，容易产生异方差性。这是因为一个统计模型往往涉及到众多解释变量，如果其中某一因素或一些因素随着解释变量观测值的变化而对被解释变量产生不同影响，就产生异方差性。

不论是时间序列数据还是截面数据的收集，样本容量的多少一般要与设置的解释变量数目相配套。通常为了使模型的参数估计更有效，要求样本容量 n 大于解释变量个数 p。样本容量的个数小于解释变量数目时，普通的最小二乘估计方法失效。n 与 p 到底应该有怎样一个比例，英国的统计学家肯德尔（M. Kendall）在他的《多元分析》中指出，样本容量 n 应是解释变量个数 p 的10倍。如果 p 较大时，按肯德尔的说法 n 就很大，这在许多经济问题中是办不到的，尤其是中华人民共和国才成立几十年，统计数据不全是普遍的。但由肯德尔的观点，我们看到样本容量应比解释变量个数大一些才好，这告诉我们在收集数据时应尽可能多地收集一些样本数据。

在统计数据的整理中，不仅要把一些变量数据进行折算、差分，甚至把数据对数化、标准化等，有时还须注意剔除个别特别大或特别小的“野值”。在统计数据质量不高时，经常会碰到这种情况。当然，有时还须利用插值的方法把空缺的数据补齐。

（四）根据目标和数据，选择统计方法，构造理论模型

当收集到所设置的变量的数据之后，就要确定适当的数学形式来描述这些变量之间的关系。统计模型的建立，通常要依据经济理论和一些数理经济学结果。如数理经济学中已对投资函数、生产函数、需求函数、消费函数给出了严格的定义，分别用公式把它们表示出来了。借用这些理论，我们给它们的公式中增加上随机误差项，就可把问题转化为用随机数学工具处理的统计模型。

有时候，我们无法根据所获信息确定模型的形式，这时可以采用不同的形式进行计算机模拟，对于不同的模拟结果，选择较好的一个作为理论模型。尽管模型中待估的未知参数要到参数估计、检验之后才能确定，但在很多情况下可以根据所研究的经济问题对未知参数所带的符号以及大小范围事先给予确定。

（五）进行统计计算，估计模型参数

当选择到适当的统计方法时，就要利用收集、整理的样本数据进行统计计算。基本的统计计算有均值、方差、相关矩阵、特征根与特征向量等。聚类分析、主成分分析、因子分析、对应分析就会遇到这些统计计算。

统计模型的建立需要根据样本数据估计模型参数，如用最小二乘法去估计回归模型的未知参数。模型参数的估计是统计分析方法应用的核心内容。

当变量和样本数据很多时，统计计算的工作量很大，只有依靠计算机才能得到可靠、精确的计算结果。现在这方面的现成计算软件很多，如 TSP、SPSS、SAS 等都是统计分析计算的基本软件。

（六）模型的检验与修改

当模型的未知参数估计出来后，可以说已初步建立了一个统计模型。我们建立统计模型的目的是应用它来研究经济现象和自然现象问题，但如果马上就用这个模型去做预测、控制和分析，显然是不够慎重的。因为这个模型是否真正揭示了变量与变量之间的真实关系，必须通过对模型的检验才能决定。

统计模型的检验一般需要进行统计检验和经济意义的检验。

统计检验通常有对回归方程和回归系数的显著性检验，还有拟合优度的检验、随机误差项的序列相关检验、异方差性检验、解释变量的多重共线性检验等。这些内容都将在后边的章节中讨论。

在经济问题回归模型中，往往还会出现回归模型通过了一系列统计检验，可就是得不到合理的经济解释的现象。例如，国民收入与工农业总产值之间应该是正相关，回归模型中工农业总产值变量前的系数应该为正，但有时候由于样本容量的限制或数据质量的问题，估计出的系数可能是负的。如果这样，这个回归模型就没有意义，也就谈不上进一步应用了。可见回归方程经济意义的检验同样是非常重要的。

如果一个回归模型没有通过某种统计检验，或者通过了统计检验而没有合理的经济意义时，就需要对回归模型进行修改。模型的修改有时要从设置变量是否合理开始，是不是某些重要的变量忘记考虑；变量间是否具有很强的依赖性；样本容量是不是太少；理论模型是否合适。比如某个问题本应用曲线方程去拟合，而我们误用直线方程去拟合，当然通不过检验，这就需要重新构造理论模型。

模型的修改往往要经过几次，特别是建立一个实际经济问题的回归模型时，要反复修正才能得到一个理想模型。

（七）统计模型的运用

当一个经济问题的统计模型通过了各种统计检验，且模型具有合理的经济意义时，我们就可以运用这个模型进一步研究经济问题。

分类研究是把性质相近的社会、经济现象归类。通常用定性资料的分析、聚类分析、判别分析等方法对统计数据进行处理，利用所得结论、模型进行分类应用。

统计分析方法的另一个重要应用是简化数据结构，即在所掌握的统计数据中找一个基本结构。这种基本结构使我们在研究问题时抓住主要矛盾，舍弃次要因素。

经济变量的因素分析是回归模型的一个重要应用。应用回归模型对经济变量之间的关系做出度量，从模型的回归系数可发现经济变量的结构关系，给出政策评价的一些量化依据。

既然回归模型揭示经济变量间的因果关系，那么就可以考虑通过给定被解释变量值来控制解释变量值。比如我们把某年的通货膨胀指标定为全国零售物价指数增长 10%以下，那么，从通货膨胀的回归模型可以确定货币的发行量、银行的存款利率等。这就是对经济变量的一种控制。

进行经济预测是回归模型的另一个重要应用。比如我国 2008 年的国民收入是多少，通过建立国民经济的宏观经济模型就可以做出预测。用回归模型进行经济预测在我国已有不少成功的例子。

在统计模型的运用中，我们还强调定性分析和定量分析的有机结合。这是因为统计方法只是从事物外在的数量上去研究问题，不涉及事物质的规定性。单纯的表面上的数量关系是否反映事物的本质，它的本质究竟如何，必须依靠专门学科的研究才能下定论。所以，在经济问题的研究中，我们不能仅凭样本数据估计的结果就不加分析地说长道短，必须把参数估计的结果和具体经济问题以及现实情况紧密结合，才能保证统计方法在经济问题研究中的正确运用。

第三节　统计学的基本概念

统计学作为一门方法论的科学，它也和其他科学一样，在论述其理论和方法中，经常要使用一些专门的术语和概念。本节介绍统计学中几个常用的基本概念。

一、统计总体和总体单位

统计总体(简称总体)是客观存在的、具有共同性质的许多单位组成的整体。总体必须具有同质性，这是形成总体的基础。例如，要调查我国的工业生产情况，全国的工业企业就构成一个总体。它们是客观存在的，尽管这些企业规模大小、组织形式、生产产品的名称和产量等各不相同，但他们都有一个共同的、基本的经济职能，即都是从事工业生产活动。

总体按其包括范围的大小可以分为无限总体和有限总体。无限总体包括的单位数很多，乃至无限多的单位。如我们要研究海洋中的鱼类、某地区空气污染程度等，则海洋中的鱼类，某地区的空气就是无限总体或可看做无限总体。总体中包括的单位是有限的而且可以计数的称为有限总体，如某一时点上的人口数、工业企业的个数所组成的总体都是有限总体。

总体单位是组成总体的个别事物。

二、标志

标志是说明总体各单位所共同具有的属性或特征的名称。每个总体单位都有许多属性和特征。如企业中每一个职工作为总体单位考察时，有性别、民族、文化程度、年龄、工资等属性和特征。这些都是每个职工的标志，而它们在总体单位之间各有一定的具体表现，既有相同的，也有不同的。标志按其性质不同，可以分为品质标志和数量标志。凡是只能用文字表示、说明事物的品质属性特征的标志，如职工的性别、文化程度、民族等称为品质标志；凡是可以用数值表示、说明事物的数量特征的标志，如职工的年龄、工龄、工资等称为数量标志。标志还可以分为可变标志和不变标志。标志在总体各单位之间的具体表现不完全相同，如职工的年龄、性别、工资等，则称为可变标志，这是统计认识事物的内容和根据。在总体各单位中的具体表现完全相同的标志，如企业中每个工人的社会成分都是工人，则称为不变标志。任何总体中的各个总体单位至少有一个共同的、使它们能结合在一起的不变标志构成总体同质性的基础。

三、统计指标

（一）统计指标的意义

统计指标(简称指标)是综合反映统计总体数量特征的概念和数值，表明某一客观事物在具体时间、地点条件下的规模和水平，如一个国家在某一特定时点的国民生产总值、土地面积、人口总数、职工人数等。统计指标具有三个特点：(1) 数量性。指标都是用数值来表现的。(2) 综合性。统计指标是对总体单位某一特征进行调查、登记并加以汇总整理而得到的数据，构成总体全部单位的综合结果，而不是说明个别总体单位的数量特征。(3) 具体性。统计指标是说明总体某一特征或属性的质与量的统一，在一定时间、地点、条件下的数量表现。

统计指标由指标名称和指标数值组成，二者既有联系又有区别。指标名称是统计所研究现象某一特征的科学概念，是表明现象的质的规定，反映其内容所属的范畴；指标数值是统计所研究对象某一特征具体数值的综合结果，对现象特征从数量上加以说明，是统计指标的量的规定。统计指标名称和指标数值有机结合，辩证统一地反映客观现象的质与量。

（二）统计指标的分类

统计指标按其反映的数量特征不同，可以分为数量指标和质量指标。数量指标是反映现象总体规模大小、数量多少的总量指标，一般用绝对数表示，如职工人数、国民生产总值、企业个数等。质量指标是表明现象总体质量的指标，反映现象的相对水平或工作质量，一般用相对数或平均数表示，如劳动生产率、资金利润率等。

统计指标按其数值形式不同，可分为总量指标、相对指标、平均指标。总量指标(或称绝对指标)是说明现象规模、水平或工作总量的指标，如工资总额、产品产量等。相对指标是两个有联系的总量指标相比较的结果，说明现象总体的结构、发展程度的指标，如产品的合格率、发展速度等。平均指标是按总体某些数量标志值计算的说明总体一般水平的统计指标，如平均工资、劳动生产率等。

统计指标按其计量单位不同，可分为实物指标和价值指标。实物指标是用实物的物理计量单位表现的统计指标，价值指标是用货币计量单位计算的统计指标。

统计指标按其作用不同，可以分为描述指标、评价指标和预警指标。描述指标是用来反映现象基本情况的指标，如社会劳动力资源总数、外汇储备数、在校学生人数等。评价指标是用来对客观现象活动的结果进行评估和考核的指标，如对工业企业经营活动效益进行评价的产品销售率、流动资金周转速度、劳动生产率等指标。预警指标是对现象宏观运行进行监测，并据此对可能出现的总体失衡、结构性矛盾、突发异常情况作出预报的指标，如通货膨胀率、固定资产投资增长率、失业率、人口增长率等，这类指标涉及面广，敏感性强，对国民经济的发展和社会稳定具有重要作用。此外，从推断统计来看，有全及指标和样本指标，等等。

四、自由度

自由度是统计学中一个经常见到的重要概念。自由度是指可以自由取值的数据的个数，或者指不受任何约束、可以自由变动的变量的个数。

设想有4个数，它们的和为20。这样，三个数可以随意取值，例如1、4、7，但第四个数就不能随意取值了，而只能是8，否则这四个数的总和就不可能是20。所以总和为20是一个限制条件，正因为这种限制，就使它失去了一个“自由度”。在后面我们要学到的样本方差的公式中其自由度为$n-1$，S^2的表达式中$\sum (x-\bar{x})^2$为n个量的平方和，为何自由度只有$n-1$？是因为$x_1-\bar{x}$，…，$x_n-\bar{x}$这n个量并不能自由变化，而是受到一个约束，即$\sum_{i=1}^{n}(x_i-\bar{x})=0$，这使它的自由度少了一个。在样本方差$S^2$的公式中分母是$n-1$，就是因为当给定均值$\bar{x}$时，$x_1$，$x_2$，…，$x_n$这$n$个数据中，前$n-1$个数据都可以自由取值，而第$n$个数据受全部数据的平均值$\bar{x}$的制约，不能自由取值。第$n$个数据可由公式$x_n=n\bar{x}-\sum_{i=1}^{n-1}x_i$求得。因此，$S^2$的自由度是$n-1$。也就是说，我们从样本的观察值中实际上只能利用$n-1$个值来推断总体标准差或方差的值。$n$越小，即自由度越小，当样本量较大时，一般当$n>30$时，往往可以用$n$直接计算，对结果不致有明显影响。

在统计推断中，只要我们需要用一个样本的统计量来代替或估计一个总体参数时，就要丧失一个自由度，需要估计几个参数，就要丧失几个自由度。如按最小平方法求回归系数a和b，作为回归参数A、B的估计量，受两个正规方程的限制，就丧失了2个自由度，因此，只要有了$n-2$个$(Y-Y_C)$值，其余2个就必然确定，没有活动的余地。

五、总量指标

（一）总量指标的涵义

总量指标是反映在一定时空条件下社会经济现象总体规模或绝对水平的统计综合指标，它是以绝对数的形式表示的，因此也称为绝对指标。总量指标数值由于是总体内各单位的标志值加总而得到的，所以它的大小受总体范围的影响，总体范围大，总量指标数值也大；总体范围小，总体指标数值相应也小。总量指标也可表现为社会经济现象总体在一定时空条件下数量增减变化的绝对数。例如，1998年我国外汇储备比上年增加了51亿美元，但实际利用外资额比上年减少了58.51亿美元。

（二）总量指标的作用

总量统计指标是社会经济统计中最基本的指标，在实际工作中运用很广，其主要作用具体表现在以下三个方面。首先，总量指标从数量方面反映了社会经济现象的总体规模或绝对水平，是我们认识社会经济现象总体的起点。其次，总量指标是国家制定方针政策，编制和检查国民经济发展计划等宏观调控的重要依据。各决策层对政策计划的制定和检查都首先要掌握社会经济现象的总量指标资料。第三，总量指标是计算相对指标和平均指标的基础。相对指标和平均指标一般都是由两个有联系的总量对比计算出来的，是总量指标的派生指标。通过总体中各总体单位的标志值汇总得到的总量指标是否准确，直接影响到从总量指标派生出的相对指标和平均指标的正确性。

（三）总量指标的分类

总量指标根据它们说明的内容不同，反映的时间状况不同，计量单位不同，可以有以下三种分类。

1. 总体单位总量和总体标志总量。总量指标按照说明内容的不同可以分为总体单位总量和总体标志总量。总体单位总量即总体单位数，是一个总体内单位的个数，表示的是总体本身的规模大小。总体标志总量是总体各单位数量标志值之和，它是由总体单位的某一数量标志值加总而得到的，是说明总体单位数量标志值的总量。

2. 时期指标和时点指标。总量指标按照反映的时间状况的不同，可以分为时期指标和时点指标。时期指标反映社会经济现象总体在一段时期内的发展过程中累积的总结果。时点指标反映社会经济现象总体在某一时点上的数量状况。

3. 实物指标和价值指标。总量指标按照计量单位的不同，可以分为实物指标和价值指标。实物指标是直接体现具体事物的使用价值量或现象具体内容的总量指标，它根据事物和现象的自然属性和特点采用实物单位计量。实物单位包括自然单位、度量衡单位、标准实物单位、双重单位和复合单位。

六、相对指标

（一）相对指标的涵义

相对指标是社会经济现象中两个相互联系的指标数值之比，是用来反映某些相关事物之间数量联系程度的综合指标。它能反映现象总体在时间、空间、结构、比例以及发展状况等方面的对比关系。相对指标一般以相对数的形式表示，又称相对数。

相对指标的表现形式有名数和无名数两类。用名数表现的相对指标一般使用双重单位，即将分子指标的计量单位和分母指标的计量单位相结合使用。例如人口指标是以“人/平方公里”表示，商业网点密度用“人/个”或“个/人”表示等。无名数是一种抽象化的数值。它的表现形式主要有系数、倍数、成数、百分数和千分数。

（二）相对指标的作用

相对指标是两个总量指标的派生指标，它在统计分析中有广泛的应用，它的主要作用主要体现在以下三个方面。第一，相对指标把进行对比的总量指标的绝对水平及其差异抽象化，从而使一些因总体规模、结构、客观条件等存在着差异而不能直接对比的社会经济现象总体找到了共同比较的基础。第二，相对指标反映社会经济现象之间或它们内部的数量对比关系，表明现象之间的对比水平或现象内部的比例关系，这有利于正确分析和鉴别事物。第三，相对指标是国家进行宏观调控和企业进行经济活动效果考核的重要工具。

（三）相对指标的种类及其计算方法

相对指标根据它们说明问题的不同和对比指标性质的差异，一般分为六种，即计划完成程度相对指标、结构相对指标、比例相对指标、比较相对指标、动态相对指标和强度相对指标，下面分别予以介绍。

1. 计划完成程度相对指标

计划完成程度相对指标是在计划期内实际完成的指标数值与计划指标数值对比的结果，是用来表明计划完成程度的相对指标。一般用百分数表示。基本计算公式为：

$$计划完成程度相对指标=\frac{实际完成的指标数值}{计划指标数值}\times 100\%$$

计划完成程度相对指标是以往实行计划经济体制时形成的一个重要指标，在我国现在社会主义市场经济条件下，它的作用有所降低，主要是在宏观经济管理中检查国民经济计划的执行情况和企业内部管理中考核企业的实际经营成果是否达到预期目标。

2. 结构相对指标

结构相对指标是在对总体按某一标志进行分组的基础上，将该总体各组(或部分)数值与总体相应数值对比求得的综合指标。一般用百分数表示，借以反映总体内部的结构状况，其计算公式为：

$$结构相对指标=\frac{总体内某组(或部分)的数值}{总体总数值}\times 100\%$$

上式中分子或分母可以同是总体单位总量或总体标志总量。由于对比的基础是同一总体总数值，所以在该总体内各部分的结构相对指标之和一定等于100%。

在研究社会经济现象时，结构相对指标具有重要意义，它经常用来反映总体内部的结构状况，说明现象总体的性质和特点。同时，通过把不同时期的结构相对指标收集在一起进行对比分析，可以反映现象总体结构的变化，从而揭示现象发展变化的趋势和规律性。

3. 比例相对指标

比例相对指标是社会经济现象总体内部不同部分数值之间对比得到的综合指标。它反映现象总体中各组成部分之间的数量比例关系，是研究社会经济现象总体内部是否均衡协调的重要指标。其计算公式为：

$$比例相对指标=\frac{总体中某一部分指标数值}{总体中另一部分指标数值}\times 100\%$$

比例相对指标可以用百分数的形式表示，也可以以1或100为基数，采用“多少比1”或“多少比100”的形式表示。当分析总体中若干部分的比例关系时也可以采用连比形式。比例相对指标与结构相对指标既有联系，又有区别。联系表现在都反映总体内部的结构比例关系；区别主要表现在比例相对指标是反映总体内各部分之间的比例，而结构相对指标反映的是总体中某一部分占总体的比例。它们之间的对比方法不同，比例相对指标以同一总体中另一部分数值作为比较标准，而结构相对指标以总体数量作为比较标准。

4. 比较相对指标

比较相对指标是同一时期某一同类社会经济现象的指标在不同空间之间的对比，用来反映同一时期同类事物在不同空间条件下发展不平衡的相对程度。这里的不同空间，可以是不同国家、不同地区或是不同单位等。该指标的分子与分母可以互换，其计算公式为：

$$比较相对指标=\frac{某一空间某种现象的指标数值}{另一空间同类现象的指标数值}\times 100\%$$

比较相对指标一般用倍数或百分数表示。计算比较相对指标时既可以用总量指标对比，也可以用相对指标或平均指标对比。不管采用哪种指标进行对比，必须注意分子指标与分母指标所属的时间、涵义、计算口径、计量单位等应完全一致，否则，对比所得到的比较相对指标将失去实际的意义。

比较相对指标既可以用于不同国家、地区、单位之间的比较，也可以用于同先进或落后的比较，还可以同国家或国际标准指标相比较。比较时选择哪个指标作为比较基础，主要根据研究目的和任务而定。

5. 动态相对指标

动态相对指标又称为发展速度，是某一指标在不同的时间上的数值对比得到的综合指标，说明同一现象在不同时间上的发展变化程度，它一般用百分数或倍数表示。动态相对指标的计算公式为：

$$动态相对指标=\frac{某一现象报告期指标数值}{同一现象基期指标数值}\times 100\%$$

通常我们将作为比较基础的时期的指标数值叫做基期指标数值，而把同基期对比的时期称为报告期或计算期，该期的指标数值就是报告期指标数值。计算动态相对指标时，应根据不同的研究目的选择相应的基期。若要消除季节变动因素的影响，则可以选择报告期的上年同期为基期；也可以选择一些具有重要历史意义的政治经济转折期为基期来说明社会经济现象的发展变化情况。

6. 强度相对指标

强度相对指标是同一时期内两个性质不同但又有一定联系的总量指标数值之比，用来说明社会经济现象的强度、密度和普遍程度的综合指标。该指标的计算公式为：

$$强度相对指标=\frac{某一总体总量}{另一性质不同但与之有联系的总体总量}\times 100\%$$

强度相对指标的计量单位根据两对比指标的计量单位的异同而有不同的表现形式。若两对比指标的计量单位不同，就用双重单位。若两对比指标的计量单位相同，则可以用同一计量单位表示，或用百分数、千分数表示。

有些强度相对指标的分子分母可以相互交换，这就产生了强度相对指标的正指标和逆指标两种形式。正指标的数值大小与现象的发展程度或密度成正比，逆指标的数值大小与现象的发展程度或密度成反比。强度相对指标的应用非常广泛，它可以反映国民经济和社会发展的基本情况以及企业的经济效益高低和生产条件及公共设施的配备情况等。

七、样本

要对总体进行研究有时候需要的投入很大，甚至根本不可能办到，这就需要从总体抽取一定数量的个体进行观测，这个过程称为抽样(也称取样、采样)，而从总体抽取的个体即构成了总体的一个样本(又称子样)，样本中个体的数目称为样本容量。

为了使样本能很好地反映总体，除了要求抽样具有随机性以外，独立性和代表性也是两个基本要求。所谓独立性就是要求每一次抽样都是独立进行的，每次抽取的结果互不影响，而代表性则是要求每一个样本都具有总体特征，每一个样本与总体都具有相同的分布。

八、统计量

样本是对总体进行统计分析和推断的依据，虽然样本含有总体信息，但比较分散，必须经过一定的加工、提炼，把分散在样本中有用的信息集中起来，具体地说，就是针对不同问题构造样本的各种函数，再利用这些函数去推断总体的性质，这种函数就称为统计量。

九、正态分布

对于许多连续型随机变量来说，其概率分布是一种呈铃状的对称曲线，我们称之为正态分布。正态分布是最重要、最常用的一种连续型随机变量分布，这在统计与抽样的理论与应用中占有特别重要的地位，原因首先在于应用中有大量的概率分布或者是正态分布的、或者是近似正态分布的；其次，正态分布具有许多优良的性质，便于进行较深入的理论研究，而在总体服从正态分布时，某些统计量的精确分布更容易推出，并有较简单的结果。

如果连续型随机变量 X 的概率密度为：

$$f(x)=\frac{1}{\sqrt{2\pi}\sigma}e^{-\frac{(x-\mu)^2}{2\sigma^2}} \qquad (-\infty<x<+\infty)$$

则称 X 服从参数为 $(\mu,\ \sigma^2)$ 的正态分布，记为 $X\sim N(\mu,\ \sigma^2)$。

正态分布的分布函数为：

$$F(x)=P(X\leqslant x)=\frac{1}{\sqrt{2\pi}\sigma}\int_{-\infty}^{x}e^{\frac{(y-\mu)^2}{2\sigma^2}}dy \qquad (-\infty<x<+\infty)$$

正态分布的数学期望、方差为：

$$E(X)=\mu \qquad D(X)=\sigma^2$$

特别地，当正态分布的参数 $\mu=0$，$\sigma=1$ 时，称 X 服从标准正态分布，记为 $X\sim N(0,\ 1)$，其概率密度为：

$$\phi(x)=\frac{1}{\sqrt{2\pi}}e^{-\frac{x^2}{2}} \qquad (-\infty<x<+\infty)$$

标准正态分布具有以下性质：

(1) 标准正态分布关于 x 轴对称；

(2) $F(-x)=1-F(x)$。

十、χ^2 分布

χ^2(卡方)分布是海尔墨特和卡·皮尔生分别于1875年和1890年推导出的。它主要适用于对拟合优度检验和独立性检验，以及对总体方差的估计和检验等。χ^2 分布是一种抽样分布。当我们对正态随机变量 X 随机地重复抽取 n 个数值，将每一个 x 值变换成标准正态变量，并对这 n 个新的变量分别取平方再求和之后，就得到一个服从 χ^2 分布的变量。

设 x_1，x_2，Λ，x_n 是独立同分布的随机变量，且每个随机变量都服从标准正态分布，则随机变量：

$$\chi^2 = \sum_{i=1}^{n} x_i^2$$

所服从的分布称为自由度为 n 的 χ^2 分布，简记为：$\chi^2 \sim \chi^2(n)$。

其密度函数为：

$$f(x) = \frac{1}{2^{\frac{n}{2}}\Gamma\left(\frac{n}{2}\right)} x^{\frac{n}{2}-1} e^{-\frac{x}{2}} \qquad (x > 0)$$

其中 $\Gamma\left(\frac{n}{2}\right)$ 是 Γ 函数在 $\frac{n}{2}$ 处的值，χ^2 分布的密度曲线如图 1.1 所示：

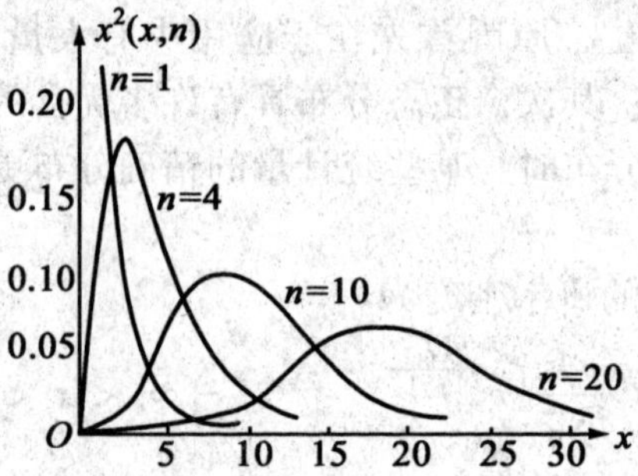

图 1.1

χ^2 分布具有如下性质：

(1) 若 $\chi^2 \sim \chi^2(n)$，则：$E(\chi^2) = n$，$D(\chi^2) = 2n$；

(2) 若 $\chi_1^2 \sim \chi^2(n_1)$，$\chi_2^2 \sim \chi^2(n_2)$，且 χ_1^2 与 χ_2^2 相互独立，则有：

$$\chi_1^2 + \chi_2^2 \sim \chi^2(n_1 + n_2)$$

(3) 当 $n \to \infty$ 时，χ^2 分布趋于正态分布，即 $\chi^2(n) \sim N(n, 2n)$。

十一、t- 分布

t-分布是小样本分布，它适用于当总体标准差未知时用样本标准差代替总体标准差，由样本平均数推断总体平均数以及两个小样本之间差异的显著性检验等。

设随机变量 $X \sim N(0, 1)$，$Y \sim \chi^2(n)$，且 X 与 Y 相互独立，则随机变量：

$$T = \frac{X}{\sqrt{Y/n}}$$

服从自由度为 n 的 t-分布，记为 $T \sim t(n)$，其分布密度为：

$$f(x) = \frac{\Gamma\left(\frac{n+1}{2}\right)}{\sqrt{n\pi}\,\Gamma\left(\frac{n}{2}\right)} \left(1 + \frac{x^2}{n}\right)^{-\frac{n+1}{2}} \qquad (-\infty < x < +\infty)$$

t-分布的密度曲线如图 1.2 所示。

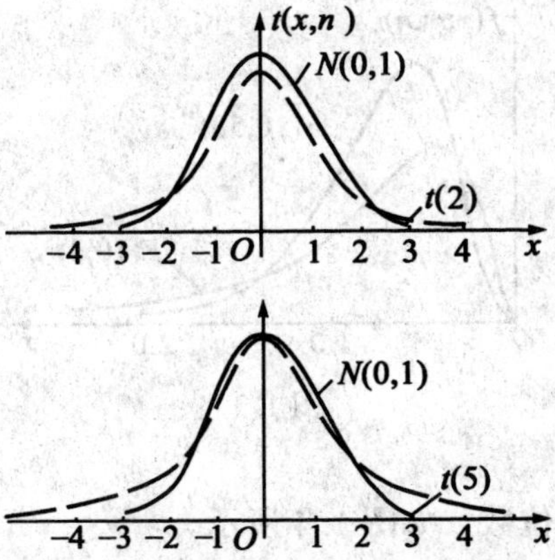

图 1.2

t-分布具有如下性质：

（1）t-分布的均值 $E(T)=0$，方差 $D(T)=\dfrac{n}{n-2}$；

（2）t-分布密度关于 $x=0$ 对称，故有：$t_{\alpha}(n)=-t_{1-\alpha}(n)$；

（3）当 $n\to\infty$ 时，t-分布趋于标准正态分布。一般当 $n>30$ 时，t-分布可用标准正态分布近似。

十二、F-分布

F-分布是以统计学家 R. A. Fisher 的姓的第一个字母命名的分布。其定义为两个独立的 χ^2 分布被各自的自由度相除所得的比率这一统计量的分布，其用途很广，可用于方差分析、协方差分析和回归分析。

设随机变量 $X\sim\chi^2(m)$，$Y\sim\chi^2(n)$，且相互独立，则随机变量：

$$F=\frac{X/m}{Y/n}$$

服从第一自由度为 m，第二自由度为 n 的 F-分布，记为 $F\sim F(m, n)$，其分布密度为：

$$f(x)=\frac{\Gamma\left(\dfrac{m+n}{2}\right)}{\Gamma\left(\dfrac{m}{2}\right)\Gamma\left(\dfrac{n}{2}\right)}\left(\frac{m}{n}\right)^{\frac{m}{2}}x^{\frac{m}{2}}\left(1+\frac{m}{n}x\right)^{-\frac{m+n}{2}}\qquad (x>0)$$

F-分布对于两个正态总体方差比的统计推断问题十分重要，是方差分析等统计推断方法的基础，其密度曲线如图 1.3 所示。

十三、分位数

设随机变量的 X 分布函数为 $F(x)$，实数 p 满足 $0<p<1$，若 x_p 使

$$P\{X\leqslant x_p\}=F(x_p)=p$$

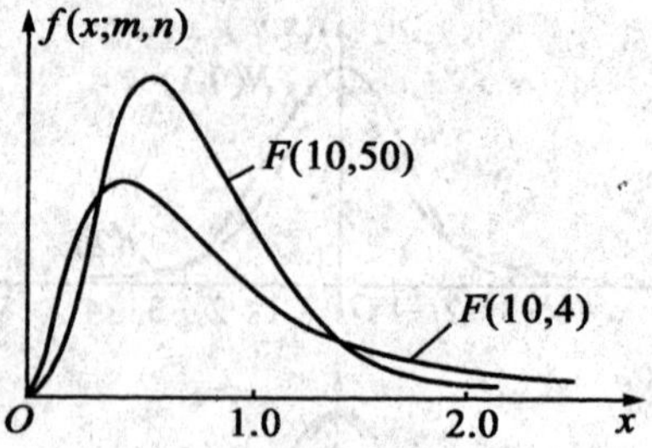

图 1.3

则称 x_p 为 X 的下侧 p 分位数，如图 1.4 所示。

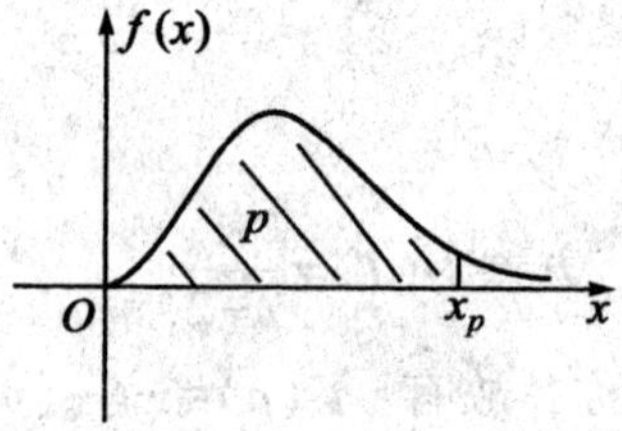

图 1.4

本书遵照全国统计方法应用标准化技术委员会的有关规定，分位数一律采用下侧分位数，常用的正态分布 $N(0,\ 1)$、χ^2 分布、t-分布及 F-分布的分位数，本书中分别用 u_p、$\chi_p^2(n)$、$t_p(n)$ 及 $F_p(m,\ n)$ 表示。

分位数具有如下性质：

(1) $u_p=-u_{1-p}$，$t_p(n)=-t_{1-p}(n)$；

(2) 当 $n>45$ 时，对于 χ^2 分布及 t-分布，有：

$$\chi_p^2(n) \approx \frac{1}{2}\left(u_p + \sqrt{2n-1}\right)^2$$

$$t_p(n) \approx u_p$$

(3) 对于 F-分布，有：

$$F_p(m,\ n)=\frac{1}{F_{1-p}(n,\ m)}$$

十四、大数定律

大数定律是指在大量随机现象中，不仅随机事件的频率具有稳定性，而且是一般平均结果的稳定性，即无论个别随机现象的结果如何，或者它们在进行过程中的个别特征如何，大量随机现象的平均结果实际上与每一个别随机现象的特征无关，并且几乎不再是随机的了。

设随机变量 x_1，x_2，Λ，x_n 独立同分布，且 $E(x_i)=\mu$，$D(x_i)=\sigma^2$，则对任意小的正

数 ε，有：

$$\lim_{n\to\infty} P\left\{\left|\frac{\sum_{i=1}^{n} x_i}{n} - \mu\right| < \varepsilon\right\} = 1$$

该定律表明，当 n 足够小时，独立同分布的一系列随机变量的样本均值($\bar{x}$)依概率收敛于总体均值(μ)，从而为用样本均值估计总体均值提供了理论依据。

十五、中心极限定理

中心极限定理是指从总体中抽取样本容量为 n 的简单随机样本，当样本容量很大时，样本均值的抽样分布可用正态分布近似。

设随机变量 x_1，x_2，Λ，x_n 独立同分布，且 $E(x_i)=\mu$，$D(x_i)=\sigma^2$，则当 $n\to\infty$ 时：

$$\sum x_i \sim N(n\mu,\ n\sigma^2)$$

或

$$\bar{x} \sim N\left(\mu,\ \frac{\sigma^2}{n}\right)$$

由上述定理可知：不论总体服从何种分布，只要它的数学期望和方差存在，从中抽取容量为 n 的样本，则这个样本的总和或平均数是随机变量，当 n 充分大时，$\sum x_i$ 或 $\bar{x}$ 趋于正态分布。

Excel 工具介绍

Microsoft Excel 是一个电子表格程序，具有强有力的数据处理功能、图表图形功能以及丰富的函数和宏命令，可方便地用来记录和分析数据、编辑数学公式、绘制图表和编辑文本等，也能处理一些常规统计问题。由于 Excel 使用方便、学习门槛低、普及性较高，本教材选用了 Excel 作为统计工具，使读者通过操作 Excel 快速掌握统计学中的一些常用分析方法。

一、Excel 的功能

(一) 表格处理功能

Excel 拥有大型、丰富的表格，每张表有 65 536 行、256 列，共 16 777 216 个单元格，这样大型的表格对于绝大多数的用户来说是足够的。

(二) 图形功能

图形是数据最直观的表现形式，因此图形的表达效果对于描述数据来说是非常重要的。Excel 拥有丰富的图形类型可供用户选择，它提供了多达 14 种的图表类型，包括柱形图、条形图、折线图、饼图、散点图、面积图、圆环图、雷达图、曲面图、气泡图、股价图、圆柱图、圆锥图以及棱锥图等。并且，在这些图形类型中，又分了不同的子类型，可以让用户自由选择、搭配，使得图形的表达效果尽量合适、直观。此外，用户还可以根据自己特殊的需求，自定义图表类型。

Excel 的图表使用非常方便，因为它提供了图表向导，用户只需要根据提示，结合自身的需求，就可以自动画出非常满意的图表。Excel 的图表格式可以任意改变，根据设置选项，用户就可以设置出满意的格式，使得图表获得最佳的外观效果。

(三)函数功能

Excel 提供了丰富的函数功能，包括财务、日期与时间、数学与三角、统计、查找与引用、数据库、文本、逻辑、信息共 9 大类几百个函数。用户可以自定义函数满足需求，这使得 Excel 函数的运用变得非常灵活。Excel 这种丰富的函数功能足以满足众多领域的用户对数据处理与分析的需求。

(四)辅助决策的功能

Excel 提供了很多有效的辅助决策功能，其中包括：数据排序、筛选、统计、汇总数据透视表、模拟运算表、方案管理器、单变量求解、规划求解等。利用这些辅助决策功能，可以方便、有效地进行社会经济的数据分析和辅助决策。

(五)宏和 VBA 功能

Excel 提供了 200 多个工具宏，它们以工具按钮的形式提供给用户使用，用户也可以根据需要创建自己的宏。Excel 还提供了记录宏功能，可以将用户的操作记录下来并转换成 Visual Basic 语句。较高级的用户还可以利用 Excel 提供的 Visual Basic for Application 来开发完整的应用程序。

二、Excel 数据分析宏的安装与界面

本书主要使用 Excel 中的数据分析宏进行相关统计分析。基本的 Excel 安装过程以及界面由于篇幅限制，在此不再展开，下面主要展示数据分析宏的界面。

Excel 提供了一组数据分析工具，称为“分析工具库”，在建立复杂的统计分析时，使用现成的数据分析工具，可以节省很多时间。只需为每一个分析工具提供必要的数据和参数，该工具就会使用适宜的统计或数学函数，在输出表格中显示相应的结果。其中的一些工具在生成输出表格时还能同时产生图表。

假设系统中已经安装了 Microsoft Office 2003 系统应用程序，其中包括 Microsoft Office Excel 2003，这时，打开 Excel，在【工具】菜单中查找【数据分析】命令。如果没有发现【数据分析】命令，这是由于没有加载数据分析宏导致的，可以利用【工具】菜单中的【加载宏】命令(见图 1.5)，启动 Excel 的数据分析工具模块。

在弹出的【加载宏】菜单中，选中【分析工具库】复选框，如图 1.6 所示，单击【确定】即可。

在确认以上操作无误后，下面对【数据分析】宏做简单介绍。

1. 打开 Excel 程序。依次点击【开始】→【程序】→【Microsoft Office】→【Microsoft Excel 2003】，其结果如图 1.7 所示。

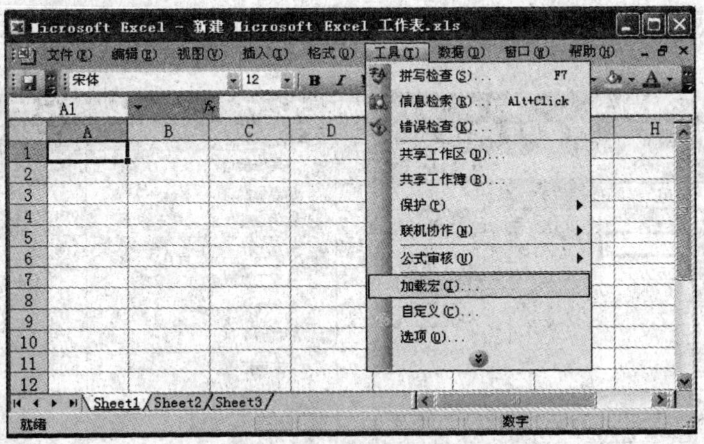

图 1.5　选择【加载宏】的界面

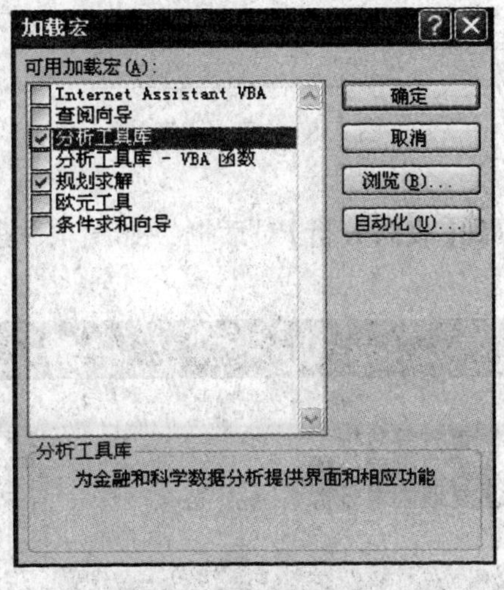

图 1.6　【加载宏】界面

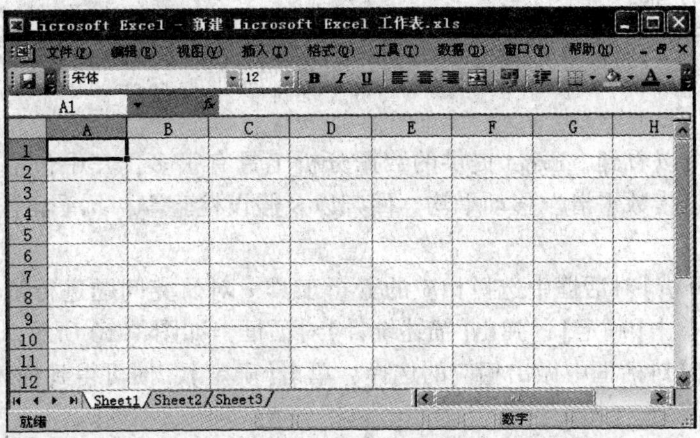

图 1.7　Excel 界面

2. 点击【工具】，结果如图 1.8 所示。

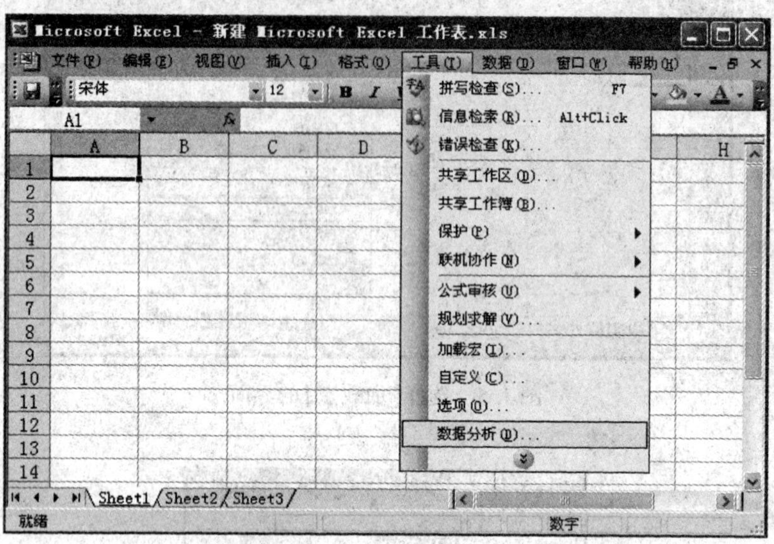

图 1.8　【工具】菜单

3. 单击【数据分析】，得到【数据分析】对话框，如图 1.9 所示。

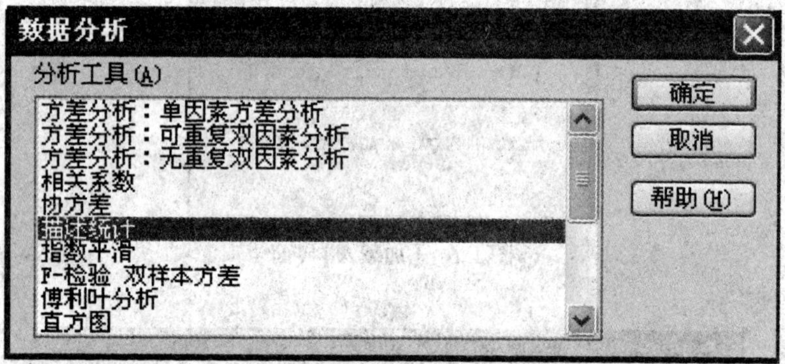

图 1.9　【数据分析】对话框

从图 1.9 中可以看到，Excel 提供的数据分析工具有很多，其中包括方差分析、相关分析、描述统计、指数平滑、移动平均、回归以及假设检验等，几乎涵盖了统计学中的所有基本方法。

4. 在【数据分析】对话框中选择相应的分析工具，对研究问题进行统计分析，例如选择【描述统计】，单击【确定】，弹出【描述统计】对话框，如图 1.10 所示。

在【描述统计】对话框中做出相应的选择，单击【确定】，便可得到描述统计结果。

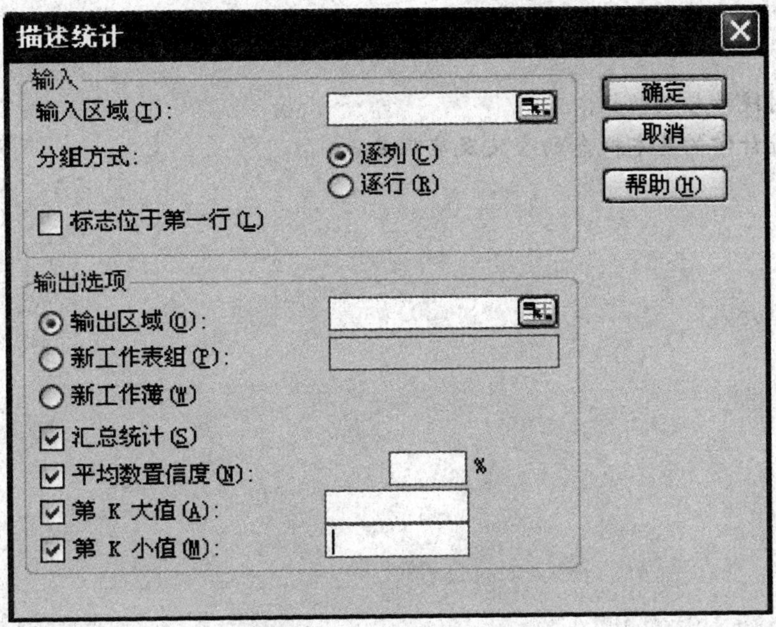

图 1.10 【描述统计】对话框

小　　结

作为导论，本章主要是为读者介绍统计学的一些基本问题。统计学的发展简介是让读者对统计学有一个初步认识和了解，特别是对我国统计学的发展和统计工作的现状在头脑中有一个基本轮廓。由于统计学在我国的基本定位也是近些年的事，无论是理论工作者还是实际工作中的读者，包括我们各类专业、各种层次的学生，对统计学的感性认识还有较大差异，因此，树立一些基本的观念和认识，对于学习统计学和应用统计学都非常重要，同时，对统计学的进一步发展也十分关键，这也是本章我们所要突出的内容。本章用了较大的篇幅介绍了统计学的一些基本概念，这也体现了统计学作为一门方法论科学与其他学科的区别。了解概念是为了更好地应用统计方法。这一章所介绍的概念可以帮助读者把握各种统计学理论的实质和应用背景。

关键术语

统计活动　统计资料　统计理论　统计总体　总体单位　标志
统计指标　数量指标　质量指标　自由度　总量指标　相对指标
样本　统计量　正态分布　中心极限定理

习 题

1. 讨论对统计学的认识。
2. 掌握统计学的基本概念的含义及应用要点。

第二章　统计数据及数据来源

准确、全面、系统的统计数据是进行科学的统计分析和统计预测的前提和基础，而统计数据只有通过统计调查和统计整理这一过程才能获得，因此统计调查和数据整理在统计工作中占有十分重要的地位。

第一节　统计数据的分类与特点

根据统计数据获得途径的不同，可以将统计数据分为原始资料和第二手资料。原始资料是根据特定的目的和要求而专门搜集的资料，如原始记录、统计台账、调查问卷答案、访谈录、实验结果等。第二手资料是早已存在的他人已整理分析的资料，如期刊、报纸上的资料，各国各级政府机构和贸易组织公布的资料，企业内部记录和报告以及从各种渠道得到的间接资料等。下面主要对第二手资料进行介绍。

一、第二手资料的种类

源自公司内部的公开的二手信息包括各种文件档案，诸如年度报表，股东报告，可向新闻媒介透露的产品测试结果，以及由人事部门制作的与员工、顾客和其他人员交流的公司刊物等。通常这些信息都被并入公司的内部数据库。

在公司外部也存在着难以计数的二手资料来源，主要是编辑和发布商业资料摘要的政府部门和机构。贸易和产业组织也提供公开的二手资料。还有更多资料来自商业期刊，以及经常刊登关于经济、特定的产业、对个别公司的研究和论文的新闻媒体。这些资料来源中的不公开的二手信息摘要则包括在小范围内传阅的内部报表、备忘录或用于特殊目的的分析材料。出于经济目的或者是考虑到组织中的优先权，这些摘要不能公开。最后，很自然，原始资料组合后的版权属于这些组织，正如市场调研委托商(客户)也拥有这样的版权。很明显，每种二手资料都要加以不同的整理适合市场调研者的需要。

二、第二手资料的优缺点

市场调研者运用二手资料是因为搜集二手资料只需花费比搜集原始资料少得多的费用和时间，而且也更为方便。使用二手信息的优点还包括以下几点：

1. 有助于明确或重新明确探索性研究中的研究主题。二手资料在试探性研究中起了非常重要的作用。一家超市对其停滞不前的会员人数感到忧心忡忡。它决定对它的会员和非会员进行调查。二手资料显示有大量的年轻单身者流入目标市场地区，而“传统型家庭”的数量则保持稳定。于是调查主题被确定为研究如何大量吸引年轻的单身成年人，同时保持其在传统家庭中的市场份额。

2. 可以切实提供一些解决问题的方法。管理者所面对的问题，以及下达给市场调研者的问题很大程度上不可能是从未遇见的，很可能曾经有人研究过同样的或类似的问题。可能有人已经搜集了所需的精确的资料，只不过不是针对当前的问题的。美国许多州都出版生产商名录，内有地址、市场、产品名录、工厂数量、主要领导的姓名、员工数量以及销售水平等信息。例如，一家为半导体企业进行长期战略策划的咨询公司需要有关潜在客户的地区性简介。那么它可以利用各州的名录来编辑这份简介，而不需要搜集原始资料。

3. 可以提供搜集原始资料的备选方法。原始资料搜集都是针对当前问题的，因此，市场调研者应该广泛吸取提供不同搜集方法的信息。

4. 提醒市场调研者注意潜在的问题和困难。除了提供方法外，二手信息还能暴露出潜在的危险，如搜集方法不受欢迎、样本选择有困难或者被调查者有敌对情绪等。例如，一位调研者计划进行一项衡量对某种特定的兴奋药物的满意程度的研究。查阅了一项对麻醉学家的调研之后，他发现电话调查的拒绝率很高。于是，这位调研者将原定的电话调查改成了邮寄问卷，并对回复者给予奖励。

5. 提供必要的背景信息以使调研报告更具有说服力。二手资料经常能为设计调研方案提供大量的背景资料。它能够粗略地概括出潜在的顾客和非顾客、产业数据、新产品所需的特别广告、购买者在描述该产业时所使用的语言方式，以及新产品和已有产品的优缺点等。了解目标消费者使用语言的方式，有助于组织问卷的语言，使被调查者更准确和全面地理解问卷。有时，背景资料还能直接符合研究的主题，从而不需要在当前的调查中重复类似的问题。通常，问题越简短，回答率越高。有时二手资料能提供对调查资料的进一步分析，或者对当前的发现提供支持，从而丰富调研发现。最后，二手资料可以作为以后调研方案的参照基础。

第二手资料除了有许多优点以外，还存在着一些缺点和错误。它的不足之处是缺乏可得性和相关性，准确性较差，以及内容不够充足。

三、第二手资料的新时代——因特网和 Web

尽管二手资料在绝大多数调研中都是必需的，但数据的搜集工作从来都是一件冗长而枯燥的工作。调研者经常不得不写信给政府机构、同业协会或其他二手资料的提供者，然后为那些可能永远得不到的回复等上几天或几个星期。调研者经常得跑一趟或几趟图书馆，而且可能发现所需的资料已经借出或弄丢了。在最近几年中，因特网与 Web 的迅速发展使二手资料的搜集工作不再是一件苦差事。因特网是一个全球性的电信网络，它使得计算机及其使用者无论其实际位置或所用的计算机类型如何都能获得世界范围内的数据、图像、声音和文件。Web 是因特网的一个组成部分，是设计用来简化文本和图像的传送工具。Web 是因特网中用户最熟悉的一部分。虽然直到 1994 年 Web 才问世，然而 Web 在规模和普及性方面已领先于因特网的其他服务项目，这使得对大多数用户来说 Web 已成为因特网的代名词。

在因特网上查询资料时，如果你知道载有你所需的二手资料的特定 Web 网站的地址，你可以直接将你的查询要求输入你的 Web 浏览器。网景公司(Netscape)的导航者浏览器

(Navigator)和微软公司的因特网探索者浏览器(Internet Explorer)是主要的浏览器。Web的地址或统一参考地址(Uniform Reference Locator, URL)类似于街道地址，用以识别Web上特定的位置(即Web服务器和服务器中的文件)。一个典型的Web地址，如http://www.microsoft.com/imagecmp.htm这个地址，指向一个由微软公司提供的免费的图像设计软件的文档。"HTTP"代表超文本传输协议(Hypertext Transport Protocol)，信息通过它在Web服务器和浏览器(即用户)之间交换。实际上还有其他几种协议，但大多数人习惯使用"WWW"(World Wide Web)。并不是所有的网站都要求这个前缀，有时用其他的前缀，比如"ww2"，或者根本不要前缀。然而，大多数的Web地址是以"www"开头的。地址的下一项叫做域名，在这个例子中域名为"Microsoft"。域名是经注册在因特网中使用的独特名称。扩展名"com"告诉你该公司是商业性的。还有其他的扩展名：Edu（教育机构），Org（非盈利性机构），Gov（政府机构）。在域名之后的信息告诉Web服务器你所索要的文档。可以是以一个特殊的文件名如"imagecmp.htm"结尾的若干子目录，或是以斜杠(/)结尾的路径表示你想要的索引簿中的默认文件(有的Web服务器不提供默认文件，在这种情况下你会得到错误的信息)。

诸如百度(Baidu)、谷歌(Google)、Yahoo、AltaVista、Excite和HotBot等网站已经成为Web用户在网上查询信息的主要目标，这些组织都提供称为搜索引擎的服务项目。每一个搜索引擎都包含有世界范围内的文档链接集合，以各自的索引系统为你查询所需的信息。每一个搜索引擎都允许你输入一个或几个关键词，并在它的Web地址库中找到所有关键词出现的地方。然后，搜索引擎逐一列出清单，你可以直接通过点击，进入所列的网址。

在网上查询你所需的信息既可能非常简单，也可能要花些工夫，经历些考验和错误。互联网使你能进入世界各地的网站，获得比任何一个图书馆都多的信息。无论你在哪里，在纽约市或是北京市，或是地球上的任何一个地方，只要你有一个网络连接器，你就能得到所需的信息。

第二节 统计数据的来源

原始统计数据的获得往往通过统计调查得到。统计调查是统计工作过程中的一个阶段，是按照统计任务的要求，运用科学的调查方法，有组织、有计划地搜集各项原始资料的过程。

一、统计资料的搜集方案

统计资料的获得是一项复杂的工作，必须有目的、有计划、有组织地进行，为了使统计调查按目的顺利进行，在组织调查之前，必须首先设计一个周密的调查方案。统计调查方案包括以下五项基本内容：

(一) 明确调查目的

任何统计调查的实施，首先要明确调查目的。所谓调查目的，就是指为什么要进行调查，调查要搜集什么资料，解决什么问题。调查目的是统计调查中一个根本性问题，有了明确的目的，才能做到有的放矢，正确地确定调查的内容和方法；才能根据调查目的，搜集与之有关的资料，而舍弃与之无关的资料。这样，可以节约人力、物力，缩短调查时间，提高调查资料的时效性。例如，迄今为止，我们搞了五次人口普查，目的都不一样，因而调查项目也不一样。如1953年第一次全国人口普查，目的是配合召开全国人民代表大会，确定选民及人大代表名额，并为国家制定发展国民经济的第一个五年计划提供确实的人口数字，所以，调查主要确定了四个项目：姓名、年龄、性别、民族。1982年第三次全国人口普查是为了配合社会主义现代化建设，统筹安排人民的物质和文化生活，为制定人口政策和规划，提供准确的人口数字资料，所以，当时搞了13项人记录项目、6项户记录项目的调查。1990年第四次全国人口普查为研究改革开放后的人口流动和迁移状况，故在1982年调查项目的基础上又增加了两项人记录项目，共计有15项人记录项目和6项户记录项目。2000年第五次全国人口普查与前几次不同的是，除了普查人口数字、人口结构以外，还调查了人口的经济活动、生活质量以及迁移情况、就业情况等，甚至详细到了解家庭中的住房面积、房租、卫生设施、饮水状况、炊事燃料情况，调查的项目共计49种，远远多于以往的普查。总之，调查项目要根据调查目的列人计划。

（二）确定调查对象和调查单位

调查对象和调查单位需要根据调查目的来确定，目的愈明确、愈具体，调查对象和调查单位的确定也就愈容易。所谓调查对象，就是我们需要进行研究的总体范围，即调查总体。它是由许多性质相同的调查单位所组成。确定调查对象，要明确总体的界限，划清调查的范围，避免在调查工作中产生重复或遗漏。例如，若调查目的是为了搜集某地区国有工业企业生产情况的资料，则调查对象就是该地区所有国有工业企业；又如，如调查目的是为了搜集某地区国有工业企业中高精尖设备使用情况的资料，则调查对象就是该地区所有国有工业企业的高精尖设备。调查单位，就是我们所要研究的总体单位，也即所要登记的标志的承担者。上述两例中，每一国有工业企业和国有工业企业中每一台高精尖设备都是调查单位，也即标志的承担者。

确定调查对象是一个比较复杂的问题，因为社会现象彼此之间相互联系又有交错，所以在确定调查对象时，要把它和与它相近的一些现象划分清楚，区别应调查和不应调查的对象。例如，调查工业企业的生产情况，必须把工业与农业或其他物质生产部门区分开；调查工业企业中高精尖设备使用情况，除了明确工业的范围外，还须区分高精尖设备的界限。确定调查单位，就是要赋予调查单位以科学的定义，这既是一个理论问题，又是一个实际问题。实际工作中，还须注意不要把调查单位和填报单位相混淆。调查单位是调查项目的承担者，而填报单位则是负责上报调查资料的单位。这两者有时一致，有时不相一致。上述两例中，当搜集国有工业企业生产情况的资料时，每一国有工业企业是调查单位，也是填报单位，当搜集国有工业企业中高精尖设备使用情况的资料时，国有工业企业中每一台高精尖设备是调查单位，而填报单位则是每一国有工业企业。

（三）确定调查项目

在调查目的、调查对象、调查单位确定之后，必须确定具体的调查项目。调查项目是所要调查的具体内容，它完全是由调查对象的性质、调查目的和任务所决定的，包括调查单位所须登记的标志(品质标志和数量标志)及其他有关情况。例如，1990年全国人口普查根据调查项目拟定了姓名、性别、年龄、民族、文化程度、职业、行业、婚姻状况、迁来本地的原因等 21 个调查项目。调查项目所要解决的问题是向被调查者调查什么，也就是需要被调查者回答什么问题。在具体拟定调查项目时须注意下列四个问题：(1) 调查项目要少而精，只列入为实现调查目的所必需的项目，否则会造成调查工作的浪费。(2) 本着需要和可能的原则，只列入能够得到确定答案的项目。有些项目被调查者说不清楚或无法回答的，则不要列入。凡列入的调查项目，含义要具体明确，使人一看就懂，理解一致，有些项目根据需要可加注释，规定统一标准等。(3) 调查项目之间尽可能保持联系，以便相互核对，起到校验作用。在一次调查中，各个项目之间保持有一定的联系，在两次或历次调查中项目之间尽可能地保持联系，使其具有可比性。(4) 有的项目可拟定为"选择式"。例如，"文化程度"就可分为"本科毕业及以上学历"、"大专"、"高中"、"初中"、"小学"、"识些字"、"不识字"几栏，被调查者可根据实际情况圈划。

列出调查项目的表格形式就是调查表。调查表一般分为一览表与单一表两种形式。一览表是把许多调查单位和相应的项目按次序登记在一张调查表中形成的，当调查项目不多时可采用，如人口普查表就是一种一览表。单一表是一张表格里只登记一个调查单位，如果项目多，一份表格可以由几张表组成，如职工登记卡片等。一览表的优点是每个调查单位的共同事项只需要登记一次，可以节省人力和时间；其缺点是不能多登记调查单位的标志。而单一表可以容纳较多的标志，其缺点是每份表上都要注明调查地点、时间及其他共同事项，造成人力和时间的浪费。

(四) 确定调查时间和调查期限

调查时间是指调查资料所属的时点或时期。从资料的性质来看，有的资料反映现象在某一时点上的状态，统计调查必须规定统一的时点。对普查来说，这一时点为标准时间。我国第四次人口普查的标准时间定为 1990 年 7 月 1 日零时。有的资料反映现象在一段时期内发展过程的结果，统计调查则要明确资料所属时期的起止时间，所登记的资料指该时期第一天到最后一天的累计数字。例如，第三次全国工业普查时，产量、产值、销售量、工资总额、利润税金等指标，皆为 1995 年 1 月 1 日到 12 月 31 日的全年数字。调查期限是指调查工作进行的起止时间(从开始到结束的时间)，包括搜集资料和报送资料的整个工作所需的时间。例如，我国第五次人口普查规定 2000 年 11 月 1 日零时为普查登记的标准时点，要求 2000 年 11 月 10 日以前完成普查登记，则调查时间为 11 月 1 日零时，调查期限为 10 天。为了保证资料的及时性，必须尽可能缩短调查期限。

(五) 制定调查的组织实施计划

要保证统计调查的顺利进行，必须制定严密细致的实施计划。调查工作的组织计划的内容包括：建立组织统计调查的调查机构；确定统计调查人员及其培训；规定调查的步骤；明确调查的方式、方法和进行统计调查的地点；制定经费预算，落实经费的来源，并制定切实可行的经费使用计划等。

整个统计调查方案的内容，即是对统计调查的设计。这个方案不仅限于调查阶段的问题，也包括了统计整理阶段汇总内容方面的问题。因此，应该把它看成是特定统计过程的总方案。由于我们的认识总有局限性，所以制定的调查方案是否符合实际，还有待于调查实践的检验。随着统计工作的现代化，调查方案也要求日趋周密，并且运用系统工程的原理和运筹学的方法实行各个环节的质量控制，层层把关，以保证调查任务的顺利完成。

二、统计调查的种类

统计调查从不同的角度可以作不同的分类。

1. 统计调查按调查对象所包括范围的不同，可分为全面调查和非全面调查。全面调查是对构成调查对象总体的所有单位一一进行调查。例如，人口普查要调查登记全国每个人的状况。全面调查能够掌握比较全面的、完整的统计资料，了解总体单位的全貌，但它需花费较多的人力、物力和财力，操作比较困难。非全面调查是选取被研究对象中的一部分单位进行调查。例如，要调查我国城镇家庭收支情况，我们就抽查其中的一部分城镇家庭，进行比较细致的调查；对破坏性产品的质量检查，如电灯泡寿命的长短、火柴质量的好坏等，不可能进行全面调查，只能采用非全面调查。重点调查、抽样调查、典型调查及非全面统计报表调查等均属于非全面调查。非全面调查的调查单位少，可以用较少的时间和人力，调查较多的内容，并能推算或补充说明全面情况，收到事半功倍之效。其缺点是掌握的材料存在统计误差。

2. 按调查的组织形式不同，分为统计报表制度和专门调查。统计调查的组织形式是指采取什么方式组织调查以取得统计资料。在我国的实践过程中，专门调查是为了特定目的，研究某些专门问题而组织的一种调查方式。专门调查可分为普查、重点调查、典型调查、抽样调查等。随着社会主义市场经济体制的建立，新的统计调查方法的目标模式为：建立以必要的周期性普查为基础，以经常性的抽样调查为主体，同时辅之以统计报表、重点调查、科学推算等多种方法综合运用的统计调查方法体系。

3. 按登记事物的连续性的不同，分为经常性调查和一次性调查。经常性调查是随着研究对象的变化，连续不断地进行调查登记，主要用来了解事物在一定时期内发生、发展的全部过程。例如，产品产量指标就是某一时期产量连续登记观察的结果；人口出生数和死亡数是对某一时期人口变动连续登记观察的结果。一次性调查是指隔一段时间，不连续地对事物的变化进行一次调查，用以了解事物在一定时点上的状态。例如，对银行存款余额及其构成，往往每月进行一次调查。

通过以上的介绍可以发现统计调查的方式多种多样，实际组织调查时到底采取什么方式方法，必须根据调查的具体任务和调查对象本身的特点而定，并随客观情况和工作条件的变化而适当选用。要注意各种调查方法的结合运用，把全面调查和非全面调查结合起来，或用非全面调查核实全面调查资料的质量。比如，现在人口普查的一个显著特点是各国逐步采取全面调查与抽样调查相结合的方法。如美国，曾选择20%的人口调查出生地、文化教育程度、收入等；选择15%的人口调查父母出生地、童年语言、是否服兵役等；选择5%的人口调查行业、职业和来美时间。

三、统计调查方法

统计调查必须按照统计的目的、调查内容和调查对象的特点，选用不同的调查方法。调查方法运用是否合理直接影响到统计结果的真实性。统计调查的方法很多，但在实际运用中主要采用询问调查法、观察调查法、报告法、实验调查法和卫星遥感法等。

（一）询问调查法

询问调查法又称直接调查法，是调查人员以询问为手段，从调查对象的回答中获得信息资料的一种方法。它是统计调查中最常用的方法之一。询问调查法在实际应用中，根据调查人员同被调查者接触方式不同，又可分为面谈调查、邮寄调查、电话调查和留置问卷调查等。

1. 面谈调查，又称采访法，是指调查人员直接面对被调查者了解情况而获得资料的方法。根据谈话方式不同，又有两种：一是自由交谈方式。它要求调查人员具有较高的谈话技巧，善于启发和引导被调查者的思路，常采用个别访问或集体座谈的方式。二是调查表提问方式。由于调查人员与被调查者亲自接触，逐项访问，因此，调查表的回收率高，调查结果容易作统计处理。它适用于需要获得统计资料的调查。面谈调查具有调查者与调查单位面对面的特点，所以有调查资料真实性强、偏差小、调查表回收率高、灵活性较强等优点。但它所需费用高，受主观因素影响大，对调查者的专业知识水平和面谈技巧要求也高。

2. 邮寄调查法，是将设计好的调查表通过邮局寄给被调查者，请被调查者填好后在规定的日期内寄回。邮寄调查法的优点是：（1）调查面广。（2）费用低（与面谈调查相比）。（3）调查结果客观，不受调查人员态度及主观因素诱导的影响。缺点是：（1）调查表回收率低。据一份国外统计资料表明，一般情况下，邮寄调查表的回收率只有5%～24%。因此，人们为提高回收率常采用以下两种方式：一是给被调查者一定的好处，如免费赠送小礼品、购物优惠券等；二是与有关的行政部门联手调查，以大大提高回收率。（2）由于调查人员不在场，容易产生理解上的差错。（3）调查表的回收期较长。

3. 电话调查法，指通过电话与被调查者交谈，从而获得调查资料的方法。电话调查具有速度快、费用低、回答率较高等优点。但不适宜复杂的调查，调查对象也有一定的局限性。因目前我国居民家庭还未普及电话，故选择调查对象时要考虑这一因素。

4. 留置问卷调查法，也称被调查者自填法，是指调查人员将调查表交给被调查者，由被调查者按要求如实填写，调查人员约定日期回收或由被调查者寄回。如我国职工家庭收支情况调查就是采用这种方法。这种调查方法介于面谈调查法和邮寄调查法之间，其特点也介于两者之间。留置问卷调查法的优点是：（1）被调查者对调查表的理解偏差小于邮寄调查法。（2）受调查者主观影响小。其不足之处是：（1）费用高。（2）调查地域不广，受人力、物力和时间的影响，不可能访问地域范围大的调查者。在西方国家，大约55%的调查访问是通过电话完成的，个人访问大约占10%，邮寄问卷访问相对较少，大约占5%，剩下的调查访问则多是在各种研究中心或大商场的环境下进行的，而我国目前的情况正好相反。

（二）观察调查法

观察调查法是指调查人员在调查现场不通过提问或交流而直接观察和记录人、物体或事件行为模式以获得信息资料的方法。这种方法的特点是调查人员不直接向调查对象提出问题并要求回答，而是依赖于调查人员耳闻目睹的亲身感受。

与其他调查法相比，观察调查法具有如下特点：（1）真实性高。调查人员不直接向调查对象提问，被调查对象并未意识到自己已接受调查，故较为客观。（2）受调查人员主观意识影响小。因调查双方并不正面接触，故调查人员的主观意识不会影响被调查者。(3)观察不到调查对象的心理动机等内在因素。(4) 观察法受时间或空间限制，所获得的信息资料往往有一定的局限性。(5) 调查费用大。调查人员亲临现场调查，往往需要大量的费用(如差旅费等)。(6) 对调查人员素质要求高。对于同一现场的调查，不同的调查人员获得的调查资料可能会出现较大的差别。这主要是受调查人员的素质水平的影响。具体在运用观察调查法时，应尽量发挥其长处，克服其缺点，尽量选择那些具有代表性的环境及最合适的时间进行观察；全面深入地观察客观事物变化过程，对各种资料进行全面、动态的比较，从而了解事物变化的全貌；尽量借助记录工具，如各种记录信息的仪器设备，以取得真实的原始信息，以免事后追忆时发生误差。

(三) 报告法

报告法是由报告单位根据一定的原始记录和台账，依据统计报表的格式要求，按照隶属关系，逐级向有关部门提供统计资料的一种调查方法。我国现在各企业、机关向上级填报统计报表，就是报告法。这种调查是各地区、各部门、各单位按照有关法规的规定，必须对国家履行的一种义务。报告法的特点是：有统一项目、统一要求和统一上报程序；其资料来源于原始记录；可以同时进行大量的调查。如果报告系统健全，原始记录和核算工作完整，采用报告法也可以取得比较精确的资料。

(四) 实验调查法

实验调查法起源于自然科学的实验法，它是指在给定的实验条件下，在一定范围内观察总体现象中自变量与因变量之间的变动关系，并做出相应的分析判断，为预测和决策提供依据。这种方法常用于市场调查中。例如，为了探明某种商品采用新的包装或施行其他营销策略后，是否可以改善这种商品的销售状况以及改善的程度如何，则可运用实验法，在小范围内进行对比实验。实验调查法能通过人为的有意识控制，从影响调查对象的若干因素中，选出一个或几个因素作为实验因素，在其余诸因素均不变化的条件下，了解实验因素变化对调查对象的影响，并能获得这种影响的定性或定量的实验结果。这是观察调查法和询问调查法无法做到的。从其实验内容上看，实验法可分为分割实验和区域实验。分割实验也就是从影响现象的诸多因素中分割出一个或几个因素来考察。区域实验，是将受同样因素影响的现象，置于不同环境的地理区域中，了解受同样因素影响的现象在不同地域中产生的效果。例如把同一稻种种植在不同条件的地理环境，以检验稻种的推广价值。

上述各种搜集资料的方法，在实际工作中应根据调查对象的特点，结合具体情况加以选用，或者同时结合应用几种调查方法。

(五) 卫星遥感法

卫星遥感法是一种使用卫星高度分辨辐射计提供地面农作物绿度资料，来估计农产量的方法。卫星遥感法运用得好，可以达到投资少、速度快、准确度高的要求。我国运用这种方法估计北方冬小麦产量已有十多年，取得了一定成绩，今后将进一步推广和完善。

四、统计调查的组织形式

我国统计调查的组织形式主要包括：统计报表、普查、重点调查、典型调查和抽样调查。

（一）统计报表调查

1. 统计报表的概念与种类

统计报表是我国搜集统计资料的一种重要的组织形式。它是按照国家或上级部门统一规定的表式、统一的内容和项目、统一的报送程序和报送时间，自下而上逐级提供基本统计资料的一种调查方式。统计报表主要是用于全面调查，但也有一些是用于非全面调查。这种定期的、比较稳定的搜集资料的方法在社会主义建设中具有重要作用。我国目前有关国计民生的重要的统计资料绝大部分是依靠统计报表取得的。

由于划分的标准不一样，在我国统计报表的种类很多。

（1）统计报表按主管系统的不同，可分为基本统计报表和专业统计报表。基本统计报表是国家统计系统为搜集国民经济和社会发展情况的基本统计资料，由国家统计局制发，用来搜集工农业生产、交通运输、邮电、商业、外贸、财政金融、劳动工资等国民经济的基本统计资料，为各级政府了解情况、指导工作、编制和检查计划提供依据的。专业统计报表是由业务主管部门为搜集适应本部门业务管理需要的专业统计资料而制发的，也叫做业务部门统计报表。它只在本系统内执行，用来搜集有关部门的业务技术资料，作为基本统计报表的必要补充。

（2）按调查范围不同可分为全面统计报表和非全面统计报表。全面统计报表要求调查对象中的每个单位都填报；非全面统计报表只要求调查对象中的一部分单位填报。非全面调查填报的报表属于非全面统计报表。

（3）统计报表按照报送周期长短的不同，可分为日报、旬报、月报、季报、半年报和年报等。除年报外，其他报表都称为定期报表。日报、旬报由于时效性强，也称为进度报表。各种报表报送周期的长短和指标项目的详简有一定的关系，通常是报表报送的周期愈短，报送的指标项目愈简愈粗；反之，指标项目就愈多愈细。年报是带有总结性的报表，其作用在于总结报告年度计划执行情况，分析研究历年生产发展趋势和平衡关系，以及为各级领导机关制定方针、政策提供依据，为研究社会经济发展及重要比例关系提供依据。所以，年报具有指标多、分组细、统计范围广等特点。

（4）统计报表按填报部位不同，可分为基层报表和综合报表。基层报表是由基层企业、事业单位根据原始记录，汇总整理、编报的统计报表。编报基层报表的单位称为基层填报单位。综合报表是由各级国家统计部门和业务主管部门根据基层报表，汇总整理、编报的统计报表，反映一个地区、一个部门或全国的基本情况。编报综合报表的单位则称为综合填报单位。

（5）统计报表按报送方式的不同，可分为电讯报表和书面（邮寄或投递）报表两种。电讯报表又可分为电报、电话和网络传真等方式。采用什么方式要取决于内容的紧迫性或要求的时效性。日报和旬报时效性强，要求迅速上报，故通常采用电讯方式上报。月报、季报、半年报和年报，除少数月报也采用电讯方式外，一般采用书面（邮寄或投递）方式上报。

2. 统计报表的意义

统计报表的重要性，具体体现在以下三个方面：（1）统计报表的资料是编制经济与社会发展计划并检查其执行情况的基本依据。（2）统计报表的资料是反映我国社会主义现代化建设成就和从数量方面研究社会主义建设的经验及发展规律所不可缺少的依据。(3) 统计报表的资料，特别是业务系统的报表资料是指导生产和经营管理的重要工具。必须指出，统计报表在使用上也存在着一定的局限性。一是缺乏灵活性，因为统计报表所反映的是现象的结果，无法反映现象发生的过程，也无法利用报表研究不断变化的新情况、新问题；二是取得资料的时效性较差，统计报表的内容比较固定，且涉及的面广、中间环节多；三是在我国目前实行社会主义市场经济的条件下，有些资料要通过报表方式如实取得，还必须结合采用灵活多样的专门调查形式。因此，我们决不能滥用和滥发统计报表。制发统计报表，应该进行充分的调查研究和必要的试点，认真听取各方面的意见。

3. 统计报表制度

统计报表制度是对统计报表内容的一系列规定而形成的一项必须遵守的制度。它是我国重要的国家管理制度之一，按照法律规定，执行统计报表制度是各地区、各部门、各单位必须向国家履行的一种义务。统计报表制度的基本内容有：报表内容和指标体系的确定，报表表式的设计，报表的实施范围、报送程序和报送日期，填表说明、统计目录等。

(1) 报表内容和指标体系的确定。报表内容和指标体系的确定，要以反映国民经济和社会发展情况及生产经营活动的主要情况为出发点，并有充分的科学根据，避免繁琐，做到精炼适用。同时，统计报表的指标体系应与会计核算、业务核算的指标体系相互衔接、互相通用。

(2) 报表表式的设计。表式是指统计报表的具体格式，包括填报的指标项目和其他内容。每张表都要把指标内容按一定规格形式安排，力求简明清晰，具体写明表名、表号、报告期别、填报单位、报送日期、报送方式、单位负责人及填表人签名等。

(3) 报表的实施范围，即填报范围。必须指明每一张报表应该由哪些单位(编报单位)来填报，又须指明汇总时应该包括哪些单位(编报单位)。这样，既可避免填报单位的遗漏，又可在填报范围发生变动时，易于调整统计资料，保证不同时期或不同地区的统计资料具有可比性。

(4) 报表的报送程序和报送日期。报表的报送程序，包括填报单位填报报表的份数、方式和受表单位，且要规定其报送日期。一般地说，基本统计报表要同时报送当地统计部门和上级业务主管部门进行汇总。

(5) 填表说明。为便于报表指标项目的统一理解，以保证报表的质量，必须对报表编制填表说明，具体说明填表的方法、指标解释及有关注意事项。指标解释是一项重要内容，它具体解释指标的概念、计算范围、计算方法以及其他有关问题，使各填报单位对此有统一的认识和理解。指标的概念要简明清晰，计算范围要界限分明，计算方法要科学具体。只有这样，统计人员才能正确理解、掌握和填报。

(6) 统计目录。统计目录是指统计报表中主栏项目的一览表。大体可分为两类：一类是主栏中填报的统计分组用的目录，如工业部门分类目录等；另一类是主栏中填报的具体项目的目录，如工业产品目录等。统计目录并非一成不变，随着计划管理的改善和生产技术的发展，要适时地进行修订和补充。

随着改革开放的发展，国民经济中出现了多种所有制、多种经济成分、多种经济类型、多种经营方式等复杂多样的调查对象，已经无法依靠全面统计报表方式搜集统计资料，必须增加信息渠道。再者，随着统计工作实行标准化，统计报表制度也要实行标准化。在我国，要有统一的统计标准，其中包括要有全国统一的指标体系、统一的分类标准、统一的统计编码、统一的调查表式、统一的计算方法等，以实现统计资料用计算机进行整理、传送、储存和分析。这样，有利于从中央到地方形成统计数据信息。

统计报表制度是统计调查方式中的一种常用的方式。除此以外，还需要按照特定任务的要求和调查对象的特点采用专门调查。

（二）普查

1. 普查的概念与特点

普查是专门组织的、一次性全面调查。它有两个主要特点：(1) 普查是一次性调查。它主要用来调查属于一定时点上的社会经济现象的总量。(2) 普查是专门组织的全面调查。它主要用来全面、系统地掌握重要的国情国力方面的统计资料。例如，工业普查、房屋普查、人口普查、物资库存普查、工业设备普查等。普查往往在全国范围内进行，它的工作量大，时间性强，需要动员较多的人力、物力，组织工作比较繁重，所以，普查不宜经常进行，而是每隔一段时间进行一次。

在我国，普查仍是一项不可缺少的统计调查的组织形式，是统计报表所不能替代的。因为有些社会现象，如人口、物资库存等，不可能也不需要进行经常性调查，但又须掌握比较全面的统计资料，这就要通过普查来解决。普查与统计报表相比，它所包括的调查单位和指标项目更为全面，所采取的分组更为详细。在任务紧迫时，国家统计机构可以通过快速普查，在很短时间内取得某种非常急需的全面资料。可见，普查是一种重要的统计调查方式。普查的主要作用在于它能解决那些不宜用经常性调查，但需要全面、准确的统计资料的问题。利用普查资料，可以深入地反映和研究社会、经济、文化等现象的发展状况，并为各级政府和管理机构制定方针、政策提供必要的统计信息，为国家进行宏观决策、制定长远规划提供可靠的依据。例如，第二次全国工业普查，就是要摸清我国工业的实际情况，为党中央提出 2000 年的伟大战略目标服务，为经济体制改革和对外开放政策服务，为制定长期计划服务，为有计划、有重点地进行技术改造服务。

2. 普查的方式

普查的具体方式有两种：一种是从上至下组织专门的普查机构和队伍对调查单位直接进行登记；另一种是利用调查单位的原始记录与核算资料，或者结合清仓盘点，颁发一系列调查表，由调查单位自行填报。我国采取第一种方式普查的有：1953 年第一次全国人口普查，1955 年私营商业及饮食业普查，1964 年第二次全国人口普查，1977 年全民所有制和集体所有制单位实际用工人数普查，1978 年全国科技人员普查，1982 年第三次全国人口普查，1990 年第四次全国人口普查，2000 年第五次全国人口普查等。采取上述第二种方式普查的有：1954 年黑色金属、有色金属和木材库存普查，1954 年以后所进行的多次物资库存普查，1985 年第二次全国工业普查等。

3. 普查的基本要求

(1) 要有严密的组织和高质量的普查队伍。为保证普查机构的权威，其成员通常由统计、计划、财政、劳动、卫生和宣传教育单位的负责人及专家、学者组成。另外，应及时抽调和培训大批的普查人员。培训内容主要有：普查的目的及要求；普查项目的内容及规定；普查登记的技能及注意事项等。

(2) 必须明确规定调查资料所属的标准时间。普查必须明确规定标准时点，以避免时点不统一而发生登记重复和遗漏现象。实际登记时间往往在标准时点以后，在标准时点与登记时间之间的这段时期内发生的任何变动，一律不登记。

(3) 正确选择调查工作时间。普查工作进行的具体时间应选择在调查对象变动小，登记、填报较为方便的时候。这样，既有利于工作的顺利进行，也有助于提高资料的正确性。调查时还应注意，各调查点须同时进行，并在尽可能短的时间内完成登记工作，以保持步调的一致性，提高资料的可靠性。

(4) 调查项目应简明，且项目一旦确定不能任意增减。一方面，普查项目不能过于复杂。调查项目越多，调查难度增大，误差也可能增大。另一方面，调查项目应明了。对各调查项目应有统一的规定和解释，有明确的操作定义和统一的计算公式。且注意项目应保持一定的稳定性，以便于不同时间资料的对比。

(5) 普查尽可能按一定的周期进行。有周期地进行普查有利于资料的对比分析，提高资料的利用率。改革开放以来，我国对有关国情国力的重大统计信息，采取每隔 5 年或 10 年进行一次的周期性普查。例如人口普查、工业普查、第三产业普查可以每隔 10 年进行一次，基本统计单位普查每隔 5 年进行一次。

(三) 重点调查

1. 重点调查的概念和特点

重点调查是在调查对象范围内，选择部分在全局中举足轻重的重点调查单位搜集统计资料的非全面调查。所谓重点单位，是指这些单位在全部总体中虽然数目不多，所占比重不大，但就调查的标志值来说却在总量中占很大的比重。通过对这部分重点单位的调查，可以从数量上说明整个总体在该标志总量方面的基本情况。例如，选择鞍钢、宝钢、武钢、首钢、包钢等几个钢铁企业进行调查，能及时地了解到全国钢铁生产的基本情况，因为这些企业的钢铁产量占我国全部钢铁企业总产量的绝大部分，可以满足调查任务的要求。重点调查的优点在于调查单位少，可以调查较多的项目和指标，了解较详细的情况，取得及时的资料，使用较少的人力和时间，取得较好的效果。当调查任务只要求掌握总体的基本情况，而且总体中确实存在重点单位时，采用重点调查是比较适宜的。但必须指出，由于重点单位与一般单位的差别较大，通常不能由重点调查的结果来推算整个调查对象的总体指标。

2. 重点单位的选择

重点调查的关键问题是确定重点单位。首先重点单位选多少，要根据调查任务确定。一般来说，选出的单位应尽可能少些，而其标志值在总体中所占的比重应尽可能大些。其基本标准是所选出的重点单位的标志值必须能够反映研究总体的基本情况。其次选择重点单位时，要注意重点是可以变动的，即要看到，一个单位在某一问题上是重点，而在另一问题上不一定是重点；在某一调查总体中是重点，在另一调查总体中不一定是重点；在这个时期是重点，在另一个时期不一定是重点。因此，对不同问题的重点调查，或同一问题不同时期的重点调查，要随着情况的变化而随时调整重点单位。当然选中的单位应是管理健全、统计基础工作较好的单位，以有利于统计调查的实施。

重点调查主要采取专门调查的组织形式，有时也可以颁发定期统计报表，由被调查的重点单位填报，定期观察这些重点单位的主要技术经济指标的完成情况及其变动。重点调查搜集资料的方法，主要采用以企事业单位的原始资料为依据的报告法。

（四）典型调查

1. 典型调查的意义和作用

典型调查就是在调查对象中有意识地选取若干具有典型意义的或有代表性的单位进行非全面调查。主要特点是：其一，调查单位少，能深入实际，深入群众，搜集详细的第一手资料；其二，由于典型单位是有意识选出的，对其进行调查，就能取得代表性较高的资料；其三，典型调查机动灵活，可节省人力和物力，提高调查的时效性。

典型调查大体上可分为两种：一种是对个别典型单位进行调查和研究，在这种调查中只要选出几个典型单位就可以了，其目的主要在于通过典型单位来说明事物的一般情况或事物发展的一般规律性；另一种典型调查是从总体中选择一部分典型单位，这部分单位形成一个总体，通过对这个总体的观察，可以从数量上推断总体的基本情况。由于社会现象具有复杂性，而统计要求推断结果尽可能地准确一些，这种典型调查宜采用划类选典的方法。

典型调查的主要作用有以下四个方面。（1）典型调查便于发现和分析社会生活中的新事物，及时反映各种新情况、新问题。（2）典型调查能对所研究的问题，作具体深入的分析，弄清事物发展变化的规律。（3）典型调查适于深入典型单位，结合实际情况，总结其成功的经验和失败的教训，有助于全面工作的展开。（4）典型调查的资料可以用来补充和验证全面统计的数字，推断和测算有关现象的总体。

2. 典型单位的选择

典型调查的中心问题在于如何正确地选择典型单位，要保证被选中的单位具有充分代表性。根据调查研究目的的不同，选择典型单位的方法也不同。如果是为了近似地估算总体的数值，可以在了解总体大概情况的基础上，把总体分成若干类型，从每一类型中按它在总体中所占比例的大小，选出若干典型单位进行调查。如果为了了解总体的一般数量表现，则可以选中等的典型单位作为调查单位。如果为了研究成功的经验和失败的教训，则可以选出先进的典型单位和落后的典型单位，或选择上中下各类典型单位进行调查、比较。典型可以是单个的，也可以是整群的，或者先调查整群，再从整群中选出若干个体进行更加深入细致的调查。典型可以是临时选择的，也可以是比较固定的，以便进行连续调查，取得系统的调查资料，研究事物发展变化的趋势。总之，选择典型必须从全面着眼、分析，掌握调查对象的全面情况和平均水平，然后对比各个可供选择的调查单位的具体情况和具体水平，从中选择几个代表性较大的单位。

（五）抽样调查

抽样调查也是一种非全面调查，它是在全部调查单位中按照随机原则抽取一部分单位进行调查，根据调查的结果推断总体的一种调查方法。例如，我们要检验某种产品的质量，就要从整个产品中随机抽取若干个产品进行检验，看它们的合格率或不合格率是多少，然后以此推断全部产品的合格率或不合格率是多少，还可以推算合格或不合格产品的总量。

抽样调查与其他非全面调查比较，具有两个基本特征：第一是按照随机的原则抽选单位，排除个人主观意图的影响；第二是对一小部分单位作深入细致的调查研究，取得数据，并据此从数量上推算总体。在社会经济现象中，有很多现象，是无法进行全面调查的，故须采用抽样方法调查；即使对可以用全面调查方式的现象，有时用抽样调查方式更加节约并能提高效率。现在世界上许多国家，无论自然科学试验或社会科学研究搜集资料，都广泛采用抽样调查方法。改革开放以来，我国进行了一系列的统计调查方法改革，要求在统计的各个领域广泛推广、运用抽样调查，并不断地提高它在统计调查方法体系中所占的比重，逐步取代传统的逐级上报、层层汇总、无所不包的全面统计报表，确立它在统计调查中的主体地位。

有关抽样调查的理论和方法将在本书的第六章进行详细的介绍。

第三节 统计数据的基本描述

统计调查阶段所搜集到的大量原始资料还不是平常我们看到的统计数据，我们要对这些原始资料加工汇总，使其系统化、条理化、科学化，最终形成简洁明了的统计表。

一、统计资料整理的意义和程序

（一）统计整理的意义

统计整理是指对统计调查阶段所搜集到的零星分散的原始资料进行加工和综合，使其系统化、条理化、科学化，以得出反映事物总体综合特征的资料的工作过程。通过统计调查所搜集到的资料，只是一些个别单位的、分散的、不系统的原始资料，所反映的问题常常是事物的表面现象，不能深刻揭示事物的本质，更不能从量的方面反映事物发展变化的规律性，只有将其去粗取精、去伪存真，才能揭示现象的规律性。

统计资料整理就是人们对社会经济现象从感性认识上升到理性认识的过渡阶段，是统计工作中一个十分重要的中间环节，起着承前启后的作用，既是统计调查阶段的继续和深入，又是统计分析阶段的基础。统计整理在统计研究中占有重要的地位，它决不是一个简单的综合汇总工作。像报表的汇总也是包括在整理的概念和过程之中的，但整理还有一个对调查资料进行加工、补充和推算的问题。统计整理在统计研究中起着十分重要的作用，因为统计调查所得到的大量原始资料，即使是丰富的、完善的，但若整理时所依据的原则和应用的方法不正确、不科学，那么，根据整理的结果进行统计分析，也不可能得到正确的结论。可见，统计整理直接决定整个统计研究任务能否顺利完成。

（二）统计整理的程序

统计整理的一般程序依次是：统计资料审核、统计资料分组、统计资料汇总、编制统计表、绘制统计图。具体包括4个步骤：（1）对调查来的材料首先要进行审核和订正，以保证资料的正确性；（2）按照统计研究的目的进行科学的分组或分类；（3）对各单位的指标进行汇总和做必要的加工计算；（4）将汇总整理的结果编制成统计表或绘制统计图。以上几方面中，关键的问题在于对总体进行分组，力求分组方法科学，能反映现象的客观过程。下面我们将对统计分组进行更深入的介绍。

二、统计分组

(一) 统计分组的意义

统计分组就是根据统计研究的需要，将统计总体按照一定的标志区分为若干个组成部分的一种统计方法。其目的就是把同质总体中的具有不同性质的单位分开，把性质相同的单位合在一起，保持各组内统计资料的一致性和组与组之间资料的差异性，以便进一步运用各种统计方法，研究现象的数量表现和数量关系，从而正确地认识事物的本质及其规律性。例如，在工业企业这一同质总体中，就存在着所有制不同的差别，存在着生产方向上的差别和规模大小的差别等，为了研究问题的需要，就必须对总体进行各种分组，以便从数量方面深入了解和研究总体的特征。统计分组是基本的统计方法之一，在资料整理和统计分析中都有广泛的应用。分组的好坏直接关系到统计能否整理出正确的、中肯的统计资料，关系到统计能否得出正确的结论。从某种意义上讲，没有统计分组，就没有科学的统计资料的整理，也就没有科学的统计分析。统计分组决不是一个单纯的技术问题，而是具有高度原则性和理论性的问题。

统计分组的基本作用有以下三方面：

1. 划分社会经济现象的类型

经济现象存在着复杂多样的类型，各种不同的类型有着不同的特点以及不同的发展规律。在整理大量统计资料时，有必要运用统计分组法将所研究的现象总体划分为不同的类型组来进行研究。比如，我国经济成分分为公有经济和非公有经济两大类型，公有经济包括国有经济和集体经济，非公有经济包括个体私营经济和外商经济等；工业划分为重工业和轻工业两大类型；社会产品划分为生产资料和消费资料两大类。

2. 揭示事物内部结构

社会经济现象所包括的大量单位，不但在性质上不尽相同，而且在总体中所占比重也不一样。通过统计分组，计算出结构相对指标和比例相对指标，可以揭示各部分在总体中所占比重大小、重要程度以及总体中各部分的比例关系和内在联系。

3. 分析现象之间的依存关系

社会经济现象之间存在着广泛的相互联系和制约关系。在统计实践中，可以将总体按某一指标分组的同时，列出与其有联系的另一指标的分组情况加以综合运用。例如企业销售额与产品广告费之间、个人收入与消费之间都存在一定的联系，都可以用统计分组的方法研究彼此在数量上的内在联系。

(二) 统计分组标志的选择

分组标志是统计分组的依据，正确选择分组标志，能使分组作用得以充分发挥，也是使统计研究获得正确结论的前提。由于总体单位的标志有品质标志和数量标志两种，因此，可以按品质标志和数量标志对总体进行分组。

按品质标志进行分组，情况有所不同。有的比较简单，比如，人口按性别分组。有的则比较复杂，复杂的品质分组称为分类，比如，人口按职业分组，工业生产按部门进行分组等。在统计实践中应用的分类是很多的，为了便于统计的名称、范围和计量单位的统一，国家制定有统一的分类目录，例如，“工业产品目录”、“工业部门分类目录”、“商业部门统一商品目录”等，各地区、各部门进行统计整理时，必须遵照执行。

按数量标志进行分组，可有两种情况：一种情况是变量数值不多，变动范围不大，即总体单位的不同标志值较少，这时可进行单项式分组；另一种情况是变量数值较多，变动范围较大，即总体单位的不同标志值较多，则应进行组距式分组。

（三）统计分组体系

统计分组体系是对某一总体运用多个不同标志进行分组形成的相互联系、相互补充的体系。例如，对学生可分别按性别、年龄、成绩、籍贯、民族等进行分组，目的是为了全面认识总体特征。统计分组体系具体有两种表现形式：简单分组及平行分组体系和复合分组及复合分组体系。

1. 简单分组及平行分组体系。简单分组是只用一个标志对总体进行分组，只能反映现象在某一标志特征方面的差异情况，而不能反映现象在其他标志特征方面的差异。对于同一总体运用两个或两个以上标志进行简单分组后平行排列形成的体系即平行分组体系。例如对大学新生按性别、文理科、年龄进行分组形成的平行分组体系如下：

按文理科分组：文科学生；理科学生。

按年龄分组：16 岁以下；16~18 岁；18~20 岁；20 岁以上。

按性别分组：男生；女生。

2. 复合分组及复合分组体系。复合分组是对同一总体运用两个或两个以上标志重叠起来进行分组。由复合分组形成的体系称为复合分组体系。例如，对工业企业按经济类型分组的基础上，再按企业规模分组形成如下的复合分组体系：

国有经济类型：大型企业；中型企业；小型企业。

集体经济类型：大型企业；中型企业；小型企业。

其他经济类型：大型企业；中型企业；小型企业。

采用复合分组，可以为统计分析提供更为丰富的信息，但在进行重叠分组时，其层次关系一定要依据研究问题的需要处理好。

必须指出的是，不论选择什么标志，采用什么方法对总体进行分组，都应遵循两条基本原则：穷尽性原则和互斥性原则。既要将所有的总体单位分到自己所属的组中，又要使每个总体单位只属于某一组，而不能同时出现在几个组中。

三、次数分布

（一）次数分布数列的概念和种类

次数分布是统计分组的一种重要形式，它可以反映总体的结构分布状况和分布特征，这对于统计分析是很重要的。在统计分组的基础上，将总体所有单位按组归类整理，并按一定顺序排列，形成总体中各个单位在各组间的分布，称为次数分布。分布在各组的总体单位数叫次数，又称频数，次数与总次数之比叫比率，又称频率。因此，次数分布由两个部分构成，即各组名称和各组次数或频率，如表 2.1。

表 2.1 **1996 年底我国人口性别构成**

按性别分组	人口数(万人)	比重(%)
男性	633 347	50.82
女性	612 896	49.18
合计	1 246 243	100.00
各组名称	次数	频率

根据分组标志的不同，分布数列可分为两种：品质分布数列(简称品质数列)、变量分布数列(简称变量数列)。

按品质标志分组形成品质数列，表 2.1 即是一个品质数列。对于品质数列来讲，如果分组标志选择得好，分组标准定得恰当，则事物质的差异表现得就比较明确。品质数列一般也较稳定，通常均能准确地反映总体的分布特征。

按数量标志分组形成变量数列。变量数列又可分为单项数列和组距数列两种。(1) 单项数列是总体按单项式分组而形成的变量数列，每个变量值是一个组，按变量值大小顺序排列。在变量值不多和变量值变动幅度不大时采用，通常是有多少个不同的变量值就分多少个组。(2) 组距数列是总体按组距式分组而形成的变量数列，每个组由一个变量值的区间表示，在变量个数较多、变动幅度较大时采用。组距数列又分为等距数列和异距数列。

(二) 组距数列的编制

编制组距数列牵涉的问题较多，不仅取决于分组标志的选择，而且要看分组界限的确定是否合理。在编制过程中，要正确处理以下三个具体问题：

1. 组距和组数。在组距数列中是用变量值变动的一定范围代表一个组，每个组的最大值为组的上限，最小值为组的下限。每个组上限和下限之间的距离称为组距。编制组距数列必须确定组距和组数。首先要找出全部变量的最大值和最小值的距离(即全距)，以及大多数变量集中在什么范围内，然后才能据以考虑组距和组数的问题，务必使分组的结果尽可能反映出总体分布的特点。组数的确定和组距有密切联系。组距大则组数少，组距小则组数多，两者成反比例的变化。在具体确定组距时，应使组距能体现组内资料的同质性和组间资料的差异性。

2. 等距分组和异距分组。组距数列根据组距是否相等，可以分为等距数列和异距数列，等距数列中各组组距都是相等的，异距数列中每组的组距是不全相等的。是采用等距还是采用异距的形式？最大组和最小组是用开口组(有上限缺下限，或有下限缺上限)还是用闭口组(组的上、下限都齐全)表示？一般而言，若总体中变量值分布比较均衡，应采用等距形式，或应尽可能地采取等距形式；若变量值分布不均衡，且变动范围大，采用异距形式较好。若变量值中存在极端值，对最大组和最小组可用开口组。

3. 组限和组中值。组限的表示方法，应视现象的性质而定，应注意以下几点：

(1) 最小组的下限不能大于最小的变量值，最大组的上限不能小于最大的变量值，以使每个单位各有归属。

(2) 组限应尽可能是引起事物质变的数量界限，应有利于表现总体分布的规律性。

（3）分组变量有离散变量和连续变量之分，其组限的表示方法也有所不同。划分离散变量的组限时，相邻组限可以间断；对于连续变量，划分组限时，相邻组的组限必须重叠，统计次数时，“遵循上组限不在内”的原则。

因为组距数列掩盖了组内各单位的实际变量值，通常用组中值近似地代替每组变量值的一般水平。组中值是各组变量值范围的中间数值，它的计算公式是：

闭口组组中值=(上限+下限)/2

缺上限的开口组的组中值=下限+邻组组距/2

缺下限的开口组的组中值=上限-邻组组距/2

组数、组距、组限都确定好后，将所有的变量值归类到各组，并按顺序排列，就得到了如表 2.2 的等距变量数列。

表 2.2　**某企业职工月工资次数分布表**

月工资额(元)	职工人数(人)	比重(%)
200~300	84	11.17
300~400	88	11.70
400~500	120	15.96
500~600	260	34.58
600~700	102	13.56
700 以上	98	13.03
合　计	752	100.00

四、统计数据的图表描述

（一）异距数列的频率分布表

在不等距的情况下，各组的分布不仅受变量值大小的影响，还受各组组距大小的影响。因此，有必要先消除不等组距的影响，计算各组的频数密度，从而客观准确地反映次数分布的特征。

$$次数密度=\frac{频数}{组距}$$

异距数列的频率分布表见表 2.3。

表 2.3　**某地区 83 个乡农户年均收入分布表**

农户年均收入(元)	组　距	频　数	频数密度(%)
4 000 以下	1 000	17	1.7
4 000~5 000	1 000	35	3.5
5 000~6 000	1 000	14	1.4
6 000~10 000	4 000	12	0.3
10 000 以上	4 000	5	0.1

（二）累积次数分布表

以上的次数分布数列只列出了各个组和各组对应的次数和频率，没有反映某个变量值以上或以下的总次数和总比重有多少，而实践中，这一点对于统计分析和统计运算是很有意义的。

累积次数的方法有两种：较小制累积和较大制累积。较小制累积是从最小的一组的次数和频率开始，逐项累计，每组的累积次数表明小于该组上限的次数和频率共有多少；较大制累积是从最大的一组的次数和频率开始，逐项累计，每组的累积次数和频率表示大于该组下限的次数和频率共有多少。如将表 2.2 进行累积后，形成表 2.4。

（三）次数分布图和次数分布类型

总体中的次数分布情况，除可以编制成次数分布数列用表式来反映外，也可以用几何图形来进行形象、直观的描述。用图形表示次数分布，常见的有直方图、折线图和累积次数分布曲线图等。

1. 次数分布图的绘制

（1）直方图。直方图是用横轴表示各组组限，纵轴表示各组次数、频率或次数密度，依据各组组距宽度和次数、频率或次数密度的高度绘制的图形。直方图的纵轴通常从零开始，横轴可以从任何合适的数字开始。如依据表 2.5 的资料编制直方图 2.1，直方图的条形宽度与各组生产额百分比组距一致，条形高度则与各组工人人数成比例变化。

表 2.4　**某企业职工月工资的累积次数分布表**

月工资额（元）	职工人数（人）	比重（%）	较小制累积		较大制累积	
			累积次数（人）	累积频率（%）	累积次数（人）	累积频率（%）
200~300	84	11.17	84	11.17	752	100.00
300~400	88	11.70	172	22.87	668	88.83
400~500	120	15.96	292	38.83	580	77.13
500~600	260	34.58	552	73.41	460	61.17
600~700	102	13.56	654	86.97	200	26.59
700 以上	98	13.03	752	100.00	98	13.03
合　计	752	100.00	—	—	—	—

表 2.5　**某车间工人完成生产额百分比情况**

按完成生产定额百分比分组(%)	80~90	90~100	100~110	110~120	120~130
工人人数(人)	3	7	13	5	2

（2）折线图。折线图是在直方图的基础上，将各条形顶端的中点用线连接形成的一条曲线，可以在直方图的左右两端各自延伸一个假想组，并将折线两端连接假想组中点而形

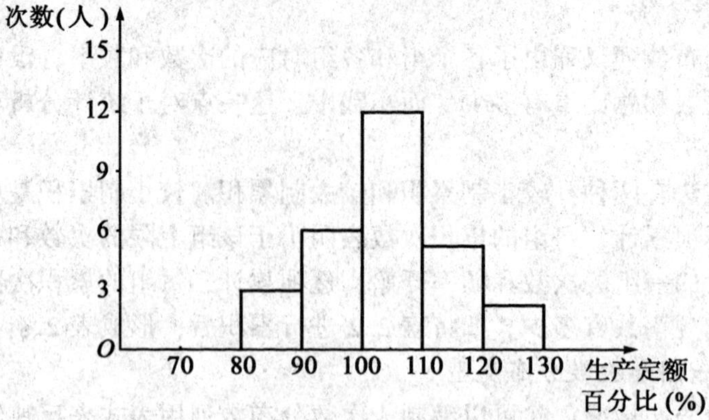

图 2.1 某车间工人完成生产额百分比的直方图

成的图形(如图 2.2 所示)。如果是根据异距数列资料绘制图形，横轴仍然表示各组，纵轴则表示各组的次数密度。

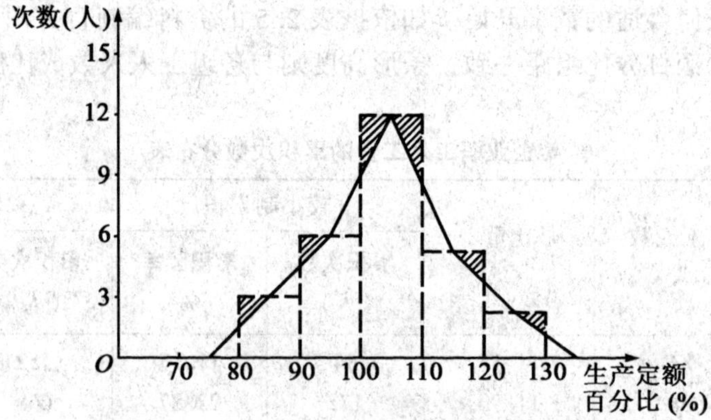

图 2.2 某车间工人完成生产定额百分比的折线图

(3) 累积次数分布图。累积次数分布图是依据累积次数分布数列绘制的图形。依据表 2.5 的累积次数分布资料可绘制累积次数分布图 2.3。

2. 次数分布的类型

在社会经济统计中，不同性质的社会经济现象有着自身的分布特征，常见的主要有三种类型：钟型分布、U 型分布、J 型分布。

(1) 钟型分布。即指较大和较小的变量值出现的频数都偏小，而中间的变量值出现的频数却偏大，绘成曲线图，呈现出中间凸起，两侧逐渐垂落的分布态势，所形成的曲线图形像一口钟。如图 2.4 所示。钟型分布又可分为对称钟型分布和偏态钟型分布。对称钟型分布围绕中间变量值两侧呈对称分布(如图 2.4a)，在很多情况下，对称钟型分布与正态分布一致；偏态钟型分布一侧分布次数明显多于另一侧，而使曲线不对称(如图 2.4b、图 2.4c)。

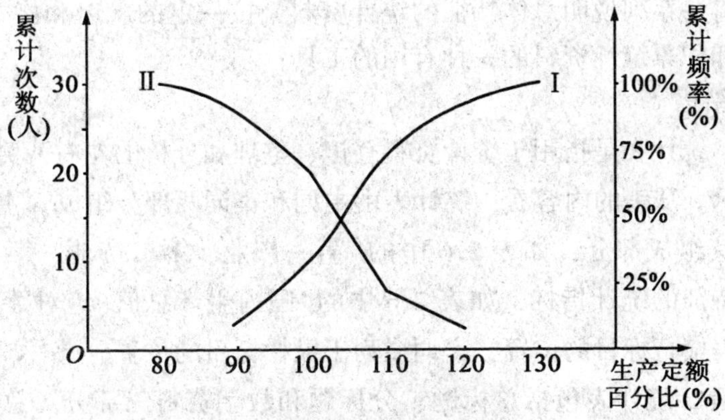

图 2.3　累计频数分布图

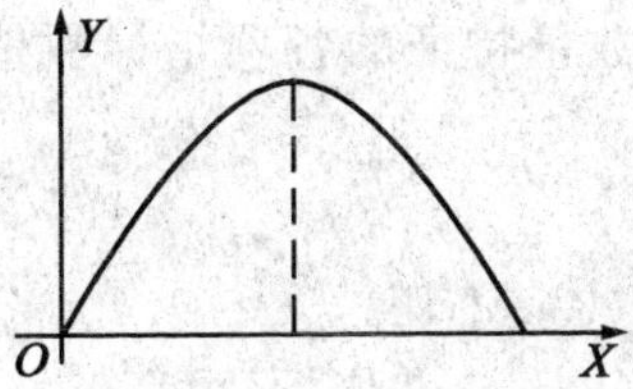

图 2.4a　对称钟型分布

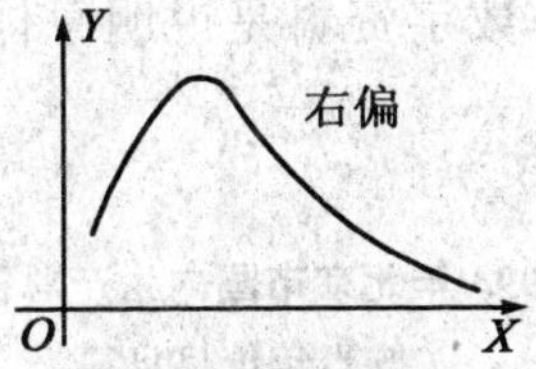

图 2.4b　右偏钟型分布

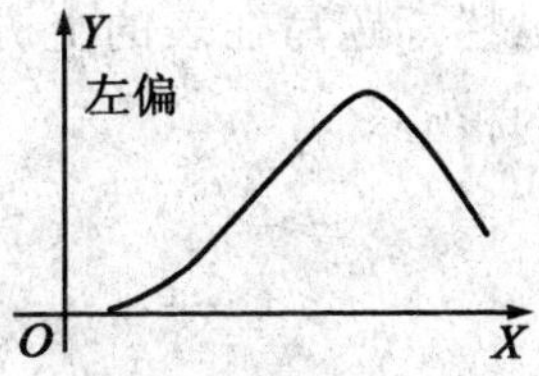

图 2.4c　左偏钟型分布

(2) U 型分布。与钟型分布两端的次数较少，中间的次数分布较多的特征正好相反，它的特征是分布在两端的次数较多，中间的次数分布较少。绘成曲线图，形若英文字母“U”，如图 2.5 所示。按年龄分组的人口死亡率分布曲线图呈 U 型分布，因为婴儿和老年人死亡率较高，而中年人的死亡率较低。

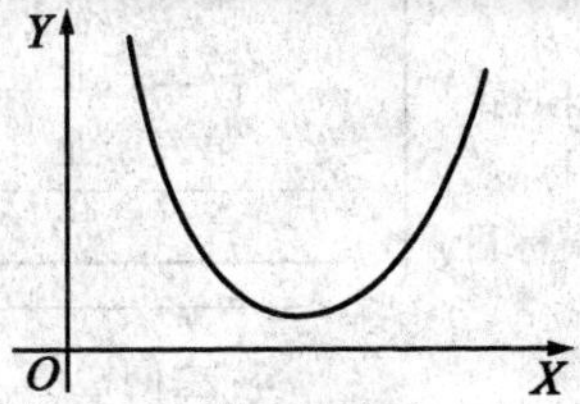

图 2.5　U 型分布曲线

(3) J 型分布分为正 J 型分布和反 J 型分布。正 J 型分布是指随着变量值的增加，分布的次数也随之增加，绘成曲线图，形若英文字母“J”；反 J 型分布指随着变量值的增加，分布的次数随之减少，绘成曲线图，形若反写的英文字母“J”，如图 2.6 所示。

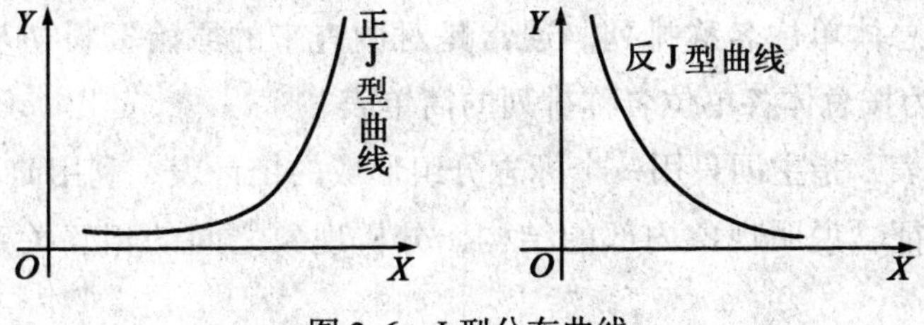

图 2.6　J 型分布曲线

（四）统计表

统计表是指将一系列说明总体特征的统计资料，按一定的次序和格式排列形成的表，它是表现、汇总和积累统计资料的一种有用的工具。

1. 统计表的结构

从狭义上讲，统计表是指用于统计资料登记、整理和分析的左右两侧无边线的开口表式，如表2.6所示。从表的内容看，统计表由主词和宾词两部分组成。主词是统计表中所要说明的总体及其组成部分，如表2.6中的“第一产业、第二产业、第三产业”。宾词，是用来说明总体特征的统计指标，如表2.6中的“国内生产总值(绝对数、比重)”。通常主词栏列于统计表横行标目的位置，宾词栏列于纵栏标目的位置。

从构成要素看，统计表包括总标题、分标题和数字资料三部分。总标题是统计表的名称，用来概括说明统计表中全部统计资料的内容，位于统计表的顶端中央；分标题又叫做标目，就是指总体名称或分类名称及说明总体的各种项目，横行标题写在表的左方，纵栏标题写在表的上方；数字资料是说明总体数量特征的各项指标数值，它是统计表的核心。

表2.6 **1993年北京市国内生产总值** →总标题

（按当年价格计算） 单位：亿元

	国内生产总值	
	绝对数(亿元)	比重(%)
第一产业	48.67	6.86
第二产业	345.91	48.78
第三产业	314.51	44.35
合计	709.1	100

纵栏标题（纵标目）

横行标题（横标目）

主词栏 宾词栏

资料来源：《中国统计年鉴(1994)》第36页。

2. 统计表的分类

统计表按照总体分组情况不同，可分为简单表、简单分组表和复合分组表三类。

(1) 简单表。表的主词未经过任何分组的统计表称为简单表。简单表的主词一般按时间顺序排列，或按总体单位名称排列。通常是对调查来的原始资料初步整理所采用的形式。如表2.6，即为按总体各单位名称排列的简单表。

(2) 简单分组表，指主词只用一个标志分组形成的统计表。利用简单分组表可以揭示不同类型现象的特征，说明现象内部的结构，分析现象之间的相互关系等，如表2.7所示。

表 2.7　我国若干大城市家庭人均收入分布表

人均月收入(元)	户数	比重(%)
50 以下	3	2.5
50~60	10	8.33
60~70	17	14.17
70~80	26	21.67
80~90	24	20.00
90~100	12	10.00
100~110	11	9.17
110~120	11	9.17
合　计	120	100

(3) 复合分组表，是指主词按两个或两个以上标志进行复合分组的统计表，如表 2.8 所示。复合表可以利用更多的标志，对总体进行更深入的研究。

表 2.8　1990 年我国国民收入消费额及构成情况

项　目	实际额(亿元)
消费额	15 949
居民消费	13 526
社会消费	2 423
积累额	10 069
固定资产积累	8 476
流动资产积累	1 593

资料来源:《中国统计年鉴(1994)》第 41 页。

3. 编制统计表应注意的问题

用统计表表述统计资料应力求做到简洁、清晰、准确、醒目，便于人们阅读、比较和分析。编制时应注意以下六点:

(1) 统计表的标题(包括总标题和分标题)应十分简明地概括所要反映的内容。总标题应标明资料所属的地区和时间；纵横各栏的排列要注意表述资料的逻辑系统，反映现象的内在联系。

(2) 表中主词各栏和宾词各栏，一般应按先局部后整体的原则排列，即先列各个项目，后列总体。若无必要列出所有项目时，就要先列总体，后列其中一部分重要项目。

(3) 表中必须注明数字资料的计量单位。当全表只有一种计量单位时就写在表的右上方。若有多种计量单位时，横行的计量单位，可以专设“计量单位”一栏；纵栏的计量单位，要与纵栏标目写在一起，用小括号标写。

(4) 表中数字上下位置要对齐。遇有相同数字应照写，不能用“同上”、“同左”字样。无数字的空格，用符号“-”表示；当缺乏某项资料时，用符号“……”表示，以免使人误为漏项，表内还应列出合计数，便于核对和运用。

(5) 统计表的表式，一般是开口式，即表的左右两端不画纵线，表的上下通常用粗线封口。对于栏数较多的统计表，通常加以编号。主词栏和计量单位用甲、乙等文字标明；宾词栏各栏用(1)、(2)、(3)等标明。

(6) 必要时，统计表应加以注解，连同数字的资料来源等，一般都写在表的下端。

第四节 信度与效度

信度与效度是评价统计调查结果的两个既相互联系又相互区别的概念. 一个高质量的调查，不仅要有较高的信度，而且还要有较高的效度，应该是信度与效度的统一。

一、调查的信度

(一)信度的定义

所谓信度是指测量数据(资料)与结论的可靠性程度，即测量工具能否稳定地测量到它要测量的事项的程度。也就是说信度是就测量的稳定性与一致性而言的。

一个人站在测量体重的磅秤上，前后几次称出几个明显不同的重量，那么磅秤本身必定有问题，说明这架磅秤是不可靠的。

在调查研究中，常采用问卷表作为测量工具，如果所用的问卷表中的问题，原来打算测量某一个概念，但由于设计不周密，问题或答案的范畴模棱两可或有多种解释，以致被问者不能确定如何回答，从而使回答达不到一致性要求，这就降低了测量的可靠程度，那么它的信度就会成问题。

(二)信度的检查

信度通常是以相关系数表示的，故称信度系数。由于度量的误差来源不同，信度系数的意义和作用也不同。在实际应用中，信度系数有如下类型。

1. 重测信度

重测信度是指用同一度量方式对同一调查对象前后测量两次，再根据测量所得数值计算相关系数。这种度量方式要求前后两次所使用的测量方法、工具完全一致，时间间隔也要适度。

2. 复本信度

复本信度是指一套度量有两个以上的复本，根据一个被调查对象接受两种复本度量所得值而求得的相关系数。例如调查人员可设计两份问卷，每份采用不同的项目，但都用来测量同一个概念或事物，对同一群对象同时用这两份问卷进行测量。这种度量方法要求复本在项目数量、内容及其难度等方面力求一致。

3. 折半信度

折半信度是指将调查结果按项目的单双数序号分成两半测量，再根据这两部分所得值求得相关系数。例如，一份问卷有 30 个项目，就可分成两部分(各 15 个项目)进行度量，再求其相关系数。通常，研究者为了采用折半信度来检验测量的一致性，需要在它的测量表中增加 1 倍的测量项目。这些项目与前半部分的项目在内容上是重复的，只是表面形式不同而已。如果被调查者在前后两部分项目上的得分之间高度相关，则可以认为这次测量是可信的。

（三）影响信度的因素

在结构化、标准化程度较高的测量中，信度主要受随机误差的影响，随机误差越大，信度越低。随机误差的来源主要有：

1. 被调查者：如是否有耐心、认真、专注、不受情绪波动影响。一般来说，调查时间越长，提出的问题越多、越复杂，信度越低。

2. 调查者：如是否遵守规定程序和标准，是否有意或无意地对被调查者施加影响，记录的认真程度等。

3. 测量内容：如提问的措辞含糊不清、不易理解，各个题目的内部一致性低，题数少等。

4. 测量环境和时间：如研究人员对被调查者有较大“干扰”，他人在场的影响，两次测量的时间间隔太长等。

在非结构式和非标准化的测量中，除偶然因素外，信度还受研究者主观因素的影响，如个人偏见、思维定式、观察角度、主观武断以及世界观、价值观等。

二、调查的效度

（一）效度的定义

效度是指用度量方法测出变量的准确程度，即准确性或正确性。在统计学上，如果某一度量方法能测出调查者所要调查的变量，则此度量方法可以说是有效的。如果度量某一变量 X，调查结果确实测出了 X，则采用的度量方法的效果是高的，也称此项调查是有效的。例如，测试学生统计学课程的学习成绩，如果考卷上仅列出一些无关紧要的名词解释，就不可能反映出学生的学习情况，测试结果远远低于或高于学生的真实水平，那么这种测试就是无效的。

（二）效度的检查

同信度一样，效度也是一个有多种意义的概念。从不同的角度看，可分为三种效度。

1. 内容效度（或表面效度）

内容效度是指测量内容或测量指标与测量目标之间的适合性和逻辑相符性。

内容效度实质上是个判断问题，K. D. 贝利在《社会研究方法》一书中提出，它必须“考虑两个主要问题：（1）测量工具所测量的是否正是调查人员所想要测量的那种行为？（2）测量工具是否提供了有关那种行为的适当样品？”第一个问题涉及研究者的主观判断能力，第二个问题取决于研究者对研究变量的全面了解。例如，用问卷去测量人们的消费观念，那么，首先要弄清“消费观念”的定义，然后看问卷中的问题是否都与人们的消费观念有关。如果问卷中的问题明显是有关其他方面的，则这种测量就不具有表面效度。

2. 准则效度（或效标效度）

准则效度是指用几种不同的测量方式或不同指标对同一变量进行测量时，将其中的一种方式或指标作为准则，其他方式或指标都与这个准则作比较，如果其他方式或指标与准则方式或指标具有相同的度量效果，则其他方式或指标也具有准则效度。

3. 建构效度（或理论效度）

考察建构效度是要了解测量工具是否反映了概念和命题的内部结构。它通常在理论研究中使用。由于它是通过与理论假设相比较来检查的，因此建构效度也称为理论效度。

理论假设一般是陈述两个概念(X 和 Y)之间具有相关关系，那么在经验层次上对 X 的测量与对 Y 的测量也应当是相关的。测量一个概念可以用多个指标，当用 X 和 Y 的多个指标来测量两个概念之间的关系时，如果不同指标的测量都反映出理论所假设的关系，那么这些测量就具有建构效度。

例如，假设“工作积极性”(X)与“对闲暇时间的利用”(Y)是正相关的，对“工作积极性”在经验层次上可选择两个指标，一个是“工作的主动性程度”(x_1)，一个是“工作动机”(x_2)；对于“对闲暇时间的利用”这一变量可以设置“有效活动占用率”(y_1)这一指标来测量。如果 x_1 与 y_1、x_2 与 y_1 都是正相关，则称这一测量具有建构效度。

(三)信度与效度的关系

信度和效度都是科学的测量工具所必须满足的条件。两者的关系是：

1. 信度低，效度不可能高。如果收集的资料不可信、不可靠，那么它肯定不能有效地说明所研究的对象。

2. 信度高，效度未必高。例如，即使精确可靠地测出了一个人的经济收入，也未必能说明他的消费水平。

3. 效度低，信度有可能很高。例如，一项研究即使未能有效地说明社会人员流动的主要原因，但它有可能精确可靠地调查出各个时期、各种类型的人的流动数量。

4. 效度高，信度必然也高。如果有效地说明了某种现象，那么它的资料和结论都必然且必须是可信的。

由这些关系可以看出，测量的信度是效度的必要条件，但不是充分条件，无信度必然无效度，但有信度未必有效度。反之，效度是信度的充分条件但不是必要条件，有效度必然会有信度，但无效度却未必无信度。表 2.9 是对两者关系的图示。

表 2.9 **信度与效度的关系**

		效度	
		低	高
信度	低	①✓	①×
	高	②③✓	④✓

“✓”：可能；“×”：不可能。

(四)影响效度的因素

由信度和效度的关系可知，所有影响信度的因素也必然影响效度。此外，除随机误差外，效度还受到系统偏差和其他变量的影响，其中，测量工具是影响效度的重要因素。测量的效度在很大程度上取决于试题的效度。因此，在设计问卷、量表和调查提纲时要审慎地考虑调查的项目和内容，并对概念的操作定义和试题的内容效度进行检查。

Excel 操作：数据整理

一、数据的排序和筛选

使用 Excel 可以对数据进行初步的排序和筛选。我们以表 2.10 的数据为例予以说明。

(一)数据的排序

Excel 可以将变量数据按自小而大或相反的顺序排列，或是将品质数据按文字顺序排列。操作过程如下：

表 2.10　　某公司在职人员档案

姓名	编号	性别	年龄	部门	当前工资	工作时间(月)
王超	001	男	35	市场部	36 000	114
樊力	002	女	25	人力资源部	21 900	0
李立	003	男	29	市场部	27 300	66
王光萍	004	女	53	人力资源部	30 000	228
张立新	005	男	29	市场部	26 850	5
刘成	006	女	27	信息资源部	26 400	3
王海	007	男	30	市场部	31 650	64
高明	008	男	32	信息资源部	24 150	130
王滔	009	男	28	市场部	39 900	59
吴枫	010	男	29	市场部	30 300	16
孙大海	011	男	38	人力资源部	27 300	175
常明	012	男	27	市场部	37 500	33
李静	013	女	60	办公室	16 500	288
江山	014	男	28	市场部	39 600	47
舒齐	015	男	32	信息资源部	27 300	91
杨家麒	016	男	28	市场部	25 350	32
金珂	017	女	26	市场部	33 900	11
唐智鹏	018	男	28	市场部	26 550	52
徐颜	019	女	24	市场部	40 800	4
李心宜	020	女	22	市场部	22 050	9
李可慧	021	女	22	市场部	22 350	5
吕叶静	022	女	22	信息资源部	23 400	0
金戈	023	男	26	市场部	40 350	20
关冰	024	女	25	市场部	29 850	38

续表

姓名	编号	性别	年龄	部门	当前工资	工作时间(月)
何川	025	女	53	办公室	22 500	90
赵晶晶	026	女	50	信息资源部	21 000	82
宋黎	027	女	21	人力资源部	29 100	17
秦天	028	女	21	信息资源部	22 650	2
卢莹	029	女	25	市场部	24 000	75
翁倩倩	030	女	21	市场部	20 700	2
杨忆寒	031	男	27	市场部	29 400	68
郎凡	032	男	62	办公室	30 750	451
张少寒	033	男	56	办公室	31 950	438
高凌	034	男	61	办公室	30 750	380
谢家童	035	男	43	市场部	82 500	207
伍郁	036	女	29	办公室	46 875	19
陈锐	037	男	47	市场部	66 750	258
汪洋	038	男	29	市场部	75 000	13
范迪轩	039	男	40	市场部	61 875	199
江南	040	男	32	市场部	86 250	50

1. 将上表数据复制、粘贴到 Excel 表格中，如图 2.7 所示。

	A	B	C	D	E	F	G
1	姓名	编号	性别	年龄	部门	当前工资	工作时间(月)
2	王超	1	男	35	市场部	36 000	114
3	樊力	2	女	25	人力资源部	21 900	0
4	李立	3	男	29	市场部	27 300	66
5	王光萍	4	女	53	人力资源部	30 000	228
6	张立新	5	男	29	市场部	26 850	5
7	刘成	6	女	27	信息资源部	26 400	3
8	王海	7	男	30	市场部	31 650	64
9	高明	8	男	32	信息资源部	24 150	130
10	王滔	9	男	28	市场部	39 900	59
11	吴枫	10	男	29	市场部	30 300	16
12	孙大海	11	男	38	人力资源部	27 300	175
13	常明	12	男	27	市场部	37 500	33
14	李静	13	女	60	办公室	16 500	288
15	江山	14	男	28	市场部	39 600	47
16	舒齐	15	男	32	信息资源部	27 300	91
17	杨家麒	16	男	28	市场部	25 350	32
18	金珂	17	女	26	市场部	33 900	11
19	唐智鹏	18	男	28	市场部	26 550	52
20	徐颜	19	女	24	市场部	40 800	4
21	李心宜	20	女	22	市场部	22 050	9
22	李可慧	21	女	22	市场部	22 350	5

图 2.7 某公司人员档案信息表

2. 选中表格中任一单元格(非空白单元格)，点击【数据】→【排序】，弹出【排序】对话框，如图 2.8 所示。

其中的关键字指的是要排序的项目，如果对品质数据排序或者要排序的变量数据有重复出现的情况，那么在对“主要关键字”排序完成后，再根据“次要关键字”进行排序。在该对话框中还可以设定排序是递增还是递减。完成设定后点击【确定】即可看到排序后的数据表。

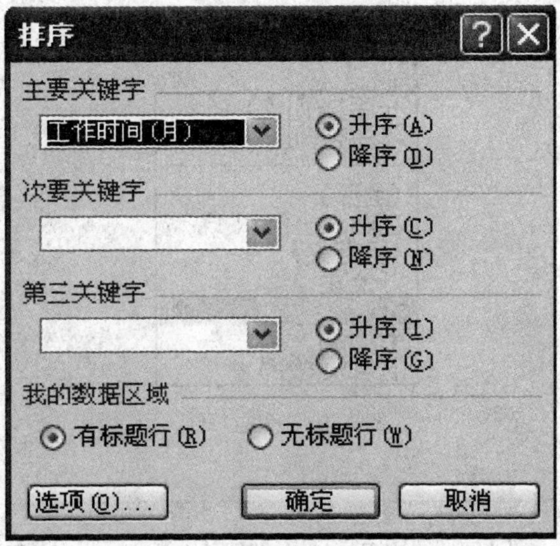

图 2.8 【排序】对话框

(二)数据的筛选

筛选分为自动筛选和高级筛选。这里只讨论自动筛选。

自动筛选提供了快速访问数据清单或数据库的管理功能。通过使用自动筛选，可以快速筛选出需要的数据，而将不符合要求的数据记录隐藏起来。操作如下：

1. 选中表格中任一单元格(非空白单元格)，点击【数据】→【筛选】→【自动筛选】，系统会在数据清单的列表旁边自动添加一个下拉列表标志，如图 2.9 所示。

	A	B	C	D	E	F	G
1	姓名	编号	性别	年龄	部门	当前工资	工作时间(月
2	王超	1	男	35	市场部	36 000	114
3	樊力	2	女	25	人力资源部	21 900	0
4	李立	3	男	29	市场部	27 300	66
5	王光萍	4	女	53	人力资源部	30 000	228
6	张立新	5	男	29	市场部	26 850	5
7	刘成	6	女	27	信息资源部	26 400	3
8	王海	7	男	30	市场部	31 650	64

图 2.9 自动筛选的下拉列表标志

2. 点击“部门”旁边的下拉列表，如图 2.10 所示。其中各项的意义解释如下：“前 10 个…”选项表示只显示数据清单中满足指定条件的前 10 个数据行；“自定义…”选项表示自己定义筛选条件；“办公室…”、人力资源部…”等几个选项是部门类别，选择其中任意一个时，Excel 只显示这种类别的人员档案，而隐藏其余类型部门的人员档案。

3. 选择图 2.10 中的“人力资源部”，Excel 就把数据清单中“部门”列中不是“人力资源部”的人员的数据行隐藏起来，只显示部门为“人力资源部”的人员档案。结果如图 2.11 所示。

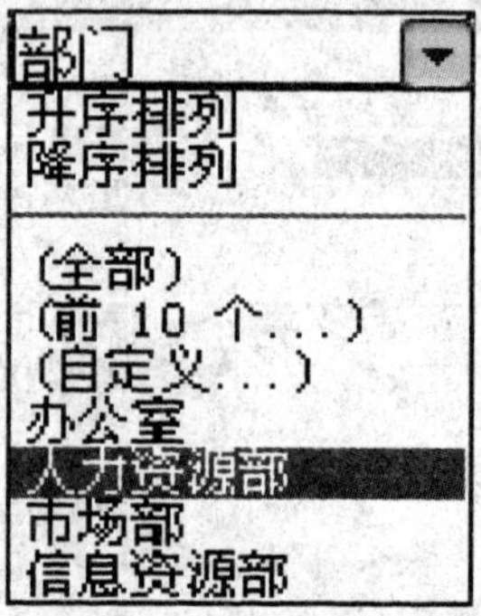

图 2.10 筛选条件

	A	B	C	D	E	F	G
1	姓名	编号	性别	年龄	部门	当前工资	工作时间(月
3	樊力	2	女	25	人力资源部	21 900	0
5	王光萍	4	女	53	人力资源部	30 000	228
12	孙大海	11	男	38	人力资源部	27 300	175
28	宋黎	27	女	21	人力资源部	29 100	17
42							

图 2.11 筛选结果

二、品质分组数据的统计与汇总

在 Excel 中，使用数据透视表对品质分组数据进行频数汇总，是一种相对较为常用的方法。下面我们以表 2.10 的数据来说明数据透视表的使用方法。

下面对该表中的“部门”一项进行频数汇总，具体的方法是：

1. 点击【数据】→【数据透视表和图表报告】，就会出现数据透视表和数据透视图向导。在数据源类型选【Microsoft Excel 数据列表或数据库】，报表类型选【数据透视表】，如图 2.12 所示。然后点击【下一步】。

2. 选择要分析数据的区域，可以根据需要进行调整，然后选择是新建表，还是在现有表中显示数据透视表。这里我们选择“现有工作表”，点击【完成】。我们就可以看到下面的数据透视表，如图 2.13 所示。此为一个重叠的表格，表层的“数据透视表字段列表”

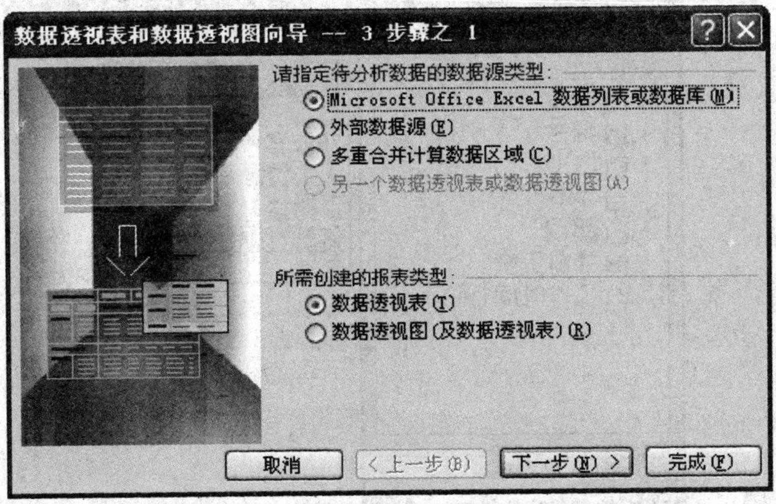

图 2.12　数据透视表和数据透视图向导

列出了数据源中可用于统计的各个字段(变量名)，这些项目都是可以拖动的；右边的工作表左方有“将行字段拖至此处”的字样，上方有“将列字段拖至此处”，主体部分有“请将数据项拖至此处”的字样。

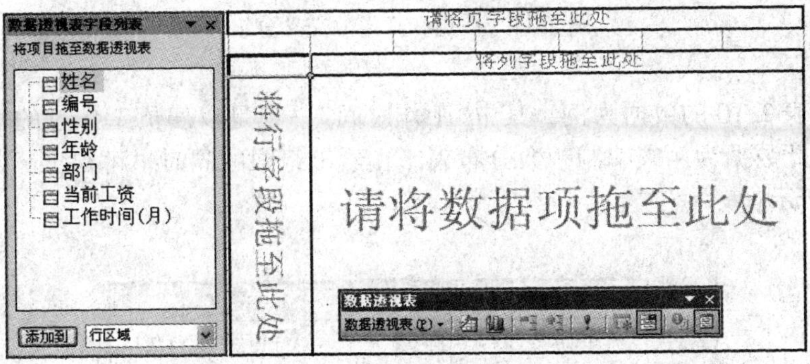

图 2.13　数据透视表

3. 把“部门”字段拖入左栏，再把“部门”字段拖入数据项区内，我们就得到了部门数据汇总表，即单变量数据透视表，见图 2.14。

在掌握了运用数据透视表做品质变量单向分组构建频数分布表以后，我们还可以做双变量交叉分组。把“性别”字段拖入左栏，再把“部门”字段拖入上栏，最后把“部门”字段拖入数据项区，即得到性别与部门的交叉分组频数表，如图 2.15。

三、变量分组数据的统计与汇总

变量分组数据频数汇总是按总体的数量大小分组并计算不同组的频数。变量分组数据频数汇总使用频数分布表。Excel 中频数分布表的编制是在对数据进行分组的基础上进行

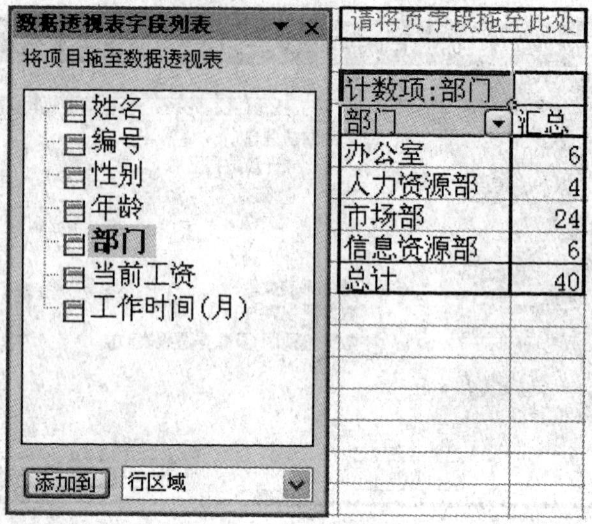

图 2.14　“部门”数据汇总

计数项:部门	部门				
性别	办公室	人力资源部	市场部	信息资源部	总计
男	3	1	17	2	23
女	3	3	7	4	17
总计	6	4	24	6	40

图 2.15　性别和部门的交叉分组

的。我们仍以表 2.10 的数据为例，其中“工作时间”一项是以雇员工作过的月份数来计算的，下面就以此数据为例来编制频数分布表。在给出组限的同时，可得出频数分布表的形式如图 2.16 所示。

	A	B	C
1	分组组限(月)	频数	相对频数（%）
2	0~50		
3	50~100		
4	100~150		
5	150~200		
6	200~250		
7	250~300		
8	300~350		
9	350~400		
10	400~450		
11	450~500		
12	合计		
13			

图 2.16　频数分布表的初始形式

频数分布表的组限仅起标示作用，是在完成数据分组之后手工加上去的。在 Excel 当中计算数列的频数时，要求首先确定分组界值。分组界值由组上限而定，这类似于本书正文所讲的组上限。但组上限的配数原则是开区间，而本程序的分组间隔点当视为闭区间。界值与组上限的差别应视统计数列的精确程度而定。如果数列数据是到小数点后一位，那么界值就应比组上限小 0.1，依此类推。

我们根据给定的组上限，在 Excel 的工作表中列出对应的分组界值，分别为：49，99，149，199，249，299，349，399，449，499。下面利用 Excel 中的 FREQUENCY 函数进行分组并计算频数。操作如下：

1. 点击【插入】→【函数】，在统计类函数中找到 FREQUENCY，点【确定】。这样我们将只能得到第一组的频数。

2. 在第一组频数输出单元格下方选出所含单元格个数为组数的反白区域，如图 2.17，按 F2，再按 Ctrl+Shift+Enter，就可以得出对应的各组频数，见图 2.18。

	A	B	C	D
1	分组组限(月)	频数	相对频数（%）	界值
2	0~50	19		49
3	50-100			99
4	100~150			149
5	150~200			199
6	200~250			249
7	250~300			299
8	300~350			349
9	350~400			399
10	400~450			449
11	450~500			499
12	合计			
13				

图 2.17 第一组频数的统计

3. 在 C2 中键入公式“=100 * B2/ $B $12”，回车，就可以得到第一组的相对频数。用拖动鼠标的方法完成其余各组相对频数的计算，见图 2.19。

四、图表的绘制

经过汇总、整理和加工取得的统计资料还可以用统计图来实现。统计图既是统计资料整理结果的基本表现形式，又是统计分析的重要工具。用统计图表现统计资料比单纯用数字列成的统计表更加鲜明生动。

Excel 为绘制统计图表提供了一整套便利的制作技术，可以从工作表数据中创建既复杂又准确、漂亮的图表。利用 Excel 可以创建的图表包括柱形图、条形图、折线图、饼图、散点图、面积图、圆环图、雷达图、曲面图等。

我们以图 2.18 的频数分布表数据为例来说明直方图的绘制。

	A	B	C	D
1	分组组限(月)	频数	相对频数（%）	界值
2	0~50	19		49
3	50~100	10		99
4	100~150	2		149
5	150~200	2		199
6	200~250	2		249
7	250~300	2		299
8	300~350	0		349
9	350~400	1		399
10	400~450	1		449
11	450~500	1		499
12	合计	40		
13				

图 2.18 频数分布表

	A	B	C	D
1	分组组限(月)	频数	相对频数（%）	界值
2	0~50	19	47.5	49
3	50~100	10	25	99
4	100-150	2	5	149
5	150~200	2	5	199
6	200~250	2	5	249
7	250~300	2	5	299
8	300~350	0	0	349
9	350~400	1	2.5	399
10	400~450	1	2.5	449
11	450~500	1	2.5	499
12	合计	40	100	
13				

图 2.19 相对频数分布

直方图是借助柱形图生成的，以垂直各段高度代表分布中的各组频数，宽度表示组距，纵轴表示各段的高度标志值，横轴表示各组的界限，每组高度的中心是组中值。在实际的绘图中，横轴可以标各组的组限，也可以标各组的组中值。

直方图的绘制步骤如下：

1. 点击【插入】→【图表】，在弹出的图表类型对话框中选择“柱形图”，如图 2.20 所示。

2. 点击【下一步】，在弹出的图表数据源对话框中点击“数据区域”，选择将要绘制直方图的数据区域，并选择系列产生在“列”。结果如图 2.21 所示。

图 2.20　图表类型对话框

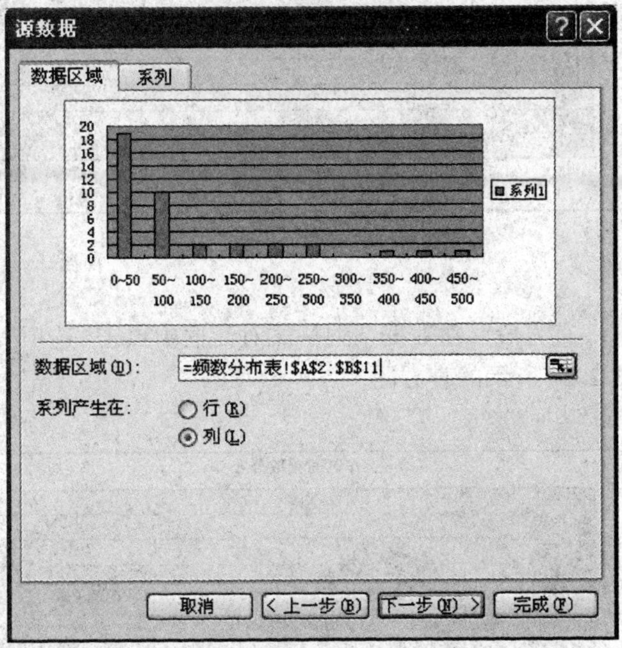

图 2.21　工作时间频数分布

3. 点击【下一步】，在弹出的图表选项对话框中填入图表标题“工作时间频数分布”，数值(Y)轴标题为“人数”，如图 2.22 所示。

4. 在图表位置对话框中选择“做为其中的对象插入”，然后点击“完成”，见图2.23。

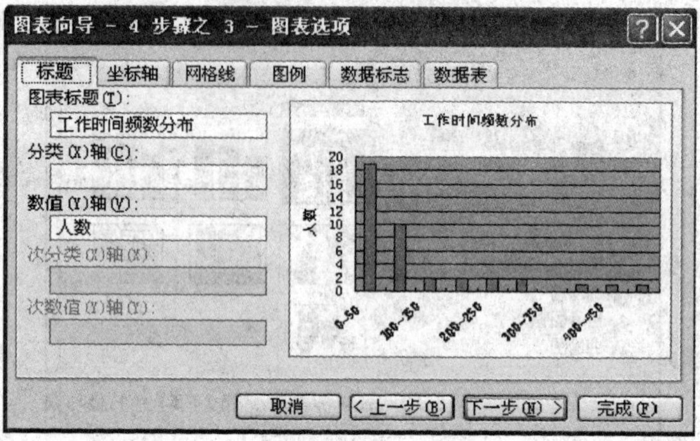

图 2.22　工作时间频数分布

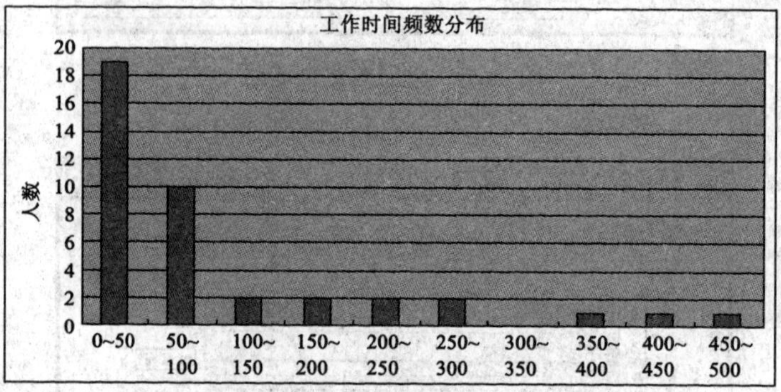

图 2.23　工作时间频数分布

5. 双击图形的任一直方段，在数据系列格式对话框中点击“选项”，并把间距设为 0。点击【确定】，得到图 2.24 所示的直方图。

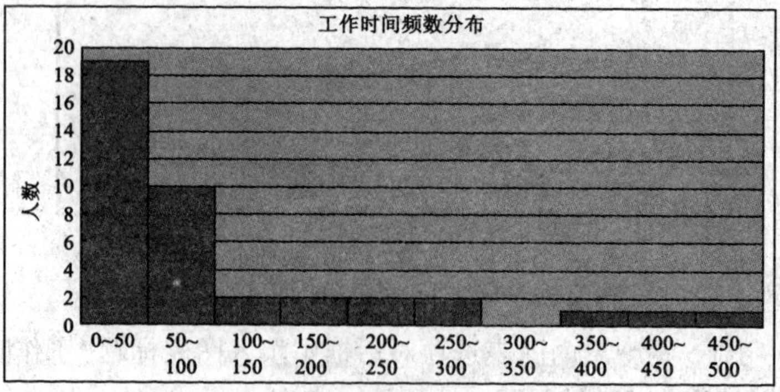

图 2.24　工作时间频数分布直方图

小　结

统计调查、统计整理是统计分析、预测和决策的基础。

统计调查的目的是搜集满足统计要求的第一手和第二手资料。在统计调查工作开始之前，必须周密地设计调查方案。调查工作中，要运用各种调查方法，如询问调查法、观察调查法、报告法、实验调查法和卫星遥感法等，并选用各种组织形式，包括统计报表、普查、重点调查、典型调查和抽样调查等。对各种调查方法和组织形式必须了解它们的特点和运用条件。

要将统计调查的结果系统化、条理化，为统计分析服务。必须明确统计整理的程序和统计数据的基本描述方法。在统计整理中，统计分组和次数分布数列的编制是重点，它们是认识总体分布特征的重要手段。统计数据的基本描述可以用各种次数分布表和次数分布图，而从整个统计工作过程的角度考虑，统计数据还可以用不同用途的统计表和统计图来表现。

信度和效度是评价统计调查结果的两个指标。一个高质量的调查，不仅要有较高的信度，而且还要有较高的效度，应该是信度与效度的统一。信度是指测量工具能否稳定地测量到它要测量的事项的程度，即测量的稳定性与一致性。效度是指用度量方法测出变量的准确程度，即准确性或正确性。

关键术语

原始资料　　第二手资料　　统计调查　　调查对象　　调查单位　　调查时间
统计报表　　普查　　重点调查　　典型调查　　抽样调查　　统计整理
统计分组　　次数分布　　频数　　较小制累积　　较大制累积　　统计表
信度　　效度

习　题

1. 资料搜集和整理的意义有哪些？
2. 资料的来源有哪几个？
3. 如何设计调查采集方案？
4. 来源于出版物的二手资料有哪几种？
5. 如何进行资料整理加工？
6. 统计分组的重要作用有哪些？怎样进行统计分组？统计分组的种类有哪些？
7. 什么是分布数列？种类有哪些？怎样编制变量数列？
8. 什么是组距变量数列？组中值如何计算？
9. 什么是统计表？其构成如何？
10. 如何设计统计表？

11. 自行确定资料，进行以下分组，并编制分布数列：

(1) 按品质标志分组的分布数列；

(2) 按数量标志分组的单项变量数列和组距变量数列(又分等距和异距两种)；

(3) 按两个品质标志的复合分组的分布数列；

(4) 按两个数量标志复合分组的变量数列；

(5) 按一个品质标志、一个数量标志复合分组的分布数列；

(6) 按一个品质标志进行宾词简单分组的分布数列；

(7) 按两个品质标志进行宾词复合分组的分布数列；

(8) 按一个数量标志进行宾词简单分组的变量数列；

(9) 按两个数量标志进行宾词复合分组的变量数列；

(10) 按一个品质标志、一个数量标志进行宾词复合分组的变量数列。

12. 某班级学生年龄(岁)如下，试编制变量数列。

22	17	18	16	17	20	18	23	17	17
17	17	18	17	17	17	18	19	20	17
16	18	16	16	19	25	21	17	18	18
16	17	17	16	17	20	17	16	21	17
16	17	16	17	17	18	19	24	19	16

13. 某集团公司所属 32 个子公司计划利润和年实际利润额如表 2.11：

表 2.11　　　　单位：万元

公司代号	计划利润	实际利润	公司代号	计划利润	实际利润
1	720	777.6	17	186	203.0
2	232	232.0	18	732	754.0
3	384	307.2	19	32	38.1
4	260	286.0	20	782	920.4
5	200	244.0	21	392	439.0
6	592	621.6	22	3 612	3 323.0
7	192	182.4	23	60	60.0
8	429	419.4	24	392	384.2
9	240	240.0	25	720	590.4
10	3 920	3 998.4	26	2 380	2 713.2
11	288	325.4	27	92	94.8
12	128	137.2	28	34	34.0
13	336	352.8	29	160	147.2
14	220	217.8	30	50	60.0
15	412	440.8	31	19	24.6
16	192	184.3	32	12	13.0

据上述资料，计算各子公司利润计划完成程度指标(=实际数÷计划数×100%)，并进

行分组汇总，编制反映该集团公司利润计划完成情况统计表：

(1) 按利润计划完成程度分为：1) 未完成者；2) 完成和超额完成计划 10%以内者；3) 超额完成计划 10%以上者。

(2) 汇总各组公司数，计算各组和全集团公司利润计划完成程度。

14. 下列观测对象的数值中哪些是连续变量，哪些是离散变量？

(1) 招工人数，(2) 进出口贸易额，(3) 生猪存栏数，(4) 公共汽车耗油量，(5) 码头装货吨数，(6) 电视机产量，(7) 电影观众人次，(8) 马达转速，(9) 小麦单位面积产量，(10) 选民登记数。

第三章 大数据与统计学

第一节 大数据概述

一、大数据的发展背景

近几年来，随着计算机和信息技术的迅猛发展和普及应用，行业应用系统的规模迅速扩大，行业应用所产生的数据呈爆炸性增长。动辄达到数百 TB 甚至数十至数百 PB 规模的行业/企业大数据已远远超出了现有传统的计算技术和信息系统的处理能力，因此，寻求有效的大数据处理技术、方法和手段已经成为现实世界的迫切需求。百度目前的总数据量已超过1 000PB，每天需要处理的网页数据达到 10～100PB；淘宝累计的交易数据量高达 100PB；Twitter 每天发布超过 2 亿条消息，新浪微博每天发帖量达到8 000万条；中国移动一个省的电话通信记录数据每月可达 0.5～1PB；一个省会城市公安局道路车辆监控数据 3 年可达 200 亿条、总量 120TB。据世界权威 IT 信息咨询分析公司 IDC 研究报告预测：全世界数据量未来 10 年将从 2009 年的 0.8ZB 增长到 2020 年的 35ZB（1ZB＝1 000 EB＝1 000 000PB），10 年将增长 44 倍，年均增长 40%。

早几年人们把大规模数据称为“海量数据”，但实际上，大数据（Big Data）这个概念早在 2008 年就已被提出。2008 年，在 Google 成立 10 周年之际，著名的《自然》杂志出版了一期专刊，专门讨论未来的大数据处理相关的一系列技术问题和挑战，其中就提出了“Big Data”的概念。

随着大数据概念的普及，人们常常会问，多大的数据才叫大数据？其实，关于大数据，难以有一个定量的定义。维基百科给出了一个定性的描述：大数据是指无法使用传统和常用的软件技术和工具在一定时间内完成获取、管理和处理的数据集。进一步，当今“大数据”一词的重点其实已经不仅在于数据规模的定义，它更代表着信息技术发展进入了一个新的时代，代表着爆炸性的数据信息给传统的计算技术和信息技术带来的技术挑战和困难，代表着大数据处理所需的新的技术和方法，也代表着大数据分析和应用所带来的新发明、新服务和新的发展机遇。

由于大数据处理需求的迫切性和重要性，近年来大数据技术已经在全球学术界、工业界和各国政府得到高度关注和重视，全球掀起了一个可与 20 世纪 90 年代的信息高速公路相提并论的研究热潮。美国和欧洲一些发达国家政府都从国家科技战略层面提出了一系列的大数据技术研发计划，推动政府机构、重大行业、学术界和工业界对大数据技术的探索研究和应用。

早在2010年12月，美国总统办公室下属的科学技术顾问委员会(PCAST)和信息技术顾问委员会(PITAC)就向奥巴马和国会提交了一份《规划数字化未来》的战略报告，把大数据收集和使用的工作提升到体现国家意志的战略高度。报告列举了5个贯穿各个科技领域的共同挑战，而第一个最重大的挑战就是"数据"问题。报告指出："如何收集、保存、管理、分析、共享正在呈指数级增长的数据是我们必须面对的一个重要挑战"。报告建议："联邦政府的每一个机构和部门，都需要制定一个'大数据'战略"。2012年3月，美国总统奥巴马签署并发布了一个"大数据研究发展创新计划"(Big Data R&D Initiative)，由美国国家自然基金会(NSF)、卫生健康总署(NIH)、能源部(DOE)、国防部(DOD)等6大部门联合，投资2亿美元启动大数据技术研发，这是美国政府继1993年宣布"信息高速公路"计划后的又一次重大科技发展部署。美国白宫科技政策办公室还专门支持建立了一个大数据技术论坛，鼓励企业和组织机构间的大数据技术交流与合作。

2012年7月，联合国在纽约发布了一本关于大数据政务的白皮书《大数据促发展：挑战与机遇》，全球大数据的研究和发展进入了前所未有的高潮。这本白皮书总结了各国政府如何利用大数据响应社会需求，指导经济运行，更好地为人民服务，并建议成员国建立"脉搏实验室"(Pulse Labs)，挖掘大数据的潜在价值。

由于大数据技术的特点和重要性，目前国内外已经出现了"数据科学"的概念，即数据处理技术将成为一个与计算科学并列的新的科学领域。已故著名图灵奖获得者Jim Gray在2007年的一次演讲中提出，"数据密集型科学发现"(Data-Intensive Scientific Discovery)将成为科学研究的第四范式，科学研究将从实验科学、理论科学、计算科学，发展到目前兴起的数据科学。

为了紧跟全球大数据技术发展的浪潮，我国政府、学术界和工业界对大数据也予以了高度的关注。央视著名"对话"节目2013年4月14日和21日邀请了《大数据时代——生活、工作与思维的大变革》作者维克托·迈尔-舍恩伯格，以及美国大数据存储技术公司LSI总裁阿比分别做客"对话"节目，做了两期大数据专题谈话节目"谁在引爆大数据"、"谁在掘金大数据"，国家央视媒体对大数据的关注和宣传体现了大数据技术已经成为国家和社会普遍关注的焦点。

国内的学术界和工业界也都迅速行动，广泛开展大数据技术的研究和开发。2013年以来，国家自然科学基金、973计划、核高基、863等重大研究计划都已经把大数据研究列为重大研究课题。为了推动我国大数据技术的研究发展，2012年中国计算机学会(CCF)发起组织了CCF大数据专家委员会，CCF专家委员会还特别成立了一个"大数据技术发展战略报告"撰写组，并已撰写发布了《2013年中国大数据技术与产业发展白皮书》。

二、大数据的概念和特征

(一)大数据的概念

目前，虽然大数据的重要性得到了大家的一致认同，但是关于大数据的定义却众说纷纭。大数据是一个抽象的概念，除去数据量庞大，大数据还有一些其他的特征，这些特征决定了大数据与"海量数据"和"非常大的数据"这些概念之间的不同。一般意义上，大数据是指无法在有限时间内用传统IT技术和软硬件工具对其进行感知、获取、管理、处理和服务的数据集合。科技企业、研究学者、数据分析师和技术顾问们，由于各自的关注点不同，对于大数据有着不同的定义。通过以下定义，或许可以帮助我们更好地理解大数据在社会、经济和技术等方面的深刻内涵。

2010年Apache Hadoop组织将大数据定义为："普通的计算机软件无法在可接受的时间范围内捕捉、管理、处理的规模庞大的数据集"。在此定义的基础上，2011年5月，全球著名咨询机构麦肯锡公司发布了《大数据：下一个创新、竞争和生产力的前沿》报告，在报告中对大数据的定义进行了扩充。大数据是指其大小超出了典型数据库软件的采集、存储、管理和分析等能力的数据集。该定义有两方面内涵：(1)符合大数据标准的数据集大小是变化的，会随着时间推移、技术进步而增长；(2)不同部门符合大数据标准的数据集大小会存在差别。目前，大数据的一般范围是从几个TB到数个PB(数千TB)。根据麦肯锡的定义可以看出，数据集的大小并不是大数据的唯一标准，数据规模不断增长，以及无法依靠传统的数据库技术进行管理，也是大数据的两个重要特征。

(二)大数据的特征

大数据是这样的数据集合：数据量增长速度极快，用常规的数据工具无法在一定的时间内进行采集、处理、存储和计算的数据集合。

作者认为具有以下五大特征(4V+1O)的数据才可称之为大数据，即：

数据量大(Volume)。第一个特征是数据量大，包括采集、存储和计算的量都非常大。大数据的起始计量单位至少是P(1 000个T)、E(100万个T)或Z(10亿个T)。

类型繁多(Variety)。第二个特征是种类和来源多样化，包括结构化、半结构化和非结构化数据，具体表现为网络日志、音频、视频、图片、地理位置信息等，多类型的数据对数据的处理能力提出了更高的要求。

价值密度低(Value)。第三个特征是数据价值密度相对较低，或者说是浪里淘沙却又弥足珍贵。随着互联网以及物联网的广泛应用，信息感知无处不在，信息海量，但价值密度较低，如何结合业务逻辑并通过强大的机器算法来挖掘数据价值，是大数据时代最需要解决的问题。

速度快、时效高(Velocity)。第四个特征是数据增长速度快，处理速度也快，时效性要求高。比如搜索引擎要求几分钟前的新闻能够被用户查询到，个性化推荐算法尽可能要求实时完成推荐。这是大数据区别于传统数据挖掘的显著特征。

数据是在线的(Online)。数据是永远在线的，是随时能调用和计算的，这是大数据区别于传统数据最大的特征。现在我们所谈到的大数据不仅仅是大，更重要的是数据变得在线了，这是互联网高速发展背景下的特点。比如，对于打车工具，客户的数据和出租司机数据都是实时在线的，这样的数据才有意义。如果是放在磁盘中而且是离线的，这些数据远远不如在线的商业价值大。

关于大数据特征方面，特别要强调的一点是数据是在线的，因为很多人认为数据量大就是大数据，往往忽略了大数据的在线特性。数据只有在线，即数据在与产品用户或者客户产生连接的时候才有意义。如某用户在使用某互联网应用时，其行为及时传给数据使用方，数据使用方通过某种有效加工后(通过数据分析或者数据挖掘进行加工)，进行该应用的推送、内容的优化，把用户最想看到的内容推送给用户，就提升了用户的使用体验。

三、大数据相关技术的发展

大数据技术是新一代技术和构架，它以较低成本，以快速的采集、处理和分析技术，从各种超大规模的数据中提取价值。大数据技术不断涌现和发展，让我们处理海量数据更加容易、更加便宜和迅速，成为利用数据的好助手，甚至可以改变许多行业的商业模式，大数据技术的发展可以分为六大方向：

(一)大数据采集与预处理方向

这个方向最常见的问题是数据的多源和多样性，导致数据的质量存在差异，严重影响到数据的可用性。针对这些问题，目前很多公司已经推出了多种数据清洗和质量控制工具(如 IBM 的 Data Stage)。

(二)大数据存储与管理方向

这个方向最常见的挑战是存储规模大，存储管理复杂，需要兼顾结构化、非结构化和半结构化的数据。分布式文件系统和分布式数据库相关技术的发展正在有效地解决这些方面的问题。在大数据存储和管理方向，尤其值得我们关注的是大数据索引和查询技术、实时及流式大数据存储与处理的发展。

(三)大数据计算模式方向

由于大数据处理多样性的需求，目前出现了多种典型的计算模式，包括大数据查询分析计算(如 Hive)、批处理计算(如 Hadoop MapReduce)、流式计算(如 Storm)、迭代计算(如 HaLoop)、图计算(如 Pregel)和内存计算(如 Hana)，而这些计算模式的混合计算模式将成为满足多样性大数据处理和应用需求的有效手段。

(四)大数据分析与挖掘方向

在数据量迅速膨胀的同时，还要进行数据深度分析和挖掘，并且对自动化分析要求越来越高，越来越多的大数据分析工具和产品应运而生，如用于大数据挖掘的 R Hadoop 版、基于 MapReduce 开发的数据挖掘算法等。

(五)大数据可视化分析方向

通过可视化方式来帮助人们探索和解释复杂的数据，有利于决策者挖掘数据的商业价值，进而有助于大数据的发展。很多公司也在开展相应的研究，试图把可视化引入其不同的数据分析和展示的产品中，各种可能相关的商品也将会不断出现。可视化工具 Tabealu 的成功上市反映了大数据可视化的需求。

(六)大数据安全方向

当我们在用大数据分析和数据挖掘获取商业价值的时候，黑客很可能在向我们攻击，收集有用的信息。因此，大数据的安全一直是企业和学术界非常关注的研究方向。通过文件访问控制来限制对数据的操作、基础设备加密、匿名化保护技术和加密保护等技术正在最大程度地保护数据安全。

第二节 大数据研究方法

一、数据挖掘技术

数据挖掘(Data Mining)是采用数学的、统计的、人工智能和神经网络等领域的科学方法，如记忆推理、聚类分析、关联分析、决策树、神经网络、基因算法等技术，从大量数据中挖掘出隐含的、先前未知的、对决策有潜在价值的关系、模式和趋势，并用这些知识和规则建立用于决策支持的模型，提供预测性决策支持的方法、工具和过程。

数据挖掘方法主要分为两类：描述和预测。描述性挖掘是通过计算，得到数据库中数据的一般特征或规律，并为这种特征或规律的解释提供数据支持。预测性挖掘指基于数据库中的数据，计算得到特征或者规律，为现实应用提供现象预测。数据挖掘功能概述如下：

1. 特征描述通过描述所分析数据的一般特性(集中趋势、离散趋、汇总等)，发现数据中蕴含的模式，相关技术有EDA，OLAP及描述统计方法。

2. 关联分析旨在发现大量数据中属性之间有趣的关联或相关联系。

3. 聚类分析主要从数据中导出类标号，将数据划分成有意义或有用的类(簇)，尽量使同一个类(簇)中的数据之间具有较高的相似性，而不同类(簇)中的数据之间具有较大的差异性。

4. 变化和偏差检测(孤立点检测)旨在发现数据集中最重要的变化，寻找孤立点，以确定是不是事物发生的突变。

5. 分类分析旨在找出描述并区分数据类或概念的模型(或函数)，从而使用该模型(或函数)来预测类标记未知的对象类。

6. 回归分析通过建立回归模型进行预测，适合连续型的属性值。

前四项功能被认为是描述性数据挖掘要实现的任务，后两项是预测性数据挖掘要实现的任务。

(一)数据挖掘与统计学的联系

数据挖掘技术是计算机技术、人工智能技术和统计技术等构成的一种新学科。数据挖掘来源于统计分析，而又不同于统计分析。数据挖掘不是为了替代传统的统计分析技术，相反，数据挖掘是统计分析方法的扩展和延伸。大多数的统计分析技术都基于完善的数学理论和高超的技巧，其预测的准确程度还是令人满意的，但对于使用者的知识要求比较高。随着计算机能力的不断发展，数据挖掘可以利用相对简单和固定的程序完成同样的功能。新的计算算法的产生如神经网络、决策树使人们不需了解到其内部复杂的原理也可以通过这些方法获得良好的分析和预测效果。

由于数据挖掘和统计分析根深蒂固的联系，通常的数据挖掘工具都能够通过可选件或自身提供统计分析功能。这些功能对于数据挖掘的前期数据探索和数据挖掘之后对数据进行总结和分析都是十分必要的。统计分析所提供的诸如方差分析、假设检验、相关性分析、线性预测、时间序列分析等功能都有助于数据挖掘前期对数据进行探索，发现数据挖掘的题目、找出数据挖掘的目标、确定数据挖掘所需涉及的变量、对数据源进行抽样等。所有这些前期工作都会对数据挖掘的效果产生重大影响。数据挖掘的结果也需要统计分析的描述功能(最大值、最小值、平均值、方差、四分位、个数、概率分配)进行具体描述，使数据挖掘的结果能够被用户了解。因此，统计分析和数据挖掘是相辅相成的过程，两者的合理配合是数据挖掘成功的重要条件。

(二)数据挖掘与统计学的区别

统计学目前有一种趋势是越来越精确。当然，这本身并不是坏事，只有越精确才能避免错误，发现真理。统计学在采用一个方法之前先要证明，而不是像计算机科学和机器学习那样注重经验。有时候同一问题的其他领域的研究者提出一个很明显有用的方法，但它却不能被统计学家证明(或者现在还没有证明)。统计杂志倾向于发表经过数学证明的方法而不是一些特殊方法。数据挖掘作为几门学科的综合，已经从机器学习那里继承了实验的态度。这并不意味着数据挖掘工作者不注重精确，而只是说明如果方法不能产生结果的话就会被放弃。

正是由于统计学的数学精确性，而且其对推理的侧重，尽管统计学的一些分支也侧重于描述，但是浏览一下统计论文的话就会发现这些论文的核心问题就是在观察了样本的情况下如何去推断总体。当然这也常常是数据挖掘所关注的。下面我们会提到数据挖掘的一个特定属性就是要处理的是一个大数据集。这就意味着，传统统计学由于可行性的原因，我们常常得到的只是一个样本，但是需要描述样本取自的那个大数据集。然而，数据挖掘问题常常可以得到数据总体，例如关于一个公司的所有职工数据，数据库中的所有客户资料，去年的所有业务。在这种情形下，统计学的推断就没有价值了。

很多情况下，数据挖掘的本质是很偶然地发现非预期但很有价值的信息。这说明数据挖掘过程本质上是实验性的。这和确定性的分析是不同的(实际上，一个人是不能完全确定一个理论的，只能提供证据和不确定的证据)。确定性分析着眼于最适合的模型——建立一个推荐模型，这个模型也许不能很好地解释观测到的数据。大部分统计分析提出的是确定性的分析。

如果数据挖掘的主要目的是发现，那它就不关心统计学领域中在回答一个特定的问题之前，如何很好地搜集数据，例如实验设计和调查设计。数据挖掘本质上假想数据已经被搜集好，关注的只是如何发现其中的秘密。

二、数据挖掘相关算法

数据挖掘技术已经在许多领域广泛应用，在医疗研究领域，适用于医疗大数据研究的数据挖掘算法也越来越多，其中经典的算法有如下几种。

(一)关联分析

关联分析，其核心方法是基于频繁集理论的递推方法，在医疗数据研究中的目的就是要发现医药数据库中满足指定的最小支持度和最小置信度的所有关联规则。它不但使用于药物成分相关性研究和病人病理症状相关性研究等，还可以沿用 Apriori 算法研究发现高血压、冠心病等常见病的发病机理、互相影响因素等。

关联分析最经典的案例是沃尔玛的啤酒与尿布的故事：

沃尔玛的超市管理人员分析销售数据时发现了一个令人难以理解的现象：在某些特定的情况下，啤酒与尿布两件看上去毫无关系的商品会经常出现在同一个购物篮中。原来，年轻的父亲前去超市购买尿布的同时，往往会顺便为自己购买啤酒。

沃尔玛发现了这一独特的现象，开始在卖场尝试将啤酒与尿布摆放在相同的区域，让年轻的父亲可以同时找到这两件商品，并很快地完成购物；而沃尔玛超市也可以让这些客户一次购买两件商品，而不是一件，从而获得了更多的销售收入。它向我们揭示商品之间是具有关联关系的，发现并利用这些商品之间的关联关系，可以在无法大幅增加门店客户数的前提下，通过增加购物篮中的商品数量达到增加销售额的目的，从而获得更大的经营收益。

关联分析要解决的主要问题是：一群用户购买了很多产品之后，哪些产品同时购买的几率比较高？买了 A 产品的同时买哪个产品的几率比较高？可能是由于最初关联分析主要是在超市应用比较广泛，所以又叫“购物篮分析”，英文简称为 MBA，当然此 MBA 非彼 MBA，意为 Market Basket Analysis。

如果在研究的问题中，一个用户购买的所有产品假定是同时一次性购买的，分析的重点就是所有用户购买的产品之间关联性；如果假定一个用户购买的产品的时间是不同的，而且分析时需要突出时间先后上的关联，如先买了什么，然后后买什么？那么这类问题称之为序列问题，它是关联问题的一种特殊情况。从某种意义上来说，序列问题也可以按照关联问题来操作。

关联分析有三个非常重要的概念，那就是“三度”：支持度、可信度、提升度。假设有10 000个人购买了产品，其中购买 A 产品的人是1 000个，购买 B 产品的人是2 000个，AB 同时购买的人是 800 个。支持度指的是关联的产品（假定 A 产品和 B 产品关联）同时购买的人数占总人数的比例，即 800/10 000＝8%，有 8%的用户同时购买了 A 和 B 两个产品；可信度指的是在购买了一个产品之后购买另外一个产品的可能性，例如购买了 A 产品之后购买 B 产品的可信度＝800/1 000＝80%，即 80%的用户在购买了 A 产品之后会购买 B 产品；提升度就是在购买 A 产品这个条件下购买 B 产品的可能性与没有这个条件下购买 B 产品的可能性之比，没有任何条件下购买 B 产品可能性＝2 000/10 000＝20%，那么提升度＝80%/20%＝4。

（二）聚类分析

聚类分析也称群分析或点群分析，它是研究多要素事物分类问题的数量方法，是一种新兴的多元统计方法，是当代分类学与多元分析的结合。其基本原理是，根据样本自身的属性，用数学方法按照某种相似性或差异性指标，定量地确定样本之间的亲疏关系，并按这种亲疏关系程度对样本进行聚类。聚类分析是将分类对象置于一个多维空间，按照它们空间关系的亲疏程度进行分类。通俗地讲，聚类分析就是根据事物彼此不同的属性进行辨认，将具有相似属性的事物聚为一类，使得同一类的事物具有高度的相似性。聚类分析方法，是定量地研究地理事物分类问题和地理分区问题的重要方法，常见的聚类分析方法有系统聚类法、动态聚类法和模糊聚类法等。

案例分析：有 20 种 12 盎司啤酒成分和价格的数据，变量包括啤酒名称、热量、钠含量、酒精含量、价格。数据来自《SPSS for Windows 统计分析》data11-03。见图 3.1（图中截取的是前 7 种）。

	beername	calorie	sodium	alcohol	cost
1	Budweiser	144.00	19.00	4.70	.43
2	Schlitz	181.00	19.00	4.90	.43
3	lonenbrau	157.00	15.00	4.90	.48
4	Kronensourc	170.00	7.00	5.20	.73
5	Heineken	152.00	11.00	5.00	.77
6	Old-milnaukee	145.00	23.00	4.60	.26
7	Aucsberger	175.00	24.00	5.50	.40

图 3.1

问题一：选择哪些变量进行聚类？——采用“R 型聚类”

1. 现在我们有 4 个变量用来对啤酒分类，是否有必要将 4 个变量都纳入作为分类变量呢？热量、钠含量、酒精含量这 3 个指标要通过化验员的辛苦努力来测定，而且还要花费不少成本，如果都纳入分析的话，岂不太麻烦、太浪费？所以，有必要对 4 个变量进行降维处理，这里采用 spss R 型聚类(变量聚类)，对 4 个变量进行降维处理。输出“相似性矩阵”有助于我们理解降维的过程。见图 3.2。

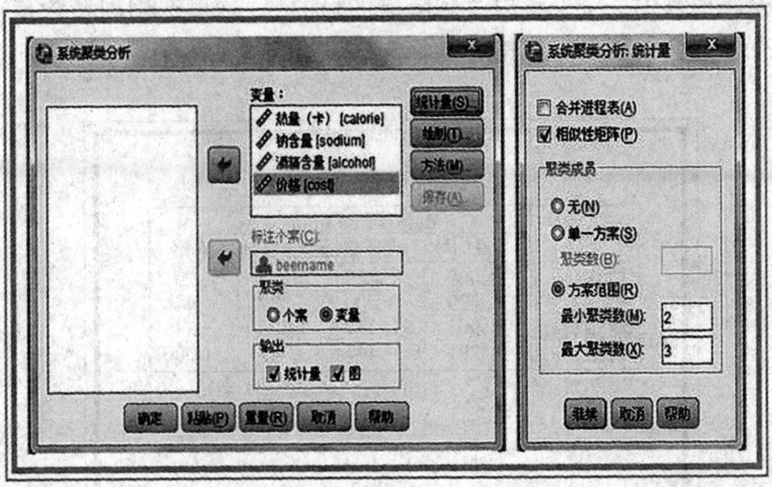

图 3.2

2. 4 个分类变量量纲各自不同，这一次我们先确定用相似性来测度，度量标准选用 pearson 系数，聚类方法选最远元素，此时，涉及相关，4 个变量可不用标准化处理，将来的相似性矩阵里的数字为相关系数。如果有某两个变量的相关系数接近 1 或-1，说明两个变量可互相替代。见图 3.3。

3. 只输出“树状图”就可以了，个人觉得冰柱图很复杂，看起来没有树状图清晰明了。从 proximity matrix 表中可以看出热量和酒精含量两个变量相关系数 0.903，最大，二者选其一即可，没有必要都作为聚类变量，导致成本增加。至于热量和酒精含量选择哪一个作

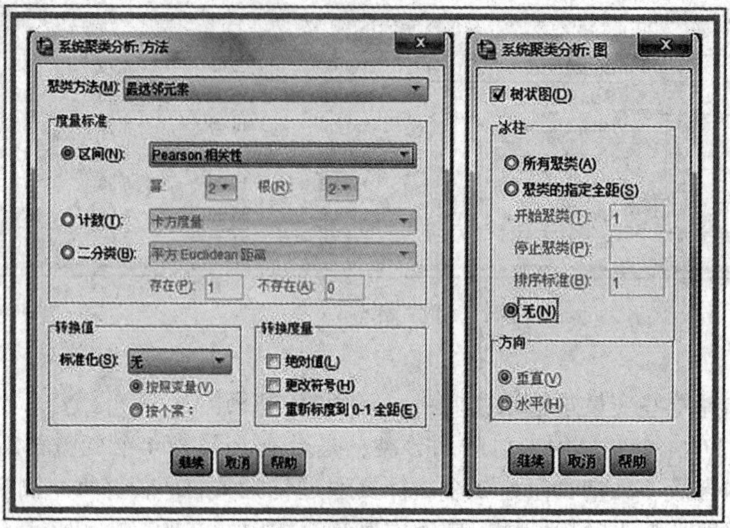

图 3.3

为典型指标来代替原来的两个变量，可以根据专业知识或测定的难易程度决定(与因子分析不同，是完全踢掉其中一个变量以达到降维的目的)。这里选用酒精含量，至此，确定出用于聚类的变量为：酒精含量，钠含量，价格。见图 3.4。

Proximity Matrix

Case	Matrcx File Input			
	热量(卡)	钠含量	酒精含量	价格
热量(卡)	1.000	.429	.903	.291
钠含量	.429	1.000	.337	−.444
酒精含量	.903	.337	1.000	.345
价格	.291	−.444	.345	1.000

Cluster Membership

Case	3 Clusters	2 Clusters
热量(卡)	1	1
钠含量	2	1
酒精含量	1	1
价格	3	2

图 3.4

(三)决策树分析

决策树是一种典型的分类方法，类似于流程图的树结构，首先对数据进行处理，利用归纳算法生成可读的规则和决策树，然后使用决策树对数据进行分析。在医药数据处理中常用决策树算法有：ID3 算法、C4.5 算法，这些算法可以处理高位的医药数据，对于处理海量的医疗数据的数据处理速度也依然很快。采用将数据挖掘决策树技术用于某一种具体长期观察的慢性病，也可以对某一疾病的医学图像建立分类器。

举个相亲的例子来说明什么是决策树、如何构建一个决策树及如何利用决策树进行分类，某相亲网站通过调查相亲历史数据发现，女孩在实际相亲时有表 3.1 和图 3.5 所示的表现。

表 3.1　**相亲历史数据表**

序号	城市拥有房产	婚姻历史(离过婚、单身)	年收入(单位：万元)	见面(是、否)
1	是	单身	12	是
2	否	单身	15	是
3	是	离过婚	10	是
4	否	单身	18	是
5	是	离过婚	25	是
6	是	单身	50	是
7	否	离过婚	35	是
8	是	离过婚	40	是
9	否	单身	60	是
10	否	离过婚	17	否

通过表 3.1 所示历史数据女孩构建如下决策树：

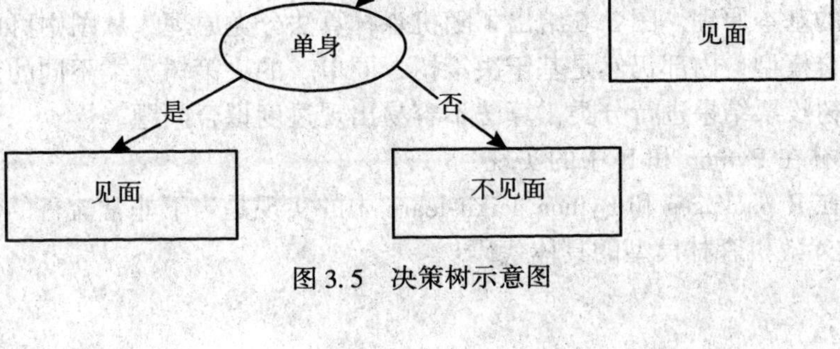

图 3.5　决策树示意图

如果网站新注册了一个用户，他在城市无房产、年收入小于35万元且离过婚，则可以预测女孩不会跟他见面。通过上面这个简单的例子可以看出，决策树对于现实生活具有很强的指导意义。通过该例子，我们也可以总结出决策树的构建步骤：

(1)将所有记录看作一个节点；

(2)遍历每个变量的每种分割方式，找到最好的分割点；

(3)利用分割点将记录分割成两个子节点C1和C2；

(4)对子节点C1和C2重复执行步骤(2)、(3)，直到满足特定条件为止。

在构建决策树的过程中，最重要的是如何找到最好的分割点，那怎样的分割点才算是最好的呢？如果一个分割点能够将整个记录准确地分为两类，那该分割点就可以认为是最好的，此时被分成的两类相对来说是最"纯"的。例如前面的例子中，"在城市拥有房产"可以将所有记录分两类，所有"是"的都可以划为一类，而"否"的则都被划为另外一类。所有"是"划分后的类是最"纯"的，因为所有在城市拥有房产单身男士，不管他是否离过婚、年收入多少都会见面；而所有"否"划分后的类，又被分为两类，其中有见面的，也有不见面的，因此它不是很纯，但对于整体记录来讲，它是最纯的。

在上述例子当中，可以看到决策树既可以处理连续型变量也可以处理名称型变量，连续型变量如年收入，它可以用">="，">"，"<"或"<="作为分割条件，而名称型变量如在城市是否拥有房产，值是有限的集合如"是"、"否"两种，它采用"="作为分割条件。

(四)随机森林

1. 随机森林的原理

随机森林是基于决策树方法而发展起来的。但决策树算法在产生规则的时候采用了局部的贪婪方法，每次只选取一个属性进行分析构造决策树，所以它们再产生的分类规则往往相当复杂。在决策树的学习中，由于分类器过于复杂，则它可能会过于适应噪声，从而导致过度拟合的问题。随机森林是通过自助法(boot-strap)重采样技术，从原始训练样本集N中有放回地重复随机抽取k个样本生成新的训练集样本集合，然后根据自助样本集生成k个决策树组成的随机森林，新数据的分类结果按决策树投票多少形成的分数而定。其实质是对决策树算法的一种改进，将多个决策树合并在一起，每棵树的建立依赖于一个独立抽取的样本，森林中的每棵树具有相同的分布，分类误差取决于每一棵决策树的分类能力和它们之间的相关性。

由多个决策树构成的森林，算法分类结果由这些决策树投票得到，决策树在生成的过程中分别在行方向和列方向上添加随机过程，行方向上构建决策树时采用放回抽样得到训练数据，列方向上采用无放回随机抽样得到特征子集，并据此得到其最优切分点，这便是随机森林算法的基本原理。图3.6给出了随机森林算法分类原理，从图中可以看到，随机森林是一个组合模型，内部仍然是基于决策树，同单一的决策树分类不同的是，随机森林通过多个决策树投票结果进行分类，算法不容易出现过度拟合问题。

2. 随机森林在Python和R中的实现

随机森林在R packages和Python scikit-learn中的实现是当下非常流行的，下列是在R和Python中载入随机森林模型的具体代码：

图 3.6　随机森林示意图

Python

```
#Import Library
fromsklearn. ensemble import RandomForestClassifier #use RandomForestRegressor for regression problem
#Assumed you have, X (predictor) and Y (target) for training data set and x_test (predictor) of test_dataset
# Create Random Forest object
model= RandomForestClassifier(n_estimators=1000)
# Train the model using the training sets and check score
model. fit(X, y)
#Predict Output
predicted= model. predict(x_test)
```

R Code

```
library(randomForest)
x<- cbind(x_train,y_train)
# Fitting model
fit<- randomForest(Species ~ . , x,ntree=500)
summary(fit)
#Predict Output
predicted=predict(fit,x_test)
```

3. 随机森林算法的工作原理

在随机森林中，每一个决策树“种植”和“生长”的规则如下所示(见图 3.7)：

(1)假设我们设定训练集中的样本个数为 N，然后通过有重置的重复多次抽样来获得这 N 个样本，这样的抽样结果将作为我们生成决策树的训练集。

(2)如果有 M 个输入变量，每个节点都将随机选择 $m(m<M)$ 个特定的变量，然后运用这 m 个变量来确定最佳的分裂点。在决策树的生成过程中，m 的值是保持不变的。

(3)每棵决策树都最大可能地进行生长而不进行剪枝。

(4)通过对所有的决策树进行加总来预测新的数据(在分类时采用多数投票，在回归时采用平均)。

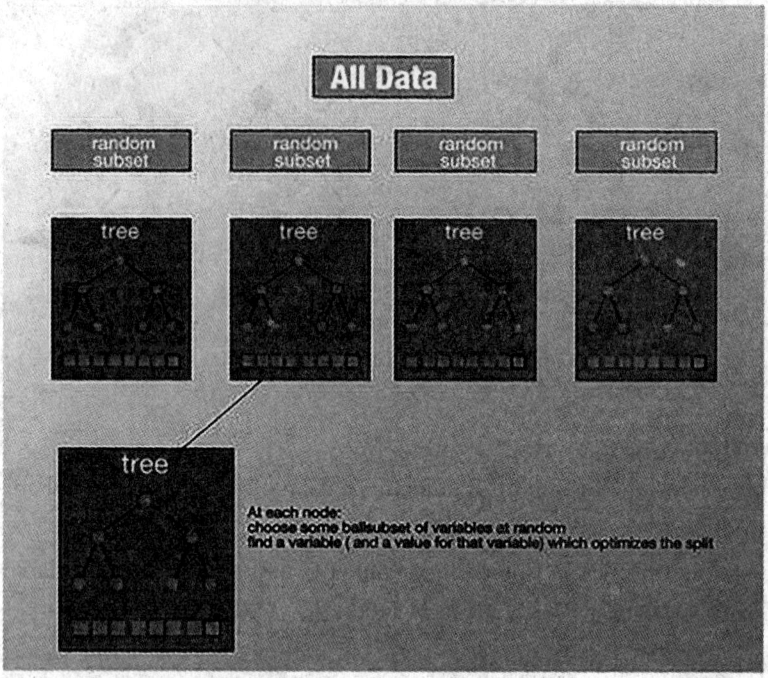

图 3.7

4. 随机森林的优点与缺点

(1)优点

①正如上文所述，随机森林算法能解决分类与回归两种类型的问题，并在这两个方面都有相当好的估计表现。

②随机森林对于高维数据集的处理能力令人兴奋，它可以处理成千上万的输入变量，并确定最重要的变量，因此被认为是一个不错的降维方法。此外，该模型能够输出变量的重要性程度，这是一个非常便利的功能。图 3.8 展示了随机森林对于变量重要性程度的输出形式：

③在对缺失数据进行估计时，随机森林是一个十分有效的方法。就算存在大量的数据缺失，随机森林也能较好地保持精确性。

④当存在分类不平衡的情况时，随机森林能够提供平衡数据集误差的有效方法。

⑤模型的上述性能可以被扩展运用到未标记的数据集中，用于引导无监督聚类、数据透视和异常检测。

⑥随机森林算法中包含了对输入数据的重复自抽样过程，即所谓的 bootstrap 抽样。这样一来，数据集中大约 1/3 将没有用于模型的训练而是用于测试，这样的数据被称为 out of bag samples，通过这些样本估计的误差被称为 out of bag error。研究表明，这种 out of bag 方法与测试集规模同训练集一致的估计方法有着相同的精确程度，因此在随机森林中我们无需再对测试集进行另外的设置。

(2)缺点

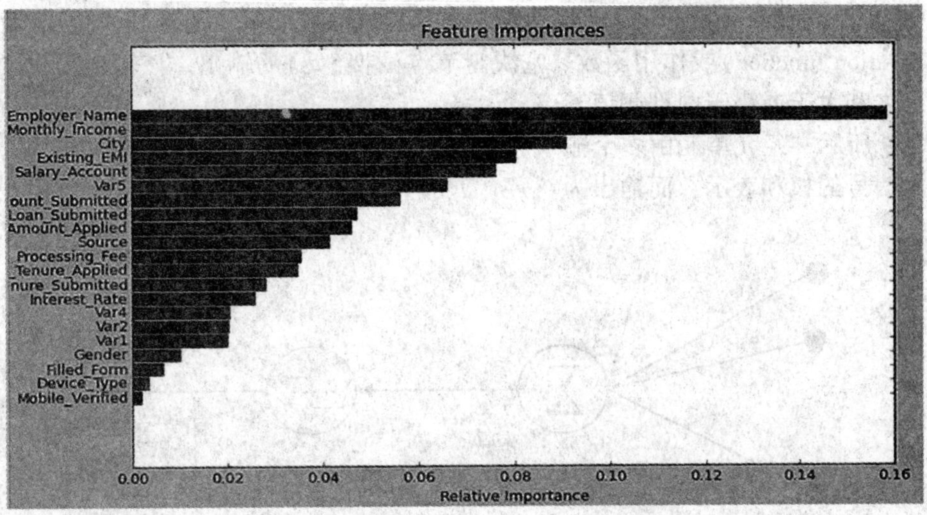

图 3.8

①随机森林在解决回归问题时并没有像它在分类中表现得那么好，这是因为它并不能给出一个连续型的输出。当进行回归时，随机森林不能够作出超越训练集数据范围的预测，这可能导致在对某些还有特定噪声的数据进行建模时出现过度拟合。

②对于许多统计建模者来说，随机森林给人的感觉像是一个黑盒子——你几乎无法控制模型内部的运行，只能在不同的参数和随机种子之间进行尝试。

(五)人工神经网络

人工神经网络算法是一种模仿生物神经网络的算法，是一种非程序化、适应性、大脑风格的信息处理，是以人工神经元作为基本计算单元，并模仿人脑神经系统的信息处理功能。医药数据具有异构性、海量性、复杂性、不确定、不精确等特性。人工神经网络是一种应用类似于大脑神经突触连接的结构进行信息处理的数学模型，它可以对非线性、异构性、复杂性、不确定、不精确的数据进行智能处理。尤其是在处理医药数据时，能满足医药数据挖掘模型的精准性要求。

人工神经网络由神经元模型构成，这种由许多神经元组成的信息处理网络具有并行分布结构。每个神经元具有单一输出，并且能够与其他神经元连接；存在许多(多重)输出连接方法，每种连接方法对应一个连接权系数。可把 ANN 看成是以处理单元 PE (processing element)为节点，用加权有向弧(链)相互连接而成的有向图。令来自其他处理单元(神经元)i 的信息为 X_i，它们与本处理单元的互相作用强度为 w_i，$i=0, 1, \cdots, n-1$，处理单元的内部阈值为 θ。那么本神经元的输入为：

$$\sum_{i=0}^{n-1} w_i x_i$$

而处理单元的输出为：

$$y = f\left(\sum_{i=0}^{n-1} w_i x_i - \theta\right)$$

式中，x_i为第 i 个元素的输入，w_i为第 i 个元素与本处理单元的互联权重。f 称为激发函数(activation function)或作用函数。它决定节点(神经元)的输出。该输出为 1 或 0 取决于其输入之和大于或小于内部阈值 θ。

图 3.9 所示神经元单元由多个输入 X_i，$i=1$，2，...，n 和一个输出 y 组成。中间状态由输入信号的权和表示，而输出为：

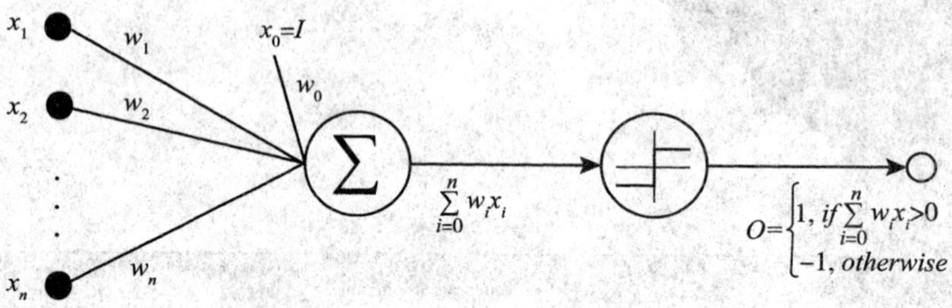

图 3.9

1. 训练网络

神经网络结构被设计完成，有了输入、输出参数后，我们就要对网络进行训练。神经网络的训练包括感知器训练、delta 规则训练和反向传播算法等训练，其中感知器训练是基础。

2. 感知器和 delta 训练规则

理解神经网络的第一步是从抽象生物神经开始，本文用到的人工神经网络系统是以被称为感知器的单元为基础，如图 3-9 所示。感知器以一个实数值向量作为输入，计算这些输入的线性组合，如果结果大于某个阈值，就输出 1，否则输出-1，如果 x 从 1 到 n，则感知器计算公式如下：

$$O(x_1, \cdots, x_n)=\begin{cases}1, & w_0+w_1x_1+\cdots+w_nx_n>0 \\ -1, & otherwise\end{cases}$$

其中每个 w_i是一个实数常量，或叫做权值，用来决定输入 x_i对感知器输出的贡献率。特别地，w_0 是阈值。

尽管当训练样例线性可分时，感知器法则可以成功地找到一个权向量，但如果样例不是线性可分时它将不能收敛，因此人们设计了另一个训练法则来克服这个不足，这个训练规则叫做 delta 规则。感知器训练规则是基于这样一种思路——权系数的调整是由目标和输出的差分方程表达式决定的，而 delta 规则是基于梯度降落这样一种思路。这个复杂的数学概念可以举个简单的例子来表示。从给定的几点来看，向南的那条路径比向东那条更陡些。向东就像从悬崖上掉下来，但是向南就是沿着一个略微倾斜的斜坡下来，向西像登一座陡峭的山，而北边则到了平地，只要慢慢地闲逛就可以了。所以你要寻找的是到达平地的所有路径中将陡峭的总和减少到最小的路径。在权系数的调整中，神经网络将会找到一种将误差减少到最小的权系数的分配方式。这部分我们不做详细介绍，如有需要大家可参考相关的人工智能书籍。

3. 反向传播算法

人工神经网络学习为学习实数值和向量值函数提供了一种实际的方法，对于连续的和离散的属性都可以使用。并且对训练数据中的噪声具有很好的健壮性。反向传播算法是最常见的网络学习算法。这是我们所知用来训练神经网络很普遍的方法，反向传播算法是一种具有很强学习能力的系统，结构比较简单，且易于编程。

鲁梅尔哈特(Rumelhart)和麦克莱兰(Meclelland)于1985年发展了BP网络学习算法，实现了明斯基的多层网络设想。BP网络不仅含有输入节点和输出节点，而且含有一层或多层隐(层)节点。输入信号先向前传递到隐藏节点，经过作用后，再把隐藏节点的输出信息传递到输出节点，最后给出输出结果。节点的激发函数一般选用 S 型函数。

反向传播(back-propagation，BP)算法是一种计算单个权值变化引起网络性能变化值的较为简单的方法。由于BP算法过程包含从输出节点开始，反向地向第一隐含层(即最接近输入层的隐含层)传播由总误差引起的权值修正，所以称为“反向传播”。反向传播特性与所求解问题的性质和所作细节选择有极为密切的关系。

对于由一系列确定的单元互连形成的多层网络，反向传播算法可用来学习这个多层网络的权值。它采用梯度下降方法试图最小化网络输出值和目标值之间的误差平方，因为我们要考虑多个输出单元的网络，而不是像以前只考虑单个单元，所以我们要重新计算误差 E，以便对所有网络输出的误差求和：

$$E(\bar{w})=\frac{1}{2}\sum_{d\in D}\sum_{k\in \mathrm{outputs}}(t_{\mathrm{kd}}-o_{\mathrm{kd}})^2$$

Outputs是网络输出单元的集合，t_{kd}和o_{kd}是与训练样例 d 和第 k 个输出单元的相关输出值。

反向传播算法的一个迷人特性是：它能够在网络内部的隐藏层发现有用的中间表示：

(1)训练样例仅包含网络输入和输出，权值调节的过程可以自由地设置权值，来定义任何隐藏单元表示，这些隐藏单元表示在使误差 E 达到最小时最有效。

(2)引导反向传播算法定义新的隐藏层特征，这些特征在输入中没有明确表示出来，但能捕捉输入实例中与学习目标函数最相关的特征

反向传播训练神经元的算法如图3.10所示。

(六)支持向量机

在机器学习中，支持向量机(support vector machine，SVM，还支持矢量网络)是与相关的学习算法有关的监督学习模型，可以分析数据，识别模式，用于分类和回归分析。支持向量机是一种分类算法，通过寻求结构化风险最小来提高学习机泛化能力，实现经验风险和置信范围的最小化，从而达到在统计样本量较少的情况下，亦能获得良好统计规律的目的。通俗来讲，它是一种二类分类模型，其基本模型定义为特征空间上的间隔最大的线性分类器，即支持向量机的学习策略便是间隔最大化，最终可转化为一个凸二次规划问题的求解。

具体原理：

1. 在 n 维空间中找到一个分类超平面，将空间上的点分类。如图3.11是线性分类的例子。

2. 一般而言，一个点距离超平面的远近可以表示为分类预测的确信或准确程度。SVM

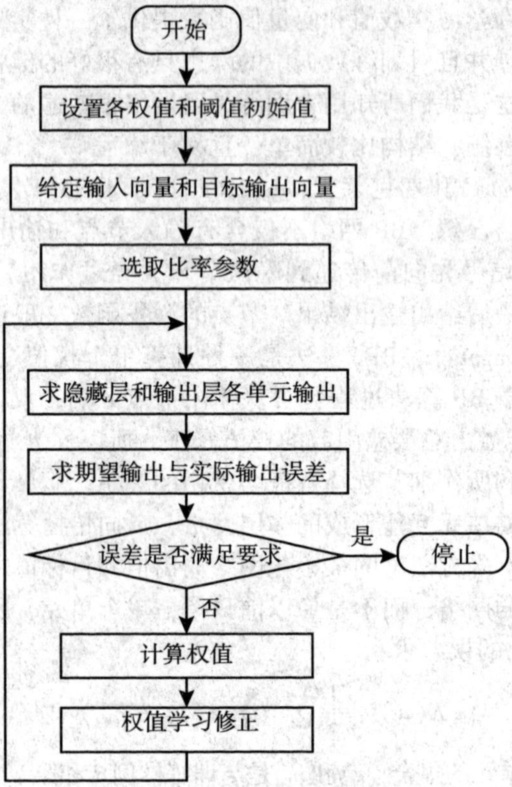

图 3.10

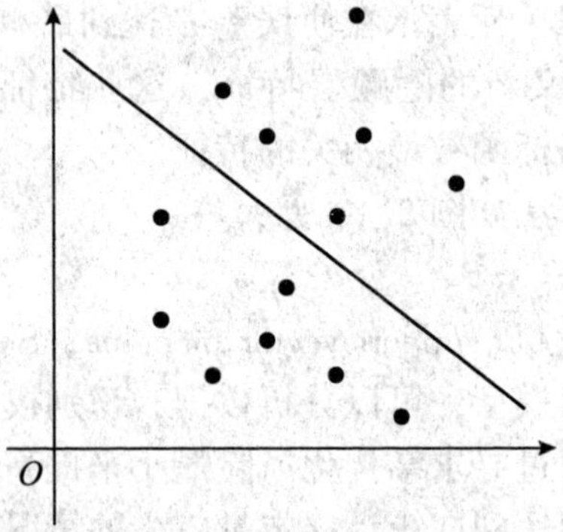

图 3.11

就是要最大化这个间隔值，而在虚线上的点便叫做支持向量 Supprot Verctor。见图 3-12。

3. 实际中，我们会经常遇到线性不可分的样例，此时，我们的常用做法是把样例特征映射到高维空间中去(如图 3.13 所示)。

4. 线性不可分映射到高维空间，可能会导致维度大小高到可怕的程度(19 维乃至无穷维的例子)，导致计算复杂。核函数的价值在于它虽然也是将特征进行从低维到高维的

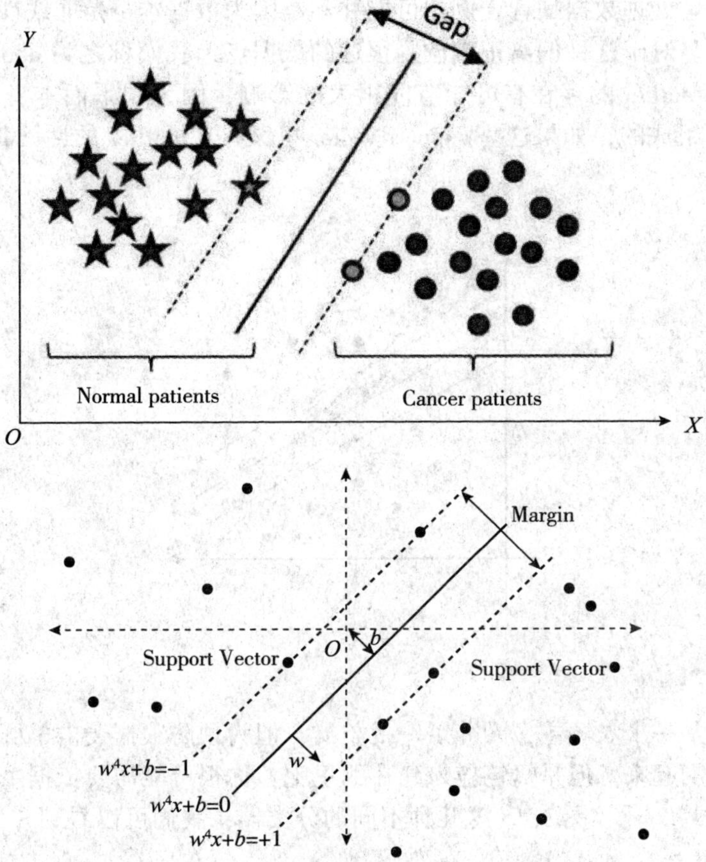

图 3. 12

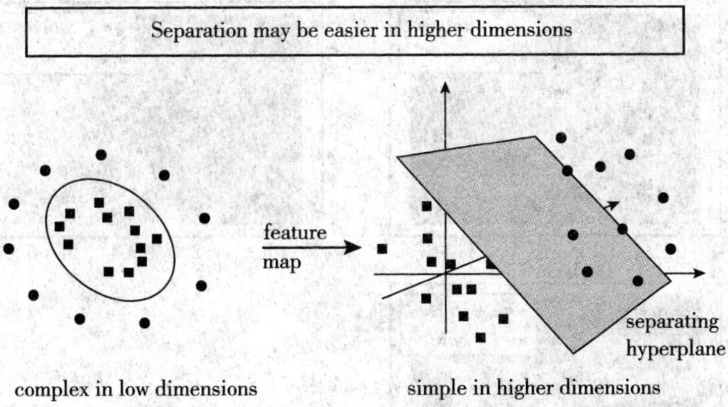

图 3. 13

转换，但核函数绝就绝在它事先在低维上进行计算，而将实质上的分类效果表现在了高维上，也就如上文所说的避免了直接在高维空间中的复杂计算。

5. 使用松弛变量处理数据噪音

使用松弛变量处理数据噪音。例如可能并不是因为数据本身是非线性结构的，而只是因为数据有噪音。对于这种偏离正常位置很远的数据点，我们称之为 outlier，在我们原来的 SVM 模型里，outlier 的存在有可能造成很大的影响，因为超平面本身就是只有少数几个 support vector 组成的，如果这些 support vector 里又存在 outlier 的话，其影响就很大了。如图 3. 14 所示。

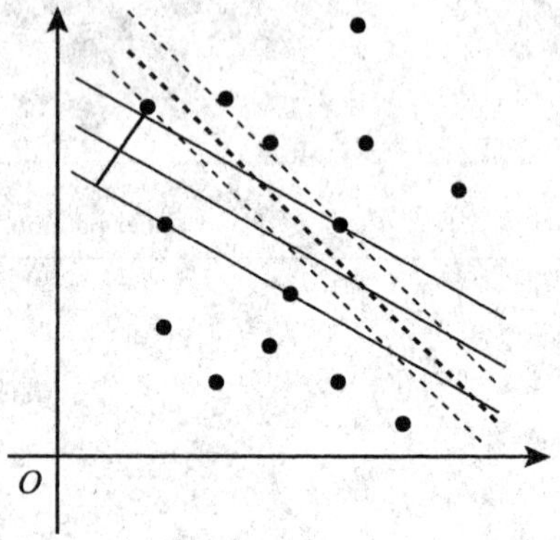

图 3. 14

假设现在你是一个农场主，圈养了一批羊群，但为预防狼群袭击羊群，你需要搭建一个篱笆来把羊群围起来。但是篱笆应该建在哪里呢？你很可能需要依据牛群和狼群的位置建立一个"分类器"，比较图 3. 15 这几种不同的分类器，我们可以看到 SVM 完成了一个很完美的解决方案。

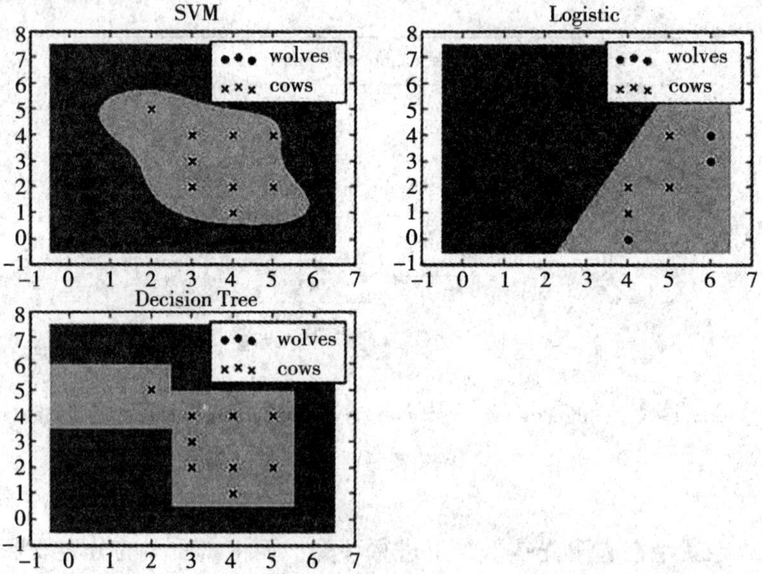

图 3. 15

这个例子从侧面简单说明了 SVM 使用非线性分类器的优势，而逻辑模式以及决策树模式都是使用了直线方法。

第三节　大数据应用

大数据应用，是利用大数据分析的结果，为用户提供辅助决策，发掘潜在价值的过程。从理论上来看，所有产业都会从大数据的发展中受益。先来看这么一则偏笑话的案例吧：某超市通过分析一位女顾客的购物数据(包括购物清单，浏览物品，咨询信息，视频监控信息<超市内徘徊区域>等)，根据分析结果给该女顾客寄来了孕婴童试用品，这一举动让该女顾客的父亲非常生气，立马致电该超市投诉，因为她女儿还未成年！超市经理立马登门拜访道歉，不过事实是，不久后这位女孩因遮盖不住隆起的腹部而不得不向父亲告知真相：她真的怀孕了。对于企业而言，大数据有时候像是一个侦探家，能够拨开重重迷雾，找到问题的本质以及解决方案，而关键在于，你是否真的懂得如何去驾驭它，让它为你服务。大数据应用的关键，也是其必要条件，就在于"IT"与"经营"的融合，当然，这里的经营的内涵可以非常广泛，小至一个零售门店的经营，大至一个城市的经营。

一、大数据应用案例之零售业

"我们的某个客户，是一家领先的专业时装零售商，通过当地的百货商店、网络及其邮购目录业务为客户提供服务。公司希望向客户提供差异化服务，如何定位公司的差异化？他们通过从 Twitter 和 Facebook 上收集社交信息，更深入的理解化妆品的营销模式，随后他们认识到必须保留两类有价值的客户：高消费者和高影响者。希望通过接受免费化妆服务，让用户进行口碑宣传，这是交易数据与交互数据的完美结合，为业务挑战提供了解决方案。"Informatica 的技术帮助这家零售商用社交平台上的数据充实了客户主数据，使其业务更具有目标性。

零售企业也监控客户的店内走动情况以及与商品的互动。它们将这些数据与交易记录相结合来展开分析，从而在销售哪些商品、如何摆放货品以及何时调整售价上给出意见，此类方法已经帮助某领先零售企业减少了 17%的存货，同时在保持市场份额的前提下，增加了高利润率自有品牌商品的比例。

二、大数据应用案例之电视媒体

对于体育爱好者，追踪电视播放的最新运动赛事几乎是一件不可能的事情，因为有超过上百个赛事在8 000多个电视频道播出。

现在市面上开发了一个可追踪所有运动赛事的应用程序 RUWT，它已经可以在 iOS 和 Android 设备，以及在 Web 浏览器上使用，它不断地分析运动数据流来让球迷知道他们应该转换成哪个台看到想看的节目，在电视的哪个频道上找到，并让他们在比赛中进行投票。对于谷歌电视和 TiVo 用户来说，实际上 RUWT 就是让他们改变频道调到一个比赛中。

该程序能基于赛事的紧张激烈程度对比赛进行评分排名，用户可通过该应用程序找到值得收看的频道和赛事。

三、大数据应用案例之保险行业

保险行业并非技术创新的指示灯，然而 MetLife 保险公司已经投资 3 亿美金建立一个新式系统，其中的第一款产品是一个基于 MongoDB 的应用程序，它将所有客户信息放在同一个地方。

MongoDB 汇聚了来自 70 多个遗留系统的数据，并将它合并成一个单一的记录。它运行在两个数据中心的 6 个服务器上，目前存储了 24TB 的数据。这包括 MetLife 的全部美国客户，尽管它的目标是扩大它的国际客户和多种语言，同时也可能创建一个面向客户的版本。它的更新几乎是实时的，当新客户的数据输入时，就好像 Facebook 墙一样。

大多数疾病可以通过药物来达到治疗效果，但如何让医生和病人能够专注参加一两个可以真正改善病人健康状况的干预项目却极具挑战性。安泰保险目前正尝试通过大数据达到此目的。

安泰保险为了帮助改善代谢综合症患者的预测，从千名患者中选择 102 个完成实验。在一个独立的实验室工作内，通过患者的一系列代谢综合症的检测试验结果，在连续 3 年内，扫描600 000个化验结果和 18 万例索赔事件。将最后的结果组成一个高度个性化的治疗方案，以评估患者的危险因素和重点治疗方案。这样，医生可以通过食用他汀类药物及减重 5 磅等建议而减少未来 10 年内 50%的发病率。或者通过你目前体内高于 20%的含糖量，而建议你降低体内甘油三酯总量。

四、大数据应用案例之医疗行业

美国麻省理工学院研究人员约翰 · 古塔格(John Guttag)和柯林 · 斯塔尔兹(Collin Stultz)创建了一个计算机模型，用以分析心脏病患者的心电图数据。他们利用数据挖掘和“机器学习”技术筛选海量数据，发现心电图中出现三类异常的人在一年内死于二次心脏病发作的机率比未出现者高 1~2 倍。相比传统筛查方法，这种有大数据技术介入的新方法能够识别出更多心脏病致死高危病人。

Seton Healthcare 是采用 IBM 最新沃森技术医疗保健内容分析预测的首个客户。该技术允许企业找到大量病人相关的临床医疗信息，通过大数据处理，更好地分析病人的信息。在加拿大多伦多的一家医院，针对早产婴儿，每秒钟有超过3 000次的数据读取。通过这些数据分析，医院能够提前知道哪些早产儿出现问题并且有针对性地采取措施，避免早产婴儿夭折。

它让更多的创业者更方便地开发产品，比如通过社交网络来收集数据的健康类 App。也许未来数年后，它们搜集的数据能让医生给你的诊断变得更为精确，比方说不是通用的成人每日三次、一次一片，而是检测到你的血液中药剂已经代谢完成会自动提醒你再次服药。Express Scripts 就是这么一家处方药管理服务公司，目前它正在通过一些复杂模型来检测虚假药品，这些模型还能及时提醒人们何时应该停止用药。Express Scripts 能够解决该问题的原因在于所有有关数据。因为它每年管理着 1.4 亿个处方，覆盖了 1 亿美国人和65 000家药店，虽然该公司能够识别潜在问题的信号模式，但它也使用数据来尝试解决某些情况下之前曾经发现的问题。

未来随着大数据技术的不断完善升级以及在医学领域的广泛应用，医生将能通过对患者健康数据信息的深度挖掘让诊断和治疗更为精确。

五、大数据应用案例之总统竞选

许多人通过 Facebook 更新个人状态、分享图片以及他们“喜欢”的内容。奥巴马的总统竞选运动也通过使用社交网络的各种数据功能完成了竞选，他们不仅通过社交网络寻找支持者，而且还通过社交网络召集了一批志愿军。

早在 2006 年，Facebook 联合创始人，克里斯·休斯就建议扎克伯格在网站上推出相关服务，帮助总统候选人在 Facebook 上建立个人主页，以便他们进行形象推广。2006 年 9 月，Facebook 全面开放，用户数量爆炸式增长，在年底达到1 200万。这一过程恰好有利地推升了奥巴马的知名度。此后，在克里斯的辅佐下，奥巴马掀起了一系列的网络活动，在 Facebook、MySpace 等社交网站上发表公开演讲、推广施政理念，赢得大量网民支持，募集到 5 亿多美元的竞选经费。

最终，“黑人平民”战胜了实力雄厚的对手，成为美国历史上第一位黑人总统，之后，在第二次的选举中更获得连任。此次选举被认为是美国民主的巨大进步，而互联网则提供了前所未有的实施手段，其中尤以 Facebook 代表的社交网站最为突出，以至于有人戏称之为“Facebook 之选”。

六、大数据应用案例之能源行业

智能电网现在欧洲已经做到了终端，也就是所谓的智能电表。在德国，为了鼓励利用太阳能，会在家庭安装太阳能，除了卖电给你，当你的太阳能有多余电的时候还可以买回来。通过电网每隔 5 分钟或 10 分钟收集一次数据，收集来的这些数据可以用来预测客户的用电习惯等，从而推断出在未来 2~3 个月时间里，整个电网大概需要多少电。有了这个预测后，就可以向发电或者供电企业购买一定数量的电。因为电有点像期货一样，如果提前买就会比较便宜，买现货就比较贵。通过这个预测，可以降低采购成本。

维斯塔斯风力系统，依靠的是 BigInsights 软件和 IBM 超级计算机，然后对气象数据进行分析，找出安装风力涡轮机和整个风电场最佳的地点。利用大数据，以往需要数周的分析工作，现在仅需要不足 1 小时便可完成。

七、大数据应用案例之汽车制造

当问起汽车的制造过程，大多数人脑子里随即浮现的是各种生产装配流水线和制造机器。然而在福特，在产品的研发设计阶段，大数据就已经对汽车的部件和功能产生了重要影响。

比如，福特产品开发团队曾经对 SUV 是否应该采取掀背式(即手动打开车后行李箱车门)或电动式进行分析。如果选择后者，门会自动打开、便捷智能，但这种方式有车门开启有限的困扰。此前采用定期调查的方式并没有发现这个问题，但后来根据对社交媒体的关注和分析，发现很多人都在谈论这些问题。

八、大数据应用案例之社会生活

印度有一档非常受欢迎的电视节目 Satyamev jayate，该节目整理并分析社会民众关于争议话题的各种意见，包括女性堕胎、种姓歧视和虐待儿童等社会热点问题，并使用这些数据来推进政治改革。

虽然目前只播放了 13 集，但是来自各方的反馈数据不容小觑：

——来自印度电视和世界各地的 YouTube 上的 400 万观众；

——超过 1.2 亿人在其网站、Facebook、Twitter、YouTube 和移动设备上已连接 Satyamev jayate；

——超过 800 万的人通过 Facebook、网络注释、文本消息及电话热线等方式发送 14 万个回应，每周有超过 10 万个新观众进行回应。

九、大数据应用案例之公路交通

在洛杉矶开过车的人一定都经历过那里噩梦般的交通拥堵情况。目前政府在 I-10 和 I-110 州际公路上建立了一条收费的快速通道。政府可通过大数据引导驾驶人员在该通道上的行驶，保证交通畅通。

施乐就是参与此次项目的公司，它的抗拥塞项目，包括用 ExpressLanes、动态定价、上升的需求等以维持某种秩序的想法。施乐公司的首席技术执行官 Natesh Manikoth 表示，如果司机支付给驾驶热车道(高占用收费系统)，他必须保证车速每小时 45 英里左右。如果交通开始拥堵，私家汽车的支付价格将上升，以减少他们进入，而将车道用于高占用率的车辆，例如公共汽车和大巴车。

施乐还有另一个项目在洛杉矶称为 ExpressPark，目标是让人们知道他们何时即将离开房子，在哪能找到停车场和花费金额。不仅要确保定价，同时更要确保数据实时到达用户手中。例如，应当提前 40 分钟告知用户停车位置。

2017 年 1 月 18 日，新华网联合高德地图，根据往年车流量信息、高速拥堵信息等数据，运用大数据技术对 2017 年春节期间高速公路的车流拥堵情况做出预测，为人们选择高速公路出行提供参考信息，从而在一定程度上缓解了高速公路的拥堵压力。参见图 3.16、图 3.17。

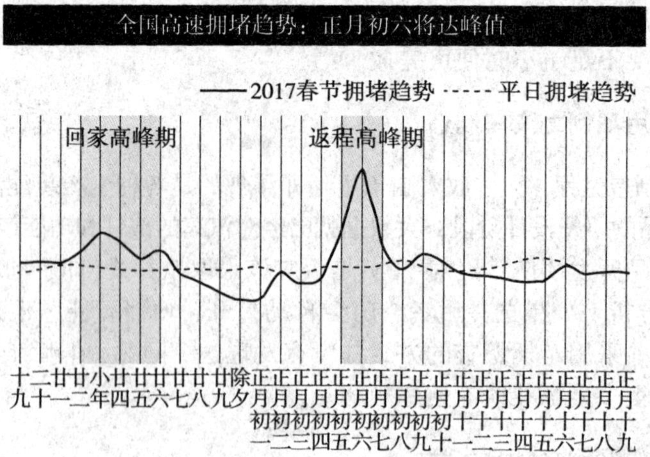

图 3.16 全国高速拥堵趋势

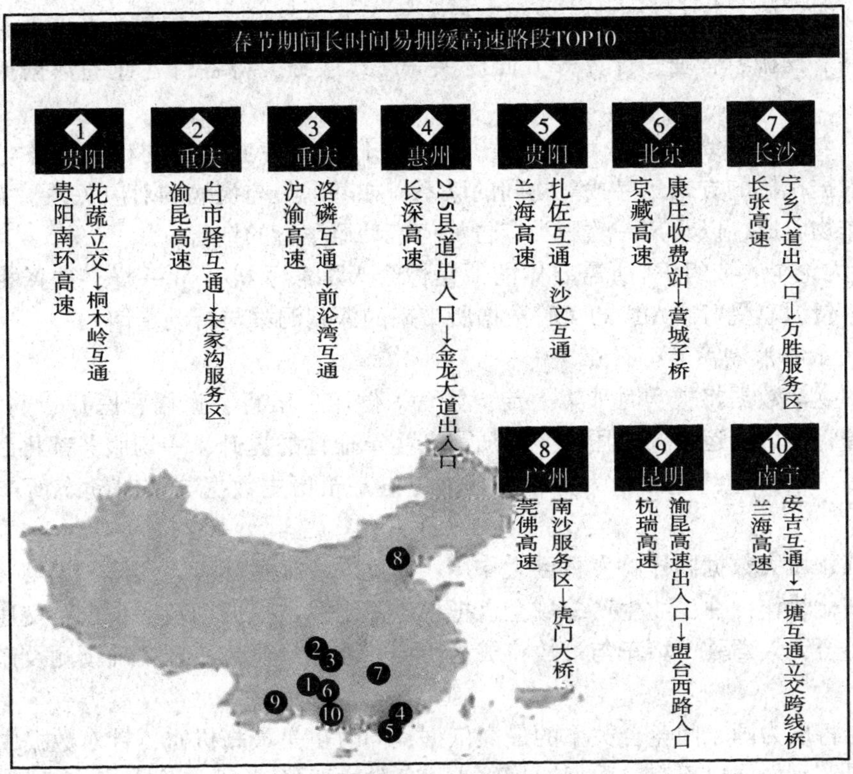

图 3.17　春节期间易拥缓高速路段

第四节　大数据应用的未来挑战和趋势

大数据挑战和机遇并存，大数据在未来几年的发展将从前几年的预期膨胀阶段、炒作阶段转入理性发展阶段、落地应用阶段，大数据在未来几年将逐渐步入理性发展期。未来的大数据发展依然存在诸多挑战，但前景依然非常乐观。

一、大数据发展的挑战

根据高德纳咨询公司 2016 年 7 月的研究结果，大数据业务创新已成为“新常态”，但与此同时也有诸多技术领域亟待突破创新。

(一)传感器像空气无处不在

技术的突破将使传感器体积微型化，它将出现在生产生活的每一个角落，甚至以靶向缓释胶囊形态进入人体内部，监测化学环境及组织器官的细微变化。成本降低后，传感器不再需要回收，而像月抛隐形眼镜般一次性使用，完成使命后自动废弃，而新的传感器则源源不断地补充数据源；传感器节点数将达到万亿级别，其数据量将超过人类日常总传送数据量的 80%，新的低能耗无线通信标准诞生。

(二)数据服务如自来水即开即用

Google、百度、亚马逊等巨头将建立起完善的大数据服务基础架构及商业化模式，从数据的存储、挖掘、管理、计算等方面提供一站式服务，将各行各业的数据孤岛打通互联。

在用户与数据服务商之间是算法提供商，他们雇佣专业领域的精英人才与数据科学家，通过数据挖掘的方式，寻找事物间的联系，如基因集与疾病的对应关系，大气状况如何影响农作物收成，以及某一款酒类广告如何带动避孕套的销售。

用户(无论个人或组织)所需要做的便是像今天下载手机 App 一样，选择相应的数据服务端，付费，享受“N=All”的实时数据所带来的深刻洞察与行动指南。

(三)大数据浪潮席卷全行业

个人的生活数据将被实时采集上传，饮食、健康、出行、家居、医疗、购物、社交，大数据服务将被广泛运用并对用户生活质量产生革命性的提升，一切服务都将以个性化的方式为每一个“你”量身定制，为每一个行为提供基于历史数据与实时动态所产生的智能决策。

在传统领域大数据同样将发挥巨大作用：帮助农业根据环境、气候、土壤、作物状况进行超精细化耕作；在工业生产领域全盘把握供需平衡，挖掘创新增长点；交通领域实现智能辅助乃至无人驾驶，堵车与事故将成为历史；能源产业将实现精确预测及产量实时调控。

大数据将成为国家间竞合关系的最高依据，同时也是最高机密，针对数据中心及传感器集群的黑客事件层出不穷，数据战将成为战争的主要形式。

(四)数据资产权及立法引发激辩

如 Alistair Croll 所说：数据驱动下的世界给人最大的威胁是道德方面。我们以共享资源的方式分担风险(如保险)，我们越是能预测未来，我们越不愿意和别人分享。

个人数据资产所有权，属于个人还是公司？隐私的边界何在？当公共利益与个人隐私发生冲突时如何抉择？数据是否具有地域性，如何处理跨国存储及管理的数据服务案件，等等。技术的发展将会倒逼国际社会制定并完善相应法律，而跨国企业将在其中扮演主导作用。

反过来，法律的制定也将推动数据安全技术的进步，智能程序将能根据不同情境启用相应的隐私级别，隔绝数据采集的“私密空间”将成为新的服务热点。

(五)人工智能全面渗透人类生活

从苹果的 Siri 到 Google 的机器翻译，再到百度的深度学习及“百度大脑”，商业与技术的频繁互动将极大提升人工智能的进化速度。机器将得以理解人类文字、语音、图像、动作甚至表情背后的微妙含义，并以大数据为支撑，为人类提供效率与个性兼备的决策与服务；

想象一次旅行，人工智能分析你以往出行记录以及近期生活轨迹，结合对各大旅游景点、交通状况、天气预测等数据分析，提供给你最贴合心意的目的地，规划好线路的无人驾驶车辆依照行程将你送至景点，并根据你的行程及时调配车辆接送。

所有的酒店、餐饮、服务都已经依照你的生活数据进行深度定制，机器甚至会提醒你将美好时刻记录下来，发送给相关好友，提升关系的亲密度；而你遇到的所有异国文字和语言，都将经由翻译器实时转化为你的母语。这只是诸多场景中较简单的一个切片。

结合人工智能的机器人技术将取代从事简单机械劳动的人类，以及部分服务性行业，劳动力过剩将成为突出社会问题。由人工智能主导的娱乐产业将成为经济支柱，结合虚拟现实技术的沉浸式游戏了解每一个玩家的神经刺激模式，并能带来最极致的感官享受，电影 *Her* 中爱上程序的故事或将成为普遍现实。

(六)社会关系面临全面变革

传统的劳动关系及组织形态将被打破，劳动者以液态形式自由流动结合，成为“液态公司”，通过大数据平台，将客户需求与人力资源进行精确匹配，个体能够最大限度地发挥潜能，同时打破地域、语言及文化的障碍，全球协作成为大趋势。

婚恋模式全面转型，个体可根据不同关系需要由大数据服务商进行精确匹配，确保身心、经济、价值观及生活方式上真正的“Match”，并订立有时效性的契约式关系。

传统家庭模式进入重塑阶段，人以群分变成人以“数”分，带有相似数据特征的群体会以类似公社形式聚居，以实现资源整合与生活方式上的高效和谐。

国际化大品牌以深度数据分析，聚集忠实核心用户群，开发上下游生活方式产品服务，形成凝聚力极高的“品牌部落”概念，人群甚至会以品牌作为图腾、姓氏或精神信仰。

(七)人类文明进入全新纪元

科研领域由传统的“现象观察—理论假设—实践验证”范式，变迁为“数据挖掘—抽象模型—扩展应用”，由理念到实际应用的路径将被大大缩短，全面提升技术进步速度。

人从机械重复的低级劳动中被解放，投身更具价值的创造过程。大数据将帮助人类发现激发创造力与幸福感的有效机制，社会由物质文明进入灵性文明的新纪元。

人工智能将逐步理解并模仿人类情感，机器与人类的共生成为进化趋势，奇点降临。当20年后我们回首今天，这个被称为大数据元年的特殊时间点，许多事情已经悄悄地埋下伏笔：顶尖人工智能专家、Google 大脑之父吴恩达加盟百度；Google 低调收购大量机器人公司；微软发布虚拟个人助手 Cortana，宣称正处于“人工智能的春天”。

二、大数据发展趋势

虽然大数据仍在起步阶段，存在诸多挑战，但大数据未来的发展趋势依然非常乐观。

(一)趋势一：基于大数据技术的人工智能得到更加广泛应用

2016年，无人驾驶汽车试驾成功，AlphaGo 在围棋对弈中胜出。随着人工智能技术的日益成熟，未来公司企业将越来越多地运用甚至是依赖于人工智能技术。虚拟助手、智能机器人、智能顾问、自动驾驶汽车等多种技术都将得到更为广泛的应用，而这一切都与大数据技术的发展与支撑密不可分。

(二)趋势二：“机器学习”技术成为高科技投资重要领域

随着大数据分析能力的提升，很多企业已开始进军和投资“机器学习”技术领域。高德纳咨询公司称，“机器学习”是2017年十大战略技术之一。“机器学习”和人工智能系统正在超越基于规则的传统算法，创建出越来越多能够理解、学习、预测、适应甚至是自主操控的系统。

（三）趋势三：大数据和传统商业智能融合，行业定制化解决方案将涌现

来自传统商业智能领域者将大数据当成一个新增的数据源，而大数据从业者则认为传统商业智能只是其领域中处理少量数据时的一种方法。大数据用户更希望能获得一种整体的解决方案，即不仅要能收集、处理和分析企业内部的业务数据，还希望能引入互联网上的网络浏览、微博、微信等非结构化数据。除此之外，还希望能结合移动设备的位置信息，这样企业就可以形成一个全面、完整的数据价值发展平台。毕竟，无论是大数据还是商业智能，目的都是为分析服务的，数据全面整合起来，更有利于发现新的商业机会，这就是大数据商业智能。同时，由于行业的差异性，很难研发出一套适用于各行业的大数据商业智能分析系统，因此，在一些规模较大的行业市场，大数据服务提供商将会以更加定制化的商业智能解决方案提供大数据服务。我们相信更多的大数据商业智能定制化解决方案将在电信、金融、零售等行业出现。

（四）趋势四：数据将越来越开放，数据共享联盟将出现

大数据越关联越有价值，越开放越有价值。尤其是公共事业和互联网企业的数据开放数据将越来越多。我们看到，美国、英国、澳大利亚等国家的政府都在政府和公共事业上的数据做出努力。国内的一些城市和部门也在逐渐开展数据开放的工作。比如北京市在2012年就开始试运行政务数据资源网，在2013年年底正式开放；上海在2012年启动了政府数据资源开放试点工作，数据涉及地理位置、交通、经济统计和资格资质等数据；2014年，贵州省也加入数据开放之列，10月份云上贵州正式上线。对于不同的行业，数据越共享也是越有价值。如果每一个医院想获得更多病情特征库以及药效信息，那么就需要全国，甚至全世界的医疗信息共享，从而可以通过平台进行分析，获取更大的价值。我们相信数据会呈现一种共享的趋势，不同领域的数据联盟将出现。

（五）趋势五：大数据促进智慧城市发展

截至2016年6月，全国95%的副省级以上城市、超过76%的地级市，总计逾500座城市（占世界智慧城市创建总数一半以上）在政府年度工作报告中明确提出将要或正在建设智慧城市。中国已经成为世界创建智慧城市的主要试验场，并引起美国、新加坡、欧盟和其他金砖国家的高度关注。此外，在可预见的将来，中国约70%的大数据需求将集中于政府应用和金融领域，而政府数据也将成为一项重要的国家资产。

随着大数据的发展，大数据在智慧城市将发挥着越来越重要的作用。由于人口聚集给城市带来了交通、医疗、建筑等各方面的压力，需要城市能够更合理地进行资源布局和调配，而智慧城市正是城市治理转型的最优解决方案。智慧城市是通过物与物、物与人、人与人的互联互通能力、全面感知能力和信息利用能力，通过物联网、移动互联网、云计算等新一代信息技术，实现城市高效的政府管理、便捷的民生服务、可持续的产业发展。智慧城市相对于之前数字城市概念，最大的区别在于对感知层获取的信息进行了智慧的处理。由城市数字化到城市智慧化，关键是要实现对数字信息的智慧处理，其核心是引入了大数据处理技术。大数据是智慧城市的核心智慧引擎。智慧安防、智慧交通、智慧医疗、智慧城管等，都是以大数据为基础的智慧城市应用领域。

（六）趋势六：大数据安全越来越受重视，大数据安全市场将愈发重要

许多企业已将大数据分析纳入安全战略范畴，特别是在网络防护方面。网络安全日志

提供了以往发生的未遂网络攻击信息，利用这些数据，企业可以有效预测并防止未来可能发生的网络攻击。目前，一些公司正将其网络安全信息和管理软件与大数据平台结合起来；一些公司则选择向能够提供大数据分析服务的公司求助，为其网络安全防护提供帮助。

随着数据越来越重要，大数据的安全稳定也将会逐渐被重视。网络和数字化生活也使得犯罪分子更容易获取他人的信息，也有更多的骗术和犯罪手段出现，所以，在大数据时代，无论对于数据本身的保护，还是对于由数据而演变的一些信息的安全保障，对大数据分析有较高要求的企业将至关重要。大数据安全是跟大数据业务相对应的，与传统安全相比，大数据安全的最大区别是安全厂商在思考安全问题的时候首先要进行业务分析，并且找出针对大数据的业务的威胁，然后提出有针对性的解决方案。比如，对于数据存储这个场景，目前很多企业采用开源软件如 Hadoop 技术来解决大数据问题，由于其开源性，其安全问题也是突出的。因此，市场需要更多专业的安全厂商针对不同的大数据安全问题来提供专业的服务。

(七)趋势七：大数据将催生一批新的工作岗位和相应的专业

一个新行业的出现，必将在工作职位方面有新的需求，大数据的出现也将推出一批新的就业岗位，例如，大数据分析师、数据管理专家、大数据算法工程师、数据产品经理等。具有丰富经验的数据分析人才将成为稀缺的资源，数据驱动型工作将呈现爆炸式的增长。由于有强烈的市场需求，高校也将逐步开设大数据相关专业，以培养相应的专业人才。企业也将和高校紧密合作，协助高校联合培养大数据人才。如 2014 年，IBM 全面推进与高校在大数据领域的合作，引入强大的研发团队和业务伙伴，推动“大数据平台”和“大数据分析”的面向行业产学研创新合作以及系统化知识体系建设和高价值人才培养，建设符合中国教学特色及人才需求的大数据相关学分课程，为未来建设特色专业方向做准备。

(八)趋势八：大数据多方位改善我们的生活

大数据不仅用于企业和政府，也应用于我们的生活。在健康方面：我们可以利用智能手环监测，对我们的睡眠模式来进行追踪，了解睡眠质量。我们可以利用智能血压计、智能心率仪远程监控身在异地的家里老人的健康情况，让远在他方的外出工作者更加放心。在出行方面：我们可以利用智能导航 GPS 数据了解交通状况，并根据拥堵情况进行路线实时调优。在居家生活方面：大数据将成为智能家居的核心，智能家电实现了拟人智能，产品通过传感器和控制芯片来捕捉和处理信息，可以根据住宅空间环境和用户需求自动设置控制，甚至提出优化生活质量的建议，如我们的冰箱可能会在每天一大早提出我们当天菜谱的建议。

小　结

大数据时代，数据的重要作用更加凸显，许多国家都把大数据提升到国家战略的高度。政府合理利用大数据，引导决策的将是基于实证的事实，政府会更有预见性、更加负责、更加开放。对于商家来说，大数据使精准营销成为可能；对生物学、医学研究，大数据可以分析很多如遗传信息、全体基因的表达量信息、蛋白质族谱信息、全基因组甲基化信息、表观遗传信息等，从而实现精准医疗的目的。

大数据时代需要重视统计学，因为在数据足够大了之后，我们突然发现一切社会现象到最后都有统计规律，它不像物理学那样可以准确地去描述因果关系，它从本质上来说就是一个统计规律。当然，大数据的特点，确实对数据分析提出了全新挑战。例如，许多传统统计方法应用到大数据上，巨大计算量和存储量往往使其难以承受；对结构复杂、来源多样的数据，如何建立有效的统计学模型也需要新的探索和尝试。对于新时代的数据科学而言，这些挑战也同时意味着巨大的机遇，有可能会产生新的思想、方法和技术。

关键术语

大数据　　数据分析　　数据挖掘

习　题

1. 什么是大数据？大数据的特征有哪些？
2. 简述数据挖掘与统计学的联系和区别。
3. 简述数据挖掘的主要方法。
4. 论述决策树分析的作用及其分析流程。
5. 比较随机森林和支持向量机的优缺点。
6. 试论述大数据未来的发展趋势以及挑战。

第四章　平均指标和标志变异指标

平均指标通常是用来描述静态数列分布集中趋势的综合指标。它主要有中位数、众数、算术平均数、调和平均数、几何平均数五种表现形式。其中，中位数和众数是根据标志值在分布数列中的位置确定的，称为位置平均数；其他三种平均数是根据总体各单位的标志值计算得到的平均值，称为数值平均数。在使用平均指标反映总体一般水平时，通常还会用到一个与之密切联系的综合指标，即标志变异指标。标志变异指标是测定分布数列中总体单位标志值之间变动范围和离散程度的指标，又称为标志变动度指标。常用的标志变异指标主要有全距、平均差、标准差和标志变异系数等。

第一节　平 均 指 标

一、平均指标的涵义

平均指标是指同质总体中各单位某一数量标志值在一定时间和空间条件下所达到的一般水平的综合指标。对于各总体单位的数量标志客观上存在差异的现象总体，如果要反映各单位的一般数量水平，需要将这种数量差异一般化。平均指标就是将现象总体各单位某一数量标志差异抽象化，反映现象总体在一定时空条件下所达到的一般水平或代表水平。例如，对某单位职工的某月工资进行平均，得到职工的月平均工资；对某种产品的成本进行平均就得到该种产品单位平均成本。这里的平均工资和平均成本都是平均指标，分别反映了工资和成本所达到的一般水平。

平均指标主要有以下两个重要特点：

第一，平均指标是现象总体各单位某一数量标志值的一般水平，反映事物变动的集中趋势。如果以总体单位某一标志的平均数为中心线，则总体各单位同种标志的标志值主要分布于中心线及其附近，而远离中心线的标志值较少。这就是说，总体各单位的标志值是以平均数为中心而上下波动，因而平均数反映了总体分布的集中趋势。平均指标是反映总体标志特征的一个重要统计指标，只利用总体的某一个体标志值，不能代表总体的综合特征，只有采用将现象总体标志值差异抽象化的平均指标才能反映现象总体各个单位标志值的一般水平。

第二，平均指标是将现象总体各单位的标志值的数值差异抽象化，消除了总体各单位标志值的数量差异。总体各单位在某一数量标志上的数值，因受各种不同因素的综合影响，在单位与单位之间就产生了差异，平均指标就是把总体各单位某一数量标志值之间的差异加以抽象概括，其中各个个别标志值的偶然性波动相互抵消，从而反映被研究现象在一定时期或一定时点所达到的一般水平或集中趋势。因此，计算平均指标的过程，也就是从个性到共性的抽象过程。

二、平均指标的作用

平均指标在认识客观现象总体数量特征方面有重要作用，主要表现在以下几个方面：

1. 平均指标可以消除因总体范围不同而带来的总体数量差异，从而使范围不同的总体具有可比性。例如，考察不同地区粮食生产水平的高低，就不能直接对各地区粮食总产量进行对比，这是因为各个地区播种面积不同。但通过利用平均单位面积产量这一平均指标将总体范围大小抽象化后就可以比较不同地区的粮食生产水平的高低。

2. 同一现象总体在不同时间上的平均指标可以反映现象总体的发展变化趋势或规律性。例如，由于不同时期同一地区农民家庭人口结构经常会发生变动，若要考察农民纯收入的变化，只能用农民平均纯收入这一平均指标来反映。

3. 利用平均指标可以分析现象之间的依存关系。事物都是在一定条件下相互影响、相互依存的，为了研究事物之间相互依存关系的数量表现，也常常需要平均指标。例如，将耕地按施肥量等标志进行分组，在此基础上计算各组的农作物收获率，即平均亩产量，就可以反映出施肥量的多少与农作物收获率大小之间的依存关系。

4. 平均指标是现象总体的一个重要数字特征。利用平均指标可以从数量上估计、推算其他有关指标。例如，利用平均指标乘以总体单位总量计算总体总量指标；利用样本平均指标推算总体平均指标。

三、平均指标的分类

（一）算术平均数

算术平均数是平均指标中最基本、最常见的一种。它的基本形式是总体单位某一数量标志值之和除以总体单位总量。其计算公式为：

$$\text{算术平均数}=\frac{\text{总体各单位数量标志值之和}}{\text{总体单位数}}$$

上式中作为分子的总体标志总量与作为分母的总体单位总量必须属于同一总体，具有一一对应的关系，即有一个总体单位必须有一个单位标志值与之对应，这样计算出来的平均指标才能表明总体的一般水平。算术平均数一般用 $\bar{x}$ 表示。

算术平均数和强度相对指标在表现形式上虽然很相似，但实质上有根本的区别。如前所述，算术平均数是属于同一总体的总体标志总量与总体总量之比，而强度相对指标是两个有联系的不同总体的总量指标对比。这两个总量指标没有依附关系，而只是在经济内容上存在客观联系。而且，与算术平均数不一样，强度相对指标中作为分子的总量指标数值并不随着作为分母的总量指标数值的变动而变动。

依据数据的不同形式，算术平均数采用不同的计算方式。通常对未分组的原始数据用简单算术平均法计算平均指标，对已分组的单项式数列或组距式分布数列用加权算术平均法计算平均指标。

1. 简单算术平均法

简单算术平均法，就是依据未分组的原始数据，将总体各单位标志值简单加总得出总体标志总量，除以总体单位数而求得简单算术平均数的方法。其计算公式为：

$$\bar{x}=\frac{x_1+x_2+\cdots+x_n}{n}=\frac{\sum x}{n}$$

式中，$\bar{x}$ 表示算术平均数；x_i 表示各单位的标志值；n 表示总体单位数。

例 1 某企业一生产班组共 5 人，他们在 2001 年 8 月的月工资分别为 1 700 元，1 900 元，1 500 元，1 850 元，2 200 元。则他们的月平均工资为：

$$\bar{x}=\frac{1\,700+1\,900+1\,500+1\,850+2\,200}{5}=\frac{9\,150}{5}=1\,830(\text{元})$$

2. 加权算术平均法

在原始数据已经分组，并得出分布数列的情况下，应采用加权算术平均法计算平均数，即将各组标志值乘以相应的单位数，然后加总求和得到总体标志总量，再除以总次数即总体单位总量求出加权算术平均数。其计算公式为：

$$\bar{x}=\frac{x_1f_1+x_2f_2+\cdots+x_nf_n}{f_1+f_2+\cdots+f_n}=\frac{\sum xf}{\sum f}$$

式中，f_i 为各组标志值出现的次数，即权数。

依据分组后形成的分布数列的不同，利用加权算术平均法计算平均数时确定总体单位标志值的方法也略有不同。对于单项式分组数列，其特点是把具有相同标志值的单位归并为一组，则计算加权平均数时直接利用数据就可求得。而对于组距式分组数列，其特点是把标志值在某一取值范围内的所有单位归并为一组，则计算加权平均数时需将每一组的组中值作为该组所有单位的标志值来计算。

例 2 表 4.1 是某企业职工月收入分组表。

该企业职工月平均收入为：

$$\bar{x}=\frac{\sum xf}{\sum f}=\frac{23\,550}{19}=1\,239.5(\text{元})$$

根据组距式分组数列计算加权算术平均数，以组中值作为相应组所有标志值的代表值，是假定该组标志值是完全均匀分布的。实际上，这种完全的均匀分布是不可能的。因此，此时计算的平均数只是近似值，而不是准确数值。总体各单位标志值分布越均匀，采用这种方法计算的平均数越接近准确值，代表性也就越高。

表 4.1

月收入（元）	组中值(元)	职工人数(人)	收入总额(元)
	x_i	f_i	x_if_i
900~1 000	950	1	950
1 000~1 100	1 050	3	3 150

续表

月收入（元）	组中值（元）	职工人数（人）	收入总额（元）
	x_i	f_i	x_if_i
1 100～1 200	1 150	2	2 300
1 200～1 300	1 250	7	8 750
1 300～1 400	1 350	3	4 050
1 400～1 500	1 450	3	4 350
$\sum$	—	19	23 550

从计算加权平均数的公式可以看出，加权平均数的大小受两个因素的影响。一个是分布数列中各组标志值，另一个是各组标志值出现的次数。当各组标志值确定不变时，各组标志值出现次数的多少对平均数的大小起决定作用。出现次数多的标志值使平均数向其靠拢，对它的影响也就大；反之亦然。由于各组标志值出现次数在计算平均数的过程中起着权衡轻重的作用，故常称之为权数。当权数相同时，加权算术平均数的计算公式就变为简单算术平均数的计算公式。即

当 $f_1=f_2=f_3=\cdots=f_n$ 时

$$\text{加权算术平均数}=\frac{\sum xf}{\sum f}=\frac{f\sum x}{nf}=\frac{\sum x}{n}=\text{简单算术平均数}$$

由此可见，简单算术平均数是加权算术平均数的一种特殊形式。

权数也可以用各组单位数占总体单位数的比重表示。将各组标志值乘以相应的比重后求和即得加权算术平均数。其计算公式为：

$$\bar{x}=x_1\frac{f_1}{\sum f}+x_2\frac{f_2}{\sum f}+\cdots+x_n\frac{f_n}{\sum f}=\sum x\frac{f}{\sum f}$$

（二）调和平均数

调和平均数是总体各单位标志值倒数的算术平均数的倒数，也称倒数平均数，一般用 H 表示。调和平均数主要作为算术平均数的变形来使用，在形式上与算术平均数不同，但实质上都是总体标志总量与总体单位总量之比。计算调和平均数主要有简单调和平均法和加权调和平均法两种。简单调和平均法是先计算总体单位标志值倒数的简单算术平均数，然后求其倒数。计算公式为：

$$H=\frac{1}{\dfrac{\dfrac{1}{x_1}+\dfrac{1}{x_2}+\cdots+\dfrac{1}{x_n}}{n}}=\frac{n}{\dfrac{1}{x_1}+\dfrac{1}{x_2}+\cdots+\dfrac{1}{x_n}}=\frac{n}{\sum\dfrac{1}{x}}$$

在资料经过分组，编成变量数列之后，应用加权调和平均法计算。加权调和平均法是先计算总体单位标志值倒数的加权算术平均数，然后求其倒数。计算公式为：

$$H=\frac{1}{\dfrac{\dfrac{1}{x_1}m_1+\dfrac{1}{x_2}m_2+\cdots+\dfrac{1}{x_n}m_n}{m_1+m_2+\cdots+m_n}}=\frac{m_1+m_2+\cdots+m_n}{\dfrac{1}{x_1}m_1+\dfrac{1}{x_2}m_2+\cdots+\dfrac{1}{x_n}m_n}=\frac{\sum m}{\sum\dfrac{1}{x}m}$$

式中，m 表示权数。

例 3　某企业三个车间 2000 年生产同种产品的单位成本和总成本的资料如表 4.2 所示。

表 4.2

车　间	单位成本(元)	总成本(元)
一	500	336 000
二	520	416 000
三	490	245 000

根据上述资料，计算该企业生产这种产品的平均成本。

应用加权调和平均法：

$$H=\frac{336\,000+416\,000+245\,000}{\dfrac{1}{500}\times 336\,000+\dfrac{1}{520}\times 416\,000+\dfrac{1}{490}\times 245\,000}=\frac{997\,000}{1\,972}=505.6(\text{元})$$

从上述计算实例中，我们可以看出，根据已知条件，因无分母项资料(产量)，无法直接按算术平均数计算平均成本，而要利用加权调和平均法来计算。实际上，在研究同一问题时，加权调和平均数和加权算术平均数的意义是相同的，只是由于所掌握的资料不同，而采用不同的计算方法而已。如果权数 $m=x\cdot f$，即总体标志总量等于总体单位数与标志值的乘积，则加权算术平均数就等于加权调和平均数。若用等式表示，其关系为：

$$H=\frac{\sum m}{\sum\dfrac{m}{x}}=\frac{\sum xf}{\sum\dfrac{1}{x}xf}=\frac{\sum xf}{\sum f}=\bar{x}$$

在社会经济现象中，不仅可以利用加权调和平均法通过绝对数指标计算平均数，而且也可以通过相对指标来计算平均数。例如，计算平均利润率、平均计划完成程度、平均劳动生产率等。用加权调和平均法计算相对指标的平均数，与计算总量指标的平均数一样，所掌握的资料都是变量值和总体标志总量，权数都是标志总量。所不同的是变量值代表不同的综合指标，分别是相对指标和总量指标。下面举例说明通过相对指标计算平均数。

例 4　某企业三种产品的销售资料如表 4.3 所示。

表 4.3

产　品	销售利润率(%)	利润额(万元)
甲	10	300
乙	12	480
丙	8	320

根据以上资料，计算该企业的平均利润率。

平均利润率是利润总额除以销售总额的商。根据加权调和平均法，计算该企业的平均利润率为：

$$H=\frac{\sum m}{\sum \frac{1}{x}m}=\frac{300+480+320}{\frac{1}{10\%}\times 300+\frac{1}{12\%}\times 480+\frac{1}{8\%}\times 320}=\frac{1\ 100}{11\ 000}=10\%$$

计算相对指标的平均数应根据被研究指标的性质和已知的资料采取不同的方法。如果上例中已知的不是销售利润额和销售利润率，而是销售额和销售利润率，则计算该企业的平均利润率应采用加权算术平均法，而不是加权调和平均法。

例如，将上例的已知资料改变一下，如表 4.4 所示。

表 4.4

产　品	销售利润率(%)	销售额(万元)
甲	10	3 000
乙	12	4 000
丙	8	4 000

根据以上资料，通过加权算术平均法，计算该企业的平均利润率为：

$$\bar{x}=\frac{\sum xf}{\sum f}=\frac{3\ 000\times 10\%+4\ 000\times 12\%+4\ 000\times 8\%}{3\ 000+4\ 000+4\ 000}=10\%$$

通过上面两个例子，我们可以总结出计算相对指标平均数的一般方法。如果已知相对指标的分子项资料，则将其作为权数，采用加权调和平均法；如果已知相对指标的分母项资料，则将其作为权数，采用加权算术平均法。

(三) 几何平均数

几何平均数是分布数列中 n 个标志值乘积的 n 次方根。几何平均法是计算平均比率和平均速度的一种常用方法。在社会经济统计中，当标志值的连乘积等于总比率或总速度时，就可以采用几何平均法计算其平均比率和平均速度。例如，各年的发展速度，生产流水线各道工序的产成品合格率，按复利计息的各年利率等。诸如此类的比率都可以用几何平均法求平均比率或平均速度。几何平均数一般用 G 表示。

几何平均数的计算方法，按其是否加权，可分为简单几何平均法和加权几何平均法两种，计算相应得到简单几何平均数和加权平均数。

1. 简单几何平均法

简单几何平均法适用于未分组的分布数列。其计算公式为

$$G = \sqrt[n]{x_1 \cdot x_2 \cdots x_n} = \sqrt[n]{\prod x}$$

式中，$\prod$代表连乘符号。

当 n 较大时，为了避免开高次方，通常首先对几何平均数公式两边取对数，即

$$\lg G = \frac{1}{n}(\lg x_1 + \lg x_2 + \cdots + \lg x_n) = \frac{\sum \lg x}{n}$$

求出对数后，再由对数求出真数 G，即为几何平均数。

2. 加权几何平均数

加权几何平均数适用于已分组的分布数列。其计算公式为

$$G = \sqrt[\sum f]{x_1^{f_1} \cdot x_2^{f_2} \cdots x_n^{f_n}} = \sqrt[\sum f]{\prod x^f}$$

式中 $\sum f$ 表示标志值出现次数的总和。f 表示每个标志值出现的次数。

与简单几何平均数一样，当 $\sum f$ 较大时，也通常首先对加权几何平均数公式两边取对数。即：

$$\lg G = \frac{f_1 \lg x_1 + f_2 \lg x_2 + \cdots + f_n \lg x_n}{f_1 + f_2 + \cdots + f_n} = \frac{\sum f \lg x}{\sum f}$$

求出加权平均数的对数后，再由对数求出真数 G，即为加权几何平均数。

当每个标志值出现次数 f 相同时，加权几何平均数计算公式就变为简单几何平均数的计算公式。即：

$$\text{加权几何平均数} = \sqrt[\sum f]{\prod x^f} = \sqrt[nf]{(\prod x)^f} = \sqrt[n]{\prod x} = \text{简单几何平均数}$$

（四）众数

算术平均数、调和平均数、几何平均数是根据总体全部单位的标志值计算的，也称为数值平均数。众数和下面即将介绍的中位数是根据标志值在总体中所处的特殊位置确定的，它们本身不是平均值，而只是总体一般水平的代表值，也称为位置平均数。

众数是总体中出现次数最多的标志值，一般用 M_0 表示，根据变量数列的不同种类，确定众数可以采用不同的方法。

1. 在单项式数列中，确定众数的方法比较简单，可以用观察法直接确定众数，即指出次数最多的标志值即为众数。

例 5 某企业工人月工资资料如表 4.5。

表 4.5

月工资额(元)	工人人数(人)
1 700	15
1 800	30
1 900	17
2 000	9
合　计	71

从表 4.5 中可以看出，月工资 1 800 元的工人数最多，则月工资 1 800 元就是这个数列的众数。

2. 对于组距式(假设为等距)分布数列，确定众数时，首先确定次数最多的组为众数组，然后计算众数的近似值。计算众数的近似值主要有两种方法。

(1) 当组距式数列次数分布对称时，可以用众数组的组中值作为众数的近似值。

(2) 当组距式数列次数分布不对称时，可以利用公式计算众数的近似值。其计算公式是：

下限公式：

$$M_0 = L + \frac{\Delta_1}{\Delta_1 + \Delta_2} \times d$$

上限公式：

$$M_0 = U - \frac{\Delta_2}{\Delta_1 + \Delta_2} \times d$$

式中：M_0 代表众数；

L 表示众数组的下限；

U 表示众数组的上限；

Δ_1 表示众数组次数与前一组次数之差；

Δ_2 表示众数组次数与后一组次数之差；

d 表示众数所在组的组距。

例 6　某企业职工生产情况如表 4.6 所示，确定该企业月产量的众数。

表 4.6

月产量(公斤)	职工人数(人)
1 200 以下	7
1 200~1 300	10
1 300~1 400	22
1 400~1 500	8
1 500~1 600	2
合　计	49

从表中可以看出，月产量在 1 300~1 400 公斤这一组内的职工人数最多，则该组为众数组，然后可以利用公式计算众数的近似值。

用下限公式计算：

$$M_0 = L + \frac{\Delta_1}{\Delta_1 + \Delta_2} \times d = 1\,300 + \frac{12}{12 + 14} \times 100 = 1\,300 + 46.15$$
$$= 1\,346.15$$

用上限公式计算：

$$M_0 = U - \frac{\Delta_2}{\Delta_1 + \Delta_2} \times d = 1\,400 - \frac{14}{12 + 14} \times 100$$
$$= 1\,400 - 53.85 = 1\,346.15$$

计算结果表明，用下限公式和上限公式计算的结果是相同的。

众数是由标志值出现次数多少决定的，不受数列中极端变量值的影响，可以反映总体各单位某一数量标志值的集中趋势。众数的次数越多，集中趋势越显著，对总体的一般水平的代表性也就越高。但当总体分布没有明显的集中趋势时，众数的次数较少，众数的代表性也就较差。如果总体分布是均匀分布，即总体单位标志值出现的次数相同时，则没有众数。众数有时不止一个，如果只有一个众数称为单众数，多于一个的称为复众数，复众数的出现可能是由于总体单位不具有同质性。

（五）中位数

中位数是将总体各单位标志值按大小顺序排列，处于中间位置的那个标志值。在许多不易计算平均值的情况下，可用中位数代表总体的一般水平。由于中位数的确定仅取决于它在数列中的位置，因此不受数列中极端标志值的影响。在总体标志值差异很大的情况下，中位数具有较强的代表性。中位数一般用 M_e 表示。

中位数的确定依据提供的具体资料不同而采取相应的方法。

1. 未分组资料的中位数确定方法。根据未分组资料确定中位数时，首先将标志值按大小顺序排列，然后用公式 $(n+1)/2$ 确定中位数的位置，该位置上的标志值就是中位数。例如，某企业生产班组 5 个职工日产某种型号的零件，其日产量按升序排列为：12，14，17，19，22。这时 $(n+1)/2=(5+1)/2=3$。中位数为第三个职工的日产量 17 件。上例中总体单位的次数 n 为奇数，如果总体单位的次数为偶数，则处于中间位置的两个标志值的算术平均数为中位数。假设上例中的生产班组有 6 人，第六个职工的日产量为 25 件，这时 $(n+1)/2=(6+1)/2=3.5$。中位数的位置在第三和第四个标志值之间，则中位数为第三和第四个职工日产量的算术平均数，即 $(17+19)/2=18$ 件。

2. 单项式分组资料确定中位数的方法。由于资料经过整理已编制成标志值按大小顺序排列的变量数列，因此可以通过计算各组的累计次数，然后根据中位数的位置公式 $(\sum f+1)/2$ 对照累计次数确定中位数所在的组（即中位数组），该组的标志值即为中位数。累计次数可以采用较小累计制或较大累计制计算，下面举例说明。

例 7 假定某企业职工生产一产品的日产量资料如表 4.7。

表 4.7

日产量(件)	职工人数(人)	较小累计次数	较大累计次数
13	2	2	21
14	3	5	19
16	7	12	16
19	4	16	9
20	4	20	5
22	1	21	1
合　计	21	—	—

由中位数的位置计算公式可知：

$$\text{中位数的位次}=(21+1)/2=11$$

表 4.7 中，根据较小累计次数，第一到第二组的累计次数 5 小于 11，而第三组的累计次数为 12，大于 11，因此中位数在第三组，则该组的标志值 16 件即为中位数。同理，根据较大累积次数也可确定中位数。

3. 组距式分组资料确定中位数的方法。组距式分组资料确定中位数的方法与单项式分组资料的类似，不同的是在根据累计次数和中位数位次确定中位数组后，无法得到中位数的准确值，而要通过上下限公式计算中位数的近似值。其计算公式如下：

下限公式：

$$M_e = L + \frac{\sum f/2 - S_{m-1}}{f_m} \times d$$

上限公式：

$$M_e = U - \frac{\sum f/2 - S_{m+1}}{f_m} \times d$$

式中：M_e 代表中位数；

L 代表中位数组的下限；

U 代表中位数组的上限；

$\sum f$ 为总次数；

f_m 为中位数组的次数；

d 为中位数组的组距；

S_{m-1} 表示中位数所在组以前各组的累计次数；

S_{m+1} 表示中位数所在组以后各组的累计次数。

需要说明一点的是，由于绝大多数组距式数列的标志值的变化是连续的，位次 $\sum f/2$ 和 $\left(\sum f+1\right)/2$ 对应的标志值没有截然的界限，所以用 $\sum f/2$ 和 $\left(\sum f+1\right)/2$ 都可以表示中位数的位置。

例 8　某企业职工月工资资料如表 4.8。

表 4.8

月工资额（元）	职工人数（人）	累计次数	
		较小制累计	较大制累计
1 500 以下	10	10	100
1 500~1 600	16	26	90
1 600~1 700	35	61	74
1 700~1 800	21	82	39
1 800~1 900	11	93	18
1 900 以上	7	100	7

由中位数位次计算公式 $\sum f/2$，可知：

中位数的位次 $= \sum f/2 = 100/2 = 50$

根据较小制累计次数可以确定中位数组为 1 600~1 700 元这一组，然后利用下限公式或上限公式计算中位数的近似值。

按下限公式计算：

$$M_e = L + \frac{\sum f/2 - S_{m-1}}{f_m} \times d = 1\,600 + \frac{50 - 26}{35} \times 100 = 1\,668.57$$

按上限公式计算：

$$M_e = U - \frac{\sum f/2 - S_{m+1}}{f_m} \times d = 1\,700 - \frac{50 - 39}{35} \times 100 = 1\,668.57$$

四、计算和应用平均指标的原则

在统计研究和分析中，平均指标的应用非常广泛。为保证平均指标的科学性，使其充分发挥对社会经济现象的认识作用，在计算和应用时，应当遵守以下几个原则。

1. 在计算和应用平均指标时，应注意现象总体的同质性。平均指标的特点是把总体各单位标志值的差异抽象化，以一个代表性数值来反映被研究总体的一般水平。这就要求被研究总体应是同质总体，即该总体是由性质相同的总体单位构成的。如果把异质的各个个体混合在一起计算某一标志值的平均指标，得出的结果必然是没有实际意义的。例如，研究居民的生活水平，计算其平均收入和平均消费支出，应当把城镇居民和农村居民分开研究。这是因为城镇居民和农村居民在收入来源和消费结构等方面具有不同特点，如果混为一谈，必然影响对居民生活水平本质的认识。

2. 总平均数要与组平均数结合使用。总平均数反映了现象总体某一标志值达到的一般水平，但影响总平均数的因素很多，仅仅依靠总平均数往往不能充分说明客观现象一般水平变化的原因，不能满足进一步研究分析的需要，而通过分组可以消除某些因素对总平均数的影响。所以应在分组的基础上利用计算出的组平均数来补充说明总体的总平均数，防止我们在利用平均指标分析问题时陷入片面性。

例 9 甲乙两企业职工工资资料如表 4.9。

从表中资料可以看出，甲企业职工的平均工资 1 840 元高于乙企业的 1 480 元，但分组后计算的熟练工人和非熟练工人的平均工资情况恰好与之相反。乙企业的熟练工人和非熟练工人的平均工资均高于甲企业，出现这种情况的原因是因为总体内部结构的不同。甲企业平均工资高的熟练工人占总职工人数的 80%，使总平均数靠近熟练工人的平均工资，而乙企业的情况恰好相反。正是这种工资水平不同的职工人数结构差别的影响，使得甲企业的总平均工资高于乙企业。通过分组计算组平均数就消除了这种结构因素的影响，从而反映了两企业各类工人的实际工资水平。

表 4.9

	甲企业				乙企业			
	职工人数（人）	比重（%）	工资总额（元）	平均工资（元）	职工人数（人）	比重（%）	工资总额（元）	平均工资（元）
熟练工人	200	80	400 000	2 000	50	20	110 000	2 200
非熟练工人	50	20	60 000	1 200	200	80	260 000	1 300
合　计	250	100	460 000	1 840	250	100	370 000	1 480

3. 用平均指标结合分布数列资料以及典型事例来说明总体的特征。平均指标把总体各单位标志值差异抽象化了，掩盖了具体标志值的差异及其分布状况。因此，为了全面分析说明问题，我们不能只满足于研究现象的平均水平，还必须了解平均水平掩盖下的具体数值的次数分布状况，把平均指标和具体数据资料结合起来。例如，某企业集团 2000 年超额完成利润计划 4.5%，其下属 22 个企业的利润完成程度资料如表 4.10。

表 4.10

按计划完成程度分组(%)	企业数
85 以下	1
85~90	3
90~95	5
95~100	2
100~105	4
105~110	2
110 以上	5

尽管该企业集团 2000 年超额 4.5%完成了利润计划，但结合分布数列的资料分析一下，就会发现其下属企业的效益状况参差不齐，其中有 50%的企业未完成利润计划，同时有一部分企业大大超额完成了利润计划。这样对总体中先进、落后以及一般的单位就有

了较全面的认识，更能深刻具体地认识和了解问题。

第二节 标志变异指标

一、标志变异指标

标志变异指标又称为标志变动度指标或离中趋势指标，是综合反映总体各单位标志值变动程度和离散趋势的指标。上一节介绍的平均指标抽象了总体各单位标志值的差异，是总体某一数量标志的代表值，反映总体数量标志的一般水平和集中趋势。通过平均指标只能看出被研究总体的共性，而看不出差异性。因此，为了充分全面地认识社会经济现象总体，平均指标往往要和标志变异指标结合使用。标志变异指标从另一方面说明了总体的特征，它测定了总体单位标志值相对于平均指标的离散趋势。研究标志变异指标是对平均指标的补充和进一步说明，也是正确认识总体的一般水平以及探讨总体标志值变动规律性的要求。

二、标志变异指标的作用

标志变异指标的作用主要表现在以下几个方面：

1. 标志变异指标可以衡量平均指标代表性的大小。如前所述，平均指标代表总体某一数量标志值的一般水平和集中趋势，其代表性的大小取决于总体各单位标志值之间的离散程度的大小，即标志变异指标的大小。标志变异指标大小和平均指标的代表程度的关系表现为：标志变异指标越大，说明总体各单位标志值的分布越分散，则平均指标的代表性越差；反之，标志变异指标越小，说明总体各单位标志值的分布越集中，则平均指标的代表性越好。

例如，某生产企业有甲乙两个 6 人的生产班组，他们每日生产产品件数的资料如下：

甲组：20，25，29，31，32，37；

乙组：27，27，28，29，31，32。

通过计算可知，甲乙两组的平均日生产产品件数是相等的，即 $\bar{x}_{甲}=\bar{x}_{乙}=29$(件)，但两个班组日生产件数的离散程度不一样。直观地看，甲组内各工人日生产件数相差较大，分布比较分散，而乙组内各工人日生产件数相差不大，分布比甲组集中。因此，尽管两组的平均指标相同，但乙组工人的平均日生产产品件数的代表性要比甲组工人的好。这里反映出来的就是平均指标代表程度受总体各单位标志值离散程度大小的影响，故可以通过标志变异指标来表现和衡量。

2. 标志变异指标可以用来反映社会生产和其他社会经济活动过程的均衡性和协调性，以及产品质量的稳定性程度。社会经济活动过程中的均衡性和稳定性，一般是以社会经济活动过程中总体各单位标志值与其平均数的离散程度来反映。离散程度越大，则社会经济活动过程的均衡性和稳定性就越差；反之，离散程度越小，其均衡性和稳定性也就越好。在社会经济统计中，经常利用标志变异指标分析计划执行过程的均衡性和协调性。如果计划期内各段时期的计划完成程度指标的变动程度较大，说明执行该计划的主体在执行计划过程中的均衡性和协调性较差，可能存在前松后紧或时松时紧的情况。标志变异指标为有效地组织生产、提高经济管理工作的水平提供了依据。

例如，甲乙两厂2000年各季度完成供货计划情况如表4.11所示。

表4.11

	供货计划完成(%)				
	全 年	第一季度	第二季度	第三季度	第四季度
甲厂	100	24	25	26	25
乙厂	100	25	15	20	40

从表中资料可以看出，尽管两厂2000年的总供货计划都完成了，但供货计划执行的均衡性不一样。甲厂按季度均衡地完成了规定的年度供货计划，而乙厂则前松后紧，前三个季度总共完成计划的60%。这样缺乏均衡性的计划执行情况可能影响对方生产经营活动的正常进行。

又如，对产品质量进行检查，也经常运用标志变异指标。如果标志变异指标较大，说明产品质量的稳定性较差；反之，如果标志变异指标较小，说明产品质量的稳定性较好。

3. 测定标志变异指标，也是进行相关统计分析和抽样推断的不可缺少的环节。例如，有关抽样误差计算、误差允许范围衡量、抽样估计可靠程度确定等都需要运用反映变量值之间离散程度的标志变异指标；在回归分析中，也需要运用标志变异指标来对回归分析的结果进行评价。有关的内容将在以后的章节中介绍。

三、标志变异指标的种类和计算方法

测定标志变异的指标主要有全距、平均差、标准差和标志变异系数等，这几个指标各有特点，分别从不同角度反映了总体单位标志值分布的离散程度，下面分别予以介绍。

(一) 全距

全距是总体各单位标志值中最大值与最小值之差，可以说明总体中各单位标志值变动的范围：全距越大，说明总体各单位标志值变动的范围越大，从而说明总体各单位标志值差异越大，反之则越小。由于全距是总体各单位标志值中两个极端标志值之差，所以又称为极差，一般用 R 表示。根据已知资料的不同，计算全距也采取相应的方法。

对于不分组或单项数列，全距是最大标志值与最小标志值之差，用公式表示为：

$$R = X_{max} - X_{min}$$

式中，R 代表全距；X_{max} 代表总体单位中最大的标志值；X_{min} 代表总体单位中最小的标志值。

例10 某生产企业有甲乙两个6人的生产班组，他们的月工资额资料如下：

甲组：1 200，1 250，1 290，1 310，1 320，1 370；$\bar{x}_{甲} = 1\,290$(元)

乙组：1 270，1 270，1 280，1 290，1 310，1 320；$\bar{x}_{乙} = 1\,290$(元)

则全距分别为：

$R_{甲} = 1\,370 - 1\,200 = 170$(元)

$R_{乙} = 1\,320 - 1\,270 = 50$(元)

比较两组职工工资的全距，甲组为170元，乙组为50元，因此，虽然两组职工的月平均工资均为1 290元，但甲组的全距大于乙组，这说明乙组职工的月平均工资的代表性要比甲组的高。

若根据组距式数列资料计算全距，可以用数列中标志值最高的一组的上限减去最低一组的下限求得全距的近似值。

全距是测定标志变异程度最简单的方法，但由于它只取决于总体各单位标志值中最大和最小的两个标志值，没有反映其他标志值之间的差异，所以全距很容易受极端标志值的影响。当极端标志值相差较大，而其他标志值分布较均匀时，全距便不能正确反映标志值的离散程度。而且，当已知的次数分布资料有开口组时，除非知道两极端数值，否则无法测定全距。

(二) 平均差

平均差是总体各单位标志值同其算术平均数的离差的绝对值的算术平均数，它一般用A·D表示。由于总体各单位标志值与其算术平均数的离差之和等于零，则各项离差的算术平均数也等于零。为避免这种情况，在计算平均差时，故对离差取绝对值。平均差与全距不同，它考虑了总体中各个单位标志值对其平均指标的变动情况，可以较好地反映总体各单位标志值的变动程度。它们的关系表现为：平均差越大，说明总体各单位标志值分布越分散，平均指标的代表性越小；反之，平均差越小，说明总体各单位标志值分布越集中，平均指标的代表性也就越大。

平均差的计算方法，根据所掌握的资料不同，分为简单平均法和加权平均法两种。

1. 简单平均法

在资料未经分组或变量数列的分布次数完全相等时，采用简单平均法计算平均差。其计算公式为：

$$A \cdot D = \frac{\sum |x - \bar{x}|}{n}$$

仍以上例中两组工人的月工资额资料为例，列表4.12如下。

表4.12

甲组			乙组		
工资水平(元)	$x-\bar{x}$	$\lvert x-\bar{x}\rvert$	工资水平(元)	$x-\bar{x}$	$\lvert x-\bar{x}\rvert$
1 200	-90	90	1 270	-20	20
1 250	-40	40	1 270	-20	20
1 290	0	0	1 280	-10	10
1 310	20	20	1 290	0	0
1 320	30	30	1 310	20	20
1 370	80	80	1 320	30	30
合计	—	260	合计	—	100

则甲乙两组的平均差分别为：

$$A \cdot D_{甲} = \frac{\sum |x-\bar{x}|}{n} = \frac{260}{6} = 43.33$$

$$A \cdot D_{乙} = \frac{\sum |x-\bar{x}|}{n} = \frac{100}{6} = 16.66$$

计算结果表明：甲组的平均差比乙组大，所以，尽管两组的平均月工资额相等，但乙组的平均月工资额的代表性比甲组高。

2. 加权平均法

在资料经过分组，形成变量数列，且分布次数不相等时，应采用加权平均法计算平均差。其计算公式为：

$$A \cdot D = \frac{\sum |x-\bar{x}| \cdot f}{\sum f}$$

例 11 某企业一生产车间 100 名职工日生产零件数资料整理后如表 4.13 所示。

表 4.13

日产量(件)	职工人数 f	组中值 x	xf	$x-\bar{x}$	$\lvert x-\bar{x}\rvert$	$\lvert x-\bar{x}\rvert \cdot f$
5~15	20	10	200	−15	15	300
15~25	25	20	500	−5	5	125
25~35	40	30	1 200	5	5	200
35~45	15	40	600	15	15	225
合计	100	—	2 500	—	—	850

根据表中资料计算：

$$该生产车间 100 名工人日平均生产零件数(\bar{x}) = \frac{\sum xf}{\sum f} = \frac{2\,500}{100} = 25(件)$$

$$平均差(A \cdot D) = \frac{\sum |x-\bar{x}| \cdot f}{\sum f} = \frac{850}{100} = 8.5(件)$$

平均差反映总体各单位标志值平均的差异，与全距相比较，更能说明总体标志值的变异程度，但由于它采取计算离差的绝对值的形式，使平均差在数学处理上很不方便，所以也较少在实际中应用。

(三) 标准差

在社会经济统计中常用的标志变异指标是标准差。标准差是总体中各单位标志值与其算术平均数离差的平方和的算术平均数的平方根，又称为均方差，一般用 σ 表示。

标准差的意义与平均差基本相同，都表示总体各单位标志值对算术平均数的平均距离，所不同的是在数学处理上的区别。平均差由于采取绝对值的办法消除离差的正负号，不便于数学处理，有碍于运用它来做进一步的统计分析。而标准差采用离差平方的方法消除离差的正负号，在数学处理上比平均差更为合理和优越。因此，标准差是综合反映标志变异程度最合理的指标，在实际应用中比较广泛。

与平均差的计算一样，根据所掌握资料的不同，标准差也采用简单平均法或加权平均法计算。

1. 简单平均法

根据未分组的资料计算标准差采用简单平均法，其计算公式为：

$$\sigma = \sqrt{\frac{\sum (x-\bar{x})^2}{n}}$$

依据公式，计算标准差一般分以下几步：① 计算总体平均数；② 求出总体中各单位标志值与其算术平均数的离差；③ 求出离差平方和；④ 计算离差平方和的算术平均数；⑤ 把得到的数值开方，即得标准差。

2. 加权平均法

如果所掌握的资料已经经过分组整理，则计算标准差时，采用加权平均法，其计算公式为：

$$\sigma = \sqrt{\frac{\sum (x-\bar{x})^2 f}{\sum f}}$$

仍以上例中的资料说明用加权平均法计算标准差的计算过程，如表 4. 14 所示。

表 4. 14

日产量（件）	职工人数 f	组中值 x	xf	$x-\bar{x}$	$(x-\bar{x})^2$	$(x-\bar{x})^2 \cdot f$
5~15	20	10	200	−17	289	5 780
15~25	35	20	700	−7	49	1 715
25~35	40	30	1 200	3	9	360
35~45	15	40	600	13	169	2 535
合计	110	—	2 700	—	—	10 390

根据资料和标准差的公式计算：

$$\sigma = \sqrt{\frac{\sum (x-\bar{x})^2 f}{\sum f}} = \sqrt{\frac{10\,390}{110}} = 9.72(\text{件})$$

从标准差的计算结果可以看出，其值要比前面计算的平均差大，这是因为标准差是离差平方和平均的结果。

(四) 标志变异系数

以上计算的各种标志变异指标，包括全距、平均差和标准差等都是反映标志变异程度的绝对指标或平均指标，而且一般都是带有计量单位的有名数。这些标志变异指标的大小不仅受总体各单位标志值离散程度的影响，而且还受到标志值自身水平高低的影响。因此，在对比两个总体的标志变异程度及其平均指标代表性大小时，不能直接用上述各种标志变异指标来比较，而必须采用反映标志变异程度的相对指标，即标志变异系数(也称标志变动系数或离散系数)来比较。

标志变异系数，指用标志变异指标与其相应的平均指标对比，来反映总体各单位标志值之间离散程度的相对指标，一般用 v 表示。对前面介绍的标志变异指标都可以相应计算标志变异系数，分别得到全距系数、平均差系数和标准差系数，其中，又以标准差系数在实际应用中较普遍。下面分别对三种标志变异系数予以介绍。

1. 全距系数

全距系数是全距与其相应的平均数相对比得到的相对指标，用 v_R 表示，其计算公式如下：

$$v_R = \frac{R}{\bar{x}} \times 100\%$$

2. 平均差系数

平均差系数是平均差与其相应的平均数相对比得到的相对指标，用 $v_{A \cdot D}$ 表示，其计算公式如下：

$$v_{A \cdot D} = \frac{A \cdot D}{\bar{x}} \times 100\%$$

3. 标准差系数

标准差系数是标准差与其相应的平均数相对比得到的相对指标，用 v_σ 表示，其计算公式如下：

$$v_\sigma = \frac{\delta}{\bar{x}} \times 100\%$$

例 12 某地区工薪阶层人员的月平均收入为 1 000 元，标准差为 200 元；个体工商业者的月平均收入为 3 000 元，标准差为 300 元。试比较工薪阶层和个体工商业者哪个的月平均收入的代表性更高？

计算两者的标准差系数分别为：

工薪阶层人员：$v_\sigma = 200/1\ 000 = 20\%$

个体工商业者：$v_\sigma = 300/3\ 000 = 10\%$

计算结果表明，个体工商业者的月平均收入的标准差系数比工薪阶层人员的小，说明个体工商业者收入水平的差异程度比工薪阶层人员的小，其月平均收入水平的代表性要比工薪阶层的高。

如果用标准差直接比较，无疑个体工商业者月平均收入的标准差 300 元比工薪阶层的 200 元要高，但考虑到两者平均收入水平的差距很大，所以应通过计算标准差系数来比较两者平均收入代表性的高低。

第三节　先进平均数、偏度和标准化的应用

一、先进平均数

(一) 概念

所谓先进平均数是介于总体的一般水平(总平均数)和最先进水平之间的平均数。换句话说，先进平均数是总体中优于一般水平部分的算术平均数。先进平均数是制定劳动定额、成本控制和编制国民经济计划等的有效办法。

(二) 计算方法

1. 单项数列

例 13　某车间生产工人生产资料如表 4. 15。

表 4. 15

每个工人日生产量(件)x	工人数(人) f	每组产量 xf
40	1	40
50	2	100
60	4	240
70	4	280
80	3	240
90	3	270
100	2	200
110	1	110
合　计	20	1 480

首先计算总体平均数：

$$x = \sum xf \Big/ \sum f$$
$$= 1\,480/20$$
$$= 74(\text{件})$$

然后计算先进平均数：

将 74 件视为标准件数，它把总体分为两部分，其中高于 74 件的工人为先进群体，其平均数为：

$$\frac{240 + 270 + 200 + 110}{3 + 3 + 2 + 1} = \frac{820}{9} = 91(\text{件})$$

2. 组距数列

例 14　某汽车零部件生产车间资料如表 4. 16。

表 4.16

每个工人日产量(件)	组中值 x	工人数 f	每组产量 xf
40 以下	25	5	125
40~70	55	7	385
70~100	85	9	765
100~120	110	11	1 210
120 以上	130	3	390
合　计	—	35	2 875

首先计算总平均数：

$$\begin{aligned}\bar{x} &= \sum xf \Big/ \sum f \\ &= 2\,875/35 \\ &= 82.14(\text{件})\end{aligned}$$

然后计算先进平均数：

82.14 件在 70~100 件这一组，那么，大于 82.14 件的均属于先进群体。假设每组工人是均匀分布，求出 82.14~100 这一组的工人数。

得 $R=5.358$ 人，则有表 4.17。

表 4.17

工人日产量 (件)	组中值 x	工人数 f	每组产量 xf
82.14~100	91.07	5.358	487.95
100~120	110	11	1 210
120 以上	130	3	390
合　计		19.358	2 087.95

$$\begin{aligned}\text{先进平均数} &= \sum xf \Big/ \sum f \\ &= 2\,087.95/19.358 \\ &= 107.86 \\ &\approx 108(\text{件})\end{aligned}$$

二、偏度

变量数列的分布完全对称，则称为对称分布；变量数列的分布并非完全对称，则称偏态分布。偏态分布包括不同程度的左偏态分布和右偏态分布。这种分布形态的差异，表明现象的数量特征，往往具有重要的应用价值。如根据先进平均数确定劳动定额时，如果变量数列呈左偏态分布，则最后所确定的劳动定额指标不宜超过先进平均数；如果变量数列呈右偏态分布，则最后所确定的劳动定额指标，以稍大于先进平均数为宜。为了准确地测定分布的偏态程度和进行比较分析，需要计算偏态系数。最常用的方法是皮尔逊(K. Pearson)测定法，即利用算术平均数与众数的关系来测定分布偏度的一种方法。我们知道，对于完全对称分布，算术平均数、众数、中位数三者必然相等，若不相等，则分布呈偏态。在偏态分布的情况下，三者之间存在差距，分布越偏斜，算术平均数与中位数或众数的差距越大。通常利用算术平均数与众数的差距来测定偏态的绝对偏斜程度，即绝对偏度，但绝对偏度具有客观现象的计量单位，不便进行不同水平的现象之间的比较，需要对其进行抽象化，即将算术平均数与众数的差距除以标准差，得到偏态系数。用公式表示为：

$$SK = \frac{\bar{x} - M_0}{\sigma}$$

偏态系数为抽象化的系数，通常取值在-3到+3之间。其绝对值大，表明偏度大；反之，则表明偏度小。当偏态系数为正时，则变量数列的分布呈右偏态分布；当偏态系数为负时，则变量数列的分布呈左偏态分布。

三、标准化

(一) 标准化的含义

标准化是指以标准差为尺度来衡量变量数列中各变量值所处的相对位置的一种统计分析方法。由于标准化能够将不可比的现象化解为可比的数据，因此标准差在现实生活中具有广泛的应用价值。

标准化是通过计算标准分来进行分析的。其标准分的计算公式为：

$$\text{标准分 } t = \frac{(x_i - \bar{x})}{\delta}$$

式中，x_i 为变量数列中的原始变量值，经过计算后转换成了标准分。标准分有如下重要性质：

1. 标准分的平均值为零；
2. 标准分的标准差为1；
3. 标准分反映各单位变量值以平均数为中心的相对位置：

$$\text{标准分 } t > 0, \quad \text{即} \quad x_i > \bar{x}$$
$$\text{标准分 } t < 0, \quad \text{即} \quad x_i < \bar{x}$$
$$\text{标准分 } t = 0, \quad \text{即} \quad x_i = \bar{x}$$

4. 标准分不改变原变量值大小的位序。

(二) 标准化的应用

例15　已知200名职工日平均销售额为166.09元，标准差为51.29元，试对销售额70、98、126、140、154、168、175、196、217、245、308元进行标准化处理。

根据公式 $t = \frac{x_i - \bar{x}}{\delta}$ 将标准化处理结果列表如表4.18。

表 4.18 **标准化过程表**

销售额水平	标准化过程	标准分 t
70	(70-166.09)/51.29	-1.873 5
98	(98-166.09)/51.29	-1.327 5
126	(126-166.09)/51.29	-0.781 6
140	(140-166.09)/51.29	-0.508 7
154	(154-166.09)/51.29	-0.235 7
168	(168-166.09)/51.29	0.037 2
175	(175-166.09)/51.29	0.173 7
196	(196-166.09)/51.29	0.583 2
217	(217-166.09)/51.29	0.992 6
245	(245-166.09)/51.29	1.538 5
308	(308-166.09)/51.29	2.766 8

下面，我们再看一看标准分的实际应用例子。

例 16 设甲、乙两名学生六门课程高考成绩及全部考生相应的平均分数和标准差如表 4.19。

学生甲数学、外语、化学三门课程成绩优于学生乙；学生乙语文、政治、物理三门课程成绩优于学生甲，从原始分数总分来看，乙高出甲 40 分，应录取乙。但计算标准分数，却得到如下结果(见表 4.20)。

表 4.19

	语文	数学	外语	政治	物理	化学	总分
学生甲	70	57	45	80	60	70	380
学生乙	90	51	40	85	72	62	420
高考平均分	70	55	42	80	36	50	
标准差	8.0	4.0	5.0	10.0	12.0	4.0	

表 4.20

	语文	数学	外语	政治	物理	化学	总分
学生甲	0.0	0.5	0.6	0.0	2.0	5.0	8.1
学生乙	2.5	-1.0	-0.4	0.5	3.0	3.0	7.6

表中学生乙语文的标准分计算过程为：

$$2.5=\frac{90-70}{8}$$

其他计算方法相同。

从表 4.20 中可以看出，甲比乙的标准分多 0.5，因此，从综合素质的角度来衡量，应该录取甲。仔细分析他们的原始分数也不难看出，甲的所有成绩都不低于平均分，而乙的数学和外语两门课程的成绩低于平均分。可见，用标准分评定学生的成绩比原始分数更加客观和公正。

此外，标准化的应用还有利于我们在实际生活中处理异常值的问题。所谓异常值是指在一个变量数列中会有一个或几个反常地大或反常地小的数据，这种极端值我们称为异常值。异常值需要我们仔细鉴别。异常值可能是一个数据项被错误地记录了，如果这样，它将在进一步分析之前被改正过来。异常值也可能是一个数据项被错误地包含在这个变量数列中，如果这样，它将被删除。最后，异常值也可能就是一个反常的值，它被正确地记录并且的确属于这个变量数列。在这种情况下，它将被保留。

标准分可用于确认异常值。按照经验法则，几乎所有的数据项与平均数的距离都在 3 个标准差之内。因此，利用标准分来检验异常值时，我们建议任何标准分值小于-3 或大于+3 的变量值都作为异常值。这些值将被进一步鉴别其数值的精确与否，以及是否属于当前的数据集。

Excel 操作：描述统计

本章介绍的平均指标和标志变异指标，均可以通过 Excel 里的相关函数得到。此外，还可以直接应用【数据分析】里的【描述统计】工具得到。

一、应用 Excel 里的相关函数计算各类指标

Excel 里有很多函数用以计算相关指标，包括 SUM 函数、AVERAGE 函数、MAX 函数、MIN 函数、MEDIAN 函数、MODE 函数、HARMEAN 函数、GEOMEAN 函数、QUARTILE 函数、AVEDEV 函数、STDEV 函数、SKEW 函数、KURT 函数等，分别用来计算总和、算术平均值、最大值、最小值、中位数、众数、调和平均数、几何平均数、四分位数、平均差、标准差、偏度和峰度等。下面以表 4.21 数据为例应用 AVERAGE 函数计算平均值。

表 4.21　**某电脑公司在过去 1 年中每月的销售额(单位：万元)**

月份	1	2	3	4	5	6	7	8	9	10	11	12
销售额	242	235	232	178	184	140	145	152	110	130	152	206

操作过程如下：

1. 打开 Excel 新文件后，输入数据，如图 4.1 所示。
2. 选择放平均数的单元格“B14”，点击【插入】→【函数】，选择统计函数类的 AVERAGE 函数，如图 4.2。
3. 点击【确定】，得到结果如图 4.3，最后得到平均值为 175.5。

	A	B	C
1	月份	销售额	
2	1	242	
3	2	235	
4	3	232	
5	4	178	
6	5	184	
7	6	140	
8	7	145	
9	8	152	
10	9	110	
11	10	130	
12	11	152	
13	12	206	
14			

图 4.1　电脑公司的销售额数据

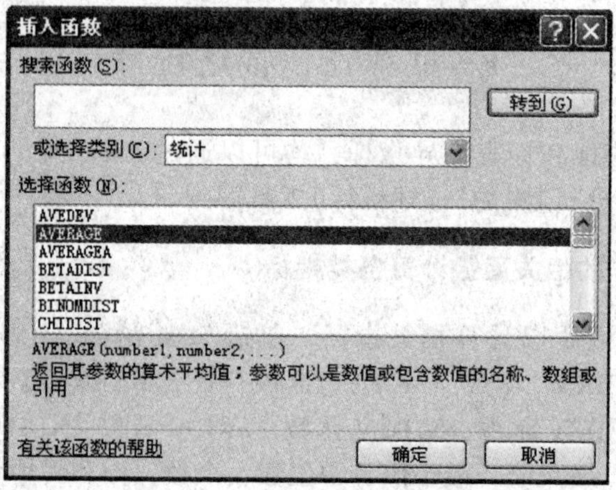

图 4.2　选择 AVERAGE 函数

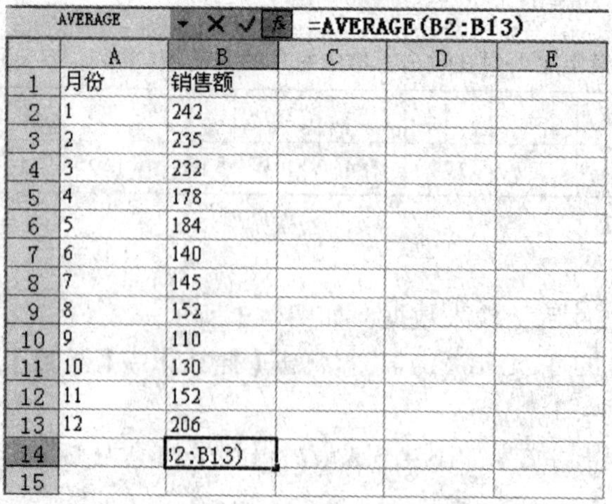

AVERAGE =AVERAGE(B2:B13)

	A	B	C	D	E
1	月份	销售额			
2	1	242			
3	2	235			
4	3	232			
5	4	178			
6	5	184			
7	6	140			
8	7	145			
9	8	152			
10	9	110			
11	10	130			
12	11	152			
13	12	206			
14		2:B13)			
15					

图 4.3　计算平均值

二、应用分析工具库计算各类指标

应用 Excel 分析工具库的【描述统计】工具，可以快速地计算出各类指标。具体操作如下：

1. 打开 Excel 新文件后，输入数据。点击【工具】→【数据分析】，弹出【数据分析】对话框，如图 4.4 所示。

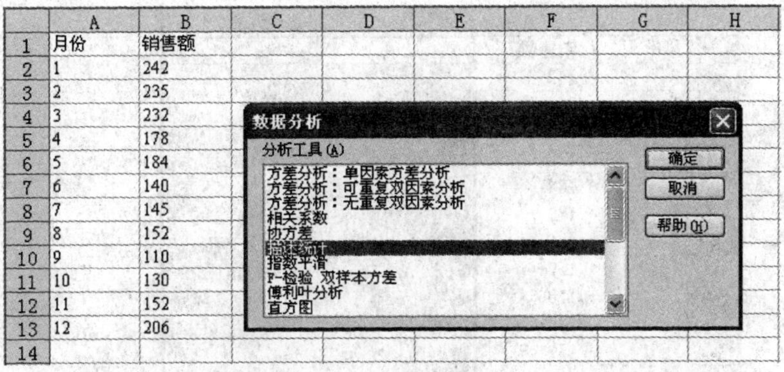

图 4.4　数据分析对话框

2. 选择【描述统计】，点击【确定】，弹出【描述统计】对话框，如图 4.5 所示。

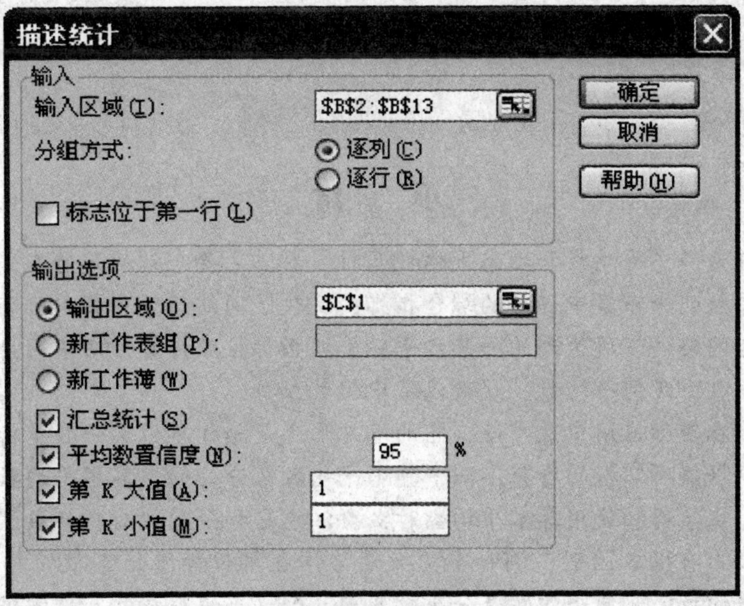

图 4.5　描述统计对话框

各参数设置如图 4.5 所示。

在【输入区域】中输入数据区域地址“ \$B\$2： \$B\$13”；分组方式选择“逐列”(此为默认)；在【输出区域】中输入数据区域地址“ \$C\$1”；同时选中【汇总统计】，不然输出的结果就不会包含平均数、中位数、众数、方差、峰度等统计值；【平均数置信度】的默认值为95%，可直接键入所要的置信度进行修改；【第 K 大值】和【第 K 小值】指依大小排序后，第K个最大值和第K个最小值，默认值均为1，表示极大值与极小值。

3. 单击【确定】按钮后，可获得图4.6所示的描述统计结果。

	A	B	C	D	E
1	月份	销售额	列1		
2	1	242			
3	2	235	平均	175.5	
4	3	232	标准误差	12.85672799	
5	4	178	中位数	165	
6	5	184	众数	152	
7	6	140	标准差	44.53701219	
8	7	145	方差	1983.545455	
9	8	152	峰度	-1.273612294	
10	9	110	偏度	0.2961419	
11	10	130	区域	132	
12	11	152	最小值	110	
13	12	206	最大值	242	
14			求和	2106	
15			观测数	12	
16			最大(1)	242	
17			最小(1)	110	
18			置信度(95.0%)	28.29746749	
19					

图4.6 描述统计结果

小　　结

平均指标分为静态平均数和动态平均数两种，本章主要介绍的是静态平均数，它通常是用来描述静态数列分布集中趋势的综合指标，反映了同质总体中各单位某一数量标志值在一定时间和空间条件下所达到的一般水平。平均指标按照计算方法不同主要分为算术平均数、调和平均数、几何平均数、众数以及中位数五种。

算术平均数在实际应用中最广泛，它的基本形式是总体单位某一数量标志值之和除以总体单位总量。根据所掌握的资料不同，算术平均数又分为简单算术平均数和加权算术平均数两种形式。在学习和使用算术平均数时，要注意它和强度相对指标虽然在表现形式上很相似，但实质上有根本区别。调和平均数是总体各单位标志值倒数的算术平均数的倒数，也称倒数平均数。几何平均数是分布数列中 n 个标志值乘积的 n 次方根。几何平均法是计算平均比率和平均速度的一种常用方法。在社会经济统计中，当标志值的连乘积等于总比率或总速度，一般采用几何平均法计算其平均比率和平均速度。

众数和中位数都是位置平均数，它们都是根据标志值在总体中所处的特殊位置确定的，它们本身不是平均值，而只是总体一般水平的代表值。众数是总体中出现次数最多的标志值；中位数是将总体各单位标志值按大小顺序排列，处于中间位置的那个标志值。

平均指标反映了现象总体的一般水平，是总体各单位某一数量标志值的代表值，在实际应用中，它往往和衡量平均指标代表性程度高低的标志变异指标一起使用。标志变异指标是综合反映总体各单位标志值变动程度和离散趋势的指标。测定标志变异程度的指标主要有全距、平均差、标准差和标志变异系数等四种。

先进平均数、偏度和标准化的应用是我们新增加的内容。这些内容将大大增强对平均数的理解和应用。

关键术语

平均指标　算术平均数　调和平均数　几何平均数　众数　中位数
标志变异指标　全距　平均差　标准差　标志变异系数　先进平均数
偏态分布　标准化

习　　题

1. 什么是平均指标？
2. 什么是权数？
3. 什么是标志变异指标？
4. 简述标准分的性质和作用。
5. 一个汽车修理厂在10天内接受修理辆数按数的大小顺序排列如下：2，4，7，10，10，10，12，12，14，15。

(1) 以这组数据作为总体，确定每天接受修理辆数的平均数、中位数和众数。

(2) 就以上数据，应以哪一个数值为最足以代表每天的接受修理辆数？为什么？

(3) 计算标准差 σ。

6. 某市地毯公司所属三个厂的全年销售值和利润率见表4.22。

表4.22

厂	销售值(千元)	利润率(%)
一厂	2 000	8.2
二厂	3 000	5.6
三厂	5 000	4.2

(1) 利润率的简单平均数是多少？

(2) 以销售值加权的平均数是多少？

(3) 综合利润率应是简单平均数还是加权平均数？为什么？

7. 某自行车集团公司所属四个分厂，某月份生产的同一牌号、规格外销山地车的产量和总成本资料如表 4.23。

表 4.23

分 厂	产 量(百辆)	生产总成本(万元)
甲	14.0	44.80
乙	9.8	34.30
丙	76.0	228.00
丁	3.2	12.16

根据上述资料：

(1) 计算各分厂的单位产品成本；

(2) 计算该集团公司平均的单位产品成本，并对计算方法加以说明。

8. 某地区某年个体工商户开业登记注册资金额分组资料如表 4.24。

表 4.24

注册资本金分组(万元)	50 以下	50~100	100~150	150~200	200 以上
各组个体工商户比重(%)	60	20	10	8	2

试计算该地区个体工商户注册资本金的平均数。这样计算的结果同按未分组的原始数据计算的平均数是否相同？并对相同或不相同的原因作出解释。

9. 第一季度某种产品在三个地区销售额的资料如表 4.25。

表 4.25

月 份	单 价(元)	销 售 额(元)		
		甲 地 区	乙 地 区	丙 地 区
一	1.5	15 000	30 000	45 000
二	1.2	24 000	12 000	36 000
三	1.1	11 000	22 000	33 000
合 计	—	50 000	64 000	114 000

根据上述资料：

(1) 分别计算甲、乙、丙三个地区第一季度该种产品的平均价格；

(2) 分别计算第一季度各月该种产品的平均价格；

(3) 计算该种商品第一季度总的平均价格。

第五章　可靠程度的统计方法

第一节　可靠程度基本概念介绍

所谓“可靠程度”，就是“事件发生可能性的大小”，也就是我们通常所说的概率。日常生活中我们经常需要就这类问题作出分析和判断，如：

巴西足球队本次世界锦标赛夺冠的几率有多大?

明天股市价格会不会上涨?

某项工程按期完工的可能性是多少?

……

这类现象或问题的最终结果具有很大的不确定性，事先我们无法知道确切的结果，只知道可能出现这样的结果，也可能出现那样的结果。这与我们在物理化学等自然学科领域遇到的问题有很大的不同。在那里，只要具备一定条件就必然会出现某些结果，如异性电荷必然相吸引，石蕊试纸放进酸性溶液中必然变红。为了区别于前提条件不变、产生结果不变的确定性现象，我们称它们为随机现象。

尽管随机现象具有不确定性，但经过实践，人们发现在大量重复试验和观察下，其结果却呈现出某种规律性，即“统计规律性”。因而概率这一统计方法日益成为人们解决这类问题最有效的手段。日常用语中，概率被视为衡量某个特定事件发生的机会和可能性的数值量度，取值在 0 到 1 之间，接近于 0 的概率表现为事件几乎不可能发生，而接近 1 的概率则表明事件几乎肯定会发生。比如说对“明天要下雨”这一事件，如果气象预报“下雨概率几乎为零”，我们就知道明天几乎不可能下雨；但如果预报有 90%的概率，则极有可能和几乎肯定会下雨。如果概率为 50%，则下不下雨可能性均等。本章将介绍有关概率的概念及理论，并举例说明概率在处理不确定性问题方面的作用。

一、随机试验与随机事件

凡是从某一研究目的出发，对随机现象的观察均可称为随机试验，简称试验。试验可以在相同的条件下重复进行，但每次试验只产生唯一的确切结果，该结果我们称为样本点。当某一特定试验所有可能的结果都确定时，这些样本便构成该试验的样本空间。如：

抛硬币试验，其结果定义为硬币的朝向——正面或反面，则样本空间为(正面，反面)，那么(正面)即该试验的一个样本。

让一位顾客从两种商品 A 和 B 中选出他更喜欢的一种，样本空间是(A，B)。

从口袋里摸球，摸出的球的颜色会有不同——红色或白色，则对应的样本空间为(红色，白色）。

当试验的结果被抽象为样本空间中的点时，事件用概率论的语言解释，即为样本点所组成的集合。而事件发生的概率，不过是度量这些集合大小的一种特定的测度。以掷色子试验为例，试验的结果定义为出现的点数，样本空间是{1，2，3，4，5，6}。若要求掷得的点数为奇数，有三个样本点满足{1}，{3}，{5}。则事件A"奇数点"可表示为A={1，3，5}。如果试验结果是三种情况中的任何一个，我们便说事件A发生了。同样，若关注的事件B为"最小点数"，则事件B={1}。

样本点的任意组合，可以构成不同的事件。只有一个样本点组成的事件，我们称为基本事件，如上述的事件B，而若干样本点组成的集合，则称为复合事件。不含任何样本点和包含所有样本点的事件，尽管不符合随机现象的定义，但为了方便起见，我们仍将其视为随机试验的结果，定义为不可能事件和必然事件。相应的事件的概率即为其所含样本点的概率之和。投掷色子出现某一点数的概率均等，均为1/6。则事件B的概率为1/6，事件A的概率为1/6+1/6+1/6，即

$$P(\mathrm{B}) = 1/6,\ P(\mathrm{A}) = \frac{1}{2}$$

不可能事件不含任何样本点，概率为0；必然事件涵盖整个样本空间，因而概率为1。但需要注意的是概率为0的事件却不一定是不可能事件，这一点我们会在以后详细解释。

二、计数原理

为了研究事件或理解进行试验时究竟发生了什么，一个重要的步骤就是对该试验的样本点进行确认和计数，确定样本空间。假设学生在寝室拨打电话上网，拨通201或202电话后，还要借助263，163，663等网络接入商的网线才能最终登录浏览。就学生成功上网这一事件而言，要经过两个步骤：第一步选择201或202，第二步，拨打663，或263，或163。以拨通的线路为试验结果，那么该事件的样本空间可以写为：

S={(201，163)，(201，263)，(201，663)，(202，163)，(202，263)，(202，663)}

对多步骤试验进行分析，树形图是一个很好的工具，下面是用树形图展示的步骤分析过程(图5.1)。

理论上，按计数过程的串行和并行，我们有如下两条计数原理：

(1) 乘法原理：假定进行过程Ⅰ有 n_1 种方式，而对于过程Ⅰ的每一方式，进行过程Ⅱ都有 n_2 种方式。那么，依次进行过程Ⅰ与Ⅱ共有 $n_1 * n_2$ 种方式。

(2) 加法原理：假定进行过程Ⅰ有 n_1 种方式，进行过程Ⅱ有 n_2 种方式。那么，进行过程Ⅰ或Ⅱ共有 n_1+n_2 种方式。

回到打电话上网事件，第一步有2种方式，第二步有3种方式，该试验的结果共有2＊3即6种，对应6个样本点。

利用乘法原理，我们可以得到从 N 个物体中任取 M 个的试验结果数目，也就是通常所说的组合：

(1) 从 N 个物体中不重复地任取 M 个的组合数为

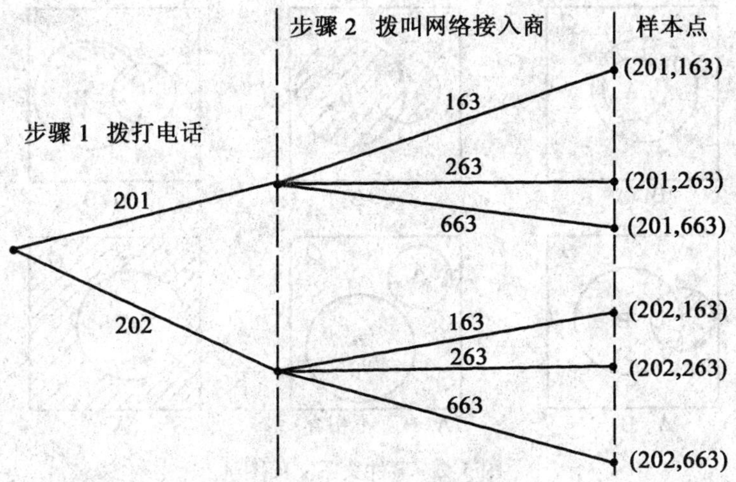

图 5.1　上网拨叫试验的树形图

$$C_N^M = N!\ /[M!\ (N-M)!\ ]$$

其中 $N! = N*(N-1)*(N-2)*\cdots*2*1$

$M! = M*(M-1)*(M-2)*\cdots*2*1$

$0! = 1$

(2)从 N 个物体中可重复地任取 M 个的组合数为 N^M。

例如，两封信随机地投向 4 个不同的邮筒，允许重复投入的话，可能结果为 16 种(4＊4)，而不重复投入的情况下，可能结果只有 12 种(4＊3)。

三、事件间的关系及其运算

有时候我们不一定要确切地知道每一个样本点的概率来推知事件的概率，利用事件与事件之间的相互关系，可以更方便地知道特定事件的概率。

(一) 事件的包含和事件的相等

事件 A 发生必然导致事件 B 发生，或者事件 A 中的任何一个样本点都属于事件 B，则我们说事件 B 包含事件 A，投掷色子试验中“最小的点”这一事件便包含于“奇数点”事件中。如果两个事件所含的样本点相同，则事件 A 与事件 B 相同。

借助文氏图来表示，矩形区域代表整个样本空间，而圆形区域代表事件 A 和事件 B，区域面积代表各自所包含的样本点。

(二) 事件的交(积)

给定事件 A 和事件 B 同时发生所构成的事件 C，涵盖了所有同时属于事件 A 和事件 B 的样本点，就是如图 5.2 所示的两圆相互重叠区域。所以事件 C 为事件 A 和事件 B 的积，记为 A∩B。

(三) 事件的并(和)

A 和 B 的并是所有属于 A 或 B 或同时属于两者样本点的事件，记为 A∪B。

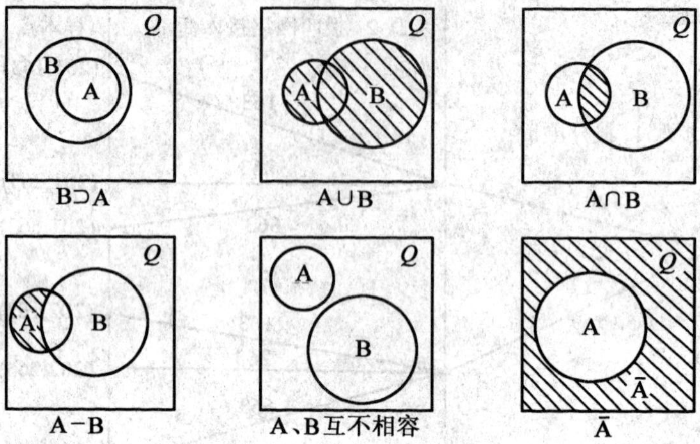

图 5.2　事件关系文氏图

从文氏图上可以清楚地看出，在事件 A∪B 中对于 A 和 B 共同拥有的样本点，是不重复计算的。回忆以上我们所说的事件概率是其拥有的样本点概率之和，于是我们知道 $P(A)+P(B)$ 与 $P(A\cup B)$并不相等，正确的关系应该如下面的加法法则所示：

加法法则：$P(A)+P(B)=P(A\cup B)+P(A\cap B)$或

$$P(A\cup B)=P(A)+P(B)-P(A\cap B)$$

例 1　假设现在有一公司正在为员工的流失而烦恼，去年有一半员工辞职。经过调查研究发现主要的原因是工资和工作问题，因为这两个原因而辞职的人达到 50%。40%因为不满意工资而辞职，30%的人因为不满意工作而辞职。那么去年辞职员工中，其辞职的原因是对工资和工作都不满的概率是多少呢？令

S＝事件“因为工作不满而辞职”

D＝事件“因为工资不满而辞职”

则因为对工资和工作都不满而辞职的概率可用 $P(S\cap D)$来表示。

显然，$P(S)=30\%$，$P(D)=40\%$，$P(S\cup D)=50\%$，利用加法公式，可得

$$P(S\cap D)=P(S)+P(D)-P(S\cup D)=0.3+0.4-0.5=0.2$$

即我们发现员工因为工作且工资问题而离职的概率为 20%。

（四）互斥事件

在一种特殊情况下 $P(A)+P(B)$与 $P(A\cup B)$相等，这个时候 $P(A\cap B)=0$。此时的事件 A 与事件 B 称为互斥事件。所谓互斥，是指事件 A 与事件 B 没有共同的样本点，即事件 A 发生时，事件 B 必然不会发生，或者事件 B 发生时，A 必然不会发生。此时加法法则可以写成：

$$P(A)+P(B)=P(A\cup B)$$

（五）事件的补

给定的一个事件 A，则它的补可定义为“所有不包括 A 在内的样本点”这一事件。事件 A 与事件 A 的补 $\overline{A}$ 构成了整个样本空间，则任何时候两者之中必然有一个发生，即

$$P(A) + P(\overline{A}) = 1$$

从而可以知道，我们能更容易地推算出事件的概率，尤其是在事件相当复杂时。

例如，假定某采购部门声称供货商运来的货物中无残次品的概率为90%，则我们很容易即可推知货物中残次品的概率大小。我们用事件 A 表示“无残次品”，用事件 B 表示“有残次品”，利用事件的补，很容易即可得知货物中有残次品的概率为 $P(B)=1-P(A)=0.10$。

（六）完备事件组

若事件 A1，A2，A3，…，An 为两两互斥事件，并且这些事件的并包含整个样本空间，则称 A1，A2，A3，…，An 构成一个完备事件组。完备事件组实质是对样本空间的分割，同一样本空间可以有不同的完备事件组，因而当我们处理某一样本空间或具体问题时，选择最便于研究的一个完备事件组，会极大地简化问题并加以解决。

完备事件组中的事件两两互斥，运用互斥事件的性质（和的概率等于概率的和），则此时的加法法则可以表示为：

$$P(A1 + A2 + \cdots + An) = P(A1) + P(A2) + \cdots + P(An)$$

不难看出，事件与事件的补实际上是最简单的完备事件组。

例 2　据《商业周刊》的 Harris 民意测验，14%的成年人认为在 1998 年股市有很大可能暴跌，而 43%的成年人认为在 1998 年股市有一些可能暴跌（*Business Week*，1997 年 12 月 29 日）。若我们随机选择一名成年人，则他或她认为股市不可能暴跌的概率为多少？

令：

A＝事件“股市可能暴跌”

A1＝事件“股市有很大可能暴跌”

A2＝事件“股市有一些可能暴跌”

则：$\overline{A}$＝事件“股市不可能暴跌”

因为 A1 和 A2 为 A 的完备事件组，根据上述公式有：

$$P(A) = P(A1) + P(A2) = 0.14 + 0.43 = 0.57$$

则：

$$P(\overline{A}) = 1 - P(A) = 1 - 0.57 = 43\%$$

则人们认为股市不可能暴跌的概率为 43%。

第二节　事件的概率

一、概率分配

现在我们来关注试验结果（样本点）的概率是如何决定的。对于概率，我们有两条基本条件限制：(1)每一个样本点的概率大于或等于 0，但不超过 1，即 $0 \leqslant P \leqslant 1$。(2)特定试验的所有样本点概率的和应等于 1。任何一种试验效果的概率分配方法，只要满足上述两个条件，并且对每一个试验结果的可能性给予了合理的数值度量，那么这种方法就是可以接受的。一般常用的分配法有三种：古典法，频数法和主观法。

(一) 古典法

1. 赌博问题

概率最早起源于赌博，由于人们在借助色子、纸牌或硬币等形形色色工具赌博时，尽管不确定，但结果不是输就是赢，两者必为其一，因而认为输赢会均等发生的观点也就被人们普遍接受。推而广之，“各可能结果具有均等可能性”的概率分配方法成为人们解决赌博中遇到难题的裁定原则，尤其是涉及金钱得失问题时。如果某试验有 n 个结果，则每个结果出现的概率为 $1/n$。那么，只要知道有利于某一事件 A 的基本事件数，就可以通过这个数与试验所有基本事件总数之比来推出 $P(\mathrm{A})$。至于对一些含有无限样本点的事件和样本空间(如任意的向一线段 CD 上投点，由其任意性，投点落在 CD 上每一点的可能性是相同的，而所有可能结果是线段 CD 上的所有点，故为无限个)，则利用两者空间测度(如面积或体积等)之比得到相应概率。这种定义法又称为概率的几何定义。在这个意义上，只取空间面积上一点的概率便为 0，但它不是不可能事件。

2. 射击问题

射击的靶一共有十环，现一人向靶开枪，假设他的每一枪均中靶，没有脱靶现象。现询问他成绩在九环以上的概率。由于靶的面积为 0.5 平方米，而九环圆圈所包含的面积为 0.05 平方米，则成绩九环以上的概率为 $P(\mathrm{A})=0.05/0.5=0.1$。

3. 赌徒输赢的概率

17 世纪的一天，保罗与著名的赌徒梅尔赌钱。他们事先每人拿出 6 枚金币，然后玩色子，约定谁先胜三局谁就得到 12 枚金币。比赛开始后，保罗胜了一局，梅尔胜了两局，这时一件意外的事中断了他们的赌博。于是，他们商量这 12 枚金币应怎样合理地分配。保罗认为，根据胜的局数，他自己应得总数的 1/3，即 4 枚金币，梅尔应得总数的 2/3，即 8 枚金币。但精通赌博的梅尔认为他赢的可能性大，所以他应该得全部赌金，于是，他们请求数学家帕斯卡评判。

帕斯卡是这样解决的：如果再玩一局，或是梅尔胜，或是保罗胜。如梅尔胜，那么他可以得到全部金币(记为 1)；如果保罗胜，那么两人各胜两局，应各得金币的一半(记为 1/2)。由于这一局中两人获胜的可能性相等，因此梅尔得金币的可能性应是两种可能性大小的一半，另一半为保罗所有，即梅尔为 $(1+1/2)/2=3/4$，保罗为 $(0+1/2)/2=1/4$。所以他们各得 9 枚和 3 枚金币。

(二) 频数法

1. 相对频数法

随着对概率问题研究的深入，人们发现“均等可能性”并不是放之四海而皆准，任意套用会造成很大错误。在将两枚硬币抛掷的试验中，其中出现硬币正面朝上的概率，我们知道是 1/2，但曾有人认为是 1/3，其理由是该试验的样本空间为{0 个正面，1 个正面，2 个正面}，按“均等可能性”，一个硬币正面朝上的概率为 1/3。很多情况下各随机现象会因样本空间属性和划分的不同呈现不同的可能性大小，但人们发现在相同条件下，多次重复某个试验，特定事件出现的次数与试验总数之比会收敛于一数值，呈现规律性。因而事件在 N 次试验中出现的相对频率可以作为概率的替代。

2. 湖中鱼数量的概率测定法

为了方便而且快速地知道某个湖中有多少鱼，渔民们常用一种称为“标记后再捕”的方法。先从湖里随意地捕捉一些鱼上来，比如说捕到1 000尾，在每条鱼身上作记号后又放回湖中。隔了一定时间后，又从湖里随意地捕捉一些鱼，比如说第二次捕到200尾，看其中有标记的鱼有多少尾，如果是10尾有标记，那么渔民就会估计出湖里的鱼大约为2万尾。推断过程是这样：200尾鱼中有10尾是有记号的，如果湖中鱼是均匀分布的，那么每尾有记号的鱼被捕到的可能性的大小就是 $10/200=1/20$。假设湖中有鱼 n 尾，其中1 000尾是有记号的，那么每尾有记号的鱼被捕到的可能性的大小应该是 $1\,000/n$。所以有 $1\,000/n=1/20$，即 $n=1\,000\times20=20\,000$（尾）。当然，实际上湖中鱼的分布不可能非常均匀，因此渔民们常常是重复这种方法多次，然后取所有这些结果的平均数，这样得到的结果就更准确了。

（三）主观法

在试验结果既不是等可能发生，也没有相对频数的数据可用时，我们就必须进行主观评价。比如，考虑XY足球队将进行的下一场足球赛，XY足球队获胜的概率是多大？试验结果获胜、平局和失利并不一定是等可能发生的。此外，由于参赛队伍在近几年未有交手，所以对于要举行的比赛也没有相对频数的数据可用。

使用主观法对试验结果进行概率分配，我们可以利用一切可以获得的数据以及我们的经验和直觉。但当所有的可用的信息都考虑到了以后，我们必须确定一个概率值以表达特定试验结果发生的可信度。这种概率分配法即为主观法。因为主观法表达的是某个人的置信度，所以会因人而异：不同的人会对同一事件分配不同的概率。

在某些情况下，可以使用主观法或相对频数法的事件，也会被管理者要求进行主观概率估计。这种情况下，最好的概率估计常常是将古典法或相对频数法的结果与主观法估计结果结合起来。

如假设XY足球队的下一个对手是巴西队，后者是几届“世界杯”冠军得主，而XY足球队尚未冲出亚洲，可以主观判断该队获胜概率几乎为0。

二、简单概率

简单概率（Simple Probability）即单一事件发生的概率，记为 $P(A)$。两个事件交的概率，我们称为联合概率。提供联合概率情况的表，被称为联合概率表。

下面我们看一个例题。某一大城市的著名公司共有1 200名员工，男性960人，女性240人。在过去的三年里，有324名职员得到提升。具体情况见表5.1。

表5.1　**提升情况表**

	男性(M)	女性(W)	合计
升职人数	288	36	324
未升人数	672	204	876
合　计	960	240	1 200

令

M = 事件“职员为男性” W = 事件“职员为女性”

B = 事件“某职员得到提升” $\overline{B}$ = 事件“某职员未得到提升”

涉及的简单概率有：

$$P(M)=960/1\,200=0.80 \qquad P(W)=0.20$$

$$P(B)=324/1\,200=0.27 \qquad P(\overline{B})=0.73$$

则联合概率为：

随机选择一名职员，是男性且得到提升的概率为：$P(M\cap B)=\dfrac{288}{1\,200}=0.24$

随机选择一名职员，是男性且未得到提升的概率为：$P(M\cap \overline{B})=\dfrac{672}{1\,200}=0.56$

随机选择一名职员，是女性且得到提升的概率为：$P(W\cap B)=\dfrac{36}{1\,200}=0.03$

随机选择一名职员，是女性且未得到提升的概率为：$P(W\cap \overline{B})=\dfrac{204}{1\,200}=0.17$

从下面的联合概率分布表(表5.2)中可以看出，简单概率总是位于联合概率表的边缘，因而它又叫做边缘概率，而且边缘概率总可以由联合概率分布表的相应的行或列的所有的联合概率相加得到。由上知道，该公司80%为男性职员，20%为女性职员，27%的职员得到提升，73%的职员未得到提升。其中男性职员提升概率是24%，高于女性职员3%的提升率。

表5.2 **职员升职的联合概率分布表**

	男性(M)	女性(W)	合计
升职(B)	0.24	0.03	0.27
未升职($\overline{B}$)	0.56	0.17	0.73
合计	0.80	0.20	1.00

三、概率法则

在概率论中，主要有三种法则：互斥事件的加法法则，条件概率的乘法法则和验后概率的贝叶斯定理。有关加法法则已经在前面详细介绍了，因而不再重复，此部分重点介绍条件概率和贝叶斯定理。

(一) 条件概率

同一随机试验中的各个事件之间经常是相互联系的，这种联系反映在概率上就是某个事件的概率会因其相关事件的发生与否而受到影响。于是有时候人们还需要讨论在某些附加条件下的试验结果，这些附加条件通常以“某个事情已经发生”的形式给出，这就是已知某个事件已发生后的条件概率。

设A、B为两事件，且$P(A)>0$，则称

$$P(B\mid A)=\frac{P(A\cap B)}{P(A)}$$

为在事件 A 发生的条件下事件 B 发生的条件概率。

利用定义，对条件概率的公式进行变形，我们很容易得到两事件交的概率：

$$P(A \cap B) = P(A) \cdot P(B \mid A)$$

或

$$P(A \cap B) = P(B) \cdot P(A \mid B)$$

回到上述的职员升迁例子。假设公司某些职员不满女性升迁数太少，认为公司在此问题上实施了性别歧视而向有关部门投诉。公司对此辩解道，女性升迁人数过少是公司女性职员本身就少的缘故。如何裁定谁是谁非，就是要判断男女性别这一事件是否对升迁事件的发生概率产生影响。

现在我们利用条件概率进行分析，计算某位职员是男性的条件下被提升的概率。由条件概率的符号，我们希望计算的是 $P(B \mid M)$。为计算 $P(B \mid M)$，首先我们确认这一符号的含义是在事件 M(某职员为男性)已经存在的条件下考虑事件 B(得到提升)的概率。因此，$P(B \mid M)$告诉我们需要关注的只是 960 名男性职员的升职情况。由于在 960 名男性职员中，有 288 名得到了提升，则在某职员为男性的条件下得到提升的概率为 288/960 = 0.30。也就是说，给定职员为男性，则他在过去两年之中被提升的机会为 30%。

在我们的例子中，条件概率的计算十分简单，因为在表 5.1 中已经显示了每一类职员的人数。现在我们将演示怎样直接通过条件概率，而不是如表 5.1 的频数数据来计算条件概率 $P(B \mid M)$。

我们已经计算得 $P(B \mid M) = 288/960 = 0.30$，现在我们将分子分母同时除以职员总人数 1 200：

$$P(B \mid M) = \frac{288}{960} = \frac{288/1\,200}{960/1\,200} = \frac{0.24}{0.80} = 0.30$$

现在我们知道条件概率 $P(B \mid M)$可以通过 0.24/0.80 来计算。参见联合概率分布表，注意到 0.24 是 B 和 M 的联合概率，即 $P(B \cap M) = 0.24$。同时注意到 0.80 是“随机选择某职员为男性”的边缘概率，即 $P(M) = 0.80$。因此，条件概率$P(B \mid M)$可以通过求联合概率 $P(B \cap M)$和边缘概率 $P(M)$的比率得到：

$$P(B \mid M) = \frac{P(B \cap M)}{P(M)} = \frac{0.24}{0.80} = 0.30$$

再回到有关对女职员的歧视问题上来。联合概率分布表中第一行的边缘概率显示，某职员升职的概率是 $P(B) = 0.27$(无论该职员是男是女)，而这一案例的关键问题是两个条件概率 $P(B \mid M)$和 $P(B \mid W)$。也就是说，如果给定某个职员为男性，则他的升职概率为多少，并且，如果给定某个职员为女性，则她的升职概率为多少？如果这两个概率值相等，那么有关性别歧视的指控是毫无根据的，因为对于男女职员，有着均等的升迁机会。但是，如果两个条件概率相差很大，则会支持这种观点，即男女职员在升职问题上被区别对待。

我们已经计算出 $P(B \mid M) = 0.30$。现在我们利用联合概率分布表中的概率值和条件概率的公式来计算在某个职员为女性的条件下，其升职的概率，即 $P(B \mid W)$。

$$P(B \mid W) = \frac{P(B \cap W)}{P(W)} = \frac{0.03}{0.20} = 0.15$$

给定职员为男性的升迁概率为0.30，是给定职员为女性的升迁概率0.15的两倍。条件概率的使用本身并不能表明歧视的存在，而条件概率的数值则成为支持女职员指控的有力的证据。

再看一个例题。现有一石油公司在进行石油勘探工程。以往经验表明，如果一口石油井是高产的，那么它有40%的概率位于地质结构为A的地址带上。该公司有30%的油井是高产。令D=事件“油井高产”，S=事件“位于A类地址带”。则$P(D\cap S)=P(D)*P(S\mid D)=0.40*0.30=0.12$，即公司某油井既位于地质结构为A的地点上，又是高产油井的概率为12%。

独立事件 一般情况下，事件的无条件概率与已知另一个事件发生后的概率是不同的，但是在特殊情况下两者相同，即一事件的发生与否不受其他事件发生的影响。且看如下的简单例子。

布袋中有一红球和一黑球，每次取出一球后放回，再进行下一次抽取。现在让两个人依次从中摸球，令R_i=事件“第i个人摸到红球”。由于第一个人摸球后会将球放回，因而无论第一个人是否摸到红球，第二个人的选择都是从红黑两球中择一。根据组合理论，两种情况均为C_2^1，即$P(R_2\mid R_1)=P(R_2)=1/2$。也就是说，事件“第一个人摸到红球”的发生对事件“第二个人摸到红球”的概率没有任何影响。

事件之间这种互不影响各自发生概率的性质就是我们要介绍的独立性。用概率的语言描述，对事件A、B，若$P(A\mid B)=P(A)$或$P(B\mid A)=P(B)$，则称事件A和事件B是相互独立的，否则两者为相关事件。这种情况下，乘法公式相应变为$P(A\cap B)=P(B)*P(A)$。而且$P(A\cap B)$与$P(B)*P(A)$的值相等还是判断A、B事件独立的充分必要条件。那么，上面的职员升迁一案中，$P(B\cap M)=0.24$，而$P(B)*P(M)=0.27*0.8=0.216$,从两者的不相等即可定性判断出，在升职问题上存在性别歧视。

（二）贝叶斯定理

在条件概率的讨论中，我们指出，获得新信息后对概率进行修正，是一种很重要的概率分析手段。经常地，在开始分析时，我们会以初始的或先验概率对所关心的特殊事件进行估计。然后，从样本、特殊报告或产品检验等消息源中获取了有关该事件的新的信息，我们再通过计算对先验概率进行修正，从而变为后验概率。贝叶斯定理就是进行这种概率计算的一种方法。

贝叶斯定理首先涉及全概率定理。将复杂问题分解为若干简单问题而逐一解决，是人们常用的工作方法。如在求面积时可以通过“割补法”将较复杂的图形(如多边形)分解为若干个简单的图形(三角形)。在解决复杂的概率问题时，人们也希望把所涉及的复杂事件分解为简单事件之并。通过引入各种小前提，将事件样本空间适当分解为若干部分，使得在每个部分中的概率更容易求出，最后合并成所要的概率。回忆前面的完备事件组实质为样本空间的分割，那么利用一系列两两互斥事件的完备事件组，就可以达到我们的目的。

全概率定理 如果事件A1，A2，A3，…，An构成一个完备事件组，并且都有正概率，则对于任何一个事件B，有

$$P(B)=\sum_{i=1}^{n}P(A_i)P(B\mid A_i)$$

利用完备事件组概率和为 1 的性质，以及加法法则和乘法法则，很容易得到上面公式，建议读者自行推导。

作为一个应用实例，假设某制造厂有两个车间生产同一产品，产量依次占 65%和 35%，用 $S_i(i=1,2)$ 表示来自 i 车间的产品。又知道两个车间的次品率为 0.02 及 0.05。为了保证产品的质量和公司市场信誉，在产品出厂前要进行质量检测，检查产品合格情况。令事件 D="次品"，由于事件 S_i 两两互斥，而且 $P(D\mid S_1)$、$P(D\mid S_2)$ 都是已知的，则

$$P(D)=P(S_1)*P(D\mid S_1)+P(S_2)*P(D\mid S_2)=0.0305$$

即任取一个产品，其为次品的概率为 3.05%。

因为公司实行的是质量奖金挂钩制，一旦检测出某车间生产了次品，该车间员工的当天奖金将被扣除。现在检测出一个次品，那么 1 车间会扣奖金的概率是多少？2 车间会扣奖金的概率又是多少？这就要借助贝叶斯定理解决了。

从 1 车间对产量的贡献，我们知道如果随机抽取一个零件，$P(S_1)=65\%$ 和 $P(S_2)=35\%$。这是我们所得到的先验概率。现在要求的是后验概率 $P(S_1\mid D)$、$P(S_2\mid D)$。由条件概率公式，有 $P(S_1\mid D)=P(S_1\cap D)/P(D)$，$P(S_2\mid D)=P(S_2\cap D)/P(D)$。通过对各个车间次品率信息的获得，我们已计算出 $P(D)$，唯一不知道的只有 $P(S_1\cap D)$ 和 $P(S_2\cap D)$。但利用乘法公式，很快得出

$$P(S_1\cap D)=P(S_1)*P(D\mid S_1),\ P(S_2\cap D)=P(S_2)*P(D\mid S_2)$$

将各个式子联立起来，我们得到：

$$P(S_1\mid D)=\frac{P(S_1)*P(D\mid S_1)}{P(S_1)*P(D\mid S_1)+P(S_2)*P(D\mid S_2)}=0.4262$$

$$P(S_2\mid D)=\frac{P(S_2)*P(D\mid S_2)}{P(S_1)*P(D\mid S_1)+P(S_2)*P(D\mid S_2)}=0.5738$$

从这个例子可以看出，所谓的贝叶斯定理即为：

$$P(A_i\mid B)=\frac{P(A_i)*P(B\mid A_i)}{P(A_1)*P(B\mid A_1)+P(A_2)*P(B\mid A_2)+\cdots+P(A_N)*P(B\mid A_N)}$$

注意到在这个例子中，开始时对于随机选取的产品，有 65%的概率来自 1 车间，但给定了产品不合格信息以后，这个产品来自 1 车间的概率降低到 42.62%。事实上，如果一个产品为次品，那么它有超过一半的概率来自于 2 车间。所以对任何事件都不能仅仅根据表面现象做定论，那很可能导致错误结论。

第三节　对可靠程度各种表现的描述方法及运用(离散型)

一、随机变量及随机函数

随机试验结果通常是数量。例如，投掷一枚色子所得的点数，记录电话呼叫的次数

等，所得的各可能结果都是数量。有的随机试验的结果虽然不是数，但可以将它数量化。例如抛1枚硬币，可能结果是正面和反面，不是数。但如果约定1代表正面，0代表反面，则这两个数就代表抛1枚硬币这一试验的结果。人们发现用数值来代表某一试验结果，能够抽象掉事物千差万别的表象，有利于利用数学方法来研究随机现象，更好地反映随机结果的规律。随机变量就是代表可能出现的试验结果的数值，一般用希腊字母ξ、η、ε或大写字母X、Y、Z等表示，它的特定值取决于试验结果。按照随机变量取值的不同，可以分为离散型和连续型随机变量。

离散型随机变量指的是有穷个数值或一系列无穷的数值0，1，2，…构成的随机变量，如商店一天内卖出的货物数，合格产品的数量等。代表某一区间或多个区间的任意数值的随机变量称为连续型随机变量。建立在时间、距离、温度的度量单位上的试验结果可以通过连续型随机变量来描述。例如，某人一觉醒来，打开收音机对表。设X为以分钟计所等待的时间。这个随机变量可以是任意的$X \geqslant 0$。事实上，它代表的数值个数有可能是无穷的。

二、概率分布

随机变量成为我们以后的主要研究对象，而要研究随机变量，首先要掌握变量在各个范围取值的概念。为此，我们讨论分布函数的概念。若X是一特定试验的随机变量，x为可以任意取值的实数，用一函数$F(x)$表示$X<x$情况的概率，那么$F(x)$就是随机变量X的分布函数。以掷色子试验为例，我们以色子出现点数1、2、3、4、5、6作为随机变量X，当x取3.5时，$F(3.5)=P(X<3.5)=P(1)+P(2)+P(3)=3*1/6=1/2$。显然，对于任意的分布函数，均有$0 \leqslant F(x) \leqslant 1$。同样，我们可以用图形来表示分布函数。在图5.3中以X的值为横轴，纵轴代表$F(x)$的值，我们可以清楚地知道掷色子试验的概率函数分布情况。

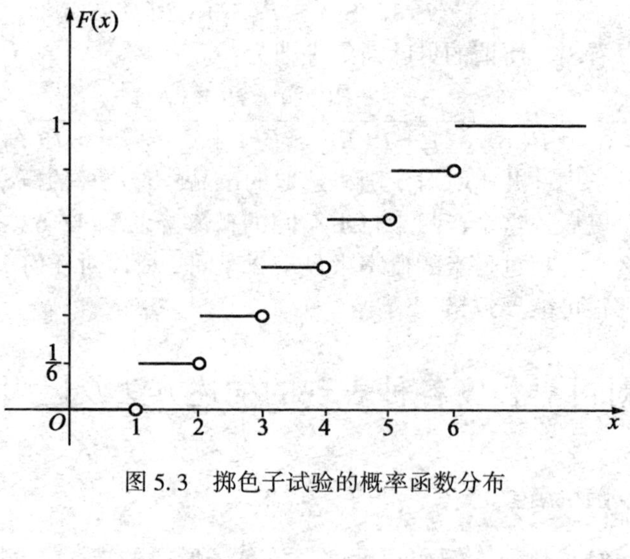

图5.3 掷色子试验的概率函数分布

对于离散型的随机变量 X，我们更多地借助于概率函数来定义，用 $P(x_i)$ 标记。概率函数提供了随机变量取得每一个值的概率。

表 5.3 显示某地政府 5 个行政级别的雇员数。

表 5.3

行政级别	雇员数
1	15
2	32
3	84
4	300
5	31
合计	462

现在为调查工作环境而需要选择某个行政级别的雇员样本。若令 X 为选择的雇员的行政级别的随机变量，则其取值为 1，2，3，4，5。用概率函数符号，$P(1)$ 表示选中行政级别为 1 的雇员概率，$P(2)$ 表示选中行政级别为 2 的雇员概率，以此类推。由于数据表明 462 个雇员中有 15 个行政级别为 1，可令 $P(1)=15/462=0.03$，表示选中行政级别为 1 的雇员概率为 0.03。同样地，可以算出 $P(2)$、$P(3)$、$P(4)$、$P(5)$ 的值。具体用表 5.4 表示如下：

概率函数与概率分布函数之间满足关系：

$$F(x)=P(X<x)=\sum_{x_i<x}P(x_i)\qquad(i=1,2,\cdots,k,\cdots)$$

且概率分布具有如下性质：

$$P(x_i)\geqslant 0\ ,\quad \sum P(x_i)=1\qquad(i=1,2,\cdots,k,\cdots)$$

表 5.4

X	$P(X)$
1	0.03
2	0.07
3	0.18
4	0.65
5	0.07
合　计	1

三、数学期望和方差

数学期望，又称随机变量的均值，是随机变量 X 的有可能取值的平均水平，记为 $E(X)$ 或 μ。随机变量 X 的方差是随机变量的各可能取值偏离其均值的离差平方的均值，记为 $D(X)$ 或 σ^2。方差的算术平方根称为标准差，记为 σ。方差和标准差都是随机变量偏离趋势的度量。

离散型随机变量的期望、方差公式分别为：

$$E(X)=\mu=\sum x_iP(x_i)$$

$$D(X)=\sigma^2=E[x_i-E(X)]^2=\sum[x_i-E(X)]^2P(x_i)$$

四、常用的离散型随机变量概率分布

离散型随机变量概率分布中，比较常用的概率分布有三类：二项分布、泊松分布和超几何分布。

(一) 二项分布

如果 n 次试验都具有以下特点：

1. 每次试验都只有两种可能：A 或 $\overline{\mathrm{A}}$。如新生婴儿的性别要么是男性，要么是女性；又如抛掷硬币，其结果也只有两种，要么是正面，要么是反面。

2. 每次试验的概率均为 p，即 $p(\mathrm{A})=p$。

3. n 次试验均是相互独立的，即每次试验的结果都不受其他各次结果的影响，则称这 n 次独立重复试验为“n 重贝努里试验”。

在 n 重贝努里试验中，事件 A 发生的次数 X 是一个随机变量，其概率分布为：

$$P(X=k)=C_n^kp^kq^{n-k} \qquad k=0,1,\cdots,n$$

此概率分布是二项式 $(p+q)^n$ 展开式的第 $(k+1)$ 项，故称 X 服从二项分布，记为：$X\sim B(n,p)$，式中 n，k 为参数。

举例而言，假设一名学生在做数学题，5 道题目随机从题库中抽取，题库难度对于同等水平的学生是答对为 0.90。由于做每道题是相互独立的，这可以是一个二项试验。几个小时之后，学生感到疲惫，做题正确率下降为 0.85，则这个时候稳定概率条件不满足，该试验不再是二项试验了。

二项分布的数学期望和方差为：

$$E(X)=\mu=np$$

$$D(X)=\sigma^2=np(1-p)$$

考虑一个实际例子。经调查，会计专业的毕业生 25%会被会计师事务所雇佣。将这一百分比运用于 4 个刚刚进入会计行业的大学毕业生，看其中 3 个会被会计师事务所雇用的概率。令 X=雇用人数，则考虑的是 $P(3)$ 的值。先考虑前三个毕业生被录用的情况，则序列试验结果为{录用，录用，录用，未录用}。因为各个试验相互独立，每次成功的概率均为 $P(\mathrm{A})=p=0.25$。根据独立事件的性质，可得：

P{录用，录用，录用，未录用} $=P(\mathrm{A})*P(\mathrm{A})*P(\mathrm{A})*P(\overline{\mathrm{A}})=p*p*p*(1-p)=$

$p^3(1-p)=1.17\%$

同理可得其他几种试验结果的概率情况，均为$p^3(1-p)$，即1.17%，见表5.5。

表5.5

试验结果	概率
{录用，录用，录用，未录用}	$p*p*p*(1-p)$
{录用，录用，未录用，录用}	$p*p*(1-p)*p$
{录用，未录用，录用，录用}	$p*(1-p)*p*p$
{未录用，录用，录用，录用}	$(1-p)*p*p*p$
合计	$4*p^3(1-p)$

注意到所得的结果只与被雇用的个数有关，与到底雇用谁无关，相当于从4个事物中不重复取3个的组合。整个事件$P(3)$的试验结果数为$C_4^3=4!/(3!*1!)=4$，且各个试验结果各不相同，故由可加性立得$P(3)=C_4^3p^3(1-p)=4.69\%$。

其期望值和方差分别为：

$$E(X)=\mu=4*0.25=1$$

$$D(X)=\sigma^2=4*0.25*0.75=0.75$$

说明平均4个人中只有1人被事务所雇用，竞争还是比较激烈的。

二项分布的最可能值 二项分布中的随机变量x可以取值为0，1，…，n。如果一个值k_0，当$X=k_0$时使得$P(X)$最大，则我们称k_0为二项分布的最可能值。显然，此时各概率函数取值间存在如下关系：

$$P(k_0)/P(k_0-1)\geqslant 1，且\ P(k_0+1)/P(k_0)\leqslant 1$$

通过解上述方程组，我们得到有关二项分布最可能值的定位区间：$np+p-1\leqslant k_0\leqslant np+p$，即若$np+p$是整数时，$k_0$要么为$np+p$，要么是$np+p-1$；否则，$k_0$为不超过$np+p$的最大整数。该性质常用于抽样调查，是检验抽样样本偏差的较好方法。

现在考虑对一批产品的抽样检验。该批产品有80%的一等品，若进行重复抽样，共取出4个样品，那么其中一等品X的最大可能值是多少？

由于X服从二项分布，而且$np+p=3.2+0.8=4$是个整数，$k_0=3$或$k_0=4$时的$P(X)$最大，即取出4个样品，一等品个数最可能是3或4。

用贝努里公式或二项式定义来检验，从表5.6看，具体计算出的概率也正好是$X=3$或4时，概率最大。

表5.6

X	0	1	2	3	4
$P(X)$	0.0016	0.0256	0.1536	0.4096	0.4096

（二）超几何分布

超几何分布是用于反映将 N 个项目分为两类 N_1（成功）和 N_2（失败），随机选取一个有 n 项的样本中不重复选取 k 次成功次数的概率。当这种情况发生时，我们总能得到 k 次成功和 $n-k$ 次失败。超几何分布概率函数如下：

$$P(X=k)=\frac{C_{N_1}^{k}C_{N_2}^{n-k}}{C_N^n}\qquad k=0,\ 1,\ \cdots,\ \min(N_1,\ n)$$

式中：$P(X=k)$——n 次试验中 k 次成功的概率

n——试验个数

N——总体元素个数

N_1——总体元素中代表成功元素的个数

N_2——总体元素中代表失败元素的个数

现在我们来看一个实例。根据饮料行业的数据，1996 年销售额中可口可乐和百事可乐分别位居第一和第二。假设在 10 人中，6 人偏爱可口可乐，4 人偏爱百事可乐，从这些人中任选 3 人的随机样本，有多大可能恰有 2 人偏爱可口可乐？上面这个事件很像满足二项试验的二项分布，然而该事件中的各次试验不是相互独立的，各次试验成功的概率也各不相同，如第一次选中一个偏爱可口可乐的人的概率为 1/10，而第二次再选中一个偏爱可口可乐的人的概率却降到了 1/9。实际上，这种分布我们叫做超几何分布。10 个总体元素被分为两类，可口可乐类 6 人，百事可乐类 4 人，抽取的样本数为 3，成功次数要求为 2，则 $R=2$，$n=3$，$N=10$，$N_1=6$，$N_2=4$。

$$P(X=2)=C_6^2C_4^1/C_{10}^3=1/6=0.17$$

由超几何分布概率函数的表达式知，当总体元素 N 很大而 n 相对于 N 比较小时，可以用二项分布近似计算，其中 $p=N_1/N_2$。

例如一大批种子发芽率为 90%，今任取 10 粒，问播种后，不少于 8 粒发芽的概率。因为 10 粒种子是从一大批种子中抽取的，这是一个 N 很大而 n 相对于 N 比较小的超几何分布，我们可以用二项分布近似计算。设种子发芽数为随机变量，$n=10$，$p=90\%$，$k=8$，则

$$P(X\geqslant 8)=C_{10}^{8}*0.9^{8}*0.1^{2}+C_{10}^{9}*0.9^{9}*0.1+0.9^{10}\approx 0.9298$$

（三）泊松分布

泊松分布是一种重要的离散型分布，经常应用于诸如服务系统中对服务的呼叫次数、产品的缺陷数（如布匹上的疵点数）、一定时期内出现的稀有事物（如意外事故、灾害等）件数、放射性物质发出的粒子数等稠密性问题上，而且与二项分布也有密切的关系。下面，我们就从二项分布的近似计算角度引进这一概率分布。

泊松概率函数为

$$P(X=k)=\frac{\lambda^{k}e^{-\lambda}}{k!},\ k=0,\ 1,\ 2,\ \cdots$$
$$=\mu^{X}*e^{-\mu}/X!$$

其中：$P(X=k)$——在某个区间发生 k 次的概率

$\lambda>0$，为常数

e=2.71828

考虑这样一个例子。某车间有自动机床 250 台，每台机床在运行过程中需要维修的概率均为 $p=0.01$，并且各机床是否需要维修相互独立，那么恰有 3 台机床需要维修的概率是多少？这是一个典型的二项分布，$n=250$，$p=0.01$。令随机变量 x 代表需要维修的机床数，则要求的问题转化为计算 $P(X=3)$ 的值。计算得：

$$P(X=3)=C_{250}^{3}p^{3}(1-p)^{250-3}=0.2149$$

而计算 $P(X=3)=C_{250}^{3}p^{3}(1-p)^{250-3}=0.2149$ 是一个相当复杂的过程，读者可以自行计算一下。现在我们利用泊松分布来解决这个问题，依条件 $\lambda=np=2.5$，则 $P(X=3)=2.5^{3}*e^{-2.5}/3!$，参照泊松概率表，我们得到 $P(X=3)=0.2138$。两者近似程度十分接近。因而成功的概率 p 很小，试验的次数 n 很大时，用泊松分布替代二项分布，都能取得很好的效果，这样就解决了 n 值过大时我们利用二项分布计算的烦琐。一般经验取值应保证 $p\leqslant 0.05$ 和 $n\geqslant 20$。

作为二项分布的近似，泊松分布的性质与二项分布也比较类似：

(1) 任意两个相等长度的区间发生频次的概率相等。

(2) 任意区间发生和不发生与其他区间发生与否独立。

泊松分布另一特别之处在于其数学期望和方差相同，即 $E(X)=\mu=D(x)$。

再看一个泊松分布的实际例子。在一个大型国际机场旅客们随机而独立地经过旅客监视器。平均到达速率为每分钟 10 名旅客，现考虑 1 分钟期间没有人经过的概率。$\lambda=10$，则

$$P(X=0)=10^{0}*e^{-10}/0!\ =0.0000045$$

这是一个概率非常小的事件，也就是说，几乎不可能发生。

第四节　对可靠程度各种表现的描述方法及运用(连续型)

在许多随机试验中出现的一些“量”，如“晶体管的寿命”，“某地区的降雨量”，“测量误差”等，它们都不能用离散型随机变量来描述，而需要用取值充满某一区间的随机变量来描述。这就是我们通常所说的连续型随机变量。在介绍离散型随机变量的分布情况时，我们引入了概率函数以提供每个可能的试验结果对应的概率。而对于连续型随机变量而言，正如上面所举的例子一样，只取某一点的概率是没有多大实际意义的。因而我们更多地借助概率分布密度函数 $f(x)$ 来表现连续型随机变量的分布情况。对一个连续型随机变量，概率分布密度函数反映概率分布在某一区间的密集程度。它不直接给出随机变量取某任一特定值的概率值，而通过 $f(x)$ 图下相应给定区间的面积表示出连续型随机变量在那一区间取值的概率。本节我们会利用均匀概率分布的连续型随机变量介绍这些概念。实质而言，概率分布密度函数相当于分布函数在连续区间的导函数。用微积分的形式表示即为：

$$F(x)=P(X\leqslant x)=\int_{-\infty}^{x}f(x)\,dx\qquad x\in(-\infty,\ +\infty)$$

对应分布函数及概率的性质，任意的密度函数均要满足以下两个条件：

(1) 概率分布密度函数不为负数。

(2) $\int_{-\infty}^{+\infty} f(x)\,\mathrm{d}x = 1$。

我们知道分布的数学期望为随机变量的取值与其概率积的总和，方差则为随机变量与自身期望之差的期望。对应地我们给出连续型概率分布的数字特征公式：

$$E(x) = \mu = \int_{-\infty}^{+\infty} x f(x)\,\mathrm{d}x$$

$$D(x) = \sigma^2 = \int_{-\infty}^{+\infty} [x - E(x)]^2 f(x)\,\mathrm{d}x$$

连续型随机变量分布一般有均匀分布、指数分布和正态分布等几种形式。其中正态分布是最重要的分布函数，也是这部分要讲述的重点。

一、均匀分布

设连续型随机变量 X 具有概率密度

$$f(x) = \begin{cases} \dfrac{1}{b-a}, & a \leqslant x \leqslant b \\ 0, & \text{其他} \end{cases}$$

则称 X 在区间 $[a, b]$ 上服从均匀分布。

其相应的分布函数为：

$$F(x) = P(X \leqslant x) = \begin{cases} 0, & x < a \\ \dfrac{x-a}{b-a}, & a \leqslant x < b \\ 1, & x \geqslant b \end{cases}$$

X 在 $[a, b]$ 上服从均匀分布，即意味着随机变量 X 的可能取值充满一个区间 $[a, b]$，且 X 落在 $[a, b]$ 中任意等长度的正区间内的概率是相等的，或者说 X 落在子区间内的概率与子区间的长度成正比，与子区间的具体位置无关。

均匀分布的数学期望、方差分别为：

$$E(X) = \mu = \frac{a+b}{2}$$

$$D(X) = \sigma^2 = \frac{(b-a)^2}{12}$$

仍拿等待时间对表为例。某人一觉醒来，打开收音机对表，讨论他至少等 50 分钟的概率。某人一觉醒来的时刻 X 是取值于区间 $(0, 60)$ 的随机变量，其在每一分钟的可能性相等。如果该人至少等 50 分钟，则限定 X 时刻取值在区间 $(0, 10]$ 内。事件“至少等 50 分钟”的概率为两个时间测度的比，即 $P(X \leqslant 10) = 10/60 \approx 0.17$。

在对表的例子里，$a=0$，$b=60$。则对应的均匀概率分布为：

$$f(x) = \begin{cases} \dfrac{1}{60}, & 0 < x < 60 \\ 0, & \text{其他} \end{cases}$$

概率密度函数 $f(x)$ 的图形给出了函数在 x 的任意特定值的数值或高度，注意对任意一均匀概率密度函数，函数的高度对 x 的每一个值都是相同的(见图 5-4)。例如在对表的例子中，在 0 到 60 的区间中的所有值都是 $f(x)=1/60$。现在我们观察该例子的概率密度函数图形，考虑 $f(x)$ 在从 0 到 10 的区间的曲线下面积，即为 $(10-0)/60 \approx 0.17$。

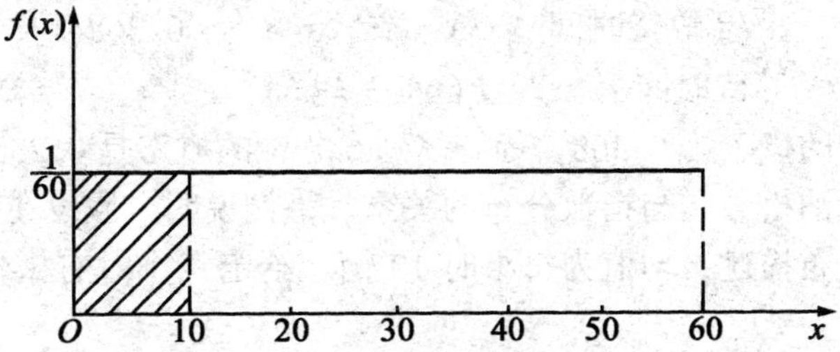

图 5.4　对表试验的概率密度分布图

对 $f(x)$ 线下的面积和概率，我们发现它们相同！事实上，所有的连续型随机变量都是如此。一旦概率密度函数 $f(x)$ 确定，x 在某一较小值 x_1 和较大值 x_2 间的取值概率就可以通过计算 $f(x)$ 在区间 x_1 到 x_2 的曲线下面积而得到，从而回答任何概率问题。

在本节例子中，相应的期望和方差为：

$$E(x)=(0+60)/2=30$$

$$D(x)=(60-0)^2/12=300,\ \sigma=300^{1/2}=17.32$$

二、指数分布

前面我们提到过泊松分布描述每一间隔或区间中发生次数的稠密程度，而这里的指数分布则具体给出泊松分布过程中次数发生的时间密度的描述，因此在应用中常把它作为某些等待时间的概率分布。例如，电子元件的寿命(即毁坏的等待时间)、排队模型中的服务时间等，都可以用指数分布作为概率函数。指数分布的密度函数与分布函数分别如下：

指数概率密度函数　$f(x)=\begin{cases}\lambda e^{-\lambda x}, & x \geqslant 0,\\ 0, & x<0\end{cases}$

指数概率分布函数　$F(x)=P(X \leqslant x)=\begin{cases}1-e^{-\lambda x}, & x \geqslant 0\\ 0, & x<0\end{cases}$

指数分布的数学期望、方差分别为：

$$E(x)=\mu=\frac{1}{\lambda}$$

$$D(x)=\sigma^2=\frac{1}{\lambda^2}$$

假定自动取款机对每位顾客的服务时间(以分钟为单位)服从 $\lambda=\dfrac{1}{3}$ 的分布。如果有一位顾客恰好在你前头走到空闲的取款机，我们分析至少等候 3 分钟的概率，或者等候时间在 3 分钟到 6 分钟之间的概率。

对于指数随机变量取不小于或不大于某一特定值 x(用 x_0 表示)的概率，我们通常用分布函数来求解，则银行取款一例中的分布函数为：

$$P(\text{等待时间} \geqslant x_0) = 1 - F(x_0) = 1 - (1 - e^{-x_0/3}) = e^{-x_0/3}$$

因此，至少等 3 分钟的概率为 ：

$$P(\text{等待时间} \geqslant 3) = e^{-3/3} = e^{-1} = 0.368$$

$$P(3 \leqslant \text{等待时间} \leqslant 6) = F(6) - F(3) = e^{-1} - e^{-2} = 0.233$$

所以至少等待 3 分钟的概率为 0.368，等待 3 到 6 分钟的概率是 0.233。

我们再来看一看泊松分布与指数分布的关系。举例说明，假设在一小时内到达某洗车处的汽车数用泊松分布描述，均值为每小时 10 辆。给定每小时有 x 辆到达的概率的泊松概率函数：

$$P(X = x) = \frac{10^x e^{-10}}{x!}$$

由于到达数的平均数是每小时 10 辆，两次到达的间隔的平均时间就是：

$$1\text{ 小时}\big/10\text{ 辆} = 0.1\text{ 小时}/\text{辆}$$

这样，描述两次到达的间隔的相应的指数分布有均值 $\mu=0.1$ 小时/辆；又 $\mu=\frac{1}{\lambda}$，所以 $\lambda=\frac{1}{\mu}$。则恰当的指数概率密度函数是：

$$f(x) = e^{-x/0.1}/0.1 = 10e^{-10x}$$

三、正态分布

正态分布是概率论中最重要的分布之一。在实际问题中遇到的许多随机变量，都服从正态分布或近似服从正态分布。比如，青砖的抗压强度，螺丝的口径等一般都可以用正态随机变量来描述。又如，描述热力学中理想气体分子运动的速度，射击时弹着点的位置在某个方向上对目标的偏差的随机变量也都是如此。

正态概率分布的形状可以通过其概率分布的钟型曲线来表示，见图 5.5。正态概率分布的概率密度为：

$$f(x) = \frac{1}{\sqrt{2\pi}\sigma} e^{\frac{(x-\mu)^2}{2\sigma^2}}$$

其中：μ——均值

σ——标准差

正态分布记为：$X \sim N(\mu, \sigma^2)$

实际上，不同的正态分布是借助均值及方差来区别彼此。均值和方差决定了正态概率密度的位置和形状，因而一旦固定了均值和方差，某个正态分布也就确定了。通常我们说，某个随机变量 X 服从正态分布，会说该变量服从的是均值几何、方差几何的正态分布，即 $X \sim N(\mu, \sigma^2)$。特别地，当 $\mu=0$，$\sigma=1$ 时，称这种正态分布为标准正态分布，其

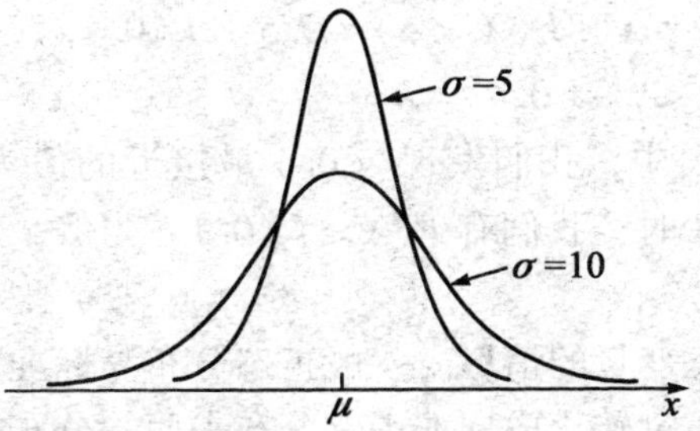

图 5.5　正态概率分布的钟型曲线

概率密度为：$\phi(x)=\frac{1}{\sqrt{2\pi}}e^{-\frac{x^2}{2}}$

记为：$X \sim N(0, 1)$

相应的，正态概率密度函数也围绕着均值和方差表现出其自身的性质。

(1) 正态分布关于参数 μ 对称，即有：$f(\mu-x)=f(\mu+x)$。均值左边的线形是均值右边线形的镜像，曲线的尾端向两个方向无限延伸，且理论上永远不会与横轴相交。

对于标准正态分布而言，其图形是关于纵轴对称的偶函数。由于任何连续型的概率分布的分布曲线下的面积都为 1，所以在标准正态分布下，$\phi(-x)=1-\phi(x)$。

(2) 概率密度函数在 $x=\mu$ 时取得最大值。注意到密度曲线下的面积应保持为 1，并且它在 x 处的值反映了此分布的取值在 x 附近的概率大小。于是，σ 越小，密度的曲线越尖陡，此分布取值越集中；σ 越大，密度的曲线越平缓，此分布取值越分散。自然，最大值也就是分布的中位数和众数。

(3) 正态分布的概率分布具有一定集中性。一般地，68.27%的总体单位，正态随机变量在其均值加减 1 个标准差范围内取值；95.45%的总体单位，正态随机变量在其均值加减 2 个标准差范围内取值；99.73%的总体单位，正态随机变量在其均值加减 3 个标准差范围内取值。正因为如此，尽管我们知道正态分布的密度函数恒为正，随机变量取任何小区间总有正的概率，应用中通常认为随机变量只取$(\mu-3\sigma, \mu+3\sigma)$内的值。这一法则又称为“$3\sigma$ 原则”。

下面来解决服从正态分布的随机变量在任意区间(a, b)上取值的概率如何计算的问题。首先讨论 x 是标准正态分布的情形。当 $x \geqslant 0$ 时，分布函数 $\phi(x)$的值可以通过标准正态分布函数表(见附表)查得；而 $\phi(-x)$却不能直接通过查表得到，但由正态分布曲线的对称性我们有 $\phi(-x)=1-\phi(x)$，从而我们一般只须研究随机变量大于 0 的情况即可解决问题。

例 3　设 $X \sim N(0, 1)$，试求 $P(1<X<2)$，$P(-1<x<2)$。

$P(1<X<2)=\phi(2)-\phi(1)=0.97725-0.84134=0.13591$，

$P(-1<X<2)=\phi(2)-\phi(-1)=\phi(2)-[1-\phi(1)]=0.97725-1+0.84134$
$=0.81859$

反过来，现在知道 $P(X>z)=0.1$，且 $z>0$，求 z 的取值应是多少。求 $P(X>z)$即是求

$1-P(X<z)$的概率，再根据正态分布的对称性，我们有：

$$P(X>z)=1-P(X<z)=0.5-P(0<X<z)=0.1$$

即 $$P(0<X<z)=0.4$$

从标准正态分布函数表中，我们发现与0.4最接近的值为0.3997，此时对应的z为1.28，那么，z略大于1.28时，我们有$P(X>z)=0.1$。当然，还可以利用插入法，求出更精确的z的值。

下面再来讨论一般正态变量的情形。一般正态分布与标准正态分布之间存在着一种对应转化关系，即前者可以通过转化成标准正态分布来回答分布的概率问题。

标准正态密度函数转换：$F(x)=\phi\left(\frac{x-\mu}{\sigma}\right)$

现在考虑正态分布的实际运用的例子。美国人第一次结婚的平均年龄是26岁(*U. S. News & World Report*，1994年6月6日)。假设第一次结婚的年龄服从正态分布，标准差为4年，求一个人第一次结婚的年龄小于23岁的概率。

建立相应正态分布函数$N(26, 16)$，我们有

$$P(X<23)=F(23)=\phi[(23-26)/4]=0.2266$$

再看一个例题。某厂生产一种小型配件，该配件寿命X服从均值为10，标准差为2(单位：年)的正态分布。现要求计算：(1) 整批配件寿命大于9年的比重。(2) 整批配件中寿命介于9~11年的比重。(3) 如果工厂规定在保用年限期间遇有故障可免费换新，将要求免费换新的比重定为3%，求使用年限。

$X\sim N(10, 2^2)$，则：

(1) $P(X>9)=P\left(\frac{X-10}{2}>\frac{9-10}{2}\right)=P(z>-0.5)=1-[1-\phi(0.5)]$

$=\phi(0.5)=69.15\%$

(2) $P(9\leqslant X\leqslant 11)=P\left(\frac{9-10}{2}\leqslant\frac{X-10}{2}\leqslant\frac{11-10}{2}\right)=P(-0.5\leqslant z\leqslant 0.5)$

$=2\phi(0.5)-1=38.3\%$

(3) 设保用年限为x，则：

$$P(X\leqslant x)=P\left(z\leqslant\frac{x-10}{2}\right)=1-\phi\left(-\frac{x-10}{2}\right)=3\%$$

即 $\phi\left(-\frac{x-10}{2}\right)=97\%$ 查表得$-\frac{x-10}{2}=1.88$，则$x\approx 6$(年)

即工厂应将保用年限定为大约6年左右。

Excel操作：正态概率

一、绘制标准正态分布概率密度函数曲线

1. 在工作表中的第一列【A1:A61】输入一个等差数列，初始值为“-3”，步长为

“0.1”，终值为“3”，作为标准正态变量的值。

2. 选中 B1 单元格，点击【插入】→【函数】选项，在弹出的对话框的【选择类别】窗口选择“统计”，在【选择函数】窗口选择“NORMDIST”，点击【确定】，如图 5.6 所示。

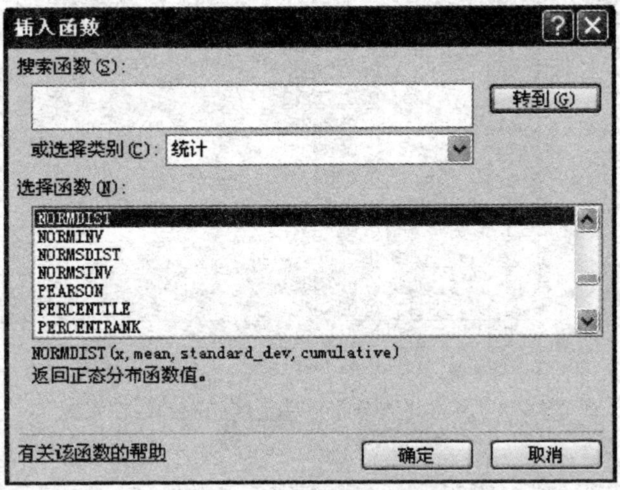

图 5.6　插入函数对话框

3. 计算 A1 单元格对应数据的概率密度值，界面如图 5.7 所示。

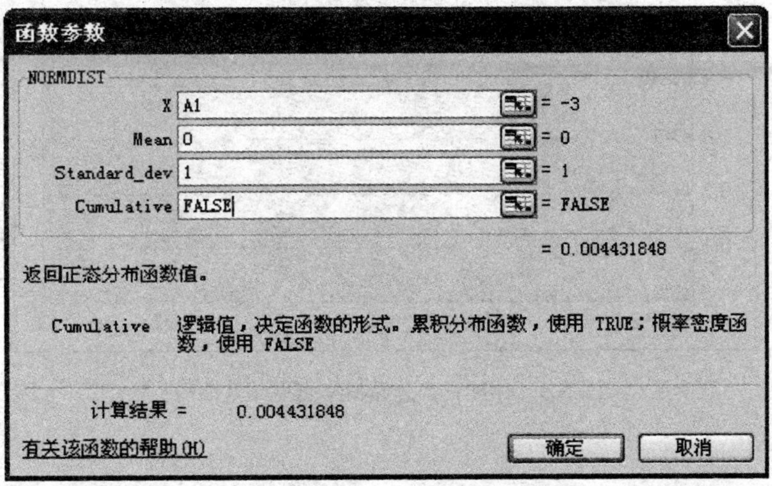

图 5.7　函数参数

在【X】选项中输入 A1(计算 A1 单元格所对应的数据的概率值)；在【Mean】中输入 0 (均值为 0)；在【Standard_dev】中输入 1(标准差为 1)；在【Cumulative】中输入 0 或 false，表示计算的是概率密度，输入 1 或 true，表示计算的是累积概率密度。

4. 单击 B1 单元格，鼠标指向单元格右下角填充控点，按住鼠标左键往下拖至 B61 单元格，这样计算出 A1：A6 区域正态变量值对应的正态概率密度值，如图 5.8 所示。

	A	B	C	D
1	-3	0.004432		
2	-2.9	0.005953		
3	-2.8	0.007915		
4	-2.7	0.010421		
5	-2.6	0.013583		
6	-2.5	0.017528		
7	-2.4	0.022395		
8	-2.3	0.028327		
9	-2.2	0.035475		
10	-2.1	0.043984		
11	-2	0.053991		
12	-1.9	0.065616		
13	-1.8	0.07895		
14	-1.7	0.094049		
15	-1.6	0.110921		
16	-1.5	0.129518		

图 5.8　标准正态分布概率密度函数的数据来源

由以上数据，可以绘制标准正态分布概率密度函数曲线。

5. 将 A1：A6 作为横坐标、B1：B2 作为纵坐标，根据“图表向导”绘制折线图。最终结果如图 5.9 所示。

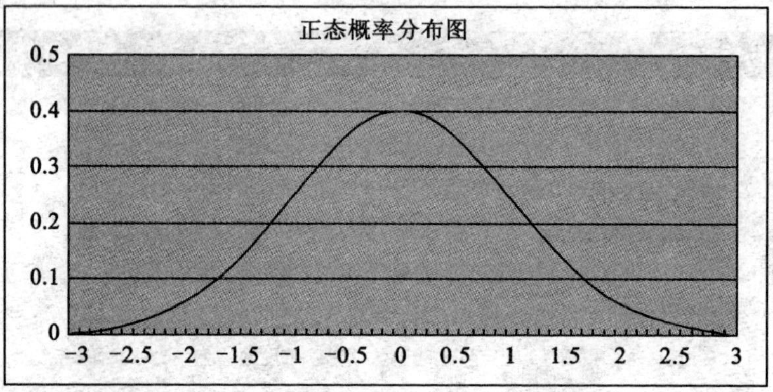

图 5.9　标准正态分布概率密度函数曲线

二、计算正态分布概率值

设 $X \sim N(6,\ 4^2)$，求概率值：$P(X \leqslant 9)$ 和 $P(3<X<9)$。

步骤如下：

1. 进入 Excel 界面，鼠标点击某一空白单元格。

2. 点击【插入】→【函数】选项，在弹出的对话框中的【选择类别】窗口中选择“统计”。从【选择函数】窗口中选择“NORMDIST”选项，点击【确定】，出现如图 5.10 的界面。

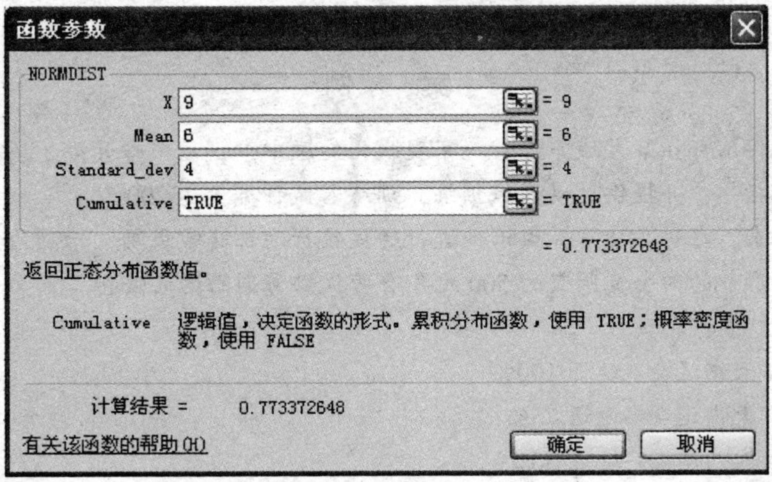

图 5.10 函数参数

填入适当的参数，可以看到计算结果为 0.77337。

或者直接在单元格中输入【=NORMDIST(9，6，4，TRUE)】，也能得到相同的结果。

3. 在第 2 题的计算中，只需在单元格中输入【=NORMDIST(9，6，4，TRUE)－NORMDIST(3，6，4，TRUE)】即可。

小 结

可靠程度的统计方法是研究随机现象或随机事件的统计方法。由于随机事件的结果不确定，但在大量重复试验和观察下，其结果却呈现出某种规律，因而概率成为解决此类问题最有效的手段。对于事件的概率分配有三种方式：古典法、相对频数法和主观法。一旦事件概率确定，我们就可以通过简单概率、联合概率、条件概率以及加法法则、乘法法则以及贝叶斯定理来研究事件的发生情况。

实践中，我们会用随机变量来表示随机事件的结果，用随机变量的概率分布来表示随机事件的发生情况以方便研究。根据变量取值的不同，概率分布可以分为离散型和连续型。离散型概率分布中我们介绍了二项分布、泊松分布和超几何分布；连续型概率分布中则介绍了均匀分布、指数分布和正态分布。其中正态分布在现实生活中运用最广，需要重点掌握。

关键术语

随机现象　随机试验　样本点　随机事件　概率　简单概率　联合概率
条件概率　随机变量　离散型随机变量　分布函数　连续型随机变量

概率分布密度函数

案　　例

五星健康俱乐部在某大城市经营一家现代化健康中心，该中心开办了多种训练班，为个人进行健康指导，并提供运动器械训练，训练器械种类多达200种。

最近几年来，在每年9月，俱乐部进行的促销行动都非常成功。活动为期1个月，内容是为加入俱乐部的新会员所交的500元年会费提供特别的返还安排。下面是有关新会员会费返还的一览表：

入会后14天内退会：返还100%

入会后30天内退会：返还75%

入会后60天内退会：返还50%

入会后90天内退会：返还10%

俱乐部属于私人拥有的赢利性机构，财务年度自10月1日开始，截止于次年的9月30日。因此，在财务年度末，俱乐部收取了在9月的促销活动中入会的新会员的每人500元的会费，但是还没有支付因部分新会员可能退会而必须返还的部分。这样，俱乐部就必须估计为会费返还而预提的数目。通过检查以前年度的记录，有往年9月促销后新会员退费情况如表5.7所示。

表5.7

	1996年	1997年	1998年	1999年	2000年
新会员人数	120	260	550	710	1 030
14天内退会人数	10	30	110	200	
30天内退会人数	10	50	60	90	
60天内退会人数	2	20	70	90	
90天内退会人数	2	20	50	12	

试用统计学的有关方法分析2000年预提金额应是多少？以及返还金额超过预提金额的概率有多大？并作出相应分析。

习　　题

1. 从实际工作或生活中，列举一些事例说明什么是随机事件，什么是基本事件，什么是复合事件。

2. 抛掷两个硬币，出现“两个正面”和出现“两个反面”这两个事件是否“互不相容”，两者是否互为对立事件？为什么？

3. 出口服装的交易谈判中，每次谈判男服装成交的概率为0.30，女服装成交的概率为0.40，两者为相互独立事件。

(1) 在一次谈判中男女服装都能成交的概率是多少？

(2) 在一次谈判中男服装或女服装中最少有一种成交的概率是多少？

(3) 男服装成交而女服装不成交的概率是多少？

(4) 男女服装都没有成交的概率是多少？

4. 有三双袜子，分别为红、白、兰色，混合放在一个盒子里。现在从盒子里随机抽取三只。

(1) 设抽得的三只中有一只红袜为事件A，问A的对立事件是什么？

(2) 用树形图求出按次序三只袜子的排列总数，三只中有一只红袜的排列数目是多少？

(3) 出现三只中有一只红袜的概率是多少？

5. 在12种豆类中，3种没有进口也没有出口，6种有进口，7种有出口。如果从这12种豆中随机抽取一种，抽得进口的一种用(事件)I表示，抽得出口的一种用(事件)E表示。

(1) 事件I和事件E是不是互不相容事件？

(2) 只出不进的一种豆的事件应如何用符号表示？它的对立事件是什么？如何用符号表示？

(3) 在12种豆类中有出口或进口的有几种？既有出口又有进口的有几种？只出不进的有几种？

(4) 用适当的概率计算公式计算抽得既有出口又有进口的一种豆的概率。

6. 在英语口试候考室里，有考生100人，男女各半，每人编有号码。如果随机抽取编号，按号应试：

(1) 头3个号全是女生的概率是多少？

(2) 抽号结果，应试的头5个全是女的，则第六个是男生的概率和是女生的概率分别是多少？

(3) 头6人中，5女1男的概率是多少？

(4) 6人中至少有1个男生的概率是多少？

7. 一个地毯厂既生产人工地毯也生产机织地毯，两种地毯都既有外销的也有内销的。如果随机抽选一张，结果用符号表示为

A_1——人工地毯　　A_2——机织地毯

B_1——外销地毯　　B_2——内销地毯

用文字说明下列概率的内容：

(1) $P(A_1)$，　　(2) $P(A_1B_1)$

(3) $P(A_2+B_2)$　　(4) $P(A_2 \mid B_1)$

(5) $P(A_2 \mid B_2)$　　(6) $P(B_1 \mid A_1)$

8. 按上面第7题的符号，设

$P(A_1)=40\%$，　$P(B_2)=20\%$，　$P(A_1/B_1)=45\%$。

计算下列概率：

(1) $P(B_1)$　　(2) $P(A_1B_1)$

(3) $P(A_1+B_1)$ (4) $P(A_2 | B_1)$

(5) $P(A_2 | B_2)$ (6) $P(B_1 | A_2)$

(7) 按本题所设概率，就 A_1，A_2，B_1，B_2 的关系，列出联合概率表。

9. 货栈里有两部卡车运货，其中一部(A)在收车时检查认为需要修理的概率为0.05，另一部(B)需要修理的概率为0.04。

(1) B不需要修理的概率是多少？

(2) A需要修理而B不需要修理的概率是多少？

(3) B需要修理而A不需要修理的概率是多少？

(4) 两部车都需要修理的概率是多少？

(5) 如果有四辆车，每辆需要修理的概率都是10%，问最少有一辆能开出的概率是多少？

10. 假设某年从上海港装运对亚、非、欧、美洲出口的茶叶，按红茶、绿茶和花茶三种分类的出口量(箱)如表5.8所示。

表5.8

茶叶分类	亚 洲	非 洲	欧 洲	美 洲	合 计
红 茶	1 400	2 000	3 600	3 000	10 000
绿 茶	1 200	1 200	2 000	1 600	6 000
花 茶	1 800	500	900	800	4 000
合 计	4 400	3 700	6 500	5 400	20 000

(1) 以这个分类表为准，如果随机抽取一箱茶叶，问这箱茶叶是运往非洲的绿茶的概率是多少？

(2) 用符号表示下列概率：

(a) 对亚洲出口 (b) 对美洲出口红茶

(c) 对非洲出口花茶 (d) 绿茶出口

(e) 对美洲出口花茶

(3) 计算上面(2)所提出的五个概率。

(4) 在(2)所提出的五个概率里，哪个是边缘概率？

(5) 地区和茶叶品种之间是互相独立事件吗？为什么？

(6) 根据表中数据，制作相应的联合概率表。

11. 收购鸡蛋中鲜蛋(X)的概率为0.80，鲜蛋能通过检查(T)的概率为0.90，不鲜鸡蛋($\overline{X}$)能通过检查的概率为0.20。对下列概率加以说明，并算出结果：

(1) $P(\overline{X})$ (2) $P(T | X)$

(3) $P(\overline{T} | X)$ (4) $P(X | T)$

(5) $P(\overline{X} | T)$

12. 进口的一种合金属钻头实际上是两家工厂制造的，一家(A)供应60%，另一家(B)供应40%。已知A厂出品的次品率为8%，B厂出品的次品率为1%。

(1) 在一批到货中抽选一件产品进行检验，问出现次品的概率是多少？

(2) 抽选一件产品，经过检验证明是次品。如果以这个选样产品作为来自同一厂家产品的代表，求这批货是A厂产品的概率。

(3) 如果在头两件的检查中证明一件是次品、一件是正品，则这批货是A厂出品的概率又是多少？

13. 设有三个盒子，每个盒子放两个小球，其中第一个盒子放的是两个红球，第二个放的是一个红球和一个白球，第三个放的是两个白球。现在把盒子都盖上，随机抽取一个，并从中取出一个球。如果这个球是红的，问剩下的一个球是红的可能性大还是白的可能性大，还是不相上下？通过概率计算加以说明(提示：在已知出现红球的条件下，比较抽取不同盒子的后验概率)。

14. 从经验调查得知，在出口罐头导致的索赔事件中有50%是质量问题，30%是数量短缺问题，20%是包装问题。又知在质量问题争议中，经过协商解决不诉诸法律的占34%，数量问题中经过协商解决的占60%，包装问题中经过协商解决的占75%。如果出现一件索赔事件，在争议中经过协商解决了，问这一案件不属于质量问题的概率是多少？

15. 选派一个出国代表团，要从五个负责干部中挑选一人当团长，从12人中挑选团员8人，从7个翻译人员中挑选两名翻译。问一共可以组成多少个成员不同的代表团？

16. 有12批装运条件相同的货物要装运出口，现有三条船即将开出，其中第一条船可装3批，第二条船可装4批，第三条可装5批。问分船装运共有几种分配法？

第六章　相关分析和回归分析

管理决策，经常取决于对两个或多个变量的分析。例如，一位销售部经理在考虑了广告费和销售收入之间的关系后，才能尝试去预测一定水平的广告费可能带来多少销售收入。又例如一家公用事业公司可以先分析出白天最高气温与用电量之间的关系，再根据下个月白天最高气温的预报，才能预测出下个月的用电量。通常，管理人员要依靠直觉去判断两个变量间的关系。但是，如果能取得数据，我们就能利用统计方法去建立一个表示变量间相互关系的方程。我们将这一统计方法称为回归分析。

在回归术语中，我们把被预测的变量称为因变量，把用来预测变量值的一个或多个变量称为自变量。例如，在分析广告费支出对销售收入的影响时，销售部经理想要预测销售收入的愿望使我们想到，应该用销售收入作为因变量，而用来帮助预测销售收入的广告费支出应作为自变量。在统计符号中，y 代表因变量，x 代表自变量。

第一节　相关分析和回归分析概述

一、相关分析与回归分析的含义

相关分析和回归分析都是用于研究变量之间关系的方法，而且两者经常替换使用，但是两者还是存在一些差异。相关分析用于测定变量间关系紧密的程度，因而关注的是评价对象两两之间的相对变动，其中哪个是自变量，哪个是因变量，没有必要区分；它们各自单独的变化状况也不用清楚地加以确定或限制。而回归分析则希望明确建立一个方程关系式，是借助一个或多个变量(自变量)来推测另一个变量(因变量)变化趋势的一种统计分析方法。那么，如果某个或多个自变量本身也处于不确定中，或者是随机变量，自变量的概率分布情况就必然要通过实验加以确定和限制。所以，判断变量间关系的紧密程度不一定要推出关系方程式，建立回归方程也不一定要调查变量间的关系紧密度。然而，通常的做法是两种方法一起使用，我们统称研究变量之间关系的方法为相关分析或回归分析。提到其中一个，实际上也包括了另外一个。

只包括一个自变量和一个因变量的回归分析是最简单的，因而被称为简单回归。包括两个或两个以上自变量的回归分析被称为多元回归分析。如果变量间的关系可以用一条直线近似地表示出来，该回归分析就称为线性回归；反之，变量间的关系是用曲线近似的表示出来的，该回归分析就称为曲线回归。一般而言，曲线关系的情况多发生在多个变量之间。因而下面介绍的重点也就放在简单线性回归分析上。

在介绍简单线性回归之前，有一点要说明一下。回归分析中因变量或自变量术语的使用是为了数学上建立方程的需要，能够建立方程的变量之间并不一定就存在必然的因果关系。它们之间的因果关系是源于我们对调研对象的理论和实践认识，而不是靠数学方程推导出来的，只能由其来验证。

二、相关关系的种类

1. 按相关关系涉及的变量(或因素)的多少，可以分为单相关与复相关。单相关又称为一元相关，是指两个变量之间的相关关系，即一个变量与另一个变量之间的依存关系；复相关是指多个变量之间的相关关系，即一个因变量与两个或两个以上的自变量之间的依存关系，所以复相关又称为多元相关。

2. 按相关形式可以分为线性相关与非线性相关。如果相关的两个变量的相关散点图趋向于直线的形式，则称为线性相关或直线相关。如果其相关散点图趋向于某种曲线的形式，则称为非线性相关或曲线相关。如图 6. 1 所示。

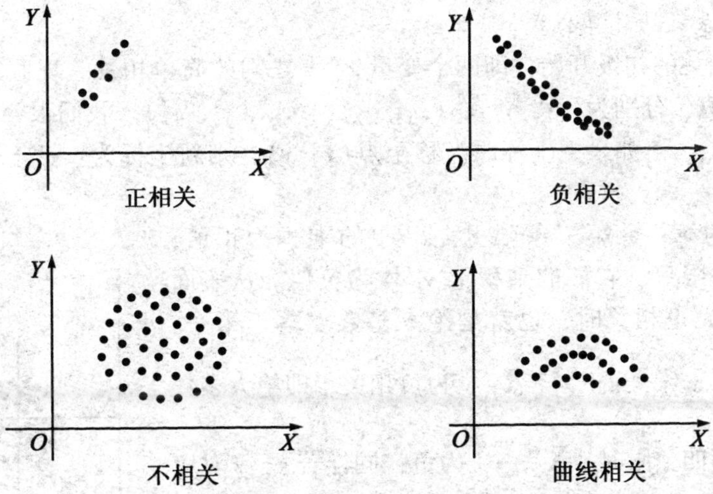

图 6. 1　相关散点图

3. 按相关的方向，线性相关可以分为正相关和负相关。两个现象之间，当一个现象的数量即变量由小变大时，另一个现象的数量即变量，也相应地由小变大，这种相关关系称为正相关。反之，一个变量由小变大，而另一个变量却随之由大变小，则称为负相关。

4. 按变量之间的相关程度来分，大致可以分为完全相关、高度相关、低度相关和无相关。这四种分类中，完全相关是指一个变量的值完全由另一个变量的值所决定，实际上就是我们所说的函数关系。至于另外三种相关只是程度不同而已。

第二节　相关系数

一、相关系数的含义

相关系数是反映客观现象之间的相关关系及关系密切程度的统计分析指标。根据线性相关变量的多少、分析问题的角度不同，相关系数可以分为简单相关系数、偏相关系数、复相关系数。反映曲线相关变量之间关系密切程度的曲线相关系数称为相关指数。反映两个变量之间线性相关密切程度的相关系数称为简单相关系数。因其计算简便，统计中常使用简单相关系数。如果不作说明，相关系数往往指的是简单线性相关系数。

在多元相关分析中，如果不考虑其他因素的影响，或假定其他影响因素不存在的情况下，也可以计算简单相关系数来反映其中两个变量之间的相关密切程度，但往往不够准确。偏相关系数就是既考虑其他影响因素的存在，又假定其不变的情况下，计算出来的反映两个变量之间相关程度的统计分析指标。

复相关系数，它是反映一个因变量与两个或两个以上自变量组成的一组自变量之间的依存关系密切程度的统计分析指标。

二、相关系数的计算及应用要点

（一）相关系数的计算公式

让我们从相关的初级开始，即两个变量 x，y 之间的简单相关。现假定观测到 n 个变量 x，y 的组合值，分别为 (x_1, y_1)，(x_2, y_2)，…，(x_n, y_n)。我们很容易可以得到变量 x，y 的平均数 $\bar{x}$，$\bar{y}$。如果把坐标原点移至点 $(\bar{x}, \bar{y})$，则新坐标为：$x_i' = x_i - \bar{x}$，$y_i' = y_i - \bar{y}$。(参见图 6.2)

在新坐标的第一、第三象限里，$x_i'y_i'$ 的乘积为正值，在第二、第四象限里，它们的乘积 $x_i'y_i'$ 均为负值。从表面上看，当 x，y 为正相关时，也就是绝大多数点落于第一、第三象限时，$\sum_{i=1}^{n} x_i'y_i'$ 为正；若 x，y 为负相关，即绝大多数点落于第二、第四象限时，$\sum_{i=1}^{n} x_i'y_i'$ 为负；同样若 x，y 对应的点散布于四个象限时，则 $\sum_{i=1}^{n} x_i'y_i'$ 的值接近于 0。因而，变量的相关状况可以用 $\sum_{i=1}^{n} x_i'y_i'$ 来表示。

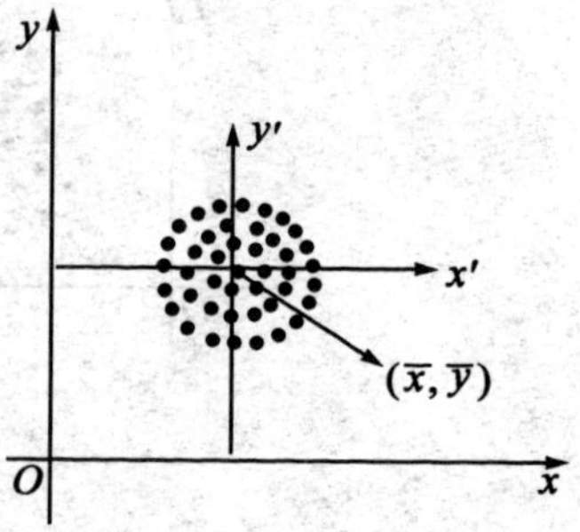

图 6.2

$$r = \frac{1}{n} \frac{\sum_{i=1}^{n} x_i'y_i'}{\delta_x \delta_y}$$

式中：σ_x——变量 x 的标准差

σ_y——变量 y 的标准差

r 即为变量之间的相关系数。为了计算简化，r 的公式可演变为：

$$r = \frac{n\sum xy - \sum x \sum y}{\sqrt{n\sum x^2 - \left(\sum x\right)^2}\sqrt{n\sum y^2 - \left(\sum y\right)^2}}$$

（演算过程，请参阅本书附录一）

（二）相关系数的应用要点

按照上述计算出 r 之后，一般要从以下几个方面进行分析应用：

1. 相关系数 r 是一个抽象化的相对指标，其本身不表示任何经济含义，它完全是进行相关分析的一个工具。

2. 相关系数 r 的取值范围是：$|r|\leqslant 1$，即 $-1\leqslant r\leqslant 1$。

3. 根据相关系数 r 的计算结果，可以对一元线性相关关系的正负相关作出判断。当 $-1\leqslant r<0$ 时，说明两个变量之间存在着负相关；当 $0<r\leqslant 1$ 时，说明两个变量之间存在着正相关。

4. 相关系数 r 主要用来判断两个变量之间相关关系的密切程度的高低。$|r|$ 的值越大，即越接近于1，表明两变量之间的线性相关程度越高；反之，$|r|$ 值越小，即越接近于0，表明两变量之间的线性相关程度越低。如果 $|r|=1$，说明两变量之间为完全线性相关；如果 $r=0$，说明两变量间完全没有线性相关关系。值得一提的是，相关系数的数值本身并不能证实所讨论现象之间是否存在因果关系，即使这个数值接近于1也是如此，它表明的仅仅是变量之间的相关程度，如美国的小麦产量与中国的婴儿出生性别比例之间并不相关，如果根据两者某一时期的对应数据计算的相关系数很大，那只是一种虚假相关。同样，有时根据相关系数公式计算的 r 值等于或接近于零，但并不表明现象之间就是零相关，因为 r 为0只表明现象之间不存在线性相关，而不能反映现象之间是否存在非线性相关。总之，判别因果依存关系是在对现象的本质属性的分析过程中完成的，这一分析过程应该在建立模型之前进行，否则就可能得出虚假的、无意义的相关，相关系数只有在这个前提下才能判断其相关程度和方向。

5. 相关系数 r 的显著性检验。在对两个变量 x 与 y 进行线性相关分析时，当某些现象间并无相关关系时，通过利用样本数据计算，有时也能得到一个比较大的 r 值，这时就会产生虚假的相关系数。为什么会出现这种情况呢？在实际的分析研究中，往往是利用一个区段或时段的样本数据，根据其对应值计算 r 值，因而带有一定的随机性，并受抽样误差的影响，而且样本容量越小，随机性越大。当 x 与 y 各只有2个样本数据时，相关系数 $|r|=1$，但这并不能表明两个变量之间总是完全相关，有时两个变量之间可能无任何关系。两变量之间到底有没有真正关系？在作出结论之前，有必要检验样本的 r 值是否可能来自一个与之不存在线性相关的总体（即 $\rho=0$，ρ 为总体的相关系数），即对 r 作显著性检验。事实上，在相关分析时，由于两个变量 x 和 y 的观测值都是随机的，因此 r 的值实际上成为未知总体的相关系数 ρ 的一个样本估计值，即可以把它看做一系列类似抽样（或观测）的样本值 r_1、r_2、r_3…中的一个数值，这许多 r 值的次数分布，可作为检验 r 值显著性的依据。通过检验 r 值在统计上是否显著，可以说明它能否作为两个变量间存在线性关系的依据：若 r 在统计上是显著的，就证明两个变量间存在线性关系；反之，则说明两个变量之间不存在线性关系。

对于线性相关，为了评价相关系数的显著性，在小样本情况下（我们观测两变量之间的对应数据一般都不会超过30对），通常采用t-分布来检验 r 的显著性。其方法和步骤如下：

(1) 计算相关系数 r 的 t 值，其计算公式为：$t=\dfrac{r\sqrt{n-2}}{\sqrt{1-r^2}}$。

(2) 根据给定的显著性水平 α 和自由度$(n-2)$，查 t-分布表找到相应的临界值 $t_{\frac{\alpha}{2}}$。

(3) 判断。若 $|t|\geqslant t_{\frac{\alpha}{2}}$，表明 r 在统计上是显著的；若 $|t|<t_{\frac{\alpha}{2}}$，则 r 在统计上是不显著的。

(假设检验原理详见本书第十章)

(三) 相关系数的计算举例

例 1 一位工业心理学家获得了 10 个工人的智商值和劳动生产率，其结果列为表 6.1，试计算智商值与劳动生产率之间的相关系数 r，并对 r 进行显著性检验(α 取0.05)。

根据相关系数的计算公式，有：

$$r=\frac{n\sum xy-\sum x\sum y}{\sqrt{n\sum x^2-(\sum x)^2}\sqrt{n\sum y^2-(\sum y)^2}}$$

$$=\frac{10\times 5\,042.6-1\,107\times 44}{\sqrt{10\times 124\,823-1\,107^2}\sqrt{10\times 210.84-44^2}}=0.867$$

依题意，假设，该样本是来自 $\rho=0$ 的正态二元变量总体，即：

原假设 H_0：$\rho=0$

备择假设 H_1：$\rho\neq 0$

检验：$t=\dfrac{r\sqrt{n-2}}{\sqrt{1-r^2}}=\dfrac{0.867\sqrt{10-2}}{\sqrt{1-0.867^2}}=4.921$

表 6.1

样本序号	智商值 x	劳动生产率(件/小时) y	x^2	y^2	xy
1	110	5.2	12 100	27.04	572.0
2	120	6.0	14 400	36.00	720.0
3	130	6.3	16 900	39.69	819.0
4	126	5.7	15 876	32.49	718.2
5	122	4.8	14 884	23.04	585.6
6	121	4.2	14 641	17.64	508.2
7	103	3.0	10 609	9.00	309.0
8	98	2.9	9 604	8.41	284.2
9	80	2.7	6 400	7.29	216.0
10	97	3.2	9 409	10.24	310.4
合　计	1 107	44.0	124 823	210.84	5 042.6

若取 $\alpha=0.05$，自由度 $n-2=8$，查 t-分布表，则 $t_{\frac{\alpha}{2}}=2.306$。

由于 $|t|=4.921$，大于临界值 2.306，因此我们拒绝 $\rho=0$ 的原假设，而接受备择假

设$\rho\neq0$，即样本相关系数 r 是显著的，说明智商值与劳动生产率之间确实存在线性关系。

第三节 简单回归分析

由一个或一组非随机变量来估计或预测某一个随机变量的观察值时，所建立的数学模型及所进行的统计分析，称为回归分析。如果这个模型是线性的就称为线性回归分析；如果模型是曲线的就称为曲线回归分析。这种方法是处理变量间相关关系的有力工具。它不仅告诉人们怎样建立变量间的数学表达式，即经验公式，而且还利用概率统计知识进行分析讨论，判断出所建立的经验公式的有效性，从而可以进行预测或估计。这在实际中的运用是十分普遍的。线性方程是比较容易求出的，即使是曲线方程也多半会转换成线性方程进行求解。因此我们就从线性回归方程开始，而线性回归中最简单的就是两个变量的回归，或者称为简单线性回归。

一、简单线性回归方程(一元线性回归方程)的拟合

简单线性回归方程是用于分析一个自变量 x 与一个因变量 y 之间线性关系的数学方程。其表现形式为：$\hat{y}=a+bx$。

式中：x 是自变量，$\hat{y}$ 是因变量 y 的估计值，又称理论值。它是根据回归方程和给定的自变量 x 值计算得到的结果。a 和 b 通称为回归方程的参数。a 是回归直线的截距，即 $x=0$ 时的 $\hat{y}$ 值；b 是回归直线的斜率，又称回归系数，表示自变量每变化一个单位时 $\hat{y}$ 的平均增减量，它的符号与相关系数 r 的符号是一致的。

简单线性回归方程的拟合实际上是选择 a 和 b 的数值。一般而言，具有线性相关的两变量的一定数据的观测数据，如果制作成相关散点图的话，大致会呈围绕直线上下波动的形状。这样，就有无数个 a 和 b 的数值可供拟合选择，但如何才能计算出最为满意的 a 和 b 呢？对何谓最满意，最小平方法给出了答案。最小平方法的基本思想是：在这些相关散点图中，拟合出一条最理想的直线，它必须满足以下两个条件：

(1) $\sum(y-\hat{y})=0$

(2) $\sum(y-\hat{y})^2=$最小值

我们将 $\hat{y}=a+bx$ 代入第 2 个条件中，得到：

$$Q=\sum(y-a-bx)^2$$

数学上，上式中 x，y 为自变量和因变量的实际可观测的值，那么满足下面方程组的 a 和 b 值将使 Q 为最小：

$$\begin{cases}\sum y=na+b\sum x\\ \sum xy=a\sum x+b\sum x^2\end{cases}$$

(推导过程，请参阅附录一)

例 2 一经济学家要估计一个家庭的月收入和家庭存款之间的关系，表 6.2 是所得到的 9 个家庭的资料。

根据上面的方程组，有：

$$\begin{cases}3.6=9a+b\,144\\63.7=a144+b2\,364\end{cases}$$

则有：$a=-1.2272$，$b=0.1017$

回归方程为：$\hat{y}=-1.2272+0.1017x$

它说明月收入每增加1千元，家庭存款额平均增加0.1017千元。

表6.2

家庭序号	月收入(千元) x	存款额(千元) y	xy	x^2	y^2
1	12	0.0	0	144	0
2	13	0.1	1.3	169	0.01
3	14	0.2	2.8	196	0.04
4	15	0.2	3.0	225	0.04
5	16	0.5	8.0	256	0.25
6	17	0.5	8.5	289	0.25
7	18	0.6	10.8	324	0.36
8	19	0.7	13.3	361	0.49
9	20	0.8	16.0	400	0.64
合　计	144	3.6	63.7	2 364	2.08

二、线性回归方程拟合优度的测定

当我们拟合到上述回归方程之后，还必须对这条回归线拟合得是否理想作出判断。判定系数 r^2 便是测定线性回归方程拟合优度的一个重要指标。估计标准误差则是线性回归方程应用的一个重要补充。

(一) 判定系数 r^2

线性回归方程拟合优度的好坏实质上就是回归方程误差大小的问题。总体来看，即指所有因变量的实际值 y 与其均值 $\bar{y}$ 的偏差。为了说明，我们来看一看线性回归方程误差的分解图。如图6.3所示。

设有 y 的一实际值 y_i，y_i 到 $\bar{y}$ 的离差即 $(y_i-\bar{y})$ 被回归直线分割成两部分：$(y_i-\hat{y}_i)$ 和 $(\hat{y}_i-\bar{y})$。那么，对所有的实际值 y 来说，有它们的离差平方和，即总偏差 $=\sum(y_i-\bar{y})^2$。

同时，我仍将 $\sum(\hat{y}_i-\bar{y})^2$ 称为回归偏差；将 $\sum(y_i-\hat{y}_i)^2$ 称为剩余偏差，又称未被解释的偏差，至于为什么将 $\sum(\hat{y}_i-\bar{y})^2$ 称为回归偏差是因为：

$$\sum(\hat{y}_i-\bar{y})^2=\sum(a+bx-a-b\bar{x})^2$$

$$=\sum(bx-b\bar{x})^2=b^2\sum(x-\bar{x})^2$$

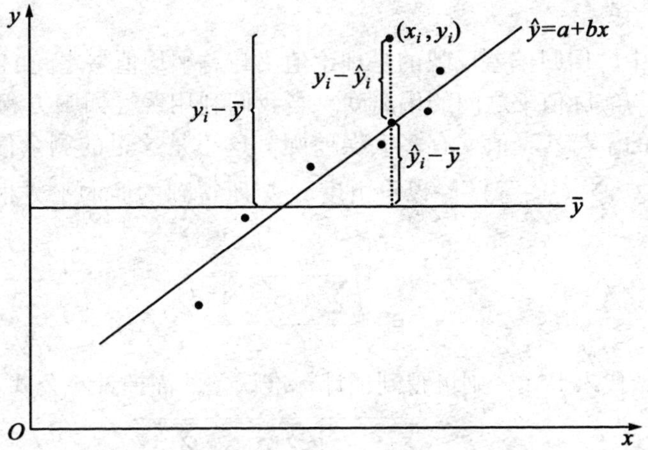

图 6.3

式中 b 为回归系数，可见回归偏差很大程度上取决于回归系数，所以称之为被回归解释的偏差。另一部分 $\sum(y_i-\hat{y}_i)^2$ 也就是未被解释的偏差了。

这说明 y 的实际值与 y 的均值 $\bar{y}$ 的总偏差包括两个部分，一部分是回归偏差，即 x 与 y 依存关系影响的偏差；另一部分是各种不确定因素引起的随机误差。一般来说，这些随机误差应该是很小的。在总偏差一定时，回归偏差 $\sum(\hat{y}_i-\bar{y})^2$ 越大，剩余偏差 $\sum(y_i-\hat{y}_i)^2$ 就越小；反之，回归偏差越小，剩余偏差越大。由此，我们可推论，如果 y 的实际值 y_i 都紧密地分布在回归直线两侧，就说明那些不确定因素干扰很小，即剩余偏差很小，相对来说，在总偏差里面，回归偏差比重较大，而且此时 x 与 y 的依存关系很强。判定系数 r^2 便是以回归偏差占总偏差的比率来表示线性回归方程的拟合优度的评价指标。

即：

$$r^2=\frac{\text{回归偏差}}{\text{总偏差}}=\frac{\sum(\hat{y}_i-\bar{y})^2}{\sum(y_i-\bar{y})^2}$$

判定系数 r^2 按上述公式计算是比较繁琐的，但我们可以证明第二节中的相关系数 r 与这里的 r^2 有如下关系：$r=\sqrt{r^2}$

因此，有：
$$r^2=\frac{\left(n\sum xy-\sum x\sum y\right)^2}{\left[n\sum x^2-(\sum x)^2\right]\left[n\sum y^2-(\sum y)^2\right]}$$

根据例 2 的资料(表 6.2)，我们有：

$$r^2=\frac{(9\times 63.7-144\times 3.6)^2}{(9\times 2\,364-144^2)(9\times 2.08-3.6^2)}=0.969$$

计算结果表明，存款额的总偏差 $\sum(y_i-\bar{y})^2$ 中，有 96.9%可以由家庭月收入与存款额的依存关系来解释，只有 3.1% 属于随机因素的影响。因此，上述拟合的 $\hat{y}=$

$-1.2272+0.1017x$是合适的。

(二) 估计标准误差

在上述总偏差中，回归偏差反映的是理论值 $\hat{y}$ 与总平均值 $\bar{y}$ 之间的偏离度，剩余偏差反映的是理论值 $\hat{y}$ 与实际值 y 之间的偏离度。当我们利用线性回归方程和给定的自变量 x 来预测 y 时，得到的 $\hat{y}$ 与其真值 y 有多大误差呢？这正是这里的剩余偏差所反映的问题。统计上定义剩余偏差 $\sum(y-\hat{y})^2$ 除以自由度 $n-2$ 所得到的商的平方根为估计标准误差，我们记为：

$$S_{xy}=\sqrt{\frac{\sum(y-\hat{y})^2}{n-2}}$$

我们将 $\hat{y}=a+bx$ 代入上式，则可得到估计标准误差的简捷计算公式：

$$S_{xy}=\sqrt{\frac{\sum y^2-a\sum y-b\sum xy}{n-2}}$$

同样，我们利用例 2 的资料(表 5.2)有：

$$S_{xy}=\sqrt{\frac{2.08-(-1.2272)\times3.6-0.1017\times63.7}{9-2}}=0.053(\text{千元})$$

三、线性回归方程的显著性检验

从总体中随机抽取一个样本，根据样本的 n 对 x 和 y 的资料拟合的线性回归方程，由于受到抽样误差的影响，它所确定的变量之间的线性关系是否显著，以及依据这个方程用给定的自变量 x 值去估计因变量 y 是否有效，必须通过显著性检验才可作出结论。一元线性回归方程的显著性检验包括回归系数 b 的检验和方程整体的 F-检验。

(一) 回归系数 b 的检验

我们利用随机观测到的 n 对有关 x 与 y 的样本数据，采用最小平方法得到的回归系数 b 是否符合回归方程的基本假设，需要进行检验。回归系数 b 与 0 是否有显著差异，表明总体回归系数 β 是否为 0。若 $\beta=0$，总体回归线就是一条水平线，x 与 y 之间无线性关系，违背了一元线性回归方程的基本假设；若 $\beta\neq0$，即 x 与 y 之间存在着线性关系，符合假设条件，所建立的一元线性回归方程可以认为符合变量间的变化规律。对回归系数 b 的检验就是要验证变量 x 与 y 之间是否真正存在线性关系，一般采用 t-检验，其步骤如下：

1. 假设观测的样本是从一个没有线性关系的总体中选出的，即：

$$H_0:\ \beta=0$$
$$H_1:\ \beta\neq0$$

2. 计算回归系数 b 的检验统计量 t 值：

$$t=\frac{b-\beta}{S_b}$$

式中 S_b 是回归系数 b 的标准差，其计算公式为(有关说明请参考阅读本书附录三中第 8 项所列书目)：

$$S_b = \frac{S_{xy}}{\sqrt{\sum x^2 - n(\bar{x})^2}}$$

式中：S_{xy}是估计标准误差。

3. 根据给定的显著性水平α和自由度$(n-2)$，查 t-分布表中相应的临界值$t_{\frac{\alpha}{2}}$。

4. 判断：若$|t_b|>t_{\frac{\alpha}{2}}$，则拒绝$H_0$得出$\beta\neq0$的结论；

若$|t_b|\leqslant t_{\frac{\alpha}{2}}$，则不能拒绝$H_0$。

根据例 2 资料，我们有：

$$\bar{x} = \frac{144}{9} = 16$$

则

$$S_b = \frac{0.053}{\sqrt{2\,364 - 9 \times 16^2}} = 0.0068$$

于是：

$$t_b = \frac{b-\beta}{S_b} = \frac{0.1017 - 0}{0.0068} = 14.956$$

若取$\alpha=0.05$，$n-2=9-2=7$，查 t-分布表得：

$$t_{\frac{\alpha}{2}} = 2.365$$

$|t_b|>t_{\frac{\alpha}{2}}$，表明回归系数$b=0$的可能性小于 0.05，即 5%，因而拒绝$H_0$，得出$\beta\neq0$的结论。说明回归系数是显著的，在相关系数检验的基础上进一步证明了家庭月收入与存款额之间确实存在线性关系，收入是影响存款额的显著因素。

（二）线性回归方程的显著性检验

变量x与y之间是否存在线性关系，除了上述对回归系数b进行 t-检验以外，还可以用方差分析方法进行检验判定，即回归方程的显著性检验。通常使用 F-检验，其检验步骤如下：

1. 假设回归方程是不显著的，即：

H_0：方程不显著　　H_1：方程显著

2. 计算回归方程的F统计量

$$F = \frac{\sum(\hat{y}-\bar{y})^2/1}{\sum(y-\hat{y})^2/n-2}$$

3. 根据给定的显著性水平α和两个自由度 1 和$(n-2)$查 F-分布表中相应的临界值F_α。

若$F>F_\alpha$，则拒绝原假设；

若$F\leqslant F_\alpha$，则接受原假设。

需要说明的是，在两个变量的情况下，t-检验和 F-检验是等价的，即如果假设H_0：$\beta=0$被 t-检验拒绝（或接受），它也将同样被 F-检验拒绝（或接受）。

第四节　多元回归分析

上一节主要介绍了涉及一个自变量和因变量的简单线性回归分析。实际生活中，客观现象非常复杂，现象之间的联系方式和性质各不相同。影响因变量变化的自变量往往不止一个，而是多个。如果仅仅进行一元回归分析，不一定能取得满意的结果，因此有必要对一个因变量与多个自变量联系起来进行分析。

在线性相关条件下，研究两个或两个以上自变量对一个因变量的数量变化关系，称为多元线性回归分析。多元线性回归分析的基本原理与一元线性回归分析相同，只是涉及的变量多一些，计算比较复杂，本节仅介绍二元线性回归分析的有关方法。

一、二元线性回归方程的拟合

二元线性回归方程是用于分析两个自变量与一个因变量之间线性关系的数学方程。其表现形式为：

$$\hat{y} = a + b_1x_1 + b_2x_2$$

上式中，b_1，b_2 称为偏回归系数，b_1 表示 x_1 变化一个单位，而 x_2 保持不变的情况下 y 值的平均变化量，b_2 表示 x_2 变化一个单位，而 x_1 保持不变的情况下 y 值的平均变化量。

在表现形式上，$\hat{y}=a+b_1x_1+b_2x_2$ 为三维空间中的一个平面方程，y 表示纵轴，x_1 和 x_2 表示两个水平轴。利用最小平方法可以为 y，x_1 和 x_2 的观测值拟合一个回归平面，y 值距该平面的纵离差平方和为最小值，即：

$$Q = \sum (y - \hat{y})^2 = \text{最小值}$$

将 $\hat{y}=a+b_1x_1+b_2x_2$ 代入上式，把 Q 看做是 a，b_1，b_2 的三元函数，根据极值条件求一阶偏导数，并整理可得求解参数 a，b_1，b_2 的方程组：

$$\begin{cases} \sum y = na + b_1\sum x_1 + b_2\sum x_2 \\ \sum x_1y = a\sum x_1 + b_1\sum x_1^2 + b_2\sum x_1x_2 \\ \sum x_2y = a\sum x_2 + b_1\sum x_1x_2 + b_2\sum x_2^2 \end{cases}$$

二、判定系数、估计标准误差

（一）判定系数 R^2

与一元线性回归分析相似，利用二元线性回归分析也可以计算一个判定系数，以反映因变量变化中由回归关系所解释的变化占的比例，其基本公式仍是回归偏差 $\sum (\hat{y} - \bar{y})^2$ 与总偏差 $\sum (y - \bar{y})^2$ 之比，即：

$$R^2 = \frac{\sum (\hat{y} - \bar{y})^2}{\sum (y - \bar{y})^2}$$

通常，我们按下面的简捷公式计算：

$$R^2 = \frac{b_1\left(\sum x_1y - \frac{1}{n}\sum x_1\sum y\right) + b_2\left(\sum x_2y - \frac{1}{n}\sum x_2\sum y\right)}{\sum y^2 - \frac{1}{n}\left(\sum y\right)^2}$$

（二）估计标准误差

为了测定各个 y 值对所拟合的回归平面的离差程度，我们有如下的估计标准误差的计算公式：

$$S_{x_1x_2y}=\sqrt{\frac{\sum(y-\hat{y})^2}{n-3}}$$

将 $\hat{y}=a+b_1x_1+b_2x_2$ 代入上式，则有估计标准误差的简捷计算公式：

$$S_{x_1x_2y}=\sqrt{\frac{\sum y^2-\frac{1}{n}\left(\sum y\right)^2-b_1\left(\sum x_1y-\frac{1}{n}\sum x_1\sum y\right)-b_2\left(\sum x_2y-\frac{1}{n}\sum x_2\sum y\right)}{n-3}}$$

三、偏相关系数、复相关系数

在本章开始，我们已经介绍了偏相关系数和复相关系数的含义。需要说明的是，在测定单相关系数时，仅掌握和考虑一个自变量和一个因变量的数据，而把其他自变量对因变量的影响略而不计；而在测定两个特定变量的偏相关系数时，掌握了多个自变量数据，只不过是将其他自变量控制起来，让它们保持不变，以便揭示两个特定变量之间的相关程度。

在二元线性回归分析中，偏相关系数 $r_{y1\cdot2}$ 表示在 x_2 固定不变的情况下，x_1 与 y 之间相关关系的密切程度；$r_{y2\cdot1}$ 表示在 x_1 固定不变的情况下，x_2 与 y 之间相关关系的密切程度；$r_{12\cdot y}$ 则表示在 y 保持不变时，x_1 与 x_2 之间相关关系的密切程度。同时，我们以 r_{y_1}，r_{y_2}，r_{12} 分别表示 y 与 x_1，y 与 x_2 及 x_1 与 x_2 之间的单相关系数。根据第二节介绍的单相关系数的计算原理，我们有：

$$r_{y1}=\frac{\sum x_1y-\frac{1}{n}\sum x_1\sum y}{\sqrt{\left[\sum x_1^2-\frac{1}{n}\left(\sum x_1\right)^2\right]\left[\sum y^2-\frac{1}{n}\left(\sum y\right)^2\right]}}$$

$$r_{y2}=\frac{\sum x_2y-\frac{1}{n}\sum x_2\sum y}{\sqrt{\left[\sum x_2^2-\frac{1}{n}\left(\sum x_2\right)^2\right]\left[\sum y^2-\frac{1}{n}\left(\sum y\right)^2\right]}}$$

$$r_{12}=\frac{\sum x_1x_2-\frac{1}{n}\sum x_1\sum x_2}{\sqrt{\left[\sum x_1^2-\frac{1}{n}\left(\sum x_1\right)^2\right]\left[\sum x_2^2-\frac{1}{n}\left(\sum x_2\right)^2\right]}}$$

相应的偏相关系数的计算公式为：

$$r_{y1\cdot2}=\frac{r_{y1}-r_{y2}\cdot r_{12}}{\sqrt{1-r_{y2}^2}\sqrt{1-r_{12}^2}}$$

$$r_{y2\cdot 1}=\frac{r_{y2}-r_{y1}\cdot r_{12}}{\sqrt{1-r_{y1}^2}\sqrt{1-r_{12}^2}}$$

$$r_{12\cdot y}=\frac{r_{12}-r_{y1}\cdot r_{y2}}{\sqrt{1-r_{y1}^2}\sqrt{1-r_{y2}^2}}$$

至于复相关系数，如果判定系数 R^2 已经求得，则可以由：$R_{y\cdot 12}=\sqrt{R^2}$ 求得 $R_{y\cdot 12}$。与单相关系数相似，对判定系数 R^2 开方即得复相关系数，不同之处是单相关系数可以根据回归系数 b 的符号决定平方根的符号，而复相关系数则不区分正负号。

四、二元线性回归方程应用举例

例 3 某公司在 12 个城市销售一种化妆品，有关销售量、成年女性人口及人均可支配收入的资料如表 6.3 所示。

表 6.3 **某化妆品在 12 个城市的销售量及各城市成年女性人口和人均可支配收入表**

城市编号	化妆品销售量（万盒）	成年女性人口（万人）	人均可支配收入（百元）
1	16	27	25
2	12	18	33
3	22	37	38
4	13	20	28
5	7	8	23
6	17	26	38
7	8	10	30
8	19	33	25
9	12	19	21
10	6	5	26
11	25	43	40
12	23	37	44
合　计	180	283	371

根据上述资料，我们设化妆品销售量为 y，成年女性人口数为 x_1，人均可支配收入为 x_2，二元线性回归方程为：

$$\hat{y}=a+b_1x_1+b_2x_2$$

有关数据的具体计算如表 6.4 所示。

表 6.4　**数据计算表**

城市编号	销售量（万盒）y	成年女性人口数（万人）x_1	人均可支配收入（百元）x_2	y^2	x_1^2	x_2^2	x_1y	x_2y	x_1x_2
1	16	27	25	256	729	625	432	400	675
2	12	18	33	144	324	1 089	216	396	594
3	22	37	38	484	1 369	1 444	814	836	1 406
4	13	20	28	169	400	784	260	364	560
5	7	8	23	49	64	529	56	161	184
6	17	26	38	289	676	1 444	442	646	988
7	8	10	30	64	100	900	80	240	300
8	19	33	25	361	1 089	625	627	475	825
9	12	19	21	144	361	441	228	252	399
10	6	5	26	36	25	676	30	156	130
11	25	43	40	625	1 849	1 600	1 075	1 000	1 720
12	23	37	44	529	1 369	1 936	851	1 012	1 628
合计	180	283	371	3 150	8 355	12 093	5 111	5 938	9 409

下面我们分别建立二元线性回归方程，计算判定系数和估计标准误差，计算偏相关系数和复相关系数。

（一）二元线性回归方程的建立

根据上一个方程组，有：

$$\begin{cases} 180=12\times a+b_1\times 283+b_2\times 371 \\ 5\ 111=a\times 283+b_1\times 8\ 355+b_2\times 9\ 409 \\ 5\ 938=a\times 371+b_1\times 9\ 409+b_2\times 12\ 093 \end{cases}$$

解之，得：$a=0.876\ 1$，$b_1=0.479\ 4$，$b_2=0.091\ 15$

则二元线性回归方程为：

$$\hat{y}=0.876\ 1+0.479\ 4x_1+0.091\ 15x_2$$

式中，截距为 0.876 1，是初始值；偏回归系数 b_1 为 0.479 4，表示在人均可支配收入不变的情况下，成年女性人口每增加 1 万人，该化妆品的销售量可望增加0.479 4万盒；b_2 为0.091 15，表明在成年女性人口保持不变时，人均可支配收入每增加 100 元，化妆品的销售量可望增加0.091 15万盒。

（二）判定系数 R^2

$$R^2=\frac{b_1\left(\sum x_1y-\frac{1}{n}\sum x_1\sum y\right)+b_2\left(\sum x_2y-\frac{1}{n}\sum x_2\sum y\right)}{\sum y^2-\frac{1}{n}\left(\sum y\right)^2}$$

$$=\frac{0.479\ 4\left(5\ 111-\frac{1}{12}\times 283\times 180\right)+0.091\ 15\left(5\ 938-\frac{1}{12}\times 371\times 180\right)}{3\ 150-\frac{1}{12}\times 180^2}$$

$$= 0.9981$$

判定系数 R^2 为 0.998 1，表明化妆品销售量的变动中有 99.81%是由成年女性人口数及人均可支配收入的变动引起的，只有 0.19%是由于其他干扰因素引起的。

(三) 估计标准误差

$$S_{x_1x_2y} = \sqrt{\frac{\sum y^2 - \frac{1}{n}\left(\sum y\right)^2 - b_1\left(\sum x_1y - \frac{1}{n}\sum x_1 \sum y\right) - b_2\left(\sum x_2y - \frac{1}{n}\sum x_2 \sum y\right)}{n-3}}$$

$$= \sqrt{\frac{3150 - \frac{1}{12}\times 180^2 - 0.4794\left(5111 - \frac{1}{12}\times 283 \times 180\right) - 0.09115\left(5938 - \frac{1}{12}\times 371 \times 180\right)}{12-3}}$$

$$= 0.3056(\text{万盒})$$

(四) 偏相关系数与复相关系数

先计算单相关系数，由上述公式有：

$$r_{y1} = 0.9957, \quad r_{y2} = 0.7045, \quad r_{12} = 0.6446$$

则偏相关系数：

$$r_{y1\cdot 2} = \frac{r_{y1} - r_{y2}\cdot r_{12}}{\sqrt{1-r_{y2}^2}\sqrt{1-r_{12}^2}} = \frac{0.9957 - 0.7045 \times 0.6446}{\sqrt{1-(0.7045)^2}\sqrt{1-(0.6446)^2}} = 0.9982$$

$$r_{y2\cdot 1} = \frac{r_{y2} - r_{y1}\cdot r_{12}}{\sqrt{1-r_{y1}^2}\sqrt{1-r_{12}^2}} = \frac{0.7045 - 0.9957 \times 0.6446}{\sqrt{1-(0.9957)^2}\sqrt{1-(0.6446)^2}} = 0.8850$$

$$r_{12\cdot y} = \frac{r_{12} - r_{y1}\cdot r_{y2}}{\sqrt{1-r_{y1}^2}\sqrt{1-r_{y2}^2}} = \frac{0.6446 - 0.9957 \times 0.7045}{\sqrt{1-(0.9957)^2}\sqrt{1-(0.7045)^2}} = -0.8651$$

计算表明：人均可支配收入不变时，成年女性人口数与化妆品销售量呈高度正相关；成年女性人口数不变时，人均可支配收入与化妆品销售量呈高度正相关；化妆品销售量不变时，成年女性人口数与人均可支配收入之间呈较显著的负相关。

第五节 非线性回归分析

一、非线性回归方程的含义

在实际工作中，有时两个变量之间相关关系并非存在线性关系，而呈诸如抛物线、指数曲线、双曲线等各种各样的非线性关系。这时，如果仍然直接用线性回归方程进行分析，势必有些牵强附会。因此，需要应用适当形式的曲线回归方程来描述它们之间的关系。这种为观察数据拟合曲线回归方程所进行的分析，称为非线性回归分析。

在统计研究中较为常见的非线性回归方程有下列几种：

1. 二次抛物线：　$y=a+bx+cx^2$

2. 指数曲线：　$y=ae^{bx}$

3. 双曲线：　$\frac{1}{y}=a+b\frac{1}{x}$

4. 幂函数曲线：　$y=ax^b$

5. 对数曲线：　$y=a+b\log^x$

6. S 型曲线：　$y=\frac{1}{a+be^{-x}}$

二、非线性回归方程的测定方法

在多数情况下，非线性回归问题，可以通过变量的变换，将其化成线性回归问题，然后再应用前面介绍的线性回归分析方法来解决非线性回归问题。

将非线性回归转化为线性回归，最关键的是选定变量 x 与变量 y 相互之间相近的恰当的曲线类型。解决这个问题的办法，通常是用作图的方法，描述两变量的散点图，然后凭借经验从图像上显示出来的曲线形状判断应当拟合的曲线。下面将经济现象中一些常见的曲线类型及其相应的变量变换公式列出，供选择曲线回归方程时参考。

1. 抛物线：$\hat{y}=a+bx+cx^2$（如图 6.4）

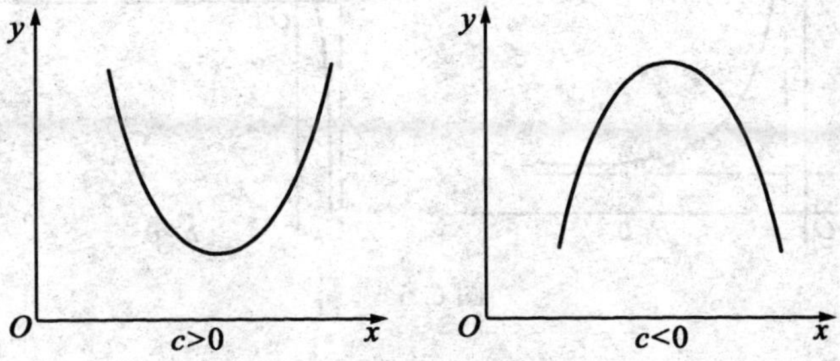

图 6.4

按最小平方法，确定 a、b、c 值，即要求：

$$Q=\sum(y-\hat{y})^2=\sum(y-a-bx-cx^2)^2$$

欲使 Q 为最小，须求 Q 对 a、b、c 的偏导数，并令其等于零，得到如下三个规范方程式：

$$\sum y=na+b\sum x+c\sum x^2$$

$$\sum xy=a\sum x+b\sum x^2+c\sum x^3$$

$$\sum x^2y=a\sum x^2+b\sum x^3+c\sum x^4$$

求解上述三个方程，就得到 a、b、c 的数值，曲线方程式也就得以确定。

2. 指数曲线：$\hat{y}=ae^{bx}$（如图 6.5）

令：$y'=\ln\hat{y}$，$a'=\ln a$

则有：$y'=a'+bx$

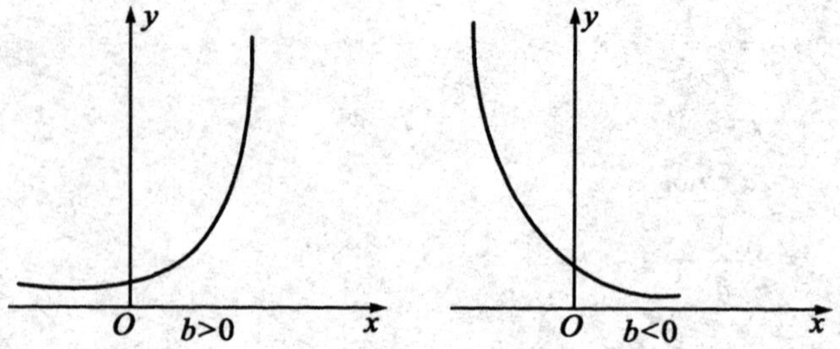

图 6.5

3. 双曲线：$\frac{1}{\hat{y}}=a+b\frac{1}{x}$（如图 6.6）

令 $y'=\frac{1}{\hat{y}}$，　$x'=\frac{1}{x}$

则有：　$y'=a+bx'$

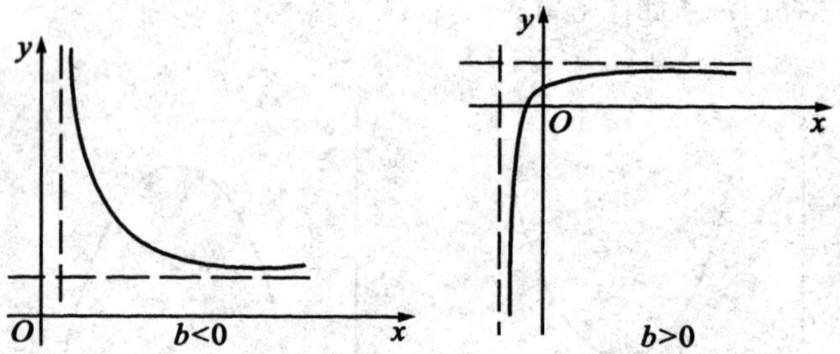

图 6.6

4. 幂函数曲线：$\hat{y}=ax^b$（如图 6.7）

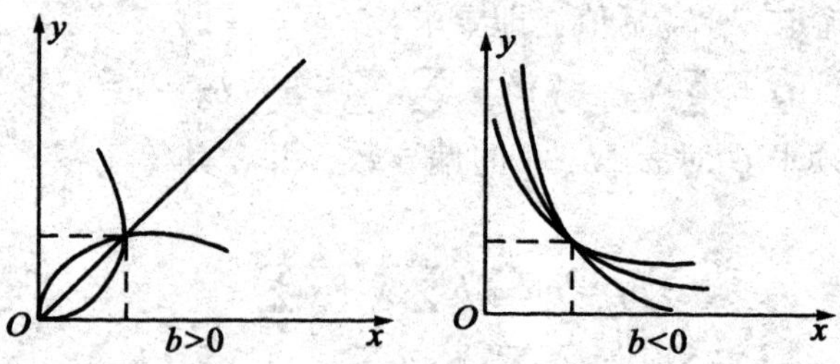

图 6.7

令：$y'=\lg\hat{y}$，$x'=\lg x$，$a'=\lg a$

则有：　$y'=a'+bx'$

5. 对数曲线：$y=a+b\lg x$（如图 6.8）

令：$x'=\lg x$

则有：$y=a+bx'$

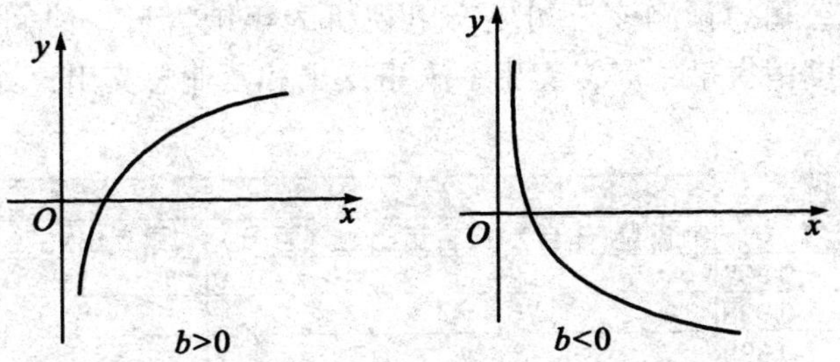

图 6.8

6. S 型曲线：$y=\dfrac{1}{a+be^{-x}}$（如图 6.9）

令：$y'=\dfrac{1}{y}$，$x'=e^{-x}$

则有：$y'=a+bx'$

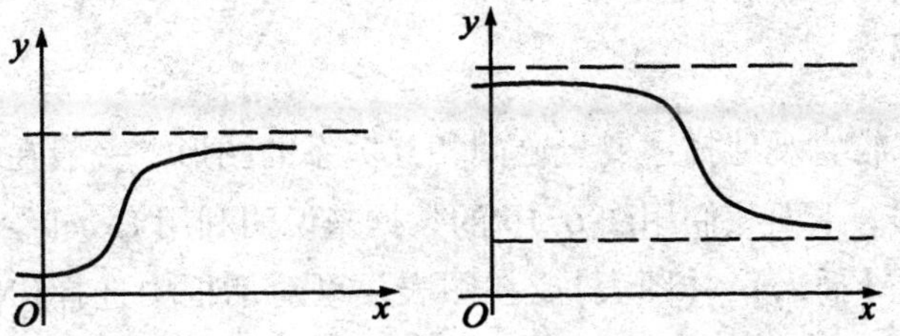

图 6.9

根据上列常见的曲线回归方程，进行曲线回归预测时，一般步骤可有以下几步：

首先，对所研究的两个现象进行理论分析，分析两者之间是否存在着相关关系，以及是什么形式的相关关系，并结合观察散点图的分布状态是否与理论分析基本相符，确定拟合哪种形式的曲线较为合适。

然后，按照所确定的曲线形式列表计算其相应公式的有关参数，从而确定所拟合的回归方程式，并利用有关资料计算相关系数，以观察所研究的两个现象之间相互关系的紧密程度。

最后，根据所确定的回归方程进行预测。

Excel 操作：回归分析

本节以某公司电视机销售量数据为例，介绍应用 Excel 进行回归分析，包括三个方面的内容：散点图、简单线性回归和多元线性回归。

例 1 某电视机公司想预测该公司生产电视机的年销售量，他们收集了从 1997 年到 2006 年共 10 年的年度销售量、广告支出、人事支出和营业总支出，如图 6.10 所示。

	A	B	C	D
1	年度	销售量(千台)	广告支出X1（百万）	人事支出X2（百万）
2	1997	1.7	0.9	5.5
3	1998	1.75	1.1	4.5
4	1999	1.65	1.2	4.2
5	2000	1.79	1.1	4.9
6	2001	1.85	1.5	4.2
7	2002	2	1.3	4.1
8	2003	2.45	1.5	4.5
9	2004	2.68	1.8	4.8
10	2005	3.25	1.7	4.8
11	2006	3.5	1.8	5
12				

图 6.10 某公司电视机的统计数据

一、绘制散点图

散点图是一种比较直观地描述变量之间相互关系的图形。一般在做线性回归之前，需要用散点图检验数据。下面我们用图 6.10 的数据来说明利用 Excel 绘制散点图的方法。

1. 在菜单中选择【插入】→【图表】。在图表类型对话框中选择【XY 散点图】，然后点【下一步】。

2. 在图表源数据对话框中给定数据区域为“销售量(千台)”和“广告支出”两列，并选择系列产生在“列”，然后点【下一步】。

3. 在图表选项对话框中，点击【标题项】，并填入图表标题“销售量与广告支出散点图”，分类(X)轴标题“广告支出(百万)”，数值(Y)轴标题“销售量(千台)”，如图 6.11 所示。

4. 点击【图例】，并把【显示图例】左侧的选项框清空，然后点【下一步】。在图表位置对话框中选择“作为其中的对象插入”，然后点【完成】，就可以看到图 6.12 的结果。

从图 6.12 中可以较直观地看出广告支出与销售量之间有一定的相关性。

运用 Excel 工具还可以在散点图上插入趋势线，下面以图 6.12 为例说明趋势线的用法。具体方法如下：单击图中任一数据点以选取数据系列。在“图表”菜单中选择“添加趋势线”，就会出现如图 6.13 的添加趋势线对话框。

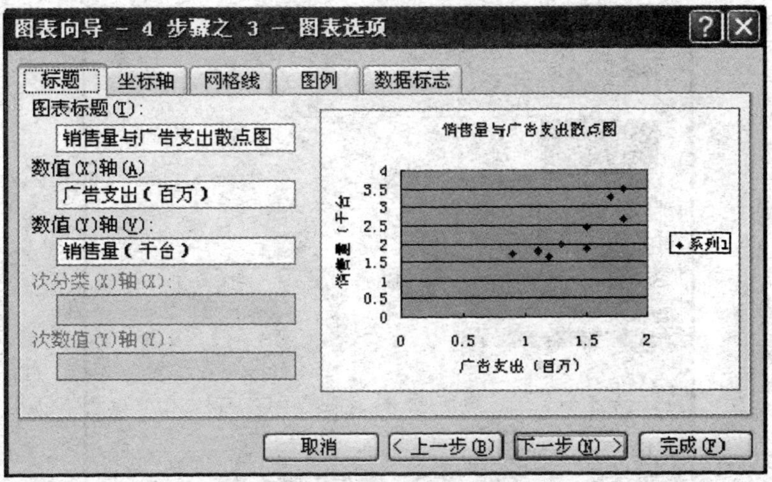

图 6.11　某公司电视机的统计数据

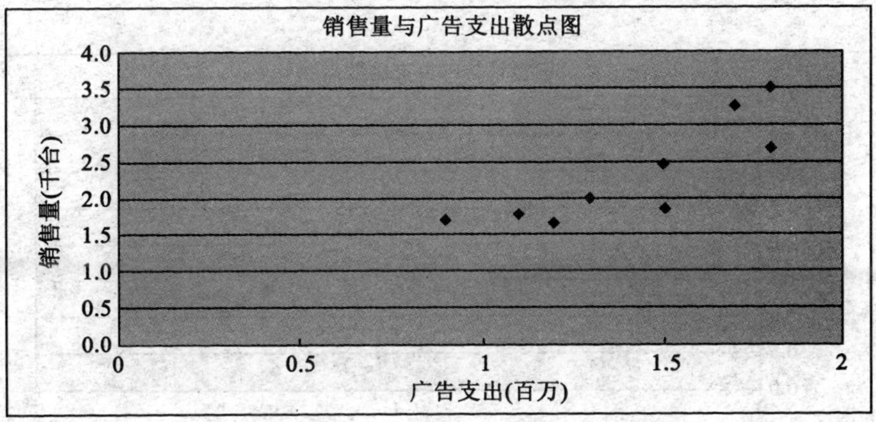

图 6.12　销售量与广告支出散点图

单击【添加趋势线】对话框中的类型标签，单击线性图。单击【选项】标签，在选项对话框中选择“自动设置：线性”，选择【显示公式】复选框，然后选【确定】，就可以得到有趋势线的散点图(见图 6.14)。

这样不仅显示了趋势线，连拟合方程都显示出来了。

二、简单线性回归

在某些情况下，从散点图可以直观地看出数据间的相关性。但这还不足够，我们还需要用一个回归模型来描述因变量与自变量之间的变化关系，再通过控制或给定自变量的数值来估计或预测因变量可能的数值。下面仍以图 6.10 的数据为例来介绍用 Excel 进行简单线性回归分析的方法。

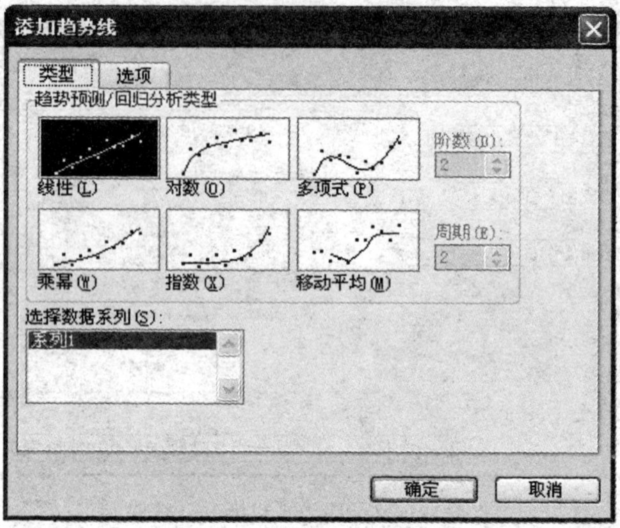

图 6.13　添加趋势线对话框

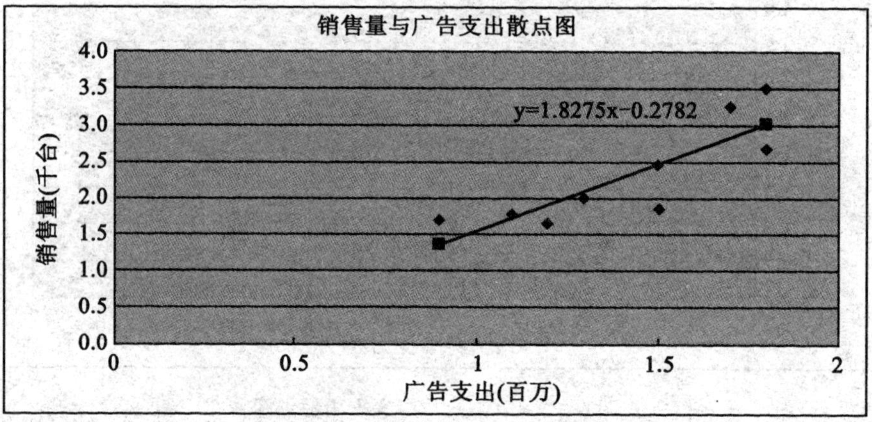

图 6.14　带有趋势线的销售量与广告支出散点图

步骤如下：

1. 在菜单中选择【工具】，在下拉菜单中选【数据分析】。在数据分析对话框中选择【回归】。

2. 点击【确定】。就会出现如图 6.15 的回归对话框。

3. 在"Y 值输入区域(Y)"中填入销售量列，在"X 值输入区域(X)"中填入广告支出列。选中"标志"复选框并在适当的地方选择输出区域，然后点【确定】，就可以看到图 6.16 的回归结果。

在图 6.16 中，可以找到简单回归分析所需要的所有结果。在回归统计表中可以找到 Multiple R，对应正文中的相关系数；R Squanare，对应正文中的判定系数；Adjusted R

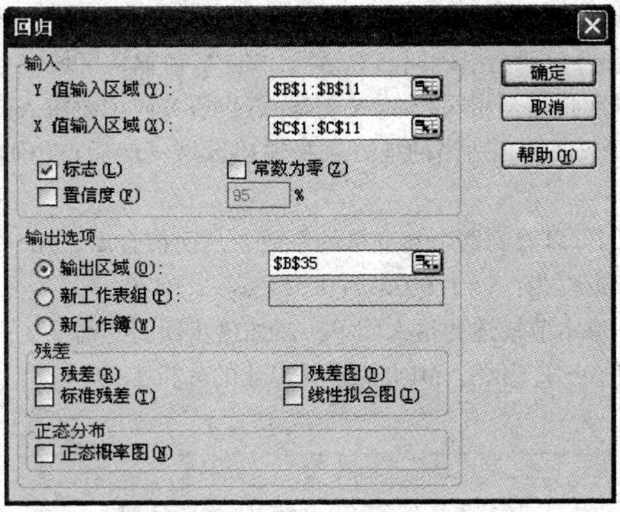

图 6.15　回归对话框

Square，对应正文中经调整的判定系数；当然还有估计标准误差。在方差分析表中可以得到方差分析的结果。在最后一个表中可以找到简单线性回归方程的显著性检验的结果和区间估计的结果，其中对应 Intercept 和“广告支出”的系数，即简单线性回归方程中的截距 a 和斜 b。

最终我们得到的销售量和广告支出的简单线性回归方程为

$$y = 1.8275x_1 - 0.2782$$

SUMMARY OUTPUT								
回归统计								
Multiple R	0.857097833							
R Square	0.734616695							
Adjusted R Squa	0.701443782							
标准误差	0.37025539							
观测值	10							
方差分析								
	df	SS	MS	F	gnificance F			
回归分析	1	3.035847569	3.035848	22.14508	0.0015298			
残差	8	1.096712431	0.137089					
总计	9	4.13256						
	Coefficients	标准误差	t Stat	P-value	Lower 95%	Upper 95%	下限 95.0%	上限 95.0%
Intercept	-0.278228823	0.552353855	-0.50371	0.628037	-1.551959	0.99550145	-1.5519591	0.99550145
广告支出X1（百万	1.82750275	0.388346547	4.705856	0.00153	0.931974	2.72303149	0.93197401	2.72303149

图 6.16　简单线性回归结果

三、多元线性回归

在 Excel 中进行多元回归计算和简单回归计算差别不大，下面仍以图 6.10 的数据为例来介绍用 Excel 进行多元回归分析的方法。

首先在菜单中选择【工具】，在下拉菜单中选【数据分析】。在数据分析对话框中选择【回归】，然后点【确定】。就会出现回归对话框。在“Y 值输入区域(Y)”中填入销售量列。到这里的步骤与简单回归完全相同。在“X 值输入区域(X)”中要填入广告支出和人事支出两列。选中【标志】复选框并在适当的地方选择输出区域，然后点【确定】，就可以看到图 6.17。

在图 6.17 中我们可以看到两个自变量的系数，从而拟合出二元一次线性方程。

最终得到的回归方程为：$y=1.9033x_1+0.5513x_2-2.9470$

多元回归常常不像本节描述的这么简单，诸如逐步回归等需要更多专门的技术，更复杂的操作，需要借助 SPSS、SAS、MINITAB 等专业的分析工具了。

SUMMARY OUTPUT								
回归统计								
Multiple	0.9266789							
R Square	0.8587338							
Adjusted	0.8183721							
标准误差	0.2887883							
观测值	10							
方差分析								
	df	SS	MS	F	gnificance	F		
回归分析	2	3.54876915	1.77438458	21.275928	0.0010596			
残差	7	0.58379085	0.08339869					
总计	9	4.13256						
	Coefficient	标准误差	t Stat	P-value	Lower 95%	Upper 95%	下限 95.0%	上限 95.0%
Intercept	-2.947002	1.15916645	-2.5423456	0.0385318	-5.687995	-0.206009	-5.687995	-0.2060086
广告支出X	1.9033098	0.30443739	6.25189244	0.00042338	1.1834298	2.6231899	1.1834298	2.62318986
人事支出X	0.551269	0.22228888	2.4799668	0.04221217	0.0256394	1.0768987	0.0256394	1.07689873

图 6.17　多元线性回归结果

小　　结

本章中，我们主要说明了如何运用相关分析和回归分析方法来分析一个或多个自变量 x 与一个因变量 y 的相关关系以及它们之间的关系表现形式。全章分别介绍了相关分析和回归分析的区别和联系，相关系数的计算和应用要点，一元和多元线性回归方程的拟合方法及检验，最后对非线性回归分析的内容进行了简要介绍。

关键术语

回归分析　　相关分析　　简单回归　　多元回归　　线性回归　　曲性回归

散点图　　相关系数　　回归模型　　可决系数　　复相关　　偏相关系数

案　例　1

利兴铸造厂产品的成本分析

选题

最近几年利兴铸造厂狠抓成本管理，提高经济效益，在降低原材料和能源消耗，提高劳动生产率，以及增收节支等方面，取得了显著成绩，单位成本有明显下降，基本扭转了亏损局面。但是各月单位成本起伏很大，有的月份盈利，有的月份利少甚至亏损。为了控制成本波动，并指导今后的生产经营，利兴铸造厂统计部门进行了产品成本分析。

资料收集整理分析

首先研究单位成本与产量的关系(见表6.5)。

表6.5　**铸铁件产量及单位成本**

年　月	铸铁件产量(吨)	单位产品成本(元)	出厂价(元/吨)
上年1月	810	670	750
2月	547	780	750
3月	900	620	750
4月	530	800	750
5月	540	780	750
6月	800	675	750
7月	820	650	730
8月	850	620	730
9月	600	735	730
10月	690	720	730
11月	700	715	730
12月	860	610	730
今年1月	920	580	720
2月	840	630	720
3月	1 000	570	720

从表6.5可以看出，铸铁件单位成本波动很大，在15个月中，最高的上年4月单位成本达800元，最低的今年3月单位成本为570元，全距是230元。上年2、4、5、9月等4个月成本高于出厂价，出现亏损，而今年3月毛利率达到20.8%(720−570)/72。

成本波动大的原因是什么呢？从表6.5可以发现，单位成本的波动与产量有关。上年4月成本最高，而产量最低，今年3月成本最低，而产量最高，去年亏损的4个月中，产量普遍偏低。这显然是个规模效益问题。在成本构成中，可以分为变动成本和固定成本两部分。根据利兴铸造厂的实际情况，变动成本主要包括原材料及能源消耗、工人工资、销售费用、税金等，固定成本主要包括折旧费用、管理费用和财务费用。在财务费用中，绝大部分是贷款利息，由于贷款余额大，在短期内无力偿还，所以每个月的贷款利息支出基本上是一项固定开支，不可能随产量的变动而变动，故将贷款利息列入固定成本之中。从目前情况看，在成本构成中，固定成本所占比重较大，每月产量大，分摊在单位产品中的固定成本就小，如果产量小，分摊在单位产品中的固定成本就大，所以每月产量的多少，直接影响单位成本的波动。为了论证单位成本与产量之间是否存在相关关系，并找出其内在规律，以指导今后的工作，现计算相关系数，并建立回归方程。

列表整理资料如下(见表6.6)，为了便于比较，15个月的资料按产量排序。

表6.6 **铸铁件产量与单位成本的回归计算表**

序号	铸铁件产量(吨)x	单位产品成本(元)y	x^2	y^2	xy
1	530	800	280 900	640 000	424 000
2	540	780	291 600	608 400	421 200
3	547	780	299 209	608 400	426 660
4	600	735	360 000	540 225	441 000
5	690	720	476 100	518 400	496 800
6	700	715	490 000	511 225	500 500
7	800	675	640 000	455 625	540 000
8	810	670	656 100	448 900	542 700
9	820	650	672 400	422 500	533 000
10	840	630	705 600	396 900	529 200
11	850	620	722 500	384 400	527 000
12	860	610	739 600	372 100	524 600
13	900	620	810 000	384 400	558 000
14	920	580	846 400	336 400	533 600
15	1 000	570	1 000 000	324 900	570 000
$\sum$	11 407	10 155	8 990 409	6 952 775	7 568 260

首先计算相关系数。设 r 代表相关系数，则

$$r=\frac{n\sum xy-\sum x\sum y}{\sqrt{n\sum x^2-\left(\sum x\right)^2}\sqrt{n\sum y^2-\left(\sum y\right)^2}}$$

$$=\frac{15\times 8\,568\,260-11\,407\times 10\,155}{\sqrt{15\times 8\,990\,409-(11\,407)^2}\sqrt{15\times 6\,952\,775-(10\,155)^2}}$$

$$=-0.98$$

计算结果表明，单位成本与产量之间，存在着高度负相关，相关系数为-0.98。

设各月产量为自变量 x，单位成本为因变量 y，则有直线方程式：

$$\hat{y}=a+bx$$

根据本章原理和上述资料，我们可以得到计算结果为：

$$\hat{y} = 1\,049 - 0.49x$$

计算结果表明，铸铁件产量每增加1吨，单位成本可以下降0.49元。设某月产量x为1 100吨，则单位产品成本：

$$\hat{y} = 1\,049 - 0.49 \times 1\,100 = 510(\text{元})$$

若$x=600$吨，则

$$\hat{y} = 1\,049 - 0.49 \times 600 = 755(\text{元})$$

分析报告

增加产量是降低单位成本的重要途径。

最近几年该厂狠抓成本管理，提高经济效益，基本上扭转了亏损局面，但各月单位成本波动很大，有的月份仍出现亏损。自去年1月至今年3月的15个月，有4个月的单位成本超过出厂价，有些月份的单位成本则比较低，可获得10%至20%的利润(见表6.6)。

各月单位成本产生波动的原因是什么呢？从近15个月的资料看，单位成本的高低与产量有关，两者成反比：即产量高，成本低；产量低，成本高。经过相关分析，单位成本与产量之间存在高度负相关，相关系数为-0.98。

该厂当前单位成本与产量的关系如此密切，主要有两个原因。一个原因是一般的规模效益：在单位成本中包含变动成本和固定成本两部分，分摊到每个单位产品上的固定成本，是随产量的变化而变化的：产量多，分摊到每个单位产品上的固定成本就少；产量少，分摊到每个单位产品上的固定成本就多。另一个原因是贷款利息支出大，增大了固定成本。在正常情况下，贷款的多少是随产量变化而变化的，贷款利息应该计算在变动成本中，可是现在贷款余额大，短期内又无偿还能力，银行利息成为每个月固定开支的费用，因此，它成为固定成本的重要组成部分。

为了有效地控制成本，不断提高经济效益，除继续采取措施增收节支外，还必须努力增加产量和销售量，增加产量是降低单位成本的重要途径。

为了掌握在不同产量条件下的单位成本，我们根据实际情况建立了单位成本对产量的回归方程：

$$\hat{y} = 1\,049 - 0.49x$$

回归方程表明，铸铁件产量每增加1吨，单位成本可以下降0.49元。

设月产量x为700吨，则单位成本为：

$$\hat{y} = 1\,049 - 0.49 \times 700 = 706(\text{元})$$

即月产量达到700吨以上的规模，按目前的出厂价格，可以保持较好的经济效益。

启示

1. 规模效益是企业生产经营中的一条规律。人们认识了这条规律，特别是像利兴铸造厂这样，结合本企业的实际情况，具体计算产量与单位成本之间的相关系数和回归方程，将规模效益量化，就能够更自觉地应用规模效益这条规律，指导生产经营，从而促进提高经济效益。

2. 本案例是应用统计资料和统计方法揭示规律，说明规模效益在利兴铸造厂当时条件下的具体表现，用以指导生产经营，提高经济效益。这说明统计在企业经营管理中具有重要的作用。

案 例 2

消费者调查股份有限公司

消费者调查股份有限公司(Consumer Research, Inc.)是一家独立的机构，该机构为各种类型的厂商调查消费者的态度和行为。在一项研究中，客户为了能预测用信用卡进行支付的数额，要求对消费者的特点进行调查研究。对于由25名消费者组成的一个样本，采集了有关年收入、家庭成员人数和年信用卡支付数额的统计资料如表6.7。

管理报告

1. 利用统计学的方法管理这些数据。对你的发现进行评述。

2. 首先利用年收入作自变量，然后利用家庭成员人数作自变量，分别建立估计的回归方程。哪一个自变量是更好的预测年信用卡支付数额的变量？讨论你的发现。

3. 利用年收入和家庭成员人数作自变量，建立估计的回归方程。讨论你的发现。

4. 对于年收入为40 000美元的三口之家，预测该家庭的年信用卡支付数额是多少？

表6.7

年收入(千美元)	家庭成员人数(人数)	信用卡支付数额(美元)
54	3	4 016
30	2	3 159
32	4	5 100
50	5	4 742
31	2	1 864
55	2	4 070
37	1	2 731
40	2	3 348
66	4	4 764
51	3	4 110
25	3	4 208
48	4	4 219
27	1	2 477
33	2	2 514
65	3	4 214
63	4	4 965
42	6	4 412
21	2	2 448
44	1	2 995
37	5	4 171
62	6	5 678
21	3	3 623
55	7	5 301
42	2	3 020
41	7	4 828

习　　题

1. 回归分析与相关分析有什么区别？在什么情况下应进行回归分析？在什么情况下才进行相关分析？

2. 在回归分析中，为什么要对样本回归方程的斜率 b 进行显著性检验？当我们拒绝假设 $B=0$，它的意义是什么？拒绝假设 $B\leqslant 0$，意义又是什么？

3. 在坐标纸上绘出下列回归方程，并说明方程中的 X 和 Y 是正相关还是负相关？

$Y=5+2X$

$Y=2+2X$

$Y=30-2X$

4. 某公司要了解市面出售的各种电灯泡的售价与电灯泡寿命的关系，作为制定公司出售灯泡价格的参考。对市面出售的灯泡抽取 12 个样本进行调查，其结果见表 6.8。

表 6.8

灯泡编号	灯泡售价(每个元)	灯泡寿命(百小时)
1	0.30	4.0
2	0.32	4.2
3	0.49	5.3
4	0.69	7.4
5	0.69	6.8
6	0.89	10.2
7	1.19	13.1
8	0.79	9.2
9	0.35	4.5
10	0.08	8.3
11	1.09	10.2
12	0.72	7.6

(1) 计算电灯泡售价与电灯泡寿命的相关系数；

(2) 按显著性水平为 0.05，就总体而言，检验两者之间是否存在线性相关关系。

5. 为了了解某地区居民家庭每日食用开支 Y(元)与家庭每日收入 X(元)的关系，作为发展食品工业的根据，从调查的资料计算出了下列数据：

$\sum x = 2\,483$，$\sum y = 2\,406$，$\sum xy = 1\,204\,993$

$\sum x^2 = 1\,257\,743$，$\sum y^2 = 1\,163\,162$

$\bar{y} = 481.2$，$\bar{x} = 496.6$，$n = 5$

回归方程为：$\hat{y}=276.55+0.412\,1x$

通过下列两种方法求相关系数：

(1) 先求可决系数。

(2) 应用相关系数的简捷方法。

6. 有10个同类工业企业，它们的年平均生产性固定资产和利税总额如表6.9所示。

表6.9 单位：万元

企业编号	生产性固定资产	利税总额
1	318	52
2	910	101
3	200	64
4	409	82
5	415	92
6	502	93
7	314	160
8	1 210	151
9	1 022	122
10	1 225	162

要求：(1)判断生产性固定资产与利税总额是否存在相关关系，是何种相关关系。

(2)测定并检验其相关系数($\alpha=0.05$)。

7. 表6.10能否证实该企业的利润水平与它的研究费用之间存在线性相关关系($\alpha=0.05$)?

表6.10

时间(年)	研究费用(千元)	利润(千元)
2008	9	100
2009	10	150
2010	10	200
2011	11	180
2012	9	250
2013	11	280
2014	11	290
2015	12	310
2016	13	320
2017	12	300

8. 某企业某种产品的产量和单位成本资料如表6.11。

表6.11

月 份	1	2	3	4	5	6
产量(千件)	4	6	8	7	8	9
单位成本(元/件)	73	72	71	72	70	69

要求：(1) 确定单位成本对产量的一元线性回归模型，并指出其回归系数的意义。

(2) 对该模型拟合优度进行评价。

(3) 对该模型的回归系数 b 进行检验并对模型整体进行检验($\alpha=0.05$)。

9. 某造纸厂间接生产费用与直接劳动时间和机器运转时间为线性相关。有关资料如表6.12。

表6.12

月　份	间接费用(万元) Y	直接劳动时间(千小时) X_1	机器运转时间(千小时) X_2
1	29	45	16
2	24	42	14
3	27	44	15
4	25	45	13
5	26	43	13
6	28	46	14
7	30	44	16
8	28	45	16
9	28	44	15
10	27	43	15

要求：(1) 确定间接费用对直接劳动时间和机器运转时间的二元回归模型。

(2) 对该模型进行检验。

(3) 对该模型拟合优度进行评价。

(4) 计算复相关系数和 x_1、x_2 的相关系数以及 x_1、x_2 对 Y 的简单线性相关系数，并加以比较说明。

第七章　因 子 分 析

因子分析是一种降维、简化数据的技术。它是从研究相关矩阵内部的依赖关系出发，把一些具有错综复杂关系的变量归结为少数几个综合因子的一种多变量统计分析方法。因子分析的概念起源于 21 世纪初 Karl Pearson 和 Charles Spearmen 等人关于智力测验的统计分析。近年来，随着现代高速电子计算机的出现，人们将因子分析的理论成功地应用于心理学、医学、气象学、地质学、经济学等领域，使得因子分析的理论和方法更加丰富。

第一节　因子分析的基本思想和模型

因子分析的基本思想是根据相关性大小将变量分组，使得同组内的变量之间相关性较高，不同组的变量相关性较低。每组变量代表一个基本结构，用一个不可观测的综合变量表示，这个基本结构称为公共因子。对于所研究的问题就可以用最少个数的不可观测的所谓公共因子的线性函数与特殊因子之和来描述原来观测的每一分量。

在实际问题的研究中，描述某一问题(或过程)的指标很多，有时多到几十个。例如，为了充分了解中学生的知识和能力，常常需要设计大量的问题让学生作答。这些问题涉及面很广，但相互之间存在一定的联系，一般来说，可归结为文字表达、计算推导、艺术修养、史地知识和生活常识 5 个方面，我们称每个方面为一个因子。我们的目的就是要从一些相互关联的问题的回答中找出这少数几个主要因子，每一个主要因子可以帮助我们对学生的知识和能力进行分析和解释。

因子分析的另一个作用是对变量(或样本)进行分类处理。我们可以根据因子得分值，在因子轴所构成的空间中把变量(或样品)点画出来，形象直观地达到分类的目的。

通常将研究变量之间相互关系的因子分析称为 R 型因子分析，而将研究样品之间相互关系的因子分析称为 Q 型因子分析。本章主要介绍 R 型因子分析。

为了给出因子分析模型，我们先看下面的两个例子。

例 1　某企业招聘人才，对每位应聘者进行外貌、申请书的形式、专业能力、讨人喜欢的能力、自信心、洞察力、诚信、推销本领、经验、工作态度、抱负、理解能力、潜在能力、实际能力、适应性 15 个方面考核。这 15 个方面可归结为应聘者的表现力、亲和力、实践经验、专业能力 4 个方面，每一方面称为一个公共因子。企业可根据这 4 个公共因子的情况来衡量应聘者的综合水平。

例 2　在企业经济效益的评价中，经济效益的指标体系有 8 项：固定资产利税率、资金利税率、销售收入利税率、资金利润率、固定资产产值率、流动资金周转天数、万元产值能耗、全员劳动生产率。这 8 项指标可概括为赢利能力、资金和人力利用、产值能耗 3

个方面。这 3 个方面在企业的生产经营活动中为主要因子，起着支配作用，企业要提高经济效益就要在 3 个公因子方面下工夫。

综合上面的例子，我们给出因子分析的一般模型。

设有 n 个样品，每个样品观测 p 个变量。为了对变量进行比较，并消除由于观测量纲的差异及数量级不同所造成的影响，将样品观测值进行标准化处理，使标准化后的变量的均值为 0，方差为 1。为了方便，我们将原始观测值和变换后的新变量均用 x 表示。设原公共因子变量为 y_1，y_2，…，y_m。经标准化后的公共因子变量记为 F_1，F_2，…，$F_m(m<p)$。如果：

(1) $x=(x_1, x_2, \cdots, x_p)^{\mathrm{T}}$ 是可观测随机向量，且均值向量 $E(x)=0$，协方差矩阵 $\mathrm{Cov}(x)=\sum$，且协方差矩阵 $\sum$ 与相关矩阵 R 相等；

(2) $F=(F_1, F_2, \cdots, F_m)^{\mathrm{T}}(m<p)$ 是不可观测向量，其均值向量 $E(F)=0$，协方差矩阵 $\mathrm{Cov}(F)=I$，即向量 F 的各分量是相互独立的；

(3) $\varepsilon=(\varepsilon_1, \varepsilon_2, \cdots, \varepsilon_p)^{\mathrm{T}}$ 与 F 相互独立，且 $E(\varepsilon)=0$，ε 的协方差矩阵 $\sum_\varepsilon$ 是对角阵，即

$$\mathrm{Cov}(\varepsilon)=\sum{}_\varepsilon=\begin{pmatrix}\sigma_{11}^2 & & & 0\\ & \sigma_{22}^2 & & \\ & & \ddots & \\ 0 & & & \sigma_{pp}^2\end{pmatrix}$$

或者说，ε 的各分量之间也是相互独立的，则模型

$$\begin{cases}x_1=a_{11}F_1+a_{12}F_2+\cdots+a_{1m}F_m+\varepsilon_1\\ x_2=a_{12}F_1+a_{22}F_2+\cdots+a_{2m}F_m+\varepsilon_2\\ \qquad\cdots\\ x_p=a_{p1}F_1+a_{p2}F_2+\cdots+a_{pm}F_m+\varepsilon_p\end{cases}\tag{7.1}$$

称为因子模型。模型(7.1)的矩阵形式为

$$x=AF+\varepsilon\tag{7.2}$$

其中 $x=(x_1, x_2, \cdots, x_p)^{\mathrm{T}}$，$F=(F_1, F_2, \cdots, F_m)^{\mathrm{T}}$，$\varepsilon=(\varepsilon_1, \varepsilon_2, \cdots, \varepsilon_p)^{\mathrm{T}}$

$$A=\begin{pmatrix}a_{11} & a_{12} & \cdots & a_{1m}\\ a_{21} & a_{22} & \cdots & a_{2m}\\ \vdots & \vdots & \vdots & \vdots\\ a_{p1} & a_{p2} & \cdots & a_{pm}\end{pmatrix}\tag{7.3}$$

此时

$$\mathrm{Cov}(x)=AA^{\mathrm{T}}+\sum{}_\varepsilon=\sum\tag{7.4}$$

模型(7.1)中的 F_1，F_2，…，F_m 称为公共因子(也称为主因子)，它们是在各个原观测变量的表达式中都共同出现的因子，是相互独立的不可观测的理论变量。公共因子的含义，必须结合具体问题的实际意义而定。ε_1，ε_2，…，ε_p 称为特殊因子，是向量 x 的分量 $x_i(i=1, 2, \cdots, p)$ 所特有的因子，各特殊因子之间以及特殊因子与所有公共因子之间都

是相互独立的。

式(7.3)的矩阵 $A=(a_{ij})$ 中的元素 a_{ij} 称为因子载荷，a_{ij} 的绝对值越大（$|a_{ij}|\leqslant 1$），表明 x_i 与 F_j 的相依程度越大，或称公共因子 F_j 对于 x_i 的载荷量大，故 a_{ij} 称为公共因子载荷量，简称因子载荷。矩阵 A 称为因子载荷矩阵。

第二节 参数估计

为了讨论因子模型的参数估计方法，我们需要了解因子载荷矩阵 A 的统计意义，这对于解释因子分析的结果是十分重要的。

一、因子载荷的统计意义

(一)因子载荷 a_{ij} 的统计意义

由式(7.1)可知

$$x_i=a_{i1}F_1+a_{i2}F_2+\cdots+a_{im}F_m+\varepsilon_i,\ i=1,\ 2,\ \cdots,\ p \tag{7.5}$$

所以 x_i 与 F_j 的协方差为

$$\begin{aligned}\mathrm{Cov}(x_i,\ F_j)&=\mathrm{Cov}\left(\sum_{j=1}^{m}a_{ij}F_j+\varepsilon_i,\ F_j\right)\\&=\mathrm{Cov}\left(\sum_{j=1}^{m}a_{ij}F_j,\ F_j\right)+Cov(\varepsilon_i,\ F_j)\\&=a_{ij}\end{aligned} \tag{7.6}$$

即 a_{ij} 是 x_i 与 F_j 的协方差。另一方面，x_i 与 F_j 的相关系数为

$$\rho_{x_i,F_j}=\frac{\mathrm{Cov}(x_i,\ F_j)}{\sqrt{\mathrm{Var}(x_i)}\sqrt{\mathrm{Var}(F_j)}}=\mathrm{Cov}(x_i,\ F_j)=a_{ij} \tag{7.7}$$

因此，a_{ij} 也是 x_i 与 F_j 的相关系数，它表示 x_i 依赖 F_j 的程度，反映了第 i 个变量 x_i 对第 j 个公因子 F_j 的相对重要性，也就是变量 x_i 与公共因子 F_j 间的密切程度，同时也可将 a_{ij} 看作第 i 个变量在第 j 个公共因子上的权。

(二)变量共同度的统计意义

如果将因子载荷矩阵 A 中第 i 行元素的平方和记为 h_i^2，即因子载荷矩阵中各行元素的平方和为

$$\begin{cases}h_1^2=a_{11}^2+a_{12}^2+\cdots+a_{1m}^2\\h_2^2=a_{21}^2+a_{22}^2+\cdots+a_{2m}^2\\\quad\cdots\cdots\\h_p^2=a_{p1}^2+a_{p2}^2+\cdots+a_{pm}^2\end{cases} \tag{7.8}$$

称它为变量 $x_1,\ x_2,\ \cdots,\ x_p$ 的共同度，因为已将假设原始变量 x_i 和主因子、特殊因子都进行了标准化处理，所以

$$1=\mathrm{Var}(x_i)=\mathrm{Var}\left(\sum_{j=1}^{m}a_{ij}F_j+\varepsilon_i\right)$$

$$= \sum_{j=1}^{m} a_{ij}^2 + \sigma_{ii}^2 = h_i^2 + \sigma_{ii}^2 \tag{7.9}$$

式(7.9)表明变量 x_i 的方差 $\mathrm{Var}(x_i)$ 由两部分组成，第一部分是 h_i^2，它反映了全部公共因子对变量 x_i 的影响，是全部公共因子对 x_i 的方差贡献。若全部公共因子对 x_i 的方差贡献接近 1，则表明该变量的几乎全部原始信息都被选取的公共因子说明了。第二部分是特殊因子 ε_i 的方差，仅与变量 x_i 本身的变化有关，称为剩余方差。由式(7.9)知，h_i^2 增大则 σ_{ii}^2 必减小，因此 h_i^2 的值表示 x 的第 i 个分量 x_i 对于 F 的每一分量 F_1，F_2，…，F_m 的共同依赖程度，故 h_i^2 为变量 x_i 的共同度。

(三)公共因子 $\mathrm{F_i}$ 的方差贡献的统计意义

如果将因子载荷矩阵 A 的第 $j(j=1, 2, \cdots, m)$ 列的各元素的平方和记为 g_j^2，即

$$\begin{cases} g_1^2 = a_{11}^2 + a_{12}^2 + \cdots + a_{p1}^2 \\ g_2^2 = a_{21}^2 + a_{22}^2 + \cdots + a_{p2}^2 \\ \quad \cdots\cdots \\ g_m^2 = a_{1m}^2 + a_{2m}^2 + \cdots + a_{pm}^2 \end{cases} \tag{7.10}$$

则 g_j^2 表示第 j 个公共因子 F_j 对于 x 的每个分量 $x_i(i=1, 2, \cdots, p)$ 所提供方差的总和，称为公共因子 F_j 对于 x 的方差贡献，它是衡量公共因子相对重要性的指标。g_j^2 越大，表明公共因子 F_j 对于 x 的贡献越大，或者说对 x 的影响和作用就越大。如果将因子载荷矩阵 A 的所有 $g_j^2(j=1, 2, \cdots, m)$ 都计算出来，使其按大小排序，就可以依此提取最有影响的公共因子。

二、因子载荷矩阵的求解

要建立一个实际问题的因子分析模型，重要的是进行因子模型参数的估计，其中最关键的是要根据样品数据矩阵估计载荷矩阵 A。下面介绍两种常用的载荷矩阵 A 的估计方法。

(一)主成分法

设随机向量 $x=(x_1, x_2, \cdots, x_p)^{\mathrm{T}}$ 的均值为 u，协方差矩阵为 $\sum$，$\lambda_1 \geqslant \lambda_2 \geqslant \cdots \geqslant \lambda_p \geqslant 0$ 为 $\sum$ 的特征值，e_1，e_2，…，e_p 为对应的标准正交化特征向量，则 $\sum$ 可分解为

$$\sum = \lambda_1 e_1 e_1^{\mathrm{T}} + \lambda_2 e_2 e_2^{\mathrm{T}} + \cdots + \lambda_p e_p e_p^{\mathrm{T}}$$

$$= \left(\sqrt{\lambda_1} e_1, \sqrt{\lambda_2} e_2, \cdots, \sqrt{\lambda_p} e_p\right) \begin{pmatrix} \sqrt{\lambda_1} e_1^{\mathrm{T}} \\ \sqrt{\lambda_2} e_2^{\mathrm{T}} \\ \vdots \\ \sqrt{\lambda_p} e_p^{\mathrm{T}} \end{pmatrix} \tag{7.11}$$

上面的分解是公共因子与变量个数一样多的因子模型的协方差矩阵结构，特殊因子的方差为 0，载荷矩阵的第 j 列为 $\sqrt{\lambda_j} e_j$。因此

$$\sum = AA^{\mathrm{T}} \tag{7.12}$$

除了常数因子 $\sqrt{\lambda_j}$ 之外，在第 j 个因子上的载荷就是第 j 个总体主成分的系数 e_j。

与式(7.4)相比，式(7.12)给出的 $\sum$ 表达式是精确的，但它并无实用价值，因为我们的目的是寻求用少数几个公共因子解释协方差结构的因子模型。我们通常略去式(7.11)中最后 $p-m$ 项 $\lambda_{m+1}e_{m+1}e_{m+1}^{\mathrm{T}}+\cdots+\lambda_p e_p e_p^{\mathrm{T}}$ 对 $\sum$ 的贡献，于是得到

$$\sum = \left(\sqrt{\lambda_1}e_1,\ \sqrt{\lambda_2}e_2,\ \cdots,\ \sqrt{\lambda_m}e_m\right)\begin{pmatrix}\sqrt{\lambda_1}e_1^{\mathrm{T}}\\ \sqrt{\lambda_2}e_2^{\mathrm{T}}\\ \vdots\\ \sqrt{\lambda_m}e_m^{\mathrm{T}}\end{pmatrix} \hat{=} AA^{\mathrm{T}} \quad (7.13)$$

式(7.13)是假定了因子模型中的特殊因子是不重要的，因而从 $\sum$ 的分解中忽略掉特殊因子的方差。

若考虑特殊因子，则协方差矩阵为

$$\sum \approx AA^{\mathrm{T}} + \sum\nolimits_{\varepsilon}$$

$$= \left(\sqrt{\lambda_1}e_1,\ \sqrt{\lambda_2}e_2,\ \cdots,\ \sqrt{\lambda_m}e_m\right)\begin{pmatrix}\sqrt{\lambda_1}e_1^{\mathrm{T}}\\ \sqrt{\lambda_2}e_2^{\mathrm{T}}\\ \vdots\\ \sqrt{\lambda_m}e_m^{\mathrm{T}}\end{pmatrix} + \begin{pmatrix}\sigma_{11}^2 & & & 0\\ & \sigma_{22}^2 & & \\ & & \ddots & \\ 0 & & & \sigma_{mm}^2\end{pmatrix} \quad (7.14)$$

设 S 为样本协方差矩阵，经过标准化处理后，变量的协方差矩阵就等于样本相关矩阵 R。对样本协方差矩阵 S 或相关矩阵 R 作类似式(7.14)的分解，就可得到 A 和 $\sum_{\varepsilon}$ 的一个解。因为因子载荷矩阵 A 是前 m 个主成分系数的倍数，所以称由这种分解得到的解为主成分解。

一般地，设 $\hat{\lambda}_1 \geqslant \hat{\lambda}_2 \geqslant \cdots \geqslant \hat{\lambda}_p$ 为样本相关矩阵 R 的特征根，$\hat{e}$，$\hat{e}_2$，$\cdots$，$\hat{e}_p$ 为对应的标准正交化特征向量。设 $m<p$，则因子载荷矩阵为

$$\hat{A} = \left(\sqrt{\hat{\lambda}_1}e_1,\ \sqrt{\hat{\lambda}_2}e_2,\ \cdots,\ \sqrt{\hat{\lambda}_m}e_m\right) \quad (7.15)$$

共同度的估计为

$$\hat{h}_i^2 = \hat{a}_{i1}^2 + \hat{a}_{i2}^2 + \cdots + \hat{a}_{im}^2 \quad (7.16)$$

如何选取公共因子的个数 m 呢？通常有两种方法。一是根据具体问题的专业知识来确定，二是采用主成分分析中选取主成分个数的方法。例如，我们按所选取的公共因子的信息量的和占总体消息量达到一个适当比例为止，我们可以从少到多逐步增加模型中公共因子个数 m，使所选的主因子对样本方差的贡献累计达到85%以上。这个比例是可以根据具体问题调整的，关键是要有利于因子模型的解释。

例 3 表 7.1 是 18 家上市公司 2005 年的企业经济效益指标体系的 10 项财务指标(数据来源于深圳国泰君安信息技术有限公司开发的《财务指标数据库》)，其中

x_1：净资产收益率(%)　　x_6：每股经营现金净流量(元)

x_2：主营业务利润率(%)　　x_7：主营业务收入增长率(%)

x_3：总资产净利润率(%)　　x_8：总资产增长率(%)

x_4：每股收益(元)　　x_9：净利润增长率(%)

x_5：每股净资产(元)　　x_{10}：股东权益增长率(%)

根据该原始数据建立因子分析模型。

表 7.1　**18 家公司的主要经济效益指标**

企业编号	x_1	x_2	x_3	x_4	x_5	x_6	x_7	x_8	x_9	x_{10}
1	6.71	20.25	3.68	0.15	2.19	0.08	17.02	11.3	−18.57	2.2
2	−35.03	7.47	11.21	−1.23	3.5	−1.03	−11.67	−17.53	−327.1	−27.65
3	5.67	13.98	2.53	0.11	2	−0.26	53.72	29.33	6.48	0.17
4	1.15	11.25	0.75	0.02	1.89	0.13	8.42	−4.16	89.68	1.9
5	13.68	5.96	2.74	0.61	4.48	0.67	18.93	54.73	42.86	9.68
6	7.07	23.57	4.05	0.23	3.2	0.32	27.5	16.69	−49.09	2.57
7	6.61	9.03	2.02	0.08	1.22	0.15	25.7	5.77	−46.92	4.61
8	3.53	16.68	0.98	0.06	1.76	−0.09	−18.69	29.83	−70.11	−7.27
9	9.85	29.02	3.13	0.18	1.88	0.45	−0.02	146.35	10.82	11.97
10	6.52	20.52	2.27	0.23	3.49	0.01	47.93	103.01	−32.43	108.99
11	5.48	8.64	1.12	0.14	2.59	0.55	−26.02	53.57	44.55	−5.99
12	6.39	20.83	4.04	0.13	2.1	−0.23	152.7	9.87	−14.33	1.65
13	9.04	12.51	3.84	0.21	2.38	0.69	38.56	7.04	4.67	−0.03
14	5.22	22.03	2.49	0.18	3.5	0.35	24.05	12.91	−16.73	2.17
15	4.59	9.03	1.74	0.11	2.43	0.16	28.99	11.66	−35.18	2.57
16	14.86	35.5	4.81	0.34	2.31	0.68	11.38	10.36	1.24	11.1
17	7.45	25.16	5.15	0.27	3.65	0.25	22.03	6.36	12.98	2.52
18	11.85	12.2	4.74	0.25	2.08	0.96	−15.17	−4.58	−44.54	8.12

由原始数据计算出相关矩阵为(对称部分未写出)

$$
R=\begin{pmatrix}
1 & 0.360 & -0.657 & 0.977 & -0.165 & 0.807 & 0.178 & 0.306 & 0.838 & 0.331 \\
 & 1 & 0.068 & 0.294 & -0.037 & 0.180 & 0.169 & 0.276 & 0.182 & 0.243 \\
 & & 1 & -0.673 & 0.334 & -0.409 & -0.037 & -0.328 & -0.779 & -0.279 \\
 & & & 1 & 0.01 & 0.785 & 0.182 & 0.315 & 0.855 & 0.363 \\
 & & & & 1 & -0.007 & -0.031 & 0.075 & -0.152 & 0.200 \\
 & & & & & 1 & -0.227 & 0.183 & 0.662 & 0.143 \\
 & & & & & & 1 & -0.057 & 0.157 & 0.211 \\
 & & & & & & & 1 & 0.281 & 0.552 \\
 & & & & & & & & 1 & 0.226 \\
 & & & & & & & & & 1
\end{pmatrix}
$$

计算相关矩阵的特征值，前四个特征值为

$\hat{\lambda}_1=4.401$，$\hat{\lambda}_2=1.554$，$\hat{\lambda}_3=1.204$，$\hat{\lambda}_4=1.030$，

它们对样本方差的累计贡献率为$(\hat{\lambda}_1+\hat{\lambda}_2+\hat{\lambda}_3+\hat{\lambda}_4)/10=0.8189$，我们选取 $m=4$。因子载荷和共同度的估计列于表 7.2 中。

表 7.2 **因子载荷与共同度的估计**

变量	因子				共同度
	F_1	F_2	F_3	F_4	
x_1	0.963	-0.086	-0.054	0.179	0.970
x_2	0.336	0.454	-0.207	0.459	0.573
x_3	-0.764	0.281	0.090	0.469	0.891
x_4	0.959	-0.028	0.019	0.180	0.953
x_5	-0.129	0.533	0.492	0.335	0.655
x_6	0.770	-0.240	0.393	0.310	0.901
x_7	0.138	0.303	-0.834	0.142	0.827
x_8	0.460	0.549	0.229	-0.461	0.778
x_9	0.902	-0.203	-0.071	-0.006	0.860
x_{10}	0.451	0.697	0.014	-0.308	0.784
特征值	4.401	1.554	1.204	1.030	
累计贡献	44.006	59.543	71.582	81.886	

由表(7.2)可以得出企业经济效益指标体系的因子分析模型如下：

$x_1=0.963F_1-0.086F_2-0.054F_3+0.179F_4$

$x_2=0.336F_1+0.454F_2-0.207F_3+0.459F_4$

$x_3=-0.764F_1+0.281F_2+0.090F_3+0.469F_4$

$x_4=0.959F_1-0.028F_2+0.019F_3+0.180F_4$

$x_5=-0.129F_1+0.533F_2+0.492F_3+0.335F_4$

$x_6=0.770F_1-0.240F_2+0.393F_3+0.310F_4$

$x_7=0.138F_1+0.303F_2-0.834F_3+0.142F_4$

$x_8=0.460F_1+0.549F_2+0.229F_3-0.461F_4$

$x_9=0.902F_1-0.203F_2-0.071F_3-0.006F_4$

$x_{10}=0.451F_1+0.697F_2+0.014F_3-0.308F_4$

由因子分析模型可知，第一个主因子 F_1 主要由净资产收益率、每股收益、每股经营现金净流量、净利润增长率这四个指标决定，可以作为企业经营盈利能力的体现；第二个主因子 F_2 主要由总资产增长率和股东权益增长率决定，可以作为企业资产扩张程度的体

现，也即企业的成长性；第三个主因子 F_3 由主营业务收入增长率决定，可以作为企业业务专业化集中度的体现；F_4 主要由主营业务利润率、总资产净利润率和每股净资产决定，可以作为企业资产运营效益的真实盈利能力及主营业务获利能力的体现。

(二)极大似然法

如果假定公共因子 F 和特殊因子 ε 服从正态分布，那么我们能够得到因子载荷和特殊因子方差的极大似然估计。设 x_1，x_2，…，x_n 为来自正态总体 $N_p(u,\ \sum)$ 的随机样本，这里 $\sum = AA^T + \sum_\varepsilon$，且 F_j 与 ε_j 有联合正态分布。由似然函数的理论知

$$L\left(u,\ \sum\right) = \frac{1}{(2\pi)^{np/2}\left|\sum\right|^{n/2}} \times$$

$$\exp\left\{-\frac{1}{2}tr\left[\sum{}^{-1}\left(\sum_{j=1}^{n}(x_j-\bar{x})(x_j-\bar{x})^{\mathrm{T}} + n(\bar{x}-u)(\bar{x}-u)^{\mathrm{T}}\right)\right]\right\} \tag{7.17}$$

它通过 $\sum$ 依赖 A 和 $\sum_\varepsilon$。

式(7.17)并不能唯一确定 A，为此，可添加唯一性条件

$$A^T \sum{}_\varepsilon^{-1} A = \Lambda \tag{7.18}$$

这里 Λ 是一个对角阵。用数值极大化方法可以得到极大似然估计 $\hat{A}$ 和 $\hat{\sum}_\varepsilon$。极大似然估计 $\hat{A}$、$\hat{\sum}_\varepsilon$ 和 $\hat{u} = \bar{x}$ 将使 $\hat{A}^{\mathrm{T}}\hat{\sum}{}_\varepsilon^{-1}\hat{A}$ 为对角矩阵，且使式(7.17)达到最大。

共同度的极大似然估计为

$$\hat{h}_i^2 = \hat{a}_{i1}^2 + \hat{a}_{i2}^2 + \cdots + \hat{a}_{im}^2, \quad i=1,\ 2,\ \cdots,\ p \tag{7.19}$$

第 j 个因子对总体样本方差的贡献为

$$\frac{\hat{a}_{1j}^2 + \hat{a}_{2j}^2 + \cdots + \hat{a}_{pj}^2}{s_{11} + s_{22} + \cdots + s_{pp}}, \quad i=1,\ 2,\ \cdots,\ p \tag{7.20}$$

其中 s_{ii} 为第 i 个变量的方差。

关于极大似然估计方法的理论推导和证明可参见张尧庭等(1997)《多元统计分析引论》

例 4　研究纽约股票市场上 5 种股票(Allied Chemical，Dupont，Union Carbide，Exxon 和 Texaco)的周回升率(何晓群，2003)。这里，周回升率=(本周五市场收盘价-上周五市场收盘价)/上周五市场收盘价。原始资料见王学仁等(1990)《实用多元统计分析》，这组资料是对 5 种股票从 1975 年 1 月到 1976 年 12 月的独立观测值。

设 x_1，x_2，…，x_5 分别为上述 5 种股票的周回升率，则从原始数据计算得到

$$R = \begin{pmatrix} 1 & 0.577 & 0.509 & 0.387 & 0.462 \\ & 1 & 0.599 & 0.389 & 0.322 \\ & & 1 & 0.436 & 0.426 \\ & & & 1 & 0.523 \\ & & & & 1 \end{pmatrix}$$

取 $m=2$，用主成分法和极大似然法估计的因子载荷列于表 7.3 中。

表 7.3 **基于极大似然法和主成分法的因子载荷估计**

变量	极大似然估计			主成分估计		
	F_1	F_2	共同度	F_1	F_2	共同度
x_1 Allied Chemical	0.684	0.189	0.50	0.783	−0.217	0.66
x_2 Dupont	0.694	0.517	0.75	0.773	−0.458	0.81
x_3 Union Carbide	0.681	0.248	0.53	0.794	−0.234	0.69
x_4 Exxon	0.621	−0.073	0.39	0.713	0.472	0.73
x_5 Texaco	0.792	−0.442	0.82	0.712	0.524	0.78
累计贡献	0.485	0.598		0.571	0.733	

由表 7.3 可知，在主成分估计中，第一主因子 F_1 代表了一般经济条件，称为市场因子，所有股票在这个因子上的载荷都比较大，且大致相等。第二个主因子 F_2 是化学股票（前三个都是化学工业公司）和石油股票的一个“对照”，两者分别有较大的负、正载荷，F_2 使不同工业部门的股票产生差异，通常称为工业因子。

极大似然估计中，所有变量在 F_1 上都有较大的正载荷，因此 F_1 也可解释为市场因子，这与主成分估计的情况一致；但是，第二个主因子的意义并不像主成分法那样清楚。载荷的符号虽然也形成化学股票和石油股票的一个对照，但有一些绝对值很小，因此可以把它看成仅仅是 Dupont 化学公司和 Texaco 石油公司之间的一个对比。

此外，由表中数值还可知，主成分法的公共因子对总体样本方差的贡献比极大似然法要大，这是因为主成分因子分析与主成分相联系，而极大似然法具有方差极大化性质。

第三节 因子旋转

建立因子分析模型的目的不仅是找出主因子，更重要的是知道每个主因子的明确意义，以便对实际问题进行深入分析。然而，用上一节介绍的方法求出的主因子解，各主因子代表的变量并不很突出，容易使因子的意义含糊不清，不便于对实际问题进行分析。由线性代数知道：一个正交变换对应坐标系的旋转，而且主因子的任一解均可由上述已求得的 A 经过旋转（右乘一正交阵）得到。经过旋转后，公共因子对 x_i 的贡献 h_i^2 并不改变，但公共因子本身可能有较大变化，即 g_j^2 不再与原来的值相同，从而可通过适当的旋转来得到我们比较满意的公共因子。这种变换因子载荷矩阵的方法称为因子旋转。因子旋转有方差最大正交旋转法和斜交旋转法等，本节只介绍方差最大正交旋转方法。

先考虑两个因子的平面正交旋转。设因子载荷矩阵为

$$A=\begin{pmatrix} a_{11} & a_{12} \\ a_{21} & a_{22} \\ \vdots & \vdots \\ a_{p1} & a_{p2} \end{pmatrix} \tag{7.21}$$

取 Γ 为正交矩阵

$$\Gamma=\begin{pmatrix}\cos\varphi & -\sin\varphi\\ \sin\varphi & \cos\varphi\end{pmatrix}$$

令

$$B\hat{=}A\Gamma=\begin{pmatrix}a_{11}\cos\varphi+a_{12}\sin\varphi & -a_{11}\sin\varphi+a_{12}\cos\varphi\\ \vdots & \vdots\\ a_{p1}\cos\varphi+a_{p2}\sin\varphi & -a_{p1}\sin\varphi+a_{p2}\cos\varphi\end{pmatrix}\hat{=}\begin{pmatrix}b_{11} & b_{12}\\ \vdots & \vdots\\ b_{p1} & b_{p2}\end{pmatrix} \tag{7.22}$$

这样做的目的是希望所得结果使载荷矩阵的每一列元素按其平方值尽可能大或者尽可能小，即向 1 和 0 两极分化，也就是说因子的贡献越分散越好。这实际上是希望将变量 x_1，x_2，…，x_p 分成两部分，一部分主要与第一因子有关，另一部分主要与第二因子有关，这也就是要求$(b_{11}^2，\cdots，b_{p1}^2)$和$(b_{12}^2，\cdots，b_{p2}^2)$这两组数据的方差尽可能大，考虑各列的相对方差

$$V_a=\frac{1}{p}\sum_{i=1}^{p}\left(\frac{b_{ia}^2}{h_i^2}\right)^2-\left(\frac{1}{p}\sum_{i=1}^{p}\frac{b_{ia}^2}{h_i^2}\right)^2=\frac{1}{p^2}\left[p\sum_{i=1}^{p}\left(\frac{b_{ia}^2}{h_i^2}\right)^2-\left(\sum_{i=1}^{p}\frac{b_{ia}^2}{h_i^2}\right)^2\right],\ a=1,\ 2 \tag{7.23}$$

这里取 b_{ia}^2 是为了消除 b_{ia} 符号不同的影响，除以 h_i^2 是为了消除各个变量对公共因子依赖程度不同的影响。现在要求总的方差达到最大，即要求使

$$G=V_1+V_2$$

达到最大值，于是考虑 G 对 φ 的导数，利用式(7.22)、式(7.23)，经过一些计算，可知要使$\dfrac{\partial G}{\partial\varphi}=0$，就要取 φ 满足

$$\tan4\varphi=\frac{D-2AB/p}{C-(A^2-B^2)/p} \tag{7.24}$$

其中：$A=\sum_{j=1}^{p}u_j$，$B=\sum_{j=1}^{p}v_j$，$C=\sum_{j=1}^{p}(u_j^2-v_j^2)$，$D=2\sum_{j=1}^{p}u_jv_j$

$$u_j=\left(\frac{a_{j1}}{h_j}\right)^2-\left(\frac{a_{j2}}{h_j}\right)^2,\quad v_j=\frac{2a_{j1}a_{j2}}{h_j^2}$$

这一公式的详细理论证明参见张尧庭等(1997)《多元统计分析引论》。

当公共因子数 $m>2$ 时，可以每次取 2 个，全部配对旋转，旋转时总是对 A 矩阵中第 α、β 两列进行，此时在公式(7.24)中，只需将

$$a_{j1}\to a_{j\alpha},\quad a_{j2}\to a_{j\beta}$$

就行了。因此，共需进行 $C_m^2=\dfrac{m(m+1)}{2}$次旋转，但是旋转完毕后，并不能认为就已经达到目的，还可以重新开始，进行第二轮 C_m^2 次配对旋转。于是每经过一次旋转，A 矩阵就发生变化，即

$$A\xrightarrow{\text{第一次旋转}}A^{(1)}\xrightarrow{\text{第二次旋转}}A^{(2)}\to\cdots\to A^{(i)}\to A^{(i+1)}\to\cdots$$

从 $A^{(i)}\to A^{(i+1)}$，$A^{(i+1)}$ 的各列相应的相对方差之和只会比 $A^{(i)}$ 的大，记 $G^{(i)}$ 为 $A^{(i)}$ 各列方差之和，则有 $G^{(1)}\leqslant G^{(2)}\leqslant\cdots\leqslant G^{(i)}\leqslant G^{(i+1)}\leqslant\cdots$，这是一个单调上升的序列，而它又是

有界的，因此它一定会收敛到某一极限，经过若干次旋转后，它的总方差的变化不大了，就可停止旋转。

例 5 （续例 7.3）对企业的经济效益问题，用主成分法求出的初始因子载荷和方差最大法旋转后的因子载荷列于表 7.4 中。

表 7.4 **旋转前后的因子载荷**

	旋转前的因子载荷					旋转后的因子载荷				
	F_1	F_2	F_3	F_4	共同度	F_1	F_2	F_3	F_4	共同度
x_1	0.963	−0.086	−0.054	0.179	0.970	0.939	0.176	0.211	−0.105	0.968
x_2	0.336	0.454	−0.207	0.459	0.573	0.294	0.129	0.567	0.384	0.572
x_3	−0.764	0.281	0.090	0.469	0.891	−0.61	−0.355	0.095	0.619	0.890
x_4	0.959	−0.028	0.019	0.180	0.953	0.933	0.226	0.174	−0.035	0.953
x_5	−0.129	0.533	0.492	0.335	0.655	−0.075	0.193	−0.09	0.777	0.655
x_6	0.770	−0.240	0.393	0.310	0.901	0.914	−0.012	−0.205	0.157	0.902
x_7	0.138	0.303	−0.834	0.142	0.827	−0.041	0.048	0.886	−0.195	0.827
x_8	0.460	0.549	0.229	−0.461	0.778	0.176	0.861	−0.059	0.042	0.778
x_9	0.902	−0.203	−0.071	−0.006	0.860	0.856	0.183	0.103	−0.288	0.860
x_{10}	0.451	0.697	0.014	−0.308	0.784	0.142	0.835	0.232	0.112	0.784
累计贡献	44.006	59.543	71.582	81.886		38.374	55.739	68.820	81.886	

旋转后的因子载荷比旋转前的因子载荷经济意义更明显。第一主因子体现在 x_1、x_4、x_6、x_9 上；第二主因子体现在 x_8 和 x_{10} 上；第三主因子体现在 x_2 和 x_7 上；第四主因子体现在 x_3 和 x_5 上。

第四节 因子得分

因子模型建立后，我们应当反过来考察每一个样本。例如，在企业经济效益的因子模型建立之后，我们希望知道每个企业经济效益的优劣，将各企业划分归类，如哪些企业是优等，哪些企业是中等，哪些企业是差等。要解决这个问题，在统计模型上就需要将公共因子 F 用变量的线性组合来表示。

设公共因子 F_j 由变量 x 表示的线性组合为

$$F_j=\beta_{j1}x_1+\beta_{j2}x_2+\cdots+\beta_{jp}x_p,\quad j=1,2,\cdots,m \tag{7.25}$$

式(7.25)称为因子得分函数，由它可以计算出每个样品的公共因子得分。如果取 $m=2$，则将每个样品的 p 个变量代入(7.25)中，即可算出每个样品的因子得分 F_1 和 F_2。这样就可以在二维平面上作出因子得分的散点图，进而对样品进行分类或对实际问题进行更深入的研究。

由于(7.25)中方程的个数少于变量个数，因此只能在最小二乘意义下对因子得分进行估计。

设因子可以对 p 个变量做回归，即建立回归方程

$$\hat{F}_j=b_{j0}+b_{j1}x_1+b_{j2}x_2+\cdots+b_{jp}x_p,\quad j=1,2,\cdots,m$$

因为变量和主因子均已标准化，所以有 $b_{j0}=0$。根据最小二乘估计得

$$\hat{F}=A^TR^{-1}x$$

其中：$\hat{F}=(\hat{F}_1,\hat{F}_2,\cdots,\hat{F}_m)^{\mathrm{T}}$，$x=(x_1,x_2,\cdots,x_p)^{\mathrm{T}}$

$$R=\begin{pmatrix}1 & r_{12} & \cdots & r_{1p}\\ r_{21} & 1 & \cdots & r_{2p}\\ \vdots & \vdots & & \vdots\\ r_{p1} & r_{p2} & \cdots & 1\end{pmatrix}$$

为原变量的相关系数矩阵，$A^{\mathrm{T}}=(a_{ji})m\times p$。

例 6　(续例 7.3)计算 18 个企业经济效益的各个因子得分。

因子得分系数矩阵见表 7.5。

根据因子得分系数和原始变量的标准化值可以计算出每个企业的各因子得分。计算公式为：

表 7.5　**因子得分系数矩阵**

标准化变量	F_1	F_2	F_3	F_4
y_1	0.257	−0.070	0.107	0.027
y_2	0.101	−0.065	0.429	0.346
y_3	−0.056	−0.202	0.146	0.458
y_4	0.257	−0.036	0.072	0.078
y_5	0.048	0.092	−0.088	0.610
y_6	0.339	−0.175	−0.204	0.254
y_7	−0.089	−0.042	0.707	−0.167
y_8	−0.098	0.581	−0.154	−0.020
y_9	0.208	−0.021	0.022	−0.136
y_{10}	−0.108	0.530	0.085	0.037

$$F_1=0.257Y_1+0.101Y_2-0.056Y_3+0.257Y_4+0.048Y_5+0.339Y_6-0.089Y_7-0.098Y_8+0.208Y_9-0.108Y_{10}$$

$$F_2=-0.070Y_1-0.065Y_2-0.202Y_3-0.036Y_4+0.092Y_5-0.175Y_6-0.042Y_7+$$

$0.581Y_8-0.021Y_9+0.530Y_{10}$

$F_3=0.107Y_1+0.429Y_2+0.146Y_3+0.072Y_4-0.088Y_5-0.204Y_6+0.707Y_7-$
$0.154Y_8+0.022Y_9+0.085Y_{10}$

$F_4=0.027Y_1+0.346Y_2+0.458Y_3+0.078Y_4+0.610Y_5+0.254Y_6-0.167Y_7-$
$0.020Y_8-0.136Y_9+0.037Y_{10}$

注意：因子表达式中的各变量均值均为 0。标准差为 1 标准化后的变量。

最后，以各因子的方差贡献率占 4 个因子总方差贡献率的比重作为权重进行加权汇总，得出各城市的综合得分，即

$$F=(38.374F_1+17.365F_2+13.081F_3+13.066F_4)/81.886$$
$$=0.46863F_1+0.21206F_2+0.15975F_3+0.15956F_4$$

所得结果列于表 7.6 中。

表 7.6 **因子得分表**

企业	因子 1 得分	因子 2 得分	因子 3 得分	因子 4 得分	综合得分
1	0.06352	−0.37254	0.26433	−0.14131	−0.02956
2	−3.51933	−0.83016	−0.85379	1.28482	−1.75670
3	−0.36053	0.06882	0.60968	−1.17172	−0.24392
4	0.13728	−0.29742	−0.52781	−1.44676	−0.31390
5	0.98628	0.50084	−0.96826	1.05129	0.58147
6	0.28369	−0.34293	0.42870	0.95029	0.28033
7	−0.17507	−0.30004	−0.19186	−1.59381	−0.43063
8	−0.26060	0.06384	−0.77303	−1.03428	−0.39711
9	0.28330	1.54139	−0.18695	0.09203	0.44445
10	−0.58241	3.29382	0.64131	0.50218	0.60813
11	0.49874	0.28293	−1.70686	−0.53152	−0.06376
12	−0.48610	−0.47029	2.89696	−0.87050	−0.00364
13	0.55579	−0.69343	0.01623	−0.06961	0.10489
14	0.35778	−0.22560	0.13824	0.76438	0.26388
15	−0.10533	−0.10132	−0.32040	−0.80958	−0.25121
16	1.03747	−0.71605	0.90488	1.20601	0.67133
17	0.47768	−0.53870	0.53314	1.45326	0.42667
18	0.80784	−0.86316	−0.90451	0.36483	0.10925

第五节 应用举例

例 7 中心城市的综合发展是带动周边地区经济发展的重要动力，在我国经济发展进程中，各个中心城市一直是该地区经济和社会发展的"引路者"。因而，分析评价全国35个中心城市的综合发展水平，无论是对城市自身的发展，还是对周边地区的进步，都具有十分重要的意义。下面应用因子分析模型，选取反映城市综合发展水平的15个指标作为原始变量，对全国35个中心的综合发展水平做分析评价。

(1)原始数据及指标解释。选取反映城市综合发展水平的15个指标。

其中9个社会经济指标为：x_1 为非农业人口(万人)；x_2 为工业总产值(万元)；x_3 为货运总量(万吨)；x_4 为批发零售业贸易餐饮业网点数(个)；x_5 为批发零售业贸易餐饮业从业人数(万元)；x_6 为地方财政预算内收入(万元)；x_7 为城市居民年底储蓄余额(万元)；x_8 为职工人数(万人)；x_9 为工资总额(万元)。

6个城市公共设施水平的指标分别为：x_{10}为人均居住面积(m^2)；x_{11}为城市煤气普及率(%)；x_{12}为每万人拥有公交车辆数(台)；x_{13}为人均拥有铺装道路面积(m^2)；x_{14}为人均公共绿地面积(m^2)；x_{15}为每万人拥有公共厕所数(个)。

指标的选取参考了《中国统计年鉴》中统计指标的设置。数据来源于《中国统计年鉴(1997)》，见表7.7和表7.8。

表 7.7 **中心城市社会经济指标**

城市序号	x_1	x_2	x_3	x_4	x_5	x_6	x_7	x_8	x_9
1	710.00	18533430	12896	257089	1145076	1509030	17069786	461	4423882
2	513.00	25224200	23659	186855	583859	1285729	7240011	284	2120496
3	186.00	10965776	4077	152722	468234	234915	4236977	115	650743
4	187.00	3901907	13456	43433	228819	220286	2571193	115	679795
5	83.00	1060061	2884	20565	103914	58789	853145	48	217747
6	420.00	10212166	13874	158290	674088	399348	5806769	219	1137898
7	267.00	6066793	9363	147685	430674	231116	3318786	132	832837
8	420.00	7176086	8154	159315	668274	315000	4187342	222	1025435
9	932.00	50459098	40213	196406	1456699	2884986	18680000	457	4927045
10	265.00	12247400	12711	70042	282190	361643	3589993	146	1172621
11	197.00	14792192	1551	118551	335424	268438	4638459	122	973592
12	125.00	4053269	566	55571	227228	124339	1041589	63	363090
13	145.00	7169556	8465	82436	252404	301576	3197445	90	560623
14	157.00	3176138	3050	53325	216878	120605	1732110	89	455265

续表

城市序号	x_1	x_2	x_3	x_4	x_5	x_6	x_7	x_8	x_9
15	230.00	8344464	10964	160547	474534	243335	2886000	100	700636
16	191.00	7919257	11063	75503	260990	228619	3237011	102	615494
17	416.00	10126592	12450	130384	625070	362123	3395860	210	1223885
18	167.00	5015680	7113	128256	489928	255191	2181953	89	512648
19	403.00	20685796	22638	260188	1259607	852406	12932258	203	2395597
20	107.00	1578373	4715	61085	176583	129718	1439865	47	281810
21	41.00	642262	2248	17332	144248	48054	1301500	25	197218
22	310.00	9542987	13074	226238	707004	379021	4339490	165	1034811
23	135.00	2188705	4228	58081	142696	113499	1164121	69	368379
24	160.00	4653436	14513	63002	167908	325537	2285116	93	679215
25	261.00	5473938	10577	100504	583808	237753	3940163	141	756364
26	148.00	3372639	3558	62558	245296	119925	1733203	85	540594
27	67.00	715525	168	21499	59615	31043	549532	35	211705
28	49.00	740956	1105	13021	47079	38126	560206	26	139675
29	122.00	1819076	5807	36431	125090	180306	1554034	65	490230
30	254.00	12978993	19175	113919	440872	503910	5294278	127	936097
31	120.00	17374730	10312	122969	305319	320426	2840023	79	660757
32	55.00	4325007	2189	28226	100300	271788	1611054	48	521892
33	255.00	11173672	12500	126933	376914	379674	3499219	118	782257
34	79.00	14276969	3652	85491	398965	1317490	5822300	89	1284558
35	415.00	9768220	19088	229411	719411	398425	3731863	212	1128892

表 7.8 **中心城市公共设施水平**

城市序号	x_{10}	x_{11}	x_{12}	x_{13}	x_{14}	x_{15}
1	9.17	91.71	15.10	5.50	6.80	11.30
2	7.73	92.20	5.40	7.40	3.20	6.60
3	8.50	95.00	7.60	6.10	4.30	3.40
4	8.20	84.00	7.20	5.80	3.80	4.30
5	7.70	54.40	4.50	4.20	3.10	5.00
6	6.90	94.10	8.80	9.20	5.40	10.70
7	7.30	82.20	10.10	5.00	4.00	4.40

续表

城市序号	x_{10}	x_{11}	x_{12}	x_{13}	x_{14}	x_{15}
8	7.00	91.30	8.20	4.50	4.40	1.00
9	8.66	90.10	14.20	3.90	1.50	1.20
10	8.10	92.40	10.20	5.60	8.00	4.10
11	8.50	81.20	10.30	5.60	5.40	3.70
12	8.00	56.30	8.80	9.10	7.40	3.30
13	9.30	65.30	4.90	6.80	5.00	3.70
14	8.00	73.50	7.90	4.60	4.80	2.30
15	8.10	79.60	7.00	10.50	5.00	4.10
16	7.90	82.90	5.60	5.20	3.20	3.00
17	7.20	65.00	11.80	4.10	6.90	3.70
18	7.40	61.20	15.10	5.80	6.60	4.00
19	8.50	86.60	12.80	6.30	4.70	4.80
20	7.10	86.40	5.10	6.00	6.50	2.80
21	10.10	99.80	14.70	11.70	8.30	3.40
22	8.70	85.20	7.60	4.50	2.20	3.10
23	7.60	50.40	11.40	4.80	8.50	11.70
24	9.20	91.10	12.30	6.20	5.70	3.20
25	7.70	55.70	6.60	4.70	3.80	2.00
26	7.30	76.20	6.60	6.20	3.40	2.30
27	5.90	46.50	11.30	4.60	3.00	3.80
28	8.60	84.00	8.50	6.30	3.60	3.00
29	8.00	99.70	17.30	8.00	4.00	3.90
30	7.80	95.00	13.80	5.50	5.60	0.90
31	8.80	93.90	16.40	8.80	2.80	3.50
32	9.00	80.50	13.20	11.70	8.00	2.40
33	8.10	78.90	14.60	8.00	5.30	4.40
34	9.90	51.70	57.20	11.70	11.70	2.70
35	7.00	71.00	8.00	4.50	2.00	8.00

(2)根据原始数据进行计算。按照特征值大于 1 的原则，选取 4 个公共因子。其特征值、方差贡献率、累计方差贡献率分别如表 7.9。

表 7.9 **特征根和方差贡献率**

公共因子	旋转前			旋转后		
	特征根	方差贡献率(%)	累计方差贡献率(%)	特征根	方差贡献率(%)	累计方差贡献率(%)
1	7.848	52.321	52.321	7.698	51.317	51.317
2	2.590	17.269	69.589	2.608	17.386	68.703
3	1.370	9.135	78.724	1.315	8.769	77.471
4	1.057	7.047	85.771	1.245	8.299	85.771

(3)由于公共因子 F_3 和 F_4 在原始变量上的载荷值(原始变量载荷矩阵略)不太好解释，用方差最大化正交旋转进行 6 次旋转后，得载荷矩阵，如表 7.10 所示。

表 7.10 **旋转后的因子载荷矩阵**

	1	2	3	4
x_1	0.938	−0.219	0.079	0.145
x_2	0.917	0.067	0.098	−0.193
x_3	0.839	−0.199	0.200	−0.109
x_4	0.770	−0.158	0.150	0.298
x_5	0.931	−0.092	0.041	0.110
x_6	0.929	0.222	−0.050	−0.144
x_7	0.957	0.097	0.082	0.065
x_8	0.937	−0.126	0.073	0.203
x_9	0.966	0.070	0.045	0.072
x_{10}	0.135	0.734	0.352	−0.208
x_{11}	0.238	0.017	0.905	−0.046
x_{12}	0.170	0.802	−0.353	−0.136
x_{13}	−0.243	0.779	0.294	0.056
x_{14}	−0.197	0.783	−0.247	0.249
x_{15}	0.151	0.007	−0.050	0.935

最后，由回归法估计出因子得分，以各因子的方差贡献率占 4 个因子总方差贡献率的比重作为权重进行加权汇总，得出各城市的综合得分 F，即：

$$F=(51.317\times F_1+17.386\times F_2+8.769\times F_3+8.299\times F_4)/85.771$$

所得结果列于表 7.11。

表 7.11 **因子得分表**

城市序号	因子1得分	因子2得分	因子3得分	因子4得分	综合得分	城市序号	因子1得分	因子2得分	因子3得分	因子4得分	综合得分
1	2.32582	0.88073	0.26895	2.73901	1.86	19	1.52385	0.11696	0.41103	0.30577	1.01
2	1.21050	-0.40547	0.87903	0.52074	0.78	20	-0.82452	-0.41813	0.15857	-0.07782	-0.57
3	-0.19496	-0.15514	1.05237	-0.08208	-0.05	21	-1.09807	1.96538	1.88845	-0.00798	-0.07
4	-0.40984	-0.43217	0.48445	-0.23226	-0.31	22	0.36764	-0.75744	0.68060	-0.30178	0.11
5	-0.85708	-0.95061	-1.12204	-0.11619	-0.83	23	-0.68799	0.17391	-1.75253	2.46438	-0.32
6	0.27006	-0.05940	0.90398	2.63146	0.50	24	-0.37933	0.39109	0.85034	-0.57066	-0.12
7	-0.09032	-0.73151	-0.04246	0.26076	-0.18	25	0.01847	-0.85694	-1.16016	-0.68392	-0.35
8	0.27079	-0.99135	0.14731	-0.43184	-0.07	26	-0.62589	-0.73056	-0.11534	-0.54659	-0.59
9	3.91755	-0.33091	-0.22240	-2.34346	2.03	27	-0.88894	-1.25430	-2.24187	-0.31763	-1.05
10	-0.04462	0.25730	0.35940	0.08475	0.07	28	-1.05879	-0.14250	0.57584	-0.66794	-0.67
11	-0.11334	0.09196	0.09913	-0.13945	-0.05	29	-0.75281	0.26137	1.01530	-0.24467	-0.32
12	-0.75263	0.54152	-0.84175	0.10380	-0.42	30	0.24583	-0.14835	0.42751	-1.14166	0.05
13	-0.37697	0.17638	0.02781	-0.33202	-0.22	31	-0.19255	0.42117	1.23024	-0.66828	0.03
14	-0.59707	-0.48237	-0.38169	-0.61847	-0.55	32	-0.86398	1.53694	0.65403	-0.30022	-0.17
15	-0.23058	0.28479	0.81693	0.41823	0.04	33	-0.02083	0.30084	0.12830	0.08833	0.07
16	-0.32012	-0.74594	0.34923	-0.61187	-0.37	34	0.49803	4.07419	-2.52324	-0.89577	0.78
17	0.40564	-0.48986	-1.34269	0.20187	0.03	35	0.55526	-1.34687	-0.37169	1.30576	0.15
18	-0.22818	-0.04471	-1.29093	0.20771	-0.26						

(4)结果分析。由旋转后的因子载荷矩阵可以看出，公共因子 F_1 在 x_1(非农业人口)、x_2(工业总产值)、x_3(货运总量)、x_4(批发零售业贸易餐饮业网点数)、x_5(批发零售业贸易餐饮业从业人数)、x_6(地方财政预算内收入)、x_7(城市居民年底储蓄余额)、x_8(职工人数)、x_9(工资总额)上的载荷值都很大。x_1、x_8、x_9 反映城市规模，x_2、x_3 反映城市工业发展规模，x_4、x_5 反映城市第三产业的发展规模，x_6(地方财政预算内收入)是政府作为国家的管理者和国有资产的所有者而获得的收入，x_7(城市居民年底储蓄余额)则在一定程度上反映了居民的收入水平，而在我国现今的收入分配格局下，政府和居民是再分配收入的获得大户，因而 x_6、x_7 则在一定程度上反映了城市的国民收入水平。因此，F_1 为反映城市规模及经济发展水平的公共因子，在这个因子上的得分越高，城市经济发展水平越高，城市规模越大。公共因子 F_2 由于在 x_{10}(人均居住面积)、x_{12}(每万人拥有公交车辆数)、x_{13}(人均拥有铺装道路面积)、x_{14}(人均公共绿地面积)上的载荷较大，是反映城市基础设施水平的公共因子，在此因子上的得分则反映了一个城市的基础设施水平。公共因子 F_{13} 仅在 x_{11}(城市煤气普及率)上有较大的载荷，可命名为“煤气”因子。公共因子 F_4 在 x_{15}(每

万人拥有公共厕所数)上的载荷较大，是反映城市公共卫生情况的公共因子。

有了各个公共因子合理的解释，结合各个城市在4个公共因子上的得分和综合得分，就可对各中心城市的综合发展水平进行评价。在城市经济规模因子 F_1 上得分最高的前5个城市依次是城市9、1、19、2和35，其中城市9的得分约为3.92，远远高于其他城市，这就是说，就城市规模而言，城市9是我国最大的城市，且其规模远大于其他城市。城市规模较小、经济发展相对较慢的有城市27和28，而城市21由于城市规模小，在 F_1 上的得分也较低。城市34、21和32在因子 F_2 上的得分较高，而城市35、27、8得分较低，说明城市34、21和32的城市基础设施在全国是较好的，而城市35等的基础设施相对较差，还需下大力气进行改善。城市1、6、23、35在公共因子 F_4 上的得分较高，城市公共卫生做得较好，而城市30和10在 F_4 上的得分最低。

将各城市在4个因子上的得分进行加权综合，就得到了综合得分。根据综合得分就可综合评价城市的发展水平。综合得分前5名的城市依次是城市9、1、19、2、34，综合得分最低的5个城市依次是城市27、5、28、26、20，再结合各因子得分进行分析，城市1、19不仅综合得分最高，而且在各因子上的得分均位于前列，城市的各方面均衡，为以后的发展奠定了良好的基础。城市9虽然综合得分最高，但其城市基础设施上的得分较低，需加强改善力度。综合得分较低的城市在经济发展水平上的得分较低，在城市发展战略上应把经济的发展放在首位，只有经济发展了，城市设施水平及其他方面才能搞上去。若结合经济理论，还可对各城市的发展做进一步深入的分析，这里不多讨论。

例8　收集到某年全国31个省、市、自治区各类经济单位，包括国有经济单位、集体经济单位、联营经济单位、股份制经济单位、外商投资经济单位、港澳台经济单位和其他经济单位的年人均收入数据(数据来源：中国统计网)，现希望对全国各地区间年人均收入的差异性进行研究。

(1)原始数据及指标

x_1、x_2、x_3、x_4、x_5、x_6、x_7 分别为国有经济单位、集体经济单位、联营经济单位、股份制经济单位、外商投资经济单位、港澳台经济单位和其他经济单位的年人均收入数据。数据见表7.12。

表7.12　　**各类经济单位的年人均收入**

地区	x_1	x_2	x_3	x_4	x_5	x_6	x_7
北京	10907	8259	9917	12864	18058	14945	37096
天津	8689	5083	5667	11829	11797	8950	5109
河北	6066	3843	5073	6029	6323	6186	7125
山西	5791	3177	3349	5267	6367	6290	5044
内蒙古	5462	3551	5290	4407	5512	4599	3581
辽宁	6226	3583	3789	6618	9158	7417	4899
吉林	6017	3813	7403	7471	7402	6659	6811
黑龙江	5323	2747	4472	8066	5513	5933	3266
上海	11733	7329	8746	12698	16857	14175	12720
江苏	7745	5183	7390	9144	9153	7352	6864

续表

地区	x_1	x_2	x_3	x_4	x_5	x_6	x_7
浙江	8847	7026	7346	9356	10417	9500	8178
安徽	6039	3692	4830	6306	6042	5511	5605
福建	7621	5582	11124	8556	8336	8732	7507
江西	5303	3636	6056	7987	8545	7535	4465
山东	6817	4186	6420	6257	6782	5826	2351
河南	5643	3797	5912	4989	6409	5307	4995
湖北	5741	3731	5193	5319	8237	6769	4963
湖南	5683	3736	6218	5027	7929	5224	3713
广东	10032	6814	11036	12475	12410	11140	7713
广西	5654	4437	5296	6536	6765	5577	6189
海南	5468	4208	7010	11062	9077	8373	8462
重庆	5828	4016	3852	6166	9114	8361	7025
四川	5996	3982	4642	6333	6707	5568	4509
贵州	5434	3556	3778	6686	7313	7048	3661
云南	7237	5473	5065	7710	8388	8109	11793
西藏	10524	4588	5918	9558	7114		6292
陕西	5452	3177	4482	7067	6613	5621	7030
甘肃	6445	4598	4356	5146	10043	6272	3296
青海	7623	3419	2248	5701	5391	4979	
宁夏	6206	4831	4144	6446	9512	4716	1042
新疆	6709	5849	5258	7460	6754	8324	4351

(2)根据原始数据进行计算。采用主成分分析法提取因子并选取特征根值大于1的特征根。因子分析的初始解如表7.13(a)所示。

表7.13(a) **因子分析的初始解(一)**

	Initial	Extraction
x_1	1	0.760
x_2	1	0.851
x_3	1	0.599
x_4	1	0.785
x_5	1	0.830
x_6	1	0.913
x_7	1	0.592

从表7.13(a)可以看出，国有经济单位、集体经济单位、股份制经济单位、外商投资经济单位及港澳台经济单位的绝大部分信息可被因子解释，这些变量的信息丢失较少。但联营经济单位和其他经济单位两个变量的信息丢失较为严重(约40%)，因此，本次因子提取的总体效果并不理想。

重新指定提取特征根的标准，指定提取2个因子。分析结果如表7.13(b)所示。

表7.13(b) **因子分析的初始解(二)**

	Initial	Extraction
x_1	1	0.767
x_2	1	0.854
x_3	1	0.813
x_4	1	0.816
x_5	1	0.855
x_6	1	0.922
x_7	1	0.871

表7.13(b)是指定2个特征根下的因子分析的初始解。由第二列可知：此时所有变量的共同度均较高，各个变量的信息丢失都较少。因此，本次因子提取的总体效果较理想。

表7.13(c)是因子解释原有变量总方差的情况。

表7.13(c) **特征根和方差贡献率**

公共因子	旋转前			旋转后		
	特征根	方差贡献率(%)	累计方差贡献率(%)	特征根	方差贡献率(%)	累计方差贡献率(%)
1	5.331	76.151	76.151	3.168	45.261	45.261
2	0.568	8.108	84.259	2.730	38.997	84.259

由于指定提取2个因子，2个因子共解释了原有变量总方差的84.259%。总体上，原有变量的信息丢失较少，因子分析效果较理想。

(3)采用方差最大法对因子载荷矩阵实行正交旋转以使因子具有命名解释性。旋转后的因子载荷矩阵如表7.14所示。

表7.14 **旋转后的因子载荷矩阵**

	F_1	F_2
x_1	0.702	0.524
x_2	0.720	0.579
x_3	0.883	0.180
x_4	0.773	0.467
x_5	0.566	0.731
x_6	0.642	0.714
x_7	0.213	0.908

由表7.14可以看出，国有经济单位、集体经济单位、联营经济单位以及股份制经济

单位在第 1 个因子上有较高的载荷，第 1 个因子主要解释了这几个变量，可解释为内部投资经济单位；外商投资经济单位、港澳台经济单位和其他经济单位在第 2 个因子上有较高的载荷，第 2 个因子主要解释了这几个变量，可解释为外来投资经济单位。与旋转前相比，因子含义较清晰了。

(4)因子得分系数矩阵及因子得分分别如表 7.15 和表 7.16 所示。

表 7.15　　因子得分系数矩阵

	F_1	F_2
x_1	0.223	-0.002
x_2	0.196	0.042
x_3	0.656	-0.504
x_4	0.331	-0.117
x_5	-0.062	0.322
x_6	0.020	0.244
x_7	-0.519	0.784

表 7.16　　因子得分表

城市序号	因子 1 得分	因子 2 得分	综合得分	城市序号	因子 1 得分	因子 2 得分	综合得分
北京	0.31325	4.54829	2.27331	湖北	-0.62183	-0.08907	-0.37525
天津	0.90923	0.14557	0.55578	湖南	-0.25042	-0.66565	-0.44259
河北	-0.65314	-0.08034	-0.38803	广东	2.86577	-0.49397	1.31078
山西	-1.24704	0.09507	-0.62587	广西	-0.41355	-0.27106	-0.34760
内蒙古	-0.62057	-0.76153	-0.68580	海南	0.46143	-0.08470	0.20867
辽宁	-0.84965	0.33366	-0.30198	重庆	-1.04961	0.71541	-0.23272
吉林	0.26370	-0.58162	-0.12753	四川	-0.52471	-0.34234	-0.44030
黑龙江	-0.47134	-0.67558	-0.56587	贵州	-0.80523	-0.06217	-0.46132
上海	1.97930	1.47936	1.74790	云南	-0.46554	0.90282	0.16777
江苏	0.86760	-0.35232	0.30298	西藏	0.81648	-0.33621	0.28299
浙江	1.16870	0.22315	0.73107	陕西	-0.87055	-0.04660	-0.48920
安徽	-0.58670	-0.33251	-0.46905	甘肃	-0.59122	0.07827	-0.28136
福建	1.96140	-1.06986	0.55845	青海	-1.41013	0.33774	-0.60117
江西	-0.01573	-0.37970	-0.18418	宁夏	-0.28492	-0.42674	-0.35056
山东	0.33114	-0.99891	-0.28444	新疆	0.21658	-0.22686	0.01134
河南	-0.42270	-0.58159	-0.49623				

由表 7.16 可以看出，北京、上海和广东是较为特殊的点，其他样本较类似。北京的第 2 个因子得分最高，表明外来投资经济单位的人均年收入远高于其他省市；上海的两个因子得分均比较高，都高于平均水平，因此总体上上海的人均年收入是最高的；广东的第一因子得分最高，表明内部投资经济单位的人均年收入远高于其他省市。

其次，对各地区人均年收入进行综合评价。以两个因子的方差贡献率为权数，计算各城市的综合得分。结果表明，人均年收入较高的省市有北京、上海、广东、浙江、天津、福建和江苏等，它们多属经济文化中心或东南沿海地区。人均年收入较低的省市有内蒙古、山西、黑龙江、青海等，它们多为内陆或西北边远地区。

例 9 因子分析在市场研究中的应用。表 7.17 是研究消费者对购买牙膏偏好的调查数据。通过市场的拦截访问，用 7 级量表询问受访者对以下陈述的认可程度(1 表示非常不同意，7 表示非常同意)。

x_1：购买预防蛀牙的牙膏是重要的；

x_2：我喜欢使牙齿亮泽的牙膏；

x_3：牙膏应当保护牙龈；

x_4：我喜欢使口气清新的牙膏；

x_5：预防坏牙不是牙膏提供的一项重要利益；

x_6：购买牙膏时最重要的考虑是富有魅力的牙齿。

表 7.17 **牙膏属性得分表**

编号	x_1	x_2	x_3	x_4	x_5	x_6	编号	x_1	x_2	x_3	x_4	x_5	x_6
1	7	3	6	4	2	4	16	6	4	6	3	3	4
2	1	3	2	4	5	4	17	5	3	6	3	3	4
3	6	2	7	4	1	3	18	7	3	7	4	1	4
4	4	5	4	6	2	5	19	2	4	3	3	6	3
5	1	2	2	3	6	2	20	3	5	3	6	4	6
6	6	3	6	4	2	4	21	1	3	2	3	5	3
7	5	3	6	3	4	3	22	5	4	5	4	2	4
8	6	4	7	4	1	4	23	2	2	1	5	4	4
9	3	4	2	3	6	3	24	4	6	4	6	4	7
10	2	6	2	6	7	6	25	6	5	4	2	1	4
11	6	4	7	3	2	3	26	3	5	4	6	4	7
12	2	3	1	4	5	4	27	4	4	7	2	2	5
13	7	2	6	4	1	3	28	3	7	2	6	4	3
14	4	6	4	5	3	6	29	4	6	3	7	2	7
15	1	3	2	2	6	4	30	2	3	2	4	7	2

(1)特征根和贡献率

由表 7.18 可以看出，提取两个因子累计方差贡献率就达到 82%，第三个特征根相比下降比较快，因此我们选取两个公共因子。

表 7.18　**方差贡献率表**

	旋转前			旋转后		
	特征根	方差贡献率(%)	累计方差贡献率(%)	特征根	方差贡献率(%)	累计方差贡献率(%)
1	2.731	45.520	45.520	2.688	44.802	44.802
2	2.218	36.969	82.488	2.261	37.687	82.488
3	0.442	7.360	89.848			
4	0.341	5.688	95.536			
5	0.183	3.044	98.580			
6	0.085	1.420	100.000			

(2)因子的含义

为了得到意义明确的因子含义，我们将因子载荷阵进行方差最大化旋转，得到旋转后的因子载荷矩阵如表 7.19 所示。

表 7.19　**旋转后的因子载荷矩阵**

	F_1	F_2
x_1	0.962	-0.027
x_2	-0.057	0.848
x_3	0.934	-0.146
x_4	-0.098	0.854
x_5	-0.933	-0.084
x_6	0.083	0.885

从因子载荷阵可以看出，因子 1 与 x_1(预防蛀牙)、x_3(保护牙龈)、x_5(预防坏牙)相关性强，其中 x_5 的载荷是负数，是由于这个陈述是反向询问的；因子 2 与 x_2(牙齿亮泽)、x_4(口气清新)、x_6(富有魅力)的相关系数相对较高。因此，我们命名因子 1 为“护牙因子”，是人们对牙齿的保健态度；因子 2 是“美牙因子”，说明人们“‘通过牙膏美化牙齿’影响社交活动”的重视。从这两方面分析，对牙膏生产企业开发新产品都富有启发意义。

小　结

本章主要介绍了因子分析的基本理论和方法。因子分析是把一些具有错综复杂关系的变量归结为少数几个综合因子的一种多元统计分析方法。本章介绍的内容包括因子分析的基本思想和模型、因子模型的两种参数估计方法、因子旋转以及因子得分的计算等。最后，结合实例介绍了因子分析方法在实际中的应用。

关键术语

因子分析　因子载荷　方差贡献率　因子旋转　因子得分

习　题

1. 利用因子分析方法分析表 7.20 中 30 个学生成绩的因子构成，并分析各个学生较适合学文科还是理科。

表 7.20

序号	数学	物理	化学	语文	历史	英语
1	65	61	72	84	81	79
2	77	77	76	64	70	55
3	67	63	49	65	67	57
4	80	69	75	74	74	63
5	74	70	80	84	81	74
6	78	84	75	62	71	64
7	66	71	67	52	65	57
8	77	71	57	72	86	71
9	83	100	79	41	67	50
10	86	94	97	51	63	55
11	74	80	88	64	73	66
12	67	84	53	58	66	56
13	81	62	69	56	66	52
14	71	64	94	52	61	52
15	78	96	81	80	89	76
16	69	56	67	75	94	80
17	77	90	80	68	66	60
18	84	67	75	60	70	63
19	62	67	83	71	85	77

续表

序号	数学	物理	化学	语文	历史	英语
20	74	65	75	72	90	73
21	91	74	97	62	71	66
22	72	87	72	79	83	76
23	82	70	83	68	77	85
24	63	70	60	91	85	82
25	74	79	95	59	74	59
26	66	61	77	62	73	64
27	90	82	98	47	71	60
28	77	90	85	68	73	76
29	91	82	84	54	62	60
30	78	84	100	51	60	60

2. 某汽车组织欲根据一系列指标来预测汽车的销售情况，为了避免有些指标间的相关关系影响预测结果，需首先进行因子分析来简化指标系统。表 7.21 是抽查欧洲某汽车市场 7 个品牌不同型号的汽车的各种指标数据(各指标单位略)，试用因子分析法找出其简化的指标系统。

表 7.21

品牌	价格	发动机	功率	轴距	宽	长	轴距	燃料容量	燃料效率
A	21 500	1.8	140	101.2	67.3	172.4	2.639	13.2	28
A	28 400	3.2	225	108.1	70.3	192.9	3.517	17.2	25
A	42 000	3.5	210	114.6	71.4	196.6	3.850	18.0	22
B	23 990	1.8	150	102.6	68.2	178.0	2.998	16.4	27
B	33 950	2.8	200	108.7	76.1	192.0	3.561	18.5	22
B	62 000	4.2	310	113.0	74.0	198.2	3.902	23.7	21
C	26 990	2.5	170	107.3	68.4	176.0	3.179	16.6	26
C	33 400	2.8	193	107.3	68.5	176.0	3.197	16.6	24
C	38 900	2.8	193	111.4	70.9	188.0	3.472	18.5	25
D	21 975	3.1	175	109.0	72.7	194.6	3.368	17.5	25
D	25 300	3.8	240	109.0	72.7	196.2	3.543	17.5	23
D	31 965	3.8	205	113.8	74.7	206.8	3.778	18.5	24

续表

品牌	价格	发动机	功率	轴距	宽	长	轴距	燃料容量	燃料效率
D	27 885	3.8	205	112.2	73.5	200.0	3.591	17.5	25
E	39 895	4.6	275	115.3	74.5	207.2	3.978	18.5	22
E	39 665	4.6	275	108.0	75.5	200.6	3.843	19.0	22
E	31 010	3.0	200	107.4	70.3	194.8	3.770	18.0	22
E	46 225	5.7	255	117.5	77.0	201.2	5.572	30.0	15
F	13 260	2.2	115	104.1	67.9	180.9	2.676	14.3	27
F	16 535	3.1	170	107.0	69.4	190.4	3.051	15.0	25
F	18 890	3.1	175	107.5	72.5	200.9	3.330	16.6	25
F	19 390	3.4	180	110.5	72.7	197.9	3.340	17.0	27
F	24 340	3.8	200	101.1	74.1	193.2	3.500	16.8	25
F	45 705	5.7	345	104.5	73.6	179.7	3.210	19.1	22
F	13 960	1.8	120	97.1	66.7	174.3	2.398	13.2	33
F	9 235	1.0	55	93.1	62.6	149.4	1.895	10.3	45
F	18 890	3.4	180	110.5	73.0	200.0	3.389	17.0	27
G	19 840	2.5	163	103.7	69.7	190.9	2.967	15.9	24
G	24 495	2.5	168	106.0	69.2	193.0	3.332	16.0	24
G	22 245	2.7	200	113.0	74.4	209.1	3.452	17.0	26
G	16 480	2.0	132	108.0	71.0	186.0	2.911	16.0	27
G	28 340	3.5	253	113.0	74.4	207.7	3.564	17.0	23
G	29 185	3.5	253	113.0	74.4	197.8	3.567	17.0	23

3. 根据人均 GDP、第三产业从业人员占全部从业人员的比重、第三产业增加值占 GDP 的比重、人均铺装道路面积、万人拥有公共汽车和电车、万人拥有医生、百人拥有电话机数、万人拥有高等学校在校学生人数、人均住房面积、百人拥有公共图书馆藏书、人均绿地面积等 11 项指标对目前我国省会城市和计划单列市的城市化进行因子分析，并利用因子得分对其进行排序和评价(数据可从《中国统计年鉴》获取)。

4. 结合所学专业，找一个实际问题，建立因子分析模型并进行分析和解释。

第八章　统计指数

第一节　统计指数的意义和种类

一、统计指数的意义

（一）统计指数的概念

统计指数是在研究社会经济现象数量关系，分析社会经济现象在不同时间、空间、条件下的数量变动情况，测定有关因素影响的方向、程度中产生发展起来的。它最早见于18世纪中叶的欧洲，当时，由于金银大量流入欧洲，欧洲的物价飞涨，引起社会不安，于是产生了反映物价变动程度的价格指数。后来，人们为了适应统计研究分析的需要，扩展了被称为指数的对比计算的对象、内容和范围。所以，从商品价格到经济领域的各种要素，从某一简单现象到复杂现象，从不同时间到不同空间，不同条件的经济现象数量对比计算的相对数都沿用了价格相对数所用的指数概念。

为了阐明指数的概念，我们把所要研究的现象总体区分为简单现象总体和复杂现象总体。前者，指总体中的单位数或标志值，可以直接加以总计，如某种产品产量、成本、产值、利税，某种农作物的播种面积及其收获量。后者，指构成现象总体的单位及其标志值不能直接加总，如不同使用价值的产品产量、成本和价格等。从广义上说，以上两类现象总体数量的变动都是指数。因此，前面讨论过的动态相对数、比较相对数、计划完成程度相对数都可以叫指数。但是通常所说的指数是狭义概念的指数，它仅仅反映复杂现象总体数量上的变动。本章主要讨论狭义指数的编制，并且着重于对动态指数做详细说明。

（二）统计指数的作用

指数是一种重要的统计方法，在经济分析中有着广泛的应用，其基本作用可概括为：

1. 统计指数可以综合反映复杂现象总体数量的变动方向和程度

统计指数的综合计算，把不能直接加总的多要素现象汇总为可比的总体数量进行分析，求得其变动的方向和程度。当计算结果大于或小于100%时，说明现象总体数量变动的方向是上升或下降。它与100%的偏差，则表示总体数量变动的程度，正数说明现象总体数量上升的幅度，负数说明现象总体数量下降的幅度。

2. 统计指数可以分析各个因素变动对现象总体变动的影响方向和程度

在社会经济现象中有许多现象都是复杂现象，其变动要受许多因素的影响。例如，商品销售额的变动是商品销售量和商品价格两因素共同变动的结果；产品总成本的变动是受产品产量和产品单位成本两因素共同作用的结果。通过编制各种因素指数可以分析各因素的影响方向和影响程度。例如，分别编制销售量指数和价格指数，分析它们对销售额的影响方向和影响程度；分别编制产量指数和单位产品成本指数，分析它们对总成本的影响方向和影响程度。

3. 统计指数可以测定现象数量变动受总体内部各组水平和总体单位结构变动的影响方向和程度

统计指数对现象数量的某一平均指标指数进行分析时，可以通过现象平均指标的计算原理和指数体系分别测定各组水平和总体单位结构的变动对总体平均水平的影响。

4. 统计指数可以研究现象数量在长时期内的变动趋势

编制一系列反映同类现象变动情况的指数形成指数数列，可以反映被研究现象的变动趋势。例如，根据1990年到2000年11年的零售价格资料，编制10个环比价格指数。从而构成了价格指数数列。这样，就可以揭示价格在一段时间内的变动方向、程度和趋势，评判价格水平是上升还是下降。

5. 统计指数可以对社会经济现象进行综合评价和测定

随着指数在实际应用中的发展，许多经济现象都可以运用统计指数进行综合评定，以便对某种社会经济现象进行综合的数量评断。

二、统计指数的种类

可以从不同角度对统计指数进行分类，常用的统计指数的分类有：

(一) 按所反映的对象范围不同，统计指数分为个体指数和总指数

个体指数是反映单一经济现象的变动程度，如表8.1中甲种商品的销售量指数和销售价格指数等；总指数是说明由多个要素组成的复杂社会经济现象总体综合变动的特殊相对数，即狭义的指数。如表8.1中甲、乙、丙三种商品销售量总指数和销售价格总指数。

(二) 按其反映现象的性质不同，统计指数分为数量指标指数和质量指标指数

数量指标指数是表明总体在规模上数量变动的指数，即对数量指标编制的指数，如销售量指数、职工人数指数、产品产量指数等；质量指标指数是表明总体质量、内涵变动情况的指数，即对质量指标编制的指数，如价格指数、单位产品成本指数、劳动生产率指数、平均工资指数等。

(三) 按比较的对象不同，统计指数分为动态指数、静态指数和计划完成指数

动态指数反映的是现象在时间上发展变化的指数，其对比基准是现象在基期的水平，上述所举的指数都是动态指数。指数的编制和应用，通常是针对时间上的变动来考虑的，但静态指数和计划完成指数的应用也越来越广泛。静态指数反映的是同一时间，不同单位、地区、国家之间的综合比较，例如地区价比指数，其对比的基础是同一时期的价格在某地区的水平。计划完成指数反映的是所研究现象计划的综合完成程度，其对比的基准是该现象的计划任务数。

第二节　综合指数的编制原理

一、综合指数的概念和特点

（一）综合指数的概念

综合指数是由两个总量指标对比得到的指数。在所研究的总量指标中，包含两个或两个以上的因素，将其中一个或一个以上的因素固定下来，只考察其中一个因素的变动，这样编制出来的指数叫综合指数。

（二）综合指数的特点

从编制方法来看，综合指数具有以下几个特点：

1. 先综合后对比。总体中各单位由于使用价值不同，其总体的单位及其标志值不能直接加总对比。例如，电视机、小麦、衣服等商品，由于使用价值不同，是不能将它们相加测定其总变动的。怎样才能分析其变动呢？这时需要有一个媒介或者说一个过渡因素。由于有了这个因素，原来直接相加没有经济意义的现象可以直接相加，这个过渡因素就叫同度量因素。例如电视机、小麦、衣服等商品，尽管它们的使用价值不同，计量单位有台、千克、件之分，但它们都是社会劳动产品，都包含了一定的社会必要劳动时间，也都具有价值，而价值是可以直接相加和对比的。将这三种商品销售量与其单价相乘，然后汇总，就得到这三种商品销售额总的变动情况，这里商品的单价就是过渡因素，在统计上称为同度量因素。

2. 将同度量因素加以固定。计算综合指数时须将同度量因素加以固定，才能测定所研究现象的变动情况。例如，研究某商店商品销售量的变动情况时，商品价格可以作为同度量因素，将每种商品的销售量乘以各自商品的价格，得到可以直接相加的销售额。但如果用报告期的销售量乘以报告期的价格，得到报告销售额，用基期的销售量乘以基期的价格，得到基期销售额，比较这两个销售额，得出的指数并不是所求商品销售量指数，而是销售额指数，它包含了销售量和价格两个因素的变动。要计算商品销售量指数，必须将价格这个同度量因素固定下来，将报告期和基期的销售量都乘以同一个时期的价格，这样得出的两个销售额之比，反映的才是销售量这一因素的变动情况。同理，如要计算商品价格指数，就需要将销售量固定不变，得到的就是价格这一因素的变动。

3. 指数的分子、分母所研究对象的范围应一致，并以全面资料为基础。计算综合指数时，分子和分母的统计范围、计算单位等都应一致，否则计算出来的结果是不正确的。由于综合指数是两个总量指标对比，所以，需要在全面资料的基础上进行计算。

二、综合指数的编制方法

（一）数量指标指数的编制

数量指标指数是反映复杂现象总体规模、水平或工作总量变动程度的指数，一般是根据总量指标计算的。例如，产品产量指数、商品销售量指数、货物周转量指数等，它们是根据产量、销售量、周转量等数量指标计算的，现在，我们以商品销售量指数为例说明数量指标指数的编制方法。

首先要明确编制商品销售量指数，是要综合反映各种不同使用价值、不同计量单位的商品报告期比基期在数量方面的变动程度。根据这个目的，关键一步是确定同度量因素，解决可加性问题。计算销售量指数是以价格作为同度量因素的。即：

$$\sum(\underset{q}{销售量} \times \underset{p}{价格}) = \sum \underset{qp}{销售额}$$

这个经济关系式说明，借助于价格把不能直接相加的商品销售量转化为商品销售额，就可以相加了。这里，价格就是计算销售量指数的同度量因素。我们看到，价格对全部商品的销售额起到了权衡轻重的作用，价格高的商品，销售额就大，反之就小。因此，从这个意义上说，同度量因素也称权数。

解决了可加性问题，并不是我们的最终目的，我们要从报告期与基期的对比中反映出各种商品销售量总的变动程度，这就要求我们必须消除价格变动对销售量变动的影响。因此，应当把价格这个同度量因素固定下来，也就是假定报告期和基期的价格相同，从而突出销售量的变动。

确定了以固定的价格作为同度量因素后，就要解决是用基期的价格还是用报告期的价格，或者是用某一固定时期的价格的问题。对于这个问题，统计学界一向是有不同看法和主张的，因为用这三个价格计算出的销售量指数的结果是不同的，并具有不同的经济内容。下面我们对用三个不同时期价格作为同度量因素的计算公式分别加以介绍。

1. 以基期价格作为同度量因素

$$\overline{K}_q = \frac{\sum q_1p_0}{\sum q_0p_0} \tag{8.1}$$

式中：

$\overline{K}_q$—— 商品销售量总指标

$\sum q_1p_0$—— 按基期价格计算的销售额

$\sum q_0p_0$—— 基期销售额

这个公式是德国经济学家拉斯贝尔提出的，称为拉氏数量指数公式。其计算结果说明，在基期价格水平下销售量的综合变动程度。分子分母差额$\left(\sum q_1p_0 - \sum q_0p_0\right)$，说明商品销售量变动对商品销售额绝对值的影响。见表8.1。

表8.1 **某公司三种商品销售量指数计算表**

商品名称	计量单位	销售量		基期销售价格 p_0(元)	基期销售额 q_0p_0(元)	按基期价格计算的销售额 q_1p_0(元)
		基期 q_0	报告期 q_1			
(甲)	(乙)	(1)	(2)	(3)	(4)=(1)×(3)	(5)=(2)×(3)
甲	吨	160	200	300	48 000	60 000
乙	台	200	210	80	16 000	16 800
丙	米	500	600	20	10 000	12 000
合计	—	—	—	—	74 000	88 800

$$\overline{K}_q=\frac{\sum q_1p_0}{\sum q_0p_0}=\frac{88\ 800}{74\ 000}=120\%$$

$$\sum q_1p_0-\sum q_0p_0=88\ 800-74\ 000=14\ 800\text{（元）}$$

计算结果表明：当商品价格固定在基期时，三种商品销售量报告期比基期增加了20%，由于销售量的综合变动，公司三种商品的销售额报告期比基期增加了 14 800 元。

该公式的优点在于用基期价格 p_0 做同度量因素，也就是假定价格未发生变化，使商品销售量指数的计算过程不受价格变动的影响，确切反映销售量的变化；其缺点是，容易脱离实际。因为，公式中的分子 $\sum q_1p_0$ 是将报告期的商品销售量用基期的价格来估值，这不仅脱离了实际情况，而且有的老商品被淘汰或降价，新商品没有基期价格等，影响了指数的准确性。

2. 以报告期价格作为同度量因素

$$\overline{K}_q=\frac{\sum q_1p_1}{\sum q_0p_1}\tag{8.2}$$

式中：

$\sum q_1p_1$——报告期销售额

$\sum q_0p_1$——按报告期价格计算的销售额

这个公式是德国经济学家派许提出的，称为派氏数量指数公式。其计算结果说明，在报告期价格水平条件下销售量的综合变动程度。分子减分母的差额 $\left(\sum q_1p_1-\sum q_0p_1\right)$，说明由于商品销售量变动对商品销售额绝对值的影响。见表 8.2。

表 8.2　　某公司三种商品销售量指数计算表

商品名称	计量单位	销售量		报告期价格 p_1(元)	报告期销售额 q_1p_1(元)	按报告期价格计算的基期销售额 q_0p_1(元)
		基期 q_0	报告期 q_1			
(甲)	(乙)	(1)	(2)	(3)	(4)=(2)×(3)	(5)=(1)×(3)
甲	吨	160	200	330	66 000	52 800
乙	台	200	210	100	21 000	20 000
丙	米	500	600	24	14 400	12 000
合计	—	—	—	—	101 400	84 800

$$\overline{K}_q=\frac{\sum q_1p_1}{\sum q_0p_1}=\frac{101\ 400}{84\ 800}=119.58\%$$

$$\sum q_1p_1-\sum q_0p_1=101\ 400-84\ 800=16\ 600\text{(元)}$$

计算结果表明：当商品价格固定在报告期时，三种商品销售量总变动的综合指数为119.58%，报告期比基期增长了19.58%。商品销售量的综合变动，使得该公司商品销售额发生变化，报告期比基期增加了16 600元。

这个公式是用报告期价格做同度量因素的，因此避免了用基期价格做同度量因素的缺点。然而采用p_1做同度量因素的同时，也起到了权数的作用，对商品的销售量起到了权衡轻重的作用，把价格由p_0到p_1的变动带进指数中去了，使指数计算结果同公式1不同。

3. 以某一固定时期的价格做同度量因素

$$\overline{K}_q = \frac{\sum q_1 p_n}{\sum q_0 p_n} \tag{8.3}$$

式中：

$\sum q_1 p_n$—— 按固定价格计算的报告期销售额

$\sum q_0 p_n$—— 按固定价格计算的基期销售额

计算结果表明：当商品价格固定在固定时期时，三种商品销售量总变动的综合指数为119.68%，报告期比基期增长了19.68%。见表8.3。商品销售量的综合变动，使得该公司销售额发生了变化，报告期比基期增加了17 100元。

表8.3 **某公司三种商品销售量指数计算表**

商品名称	计量单位	销售量		固定时期价格 p_n(元)	按固定价格计算的基期销售额 q_0p_n(元)	按固定价格计算的报告期销售额 q_1p_n(元)
		基期 q_0	报告期 q_1			
(甲)	(乙)	(1)	(2)	(3)	(4)=(1)×(3)	(5)=(2)×(3)
甲	吨	160	200	340	54 400	68 000
乙	台	200	210	100	20 000	21 000
丙	米	500	600	25	12 500	15 000
合计	—	—	—	—	86 900	104 000

$$\overline{K}_q = \frac{\sum q_1 p_n}{\sum q_0 p_n} = \frac{104\ 000}{86\ 900} = 119.68\%$$

$$\sum q_1 p_n - \sum q_0 p_n = 104\ 000 - 86\ 900 = 17\ 100(\text{元})$$

这个公式利用固定时期价格做同度量因素，使价格固定，工作简便，可减少计算工作量。但是，由于价格固定在某个时期，时间长了会脱离实际。固定时期价格也称不变价格或可比价格。

以上三个公式的运算显示，同样是甲、乙、丙三种商品的销售量，但是由于同度量因素选用的时期不同而结果不一样。究竟选择哪个公式来计算销售量总指数，要根据研究目的、计算条件和指数的经济内容来决定。计算商品销售量总指数的目的，是测定各种商品销售量的总变动情况。因此，计算时应尽量排除价格变动的影响，选用公式1较为合适，即计算数量指标总指数时，应将同度量因素固定在基期。

以上是以商品销售量指数为例来说明数量指标指数的编制原理和方法的，其他数量指标指数的编制与此相同。

(二) 质量指标指数的编制

质量指标指数是反映经济工作质量变动程度的指数。一般是根据相对指标或平均指标计算的，例如，产品成本指数、价格指数、劳动生产率指数、平均工资指数等，它们是根据产品单位成本、价格、劳动生产率等质量指标计算的。现在，我们以商品价格指数为例来说明质量指标指数的编制原理和方法。

上述数量指标指数编制时，各种使用价值不同的产品或商品实物量是不能相加的。现在把使用价值不同的产品或商品的价格相加也是不合理的。那么，要综合反映多种不同产品或商品价格的总变动程度，首先也要确定同度量因素，解决可加性问题。计算价格指标指数是以销售量作为同度量因素的。即：

$$\sum(\text{销售量} \times \text{价格}) = \sum \text{销售额}$$

$$q \qquad\qquad p \qquad\qquad qp$$

与数量指标指数的编制相同，质量指标指数的同度量因素即数量指标也必须固定下来，从而才能突出质量指标的变动。那么销售量因素应该固定在什么时期呢？统计学界也有不同的看法，因而产生了不同的指数公式。

1. 以基期销售量作为同度量因素

$$\overline{K}_p = \frac{\sum q_0 p_1}{\sum q_0 p_0} \tag{8.4}$$

式中：

$\overline{K}_p$ 为价格总指数

这个公式也是拉斯贝尔提出的，称为拉氏价格指数公式，其计算结果说明在基期销售量不变的情况下价格的综合变动程度。分子减去分母的差额 $\left(\sum q_0p_1 - \sum q_0p_0\right)$，说明商品价格变动对销售额绝对值的影响。我们利用表8.1，表8.2中的资料，说明公式4的运用：

$$\overline{K}_p = \frac{\sum q_0p_1}{\sum q_0p_0} = \frac{84\,800}{74\,000} = 114.59\%$$

$$\sum q_0p_1 - \sum q_0p_0 = 84\,800 - 74\,000 = 10\,800(\text{元})$$

计算结果说明，当商品销售量固定在基期时，该公司三种商品销售价格总变动的综合指数为114.59%，报告期价格比基期价格上升了14.59%。由于商品销售价格上升了14.59%，该公司商品销售额增加了10 800元。

这个公式的优点在于用基期销售量做同度量因素，排除了销售量变动对价格指数的影响。其缺点是缺少现实的经济意义。例如，本例中三种商品的价格上涨了14.59%，假如消费者仍按以前的购买量购买这三种商品，要多支出 10 800 元。这显然没有什么现实意义。

2. 以报告期销售量作为同度量因素

$$\overline{K}_p = \frac{\sum q_1p_1}{\sum q_1p_0} \tag{8.5}$$

这个公式也是派许提出来的，称为派氏价格指数公式，其计算结果说明在报告期销售量条件下价格的综合变动程度。分子减分母的差额 $\left(\sum q_1p_1 - \sum q_1p_0\right)$，说明价格变动对销售额绝对值的影响。仍以表 8.1，表 8.2 的资料说明公式 5 的运用：

$$\overline{K}_p = \frac{\sum q_1p_1}{\sum q_1p_0} = \frac{101\ 400}{88\ 800} = 114.19\%$$

$$\sum q_1p_1 - \sum q_1p_0 = 101\ 400 - 88\ 800 = 12\ 600(\text{元})$$

计算结果说明，该公司商品销售量固定在报告期时，三种商品销售价格总的变动方向是上升的，报告期的价格为基期的 114.19%，报告期的价格比基期的价格上升了 14.19%。由于商品销售价格总变动的影响，该公司商品销售额增加了 12 600 元。

这个公式的特点是用报告期销售量做同度量因素，使得价格指数中包含了销售量因素，而且用报告期的销售量做同度量因素，使得价格指数有了明显的经济意义，也使得价格指数的相对数与其相应的绝对数紧密相连。例如，本例中消费者在报告期购买商品时，就会考虑，假如物价不上涨，可以少支出 12 600 元。

以上介绍的两个价格指数公式，也是由于采用同度量因素的时期不同，而有不同的计算结果。我国价格指数的编制是从现实意义出发，采用以报告期销售量做同度量因素的公式。

以上分别从数量指标指数和质量指标指数两个指数的编制过程，介绍了综合指数的编制方法。总结归纳如下：综合指数的编制就是从被研究现象总体的内部联系出发，正确选择一个同度量因素，把不能直接相加和对比的个体数值过渡到能够相加和对比。通过分子分母两个总量指标的对比，以相对数的形式来综合反映复杂现象总的变动情况；通过分子分母两个总量指标的绝对数差额来说明现象总体变动的经济意义。

编制综合指数的关键是正确选择同度量因素。选择同度量因素的方法是运用抽象法，将现象总体指标分解为 n 个因素的连乘积，将其中$(n-1)$个因素固定不变，以分析另一个因素的变动情况。这$(n-1)$个被固定的因素，称为同度量因素。选择同度量因素固定的时期应视研究目的、资料情况而定。一般原则是，编制数量指标综合指数时，宜采用基期的质量指标做同度量因素；编制质量指标指数时，宜采用报告期的数量指标做同度量因素。

第三节 指数因素分析

一、指数体系

指数体系，就是一系列相互联系，彼此间在数量上存在推算关系的统计指数所构成的整体。指数体系一般保持两个对等关系，即若干因素指数的乘积等于总变动指数；若干因素对总变动指标的影响之和等于总变动指标的实际增减额。例如：

商品销售额指数=商品销售价格指数×商品销售量指数

$$\frac{\sum p_1q_1}{\sum p_0q_0}=\frac{\sum q_1p_1}{\sum q_1p_0}\times\frac{\sum q_1p_0}{\sum q_0p_0}$$

商品销售额实际增减额=商品销售量变动的影响额+商品价格变动的影响额

$$\sum p_1q_1-\sum p_0q_0=\left(\sum q_1p_0-\sum q_0p_0\right)+\left(\sum q_1p_1-\sum q_1p_0\right)$$

工资总额指数=职工人数指数×平均工资指数

$$\frac{\sum x_1f_1}{\sum x_0f_0}=\frac{\sum f_1x_0}{\sum f_0x_0}\times\frac{\sum x_1f_1}{\sum x_0f_1}$$

工资总额实际增减额=职工人数变动的影响额+平均工资变动的影响额

$$\sum x_1f_1-\sum x_0f_0=\left(\sum f_1x_0-\sum f_0x_0\right)+\left(\sum x_1f_1-\sum x_0f_1\right)$$

上述经济关系式，都分别构成各自独立的指数体系。

在统计实践中，由于编制指数选择的同度量因素及时期不同，故指数体系也就有着不同的表现形式。

如果编制数量指标指数，将质量指标(同度量因素)固定在基期，编制质量指标指数，将数量指标(同度量因素)固定在报告期，则指数体系为：

$$\frac{\sum q_1p_0}{\sum q_0p_0}\times\frac{\sum p_1q_1}{\sum p_0q_1}=\frac{\sum p_1q_1}{\sum p_0q_0}$$

$$\left(\sum q_1p_0-\sum q_0p_0\right)+\left(\sum p_1q_1-\sum p_0q_1\right)=\sum p_1q_1-\sum p_0q_0$$

如果编制数量指标指数，将质量指标(同度量因素)固定在报告期，编制质量指标指数，将数量指标(同度量因素)固定在基期，则指数体系为：

$$\frac{\sum q_1p_1}{\sum q_0p_1}\times\frac{\sum p_1q_0}{\sum p_0q_0}=\frac{\sum p_1q_1}{\sum p_0q_0}$$

$$\left(\sum q_1p_1-\sum q_0p_1\right)+\left(\sum p_1q_0-\sum p_0q_0\right)=\sum p_1q_1-\sum p_0q_0$$

不同的指数体系起着不同的作用，反映现象之间不同的经济联系。运用哪一种指数体系为好，要根据实际情况和分析目的来决定。不过，一般来讲，以第一种指数体系较好，在实际统计工作中多用这种指数体系。这是因为我们在研究数量指标(如销售量)变动时，通常以不包含质量指标(价格)变动为好，而在观察研究质量(如价格)变动时，更关心这种变动所带来的实际经济效果。第一种指标体系的计算结果能符合这种研究目的，具有更大的实际经济意义。

在指数体系中，指数之间既然存在着这种联系，因此我们如果知道了其中的若干个指数，就可以根据指数体系的对等关系求某一个未知的指数，也可以进行因素分析。

二、因素分析法

因素分析法是根据指数体系理论，从数量方面研究现象总变动中各因素变动的影响方向、程度和绝对效果的一种方法。

(一) 因素分析法的种类

1. 按分析时所包含的因素多少分，可分为两因素分析和多因素分析。

两因素分析仅对两个因素的变动情况进行分析，它是因素分析的基本方法。如销售价格和销售量对销售额的影响分析。

多因素分析则是指研究对象包含有两个以上因素变动的影响分析。如原材料支出额受产品产量、原材料单耗、原材料单价的影响分析。

2. 按分析的指标种类划分，可分为总量指标因素分析和平均指标因素分析。

总量指标因素分析是指分析的对象是总量指标的因素分析。如产值受产量、出厂价格因素影响的分析；原材料支出额受产品产量、原材料单耗、原材料单价的影响分析。这里产值和原材料支出额都是总量指标。

平均指标因素分析是指分析对象是平均指标的因素分析。如同一单位不同时期职工平均工资受各类职工工资水平和职工人数构成因素变动影响的分析。

(二) 因素分析法的程序

运用因素分析法首先应建立指数体系，并依据指数体系从相对数及绝对数两个方面进行分析计算。其程序是：

1. 根据现象之间的经济关系，建立指数体系；

2. 计算被分析指标的总变动程度和增减变动的绝对数；

3. 计算各因素变动的程度和对分析指标影响的绝对数；

4. 对指数体系间的等量关系进行综合说明。

(三) 总量指标因素分析法

1. 总量指标两因素分析

两因素分析是指在一个现象总变动受两个因素影响时，分析其中每个因素的变动对总变动影响的方向和程度。现举例对两因素分析加以说明。

例 1 某省三种出口商品的统计资料如表 8.4 所示，要求据此分析出口商品价格、出口商品数量的变动对出口额的影响。

表 8.4 **出口商品因素分析表**

	单位	出口数量		出口价格(美元)		p_1q_1	p_0q_1	p_0q_0
		q_0	q_1	p_0	p_1			
大米	吨	30 000	40 000	400	410	16 400 000	16 000 000	12 000 000
桐油	吨	3 000	2 500	1 800	2 000	5 000 000	4 500 000	5 400 000
茶叶	吨	1 300	1 700	2 300	2 400	4 080 000	3 910 000	2 990 000
合计	–	–	–	–	–	25 480 000	24 410 000	20 390 000

先写出分析的指数体系：

$$\frac{\sum p_1q_1}{\sum p_0q_1}\times\frac{\sum p_0q_1}{\sum p_0q_0}=\frac{\sum p_1q_1}{\sum p_0q_0}$$

$$\left(\sum p_1q_1-\sum p_0q_1\right)+\left(\sum p_0q_1-\sum p_0q_0\right)=\sum p_1q_1-\sum p_0q_0$$

依指数体系计算 p_1q_1，p_0q_1，p_0q_0，如上表，则有：

（1）出口额指数：

$$\overline{K}_{pq}=\frac{\sum p_1q_1}{\sum p_0q_0}=\frac{25\,480\,000}{20\,390\,000}=124.96\%$$

$$\sum p_1q_1-\sum p_0q_0=25\,480\,000-20\,390\,000=5\,090\,000(\text{美元})$$

（2）出口价指数：

$$\overline{K}_{p}=\frac{\sum p_1q_1}{\sum p_0q_1}=\frac{25\,480\,000}{24\,410\,000}=104.38\%$$

$$\sum p_1q_1-\sum p_0q_1=25\,480\,000-24\,410\,000=1\,070\,000(\text{美元})$$

（3）出口量指数：

$$\overline{K}_{q}=\frac{\sum p_0q_1}{\sum p_0q_0}=\frac{24\,410\,000}{20\,390\,000}=119.72\%$$

$$\sum p_0q_1-\sum p_0q_0=24\,410\,000-20\,390\,000=4\,020\,000(\text{美元})$$

由此可知：124.96%=104.38%×119.72%

5 090 000=1 070 000+4 020 000

从以上计算可以看出：三种商品的出口价格上升了4.38%，使出口额增加了1 070 000美元；三种商品的出口数量上升了19.72%，使出口额增加了4 020 000美元。二者共同影响，使三种商品的出口额上涨了24.96%，绝对额增加了5 090 000美元。

2. 总量指标多因素分析

总量指标多因素分析，是指一个现象总变动受两个以上因素变动的影响，借助指数体系可以测定其中每一个因素的变动对现象总变动的影响各有多大。例如，工业产品原材料支出额的变动就受原材料消耗量和单位原材料价格两个因素变动的影响。而原材料消耗量的变动又受产品产量和单位产品原材料消耗量变动的影响，这样，工业产品原材料支出额的变动就受产品产量、单位产品原材料消耗量和单位原材料价格三个因素共同变动的影响，故利用指数体系可进行多因素分析；同样，工业总产值可以分解为职工人数、工人占职工比重和工人劳动生产率三个因素；利税总额可以分解为全部职工人数、工人占职工比重、工人劳动生产率和产值利税率四个因素等。它们都可以利用指数体系进行多因素分析。

利用指数体系对总量指标的变动进行多因素分析，其中分析方法和两因素分析法基本上相同。但由于包括因素较多，分析过程比较复杂，因而有以下几个问题应加以注意：

（1）多因素分析要正确排序。排序要根据现象总体的经济内容，使之符合客观事物的联系或逻辑。各因素顺序的排列一般遵循数量指标因素在前，质量指标因素在后的原则，并且要符合主要指标之间的经济联系。

（2）多因素分析必须遵循连环代替法的原则。在正确排序的基础上，顺次逐项分析。当分析第一个因素的变动影响后，接着分析第二个因素的影响，然后再分析第三个因素的影响，依次类推。

（3）必须逐项确定同度量因素。在多因素分析中，为了分析某一因素的影响，要求将其余因素固定不变。具体方法是，当分析第一个因素的影响时，就把其他所有因素固定在基期；当分析第二个因素的变动影响时，则把已经分析过的因素固定在报告期，没有分析过的因素仍固定在基期，依此类推；分析最后的影响因素时，将以前所有的因素都固定在报告期。

例如：

原材料费用总额=产品生产量×单位产品原材料消耗量（单耗）×原材料单价

$$qmp = q \times m \times p$$

指数体系可写为：

$$\frac{\sum q_1 m_1 p_1}{\sum q_0 m_0 p_0} = \frac{\sum q_1 m_0 p_0}{\sum q_0 m_0 p_0} \times \frac{\sum q_1 m_1 p_0}{\sum q_1 m_0 p_0} \times \frac{\sum q_1 m_1 p_1}{\sum q_1 m_1 p_0}$$

等式右边：

$\dfrac{\sum q_1 m_0 p_0}{\sum q_0 m_0 p_0}$，变动因素是 $q\left(\dfrac{q_1}{q_0}\right)$，其右边的同度量因素固定在基期$\left(\dfrac{m_0}{m_0}, \dfrac{p_0}{p_0}\right)$

对于 $\dfrac{\sum q_1 m_1 p_0}{\sum q_1 m_0 p_0}$，变动因素是 $m\left(\dfrac{m_1}{m_0}\right)$，其右边的同度量因素 p 固定在基期$\left(\dfrac{p_0}{p_0}\right)$，而左边的同度量因素固定在报告期$\left(\dfrac{q_1}{q_1}\right)$。

对于 $\dfrac{\sum q_1 m_1 p_1}{\sum q_1 m_1 p_0}$，变动因素是 $p\left(\dfrac{p_1}{p_0}\right)$，同度量因素是 q 和 m，均在其左边，故都固定在报告期$\left(\dfrac{q_1}{q_1}, \dfrac{m_1}{m_1}\right)$。

例 2 假定某厂生产产品的有关资料如表 8.5 所示，要求运用有关指数体系，分析产品产量、单位产品原材料消耗量及单位原材料价格对原材料费用总额的影响。

表 8.5 **原材料消耗情况表**

原材料种类	产品名称	计量单位	产品产量		单位产品原材料消耗量（公斤）		单位原材料价格（元）	
			基期 q_0	报告期 q_1	基期 m_0	报告期 m_1	基期 p_0	报告期 p_1
甲	A	万套	5	6	100	90	0.15	0.14
乙	B	万套	6	4	50	45	0.40	0.38

指数体系如下：

$$\frac{\sum q_1m_1p_1}{\sum q_0m_0p_0}=\frac{\sum q_1m_0p_0}{\sum q_0m_0p_0}\times\frac{\sum q_1m_1p_0}{\sum q_1m_0p_0}\times\frac{\sum q_1m_1p_1}{\sum q_1m_1p_0}$$

依指数体系列入表 8.6。

表 8.6　**原材料费用总额因素分析计算表**

	$q_0m_0p_0$	$q_1m_1p_1$	$q_1m_0p_0$	$q_1m_1p_0$
A	75	75.6	90	81
B	120	68.4	80	72
合计	195	144	170	153

则：

(1) 产品产量指数：

$$\frac{\sum q_1m_0p_0}{\sum q_0m_0p_0}=\frac{170}{195}=87.18\%$$

$$\sum q_1m_0p_0-\sum q_0m_0p_0=170-195=-25(\text{万元})$$

(2) 原材料单耗指数：

$$\frac{\sum q_1m_1p_0}{\sum q_1m_0p_0}=\frac{153}{170}=90\%$$

$$\sum q_1m_1p_0-\sum q_1m_0p_0=153-170=-17(\text{万元})$$

(3) 原材料价格指数：

$$\frac{\sum q_1m_1p_1}{\sum q_1m_1p_0}=\frac{144}{153}=94.12\%$$

$$\sum q_1m_1p_1-\sum q_0m_0p_0=144-153=-9(\text{万元})$$

原材料费用总额指数：

$$\frac{\sum q_1m_1p_1}{\sum q_0m_0p_0}=\frac{144}{195}=73.85\%$$

$$\sum q_1m_1p_1-\sum q_1m_1p_0=144-195=-51(\text{万元})$$

因此，有：

87.18%×90%×94.12%＝73.85%

−25−17−9＝−51(万元)

说明：由于生产量减少 12.82%，少支出的费用为 25 万元；由于单位产品原材料消耗降低 10%，少支出费用 17 万元；由于原材料价格下降 5.88%，少支出费用 9 万元。三者共同影响，原材料费用总额共减少 51 万元。

（四）平均指标的因素分析

前面说过，加权算术平均数 $\bar{x}=\dfrac{\sum xf}{\sum f}$ 受两个因素的影响：一个是变量值 x；一个是变量值所出现的次数的结构 $\dfrac{f}{\sum f}$。如果平均数发生动态变化 $\left(\dfrac{\bar{x}_1}{\bar{x}_0}\right)$，显然是 x 和 $\dfrac{f}{\sum f}$ 影响的结果。这里所要研究的问题是如何使用指数体系进行平均指标变动的因素分析。

回顾总量指标两因素分析的原理，在分析 p 和 q 对 pq 的影响时，是分别编制 p 的指数 $\dfrac{\sum p_1q_1}{\sum p_0q_1}$ 和 q 的指数 $\dfrac{\sum p_0q_1}{\sum p_0q_0}$。同理，要分析 x 和 $\dfrac{f}{\sum f}$ 对 $\bar{x}$ 变动的影响，就需编制关于变量 x 的指数和关于次数结构 $\dfrac{f}{\sum f}$ 的指数，从而形成指数体系，进行平均指标变动的绝对量和相对量分析。

编制平均指标体系，关键是确定同度量因素的时期。可以遵循这样的原则：

1. 编制关于 x 的指数，把同度量因素 $\dfrac{f}{\sum f}$ 的时期固定在报告期。

2. 编制关于 $\dfrac{f}{\sum f}$ 的指数，则把同度量因素 x 的时期固定在基期。

按照这一原则，平均指标两因素分析的指数体系为：

$$\frac{\dfrac{\sum x_1f_1}{\sum f_1}}{\dfrac{\sum x_0f_0}{\sum f_0}}=\frac{\dfrac{\sum x_1f_1}{\sum f_1}}{\dfrac{\sum x_0f_1}{\sum f_1}}\times\frac{\dfrac{\sum x_0f_1}{\sum f_1}}{\dfrac{\sum x_0f_0}{\sum f_0}}$$

各指数的含义为：

（1）指数 $\dfrac{\sum x_1f_1}{\sum f_1}\Big/\dfrac{\sum x_0f_0}{\sum f_0}$ 称为可变组成指数，它反映平均指标的实际变动方向和程度，分子分母的差额 $\dfrac{\sum x_1f_1}{\sum f_1}-\dfrac{\sum x_0f_0}{\sum f_0}$ 是平均指标增减的绝对量。

（2）指数 $\dfrac{\sum x_1f_1}{\sum f_1}\Big/\dfrac{\sum x_0f_1}{\sum f_1}$ 称为固定组成指数，因其固定了次数结构的影响而得名，

它反映变量 x 的变动方向和程度，分子分母的差额 $\frac{\sum x_1f_1}{\sum f_1}-\frac{\sum x_0f_1}{\sum f_1}$ 说明 x 对平均指标影响的绝对量。

（3）指数 $\frac{\sum x_0f_1}{\sum f_1}\Big/\frac{\sum x_0f_0}{\sum f_0}$ 称为结构影响指数，它反映次数结构 $\frac{f}{\sum f}$ 变动对平均指标的影响，分子分母的差额 $\frac{\sum x_0f_1}{\sum f_1}-\frac{\sum x_0f_0}{\sum f_0}$ 说明影响的绝对量。

三个指数在相对数上构成等式：

可变组成指数 = 固定组成指数×结构影响指数

绝对量上存在如下等式：

$$\frac{\sum x_1f_1}{\sum f_1}-\frac{\sum x_0f_0}{\sum f_0}=\left(\frac{\sum x_1f_1}{\sum f_1}-\frac{\sum x_0f_1}{\sum f_1}\right)+\left(\frac{\sum x_0f_1}{\sum f_1}-\frac{\sum x_0f_0}{\sum f_0}\right)$$

例 3　设某企业职工的工资如表 8.7 所示，分析职工工资水平和工人结构的变动对平均工资的影响。

表 8.7　**平均工资变动的因素分析**

	月工资(元)		工人数(人)		x_1f_1	x_0f_1	x_0f_0
	x_0	x_1	f_0	f_1			
技术工	380	420	245	250	105 000	95 000	93 100
辅助工	200	220	120	800	176 000	160 000	24 000
合计	—	—	365	1 050	281 000	255 000	117 100

（1）可变组成指数：

$$\frac{\frac{\sum x_1f_1}{\sum f_1}}{\frac{\sum x_0f_0}{\sum f_0}}=\frac{267.62}{320.82}=83.42\%$$

$$\frac{\sum x_1f_1}{\sum f_1}-\frac{\sum x_0f_0}{\sum f_0}=267.62-320.82=-53.2(\text{元/人})$$

（2）固定组成指数：

$$\frac{\frac{\sum x_1 f_1}{\sum f_1}}{\frac{\sum x_0 f_1}{\sum f_1}} = \frac{267.62}{242.86} = 110.20\%$$

$$\frac{\sum x_1 f_1}{\sum f_1} - \frac{\sum x_0 f_1}{\sum f_1} = 267.62 - 242.86 = 24.76(\text{元} / \text{人})$$

(3) 结构影响指数：

$$\frac{\frac{\sum x_0 f_1}{\sum f_1}}{\frac{\sum x_0 f_0}{\sum f_0}} = \frac{242.86}{320.82} = 75.70\%$$

$$\frac{\sum x_0 f_1}{\sum f_1} - \frac{\sum x_0 f_0}{\sum f_0} = 242.86 - 320.82 = -77.96(\text{元} / \text{人})$$

即：

$$110.19\% \times 75.70\% = 83.42\%$$

$$24.76 + (-77.96) = -53.2(\text{元} / \text{人})$$

从以上结果可以看出：由于工资水平上升 10.19%，总平均工资增加了 24.76 元；由于工人结构的变动率为-24.3%，总平均工资减少了 77.96 元。两者共同影响的结果，使总平均工资下降 16.58%，每个工人的月工资减少 53.2 元。

第四节 常见的统计指数介绍

一、居民消费价格指数

居民消费价格是指居民支付所购买消费品和获得服务项目的价格，这与人民生活密切相关，在国民经济体系中占有重要的地位。居民消费价格指数是反映上述这种消费品和服务项目价格变动趋势和程度的相对数，它可用来分析居民实际收入水平和生活水平的变化情况，是党和政府研究、制定价格政策和分配政策的重要依据。世界各国都在编制这种指数。

我国的消费价格指数是采用固定加权算术平均指数方法来编制的。其主要编制过程和特点是：

1. 将各种居民消费划分为八大类，包括食品、衣着、家庭设备及用品、医疗保健、交通和通信工具、文教娱乐用品、居住项目及服务项目等，下面再划分为若干个中类和小类；

2. 从以上各类中选定325种有代表性的商品项目(含服务项目)编入指数，利用有关对比时期的价格资料分别计算个体价格指数；

3. 依据有关时期内各种商品的销售额构成确定代表品的比重权数，它不仅包括代表品本身的权数(直接权数)，而且还要包括该代表品所属的那一类商品中其他商品所具有的权数(附加权数)，以此提高入编项目对于所有消费品的一般代表性程度；

4. 按从低到高的顺序，采用固定加权算术平均数公式，编制各小类、中类的居民消费价格指数和居民消费价格总指数：

$$I_p=\frac{\sum i_p \cdot w}{\sum w}=\frac{\sum i_p \cdot w}{100}$$

公式中的权数(w)通常根据家庭生活收支调查资料确定，一经确定，几年不变。

二、工业生产指数

工业生产指数概括地反映一个国家或地区各种工业产品产量的综合变动程度，它是衡量经济增长水平的重要指标之一。世界各国都非常重视工业生产指数的编制，但采用的编制方法却不完全相同。

在我国，工业生产指数是通过计算各种工业产品的不变价格产值来加以编制的。其基本编制过程是：

1. 对各种工业产品分别制定相应的不变价格标准(记为p_c)；

2. 逐项计算各种产品的不变价格产值，加总起来就得到全部工业产品的不变价格总产值；将不同时期的不变价格总产值加以对比，就得到相应时期的工业生产指数。

记t时期的不变价格总产值为$\sum q_t p_c$ ($t=0$，1，2，3，…)，则该时期的工业生产指数就是固定加权综合指数的形式：

$$I_q=\frac{\sum q_t p_c}{\sum q_0 p_c} \text{ 或 } I_q=\frac{\sum q_t p_c}{\sum q_{t-1} p_c}$$

采用不变价格法编制工业生产指数的特点是，只要具备了完整的不变价格产值资料，就能够很容易地计算出有关的生产指数，而且可以在不同层次上(如各地区、各部门、各企业等)进行编制，满足各方面的分析需要。

然而，不变价格的制定和不变价格产值的计算本身却是一项非常浩繁的工作，这项工作又必须连续不断地、全面地展开，其难度可想而知。尤其是在市场经济条件下，要在整个工业生产领域内运用不变价格计算完整的产值资料，面临着很多实际的问题。因此，我国工业生产指数编制方法的改革势在必行。

与我国的情况不同，在国外，较为普遍地采用平均指数的形式来编制工业生产指数。计算公式为：

$$I_q=\frac{\sum i_q q_0 p_0}{\sum q_0 p_0}$$

其中，i_q 为各种工业品的个体产量指数，p_0q_0 则为相应产品的基期增加值。编制这种工业生产指数的目的是为了说明工业增加值中产量因素的综合变动程度，其分析意义与一般的工业总产量指数是有所不同的。

在实践中，为了简化指数的编制工作，常常以各种工业品的增加值比重作为权数，并且将这种比重权数相对固定起来，连续地编制各个时期的工业生产指数：

$$I_q = \frac{\sum i_q \cdot w}{\sum w}$$

这里运用了"固定加权算术平均指数"。

三、农副产品收购价格指数

农副产品收购价格指数，是反映国家收购农副产品价格变动趋势和程度的相对数。它是研究农副产品收购价格变化对农民收入、国家财政收入支出等的影响，计算工农业产品综合比价指数的依据。由于农副产品收购季节性强，时间比较集中，产品品种比较少，这样，在年末能够较快地取得各类农副产品实际收购金额和各代表规格品收购价格的资料，从而可以用报告期农副产品实际收购金额作为权数，对各类代表规格品个体指数采用加权调和平均法计算农副产品收购价格总指数。

我国的农副产品收购价格指数编制方法是，从 11 类农副产品中选择若干种主要产品，以它们各自的计算期收购额作为权数，加权调和平均得到各类别的农副产品收购价格指数和农副产品收购价格总指数，公式为：

$$H_p = \frac{\sum p_1q_1}{\sum \frac{p_1q_1}{i_p}}$$

式中：

i_p 为各类代表规格品的收购价格指数；

p_1q_1 为相应各类代表品的报告期的收购金额。

四、股票价格指数

股票价格的变动是股票市场(或称证券市场)最重要的经济现象之一，它既可以为投资者带来利润，也可能使投资者遭受损失。股票价格指数是用来表示多种股票价格一般变化趋势的相对数。

股票价格指数一般由证券交易所、金融服务机构、咨询研究机构和新闻单位编制和发布。其编制的步骤如下：

1. 根据上市公司的行业分布、经济实力、资信等级等因素，选取适当数量的有代表性的股票作为编制指数的样本股票。样本股票可以随时更换或作数量上的增减，以保持良好的代表性。

2. 按期到股票市场上采集样本股票的价格。

3. 利用科学的方法和先进的手段计算出指数值。

4. 通过新闻媒体向公众公布。为保持股价指数的连续性，使各个时期计算出来的股价指数相互可比，有时还需要对指数值作相应的调整。

编制股票价格指数的几种主要方法和公式如下：

（一）总和法

即将报告期的股价总和与基期股价总和直接对比计算股价指数。其公式为：

$$\text{总和股价指数} = \frac{\sum p_1}{\sum p_0}$$

式中：

p_1——报告期某种样本股票的价格

p_0——基期某种样本股票价格

$\sum$——报告期或基期所有样本股票价格相加

著名的美国道·琼斯指数就是采用这种方法编制的，道·琼斯指数目前的入编股票为65种，其中包括30种工业股、20种运输业股、15种公用事业股。

（二）简单平均法

即对所有样本股票的个体股价指数按简单算术平均法，求得总体股票指数。其计算公式为：

$$\text{简单平均股价指数} = \frac{1}{n}\sum \frac{p_1}{p_0}$$

用此方法求出的股价指数可以灵敏地反映股价的短期波动。英国"经济学家杂志普通股股价指数"就是采用此法编制。

（三）加权综合法

它是以样本股票的发行量或交易量为同度量因素来计算的股价指数。其计算公式按同度量因素所属时期不同分为两种：

$$\text{基期加权综合股价指数} = \frac{\sum P_1 Q_0}{\sum P_0 Q_0} \qquad \text{（拉氏公式）}$$

$$\text{报告期加权综合股价指数} = \frac{\sum P_1 Q_1}{\sum P_0 Q_1} \qquad \text{（派氏公式）}$$

式中：

P_0，P_1——分别为基期、报告期股价

Q_0，Q_1——分别为基期、报告期的发行量或交易量

其中，以发行量加权的综合股价指数，称市价总指数；以交易量加权的综合股价指数，称为成交总额指数。

我国的上证180指数、香港恒生指数和美国的SP500指数等，都是采用综合公式编制的。以美国的SP500指数为例，该指数由美国的S&P公司逐年、逐月编制。目前，其入

编股票共计500种，其中包括400种工业股、40种金融股、20种运输业股和40种公用事业股，对比基期为1941年到1943年，采用拉氏公式，权数为基期各种股票的发行量。该指数具有较强的和广泛的影响力。

五、货币购买力指数

货币购买力指数是指单位货币所能购买到的消费品和服务。其变动直接由价格的变动所决定，并与价格变动呈相反方向，即货币购买力指数与居民消费价格指数是倒数关系。其计算公式为：

$$货币购买力指数=\frac{1}{居民消费价格指数}\times100\%$$

小结

指数是一种重要的统计方法，主要用以综合反映复杂现象总体的变动。指数分析法是利用统计原理分析各因素对现象变动影响的一种重要的分析方法。本章重点阐述了总指数中综合指数的编制原理和方法以及指数因素分析的相关原理。

编制(计算)综合指数时，如何选择同度量因素的时期是一个重要的问题。总的精神是要依据编制指数的目的和任务，结合研究对象的特点，灵活地加以确定。在我国指数理论和指数编制实践中，一般原则是：编制数量指标指数时，要采用质量指标作同度量因素，并将其固定在基期；编制质量指标指数时，要采用数量指标作同度量因素，并将其固定在报告期。但不可将一般原则绝对化，根据需要，亦可应用其他方法，常用的有拉氏指数、派氏指数等。

因素分析法是本章的另一个重要内容。因素分析的基本任务是在定性分析的基础上，依据指数体系中各指数间的联系，分别分析各因素对研究对象在数量上的影响程度及绝对量。具体的分析角度多种多样：分析的对象可以是简单现象，亦可以是复杂现象；分析的指标可以是总量指标，亦可以是平均指标；分析因素的个数，可以是两因素，亦可以是多因素等，应根据研究的任务确定。指数体系是因素分析的基础。

此外，本章还简要阐述了社会经济现象中几种常用指数的编制原理和方法，对于我们了解指数的实际应用有一定作用。

关键术语

个体指数　总指数　数量指标指数　质量指标指数　综合指数

同度量因素　指数体系

案 例

汉水酒精厂利润滑坡的原因与对策

选题

汉水酒精厂上年盈利33万元，报告年度亏损39万元，出现利润大滑坡。年底上级调换了厂长，新厂长上任后决心带领职工扭转亏损局面。新厂长年轻有为，大学经济管理专业毕业，搞过几年工业统计，又当了一年多副厂长，他深知要扭转亏损局面，必须首先搞好企业诊断，进行科学的决策。为此，新任厂长将统计学会咨询服务组请来拟订决策方案，并派本厂统计人员与咨询服务组一起工作。

资料搜集整理分析

咨询服务组对以下资料进行搜集整理分析。

1. 汉水酒精厂近两年经营情况(见表8.8)。

表8.8

项　目	单　位	上年度	报告年度	比上年增减量	比上年增减%
产值(不变价)	万元	611	425	-186	-30.44
酒精销售量	吨	5 823	4 052	-1 771	-30.41
出 厂 价	元/吨	1 283	1 782	+499	+38.89
销售收入	万元	747	722	-25	-3.35
单位成本	元/吨	1 130	1 746	+616	+54.51
总 成 本	万元	658	707	+49	+7.45
税　金	万元	56	54	-2	-3.57
利　润	万元	33	-39	-72	-218.18

2. 销售收入变动的影响因素。

销售收入受销售量和价格两个因素的影响。

由于销售量减少销售收入减少227万元。即：

$$(4\,052-5\,823)\times 1\,283=-2\,272\,193(\text{元})$$

由于价格上升销售收入增加202万元。即：

$$(1\,782-1\,283)\times 4\,052=2\,021\,948(\text{元})$$

增减相抵，销售收入减少25万元。

3. 总成本变动的影响因素。

总成本受单位成本和产量两个因素的影响。

由于单位成本上升总成本增加249万元。即：

$$(1\,746-1\,130)\times 4\,052=2\,496\,032(\text{元})$$

由于产量减少总成本减少 200 万元。即：

$$(4\ 052-5\ 823)\times 1\ 130=-2\ 001\ 230(\text{元})$$

增减相抵，总成本增加 49 万元。

4. 单位成本的影响因素。

单位成本可分解为单位变动成本和单位固定成本两部分。具体项目见表 8.9。

表 8.9 **汉水酒精厂酒精单位成本构成** 金额单位：元

项目	单位	上年度			报告年度		
		数量	单价（元）	金额	数量	单价（元）	金额
单位成本	元			1 130			1 746
一、单位变动成本	元			901.1			1 422.3
粮食	吨	2.89	240	693.6	3.03	400	1 212
电	度	383	0.2	76.6	431	0.2	86.2
煤	吨	1.54	85	130.9	1.46	85	124.1
二、单位固定成本	元			228.9			323.7
固定成本总额	万元			133.3			131.2
1. 管理费	万元			68.3			64.2
2. 财务费	万元			30			31
3. 折旧费	万元			25			25
4. 工　资	万元			10			11
酒精产量	吨	5 823			4 052		

注：单位固定成本＝固定成本总额÷酒精产量

5. 单位变动成本的影响因素。

单位变动成本可以分解为数量和价格两个因素，现计算成本指数如表 8.10。

表 8.10 **单位变动成本指数计算资料** 金额单位：元

项目	单位	数量		价格（元）		金额		
		上年度 q_0	报告年度 q_1	上年度 p_0	报告年度 p_1	上年度 q_0p_0	报告年度 q_1p_1	假定 q_1p_0
粮食	吨	2.89	3.03	240	400	693.5	1 212	727.2
电	度	383	431	0.2	0.2	76.6	86.2	86.2
煤	吨	1.54	1.46	85	85	130.9	124.1	124.1
合计	元	—	—	—	—	901.1	1 422.3	937.5

$$数量指数\ \overline{K}_q = \frac{\sum q_1p_0}{\sum q_0p_0} = \frac{937.5}{901.1} = 104.04\%$$

$$\sum q_1p_0 - \sum q_0p_0 = 937.5 - 901.1 = 36.4(元)$$

$$价格指数\ \overline{K}_p = \frac{\sum q_1p_1}{\sum q_1p_0} = \frac{1\,422.3}{937.5} = 151.71\%$$

$$\sum q_1p_1 - \sum q_1p_0 = 1\,422.3 - 937.5 = 484.8(元)$$

$$单位变动成本总指数\ \overline{K}_{qp} = \frac{\sum q_1p_1}{\sum q_0p_0} = \frac{1\,422.3}{901.1} = 157.84\%$$

$$\sum q_1p_1 - \sum q_0p_0 = 1\,422.3 - 901.1 = 521.2(元)$$

$$\overline{K}_{qp} = \overline{K}_q \times \overline{K}_p = 104.04\% \times 151.71\% = 157.84\%$$

$$\sum q_1p_1 - \sum q_0p_0 = \left(\sum q_1p_0 - \sum q_0p_0\right) + \left(\sum q_1p_1 - \sum q_1p_0\right)$$

$$= 36.4 + 484.8 = 521.2(元)$$

6. 劳动生产率变动情况(见表 8.11)。

表 8.11

项　目	单　位	上年度	报告年度	比上年±%
工人劳动生产率	元/人	30 725	21 273	-30.76
全员劳动生产率	元/人	23 698	16 239	-31.48

7. 主要经济指标横向对比资料(见表 8.12)。

表 8.12　**报告年度横向对比资料**

项　目	单　位	全国最高水平	全国平均水平	本厂水平	比最高+-%	比平均+-%
企业年产量	吨	33 083	10 088	4 052	-87.75	-59.83
实物劳动生产率	吨/人	235.9	80.38	15.47	-93.44	-80.75
淀粉出酒率	%	57.29	52.14	50.27	-12.25	-3.59
标煤单耗	公斤/吨	428	808	1 046	+144.39	+29.46
电单耗	度/吨	160	255	431	+169.38	+69.02

8. 酒精市场供求状况调查资料。

为了更好地安排今后的酒精生产和销售工作，咨询组对该地区范围内的 31 家酒精生产和使用单位进行了问卷调查，调查情况如下：

1. 该地区共有 10 家酒精生产单位，报告年度共生产酒精 27 400 吨。

2. 报告年度该地区酒精消费量为25 409吨，其中企业自产自用16 900吨，从市场购买8 509吨。

3. 目前，该地区生产酒精的厂家平均售价为2 330元/吨，而使用酒精的厂家平均购价为2 350元/吨。这说明使用单位在外地的购价高于本地平均售价。

咨询报告

向管理要效益

汉水酒精厂是一个拥有自动化设备的现代化企业，系轻工部定点生产单位，产品质量好，价格合理，建厂初期经济效益较好，年利润在100万元左右。上年利润下降到33万元，报告年度则亏损39万元，出现利润大滑坡。

从表8.8反映的情况看，报告年度比上年的利润减少72万元，主要是销售收入减少使利润减少25万元，总成本增加使利润减少49万元。

销售收入为什么减少呢？从表8.8和资料二可以看出，由于报告年度酒精销售量比上年减少1 771吨，销售收入减少227万元，由于酒精出厂价上涨38.89%，销售收入增加202万元。两个因素增减相抵，销售收入减少25万元。

总成本为什么增加呢？从资料三可以看出，报告年度单位成本达到1 746元，比上年的1 130元上升616元，由于单位成本上升总成本增加249万元，由于产量减少总成本减少200万元，增减相抵，总成本增加49万元。

单位成本为什么大幅度上升呢？从表8.9可以看出，单位变动成本报告年度为1 422.3元，比上年的901.1元增加521.2元，由于单位变动成本的增加，总成本增加211万元，即：

$$(1\,422.3-901.1)\times 4\,052=2\,111\,902.4(\text{元})$$

单位固定成本报告年度为323.7元，比上年的228.9元增加94.8元，由于单位固定成本的增加，总成本增加38万元，即：

$$(323.7-228.9)\times 4\,052=384\,129.6(\text{元})$$

单位固定成本增加，主要是由于产量减少，而固定成本总额并没有增加。

单位变动成本为什么大幅度上升呢？从资料五可以看出，一个因素是单位消耗数量增长4.04%，使单位变动成本增加36.4元，单位消耗数量增加使总成本增加15万元(36.4×4 052)；另一个因素是原材料价格上涨51.71%，使单位变动成本增加484.8元。原材料价格上涨使总成本增加196万元(484.8×4 052)。

原材料涨价使总成本增加，同时使利润减少196万元。这在出厂价中已经得到补偿，因为出厂价上涨使利润增加202万元。这两项价格因素正负相抵后，使利润增加6万元(202-196)。

综上所述，报告年度的利润比上年减少72万元，其原因如下：(1)销售收入减少使利润减少25万元；(2)单位固定成本增加使利润减少38万元；(3)单位消耗数量增加使利润减少15万元；(4)产品出厂价增加额大于原材料进价增加额使利润增加6万元。即：

$$6-25-38-15=-72(\text{万元})$$

从本质上看，汉水酒精厂利润滑坡是个管理问题。下面作进一步的分析论证。

第一，缺乏市场竞争意识，忽视营销管理。

上面归纳的利润减少的原因中第1、第2两项，实际上都是个产销问题。因为产销量减少直接减少销售收入，减少利润，因为产销减少，也间接地增大了单位固定成本，使利润减少。

报告年度的酒精产销量为什么大幅度下降呢？一个原因是原材料供应不足。酒精生产的主要原材料是红薯干，当时红薯干供不应求，价格猛涨，该厂又储备很少，所以原材料供应时断时续，对生产有一定的影响。另一个原因是忽视营销管理。报告年度酒精市场逐渐从供不应求转变为供过于求，市场出现了竞争，而该厂对市场竞争形势缺乏思想准备，既没有设立营销机构，也没有开展营销工作，结果失去了一些用户。

第二，生产管理和成本管理松弛。

从资料五、六、七可以看出，报告年度与上年比较，物质消耗上升，劳动生产率下降，几项主要经济指标远远低于全国平均水平。由于单位产品物质消耗上升，利润减少15万元，全员劳动生产率下降31.48%。

实物劳动生产率全国最高水平为235.9吨/人，全国平均水平为80.38吨/人，该厂只有15.47吨/人，比最高水平低93.44%，比平均水平低80.75%。

淀粉出酒率全国最高水平为57.29%，全国平均水平为52.14%，该厂则为50.27%，比最高水平低7.02个百分点，比平均水平低1.87个百分点，该厂如果能达到全国平均水平，以年产量6 500吨计算，则可节约淀粉464吨(6 500/50.27%-6 500/52.14%)，如果淀粉含量达到66%，可折合红薯干703吨，按每公斤红薯干0.40元计算，可节约原材料费28.12万元。

标煤单耗全国最低为428公斤/吨，全国平均水平为808公斤/吨，而该厂的标煤单耗达1 046公斤/吨，比平均水平高29.46%。如果标煤单耗能降至全国平均水平，仍以年产量6 500吨计算，可节约标煤1 547吨[6 500×(1.046-0.808)]，可节约燃料费18.4万元(1 547/0.7143×85)。

电单耗全国最低为160度/吨，全国平均水平为255度/吨，该厂为431度/吨，为平均水平的169%，高出平均水平176度，如能达到平均水平，可节约电力114.4万度[6 500×(431-255)]，可节约电费22.88万元。

第三，劳动管理方法陈旧。

改革开放已有多年，该厂在劳动管理方面仍然是大锅饭，铁饭碗，干多干少一个样，干好干坏一个样，不能充分调动职工劳动生产和参与管理的积极性，因此，劳动效率低，原材料和能源浪费严重。

针对上述情况，提出如下对策：

一、深化经济体制改革，充分调动职工群众的积极性。发动群众提出改革措施，尽快改变在分配上的平均主义，劳动报酬要与产量和成本挂钩。

二、全面实行现代科学管理，向管理要效益，建立健全各项规章制度，尽快变人治为制度治，当前要重点抓好营销管理、生产管理和成本管理，努力缩小几项主要经济指标与全国平均水平的距离。

三、加强市场调查，大力开拓市场，提高设备利用率，努力增加产销量。该厂设计生产能力为年产酒精10 000吨，实际最高产量为8 600吨，鉴于当前生产有一定的困难，建议次年安排生产6 500吨，销售6 500吨。

实践效果

该厂领导采纳了统计咨询服务组的意见，迅速组织实施，结果效益骤增。次年生产酒精5 894吨，比报告年度增长45.46%，产销率达到98%，各项经济指标都有程度不同的进步，实现了扭亏为盈，全年利润总额41万元。

启示

帮助一个亏损企业扭亏增盈要有良策。这种良策从哪里来？良策只有一个来源，那就是来源于实践，来源于实事求是的调查研究。

一个企业亏损，既有一般性的原因，又有其特殊的原因。只有通过实践，通过深入细致的调查研究，通过去粗取精，去伪存真，由此及彼，由表及里的分析，真正找出了这个企业亏损的根本原因，认识了问题的个性和共性，才能找出解决问题的良策。而要做到这一点，必须以唯物辩证法为指导，下工夫搜集足够的信息，熟练地应用统计方法，认真分析和研究。

习　题

1. 商店商品销售资料见表8.13。

表8.13

商品名称	计量单位	销售量		销售价格(元)	
		基期(q_0)	报告期(q_1)	基期(p_0)	报告期(p_1)
A	台	550	600	850	1 000
B	千克	1 840	1 600	8	10
C	米	3 000	4 200	40	45

要求：(1) 计算三种商品销售量总指数；

(2) 计算三种商品价格总指数；

(3) 试分析商店两个不同时期商品销售额的变动情况。

2. 根据表8.14计算某市食品类价格指数及该市商品零售价格总指数。

表8.14

类　别	指数(%)	权数(%)
一、食品类		52
(一)粮食	102.2	20
(二)副食品	108.5	50

续表

类　别	指数(%)	权数(%)
(三)烟酒类	103.4	16
(四)其他食品	107.0	14
二、衣着类	115.0	21
三、家庭设备及用品类	108.7	10
四、医疗保健类	98.5	4
五、娱乐教育类	105.4	8
六、服务项目类	113.0	5

3. 某地粮食播种面积今年比去年减少了6%，单位播种面积产量增长了10%，问粮食总产量变动情况。

4. 某百货公司三种商品的销售量和销售价格统计数据如表8.15。

表8.15

商品名称	计量单位	销售量		单价(元)	
		2016年	2017年	2016年	2017年
甲	件	1 800	1 300	35.5	43.6
乙	盒	2 400	2 600	15.4	18.5
丙	个	3 500	3 800	8.0	10.0

要求：(1) 计算三种商品的销售额总指标；

(2) 以2017年销售量为权数计算三种商品的加权价格总指数；

(3) 以2016年单价为权数计算三种商品的加权销售量总指数；

(4) 分析销售量和价格变动对销售额影响的绝对额和相对值。

5. 某地区粮食作物的生产情况如表8.16所示：

表8.16

粮食作物	播种面积(亩)		亩产量(公斤)	
	2016年	2017年	2016年	2017年
水稻	500	400	500	550
小麦	700	900	300	310

试分析该地区两种农作物总的平均亩产量的变动及其原因。

6. 设有三种工业类股票的价格和发行量数据如表8.17所示：

表8.17

股票名称	价格(元)		发行量(万股)
	前收盘	本日收盘	
A	6.42	6.02	12 000
B	12.36	12.50	3 500
C	14.55	15.60	2 000

试计算股票价格指数，并对股价指数的变动作简要分析。

第九章 抽样推断

第一节 抽样推断概述

一、抽样推断的意义

在现实的社会经济生活中，许多总体的数量特征往往事先并不知道，但人们需要了解和掌握统计总体全貌，在不必要或不可能对全及总体进行全面调查的情况下，可利用样本资料对总体数量特征和数量分布进行推断，这样就有了抽样推断。抽样推断是遵循随机原则，从总体中抽取部分单位进行调查，根据样本资料计算样本值，然后用样本的估计值对总体参数作出具有一定可靠程度的估计和判断，从而反映总体的数量特征和分布。事实上，我们在日常生活和工作中，也经常自觉或不自觉地使用抽样推断方法。例如，环保部门为了了解东湖的水质情况，只需取少量的水作为样品，经过化验、检测就可以推断东湖受污染情况。

抽样推断的调查单位必须根据随机原则抽取，即在抽取调查单位时，要使总体的每一个单位都有同等的机会被抽中，抽中或抽不中都是偶然的，这是为了保证被抽取的这部分单位所构成的样本对总体具有一定的代表性，以便准确地推断总体。

抽样推断包括三部分内容：随机抽样、参数估计和假设检验。随机抽样是统计估计和检验的基础，必须保证抽样的科学性。然而，以样本的数量特征去估计总体的数量特征，不可避免的会产生偏差，这种偏差称为抽样误差。统计检验则是保证这种误差不超过所允许的范围，其具体内容放在本书第八章介绍。

二、抽样推断的特点

1. 抽样推断是根据取得的样本资料计算出抽样的指标，从而对全及总体数量特征作出估计。抽样这种非全面调查的目的在于从数量上推算总体。这一显著特点说明它和其他统计调查的区别有两点：

（1）如同统计报表、普查等全面调查一样，抽样推断的目的是达到对总体数量特征的认识，但由于它是非全面调查，因而比全面调查节省人力、物力，提高时效。

（2）与重点调查、典型调查等非全面调查比较，它能在数量上推断总体，而后两者只是通过调查部分总体来了解总体一般情况，可见抽样推断既有非全面调查的好处，又可以达到对总体数量特征的认识。

2. 它按照随机的原则从全及总体中抽选样本单位，在总体中每一个单位被抽取的机会是均等的，抽中与抽不中纯属偶然事件，使调查单位的确定完全排除了人的主观意识的作用。而其他非全面调查，如重点调查和典型调查，一般是根据统计调查报告的要求，有目的地选取若干调查单位进行调查，受调查人员主观印象的影响，挑中的那一部分单位的标志值没有代表性。抽样推断遵守随机原则是和它的目的在于推断总体密切相关的。因为在抽样时，只有保证每个单位有同等的机会被抽取，这样才有较大的可能性使样本和总体有相同的结构，或者说样本和总体同分布，样本的代表性也就大。此外，遵守随机原则才有可能计算抽样误差，去进行推断。

3. 抽样推断的抽样误差可以事先计算并加以控制。抽样推断是以部分资料推断全体，虽然存在一定的抽样误差，但这种误差可以事先通过一定资料加以计算，并且能够采取一定的组织措施来控制误差范围，从而保证抽样推断的结果达到一定的可靠程度。

4. 用抽样来推断总体指标具有一定的局限性。因为抽样推断是一种非全面调查，所以在用抽样推断结果推断总体指标时，只能以平均指标或成数进行推断，总体的总量指标是无法确切的确定的。

三、抽样推断的作用

1. 对某些不可能进行全面调查，而又要了解总体全面情况的社会经济现象，必须应用抽样推断。例如，在工业生产中对具有破坏性的产品质量检验，如对灯泡的使用寿命、轮胎的行驶里程等，只能利用抽样的办法，以样本资料对总体的状况做出推断。有些现象的总体规模过大，单位过于分散，进行全面调查实际上是不可能的，比如检验湖泊的鱼苗数、森林的木材积蓄量、商品的市场占有率等，都无法进行全面调查，只能用抽样法做推断。

2. 对某些社会经济现象，虽然可以进行全面调查，但抽样推断可取得事半功倍的效果，并有其独特的作用。例如，要了解职工家庭生活状况，如果采用全面调查，则调查单位太多，调查项目涉及的范围太广，采用抽样推断便能节省人力与费用，达到同样效果。

3. 抽样推断可以对全面调查资料进行补充和订正。全面调查由于范围广、工作量大、参加人员多、发生登记性和计算性误差的机会可能就多。在全面调查后，随机抽取少部分单位调查，计算出差错比率，并以此对全面调查资料进行修正。例如：我国人口普查及统计年报上报汇总之后，一般要用抽样推断检查和修正统计数字。

4. 抽样推断可以用于工业生产过程的质量控制。它可以对成批或大量连续性生产的工业产品在生产过程中进行质量控制，检查生产过程是否正常；及时提供有关信息，便于采取措施，预防废品的发生。

5. 利用抽样推断原理，还可以对某种总体指标的假设进行检验，来判断这种假设的真伪，以决定取舍。例如，要判断新药的疗效，新工艺的采用是否有成效，须对未知的总体作出一些假设，然后利用抽样推断的方法，根据实验对所作的假设进行检验，作出判断。

四、抽样推断中常用的几个基本概念

（一）全及总体和抽样总体

1. 全及总体（简称总体）是统计所研究对象的总体，是具有同一性质的若干单位的集合体，也就是指研究对象的全体。通常用 N 表示。按各单位标志性质的不同，可分为变

量总体和属性总体。构成变量总体的各个单位可以用一定的数量标志来加以计量。但并非所有标志都是可以计量的，有些只能用文字加以描述，这种用文字描写属性特征的总体称为属性总体。

2. 抽样总体(简称样本或子样）是指从总体中抽出的部分单位所组成的集合体。抽样总体通常用小写英文字母 n 表示。一般说来，样本单位数 $n \geqslant 30$ 称为大样本，$n<30$ 则称为小样本。社会经济现象的抽样推断多采用大样本，而自然实验多采用小样本。全及总体是固定的，而抽样样本则有很多。

(二) 全及指标和抽样指标

1. 全及指标是根据总体单位的标志值或标志特征计算得到的。通常包括平均数、成数、标准差、方差和总体单位数等。一般用大写的英文字母来表示。

总体平均数($\bar{X}$)是全及总体某一变量值的算术平均数。对于变量总体，可计算总体平均数：

$$\bar{x} = \frac{\sum X}{N}$$

对于属性总体，由于各单位的标志不能用数量来表示，只能用文字加以描述，所以应计算结构相对指标，用 P 表示：

$$P = \frac{N_1}{N}$$

总体方差(σ^2)和总体标准差(σ)是用来测定总体中某一数量标志的离散程度的指标：

$$\sigma^2 = \frac{\sum (x - \bar{X})^2}{N}$$

$$\sigma = \sqrt{\frac{\sum (x - \bar{X})^2}{N}}$$

2. 抽样指标是根据样本单位的某一标志值或标志特征计算得到的反映抽样的数量特征的指标。通常包括抽样平均数、抽样成数、样本方差、样本标准差和样本容量等。一般用小写的英文字母表示。

(1) 抽样平均数($\bar{x}$)是指抽样总体中某一标志的平均数，即样本单位观察值的平均数。

(2) 抽样成数(p)是指抽样总体中某一指标的结构相对数。

(3) 样本方差(s^2)和样本标准差(s)是用来测定抽样总体中某一数量标志的离散程度的指标。

(4) 样本单位数(又称样本容量)是指构成样本的基本单位数之和。

从理论上说，总体单位数(N)可以多到无法计数，而抽样总体单位数(n)则不一样，通常情况下是可数的，同时 n 远比 N 小，小到怎样的程度主要是根据研究对象的性质和研究的具体任务来决定。

五、抽样方法

根据取样方式的不同，抽样方式可分为重复抽样和不重复抽样。

重复抽样是把总体中已抽取的样本单位再放回总体中去，重复地参加以下各次的抽样。这样同一单位有重复抽中的可能，并且总体单位数在每一次抽取时都是相同的。因此，重复抽样的样本是由 n 次相互独立的连续实验组成，每次实验在相同的条件下进行的，每个单位选中或选不中的几率完全一样。

不重复抽样是某一单位在被抽中之后，就不再放回总体重复参加以后各次的抽样。这样，同一单位不可能被多次抽中，并且总体单位数越往后抽取就越少。因此，不重复抽样样本是由 n 次连续抽样组成，其结果不是相互独立的，每一次抽样影响下一次抽样，从而每一个单位中选或不中选的几率是不同的。

六、抽样推断的组织形式

（一）简单随机抽样

简单随机抽样又称纯随机抽样，是一种最基本的抽样方式。设总体单位数为 N，从中随机抽取样本容量为 n 的样本，每个样本都有同等机会被抽中，这种方法称为简单随机抽样，所抽样本称为简单随机样本。

（二）系统抽样

系统抽样也称机械抽样或等距抽样，是从 N 个单位构成的总体中抽取 n 个单位为样本，从第一个样本单位按随机原则抽取开始，然后再根据清单按 K 个单位间隔抽取后面的个体。例如，在一张包括 2 000 个个体的清单中，选出一个由 100 个个体构成的样本，那么间隔 K 即为 $20\left(K=\dfrac{N}{n}\right)$。通过使用随机数表或其他别的方法随机确定第一个个体，假如使用摸球方法，选出的第一个个体是清单上的第 9 个位置，那么这个样本将由第 9、29、49 等 100 个个体组成。

（三）分层随机抽样

分层随机抽样也称分类抽样或类型抽样。它是在抽样之前将总体的 N 个单位分为若干层(类)，然后再从各层中随机抽取一定数量的单位，构成一个容量为 n 的样本。

（四）整群抽样

整群抽样是把总体分成若干个被称为群的组，再在这些群中间作抽样，对被抽中的群(样本单位)中的每个单位都进行调查。

上述四种抽样推断的组织形式，其计算原理是相通的，本书仅着重介绍简单随机抽样的具体计算原理。

七、抽样推断的理论依据

抽样推断的理论是依据概率论的基本原理、并以大数定律和中心极限定理为基础的。

大数定律是关于大量的随机现象具有稳定性的规律，也就是在大量观察的基础上随机现象的数量特征变化规律的定理。从统计学的角度来说就是：统计研究的客观对象是在很多因素错综复杂的影响作用下形成的，总体内各单位受各因素影响的方向和程度不同，各因素相互结合的方式也不相同。因此，如果被研究的总体由大量的相互独立的随机因素所构成，而且每个因素对总体的影响相对比较小，对大量因素加以综合平均，将会表现它们共同的倾向。可见，大数定律是统计研究的特有的方法，也是偶然与必然、个别与一般的辩证原理在统计研究中的应用。所以，大数定律是抽样推断法的理论基础之一。

中心极限定理指出：如果总体变量存在有限的平均数和方差，不论总体是否属于正态分布，只要抽样单位数不断增加，则抽样平均数的分布就近似地接近正态分布。这个结论十分重要，它为抽样误差范围的估计提供了理论依据。

第二节　抽样误差

在抽样推断理论中，关键性的问题是抽样误差问题。抽样推断是一个从调查到由样本推断总体的过程。而样本毕竟只是总体中的一部分。用样本指标去推断总体必然会产生偏差，要掌握推断的结果的可接受程度，就有必要了解抽样误差理论。

一、抽样误差的概念

（一）抽样误差

在统计调查时，调查资料与实际情况间的偏差称为统计误差。误差的来源是多方面的，从理论上可分为：

- 统计误差
  - 可消除性误差
    - 登记性误差
    - 系统性误差
  - 不可消除性误差
    - 技术性误差：由度量衡工具的精密度引起的误差
    - 代表性误差（抽样误差）：由抽样推断方法本身必然会带来的误差

由于技术性误差只能随着科学技术的进步去不断的逼近真值来解决，因而这种误差不可能从统计技术上消除。在统计学中一般不考虑这种误差。

通常，统计误差可以分为登记性误差、系统性误差和抽样误差。登记性误差又称为调查误差，是指在全面调查或非全面调查的登记过程中发生的误差。这部分误差通常是人为造成的，通过对统计调查资料的严密审核是可以发现并加以更正的。系统性误差是由于受主观因素的影响，破坏了随机原则产生的误差，这类误差同样可以通过主观努力加以克服。抽样性误差是指由于用抽样指标去代表全及指标时所产生的误差，是存在于抽样推断中的误差。抽样误差是指由于抽样的随机性而带来的偶然的代表性误差。这类误差存在于任何一次抽样推断中，并且是不可能通过任何方式加以消除的。抽样误差是由于在抽样推断中遵循随机原则而形成的，但同时也正是因为遵循了随机原则，可以运用概率论和数理统计的有关理论，对抽样误差的可能范围加以估计和给予一定的概率保证。抽样误差有两种：实际误差和抽样平均误差。实际误差是一个样本指标与总体指标之间的差别，这是无法知道的差别。抽样平均误差是指所有可能出现的样本指标的标准差。本章节所要讨论的就是统计误差中的抽样平均误差的理论和计算。

（二）影响抽样误差的因素

抽样误差的大小直接影响到用抽样指标推断全及指标的准确性。因此，我们有必要对影响抽样误差大小的因素加以讨论。

1. 抽样误差的大小与样本容量的多少有关。样本单位数越多，样本占全及总体的比重越大，则抽样指标对全及指标的代表性就越大，抽样误差越小。反之，样本单位数越少，样本占全及总体的比重越小，抽样指标就不能很确切地反映总体的情况，抽样误差就会增大。如果抽样单位数等于总体单位数，即采取全面调查，则抽样指标就等于全及指标，抽样误差等于零。

2. 抽样误差的大小与全及总体标志变动程度大小相关。总体标志变动程度越大，抽样误差也就越大，总体标志变动程度越小，抽样误差也就越小。如果总体单位之间没有差异，则抽样误差为零，那么，样本指标和总体指标完全相等。

3. 抽样误差的大小与抽样方法有关。重复抽样和不重复抽样的抽样误差不一样，前者比后者抽样误差大。

4. 抽样误差的大小与不同的抽样组织方式有关。纯随机抽样、机械抽样、类型抽样、整群抽样的抽样误差各不相同，可根据具体的实际情况加以选择。

二、抽样平均误差的计算

（一）抽样平均误差的意义

我们知道抽样误差是由于采取抽样推断，抽样指标与全及指标出现差异而造成的。但如果全及总体确定，在一定的抽样单位数的条件下，同样可以形成多个抽样总体。由于形成抽样总体的单位不同，所以同一个抽样指标的观察值是不同的，造成同一个总体在相同抽样单位数的前提下，同一指标的抽样误差各不相同。为解决这一问题便提出了抽样平均误差这一概念，以此来代表任何一次抽样推断中抽样指标与全及指标之间的一般差异，俗称抽样误差。

抽样平均误差是由于抽样的随机性而产生的所有可能样本指标之间的平均离差，它是由一系列的抽样平均数或抽样成数的标准差来反映的。它能够说明样本指标代表性大小以及样本指标与总体指标相差的一般范围。因此，抽样平均误差的意义在于它既是实际可以应用于衡量抽样指标对于全及指标代表性程度的一个尺度，也是计算抽样指标与全及指标之间变异范围的一个依据；同时，在组织抽样推断中，也是确定抽样单位数多少的依据之一。

（二）抽样平均误差的度量方法

抽样推断有两个最主要的目的：以样本平均数($\bar{x}$)推断总体平均数($\bar{X}$)，以样本成数(p)推断总体成数(P)；同时，在简单随机抽样时又有重复抽样和不重复抽样两个取样方法。这样，抽样平均误差也因此有如下四个度量的公式：

1. 以样本平均数推断总体平均数，在重复抽样条件下的抽样误差为：

$$\mu_{\bar{x}} = \sqrt{\frac{\delta^2}{n}}$$

式中$\mu_{\bar{x}}$为抽样误差，δ为总体标准差，n为样本单位数。

2. 以样本平均数推断总体平均数，在不重复抽样条件下的抽样误差为：

$$\mu_{\bar{x}} = \sqrt{\frac{\delta^2}{n}\left(1 - \frac{n}{N}\right)}$$

式中，N为总体单位数。

3. 以样本成数推断总体成数，在重复抽样条件下的抽样误差为：

$$\mu_P = \sqrt{\frac{P(1-P)}{n}}$$

式中，μ_P为抽样误差，P为总体成数，n为样本单位数。

4. 以样本成数推断总体成数，在不重复抽样条件下的抽样误差为：

$$\mu_P = \sqrt{\frac{P(1-P)}{n}\left(1-\frac{n}{N}\right)}$$

现在我们以实例来验证上述四个公式与抽样误差的统计含义，即抽样平均误差与所有可能样本平均数或成数的标准差是否相吻合。

设有4个工人，周工资分别为40、50、70、80元，则这一总体的平均周工资和标准差分别为：

$$\bar{X} = \frac{\sum \bar{X}}{N} = \frac{40+50+70+80}{4} = 60(\text{元})$$

$$\delta = \sqrt{\frac{\sum (X-\bar{X})^2}{N}} = \sqrt{\frac{(40-60)^2+(50-60)^2+(70-60)^2+(80-60)^2}{4}}$$

$$= 15.81(\text{元})$$

现在用重复抽样方法从4个工资中随机抽取2个构成样本，并求样本的平均工资，用以推断4人总体的平均工资水平。所有可能的样本及平均工资列表如表9.1所示。

表9.1

样本序号	样本变量 (x)	样本平均 $(\bar{x})$	平均数离差 $\bar{x}-\bar{z}$	离差平方 $(\bar{x}-\bar{z})^2$
1	40.40	40	−20	400
2	40.50	45	−15	225
3	40.70	55	−5	25
4	40.80	60	0	0
5	50.40	45	−15	225
6	50.50	50	−10	100
7	50.70	60	0	0
8	50.80	65	5	25
9	70.40	55	−5	25
10	70.50	60	0	0
11	70.70	70	10	100
12	70.80	75	15	225
13	80.40	60	0	0
14	80.50	65	5	25
15	80.70	75	15	225
16	80.80	80	20	400
合　计	—	960	—	2 000

则有：

$$\text{样本平均数的平均数}\ \bar{\bar{x}}=\frac{\sum \bar{x}}{16}=\frac{960}{16}=60(\text{元})$$

$$\text{抽样平均误差(标准差)}=\sqrt{\frac{\sum(\bar{x}-\bar{\bar{x}})^2}{16}}=\sqrt{\frac{2\,000}{16}}=11.18(\text{元})$$

直接按上述重复条件下的抽样误差公式计算，有：

$$\mu_{\bar{x}}=\sqrt{\frac{\delta^2}{n}}=\sqrt{\frac{15.81^2}{2}}=11.18(\text{元})$$

所得结果完全相同。我们可以看出：其一，样本平均数的平均数等于总体平均数；其二，抽样误差要比总体的标准差小得多，仅为总体标准差的$\frac{1}{\sqrt{n}}$。至于其他公式，这里就不一一验证了。但值得一提的是，在上述四个公式中，总体标准差δ和总体成数P通常是未知的，往往采用以下方法解决：

1. 用历史资料来代替。如果有几个不同的总体方差的资料，则应该用数值较大的，因为方差大，抽样误差也大，则所构造的估计区间也相应将增大，同时给出的可靠保证程度也会增大。同理，由于$\delta^2=P(1-P)$，因此，当有几个P供选择时，往往选择接近0.5的P值。

2. 用样本方差或样本成数来代替。概率论的理论说明：样本方差可以非常接近总体方差。这是实践中经常应用的方法，但是只能在调查之后才能计算。

3. 用小规模调查资料。如果既没有过去的资料，又需要在调查前就估计抽样误差，可先组织一次实验性调查。

4. 用估计的材料。例如在农产品产量抽样推断中，用农产量估产的资料，根据预计估产的资料计算出总体方差。

（三）抽样误差的计算举例

例1 某企业生产一批出口商品20 000件，今随机抽样100件作耐用时间试验，结果表明：每件样本的平均寿命为3 600小时，所抽样本的标准差为150小时，求不重复抽样条件下和重复抽样条件下的抽样误差。

不重复抽样条件下的抽样误差为：

$$\mu_{\bar{x}}=\sqrt{\frac{\delta^2}{n}\left(1-\frac{n}{N}\right)}=\sqrt{\frac{150^2}{100}\left(1-\frac{100}{20\,000}\right)}=14.96(\text{小时})$$

重复抽样条件下的抽样误差为：

$$\mu_{\bar{x}}=\sqrt{\frac{\delta^2}{n}}=\sqrt{\frac{150^2}{100}}=15(\text{小时})$$

可见，当样本单位数较小时，两种抽样方法下的抽样误差差别很小。

例2 某地对2 800户家庭进行年收入调查，抽取5%的家庭做样本。抽查结果为：每户平均收入为30 000元，其年收入的均方差为1 048元。试计算年收入的重复抽样和不重复抽样的抽样平均误差。

$$n = 2\ 800 \times 5\% = 140 \qquad s = 1\ 048$$

年平均收入的重复抽样的平均误差为：

$$\mu_{\bar{x}} = \sqrt{\frac{\delta^2}{n}} = \frac{1\ 048}{\sqrt{140}} = 88.57(\text{元})$$

年平均收入的不重复抽样的抽样平均误差为：

$$\mu_{\bar{x}} = \sqrt{\frac{\delta^2}{n}\left(1 - \frac{n}{N}\right)}$$

$$= \sqrt{\frac{1\ 048^2}{140}\left(1 - \frac{140}{2\ 800}\right)} = 86.33(\text{元})$$

例 3 某灯泡厂对 10 000 个产品进行使用寿命检验，随机抽取 2%的产品进行测试，得到资料如表 9.2。

表 9.2

使用时间(小时) x	产品数量 f	x	xf	$(x-\bar{x})^2 f$
900 以下	2	875	1 750	66 248
900～950	4	925	3 700	69 696
950～1 000	11	975	10 725	73 964
1 000～1050	71	1 025	72 775	72 704
1 050～1 100	84	1 075	90 300	27 216
1 100～1 150	18	1 125	20 250	83 232
1 150～1 200	7	1 175	8 225	97 468
1 200 以上	3	1 225	3 675	84 672
合　计	200	—	211 400	575 200

试按上述资料，计算：

(1) 产品平均寿命的抽样误差；

(2) 若寿命在 1 000 小时以上为合格品，求合格品率的抽样误差。

下面一一求解。

(1) 根据上述资料，有：

样本平均寿命 $\bar{x} = \dfrac{\sum xf}{\sum f} = \dfrac{211\ 400}{200} = 1\ 057(\text{小时})$

样本标准差 $\delta = \sqrt{\dfrac{\sum (x-\bar{x})^2 f}{\sum f}} = \sqrt{\dfrac{575\ 200}{200}} = 53.63(\text{小时})$

则重复抽样条件下：$\mu_{\bar{x}} = \sqrt{\dfrac{\delta^2}{n}} = \sqrt{\dfrac{53.63^2}{200}} = 3.79(\text{小时})$

不重复抽样条件下：$\mu_{\bar{x}}=\sqrt{\frac{\delta^{2}}{n}\left(1-\frac{n}{N}\right)}=\sqrt{\frac{53.63^{2}}{200}\left(1-\frac{200}{10\,000}\right)}=3.75$（小时）

（2）同样，按上述要求有：

样本合格率 $P=\frac{71+84+18+7+3}{200}=91.5\%$

则重复抽样条件下：$\mu_{P}=\sqrt{\frac{P(1-P)}{n}}=\sqrt{\frac{91.5\%(1-91.5\%)}{200}}=1.97\%$

不重复抽样条件下：$\mu_{P}=\sqrt{\frac{P(1-P)}{n}\left(1-\frac{n}{N}\right)}$

$$=\sqrt{\frac{91.5\%(1-91.5\%)}{200}\left(1-\frac{200}{10\,000}\right)}=1.95\%$$

第三节 抽样估计

抽样估计的目的是用样本去估计总体指标，按照抽样估计的目的和要求不同，估计方法也有所不同。

一、估计的优良标准

当我们用样本去估计总体时，必须明白在什么情况下，估计量才能称为总体参数的最优估计量。一般认为，判断估计量的优良性有以下标准：

（一）无偏性

无偏性是一个好的估计量应有的一条理想标准。由于估计量是随机变量，有许多可能数值，但从某一个具体样本中只能得到该估计量的一个可能值，且该值可能与总体参数的真值不等同。然而一个好的估计量，至少从平均值上来看，应该等于所估计的那个总体未知参数的真值。直观地说，这些样本估计量的数值在参数真值附近左右摆动，而没有系统误差。

因此，从总体中抽出所有容量为 n 的样本，根据它们的观察值算出的估计量的平均值如果等于总体被估计参数，就称该总体参数的估计量是无偏估计量。也就是说，如果估计量的期望值等于被估计参数，这个估计量就称为被估计参数的无偏估计量。若以 θ 代表被估计参数，$\hat{\theta}$ 代表 θ 的无偏估计量，则用数学公式表示：

$$E(\hat{\theta})=\theta$$

总体参数中最重要的一个参数是总体平均数 μ，样本平均数 $\bar{x}$ 是它的一个无偏估计量，即：$E(\bar{x})=\mu$。

（二）一致性

当样本容量增大时，估计量的值越来越接近于被估计的总体参数，则该估计量称为一致估计量。如一个估计量是一致估计量，那么，采用大样本就更加可靠，否则，采用大样本就会造成许多浪费。

（三）有效性

假若有总体参数 θ 的两个无偏估计量 $\hat{\theta}_1$ 和 $\hat{\theta}_2$，$\hat{\theta}_1$ 的方差比 $\hat{\theta}_2$ 的方差小，则称 $\hat{\theta}_1$ 比 $\hat{\theta}_2$ 有效。因为 $\hat{\theta}_1$ 和 $\hat{\theta}_2$ 相比，$\hat{\theta}_1$ 所得的各个估计值更为集中地分布在 θ 的真值附近，所以，它产生一个接近于未知参数 θ 的估计值的可能性就更大。可以证明，样本均值和中位数都是总体均值的无偏估计，但是在相同的样本容量下，样本均值更为有效。

综上所述，如果一个估计量满足上述三个标准，这个估计量就是一个好的估计量。

二、抽样估计的方法

（一）直接推断法

1. 点估计

通常是在大样本的情况下采用此方法对总体进行推断。即直接用样本平均数、成数推断总体的平均数和成数，而不考虑任何的抽样误差。这种推断方法的优点是估算简便，原理直观。其不足之处在于没有表明抽样估计误差，更没有指明估计的可靠程度。

例如某地区对某一型号的彩电销售价格进行调查，以某一商店某型号彩电价格来估计整个地区这一型号的彩电价格。

2. 区间估计

（1）区间估计的意义。在一定概率的保证下，用样本指标去推断总体指标，在考虑抽样误差的前提下，使得总体指标落到某一个范围之内，即根据抽样指标定出置信区间和置信度。因这类推断方法有一定的理论基础，所以在抽样推断中被广泛应用。

（2）抽样极限误差。我们知道，前面所讨论的抽样平均误差并不是全及指标与抽样指标之间的真实误差，而是这种误差的平均数，而同时对于任何一个未知的全及总体指标来说，它都是一个确定的常数，而且相应的抽样指标是一个随机变量，会随样本组成个体的变化而发生变化。因此，全及总体指标值是抽样指标值变化的一个基础，抽样指标值围绕全及总体指标值上下波动，这种波动的范围大小称为抽样极限误差。所以抽样极限误差是根据概率论的理论以一定的可靠程度保证抽样误差（即全及总体指标与抽样指标的误差）不超过某一给定的范围。抽样极限误差、总体指标和抽样指标之间根据抽样极限误差的定义可以形成以下关系：

（a）平均数的抽样极限误差 $\Delta_{\bar{x}} \leqslant |\bar{x}-\bar{X}|$

$$\bar{x} - \Delta_{\bar{x}} \leqslant \bar{X} \leqslant \bar{x} + \Delta_{\bar{x}}$$

（b）成数的抽样极限误差 $\Delta_P \leqslant |P-P|$

$$P - \Delta_P \leqslant P \leqslant P + \Delta_P$$

以上两个不等式表明了任何一个抽样指标均是以全及总体指标为中心、抽样极限误差为半径进行波动。同时可以从中得到求全及总体指标 $\bar{X}$ 和 P 的区间估计的公式。

3. 抽样推断的概率度及可靠程度

（1）抽样推断的概率度（置信度）。抽样平均误差是表明抽样估计的准确度，抽样误差范围即抽样极限误差是表明抽样估计的准确程度的范围。

(2) 在给定的准确程度范围内估计，还要研究其估计的可靠程度。

抽样极限误差是样本值与总体指标值的离差的绝对值，而抽样平均误差则是所有可能样本值与总体样本值之间的平均离差，这就决定了它们之间存在一定的联系。通常，把抽样极限误差与抽样平均误差相比，从而使单一样本的抽样极限误差标准化，一般称为概率度或相对误差范围，即置信度：

$$t=\frac{\Delta_x}{\mu_x}=\frac{|\bar{x}-\bar{X}|}{\frac{\sigma}{\sqrt{n}}}$$

或者：

$$t=\frac{\Delta_P}{\mu_P}=\frac{|P-P|}{\sqrt{\frac{P(1-P)}{n}}}$$

这个公式表明：在一定 μ 的条件下，当概率度 t 越大，则抽样误差范围越大，可能样本落在误差范围内的可能性越大，从而抽样估计的可信程度也就越高。反之，当 t 越小，则 Δ 越小，可能样本落在误差范围内的概率越小，从而抽样估计的可信程度也就越低。

4. 区间估计的要点

从以上可知，区间估计可归纳为三个要点：

(1) 依据样本指标和抽样误差去推断全及指标时，只是确定了全及指标的估计范围，没有确定其具体数值。这个范围表现为一个上限和一个下限，从而构成一个区间。在一定的置信度下，估计总体在这个范围内。

(2) 所得估计区间表示的只是一个可能范围，而不是绝对的范围。全及指标在这个范围内的可能性为 $1-\alpha$。

(3) 扩大抽样极限误差可以提高抽样推断的可靠程度，但精度会降低；缩小抽样极限误差会降低可靠度，但精度会提高。

例 4 某港口年出口某种货物 15 万集装箱，抽样的结果为抽样平均值是每集装箱重 4 800公斤，抽样平均误差 60 公斤，试以 95%的概率推算该港口年出口该货物的总重量的可能范围。

已知：$N=15$ 万箱，$\bar{x}=4\,800$ 公斤，$\mu_x=60$ 公斤，查表可得 $t=1.96$。

抽样极限误差：

$$t=\frac{\Delta_x}{\mu_x}$$

得：

$$\Delta_x=t\mu_x=1.96\times 60=117.6$$

总体平均每个集装箱重量的区间估计为：

$$\bar{x}-t\mu_x\leqslant\bar{X}\leqslant\bar{x}+t\mu_x$$

有： $4\,800-117.6\leqslant\bar{X}\leqslant 4\,800+117.6$

即： $4\,682.4\leqslant\bar{X}\leqslant 4\,917.6$

总重量的区间估计值为：

$$(\bar{x}-t\mu_x)N \leqslant N\bar{X} \leqslant N(\bar{x}+t\mu_x)$$

有： $4682.4\times15\leqslant N\bar{X}\leqslant4\,917.6\times15$

即： $70\,236\leqslant N\bar{X}\leqslant73\,644$

所以以95%的概率认为总重量在区间(70 236，73 644)内。

(二) 修正系数法

修正系数法通常是对全面调查进行修正的一种指标调整方法，是将抽样推断数据与全面调查资料对比，计算差错系数，用来修正全面调查资料的方法。

$$差错系数=\frac{抽样推断修正数-抽样推断登记数}{抽样推断登记数}$$

$$=\frac{遗漏登记数-重复登记数}{抽样推断登记数}=遗漏比率-重复比率$$

全面调查系数=全面调查登记数×(1+差错系数)

例5 某地区人口普查时登记人数为678 114人。为了核实和订正普查数字，随机抽取一部分单位进行复查，被抽查的单位在人口普查时登记数为61 428人，抽查登记为62 166人。试根据抽查资料，修正该地区人口数。

$$修正系数=\frac{抽样复查数-全面调查数}{全面调查数}\times100\%$$

$$=\frac{62\,166-61\,428}{61\,428}=1.2\%$$

该地区人口数应修正为：

$$678\,114\times(1+1.2\%)=686\,251(人)$$

第四节 抽样方案的设计

一、抽样方案设计的基本原则

如何科学组织抽样推断是抽样推断中一个重要问题，在抽样推断之前首先要有一个抽样方案的设计。抽样方案的设计是抽样推断的总体规划。搞好抽样推断必须遵循以下原则：

(一) 遵循随机原则，保证样本的代表性

因为随机原则是概率抽样的基础。在组织抽样推断时，只有排除主观判断，按照随机原则抽取样本，才能使样本能够充分的反映总体情况，以保证在用样本平均数或成数来推断总体相对应的平均数和成数时的准确性。如果破坏随机性原则，就容易产生偏误。在现实生活中，一种常见的违反随机原则的现象是：在按事先规定的方法抽取样本后，有些单位的标志值与总体平均水平相差很远，便故意将其抛弃或更换。

(二) 根据抽样的要求和总体的实际情况选择恰当的抽样组织形式

抽样推断和其他经济活动一样，也存在经济效益的问题，即如何以较小的费用支出取得一定的准确程度的数据。因为任何一项抽样推断都是在一定的费用约束条件下进行的，抽样方案设计应该力求费用最省。但通常情况下，提高精度和节省费用往往有矛盾，因为要求抽样误差愈小，就要增加抽样单位数，从而相应的增加调查费用。但实际工作中并非抽样误差越小越好，而是在一定的误差和可靠性的要求下，选择费用最小的抽样组织方式。

二、样本单位数的确定

（一）抽样单位数确定的意义和原则

在抽样推断之前，必须确定抽样单位数目，其原因主要是：首先，在一定的允许误差的条件下只需要抽取一定的样本单位。如果抽取的样本单位数过多，会增加不必要的人力、物力和费用的开支，造成浪费，并且影响资料的及时性；但如果抽取的数目过少，又会使误差增大，达不到所要求的准确程度。其次，抽样单位数目也是影响抽样误差的重要因素，在其他条件相同时，用增加或减少抽样单位数的方法可控制抽样平均误差的大小。确定抽样单位数的基本原则是：在保证抽样推断能达到预期的可靠程度和精确程度的要求下，选取适当的抽样单位数。

（二）抽样单位数的影响因素

根据以上原则，影响抽样单位数的因素主要有：

首先是调查者对一项抽样推断的可靠程度和精确程度的要求。如果调查者对可靠程度和精确程度要求比较高，那么抽样单位数就要多些；反之，就可以少些。

其次，抽样单位数决定于总体标志的变异程度。总体标志变异程度越大，说明总体分布愈不均匀，需抽取的样本单位数就越多，反之，需抽取的样本单位数越少。

再次，抽样单位数决定于不同的抽样组织方法。一般来说，类型抽样和机械抽样可比简单随机抽样需要的抽样单位数少，单个抽样比整群抽样需要的抽样单位数少，不重复抽样比重复抽样需要的抽样单位数少。

最后，还要结合调查的人力、物力和财力的许可情况加以适当调整，然后作出最后的决定。若调查方案要求精度很高，则应保证经费，多抽取样本单位；若精度要求不高，则可少抽取样本单位，以节约经费。

由此可见，上述几个方面都是影响确定抽样单位数的因素，在应用时应加以综合考虑，不能孤立地仅仅依据其一二项因素来确定。

（三）确定抽样单位数的计算公式

1. 在重复随机抽样条件下，必要抽样单位数的确定

根据平均数的极限抽样误差公式推导必要的抽样单位数：

$$\Delta_{\bar{x}} = t\mu_{\bar{x}} = t \cdot \frac{\sigma}{\sqrt{n}}$$

所以：

$$n = \frac{t^2\sigma^2}{\Delta_{\bar{x}}^2}$$

根据成数的极限抽样误差公式推导必要的抽样单位数：

$$\Delta_P = t\mu_P = t \cdot \sqrt{\frac{P(1-P)}{n}}$$

所以：

$$n = \frac{t^2 P(1-P)}{\Delta_P^2}$$

例 6 对某地区居民进行经济收入调查，设已知居民的平均年收入的标准差为3 000元，要求按可靠程度为95%，准许抽样误差为500元，探讨至少要对多少居民进行调查。

已知 $\sigma = 3\,000$，　$\Delta_{\bar{x}} = 500$，　$F(t) = 95\%$，　$t = 1.96$，则：

$$n = \frac{t^2\sigma^2}{\Delta_{\bar{x}}^2} = \frac{1.96^2 \times 3\,000^2}{500^2} = 138(\text{户})$$

2. 在不重复抽样的条件下，抽样单位数的确定

根据平均数的极限误差公式推导样本单位数：

$$\Delta_{\bar{x}} = t\mu_{\bar{x}} = t \cdot \sqrt{\frac{\sigma^2}{n}\left(1 - \frac{n}{N}\right)}$$

所以：

$$n = \frac{Nt^2\sigma^2}{\Delta_{\bar{x}}^2 N + t^2\sigma^2}$$

根据成数的极限误差公式推导抽样单位数：

$$\Delta_P = t\mu_P = t\sqrt{\frac{P(1-P)}{n}\left(1 - \frac{n}{N}\right)}$$

可得：

$$n = \frac{Nt^2 P(1-P)}{\Delta_P^2 N + t^2 P(1-P)}$$

实际上，在组织抽样推断时，有时对一个全及总体，既要根据样本推断总体平均数，又要推断总体成数，但二者依据公式计算所得到的抽样单位数往往是不相等的。这时候，为了满足对全及平均数和全及成数推断的要求，通常取其中较大的 n 值作为统一的抽样单位数。

Excel 操作：区间估计

计算置信区间的本质是输入两个公式，分别计算置信下限与置信上限。熟悉了数据输入方法及常见统计函数后，这会变得十分简单。

一、单一总体均值的区间估计

在 σ^2 未知时，均值 μ 的置信区间为：$(\bar{x} - z_{\alpha/2}s/\sqrt{n},\ \bar{x} + z_{\alpha/2}s/\sqrt{n})$。

例 7 一家保险公司收集到由36位投保人组成的随机样本，得到每位投保人的年龄数据如图9.1所示。试建立投保人年龄95%的置信区间。

E	F	G	H	I	J	K
23	35	39	27	36	44	
36	42	46	43	31	33	
42	53	45	54	47	24	
34	28	39	36	44	40	
39	49	38	34	48	50	
34	39	45	48	45	32	

图 9.1　36 个投保人年龄的数据

具体操作步骤如下：

1. 在单元格 C3 输入样本数(n) = 36。

2. 计算平均数和标准差。在单元格 C4 输入平均数公式：= AVERAGE(E1：J6)，在单元格 C5 输入样本标准差公式：= STDEV(E1：J6)。

3. 在单元格 C6 输入置信度($1-\alpha$) = 95%，在单元格 C7 中输入显著水平(α) = 5%。

4. 计算 Z 值，在单元格 C8 中输入 =NORMSINV(1-C7/2)。

5. 计算置信区间上限和下限。在单元格 C9 输入求置信区间下限公式：=C4-C8 * C5/SQRT(C3)，在单元格 C10 输入求置信区间上限公式：= C4+C8 * C5/SQRT(C3)。

6. 在单元格 C11 输入求置信区间公式：= CONCATENATE (" (", C9,",", C10,")")。

由上可得置信区间为(36.96，42.04)，如图 9.2 所示。

	A	B	C
1		单一总体均值的区间估计	
2		公式	结果
3	样本数	n	36
4	样本平均数	$\bar{x}$	39.5
5	样本标准差	S	7.773581635
6	置信度	1-α	95%
7	显著水平	α	5%
8	Z值	NORMSINV(1-α/2)	1.959963985
9	置信区间下限	$\bar{x}-z_{\chi/2}\ s/\sqrt{n}$	36.96067666
10	置信区间上限	$\bar{x}+z_{\chi/2}\ s/\sqrt{n}$	42.03932334
11	置信区间	$(\bar{x}-z_{\chi/2}s/\sqrt{n},\bar{x}+z_{\alpha/2}s/\sqrt{n})$	(36.9606766609093,42.0393233390907)
12			

图 9.2　单一总体均值的区间估计

二、单一总体比例的区间估计

置信区间为：$(q-z_{\alpha/2}\sqrt{q(1-q)/n},\ q+z_{\alpha/2}\sqrt{q(1-q)/n})$。

例 8　美国某调查机构想了解美国民众对政府某项税收议案的态度，调查了1 000位美国人，结果发现5成人表示支持，4成人表示反对，1成人既不支持，也不反对。试估计支持比例的95%置信区间。

操作步骤如下：

1. 在单元格 C3 输入样本数(n)= 1 000。

2. 在单元格 C4 输入样本中支持百分比(q)= 0.5。

3. 在单元格 C5 输入置信度($1-\alpha$)= 95%，在单元格 C6 输入显著水平(α)= 5%。

4. 计算 Z 值，在单元格 C7 输入求 Z 值公式=NORMSINV(1-C6/2)。

5. 计算置信区间上限和下限。在单元格 C8 输入求置信区间下限公式：=(C4-C7 * SQRT(C4 * (1-C4)/C3))，在单元格 C9 输入求置信区间上限公式：=(C4+C7 * SQRT(C4 * (1-C4)/C3))。

6. 在单元格 C10 输入求置信区间公式：= CONCATENATE (" (", C8,",", C9,")")。

由上即可得出区间估计的置信区间约为(0.47，0.53)，如图 9.3 所示。

	A	B	C
1	单一总体比例的区间估计		
2		公式	结果
3	样本数	n	1000
4	样本中支持百分比	q	0.5
5	置信度	1-α	95%
6	显著水平	α	5%
7	Z值	NORMSINV(1-α/2)	1.959963985
8	置信区间下限	$(q-z_{\alpha/2}\sqrt{q(1-q)/n})$	0.469010248
9	置信区间上限	$(q+z_{\alpha/2}\sqrt{q(1-q)/n})$	0.530989752
10	置信区间	$(q-z_{\alpha/2}\sqrt{q(1-q)/n},q+z_{\alpha/2}\sqrt{q(1-q)/n})$	(0.469010248384772, 0.530989751615228)
11			

图 9.3　单一总体比例的区间估计

小　结

抽样推断是遵循随机原则，从总体中抽取部分单位，根据样本资料计算样本值，然后用样本的值对总体参数作出具有一定可靠程度的估计和判断，从而反映总体的数量特征和分布的一种调查方法。其最重要的特征是随机原则。

抽样推断中最主要的是确定抽样平均误差，影响抽样平均误差的因素有：(1) 总体标志变异程度；(2) 样本容量；(3) 抽样方法(重复抽样还是不重复抽样)；(4) 抽样组织方式。

抽样推断的目的是抽样估计。抽样估计有两种方法：点估计和区间估计。区间估计的目的是：(1) 估计总体指标所在的范围；(2) 总体指标在此范围内的可靠程度即概率。

抽样调查的组织方式有：简单随机抽样、系统抽样、分层随机抽样、整群抽样。

抽样推断方案的设计主要是在一定约束条件下，选择合适的抽样方式，并确定必要的样本容量。

关键术语

全及总体　抽样总体　全及指标　抽样误差　抽样推断　抽样平均误差　抽样极限误差

习　题

1. 某村2017年种植水稻4 000亩，随机抽取其中5%的面积，测得平均亩产量为800斤，标准差为50斤，试计算：

(1) 样本平均亩产量的抽样平均误差。

(2) 概率在99.73%的条件下，平均亩产量的可能范围。

(3) 概率在99.73%的情况下，4 000亩小麦总产量是多少？

2. 某高校有5 000名学生，随机抽取250名调查每周上网的时间，分组资料如表9.3。

表9.3

每周上网时间(小时)	学生人数
2以下	22
2~4	56
4~6	92
6~8	60
8~10	20
$\sum$	250

试按不重复抽样方法，以95.45%的概率推断该校全部学生平均每周上网时间的可能范围。

3. 对一批成品按不重复抽样方法抽取200件，其中废品3件，已知样本容量为成品总量的1/20。当概率为95%时，估计废品率的范围。

4. 某厂有甲乙两个车间都生产保温瓶，乙车间规模较大，产量是甲车间的两倍。为了调查该厂保温瓶的保温时间，按两车间产量比例抽取60支瓶胆，数据如表9.4，试以95%的概率推断该厂生产的全部瓶胆的平均保温时间的可能范围。

表 9.4

车间	车间代码	平均保温时间(小时)	保温时间的标准差
甲	1	25	1.2
乙	2	28	0.8

5. 某电扇厂对其生产的 1 500 个电扇进行使用寿命检查。随机抽取 30 台，平均使用寿命为 4.5 万小时，使用寿命的标准差为 240 小时，若以 95%的概率进行推断，试求极限误差和使用寿命的置信区间。

6. 对某机床加工的零件在一天 24 小时内，每小时检查最后 10 分钟生产的全部产品。检查结果是合格率为 90%，已知群间方差为 0.05。试推断全天加工的零件在把握程度为 95.45%的条件下，零件合格率的范围。

7. 某林区对新栽的小树的成活率进行抽样，要求误差不超过 30%，概率为 95%。现知道过去三年新栽小树的成活率分别为 89.15%、89.50%、90.10%，试确定调查至少要抽取多少棵树？

8. 在 10 000 名工人中，随机抽取 144 个工人的土方工程进行测定，结果，每一个工人平均工作量为 4.95 立方米，方差为 2.25 立方米。在简单随机抽样条件下，试以 95.45%的概率计算平均工作量的允许误差。根据以上条件，如果要在允许误差不超过 0.11 立方米，在不重复抽样的情况下，应抽查多少工人比较合适。

9. 为了调查农民生活水平，在某 5 000 户农户中按不重复抽样方法抽 400 户进行调查，得知有 87 户拥有彩色电视机。要求拥有彩色电视户数比重估计的允许误差不超过 3.88%，试估计该地区农民拥有彩色电视比重的范围，并说明这一估计的可靠程度。

10. 某药厂为了检查瓶装药片数量，从成品中随机抽取 100 瓶，结果平均每瓶 101.5 片，标准差为 3 片。试以 99.73%的把握程度推断该种药品平均每瓶数量的置信区间。如果允许误差减少到原来的 1/2。其他条件不变，问需抽取多少瓶？

第十章　统计假设检验

统计假设检验同参数估计一样，是统计推断的一个主要内容，其基本任务是根据样本所提供的信息，对总体的某些方面，如总体的分布类型、参数的性质等作出结论性的判断。假设检验有其独特的统计思想，许多实际问题都可以其作为解决方法。统计假设检验可分为参数假设检验和非参数假设检验两大部分。当总体分布形式已知，检验的目的是对总体的参数及其性质作出判断，则称这种检验为参数检验；若总体分布形式未知，需对总体分布函数形式或总体之间的关系进行推断，则称为非参数假设检验。

无论是参数假设检验还是非参数假设检验，其基本思想、基本原理和基本步骤都是相同的。下面我们从假设检验的基本步骤和基本原理入手，系统介绍几类常用的假设检验方法及其具体应用。

第一节　统计假设检验几个基本问题

一、统计假设检验的检验法则

先看一个例题。

例 1　某食品厂用自动装罐机装罐头食品，每罐标准重量为 0.5 公斤。按以往的生产经验，标准差 $\sigma=0.01$ 公斤。每隔一定时间需要检查机器工作情况。现随机抽取 10 罐，称得其重量为(单位：公斤)：

0.498，0.512，0.503，0.510，0.497，0.489，0.506，0.500，0.499，0.505

假定重量服从正态分布，试问机器工作是否正常？

要检验机器工作是否正常，实际上就是根据样本判断总体均值 μ 是否等于 0.5。如果 $\mu=0.5$，则认为装罐机运行正常；否则认为不正常。为此，可作出如下假设：

$$H_0: \mu=\mu_0=0.5$$

$$H_1: \mu\neq\mu_0=0.5$$

这是两个对立的假设，其中 H_0 称为原假设(零假设)；H_1 称为备择假设(对立假设)，在某些实际问题中，备择假设也可不写。

一旦假设确立，就必须制定一套法则。根据这一法则，可通过对样本值的判断作出拒绝或接受 H_0 的判断。

下面来建立法则。对上述例子，要检验总体均值 μ，实际上可转化为检验样本均值 $\overline{X}$，因为 $\overline{X}$ 是 μ 的无偏估计，$\overline{X}$ 的观察值 $\bar{x}$ 的大小在一定程度上反映了 μ 的大小。如果 H_0 成立，则 $|\bar{x}-\mu_0|$ 一般不应太大，如果 $|\bar{x}-\mu_0|$ 过分大，则可怀疑 H_0 的正确性从而拒绝

H_0，反之则接受 H_0。又考虑到当 H_0 成立时，统计量$\frac{|\bar{x}-\mu_0|}{\sigma/\sqrt{n}}\sim N(0,\ 1)$，这样，衡量 $|\bar{x}-\mu_0|$ 的大小就可等价地归结为衡量$\frac{|\bar{x}-\mu_0|}{\sigma/\sqrt{n}}$的大小，由此我们可选定一正数 k，使得当$\frac{|\bar{x}-\mu_0|}{\sigma/\sqrt{n}}\geqslant k$ 时，就拒绝 H_0，当$\frac{|\bar{x}-\mu_0|}{\sigma/\sqrt{n}}<k$ 时，就接受 H_0，这就是一个法则。

法则确定了，然而可能产生一类这样的问题，即当 H_0 成立时，$\frac{|\bar{x}-\mu_0|}{\sigma/\sqrt{n}}\geqslant k$，按照前面的法则，却拒绝了 H_0，由此便导致了错误(第Ⅰ类错误，又称“弃真”，下文再讨论这个问题)。对于这类错误，我们无法排除，但可以想办法尽量减少。我们可以给定一个非常小的数 α($0<\alpha<1$，称为显著性水平)，使得：

$$P\{拒绝\ H_0 \mid H_0\ 为真\}\leqslant\alpha$$

即：

$$P\left\{\frac{|\bar{x}-\mu_0|}{\sigma/\sqrt{n}}\geqslant k \mid H_0\ 为真\right\}\leqslant\alpha$$

由于$\frac{|\bar{x}-\mu_0|}{\sigma/\sqrt{n}}\sim N(0,\ 1)$，根据标准正态分布分位点定义(本书遵照全国统计技术委员会的有关规定，分位数符号一律用下侧分数)可得：

$$P\left\{\frac{|\bar{x}-\mu_0|}{\sigma/\sqrt{n}}\geqslant k \mid H_0\ 为真\right\}=P\left\{\frac{|\bar{x}-\mu_0|}{\sigma/\sqrt{n}}\geqslant u_{1-\frac{\alpha}{2}} \mid H_0\ 为真\right\}=\alpha$$

这样，我们就得到如下检验法则：

若$\frac{|\bar{x}-\mu_0|}{\sigma/\sqrt{n}}\geqslant u_{1-\frac{\alpha}{2}}$，则拒绝 H_0；

若$\frac{|\bar{x}-\mu_0|}{\sigma/\sqrt{n}}<u_{1-\frac{\alpha}{2}}$，则接受 H_0。

于是，$\frac{|\bar{x}-\mu_0|}{\sigma/\sqrt{n}}$就成了检验统计量。这里实际上只是讨论了正态总体参数的假设检验问题，对于其他假设检验，虽然检验统计量不同，但其检验法则、基本思路一样。

二、统计假设检验中的两类错误

假设检验法是依靠样本去推断总体，这种特点就决定了所作的推断不能保证不犯错误。在假设检验中，可能犯两类错误：

(一) 第Ⅰ类错误

当 H_0 为真时，我们却作出了拒绝 H_0 的判断，这个时候我们就犯了第Ⅰ类错误。第Ⅰ类错误又称“弃真”，即在原假设成立的情况下拒绝了原假设，从而把正确的内容当作错误的内容抛弃了。犯第Ⅰ类错误的概率为：

$$P\{拒绝 H_0 \mid H_0 为真\}=\alpha$$

这里，α 为显著性水平。

（二）第Ⅱ类错误

当 H_0 不成立时，却接受了 H_0，我们称这类错误为第Ⅱ类错误。第Ⅱ类错误又称“取伪”，顾名思义，即将错误的内容当正确的内容接受了。犯第Ⅱ类错误的概率为：

$$P\{接受 H_0 \mid H_0 为假\}=\beta$$

我们当然希望 α、β 的值越小越好，但现实中 α、β 的值不可能同时小，也就是说，在样本容量给定的情况下，如果减少犯第Ⅰ类错误的概率，就可能增加犯第Ⅱ类错误的概率。由于第Ⅰ类错误相对于第Ⅱ类错误导致的后果更为严重，因此现实中的做法通常是对犯第Ⅰ类错误的概率加以控制，然后再适当考虑犯第Ⅱ类错误的概率。我们把这种只对犯第Ⅰ类错误的概率加以控制，而不考虑犯第Ⅱ类错误的检验问题，称为显著性检验问题。

三、统计假设检验的基本思路

从上文可以看出，统计假设检验包含两个重要的思想：反证法思想和小概率原理。

（一）反证法思想

假设检验中的反证法思想就是，先假定“H_0 为真”，如果检验中出现了不合理现象，则表明“H_0 为真”的假设是错误的，应该拒绝 H_0。如果检验中未出现不合理现象，则认为“H_0 为真”的假设是正确的，应该接受 H_0。

（二）小概率原理

假设检验中的“小概率原理”认为：小概率事件在一次试验中几乎不可能发生。如果小概率事件在一次试验中居然发生了，则有理由首先怀疑原假设的真实性，从而拒绝原假设。

“小概率原理”关于“小概率”的值并没有统一的规定，因为这不是理论问题，而是实际问题，通常做法是根据实际问题的要求规定一个显著性水平 $\alpha(0<\alpha<1)$，当一个事件的概率不大于 α 时，即认为它是小概率事件。α 通常可取 0.1，0.05，0.025，0.01，…

四、统计假设检验的基本步骤

综上所述，统计假设检验的基本步骤一般包括以下几个：

1. 根据实际情况提出原假设 H_0 和备择假设 H_1；
2. 选择合适的检验统计量；
3. 根据样本观察值计算出检验统计量的观察值；
4. 选定显著性水平 α，并根据相应统计量的统计分布表查出临界值；
5. 根据统计量观察值和临界值，作出接受或拒绝 H_0 的判断。

第二节 统计假设检验的基本方法

统计假设检验依问题的性质，可分为参数假设检验和非参数假设检验两大类，其中参数假设检验是在总体分布已知的情况下对总体参数进行的假设检验，通常采用 μ 检验法、

t-检验法、F-检验法、χ^2 检验法等；非参数检验则是在总体未知的情况下进行的假设检验，通常采用皮尔逊 χ^2 拟合检验、魏氏检验、麦氏检验法。下面我们就分别简单介绍一下这几类检验方法。

一、参数假设检验法

参数假设检验法具体包括正态总体参数检验和非正态总体参数检验两类。下面我们分开来讨论一下。

（一）正态总体参数检验

对于正态总体，其参数无非是两个：μ 和 σ^2。如果加上两个正态总体的参数一块比较，也只有四种情形：① 关于 μ 的检验；② 关于 σ^2 的检验；③ 关于 $\mu_1-\mu_2$ 的检验；④ 关于 σ_1^2/σ_2^2 的检验。

1. μ 检验

μ 检验适用于在方差已知的情况下，对期望值 μ 的检验(包括单总体和多总体)。

(1) 在单个正态总体情况下，适用检验统计量：

$$\mu=\frac{|\bar{x}-\mu_0|}{\sigma/\sqrt{n}}\sim N(0,\ 1)$$

(2) 在两个正态总体情况下，设 x_1，x_2，…，x_{n_1} 为出自 $N(\mu_1,\ \sigma_1^2)$ 的样本，y_1，y_2，…，y_{n_2} 为出自 $N(\mu_2,\ \sigma_2^2)$ 的样本，σ_1^2，σ_2^2 已知，且样本之间相互独立。则适用统计量为：

$$\mu=\frac{\bar{x}-\bar{y}}{\sqrt{\dfrac{\sigma_1^2}{n_1}+\dfrac{\sigma_2^2}{n_2}}}\sim N(0,\ 1)$$

其拒绝域如表 10.1。

表 10.1

检验名称	条件	总体情况	检验法	H_0	H_1	拒绝域
μ 检验	σ^2 已知	单个正态总体	双边检验	$\mu=\mu_0$	$\mu\neq\mu_0$	$\lvert\mu\rvert>\mu_{1-\alpha/2}$
			右边检验	$\mu\leqslant\mu_0$	$\mu>\mu_0$	$\mu>\mu_{1-\alpha}$
			左边检验	$\mu\geqslant\mu_0$	$\mu<\mu_0$	$\mu<\mu_\alpha$
		两个正态总体	双边检验	$\mu_1=\mu_2$	$\mu_1\neq\mu_2$	$\lvert\mu\rvert>\mu_{1-\alpha/2}$
			右边检验	$\mu_1\leqslant\mu_2$	$\mu_1>\mu_2$	$\mu>\mu_{1-\alpha}$
			左边检验	$\mu_1\geqslant\mu_2$	$\mu_1<\mu_2$	$\mu<\mu_\alpha$

下面我们来看一个例题。

例 2　某冰箱厂为国内一大型冰箱生产基地，产品质量一直比较稳定，标准返修率为 1.1%。但近年来却不断听到消费者抱怨，为了解近年该厂生产冰箱的质量情况，随机对其国内 36 家专卖店及大中型商场专卖柜台中的 400 台冰箱的返修率进行了调查，结果发现其样本均值为 1.14%，又由同类产品的经验知其标准差为0.2%，是否可由调查结果判定近年来企业生产的冰箱出现了质量问题（取显著性水平 $\alpha=0.05$）？

这是一个双边检验问题。一般认为冰箱的质量情况服从正态分布，这样，冰箱是否出现质量问题，反映在返修率上就是样本返修率是否等于 1.1%。因此可作出如下假设：

H_0：$\mu=1.1\%$，即认为冰箱质量稳定，未出现质量问题；

H_1：$\mu\neq 1.1\%$，即认为冰箱出现了质量问题。

由于方差已知，宜采用 μ 检验法。选择检验统计量：

$$\mu=\frac{\bar{x}-\mu_0}{\sigma/\sqrt{n}}=\frac{1.14\%-1.1\%}{0.2\%/\sqrt{400}}=4$$

选定显著性水平 $\alpha=0.05$，查正态分布表得：

$$\mu_{1-\frac{\alpha}{2}}=\mu_{1-\frac{0.05}{2}}=1.96$$

由于 $|\mu|>\mu_{1-\frac{0.05}{2}}$，所以拒绝 H_0，接受 H_1，即认为该厂冰箱出现了一定的问题，一定有系统性因素在起作用，必须尽快查明原因；与此同时，要更加注重售后服务，及时修复已出现质量问题的出厂冰箱，避免因顾客抱怨造成不良舆论而影响企业声誉。

例 3 假设 A 厂生产的灯泡的使用寿命 $x\sim N(\mu_1,\ 95^2)$，B 厂生产的灯泡寿命 $y\sim N(\mu_2,\ 120^2)$。现在从两厂产品中各抽取 100 只和 75 只，测得灯泡的平均寿命分别为 1 180 小时和 1 220 小时，问在显著性水平 $\alpha=0.05$ 下，这两个厂生产的灯泡的平均寿命有无显著性差异？

要检验两厂灯泡的平均寿命有无显著性差异，实际上就是检验两厂灯泡的平均寿命是否相等。这是一个双边检验问题。可作如下假设：

H_0：$\mu_1=\mu_2$

H_1：$\mu_1\neq\mu_2$

由于方差已知，故选择检验统计量：

$$\mu=\frac{\bar{x}-\bar{y}}{\sqrt{\frac{\sigma_1^2}{n_1}+\frac{\sigma_2^2}{n_2}}}=\frac{1\ 180-1\ 220}{\sqrt{\frac{95^2}{100}+\frac{120^2}{75}}}\approx -2.38$$

在显著性水平 $\alpha=0.05$ 下，查标准正态分布表得：

$$\mu_{1-\frac{\alpha}{2}}=u_{0.975}=1.96$$

由于 $|\mu|>\mu_{1-\frac{\alpha}{2}}$，说明检验统计量落在拒绝域中，所以拒绝 H_0，接受 H_1，即认为两厂生产的灯泡的平均寿命有显著性差异。

例 4 某生产性企业为提高产品产量，对部分职工进行了为期三个月的第一期培训。为了解培训效果如何，特从经过培训的职工和未经过培训的职工群体中各随机抽取 10 名（假定这两组员工在培训前的个体差异很小，或完全没有），记录其月产量，获得有关数据如表 10.2。又假定这两组职工的实际产量均近似服从正态分布，且知其标准差分别为 $\sigma_1=140$，$\sigma_2=170$。现要求判断培训对职工产量提高有无显著性影响。见表 10.2。

表 10.2 **××企业部分职工月产量对比表**

序 号	1	2	3	4	5	6	7	8	9	10	平均值
经过培训的职工月产量	2 000	2 120	1 980	2 200	2 100	1 900	2 030	2 100	2 000	2 160	$\bar{x}=2\ 059$
未经培训的职工月产量	1 803	1 980	2 005	1 900	2 000	2 200	1 600	2 000	1 901	2 001	$\bar{y}=1\ 939$

现要求判断培训对职工产量提高有无显著性影响。

这里标准差 σ_1，σ_2 均已知，可采用 u 检验法。

建立假设：

$$H_0: \mu_1=\mu_2，\text{即培训对职工产量提高无显著性影响}$$
$$H_1: \mu_1>\mu_2，\text{即培训对职工产量提高有显著性影响}$$

选择检验统计量：

$$\mu=\frac{\bar{x}-\bar{y}}{\sqrt{\frac{\sigma_1^2}{n_1}+\frac{\sigma_2^2}{n_2}}}=\frac{2\ 059-1\ 939}{\sqrt{\frac{140^2}{10}+\frac{170^2}{10}}}\approx 1.723$$

选定显著性水平 $\alpha=0.05$，查正态分布表得：

$$\mu_{1-\alpha}=\mu_{0.95}=1.645$$

作出判断。

由于 $\mu>\mu_{1-\alpha}$，说明检验统计量落在拒绝域中，所以拒绝 H_0，接受 H_1，即认为培训对职工提高产量有显著性影响。这个案例说明，对企业职工进行有效的培训，有利于提高职工队伍的科学文化技术水平和经营管理水平，促进劳动生产率的提高，从而增强企业的市场竞争能力。因此，对企业而言，应积极组织培训。

当然，并非所有的培训都一定有效，这就要求管理者在每期培训结束后都要定性或者定量地对培训效果进行总结性评估，及时发现问题、解决问题，使企业永远处于良性发展的轨道。

2. t-检验

t-检验适用于当方差未知时对期望值 μ 的检验。总体可以是单总体，也可以是双总体。但如果是双总体，它们之间的样本必须是独立的。

(1) 对于单总体，适用检验统计量为：

$$t=\frac{\bar{x}-\mu_0}{s/\sqrt{n}}\sim t(n-1)$$

(2) 对于双总体，可分为两种情况进行讨论。

第一种情况是，σ_1^2，σ_2^2 未知，但 $\sigma_1^2=\sigma_2^2=\sigma^2$。此时可选择检验统计量：

$$t=\frac{\bar{x}-\bar{y}}{s_w\cdot\sqrt{\frac{1}{n_1}+\frac{1}{n_2}}}\sim t(n_1+n_2-2)$$

其中：

$$s_w=\sqrt{\frac{(n_1-1)s_1^2+(n_2-1)s_2^2}{n_1+n_2-2}}$$

第二种情况是，σ_1^2、σ_2^2 未知，但 $n_1=n_2=n$。此时可考虑采用配对检验法，具体方法如下：

令：$d_i=x_i-y_i(i=1,2,\cdots,n)$，并假定 $d_1,d_2,\cdots,d_n$ 分别是来自正态总体 $N(\mu_d,\sigma^2)$ 的样本。μ_d，σ^2 均未知，$\bar{d}$ 与 s^2 分别是 $d_1,d_2,\cdots,d_n$ 的样本均值和样本方差。若进行双边检验，可令 $H_0:\mu_d=0$，$H_1:\mu_d\neq0$。

此时可选择 $t=\dfrac{\bar{d}-0}{s/\sqrt{n}}\sim t_{1-\frac{\alpha}{2}}(n-1)$ 作为检验统计量，其拒绝域为：

$$c_1=\{t \mid |t|\geqslant t_{1-\frac{\alpha}{2}}(n-1)\}$$

t-检验法下各拒绝域如表 10.3。

表 10.3

检验名称	条件		检验统计量	H_0	H_1	拒绝域
t-检验	单个总体	σ^2 未知	$t=\dfrac{\bar{x}-\mu_0}{s/\sqrt{n}}\sim t(n-1)$	$\mu=\mu_0$	$\mu\neq\mu_0$	$\lvert t\rvert>t_{1-\frac{\alpha}{2}}(n-1)$
				$\mu\leqslant\mu_0$	$\mu>\mu_0$	$t>t_{1-\alpha}(n-1)$
				$\mu\geqslant\mu_0$	$\mu<\mu_0$	$t<t_\alpha(n-1)$
	两个总体	$\sigma_1^2=\sigma_2^2=\sigma^2$ $(n_1\neq n_2)$	$t=\dfrac{\bar{x}-\bar{y}}{s_w\cdot\sqrt{\frac{1}{n_1}+\frac{1}{n_2}}}\sim t(n_1+n_2-2)$	$\mu_1=\mu_2$	$\mu_1\neq\mu_2$	$\lvert t\rvert>t_{1-\frac{\alpha}{2}}(n_1+n_2-2)$
				$\mu_1\leqslant\mu_2$	$\mu_1>\mu_2$	$t>t_{1-\alpha}(n_1+n_2-2)$
				$\mu_1\geqslant\mu_2$	$\mu_1<\mu_2$	$t<t_\alpha(n_1+n_2-2)$
		σ_1^2、σ_2^2 未知 $(n_1=n_2=n)$	$t=\dfrac{\bar{d}-0}{s/\sqrt{n}}\sim t(n-1)$	$\mu_d=0$	$\mu_d\neq0$	$\lvert t\rvert>t_{1-\frac{\alpha}{2}}(n-1)$
				$\mu_d\leqslant0$	$\mu_d>0$	$t>t_{1-\alpha}(n-1)$
				$\mu_d\geqslant0$	$\mu_d<0$	$t<t_\alpha(n-1)$

例 5 已知罐头番茄汁中，维生素 C(V_C)含量服从正态分布。按照规定，V_C 的平均含量必须超过 21 毫克才算合格。现从一批罐头中随机抽取 17 罐，算出 V_C 含量的平均值 $\bar{x}=23$，$s^2=3.98^2$。问该批罐头 V_C 含量是否合格？

建立假设：

$$H_0:\mu\geqslant21$$
$$H_1:\mu<21$$

因为方差未知，可选择检验统计量：

$$t=\frac{\bar{x}-\mu_0}{s/\sqrt{n}}=\frac{23-21}{3.98/\sqrt{17}}\approx2.07$$

选定显著性水平 $\alpha=0.05$，查 t-分布表得：

$$t_{\alpha}(n-1)=t_{0.05}(16)=1.7459$$

由于 $t>t_{\alpha}(n-1)$，说明检验统计量落在拒绝域外，即认为该批罐头 V_C 含量合格。

例 6　比较甲、乙两种橡胶制成的轮胎的耐磨性。现从甲、乙两种轮胎中各随机抽取 8 个，又从两组中各取一个组成一对，共 8 对，再随机选取 8 架飞机，将 8 对轮胎随机地搭配给 8 架飞机作耐磨性试验，经过了一定次数的起落后，测得轮胎磨量(单位：毫克)数据如下：

甲	4 900	5 220	5 500	6 020	6 340	7 660	8 650	4 870
乙	4 930	4 900	5 140	5 700	6 110	6 880	7 930	5 010

试问这两种轮胎的耐磨性有无显著性差异($\alpha=0.05$)?

这是一个耐磨性试验。单从解题看，有两种方法可行：一种是数据不配对分析，即把两种材料数据看成两个总体，然后检验两个总体的均值是否相等；一种是数据配对分析，即在两种材料制成的轮胎中各随机抽取 1 个配成 1 对，再随机搭配给其中一架飞机，通过其中的差异进行检验。从表面看，这两种方法似乎殊途同归，但实际不然。若采用数据不配对分析，则飞机之间的试验条件的差异和轮胎之间耐磨性差异对数据的影响交织在一起，不易分辨轮胎之间的耐磨性差异；若进行配对分析，则能消除飞机之间试验条件不同对数据的干扰，只要两种轮胎的耐磨性有差异，就能从数据之差 $d_i=x_i-y_i$ 中反映出来。因此，是否采用配对分析，关键的一条是看能否保证试验条件一致，若不能保证试验条件一致，则使用配对分析比较合适。下面我们分别采用两种方法进行分析。

(1) 数据不配对分析

用 x，y 分别表示甲、乙两种轮胎的磨损量，并假设 x，y 分别服从正态分布 $N(\mu_1,\sigma^2)$ 和 $N(\mu_2,\sigma^2)$。先建立假设：

$$H_0: \mu_1=\mu_2$$
$$H_1: \mu_1\neq\mu_2$$

选择检验统计量：

$$t=\frac{\bar{x}-\bar{y}}{s_w\cdot\sqrt{\dfrac{1}{n_1}+\dfrac{1}{n_2}}}\sim t(n_1+n_2-2)$$

由计算可知：

$$\bar{x}=6145,\ \bar{y}=5825,\ s_1^2=1633900,\ s_2^2=1053875$$
$$s_w=1159.26$$

则：　$t=0.552$

选定显著性水平 $\alpha=0.05$，查 t-分布表得：

$$t_{1-\frac{\alpha}{2}}(n_1+n_2-2)=t_{0.975}(14)=2.1448$$

由于 $|t|<t_{1-\frac{\alpha}{2}}(n_1+n_2-2)=t_{0.975}(14)=2.1448$，说明检验统计量落在拒绝域外，所以接受 H_0，即认为两种轮胎的耐磨性差异不显著。

(2) 数据配对分析

设 x，y 分别表示甲、乙两种轮胎的磨损量，并假设 x，y 分别服从正态分布 $N(\mu_1, \sigma^2)$ 和 $N(\mu_2, \sigma^2)$。

令 $d_i = x_i - y_i$ ($i = 1, 2, \cdots, 8$)，并假定 $d_1, d_2, \cdots, d_8$ 分别是来自正态总体 $N(\mu_d, \sigma^2)$ 的样本，则：

$$\bar{d} = \frac{1}{8}\sum_{i=1}^{8} d_i = 320$$

建立假设：

$$H_0: \mu_d = 0$$
$$H_1: \mu_d \neq 0$$

选择检验统计量：

$$t = \frac{\bar{d} - 0}{s/\sqrt{n}} = \frac{320}{299.04/\sqrt{8}} = 2.83$$

选定显著性水平 $\alpha = 0.05$，查 t-分布表得：

由于 $t_{1-\frac{\alpha}{2}}(n-1) = t_{0.975}(7) = 2.365$，说明检验统计量落在拒绝域中，所以拒绝 H_0，接受 H_1，即认为两种轮胎的耐磨性有显著性差异。

这是两个截然不同的结果。很明显，数据配对分析所得结论正确。

3. χ^2 检验

χ^2 检验主要用于对方差 σ^2 的检验，且适用于单参数情形。可分为 μ 未知和 μ 已知两种情况进行讨论。

(1) μ 未知

设 $x_1, x_2, \cdots, x_n$ 为 $N(\mu, \sigma^2)$ 的一个样本，考虑假设：

① $H_0: \sigma^2 = \sigma_0^2$

$H_1: \sigma^2 \neq \sigma_0^2$

② $H_0: \sigma^2 \leq \sigma_0^2$

$H_1: \sigma^2 > \sigma_0^2$

适用检验统计量为：

$$\chi^2 = \frac{(n-1)s^2}{\sigma_0^2} \sim \chi^2(n-1)$$

(2) μ 已知

适用于检验统计量为：

$$\chi^2 = \frac{\sum_{i=1}^{n}(x_i - \mu_0)^2}{\sigma_0^2} \sim \chi^2(n)$$

χ^2 检验法下各拒绝域情况如表 10.4。

例 7　已知某种延期药静止燃烧时间 T(从开始燃烧到熄灭所经时间) 服从正态分布。今从一批延期药中任取 10 副，测得静止燃烧时间数据为(单位：秒)：

1.340 5　1.405 9　1.383 6　1.385 7　1.380 4

1.405 3　1.376 0　1.378 9　1.342 4　1.402 1

问是否可信这批延期药的静止燃烧时间 T 的方差 σ^2 为规定的 $0.025^2(\alpha = 0.05)$。

表 10.4

检验名称	条件	检验统计量	H_0	H_1	拒绝域
χ^2 检验	μ 未知	$\chi^2 = \frac{(n-1)s^2}{\sigma_0^2} \sim \chi^2(n-1)$	$\sigma^2 = \sigma_0^2$	$\sigma^2 \neq \sigma_0^2$	$\chi^2 < \chi^2_{\frac{\alpha}{2}}(n-1) \cup \chi^2 > \chi^2_{1-\frac{\alpha}{2}}(n-1)$
			$\sigma^2 \leqslant \sigma_0^2$	$\sigma^2 > \sigma_0^2$	$\chi^2 > \chi^2_{1-\alpha}(n-1)$
			$\sigma^2 \geqslant \sigma_0^2$	$\sigma^2 < \sigma_0^2$	$\chi^2 < \chi^2_{\alpha}(n-1)$
	μ 已知	$\chi^2 = \frac{\sum_{i=1}^{n}(x_i - \mu_0)^2}{\sigma_0^2} \sim \chi^2(n)$	$\sigma^2 = \sigma_0^2$	$\sigma^2 \neq \sigma_0^2$	$\chi^2 < \chi^2_{\frac{\alpha}{2}}(n) \cup \chi^2 > \chi^2_{1-\frac{\alpha}{2}}(n)$
			$\sigma^2 \leqslant \sigma_0^2$	$\sigma^2 > \sigma_0^2$	$\chi^2 > \chi^2_{1-\alpha}(n)$
			$\sigma^2 \geqslant \sigma_0^2$	$\sigma^2 < \sigma_0^2$	$\chi^2 < \chi^2_{\alpha}(n)$

这是对方差 σ^2 检验，且 μ 未知，可用 χ^2 检验法进行检验。

建立假设：

$$H_0:\ \sigma^2 = 0.025^2$$

$$H_1:\ \sigma^2 \neq 0.025^2$$

选择检验统计量：

$$\chi^2 = \frac{(n-1)s^2}{\sigma_0^2}$$

由样本值计算得：

$$s^2 = 0.000\,484$$

则：

$$\chi^2 = \frac{9 \times 0.000\,484}{0.025^2} = 6.964$$

选定显著性水平 $\alpha = 0.05$，查 χ^2 分布表得：

$$\chi^2_{1-\frac{\alpha}{2}}(n-1) = \chi^2_{0.975}(9) = 19.023$$

$$\chi^2_{\frac{\alpha}{2}}(n-1) = \chi^2_{0.025}(9) = 2.700$$

由于 $\chi^2_{\frac{\alpha}{2}}(n-1) < \chi^2 < \chi^2_{1-\frac{\alpha}{2}}(n-1)$，说明检验统计量落在拒绝域外，所以接受 H_0，即认为这批延期药的静止燃烧时间 T 的方差 σ^2 为 0.025^2。

例 8　某工厂生产的汽车电瓶的寿命服从正态分布 $N(\mu,\ 0.9^2)$，今从新生产的一批汽车电瓶中抽取10个，测得其寿命的样本标准差为1.2年，能否认为这批电瓶的寿命的标准差比 0.9 年大($\alpha = 0.05$)?

采用χ^2 检验法，建立假设：

$$H_0: \sigma^2 > 0.9$$
$$H_1: \sigma^2 \leqslant 0.9$$

选择检验统计量：

$$\chi^2 = \frac{(n-1)s^2}{\sigma_0^2} \sim \chi^2(n-1)$$

已知：

$$s^2 = 1.2^2, \quad \sigma_0^2 = 0.9^2$$

则：

$$\chi^2 = \frac{9 \times 1.2^2}{0.9^2} = 16.0$$

选定显著性水平 $\alpha = 0.05$，查χ^2 分布表得：

$$\chi_\alpha^2(n-1) = \chi_{0.05}^2(9) = 3.325$$

由于$\chi^2 > \chi_\alpha^2(n-1)$，所以接受 H_0，即认为这批电瓶的寿命的标准差大于 0.9 年。

4. F-检验

F-检验跟χ^2 检验一样，也是用于对方差的检验。不同的是，χ^2 检验往往用于单参数情形，而 F-检验则往往用于两参数情形。

设 $x_1, x_2, \cdots, x_{n_1}$ 和 $y_1, y_2, \cdots, y_{n_2}$ 分别为出自 $N(\mu_1, \sigma_1^2)$ 和 $N(\mu_2, \sigma_2^2)$ 的样本，且样本之间独立。考虑假设：

$$(1)\ H_0: \sigma_1^2 = \sigma_2^2$$
$$H_1: \sigma_1^2 \neq \sigma_2^2$$
$$(2)\ H_0: \sigma_1^2 \leqslant \sigma_2^2$$
$$H_1: \sigma_1^2 > \sigma_2^2$$

适用检验统计量为：

$$F = \frac{s_1^2}{s_2^2} \sim F(n_1 - 1, n_2 - 1)$$

其拒绝域情况如表 10.5。

表 10.5

检验名称	条件	检验统计量	H_0	H_1	拒绝域
F-检验	$x \sim N(\mu_1, \sigma_1^2)$ $y \sim N(\mu_2, \sigma_2^2)$ μ_1, μ_2 未知	$F = \frac{s_1^2}{s_2^2} \sim F(n_1-1, n_2-1)$	$\sigma_1^2 = \sigma_2^2$	$\sigma_1^2 \neq \sigma_2^2$	$F < F_{\frac{\alpha}{2}}(n_1-1, n_2-1) \cup F > F_{1-\frac{\alpha}{2}}(n_1-1, n_2-1)$
			$\sigma_1^2 \leqslant \sigma_2^2$	$\sigma_1^2 > \sigma_2^2$	$F > F_{1-\alpha}(n_1-1, n_2-1)$
			$\sigma_1^2 \geqslant \sigma_2^2$	$\sigma_1^2 < \sigma_2^2$	$F < F_\alpha(n_1-1, n_2-1)$

例 9　用两种不同的方法生产同一种材料，对于第一种配方生产的材料进行了 7 次试验，测得材料的标准差 $s_1 = 3.9$ 公斤 /cm²；对于第二种配方生产的材料进行了 8 次试验，测得标准差为 $s_2 = 4.7$ 公斤 /cm²。已知两种工艺生产的材料强度都服从正态分布，问在显著性水平 $\alpha = 0.05$ 下，能否认为用两种配方生产的材料强度的方差相等？

这是两参数情况下对方差的检验，可以考虑用 F- 检验法进行检验。首先建立假设：

$$H_0:\ \sigma_1^2 = \sigma_2^2$$

$$H_1:\ \sigma_1^2 \neq \sigma_2^2$$

选择检验统计量：

$$F = \frac{s_1^2}{s_2^2} \sim F(n_1 - 1,\ n_2 - 1)$$

已知：

$$s_1^2 = 3.9^2,\quad S_2^2 = 4.7^2$$

则：

$$F = \frac{3.9^2}{4.7^2} = 0.689$$

选定显著性水平 $\alpha = 0.05$，查 F- 分布表得：

$$F_{\frac{\alpha}{2}}(n_1 - 1,\ n_2 - 1) = F_{0.025}(6,\ 7) = 0.1953$$

$$F_{1-\frac{\alpha}{2}}(n_1 - 1,\ n_2 - 1) = F_{0.975}(6,\ 7) = 5.12$$

由于 $F_{\frac{\alpha}{2}}(n_1 - 1,\ n_2 - 1) < F < F_{1-\frac{\alpha}{2}}(n_1 - 1,\ n_2 - 1)$，说明检验统计量落在拒绝域外，所以接受 H_0，即认为用两种配方生产的材料强度的方差相等。

另外，对总体百分数的检验一般也采用 μ 检验法进行，其适用统计量为：

$$\mu = \frac{p_x - p_\mu}{\sqrt{\dfrac{p_\mu(1 - p_\mu)}{n}}}$$

其中：

p_x 为样本百分数；

p_μ 为总体百分数。

（二）非正态总体参数检验

前面讨论的假设检验都是在正态总体下的参数假设检验，但实际中经常会遇到非正态总体下的参数检验问题。非正态总体的抽样分布不易求出，求检验统计量及其分布就很困难了，因此除一些特殊例子外，非正态总体参数的假设检验常采用大样本方法。那么样本容量到底应多大才算大样本呢？目前还没有统一的标准。一般要求 $n \geqslant 30$，最好 $n \geqslant 50$。下面我们简单讨论一下大样本方法。

设 $x_1,\ x_2,\ \cdots,\ x_n$ 是总体 X 的样本，$X \sim N(\mu,\ \sigma^2)$，n 足够大。要检验的假设有：

（1）$H_0:\ \mu = \mu_0$　　　　$H_1:\ \mu \neq \mu_0$

（2）$H_0:\ \mu \geqslant \mu_0$　　　　$H_1:\ \mu < \mu_0$

（3）$H_0:\ \mu \leqslant \mu_0$　　　　$H_1:\ \mu > \mu_0$

由于X不是正态分布，故求出其检验统计量及其分布比较困难，但当n足够大且H_0成立时，根据中心极限定理，有：

$$\mu=\frac{\bar{x}-\mu_0}{\sigma/\sqrt{n}}\overset{\text{近似}}{\sim}N(0,\ 1)$$

在具体选择检验统计量时，可分两种情况讨论：

（1）当σ^2已知时，可选择检验统计量：

$$\mu=\frac{\bar{x}-\mu_0}{\sigma/\sqrt{n}}\overset{\text{近似}}{\sim}N(0,\ 1)$$

（2）当σ^2未知时，可选择检验统计量：

$$\mu=\frac{\bar{x}-\mu_0}{s/\sqrt{n}}\overset{\text{近似}}{\sim}N(0,\ 1)$$

其拒绝域情况类似μ检验法下的拒绝域情况，这里不再赘述。

例10 某电器零件的电阻一直保持在2.64Ω，改变加工工艺后，测得100个零件的平均电阻为2.62Ω。如改变工艺前后电阻的标准差保持在0.06Ω，问新工艺对零件的电阻有无显著性影响($\alpha=0.01$)？

由于这里样本分布不清楚，但$n=100$，足够大，故可采用大样本方法。首先建立假设：

$$H_0:\ \mu=\mu_0=2.64$$
$$H_1:\ \mu\neq\mu_0=2.64$$

由于σ^2未知，故可选择检验统计量：

$$\mu=\frac{\bar{x}-\mu_0}{\sigma/\sqrt{n}}=\frac{2.62-2.64}{0.06/\sqrt{100}}=-3.33$$

选定显著性水平$\alpha=0.01$，查标准正态分布表得：

$$\mu_{1-\frac{\alpha}{2}}=u_{0.995}=2.58$$

由于$|\mu|>\mu_{1-\frac{\alpha}{2}}$，说明检验统计量落在拒绝域中，所以拒绝$H_0$，接受$H_1$，即认为技术革新工艺对零件的电阻有显著性影响。

二、非参数检验法

前面我们讨论的都是总体分布类型已知时对参数的假设检验问题，但是，在许多总体中，总体分布的类型不知道，或者知之甚少。例如，只知道总体分布是连续型分布或离散型分布，因此需要引进非参数假设检验方法。

非参数假设检验方法很多，这里只简单介绍皮尔逊χ^2拟合检验法、魏氏检验法和麦氏检验法。

（一）皮尔逊χ^2拟合检验法

皮尔逊χ^2拟合检验法又称拟合优度检验法，其基本思路是在总体分布未知的情况下，要求根据样本x_1，x_2，…，x_n来检验关于总体分布的假设。

$$H_0:\ \text{总体}\ X\ \text{的分布函数为}\ F_0(x)$$
$$H_1:\ \text{总体}\ X\ \text{的分布函数不是}\ F_0(x)$$

这里，备择假设 H_1 也可以不写。

若总体 X 为离散型，则假设相当于：

$$H_0：总体 X 的分布律为 P\{X = x_i\} = p_i(i = 1, 2, \cdots)$$

若总体 X 的分布为连续型，则假设相当于：

$$H_0：总体 X 的概率密度为 f_0(x)$$

其中 $F_0(x)$ 称为 X 的理论分布，若 $F_0(x)$ 中含有若干个未知参数，则用它们的极大似然估计量代替。

皮尔逊χ^2 拟合检验法的检验统计量为：

$$\chi^2 = \sum_{i=1}^{k} \frac{(n_i - np_i)^2}{np_i} \sim \chi^2(k - r - 1)$$

这里：

r 为待估计的参数的个数

n_i 为观察频数(实际频数)

p_i 为理论概率

np_i 为理论频数(期望频数)

根据皮尔逊定理，由于χ^2 是表示观察频数 n_i 和理论频数 np_i 的相对差异的总和，所以当 H_0 成立时，χ^2 的值应比较小；否则χ^2 值应偏大。这样，就得到 H_0 的拒绝域：

$$\chi^2 \geqslant \chi^2_{1-\alpha}(k - r - 1)$$

但在使用χ^2 拟合检验时，有几点必须注意：

1. n 一定要足够大，最好 $n > 50$；

2. 每个 np_i 不能太小，最好 $np_i > 5$，否则应适当合并以满足要求；

3. 在实际应用中，为避免麻烦，常近似地用极大似然估计法求未知参数的点估计。

下面我们来看一个例题。

例 11　19 世纪，生物学家孟德尔按颜色与形状把豌豆分为四类：黄而圆的，青而圆的，黄而有角的，青而有角的。孟德尔根据遗传学的理论指出，这四类豌豆个数之比为 9 : 3 : 3 : 1。他在 556 颗豌豆中，观察到这四类豌豆的个数分别为：315，108，101，32。试在显著性水平 $\alpha = 0.05$ 下，检验孟德尔理论的正确性。

这是一个非参数检验问题，可以考虑采用皮尔逊χ^2 拟合检验法。首先建立假设：

$$H_0：p_1 = \frac{9}{16}，p_2 = \frac{3}{16}，p_3 = \frac{3}{16}，p_4 = \frac{1}{16}$$

其中：p_i 为第 i 类豌豆出现的概率($i = 1, 2, 3, 4$)。

选择检验统计量：

$$\chi^2 = \sum_{i=1}^{k} \frac{(n_i - np_i)^2}{np_i} \sim \chi^2(k - r - 1)$$

由于这里没有出现待估计的参数，故 $r = 0$；另外 $k = 4$，$n = 556$。则：

$$\chi^2 = \frac{\left(315 - 556 \times \frac{9}{16}\right)^2}{556 \times \frac{9}{16}} + \frac{\left(108 - 556 \times \frac{3}{16}\right)^2}{556 \times \frac{3}{16}} +$$

$$\frac{(101-556\times\frac{3}{16})^2}{556\times\frac{3}{16}}+\frac{(32-556\times\frac{1}{16})^2}{556\times\frac{1}{16}}=0.47$$

选定显著性水平 $\alpha=0.05$，查 χ^2 分布表得：

$$\chi^2_{1-\alpha}(k-r-1)=\chi^2_{0.95}(4-1)=7.815$$

由于 $\chi^2<\chi^2_{1-\alpha}(k-r-1)$，说明检验统计量落在拒绝域外，所以接受 H_0，即认为孟德尔的理论是正确的。

例12 《商业周刊》1996年读者研究上的一个问题是“当进行投资性购买时，你是使用全服务经纪公司还是打折公司？”调查结果表明：264 名应答者只使用全服务经纪公司，255 名应答者只使用打折公司，299 名应答者既使用全服务经纪公司也使用打折公司。在显著性水平 $\alpha=0.01$ 下进行检验：对三种服务选择的偏好是否有区别？

这也是一个非参数检验问题。可利用皮尔逊 χ^2 拟合检验法进行。先算出对三种服务的使用概率：

只使用全服务经纪公司的概率 $p_1=\dfrac{264}{264+255+299}=\dfrac{264}{818}=0.3227$

只使用打折公司的概率 $p_2=\dfrac{255}{264+255+299}=\dfrac{255}{818}=0.3117$

既使用全服务经纪公司也使用打折公司的概率 $p_3=\dfrac{299}{264+255+299}=0.3655$

又 $r=0$，$k=3$，所以检验统计量：

$$\chi^2=\sum_{i=1}^{k}\frac{(n_i-np_i)^2}{np_i}=\frac{(264-818\times0.3227)^2}{818\times0.3227}+\frac{(255-818\times0.3117)^2}{818\times0.3117}+\frac{(299-818\times0.3655)^2}{818\times0.3655}=0.0000086$$

选定显著性水平 $\alpha=0.01$，查 χ^2 分布表得：

$$\chi^2_{1-\alpha}(k-r-1)=\chi^2_{0.99}(3-1)=9.210$$

由于 $\chi^2<\chi^2_{1-\alpha}(k-r-1)$，说明检验统计量落在拒绝域外，即认为对三种服务选择的偏好无显著性区别。

（二）魏氏(Wilcoxon)检验

前面介绍的 χ^2 检验法主要用于对独立样本的非参数检验；而魏氏(Wilcoxon)检验法则主要选用于两个有联系样本的比较。如 M 企业在实施降价策略前后企业主要产品市场占有率的变化就构成了一对有联系的观察值，那么我们能否通过对这些观察值的分析来判断降价策略是否有效呢？可以考虑用魏氏检验法。

魏氏检验法的基本思想是首先求出对样本观察值的差值，并按其绝对值大小进行排列，剔除其差值为 0 的样本，最小者等级为 1，依此类推。如果顺序排列中有几个差值的绝对值相等，则取其平均值作为这几个差值的等级。然后恢复其原来的正负号，再分别将正负符号的等级相加，用 T_+ 代表正的等级和，T_- 代表负的等级和。选择其中较小的等级

和作为检验统计量 T。其拒绝域为：

$$T < T_{\alpha}(n)$$

但是在大样本($n > 25$)情况下，统计量 T 也近似地服从正态分布，可以采用 μ 检验法。其检验统计量为：

$$\mu_T = \frac{T_+ - \mu_T}{\sqrt{\sigma_T}}$$

其中：$\mu_T = \dfrac{n(n+1)}{4}$

$$\sigma_T = \frac{n(n+1)(2n+1)}{24}$$

例 13　某企业为调动生产工人的生产积极性，提高产品产量，普遍增加了生产工人的工资。但有人却提出异议，认为工资属保健性因素，普遍提高工资并不会导致产品产量较大幅度的增加。为验证此说，企业随机抽取了 10 名工人，比较其涨薪前后的产量水平，得到有关资料如表 10.6。问能否由样本资料判断增加工资对产量提高有显著性影响？

用魏氏检验法进行检验：

H_0：普遍提高工人工资后，产量有显著性增长

H_1：普遍提高工人工资后，产量无显著性增长

表 10.6　**涨薪前后调查结果及等级符号计算表**　单位：件

样本	涨薪前月产量	涨薪后月产量	差值 d_i	$\lvert d_i \rvert$	等　级	等级符号
1	146	163	17	17	9	+
2	139	149	10	10	5	+
3	135	147	12	12	7	+
4	142	156	14	14	8	+
5	140	151	11	11	6	+
6	141	140	−1	1	1	−
7	140	140	0	0		−
8	137	135	−2	2	2.5	−
9	135	138	3	3	4	+
10	136	134	−2	2	2.5	−

从表 10.6 可知：

$$T_+ = 9 + 5 + 7 + 8 + 6 + 4 = 39$$

$$T_- = 1 + 2.5 + 2.5 = 6$$

T_+ 与 T_- 中较小者为 T_-，所以 $T = T_- = 6$。

选定显著性水平 $\alpha = 0.05$，查魏氏检验表得：

$$T_{\alpha}(n) = T_{0.05}(9) = 8\text{(这里 } n \text{ 为等级和数)}$$

由于 $T < T_{0.05}(9)$，所以拒绝 H_0，接受 H_1，即至少有95%的把握认为普遍提高工人的工资并不会导致产量显著性增加。这个案例说明，保健性因素，如工资奖励、劳保福利、人群关系等，只能预防职工不满，使职工安于工作，不能起到激励员工的作用，而要激发职工的生产积极性，则需重视工作本身，从内部条件着手，如使工作富有挑战性，使人有成就感。

上面我们讨论的魏氏检验法主要是在小样本($n < 10$)情况下运用；如果样本容量较大($n > 25$)，则需采用 μ 检验。例如，当 $T_+ = 50$，$n = 27$，$\alpha = 0.05$ 时，则：

$$\mu_T = \frac{T_+ - \mu_T}{\sqrt{\sigma_T}} = \frac{50 - 27(27 + 1)/4}{\sqrt{27(27 + 1)(2 \times 27 + 1)/24}} \approx -3.34$$

又 $\mu_{1-\frac{\alpha}{2}} = \mu_{1-\frac{0.05}{2}} = 1.96$，$|\mu_T| > \mu_{\frac{0.05}{2}}$，所以拒绝 H_0，接受 H_1。

（三）麦氏(McNehmar)检验法

麦氏检验选用于同一样本在两种不同情况下的比较。比如某企业拟系统地导入CS战略(Customer Satisfaction)以提升企业形象，为比较导入前后顾客满意程度有无显著性变化，企业特地对同一组顾客(同一样本，200人)作了前后两次市场调研，调查结果见表10.7。现在我们能否从这些统计数据判断企业导入CS战略前后顾客满意程度有了显著性变化？

表10.7 **顾客对企业满意程度的转变调查** 单位：人

导入前 \ 导入后	满　　意	不满意	顾客数
满意	60(a_{11})	20(a_{12})	80
不满意	80(a_{21})	40 (a_{22})	120
顾客数	140	60	200

H_0：CS战略导入后，顾客由不满意转变为满意的概率(用 $P_{(a_{21})}$ 表示)等于由满意转变为不满意的概率(用 $P_{(a_{12})}$ 表示)，即：$P_{(a_{21})} = P_{(a_{12})}$

H_1：CS战略导入后，顾客由不满意转变为满意的概率(用 $P_{(a_{21})}$ 表示)大于由满意转变为不满意的概率(用 $P_{(a_{12})}$ 表示)，即：$P_{(a_{21})} > P_{(a_{12})}$

采用麦氏检验法，其检验统计量为：

$$\chi^2 = \frac{(|a_{12} - a_{21}| - 1)^2}{a_{12} + a_{21}} = \frac{(|20 - 80| - 1)^2}{20 + 80} = 34.81$$

选定显著性水平 $\alpha = 0.005$，自由度 $df = k - 1 = 1$(k 为态度种类，在此为2)，查 χ^2 分布表得：

$$\chi^2_{\alpha}(k - 1) = \chi^2_{0.005}(1) = 7.879$$

由于$\chi^2 > \chi^2_{0.005}(1)$，所以拒绝$H_0$，接受$H_1$，即认为CS战略导入后，顾客满意程度有了显著性提高。

第三节　统计假设检验的应用举例

统计假设检验在商务方面的应用很广，许多商家经常把假设检验当成一种对市场假设的验证，进而以此为依据作出相应的决策。下面我们通过几个例题，以点带面地说明一下统计假设检验在商务、经济方面的应用。先看一个 Hilltop 咖啡研究方面的例子。

美国联邦贸易委员会(FTC) 定期设计调查对制造商的产品说明进行检验。例如，大瓶 Hilltop 咖啡的标签上标明其容量至少为 3 磅。为此，FTC 检验程序负责人做出如下说明："如果公司产品重量恰好达到规格要求($\mu = 3$)，则我们将99%地保证不会采取任何措施反对该公司。我们并不愿错误地做出对该公司产品重量不足的投诉，只愿对这类错误的发生以 1% 的可能性承担。"

在对 Hilltop 咖啡的研究中，FTC 选取 36 听罐头组成一个随机样本。结果调查发现样本均值为 2.92 磅。根据以往的研究，总体标准差一般保持在 0.18 磅左右。现在我们要求知道 Hilltop 咖啡是否遭到投诉，为什么？

Hilltop 咖啡是否遭到投诉，关键是看 Hilltop 关于其产品的介绍是否是正确的，也就是说，咖啡罐头总体中每听的平均重量是否达到 3 磅或在 3 磅以上。如果咖啡罐头总体中每听重量的均值少于 3 磅，那么 Hilltop 公司无疑将遭到投诉。

我们以μ代表罐头重量的总体均值，建立原假设和备择假设：

$$H_0:\ \mu \geqslant 3$$
$$H_1:\ \mu < 3$$

从前面我们的讨论中知道，只要是大样本容量($n \geqslant 30$)，则$\bar{x}$的抽样分布就近似地服从正态分布。于是我们可以选取

$$\mu = \frac{\bar{x} - \mu}{\sigma / \sqrt{n}}$$

作为检验统计量进行μ检验，很明显：

$$\mu = \frac{\bar{x} - \mu}{\sigma / \sqrt{n}} = \frac{2.92 - 3}{0.18 / \sqrt{36}} = -2.67$$

又从 FTC 检验程序负责人的说明中可知，第一类错误的最大概率为 0.01(1%)，于是该假设检验中显著性水平$\alpha = 0.01$。查标准正态分布表知：

$$\mu_{1-\frac{\alpha}{2}} = \mu_{0.995} = 2.58$$

$|\mu| > \mu_{1-\frac{\alpha}{2}}$，说明检验统计量的值落在拒绝域中，故拒绝$H_0$，接受$H_1$，即有统计证据支持 FTC 检验程序负责人就 Hilltop 咖啡的重量不足采取投诉措施。

下面再看一个市场份额研究方面的例子。

红日公司是一家专门从事市场调研的公司。今年 8 月份开始受雇于公司 C，为其判断该公司推出的新产品是否使市场份额发生了变化。红日公司通过调查发现，在过去的一年

中，公司A的市场份额稳定于30%，公司B为50%，公司C为20%。而公司C最近开发的一种“新型改进”产品已经取代了其当前占有市场的产品。假定我们分别以 p_1，p_2，p_3 代表公司A、B、C的市场份额，则可以建立如下假设：

H_0：$p_1 = 0.3$，$p_2 = 0.5$，$p_3 = 0.2$

H_1：总体比例不是 $p_1 = 0.3$，$p_2 = 0.5$，$p_3 = 0.2$

如果样本结果导致拒绝 H_0，则红日公司有证据表明公司C新产品的引进对市场份额有影响，反之亦然。

为了收集足够的样本数据，红日公司特地对200名顾客群体进行了研究(随机抽取)，向每个人询问他们对于公司A、公司B和公司C的购买偏好。要求每位顾客从三种选择中选择一种，这等于做了200次多项试验。结果，200份答卷的汇总情况如表10.8(单位：人)：

表10.8

选择A公司的产品	选择B公司的产品	选择C公司的产品
48	98	54

现在进行假设检验，红日公司选择了 χ^2 拟合检验法。

$$\chi^2 = \sum_{i=1}^{k} \frac{(n_i - np_i)^2}{np_i} \sim \chi^2(k - r - 1)$$

很明显：

$$\chi^2 = \frac{(48 - 200 \times 0.3)^2}{200 \times 0.3} + \frac{(98 - 200 \times 0.5)^2}{200 \times 0.5} + \frac{(54 - 200 \times 0.2)^2}{200 \times 0.2} = 7.34$$

假定红日公司选定显著性水平 $\alpha = 0.05$ 对其进行检验，查 χ^2 分布表得：

$$\chi^2_{1-\alpha}(k - r - 1) = \chi^2_{0.95}(3 - 1) = 5.991$$

$\chi^2 > \chi^2_{1-\alpha}(k - r - 1)$，说明检验统计量落在拒绝域中，所以拒绝 H_0，接受 H_1，即认为公司C引进新产品将改变当前市场份额。

下面我们再看一个总体方差方面的统计推断例子。

东方红学校正在考虑更新明年校车服务的合同，必须从A公司和B公司这两个公汽公司中选择一个。我们将用到达或运送时间的方差作为公汽公司服务质量的基本量度。较低的方差说明服务质量稳定而且比较高。如果两个服务到达的时间方差相等，东方红学校的管理者就会选择能提供较低价格的公司。如果两个公司汽车到达的样本数据表明两个方差明显不同，管理者将优先考虑更好或者更小方差的公司的服务。为此，东方红从正在使用的两种校车服务获得到达时间的样本，得到A公司服务的25个到达时间组成的样本，通过计算得到其样本方差为48；又测得B公司服务的17个到达时间组成的样本，计算得其样本方差为20。现要求通过这些样本数据进行判断，东方红学校应选择哪家公司的服务呢？

这是一个总体方差统计推断问题。对于东方红学校而言，要最后作出决定，先得判断两家公司提供服务的方差差异问题。为此，可作出如下假设：

$$H_0: \sigma_1^2 = \sigma_2^2$$

$$H_1: \sigma_1^2 \neq \sigma_2^2$$

假定两个到达时间总体服从正态分布，则可选择：

$$F = \frac{s_1^2}{s_2^2}$$

作为检验统计量。很明显：

$$F = \frac{s_1^2}{s_2^2} = \frac{48}{20} = 2.40$$

我们选定显著性水平 $\alpha = 0.1$ 对其进行检验。查 F- 分布表得：

$$F_{\frac{\alpha}{2}}(n_1 - 1, n_2 - 1) = F_{0.05}(2\ 416) = \frac{1}{2.09} = 0.478\ 5$$

$$F_{1-\frac{\alpha}{2}}(n_1 - 1, n_2 - 1) = F_{0.95}(2\ 416) = 2.24$$

$F > F_{1-\frac{\alpha}{2}}(n_1 - 1, n_2 - 1)$，说明检验统计量落在拒绝域中，所以拒绝 H_0，接受 H_1，即认为两个公汽公司服务运送时间方差是不同的，故东方红学校的管理者应特别考虑 B 公司。

最后我们看一个百分数检验方面的问题。

旭东集团是一家集服装、保健品生产和房地产开发于一体的多元化经营集团公司，多年来，其经营业绩一直较好。但自 1999 年下半年以来，其下属之雅服装厂的经营业绩却出现令人担忧的滑坡现象。为找出原因，集团特派出调查组协同之雅服装厂对其内部管理情况及其外部市场情况进行了摸底调查，发现之雅服装厂之所以经营业绩一路滑坡，原因之一源于其内部高层管理领导更替频繁，但调查组经过进一步分析后一致认为，这不是主要原因。调查组又深入市场，发现自 1999 年以来，市场上又出现了 3 家服装厂，其中有两家生产规模与之雅服装厂相当，且均生产同类型服装。调查组初步认为，竞争对手的出现可能是导致企业经营业绩滑坡的主要原因。为进一步弄清竞争对手的市场定位情况及竞争情况，调查组特从产品质量、价格和服务质量三个方面随机对 3 000 名消费者进行了市场调查，方法是对每个服装厂均选择 1 000 名消费者作为调查对象，让每个被调查者在产品质量好、价格合理、服务质量好三个选项中进行单项选择，获得资料如表 10.9。

表 10.9　**三个服装厂产品情况调查表**

选择理由 / 服装公司	产品质量好	价格合理	服务质量好	合　计
之雅服装厂	370	280	350	1 000
竞争对手 Ⅰ	300	330	370	1 000
竞争对手 Ⅱ	320	350	330	1 000
合　　计	990	960	1 050	3 000

从调查资料看，之雅服装厂似乎在产品质量方面继续拥有优势，而在价格方面却似乎处于明显的劣势。但实际情况是否如此，需做进一步的假设检验。因为通过市场抽样调查获得的资料带有很大的随机性和偶然性，必须做一个去伪存真的处理。于是调查组选择用百分数检验法对其进行检验。

先算出各服装厂在三种状态下的样本百分数，结果见表 10.10，再进行假设检验。

表 10.10 **样本百分数**

选择理由 / 百分比率	产品质量好	价格合理	服务质量好	合计
之雅服装厂(p_1)	37%	28%	35%	100%
竞争对手 I(p_2)	30%	33%	37%	100%
竞争对手 II(p_3)	32%	35%	33%	100%

假设检验分三步进行。首先检验之雅服装厂与其他两个竞争对手在产品质量方面有无显著性差异；然后检验价格方面二者有无显著性差异；最后是检验服务质量方面二者有无显著性差异。有关计算结果见表 10.11。

表 10.11 **之雅服装厂与其竞争对手之间的检验结果**

状态 / 检验结果		检验统计量 $\mu=\dfrac{p_1-p_2}{\sqrt{\dfrac{p_1(1-p_1)}{n_1}+\dfrac{p_2(1-p_2)}{n_2}}}$	临界值 $\mu_{1-\frac{\alpha}{2}}$ (显著性水平 $\alpha=0.05$)
产品质量好	之雅服装厂与竞争对手 I 之间	$\mu=3.33$	$\mu_{0.975}=1.96$
	之雅服装厂与竞争对手 II 之间	$\mu=2.36$	
价格合理	之雅服装厂与竞争对手 I 之间	$\mu=-2.43$	
	之雅服装厂与竞争对手 II 之间	$\mu=-3.38$	
服务质量好	之雅服装厂与竞争对手 I 之间	$\mu=-0.93$	
	之雅服装厂与竞争对手 II 之间	$\mu=0.94$	

通过表 10.11 的检验结果，调查组得出以下统计结论：

① 在产品质量方面，至少有 95% 的把握认为之雅服装厂的产品质量明显高出其竞争对手，这是优势。

② 在服务质量方面，三者平分秋色。之雅服装厂既无优势也无劣势。

③ 在价格方面，之雅服装厂服装价位偏高，明显处于不利地位。如果不考虑这个因素，之雅服装厂仍具有很强的市场竞争实力，但一旦加入这个因素(事实上很多消费者对这个因素非常敏感)，该品牌的市场竞争优势则荡然无存，市场占有率下降，市场份额减少。

针对上述调查结果，之雅服装厂协同调查组作出决定，决定在继续抓好产品质量、服务质量、突出质量优势的前提下，适当调整产品价格。考虑到之雅服装厂的降价措施可能引起竞争对手的连锁反应，因此之雅服装厂决定做好以下几件配套措施：

① 在广告宣传中，重点做好产品质量推介，巩固消费者对本品牌质量的忠诚度。

② 加大技术投入，尽量降低产品成本，做好长期竞争的物质准备。

③ 利用现有技术力量，适当开发一些差异性产品(主要是竞争对手没有或不愿开发的产品)，比如说采用一些新式面料，开发一些新款时装，以增强企业的抗风险能力。

Excel 操作：假设检验

关于平均数和比率的单样本的假设检验，没有单独的程序。我们以双样本平均数的假设检验为例来说明 Excel 在假设检验里的应用。

一、t-检验：成对双样本均值分析

在总体标准差未知且样本量比较小的时候，对成对样本均值进行检验就会用到 t-检验，对此，Excel 中提供了专门的分析工具。

例 14 某公司为了解采用新工艺对某产品生产的生产效率的影响，随机抽取 10 天的采用新工艺和普通工艺生产的产品数量作为样本，如图 10.1 所示，Excel 表中为样本数据。

	A	B	C	D
1	日期	新工艺	普通工艺	
2	1	23	20	
3	2	25	22	
4	3	20	20	
5	4	18	14	
6	5	26	21	
7	6	18	21	
8	7	15	12	
9	8	16	13	
10	9	21	21	
11	10	24	20	
12				

图 10.1 抽取的样本数据

利用 Excel 的操作过程如下：

1. 点击【工具】→【数据分析】，在数据分析对话框中选择【t-检验：平均值的成对二样本分析】，弹出【t-检验：平均值的成对二样本分析】对话框。

2. 在【t-检验：平均值的成对二样本分析】对话框中进行设置：在“变量 1 的区域”中填入新工艺序列“ $B $1： $B $11”，在“变量 2 的区域”中填入普通工艺序列“ $C $1： $C $11”，在“假设平均差”中填入 0，选中“标志”复选框，在“α”中填入 0.05，并在适当的地方选择输出区域(如 $A $15)。如图 10.2 所示。

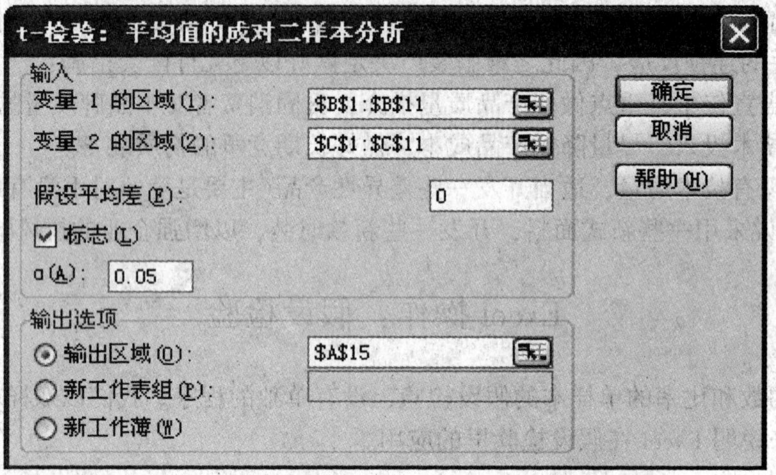

图 10.2 【t-检验：平均值的成对二样本分析】对话框

3. 点击【确定】，即可得到如图 10.3 所示结果。

	A	B	C
1	日期	新工艺	普通工艺
2	1	23	20
3	2	25	22
4	3	20	20
5	4	18	14
6	5	26	21
7	6	18	21
8	7	15	12
9	8	16	13
10	9	21	21
11	10	24	20
12			
13			
14			
15	t-检验：成对双样本均值分析		
16			
17		新工艺	普通工艺
18	平均	20.6	18.4
19	方差	14.71111111	14.48888889
20	观测值	10	10
21	泊松相关系数	0.796065671	
22	假设平均差	0	
23	df	9	
24	t Stat	2.850765804	
25	P(T<=t) 单尾	0.009532678	
26	t 单尾临界	1.833112923	
27	P(T<=t) 双尾	0.019065356	
28	t 双尾临界	2.262157158	

图 10.3 检验结果

图 10.3 给出了普通工艺和新工艺的平均值和方差。重要的是该表给出了 t-检验统计量和单双尾 t-检验的 P 值和临界值。有了 t-分布检验统计量和 t-检验临界值，我们就可以判断出假设检验的结果。若本题为单尾检验，即检验新工艺的效率是否高于普通工艺，因 t-值为 2.851，大于单尾临界值 1.833，所以可以认为新工艺的效率高于普通工艺。

二、Z-检验：双样本均值检验

对于独立双样本的假设检验，在总体方差已知，或者虽然总体方差未知但样本容量足够大的情况下，可以用 Z-检验的方法检验两均值差是否等于某一数。

继续使用图 10.1 的数据。这里假设两总体方差已知。操作过程如下：

1. 点击【工具】→【数据分析】，在数据分析对话框中选择【Z-检验：双样本平均差检验】，弹出【Z-检验：双样本平均差检验】对话框。

2. 在【Z-检验：双样本平均差检验】对话框中进行设置：在“变量 1 的区域”中填入新工艺序列“ $B $1： $B $11”，在“变量 2 的区域”中填入普通工艺序列“ $C $1： $C $11”。

3. 在“假设平均差”中填入 0。“假设平均差”一项要填入的数值取决于对零假设和备择假设的设置。如果零假设为 H_0：$u_1-u_2 \leqslant D$，那假设平均差就为 D。通常都是检验平均差等于零。

4. 在“变量的方差”一项中，如果总体方差已知，就把已知的方差填进去；如果总体方差未知，但样本容量足够大的话，可以填入样本方差代替总体方差。

5. 选中“标志”复选框，在“α”中填入 0.05，并在适当的地方选择输出区域(如 $A $15)。如图 10.4 所示。

6. 点击【确定】，就可见到图 10.5 的输入结果。

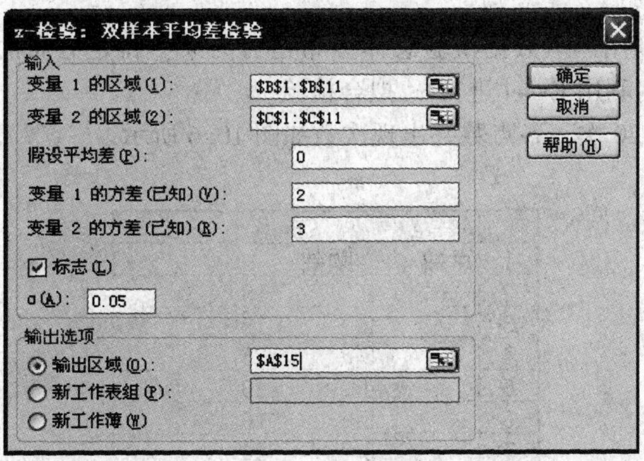

图 10.4 【Z-检验：双样本平均差检验】对话框

从图 10.5 的检验结果可以看出，Z-统计量值为 3.111，大于单尾临界值 1.645，所以可以认为新工艺的效率高于原工艺。

	A	B	C
1	日期	新工艺	普通工艺
2	1	23	20
3	2	25	22
4	3	20	20
5	4	18	14
6	5	26	21
7	6	18	21
8	7	15	12
9	8	16	13
10	9	21	21
11	10	24	20
12			
13			
14			
15	z-检验：双样本均值分析		
16			
17		新工艺	普通工艺
18	平均	20.6	18.4
19	已知协方差	2	3
20	观测值	10	10
21	假设平均差	0	
22	z	3.111269837	
23	P(Z<=z) 单尾	0.000931423	
24	z 单尾临界	1.644853627	
25	P(Z<=z) 双尾	0.001862846	
26	z 双尾临界	1.959963985	

图 10.5　检验结果

三、x^2 拟合检验

x^2 拟合检验是利用样本数据检验总体分布是否为某一特定分布的统计方法，这里以掷色子为例介绍如何利用 Excel 进行 x^2 拟合检验。

假设掷一色子 120 次，各点数共出现次数如图 10.6 所示。

	A	B	C
1	点数	频数	
2	1	18	
3	2	19	
4	3	23	
5	4	20	
6	5	16	
7	6	24	
8			
9			

图 10.6　色子试验数据

设置零假设 H_0：观察分布等于期望分布。

检验步骤如下：

1. 计算各点数出现的期望值：120×1/6＝20。

2. 计算卡方检验统计量：D2＝(B2-C2)^2/C2，D3 至 D7 的统计量用拖动鼠标的方法得到。

3. 计算卡方统计量的总和：D8＝SUM(D2：D7)，结果如图 10.7 所示。

	A	B	C	D	E
1	点数	频数	理论频数	统计量	
2	1	18	20	0.2	
3	2	19	20	0.05	
4	3	23	20	0.45	
5	4	20	20	0	
6	5	16	20	0.8	
7	6	24	20	0.8	
8	总计	120	120	2.3	
9					
10					

图 10.7 统计量计算

4. 确定自由度，(6-1)×(2-1)＝5；选择显著水平 $\alpha=0.05$。

5. 利用 Excel 提供的 CHIINV 函数求临界值，在 D9 单元格中键入"＝CHIINV(0.05，5)",按回车键，得临界值 11.07。

比较临界值和统计量，11.07>2.3，即临界值大于统计量，故差异不显著，接受 H_0。

小 结

本章主要介绍了统计假设检验的基本问题、基本方法以及统计假设检验在商务、经济中的应用。重点介绍了 7 类统计假设检验方法 μ 检验、t-检验、χ^2 检验、F-检验以及皮尔逊 χ^2 拟合检验、魏氏检验、麦氏检验。其中 μ 检验、t-检验法主要用于对期望值 μ 的检验；χ^2 检验、F-检验法则主要用于对方差 σ^2 的检验。这四类检验同属于参数检验，而皮尔逊 χ^2 拟合检验、魏氏检验、麦氏检验则属于非参数检验。

关键术语

显著性检验　　参数检验　　非参数检验　　第Ⅰ类错误　　第Ⅱ类错误

习 题

1. 在美国，家庭每天平均消费额为 90 美元。假定从纽约选取 15 个家庭的每天平均消费额所组成的一个样本均值为 84.5 美元，样本标准差为 14.50 美元。取显著性水平为

0.05，通过检验来说明纽约的总体均值是否与美国的均值有差异？

2. 某种自动饮料机的软性饮料杯灌装量的方差对于软性饮料的拥有者来说是重要的。如果方差太大，过度灌装及灌装不足都会使顾客不满。一个可以接受的灌装量方差为 $\sigma^2 \leqslant 0.25$(灌装以盎司计)。在对一个特定机器灌装量的测试中，由 18 杯饮料所组成的一个样本表明，其样本方差为 0.40。

问：样本是否表明灌装量方差较大，需要调整机器的灌装机制？取显著性水平为 0.05。

3.《财富》杂志的订阅者拥有或租用车辆数的方差为 0.94。假定 12 名另一杂志订阅者的样本提供了下面的拥有或租用车辆数的数据：2，1，2，0，3，2，2，1，2，1，0，1。

试计算 12 名订阅者拥有或租用的车辆数的样本方差。

4. 某大学在市民中开展了一项调研活动，拟探究市民文化水平与收入水平之间是否存在着联系。从市民中随机抽取了 2 764 人进行观察，获得资料如表 10.12。问能否根据调查结果判断市民文化水平与收入水平之间存在着联系？

表 10.12 **市民文化水平与月收入水平调整表** 单位：元

文化水平 / 收入水平	大学及以上	中学	小学及以下	合计
500 以下	186(153.68)	38(53.13)	35(52.19)	259
500~800	227(193.43)	54(66.87)	45(65.70)	326
800~1 500	219(222.50)	78(76.93)	78(75.57)	375
1 500~2 500	355(360.16)	112(124.52)	140(122.32)	607
2 500 以上	653(710.23)	285(245.55)	259(241.22)	1 197
合　计	1 640	567	557	2 764

5. 产品生产线上，如果包装机所包装的产品中有 8%分量不足，则必须对其进行调整。从某天生产的产品中选取 80 件组成一个随机样本，其中有 9 件分量不足，样本数据是否说明该包装机需要调整？取显著性水平为 0.02。

6. 2017 年某高校文科研究生有 60 名同学选修了《企业管理》，考试成绩如下：

93	75	83	93	91	85	84	82	77	76
77	95	94	89	91	88	86	83	96	81
78	97	78	75	67	69	68	84	83	81
75	66	85	70	94	84	83	82	80	78
74	73	76	70	86	76	89	90	71	66
86	73	80	94	79	78	77	63	53	55

试用 χ^2 检验法检验考试成绩是否服从正态分布($\alpha=0.01$)？

第十一章　方 差 分 析

在统计假设检验中我们讲到，检验两个总体均值 μ_1，μ_2 是否相等时，常采用 t- 检验法。在这一章里，我们将讨论两个以上的总体均值 μ_1，μ_2，…，μ_n 是否相等时的假设检验问题，所用的方法是方差分析。

第一节　方差分析的定义及其基本原理

方差分析是数理统计中最常用的基本方法之一，是工农业生产和科学研究中分析数据的一种重要方法。其基本思路是将一组数据的总离差平方和分解为若干有意义的平方和，然后通过比较这些平方和的大小来判断总体均值 μ_1，μ_2，…，μ_n 相等这一假设是否成立的一种检验方法。

进行方差分析，需要进行试验，在试验中，我们通常将需要考察的指标称为试验指标。影响试验指标的条件称为因素(或因子)，通常用 A、B、C 表示，而将因素所处的不同状态称为水平，例如因素 A 有 r 个不同水平则用 A_1，A_2，…，A_r 表示，因素 B 有 s 个不同水平则用 B_1，B_2，…，B_s 表示。在一项试验中如果只有一个因素在变动，则称为单因素试验(单因子试验)，处理单因素试验的统计推断方法叫单因素方差分析(单因子方差分析)。如果有多于一个因素在改变，则称为多因素试验(多因子试验)，处理多于一个因素试验的统计推断方法叫多因素方差分析(多因子方差分析)。若在各种水平下所作的试验次数都相同，则称为等重复试验，否则称为不等重复试验。

例 1　某计算机产品公司在北京、上海、广州三地设有分厂。为确定这些分厂有多少员工了解全面质量管理，公司特从每个分厂中选取一个由 6 名员工组成的随机样本，并对他们进行质量意识考核。18 名员工的考试成绩列在表 11.1 中。每一组的样本均值、样本方差及样本标准差也已给出。管理者想利用这些数据来检验假设：三个分厂的平均考分相同。

表 11.1　　**18 个员工的考试分数**

试验号	北京分厂(1)	上海分厂(2)	广州分厂(3)
1	85	71	59
2	75	75	64
3	82	73	62
4	76	74	69

续表

试验号	北京分厂(1)	上海分厂(2)	广州分厂(3)
5	71	69	75
6	85	82	67
样本均值	79	74	66
样本方差	34	20	32
样本标准差	5.83	4.47	5.66

这是一个典型的单因素三水平等重复试验，其中考分构成了唯一的变量因素，三个分厂的位置就称为三个水平。现在我们假定总体 1 为北京分厂的全体员工，总体 2 为上海分厂的全体员工，总体 3 为广州分厂的全体员工。令：

μ_1 = 总体 1 的平均考分

μ_2 = 总体 2 的平均考分

μ_3 = 总体 3 的平均考分

尽管我们并不知道 μ_1，μ_2，μ_3 的实际值，但我们仍可以通过样本资料来检验如下假设：

H_0： $\mu_1=\mu_2=\mu_3$

H_1： μ_1，μ_2，μ_3 不全相等

要 H_0 成立，就是要三个总体均值相等；如果三个总体均值相等，可以期望三个样本均值很接近。事实上，三个样本均值越接近，我们推断总体均值相等的依据就越充分。相应地，如果检验中，我们发现三个样本均值的差异足够大，这时我们就有足够的理由拒绝 H_0，接受 H_1，即认为三个分厂的平均考分不相同，也就是说，三个分厂的全面质量管理效果不一致，应该找出问题出在哪里，及时把质量意识提上去。

从例 1 中我们可以看出，进行方差分析需要满足以下三个假定：

1. 对每个总体而言，各变量因素服从正态分布。具体到这个例题，要求每个分厂的考试分数服从正态分布。

2. 要求各变量因素的方差(σ^2) 对所有总体都相同。上述例题中，三个分厂的方差都相同。

3. 观察值是独立的。如上例，意味着每个员工的考分都与其他员工的考分独立。

为了较好地介绍方差分析，下面我们就分单因素方差分析和双因素方差分析两个部分进行介绍。首先讨论单因素方差分析。

第二节　单因素方差分析

一、数学模型

设因素 A 有 r 个不同水平 A_1，A_2，…，A_r，在每个水平 $A_j(j=1，2，…，r)$ 下，进行

$n_j(n_j \geqslant 2)$ 次独立试验，得到表 11.2 的结果。

表 11.2

水平 / 试验号	A_1	A_2	…	A_j	…	A_r
1	x_{11}	x_{12}	…	x_{1j}	…	x_{1r}
2	x_{21}	x_{22}	…	x_{2j}	…	x_{2r}
⋮	⋮	⋮	…	⋮	…	⋮
n_j	$x_{n_1 1}$	$x_{n_2 2}$		$x_{n_j j}$		$x_{n_r r}$
样本总和	$T_{\cdot 1}$	$T_{\cdot 2}$	…	$T_{\cdot j}$	…	$T_{\cdot r}$
样本均值	$\bar{x}_{\cdot 1}$	$\bar{x}_{\cdot 2}$	…	$\bar{x}_{\cdot j}$	…	$\bar{x}_{\cdot r}$
总体均值	μ_1	μ_2	…	μ_j	…	μ_r

我们假定：各个水平 $A_j(j=1,2,\cdots,r)$ 下的样本 $x_{1j}, x_{2j}, \cdots, x_{n_j j}$，来自具有相同方差 σ^2，均值分别为 $\mu_j(j=1,2,\cdots,r)$ 的正态总体 $N(\mu_j, \sigma^2)$，μ_j 与 σ^2 未知。且设不同水平 A_j 下的样本之间相互独立。

由于 $x_{ij} \sim N(\mu_j, \sigma^2)$，即有 $x_{ij}-\mu_j \sim N(0, \sigma^2)$，故 $x_{ij} \sim \mu_j$ 可看成随机误差，记 $x_{ij}-\mu_j=\varepsilon_{ij}$，则可得到单因素方差分析的数学模型：

$$\begin{cases} x_{ij}=\mu_j+\varepsilon_{ij}(i=1,2,\cdots,n_j;\ j=1,2,\cdots,r) \\ \varepsilon_{ij} \sim N(0, \sigma^2) \\ \text{各 } \varepsilon_{ij} \text{ 独立} \end{cases} \tag{11.1}$$

其中 μ_j，σ^2 均为未知参数。

二、确定假设

方差分析的任务就是对于上述数学模型，检验 r 个总体 $N(\mu_1, \sigma^2), \cdots, N(\mu_r, \sigma^2)$ 的均值是否相等，即检验假设：

$$H_0:\ \mu_1=\mu_2=\cdots=\mu_r$$
$$H_1:\ \mu_1, \mu_2, \cdots, \mu_r \text{ 不全相等}$$

三、平方和的解

要进行假设检验就得导出检验统计量，而要导出检验统计量就得从平方和的分解入手，通过将总离差平方和分解成若干有意义的平方和，然后比较这些平方和的大小，进而判断 H_0 是否成立。

先引入以下记号：$\bar{x}=\dfrac{1}{n}\sum_{j=1}^{r}\sum_{i=1}^{n_j}x_{ij}$

$$\overline{x_{\cdot j}}=\frac{1}{n_j}\sum_{i=1}^{n_j}x_{ij}$$

$$n = \sum_{j=1}^{r} n_j$$

再引入总离差平方和S_T：

$$S_T = \sum_{j=1}^{r} \sum_{i=1}^{n_j} (x_{ij} - \bar{x})^2$$

将S_T进行分解，得：

$$\begin{aligned} S_T &= \sum_{j=1}^{r} \sum_{i=1}^{n_j} (x_{ij} - \bar{x})^2 \\ &= \sum_{j=1}^{r} \sum_{i=1}^{n_j} (x_{ij} - \bar{x}_{\cdot j})^2 + \sum_{j=1}^{r} \sum_{i=1}^{n_j} (\bar{x}_{\cdot j} - \bar{x})^2 \end{aligned}$$

其中：$$S_e = \sum_{j=1}^{r} \sum_{i=1}^{n_j} (x_{ij} - \bar{x}_{\cdot j})^2$$

$$S_A = \sum_{j=1}^{r} \sum_{i=1}^{n_j} (\bar{x}_{\cdot j} - \bar{x})^2$$

$$\therefore \quad S_T = S_e + S_A$$

这里，S_e的各项$(x_{ij} - \bar{x}_{\cdot j})^2$表示在水平$A_j$下，样本观察值与样本均值的差异是由随机误差引起的，故称误差平方和，又称组内平方和。S_A的各项表示A_j水平的样本均值与样本总均值的差异，是由水平A_j以及随机误差引起的，故称为效应平方和，又称组间平方和。

总离差平方和S_T是试验的总误差，反映数据波动的程度；组内平方和S_e是由随机误差引起的，反映随机误差；组间平方和S_A是各水平下样本均值与总体均值之间的差异，是由各水平以及随机误差引起的，反映由因素A的水平变动而产生的误差，即系统误差。可见，方差分析的实质就是要将总误差中的随机误差和系统误差加以分离，赋予它们数量表示，并将二者在一定的条件下加以比较，如差异不大则认为系统误差对指标的影响不大；如系统误差较随机误差大得多，则说明所考察条件的影响很大。

四、检验统计量及其分布

为了更好地理解S_e，S_A的意义，并构造检验统计量，先看一条定理。

定理1 在单因素方差分析数学模型中：

(1) $S_e/\sigma^2 \sim \chi^2(n-r)$；

(2) 当H_0成立时，$S_A/\sigma^2 \sim \chi^2(r-1)$，且$S_e$与$S_A$相互独立。

根据F-分布的定义，若随机变量$X \sim \chi^2(m)$，$Y \sim \chi^2(n)$，则：

$$F = \frac{X/m}{Y/n} \sim F(m, n)$$

综合定理1，则当H_0成立时，有：

$$F = \frac{\dfrac{S_A}{\sigma^2}\Big/ r-1}{\dfrac{S_e}{\sigma^2}\Big/ n-r} = \frac{S_A/r-1}{S_e/n-r} \sim F(r-1, n-r)$$

令：

$$\overline{S_A} = \frac{S_A}{r-1} \quad (\overline{S_A}\text{ 称为因素 }A\text{ 的均方和})$$

$$\overline{S_e} = \frac{S_e}{n-r} \quad (\overline{S_e}\text{ 称为误差均方和})$$

则有：

$$F = \frac{\overline{S_A}}{\overline{S_e}} \sim F(r-1,\ n-r) \tag{11.2}$$

公式(11.2)可作为单因素方差分析的检验统计量。

五、假设检验问题的拒绝域

定理2　在单因素方差分析数学模型中：

$$E(S_A) = (r-1)\sigma^2 + \sum_{j=1}^{r} n_j\sigma_j^2$$

$$E(S_e) = (n-r)\sigma^2$$

则有：

$$E\left(\frac{S_e}{n-r}\right) = \sigma^2$$

$$E\left(\frac{S_A}{r-1}\right) = \sigma^2 + \frac{1}{r-1}\sum_{j=1}^{r} n_j\sigma_j^2 > \sigma^2$$

∴ 当 H_0 成立时，$E\left(\frac{S_e}{n-r}\right) = \sigma^2$；而当 H_0 不成立时，$E\left(\frac{S_A}{r-1}\right) > E\left(\frac{S_e}{n-r}\right)$，也就是说，当 H_0 不成立时 $\frac{\overline{S_A}}{\overline{S_e}}$ 有大于1的趋势。因此，在显著性水平 α 下：

$$P\{F \geqslant K\} = P\{F \geqslant F_{1-\alpha}(r-1,\ n-r)\} = \alpha$$

∴ 其拒绝域为：

$$F \geqslant F_{1-\alpha}(r-1,\ n-r) \tag{11.3}$$

六、单因素方差分析中的计算步骤

1. 建立假设：

$$H_0:\ \mu_1 = \mu_2 = \cdots = \mu_r$$

$$H_1:\ \mu_1,\ \mu_2,\ \cdots,\ \mu_r\text{ 不全相等}$$

2. 计算 S_T，S_A 及 S_e：

其简便计算公式为：

$$\begin{cases} S_T = \sum_{j=1}^{r} \sum_{i=1}^{n_j} x_{ij}^2 - T^2/n \\ S_A = \sum_{j=1}^{r} \frac{1}{n_j} T_{\cdot j}^2 - T^2/n \\ S_e = S_T - S_A \end{cases} \tag{11.4}$$

其中：

$$T_{\cdot j} = \sum_{i=1}^{n_j} x_{ij}$$

$$T = \sum_{j=1}^{r} \sum_{i=1}^{n_j} x_{ij}$$

$$n = \sum_{j=1}^{r} n_j$$

另外，有时为了计算方便，还对数据 x_{ij} 进行线性变换，通常做法是令：

$$y_{ij} = b(x_{ij} - a)$$

其中 a，b 为常数，且 $b \neq 0$。这种变换可使计算变得简单，但不会改变计算结果。

3. 计算因素 A 的均方和$\overline{S_A}$ 和误差均方和$\overline{S_e}$：

$$\overline{S_A} = \frac{S_A}{r-1}$$

$$\overline{S_e} = \frac{S_e}{n-r}$$

4. 计算 F 值：

$$F = \frac{\overline{S_A}}{\overline{S_e}}$$

5. 查表，求出临界值 $F_{1-\alpha}(r-1,\ n-r)$；
6. 作出判断：
若 $F \geqslant F_{1-\alpha}(r-1,\ n-r)$，则拒绝 H_0，接受 H_1；
若 $F < F_{1-\alpha}(r-1,\ n-r)$，则接受 H_0。
上述计算结果可综合成方差分析表（见表 11.3）。

表 11.3 **单因素方差分析表**

方差来源	平方和 S	自由度 df	均方和 $\overline{S}$	F 值	临界值
因素 A	S_A	$r-1$	$\overline{S_A} = \frac{S_A}{r-1}$	$F = \frac{\overline{S_A}}{\overline{S_e}}$	$F_{1-\alpha}(r-1,\ n-r)$
误　差	S_e	$n-r$	$\overline{S_e} = \frac{S_e}{n-r}$		
总　和	S_T	$n-1$			

例 2　对例 1 进行单因素方差分析($\alpha = 0.05$)。

1. 建立假设：

$$H_0:\ \mu_1 = \mu_2 = \mu_3$$
$$H_1:\ \mu_1,\ \mu_2,\ \mu_3 \text{ 不全相等}$$

2. 计算各分厂员工的总离差平方和 S_T、组间平方和 S_A 和组内平方和 S_e：

$$S_T = \sum_{j=1}^{r}\sum_{i=1}^{n_j} x_{ij}^2 - T^2/n = 946$$
$$S_A = \sum_{j=1}^{r}\frac{1}{n_j}T_{\cdot j}^{\ 2} - T^2/n = 516$$
$$S_e = S_T - S_A = 430$$

3. 计算因素 A 的均方和 $\overline{S_A}$ 和误差均方和 $\overline{S_e}$：

$$\overline{S_A} = \frac{S_A}{r-1} = \frac{516}{3-1} = 258.00$$
$$\overline{S_e} = \frac{S_e}{n-r} = \frac{430}{18-3} = 28.67$$

4. 计算 F 值：

$$F = \frac{\overline{S_A}}{\overline{S_e}} = \frac{258.00}{28.67} = 9.00$$

5. 选定显著性水平 $\alpha = 0.05$，查 F-分布表得：

$$F_{1-\alpha}(r-1,\ n-r) = F_{0.95}(2,\ 15) = 3.68$$

6. 将以上计算结果列成方差分析表 11.4。

表 11.4　**单因素方差分析表**

方差来源	平方和 S	自由度 df	均方和 $\overline{S}$	F 值	临界值	显著性
因素 A	516	2	258.00	9.00	3.68	显著
误 差	430	15	28.67			
总 和	946	17				

由表 11.4 可知，$F > F_{1-\alpha}(r-1,\ n-r)$，说明检验统计量落在拒绝域中，所以拒绝 H_0，接受 H_1，即有足够的理由(95% 的把握) 拒绝“三个总体均值相等” 的原假设，换句话说，方差分析支持三个分厂总体平均考分不相等的结论。因此，对广州分厂而言，管理者应加强全面质量管理，积极推进对员工的质量意识建设。

例 3　某服装公司拟通过市场调研检验不同年龄的消费者对该公司生产的 T 牌休闲服购买量有无显著性差异，以决定是否细分市场。于是随机选择了一组调查对象，将调查对象按年龄因素分为老(A_1)、中(A_2)、青(A_3) 三个水平。随机调查了该公司下辖的五个专卖店在某一段时间内不同年龄消费者的购买情况，获得资料如表 11.5。

问不同年龄组对 T 牌休闲服的购买量有无显著性差异？应否细分市场？

表 11.5 某时期内 T 牌休闲服不同年龄组的购买数据 单位：件

年龄组 \ 各专卖店购买量	1	2	3	4	5	合计	各水平下的样本均值
A_1(老)	215	198	210	187	200	1 010	$\bar{x}_1=202$
A_2(中)	237	205	215	191	207	1 055	$\bar{x}_2=211$
A_3(青)	246	230	223	208	213	1 120	$\bar{x}_3=224$
总样本均值	$\bar{x}=212.33$						

因为该题只涉及一个变量：年龄，我们可以采取单因素方差分析法进行检验。

1. 建立假设：

H_0：不同年龄组对 T 牌休闲服的购买量无显著性影响

H_1：不同年龄组对 T 牌休闲服的购买量有显著性影响

2. 计算各专卖店销售量总离差平方和(S_T)；各专卖店销售量之间的离差，即组内离差平方和(S_e)；各专卖店对不同年龄组销售量之间的离差，即组内离差平方和(S_A)。

通过计算可得：

$$\bar{x}_1=\frac{1}{5}(215+198+210+187+200)=202$$

$$\bar{x}_2=211$$

$$\bar{x}_3=224$$

则：$\bar{x}=\frac{1}{3}(202+211+224)=212.33$

$$S_A=5\times[(202-212.33)^2+(211-212.33)^2+(224-212.33)^2]=1\,223.33$$

$$S_e=(215-202)^2+(198-202)^2+\cdots+(213-224)^2=2\,520$$

$$S_T=S_A+S_e=3\,743.33$$

3. 选择检验统计量 F：

$$F=\frac{\overline{S_A}}{\overline{S_e}}$$

计算得：

$$F=\frac{1\,223.33/2}{2\,520/12}\approx 2.91$$

选定显著性水平 $\alpha=0.05$，查 F- 分布表得：

$$F_{1-\alpha}(r-1,\ n-r)=F_{0.95}(2,\ 12)=3.89$$

若选定显著性水平 $\alpha=0.10$，则得：

$$F_{1-\alpha}(r-1,\ n-r)=F_{0.90}(2,\ 12)=2.81$$

4. 将以上计算结果列成方差分析表 11.6。

表 11.6　**方差分析表**

方差来源	离差来源	自由度	F 值	临界值	
				$F_{0.90}(2,\ 12)$	$F_{0.95}(2,\ 12)$
因素 A(即年龄)的作用(组间)	$S_A = 1\,223.33$	2	2.91	2.81	3.89
随机误差(组内)	$S_e = 2\,520$	12			
总误差	$S_T = 3\,743.33$				

由表 11.6 可知，$F_{0.95}(2,\ 12) > F > F_{0.90}(2,\ 12)$，所以在显著性水平 $\alpha = 0.10$ 下，拒绝 H_0；而在显著性水平 $\alpha = 0.05$ 下，接受 H_0。这说明不同年龄组对 T 牌休闲服的购买量有一定的影响，但显著性不强，因此对厂家而言，如果单从年龄因素考虑的话，没有必要细分市场。

第三节　双因素方差分析

上一节我们介绍了单因素方差分析，单因素方差分析涉及的可变因素只有一个，但在许多实际问题中，影响试验指标的因素往往不止一个，需要考虑多因素中每一个因素对试验的影响是否显著，这就需要用到多因素方差分析。本节仅讨论双因素方差分析，其基本方法可以推广到涉及两个以上因素的多因素方差分析。

双因素方差分析，不但要考虑因素 A、B 单独对试验指标的影响是否显著，还要考察这两个因素联合起来对试验指标的影响是否显著，这种作用就叫做 A、B 这两个因素的交互作用。交互作用只存在于等重复试验中，因为在双因素方差分析中，只有当在每个因素的不同水平上进行等重复试验时，才能分析出两因素之间是否存在交互作用。为了更好地了解双因素方差分析法，我们先介绍等重复试验的方差分析，然后再介绍无重复试验的方差分析。

一、双因素等重复试验的方差分析

设在某项试验中，有两个因素 A 和 B 在变化，因素 A 有 r 个不同水平 A_1，A_2，…，A_r；因素 B 有 s 个不同水平 B_1，B_2，…，B_s。现对因素 A，B 各水平下的每对组合 $(A_i,\ B_j)(i=1,\ 2,\ \cdots,\ r;\ j=1,\ 2,\ \cdots,\ s)$ 都作 $t(t \geqslant 2)$ 次独立重复试验，称为双因素多水平等重复试验，表 11.7 是双因素多水平等重复试验的试验结果。

表 11.7

	B_1	B_2	…	B_s
A_1	x_{111}, x_{112}, …, x_{11t}	x_{121}, x_{122}, …, x_{12t}	…	x_{1s1}, x_{1s2}, …, x_{1st}
A_2	x_{211}, x_{212}, …, x_{21t}	x_{221}, x_{222}, …, x_{22t}	…	x_{2s1}, x_{2s2}, …, x_{2st}
…	…	…	…	…
A_r	x_{r11}, x_{r12}, …, x_{r1t}	x_{r21}, x_{r22}, …, x_{r2t}	…	x_{rs1}, x_{rs2}, …, x_{rst}

(一) 确定数学模型

现在我们假定：

$x_{ijk} \sim N(\mu_{ij}, \sigma^2)$；$i=1,2,\cdots,r$；$j=1,2,\cdots,s$；$k=1,2,\cdots,t$；各 x_{ijk} 独立。

这里，μ_{ij}，σ^2 均为未知参数，令：

$$\varepsilon_{ijk} = x_{ijk} - \mu_{ij}$$

则 ε_{ijk} 是水平组合$(A_i,\ B_j)$下第 k 次重复试验的随机误差，相互独立且同服从正态分布 $N(0,\ \sigma^2)$，于是我们得到以下模型：

$$\begin{cases} x_{ijk} = \mu_{ij} + \varepsilon_{ijk} \\ \varepsilon_{ijk} \sim N(0,\ \sigma^2) \\ \text{各 } \varepsilon_{ijk} \text{ 相互独立} \\ i=1,\ 2,\ \cdots,\ r;\quad j=1,\ 2,\ \cdots,\ s;\quad k=1,\ 2,\ \cdots,\ t \end{cases} \tag{11.5}$$

这就是双因素方差分析的数学模型。但在许多实际问题中，每个因素除存在独立于其他因素的效应之外，有时还与别的因素联合起来产生交互效应。若 A、B 之间存在着交互作用，在模型(11.5)中把交互作用产生的离差都作为随机误差包含在 ε_{ij} 项中，将使 ε_{ij} 的方差比实际的随机误差方差大，在这种情况下仍用检验统计量 F 与临界值 $F_{1-\alpha}$ 比较作出的检验结论可能与实际不符，降低了检验结论的可靠性，为此，应改进模型(11.5)，增加两个因素的交互效应项，组成如下模型(11.6)：

$$\begin{cases} x_{ijk} = \mu_{ij} + \alpha_i + \beta_j + \gamma_{ij} + \varepsilon_{ijk} \\ \varepsilon_{ijk} \sim N(0,\ \sigma^2) \\ \text{各 } \varepsilon_{ijk} \text{ 相互独立} \\ \sum\limits_{i=1}^{r} \alpha_i = 0,\quad \sum\limits_{j=1}^{s} \beta_j = 0,\quad \sum\limits_{i=1}^{r} \gamma_{ij} = \sum\limits_{j=1}^{s} \gamma_{ij} = 0 \\ i=1,\ 2,\ \cdots,\ r;\quad j=1,\ 2,\ \cdots,\ s;\quad k=1,\ 2,\ \cdots,\ t \end{cases} \tag{11.6}$$

其中：$\mu = \dfrac{1}{r_s} \sum\limits_{j=1}^{r} \sum\limits_{i=1}^{S} \mu_{ij}$ (μ 称为总平均)

$\mu_{i\cdot} = \dfrac{1}{s} \sum\limits_{j=1}^{s} \mu_{ij}$

$\alpha_i = \mu_{i\cdot} - \mu$ (α_i 称为水平 A_i 的效应)

$\mu_{\cdot j} = \dfrac{1}{r} \sum\limits_{i=1}^{r} \mu_{ij}$

$\beta_j = \mu_{\cdot j} - \mu$ (β_j 称为水平 B_j 的效应)

$\gamma_{ij} = \mu_{ij} - \mu_{i\cdot} - \mu_{\cdot j} + \mu$ (γ_{ij} 称为水平 A_i 和 B_j 的交互效应，这是 A_i，B_j 搭配起来联合起作用而引起的)

(二) 确定假设

(11.6)式就是我们所要研究的双因素方差分析的数学模型。对这一模型我们要检验以下三个假设：

H_{01}：$\alpha_1 = \alpha_2 = \cdots = \alpha_r = 0$

H_{02}：$\beta_1=\beta_2=\cdots=\beta_s=0$

H_{03}：$\gamma_{11}=\gamma_{12}=\cdots=\gamma_{rs}=0$（$\gamma_{ij}=0$，$i=1,2,\cdots,r$；$j=1,2,\cdots,s$）

要检验因素 A 对试验指标的影响是否显著，就是要对 H_{01} 作显著性检验；要检验因素 B 对试验指标的影响是否显著，就是要对 H_{02} 作显著性检验；要检验因素 A、B 交互作用对试验指标的影响是否显著，就是要对 H_{03} 作显著性检验。

为了对 H_{01}，H_{02} 以及 H_{03} 进行检验，与单因素方差分析类似，还是利用平方和分解法。

（三）平方和的分解

先引入以下记号：

$$\bar{x}=\frac{1}{rst}\sum_{i=1}^{r}\sum_{j=1}^{s}\sum_{k=1}^{t}x_{ijk}$$

$$\bar{x}_{ij\cdot}=\frac{1}{t}\sum_{k=1}^{t}x_{ijk}\quad(i=1,2,\cdots,r;\ j=1,2,\cdots,s)$$

$$\bar{x}_{i\cdot\cdot}=\frac{1}{st}\sum_{j=1}^{s}\sum_{k=1}^{t}x_{ijk}\quad(i=1,2,\cdots,r)$$

$$\bar{x}_{\cdot j\cdot}=\frac{1}{rt}\sum_{i=1}^{r}\sum_{k=1}^{t}x_{ijk}\quad(j=1,2,\cdots,s)$$

再引入总离差平方和

$$S_T=\sum_{i=1}^{r}\sum_{j=1}^{s}\sum_{k=1}^{t}(x_{ijk}-\bar{x})^2$$

将 S_T 进行分解，得：

$$\begin{aligned}S_T&=\sum_{i=1}^{r}\sum_{j=1}^{s}\sum_{k=1}^{t}(x_{ijk}-\bar{x})^2\\&=\sum_{i=1}^{r}\sum_{j=1}^{s}\sum_{k=1}^{t}(x_{ijk}-\bar{x}_{ij\cdot})^2+st\sum_{i=1}^{r}(x_{i\cdot\cdot}-\bar{x})^2+rt\sum_{j=1}^{s}(x_{\cdot j\cdot}-\bar{x})^2\\&\quad+t\sum_{i=1}^{r}\sum_{j=1}^{s}(\bar{x}_{ij\cdot}-\bar{x}_{i\cdot\cdot}-\bar{x}_{\cdot j\cdot}+\bar{x})^2\end{aligned}$$

其中：$$S_e=\sum_{i=1}^{r}\sum_{j=1}^{s}\sum_{k=1}^{t}(x_{ijk}-\bar{x}_{ij})^2$$

$$S_A=st\sum_{i=1}^{r}(x_{i\cdot\cdot}-\bar{x})^2$$

$$S_B=rt\sum_{j=1}^{s}(x_{\cdot j\cdot}-\bar{x})^2$$

$$S_{A\times B}=t\sum_{i=1}^{r}\sum_{j=1}^{s}(\bar{x}_{ij\cdot}-\bar{x}_{i\cdot\cdot}-\bar{x}_{\cdot j\cdot}+\bar{x})^2$$

则：$S_T=S_e+S_A+S_B+S_{A\times B}$

这里 S_e 称为误差平方和，S_A，S_B 分别称为因素 A、B 的平方和，$S_{A\times B}$ 称为交互作用 A、B 的平方和。

(四) 检验统计量及其分布

为得出检验统计量，先看一条定理。

定理 3 在数学模型(11.6)下：

(1) $\frac{S_e}{\sigma^2} \sim \chi^2(rs(t-1))$

(2) 当 H_{01} 成立时，$\frac{S_A}{\sigma^2} \sim \chi^2(r-1)$

(3) 当 H_{02} 成立时，$\frac{S_B}{\sigma^2} \sim \chi^2(s-1)$

(4) 当 H_{03} 成立时，$\frac{S_{A\times B}}{\sigma^2} \sim \chi^2((r-1)(s-1))$

(5) S_e，S_A，S_B，$S_{A\times B}$ 相互独立

根据 F-分布的定义和定理 3 得：

当 H_{01} 成立时：

$$F_A = \frac{S_A/r-1}{S_e/rs(t-1)} = \frac{\overline{S_A}}{\overline{S_e}} \sim F_{(r-1,\ rs(t-1))}$$

当 H_{02} 成立时：

$$F_B = \frac{S_B/s-1}{S_e/rs(t-1)} = \frac{\overline{S_B}}{\overline{S_e}} \sim F_{(s-1,\ rs(t-1))}$$

当 H_{03} 成立时：

$$F_{A\times B} = \frac{S_{A\times B}/(r-1)(s-1)}{S_e/rs(t-1)} = \frac{\overline{S}_{A\times B}}{\overline{S_e}} \sim F((r-1)(s-1),\ rs(t-1))$$

(五) 假设检验问题的拒绝域

对于给定的显著性水平，原假设 H_{01} 的拒绝域为：

$$F_A \geqslant F_{1-\alpha}(r-1,\ rs(t-1))$$

对于给定的显著性水平，原假设 H_{02} 的拒绝域为：

$$F_B \geqslant F_{1-\alpha}(s-1,\ rs(t-1))$$

对于给定的显著性水平，原假设 H_{03} 的拒绝域为：

$$F_{A\times B} \geqslant F_{1-\alpha}((r-1)(s-1),\ rs(t-1))$$

有一点必须强调说明一下，在实际应用中，总是先计算 $F_{A\times B}$，对交互作用进行检验，如果交互作用不明显，则将 $A\times B$ 这一栏的平方和与自由度分别加到误差这一栏中去，重新计算 F_A，F_B，用新的 F_A，F_B 对因素 A，B 进行检验。

(六) 双因素等重复试验方差分析的计算步骤

1. 确定假设：

H_{01}：$\alpha_1 = \alpha_2 = \cdots = \alpha_r = 0$

H_{02}：$\beta_1 = \beta_2 = \cdots = \beta_s = 0$

H_{03}：$\gamma_{ij}=0\quad(i=1,\ 2,\ \cdots,\ r;\ j=1,\ 2,\ \cdots,\ s)$

2. 计算 S_T，S_A，S_B，$S_{A\times B}$，S_e 的值：

其简便计算公式为：

$$\begin{cases} S_T=\sum_{i=1}^{r}\sum_{j=1}^{s}\sum_{k=1}^{t}x_{ijk}{}^2-T_{\cdots}{}^2/rst \\ S_A=\dfrac{1}{st}\sum_{i=1}^{r}T_{i\cdot\cdot}{}^2-T_{\cdots}{}^2/rst \\ S_B=\dfrac{1}{rt}\sum_{j=1}^{s}T_{\cdot j\cdot}{}^2-T_{\cdots}{}^2/rst \\ S_{A\times B}=\left(\dfrac{1}{t}\sum_{i=1}^{r}\sum_{j=1}^{s}T_{ij\cdot}{}^2-T_{\cdots}{}^2/rst\right)-S_A-S_B \\ S_e=S_T-S_A-S_B-S_{A\times B} \end{cases} \tag{11.7}$$

其中：
$$T_{\cdots}=\sum_{i=1}^{r}\sum_{j=1}^{s}\sum_{k=1}^{t}x_{ijk}$$

$$T_{ij\cdot}=\sum_{k=1}^{t}x_{ijk}\qquad(i=1,\ 2,\ \cdots,\ r;\ j=1,\ 2,\ \cdots,\ s)$$

$$T_{i\cdot\cdot}=\sum_{j=1}^{s}\sum_{k=1}^{t}x_{ijk}\qquad(i=1,\ 2,\ \cdots,\ r)$$

$$T_{\cdot j\cdot}=\sum_{i=1}^{r}\sum_{k=1}^{t}x_{ijk}\qquad(j=1,\ 2,\ \cdots,\ s)$$

3. 计算各均方和 $\overline{S}$：

$$\overline{S_A}=\frac{S_A}{r-1}$$

$$\overline{S_B}=\frac{S_B}{s-1}$$

$$\overline{S}_{A\times B}=\frac{S_{A\times B}}{(r-1)(s-1)}$$

$$\overline{S_e}=\frac{S_e}{rs(t-1)}$$

4. 计算 F_A，F_B，$F_{A\times B}$

$$F_A=\frac{\overline{S_A}}{\overline{S_e}}$$

$$F_B=\frac{\overline{S_B}}{\overline{S_e}}$$

$$F_{A\times B}=\frac{\overline{S}_{A\times B}}{\overline{S_e}}$$

5. 查表，求出临界值 $F_{1-\alpha}(r-1,\ rs(t-1))$，$F_{1-\alpha}(s-1,\ rs(t-1))$ 和 $F_{1-\alpha}((s-1)(r-1),\ rs(t-1))$。

6. 作出判断：

若 $F_A \geqslant F_{1-\alpha}(r-1,\ rs(t-1))$，则拒绝 H_{01}；

若 $F_B \geqslant F_{1-\alpha}(s-1,\ rs(t-1))$，则拒绝 H_{02}；

若 $F_{A\times B} \geqslant F_{1-\alpha}((r-1)(s-1),\ rs(t-1))$，则拒绝 H_{03}。

上述计算结果可汇总成如下方差分析表(见表 11.8)。

表 11.8 **双因素等重复试验方差分析表**

方差来源	平方和 S	自由度 df	均方和 $\bar{S}$	F 值	临界值
A	S_A	$r-1$	$\bar{S}_A=\dfrac{S_A}{r-1}$	$F_A=\dfrac{\bar{S}_A}{\bar{S}_e}$	$F_{1-\alpha}(r-1,rs(t-1))$
B	S_B	$s-1$	$\bar{S}_B=\dfrac{S_B}{s-1}$	$F_B=\dfrac{\bar{S}_B}{\bar{S}_e}$	$F_{1-\alpha}(s-1,rs(t-1))$
$A\times B$	$S_{A\times B}$	$(s-1)(r-1)$	$\bar{S}_{A\times B}=\dfrac{S_{A\times B}}{(r-1)(s-1)}$	$F_{A\times B}=\dfrac{\bar{S}_{A\times B}}{\bar{S}_e}$	$F_{1-\alpha}((s-1)(r-1),rs(t-1))$
误差	S_e	$rs(t-1)$	$\bar{S}_e=\dfrac{S_e}{rs(t-1)}$		
总和	S_T	$rst-1$			

例 4 红丽化妆品公司最近推出了一种新产品，为检验不同包装、不同货架对产品销售量是否有显著性影响，交互作用是否显著，特在一家百货商场对这种新产品采用三种不同的包装，放在三个不同货架上进行销售试验。随机抽取 3 天的销售量作为观察样本，观察结果如表 11.9($\alpha=0.05$)。

表 11.9 单位：件

	A_1(货架 1)	A_2(货架 2)	A_3(货架 3)
B_1(包装 1)	5，6，4	7，8，8	3，2，4
B_2(包装 2)	6，8，7	5，5，6	6，6，5
B_3(包装 3)	4，3，5	3，6，4	8，9，6

1. 建立假设：

H_{01}：$\alpha_1=\alpha_2=\alpha_3=0$

H_{02}：$\beta_1=\beta_2=\beta_3=0$

H_{03}：$\gamma_{ij}=0$，$(i=1,2,3;\ j=1,2,3)$

2. 计算 S_T，S_A，S_B，$S_{A\times B}$，S_e 的值：

$$S_T=\sum_{i=1}^{r}\sum_{j=1}^{s}\sum_{k=1}^{t}x_{ijk}^{\ 2}-T_{\dots}^{\ 2}/rst=907-149^2/27\approx 84.74$$

$$S_A=\frac{1}{st}\sum_{i=1}^{r}T_{i\cdot\cdot}^{\ 2}-T_{\dots}^{\ 2}/rst=\frac{1}{9}\times 7\ 409-149^2/27\approx 0.96$$

$$S_B=\frac{1}{rt}\sum_{j=1}^{s}T_{\cdot j\cdot}^{\ 2}-T_{\dots}^{\ 2}/rst=\frac{1}{9}\times 7\ 429-149^2/27\approx 3.19$$

$$S_{A\times B}=\left(\frac{1}{t}\sum_{i=1}^{r}\sum_{j=1}^{s}T_{ij\cdot}^{\ 2}-T_{\dots}^{\ 2}/rst\right)-S_A-S_B$$

$$=\frac{1}{3}\times 2\ 663-149^2/27-0.96-3.19\approx 61.26$$

$$S_e=S_T-S_A-S_B-S_{A\times B}=84.74-0.96-3.19-61.26=19.33$$

3. 计算各均方和：

$$\overline{S_A}=\frac{S_A}{r-1}=\frac{0.96}{3-1}=0.48$$

$$\overline{S_B}=\frac{S_B}{s-1}=\frac{3.19}{3-1}=1.595$$

$$\overline{S_{A\times B}}=\frac{S_{A\times B}}{(r-1)(s-1)}=\frac{61.26}{2\times 2}=15.315$$

$$\overline{S_e}=\frac{S_e}{rs(t-1)}=\frac{19.33}{3\times 3\times 2}=1.074$$

4. 计算 F_A，F_B，$F_{A\times B}$ 的值：

$$F_A=\frac{\overline{S_A}}{\overline{S_e}}=\frac{0.48}{1.074}=0.45$$

$$F_B=\frac{\overline{S_B}}{\overline{S_e}}=\frac{1.595}{1.074}=1.49$$

$$F_{A\times B}=\frac{\overline{S_{A\times B}}}{\overline{S_e}}=\frac{15.315}{1.074}=14.33$$

5. 查表，求出临界值：

$$F_{1-\alpha}(r-1,\ rs(t-1))=F_{0.95}(2,\ 18)=3.55$$

$$F_{1-\alpha}(s-1,\ rs(t-1))=F_{0.95}(2,\ 18)=3.55$$

$$F_{1-\alpha}((s-1)(r-1),\ rs(t-1))=F_{0.95}(4,\ 18)=2.93$$

将以上计算结果列到双因素等重复试验方差分析表中(见表 11.10)。

表 11.10

方差来源	平方和 S	自由度 df	均方和 $\bar{S}$	F 值	临界值	显著性
A	0.96	2	0.48	0.45	3.55	不显著
B	3.19	2	1.595	1.49	3.55	不显著
$A\times B$	61.26	4	15.315	14.33	2.93	非常显著
误差	19.33	18	1.074			
总和	84.74	26				

6. 作出判断：

从表 11.10 可知，由于 $F_A < F_{1-\alpha}(r-1,\ rs(t-1))$，说明检验统计量落在拒绝域外，所以接受 H_{01}，即认为不同货架对销售量影响不显著。

又 $F_B < F_{1-\alpha}(s-1,\ rs(t-1))$，说明检验统计量落在拒绝域外，所以接受 H_{02}，即认为不同包装对销售量影响不显著。

又 $F_{A\times B} > F_{1-\alpha}((s-1)(r-1),\ rs(t-1))$，说明检验统计量落在拒绝域中，所以拒绝 H_{03}，即认为货架与包装的交互作用对销售量的影响非常显著。因此对商家而言，应尽量处理好货架与包装的搭配问题，以求获得最佳的营销效果。

二、双因素无重复试验的方差分析

前面我们讨论双因素等重复试验方差分析的时候已经提到，交互作用只存在于等重复试验中。如果是无重复试验，则无法对交互效应作显著性检验，因为此时 $S_e = 0$，所以在处理实际问题时，如果我们已经知道不存在交互作用，或已知交互作用对试验指标的影响很小，则可以不考虑交互作用，这时问题就变成了双因素无重复试验的方差分析问题。所谓双因素无重复问题，就是对因素 A，B 的每一对组合$(A_i,\ B_j)$ 只做一次试验，所得结果如表 11.11。

表 11.11

	B_1	B_2	…	B_s
A_1	X_{11}	X_{12}	…	X_{1s}
A_2	X_{21}	X_{22}	…	X_{2s}
…	…	…	…	…
A_r	X_{r1}	X_{r2}	…	X_{rs}

（一）确定数学模型

由于无重复试验中不存在交互作用，此时 $\gamma_{ij} = 0$，$(i = 1,\ 2,\ \cdots,\ r;\ j = 1,\ 2,\ \cdots,\ s)$，故其数学模型可写成(沿用(11.5) 式中的记号)：

$$\begin{cases} x_{ij} = \mu + \alpha_i + \beta_j + \varepsilon_{ij} \\ \varepsilon_{ij} \sim N(0, \sigma^2) \\ \text{各 } \varepsilon_{ij} \text{ 独立} \\ \sum_{i=1}^{r} \alpha_i = 0, \quad \sum_{j=1}^{s} \beta_j = 0 \\ (i = 1, 2, \cdots, r; \ j = 1, 2, \cdots, s) \end{cases} \tag{11.8}$$

这就是双因素无交互作用无重复试验方差分析的数学模型。

(二) 确定假设

针对(11.8) 式，我们可以作出如下假设：

H_{01}： $\alpha_1 = \alpha_2 = \cdots = \alpha_r = 0$

H_{02}： $\beta_1 = \beta_2 = \cdots = \beta_s = 0$

要检验因素 A 对试验指标的影响是否显著，就是要对 H_{01} 做显著性检验；要检验因素 B 对试验指标的影响是否显著，就是要对 H_{02} 做显著性检验。

(三) 平方和的分解

引入总离差平方和 S_T：

$$S_T = \sum_{j=1}^{r} \sum_{i=1}^{s} (x_{ij} - \bar{x})^2$$

将 S 进行分解，得：$S_T = S_A + S_B + S_e$

其中：$S_A = s \sum_{i=1}^{r} (\bar{x}_{i\cdot} - \bar{x})^2$

$$S_B = r \sum_{j=1}^{s} (\bar{x}_{\cdot j} - \bar{x})^2$$

$$S_e = \sum_{i=1}^{r} \sum_{j=1}^{s} (x_{ij} - \bar{x}_{i\cdot} - \bar{x}_{\cdot j} + \bar{x})^2$$

(四) 检验统计量及其分布

定理 4　在数学模型(8) 下，有

(1) $S_e^2/\sigma^2 \sim \chi^2(r-1)(s-1)$；

(2) 当 H_{01} 成立时，$S_A/\sigma^2 \sim \chi^2(r-1)$；

(3) 当 H_{02} 成立时，$S_B/\sigma^2 \sim \chi^2(s-1)$；

(4) S_A，S_B，S_e 相互独立。

由定理 4 及 F- 分布的定义得：

当 H_{01} 成立时：

$$F_A = \frac{S_A/r-1}{S_e/(r-1)(s-1)} = \frac{\overline{S_A}}{\overline{S_e}} \sim F(r-1, (r-1)(s-1)) \tag{11.9}$$

当 H_{02} 成立时：

$$F_B = \frac{S_B/r-1}{S_e/(r-1)(s-1)} = \frac{\overline{S_B}}{\overline{S_e}} \sim F(s-1, (r-1)(s-1)) \tag{11.10}$$

（五）假设检验问题的拒绝域

对于给定的显著性水平，原假设 H_{01} 的拒绝域为：

$$F_A \geqslant F_{1-\alpha}(r-1,\ (r-1)(s-1)) \tag{11.11}$$

对于给定的显著性水平，原假设 H_{02} 的拒绝域为：

$$F_B \geqslant F_{1-\alpha}(s-1,\ (r-1)(s-1)) \tag{11.12}$$

（六）双因素无交互作用无重复试验方差分析的计算步骤

1. 确定假设：

$$H_{01}:\ \alpha_1=\alpha_2=\cdots=\alpha_r=0$$
$$H_{02}:\ \beta_1=\beta_2=\cdots=\beta_s=0$$

2. 计算 S_T，S_A，S_B，S_e 的值：

其简便计算公式为：

$$\begin{cases} S_T=\sum_{i=1}^{r}\sum_{j=1}^{s}x_{ij}^{\ 2}-T_{..}^{\ 2}/rs \\ S_A=\dfrac{1}{s}\sum_{i=1}^{r}T_{i.}^{\ 2}-T_{..}^{\ 2}/rs \\ S_B=\dfrac{1}{r}\sum_{j=1}^{s}T_{.j}^{\ 2}-T_{..}^{\ 2}/rs \\ S_e=S_T-S_A-S_B \end{cases} \tag{11.13}$$

其中：$T_{..}=\sum_{i=1}^{r}\sum_{j=1}^{s}x_{ij}$

$$T_{i.}=\sum_{j=1}^{s}x_{ij} \qquad (i=1,\ 2,\ \cdots,\ r)$$

$$T_{.j}=\sum_{i=1}^{r}x_{ij} \qquad (j=1,\ 2,\ \cdots,\ s)$$

3. 计算各均方和 $\overline{S}$：

$$\overline{S_A}=\frac{S_A}{r-1}$$

$$\overline{S_B}=\frac{S_B}{s-1}$$

$$\overline{S_e}=\frac{S_e}{(r-1)(s-1)}$$

4. 计算 F_A，F_B 的值：

$$F_A=\frac{\overline{S_A}}{\overline{S_e}}$$

$$F_B=\frac{\overline{S_B}}{\overline{S_e}}$$

5. 查表，求临界值 $F_{1-\alpha}(r-1,\ (r-1)(s-1))$，$F_{1-\alpha}(s-1,\ (r-1)(s-1))$

6. 作出判断：

若 $F_A \geqslant F_{1-\alpha}(r-1, (r-1)(s-1))$，则拒绝 H_{01}；

若 $F_B \geqslant F_{1-\alpha}(s-1, (r-1)(s-1))$，则拒绝 H_{02}。

上述计算结果可汇总成如下方差分析表(见表 11.12)。

表 11.12　**双因素无交互作用无重复试验方差分析表**

方差来源	平方和 S	自由度 df	均方和 $\overline{S}$	F 值	临界值
A	S_A	$r-1$	$\overline{S_A}=\dfrac{S_A}{r-1}$	$F_A=\dfrac{\overline{S_A}}{\overline{S_e}}$	$F_{1-\alpha}(r-1, (r-1)(s-1))$
B	S_B	$s-1$	$\overline{S_B}=\dfrac{S_B}{s-1}$	$F_B=\dfrac{\overline{S_B}}{\overline{S_e}}$	$F_{1-\alpha}(s-1, (r-1)(s-1))$
误差	S_e	$(r-1)(s-1)$	$\overline{S_e}=\dfrac{S_e}{(r-1)(s-1)}$		
总和	S_T	$rs-1$			

例 5　近年来，随着市场经济的发展，集市贸易在人们生活中发挥着越来越重要的作用。市场价格，特别是生活必需品市场价格的升降起伏，直接关系着人们的生活水平。在这里，我们希望研究一下从 2014 年到 2017 年京津沪三地区集市贸易价格指数，从中分析不同地区及不同时间条件对价格指数有无显著性影响。假定贸易价格指数服从正态分布，且各种组合的方差相等。有关数据见表 11.13。

表 11.13　**集市贸易价格指数(设 1990 年为 100)**

	北京(B_1)	天津(B_2)	上海(B_3)
2014 年(A_1)	100.3	105.0	108.0
2015 年(A_2)	105.6	106.8	102.6
2016 年(A_3)	108.5	114.0	113.6
2017 年(A_4)	107.7	119.6	118.6

1. 这是一个双因素无重复试验的方差分析。首先建立假设：

H_{01}：$\alpha_1=\alpha_2=\alpha_3=\alpha_4=0$，即假设不同年份的价格指数之间无显著性差异

H_{02}：$\beta_1=\beta_2=\beta_3=\beta_4=0$，即假设京津沪三地区集市贸易价格指数之间无显著性差异

2. 计算 S_T，S_A，S_B，S_e 的值：

$$S_T=\sum_{i=1}^{r}\sum_{j=1}^{s}x_{ij}^{\ 2}-T_{..}^{\ 2}/rs=402.23$$

$$S_A=\frac{1}{s}\sum_{i=1}^{r}T_{i.}^{\ 2}-T_{..}^{\ 2}/rs=256.80$$

$$S_B = \frac{1}{r}\sum_{j=1}^{s} T_{\cdot j}^{\ 2} - T_{\cdot\cdot}^{\ 2}/rs = 81.51$$

$$S_e = S_T - S_A - S_B = 63.92$$

3. 计算各均方和 $\overline{S}$：

$$\overline{S_A} = \frac{S_A}{r-1} = \frac{256.80}{4-1} = 85.6$$

$$\overline{S_B} = \frac{S_B}{s-1} = \frac{81.51}{3-1} = 40.76$$

$$\overline{S_e} = \frac{S_e}{(r-1)(s-1)} = \frac{63.92}{3 \times 2} = 10.65$$

4. 计算 F_A，F_B 的值：

$$F_A = \frac{\overline{S_A}}{\overline{S_e}} = \frac{85.6}{10.65} = 8.04$$

$$F_B = \frac{\overline{S_B}}{\overline{S_e}} = \frac{40.76}{10.65} = 3.83$$

5. 查表，求临界值：

$$F_{1-\alpha}(r-1,(r-1)(s-1)) = F_{0.95}(3, 6) = 4.76$$

$$F_{1-\alpha}(s-1,(r-1)(s-1)) = F_{0.95}(2, 6) = 5.14$$

将以上计算结果汇总可得方差分析表 11.14。

表 11.14

方差来源	平方和 S	自由度 df	均方和 $\overline{S}$	F 值	临界值	显著性
A	256.80	3	85.60	8.04	4.76	
B	81.51	2	40.76	3.83	5.14	
误差	63.92	6	10.65			
总和	402.23	11				

6. 作出判断：

从表 11.14 可以看出，$F_A > F_{1-\alpha}(r-1,(r-1)(s-1))$，说明检验统计量落在拒绝域中，所以拒绝 H_{01}，即认为不同年份的价格指数之间有显著性差异。$F_B < F_{1-\alpha}(s-1,(r-1)(s-1))$，说明检验统计量落在拒绝域外，所以接受 H_{02}，即认为北京、天津和上海这三个地区的集市贸易价格指数之间无显著性差异，换句话说，地区差别不是集市贸易价格指数变动的重要因素。

第四节 方差分析的应用举例

方差分析在商务、社会和经济生活中的应用非常广泛。下面我们通过几个实际应用方面的例题，来帮助大家把握其具体作用。

我们先介绍一个有交互作用的双因素方差分析例题。

GMAT 是一种美国商学院研究生院用来评价申请者攻读该领域研究生课程能力的标准化考试，其分数一般在 200 ~ 800 分，分数越高表示能力越强。为尝试提高学生在 GMAT 考试中的分数，一所大学考虑提供下面三种 GMAT 辅导课程。

(1) 3 小时的复习，内容覆盖 GMAT 中常考的题型。

(2) 1 天的课程，内容覆盖有关考试材料，还进行一次模拟测试并评分。

(3) 10 周的强化班，涉及发现每个考生的弱点并建立个人化的改进课程。

该试验中的一个因素就是 GMAT 辅导方式，它包括三个水平：3 小时的复习、1 天的课程、10 周的强化班。在具体选择某种辅导方式之前，将进行进一步的研究以判断这几种辅导方式中哪一种辅导方式更为有效。

另外，GMAT 考生通常来自三类院校：商学院、工学院、艺术与管理学院。因此，GMAT 考生本科所在院校就构成了试验的第二个因素，它也包括三个水平：商学院、工学院、艺术与管理学院。

现在对每一个组合(GMAT辅导方式，GMAT考生本科所在院校) 进行二次重复实验，也就是说对每一个组合，均按要求随机抽取 2 名 GMAT 考生组成样本，辅以不同的辅导方式。我们假定考生参加完辅导课程，并且也考完 GMAT 考试。所得分数如表 11. 15。

表 11. 15　**GMAT 考分**

	商学院(B_1)	工学院(B_2)	艺术与管理学院(B_3)
3 小时的复习(A_1)	500 580	540 460	480 400
1 天的课程(A_2)	460 540	560 620	420 480
10 周的强化班(A_3)	560 600	600 580	480 410

现在我们要求根据这些样本资料进行检验，辅导方式对GMAT考生考分是否存在显著性影响？GMAT 考生本科所在院校对 GMAT 考生考分是否存在着显著性影响？辅导方式与 GMAT 考生本科所在院校两因素之间交互作用的影响是否显著？试在显著性水平 $\alpha = 0.05$ 下进行检验。

这是一个有交互作用的双因素等重复(二次重复) 试验的方差分析问题。我们假设 GMAT 辅导方式为因素 A，GMAT 考生本科所在院校为因素 B。这样就建立了(A_i, B_j) 组合。

先建立假设：

H_{01}： $\alpha_1 = \alpha_2 = \alpha_3 = 0$， 即假设 GMAT 辅导方式对 GMAT 考分无显著性差异

H_{02}： $\beta_1 = \beta_2 = \beta_3 = 0$， 即假设 GMAT 考生本科所在院校对 GMAT 考分无显著性差异

H_{03}： $\gamma_{ij} = 0(i = 1, 2, 3;\ j = 1, 2, 3)$，即假设 GMAT 辅导方式与 GMAT 考生本科所在院校两因素之间交互作用不显著

为了计算检验因素 A、B 和交互作用的显著性所需的 F- 统计量，我们需要先计算 S_T、

S_A、S_B、$S_{A\times B}$、S_e 的值：

$$S_T = \sum_{i=1}^{r}\sum_{j=1}^{s}\sum_{k=1}^{t} x_{ijk}^{\ 2} - T_{\dots}^{\ 2}/rst = 82\,450$$

$$S_A = \frac{1}{st}\sum_{i=1}^{r} T_{i\cdot\cdot}^{\ 2} - T_{\dots}^{\ 2}/rst = 6\,100$$

$$S_B = \frac{1}{rt}\sum_{j=1}^{s} T_{\cdot j\cdot}^{\ 2} - T_{\dots}^{\ 2}/rst = 45\,300$$

$$S_{A\times B} = \left(\frac{1}{t}\sum_{i=1}^{r}\sum_{j=1}^{s} T_{ij\cdot}^{\ 2} - T_{\dots}^{\ 2}/rst\right) - S_A - S_B = 11\,200$$

$$S_e = S_T - S_A - S_B - S_{A\times B} = 19\,850$$

然后计算均方和 $\overline{S}$：

$$\overline{S_A} = \frac{S_A}{r-1} = 3\,050$$

$$\overline{S_B} = \frac{S_B}{s-1} = 22\,650$$

$$\overline{S_{A\times B}} = \frac{S_{A\times B}}{(r-1)(s-1)} = 2\,800$$

$$\overline{S_e} = \frac{S_e}{rs(t-1)} = 2\,206$$

求出 F_A，F_B，$F_{A\times B}$ 的值：

$$F_A = \frac{\overline{S_A}}{\overline{S_e}} = \frac{3\,050}{2\,206} = 1.38$$

$$F_B = \frac{\overline{S_B}}{\overline{S_e}} = \frac{22\,650}{2\,206} = 10.27$$

$$F_{A\times B} = \frac{\overline{S_{A\times B}}}{\overline{S_e}} = \frac{2\,800}{2\,206} = 1.27$$

查 F- 分布表($\alpha = 0.05$)，得：

$$F_{1-\alpha}(r-1,\ rs(t-1)) = F_{0.95}(2,\ 9) = 4.26$$

$$F_{1-\alpha}(s-1,\ rs(t-1)) = F_{0.95}(2,\ 9) = 4.26$$

$$F_{1-\alpha}((s-1)(r-1),\ rs(t-1)) = F_{0.95}(4,\ 9) = 3.63$$

将以上计算结果汇总，可得表 11.16。

表 11.16　　**GMAT 试验的双因素方差分析表**

方差来源	平方和 S	自由度 df	均方和 $\overline{S}$	F 值	临界值	显著性
A	6 100	2	3 050	1.38	4.26	不显著

续表

方差来源	平方和 S	自由度 df	均方和 $\bar{S}$	F 值	临界值	显著性
B	45 300	2	22 650	10.27	4.26	显著
$A \times B$	11 200	4	2 800	1.27	3.63	不显著
误差	19 850	9	2 206			
总和	82 450	17				

从表 11.16 可知，$F_A < F_{1-\alpha}(r-1, (r-1)(s-1))$，检验统计量落在拒绝域外，所以接受 H_{01}，即认为三种辅导方式之间没有显著性差异。$F_B > F_{1-\alpha}(s-1, (r-1)(s-1))$，说明检验统计量落在拒绝域中，所以拒绝 H_{02}，即 GMAT 考生本科所在院校对 GMAT 考分有显著性差异。而 $F_{A\times B} < F_{1-\alpha}((r-1)(s-1), rs(t-1))$，则说明 GMAT 三种辅导方式与 GMAT 考生本科所在院校两因素之间交互作用不显著。意味着我们没有理由认为三种辅导方式对于来自不同学院的考生有不同的影响。

这里，GMAT 考生本科所在院校是一个显著性因素。实际上大家通过计算就会发现，商学院考生考分的样本均值 $\bar{x}_{\cdot 1} = 540$。工学院考生考分的样本均值 $\bar{x}_{\cdot 2} = 560$，而艺术与管理学院考生考分的样本均值 $\bar{x}_{\cdot 3}$ 只有445。通过观察样本均值，我们可以期望商学院与工学院毕业生之间没有显著性差别，但是，艺术与管理学院考生的GMAT考分看起来比其他学院考生考分明显偏低。也许这种观察将使该大学考虑帮助这些考生准备 GMAT 的其他途径。

下面我们再看一个无交互作用的实例。

某服装公司打算通过市场调研检验不同年龄层消费者以及不同专卖店店面位置对该公司生产的 T 牌休闲服购买量的影响(假定无交互作用)。特将调查对象按年龄因素分为老、中、青三个水平，又将15家专卖店按交通便利程度分为5组，每组3家进行观察。获得样本资料如表 11.17。

表 11.17 **双因素各水平观察值**

	B_1	B_2	B_3	B_4	B_5
A_1	215	198	210	187	200
A_2	237	205	215	191	207
A_3	246	230	223	208	213

现要求检验年龄因素以及店面位置对 T 牌休闲服有无显著性影响($\alpha = 0.001$)。

1. 建立假设：

H_{01}：$\alpha_1 = \alpha_2 = \alpha_3 = 0$，即假设不同年龄层对 T 牌休闲服的购买量无显著性差异

H_{02}：$\beta_1 = \beta_2 = \beta_3 = \beta_4 = \beta_5 = 0$，即假设不同店面位置对T牌休闲服的销售量无显著性

差异

2. 计算 S_T，S_A，S_B，S_e 的值：

$$S_T = \sum_{i=1}^{r}\sum_{j=1}^{s} x_{ij}^{\ 2} - T_{..}^{\ 2}/rs = 3\ 743.33$$

$$S_A = \frac{1}{s}\sum_{i=1}^{r} T_{i.}^{\ 2} - T_{..}^{\ 2}/rs = 1\ 223.33$$

$$S_B = \frac{1}{r}\sum_{j=1}^{s} T_{.j}^{2} - T_{..}^{\ 2}/rs = 2\ 249.33$$

$$S_e = S_T - S_A - S_B = 270.67$$

3. 计算各均方和 $\overline{S}$：

$$\overline{S_A} = \frac{S_A}{r-1} = \frac{1\ 223.33}{3-1} = 611.665$$

$$\overline{S_B} = \frac{S_B}{s-1} = \frac{2\ 249.97}{5-1} = 562.493$$

$$\overline{S_e} = \frac{S_e}{(r-1)(s-1)} = \frac{270.67}{2\times 4} = 33.834$$

4. 计算 F_A，F_B 的值：

$$F_A = \frac{\overline{S_A}}{\overline{S_e}} = \frac{611.665}{33.834} = 18.078$$

$$F_B = \frac{\overline{S_B}}{\overline{S_e}} = \frac{562.493}{33.834} = 16.625$$

5. 查表，求临界值：

$$F_{1-\alpha}(r-1,\ (r-1)(s-1)) = F_{0.999}(2,\ 8) = 18.49$$

$$F_{1-\alpha}(s-1,\ (r-1)(s-1)) = F_{0.999}(4,\ 8) = 14.39$$

将以上计算结果汇总，得表 11.18。

表 11.18 对年龄及交通便利程度两变量的双因素方差分析表

方差来源	平方和 S	自由度 df	均方和 $\overline{S}$	F 值	临界值	显著性
A	1 223.33	2	611.665	18.120	18.49	不显著
B	2 249.33	4	562.493	16.664	14.39	较显著
误差	270.67	8	33.754			
总和	3 743.33	14				

6. 作出判断：

从表 11.18 可以看出，$F_A < F_{1-\alpha}(r-1,\ (r-1)(s-1))$，说明检验统计量落在拒绝

域外，所以接受 H_{01}，即认为年龄因素对专卖店销售量的影响不显著。$F_B > F_{1-\alpha}(s-1,(r-1)(s-1))$，又说明检验统计量落在拒绝域中，所以拒绝 H_{02}，即认为交通便利程度对专卖店销售量的影响显著。因此，对厂家而言，没有必要按年龄因素细分市场，倒是在专卖店选址的问题上，一定要慎重。

对这个题我们首先假设不同年龄层的消费者与交通便利程度两因素间不存在交互作用。但事实上，二者之间可能有交互作用存在。如果在这个题中再加进重复试验的观察数据，则问题变成了有交互作用的等重复试验方差分析问题。在这种试验条件下进行分析，所得结果可能更加具有现实意义。

Excel 操作：方差分析

从文中介绍的分析过程可以看到，进行方差分析需要大量的计算工作，用手工计算是非常烦琐的，不过这些计算工作可以由计算机完成。Excel 里有现成的方差分析程序，可以进行单因素方差分析、双因素无重复试验的方差分析和双因素等重复试验的方差分析。下面结合具体实例介绍用 Excel 进行方差分析的方法。

一、单因素方差分析

例 6　一家管理咨询公司为不同的客户进行人力资源管理讲座。每次讲座的内容基本上是一样的，但讲座的听课者有时是高级管理者，有时是中级管理者，有时是低级管理者。该咨询公司认为，不同层次的管理者对讲座的满意度是不同的。听完讲座后随机抽取的不同层次管理者的满意度评分如表 11.19 所示（评分标准从 1 ~ 10，10 代表非常满意）。

表 11.19　**管理者的评分**

高级管理者	中级管理者	低级管理者
7	8	5
7	9	6
8	8	5
7	10	7
9	9	4
	10	8
	8	

取显著性水平 $\alpha = 0.05$，检验管理者的水平不同是否会导致评分的显著性差异？

首先提出假设 H_0：管理者的水平对评分没有显著影响。

操作步骤：

1. 输入数据，如图 11.1 所示：

	A	B	C	D
1	高级管理者	中级管理者	低级管理者	
2	7	8	5	
3	7	9	6	
4	8	8	5	
5	7	10	7	
6	9	9	4	
7		10	8	
8		8		
9				

图 11.1　管理者的评分数据

2. 在菜单中，选取【工具】→【数据分析】，选定【方差分析：单因素方差分析】，点击【确定】，显示【单因素方差分析】对话框，如图 11.2。

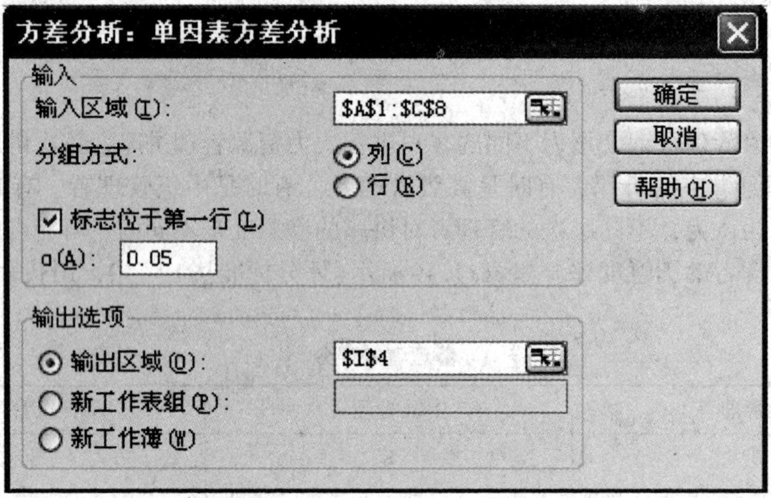

图 11.2　单因素方差分析对话框

3. 在“输入区域”框输入数据矩阵(首坐标：尾坐标)，可选为“A1：C8”，点选“标志位于第一行”，在“分组方式”框选定“列”，指定显著水平 $\alpha=0.05$，输出选项的输出区域可为工作表的任何位置，本例选择在 I4 处。

4. 点击【确定】，则得输出结果，如图 11.3 所示。

图 11.3 是一个单因素方差分析结果的报告。第一个表是有关各样本的一些描述统计量，它可以作为方差分析的参考信息。第二个表是方差分析结果。其中 SS 表示平方和，df 为自由度，MS 表示均方，F 为检验的统计量，P-value 为用于检验的 P 值，F crit 为给定 α 水平下的临界值。

从方差分析表可以看到，由于 $F=11.755\,73>F_{\alpha}=3.682\,32$，所以拒绝原假设，即管

方差分析：单因素方差分析						
SUMMARY						
组	观测数	求和	平均	方差		
高级管理者	5	38	7.6	0.8		
中级管理者	7	62	8.857143	0.809524		
低级管理者	6	35	5.833333	2.166667		
方差分析						
差异源	SS	df	MS	F	P-value	F crit
组间	29.60952	2	14.80476	11.75573	0.000849	3.68232
组内	18.89048	15	1.259365			
总计	48.5	17				

图 11.3 单因素方差分析结果

理者的水平对评分的影响是显著的。

在进行决策时，可以直接利用方差分析表中的 P 值与显著性水平 α 的值进行比较，若 $P < \alpha$，则拒绝原假设；若 $P > \alpha$，则不能拒绝原假设。在本例中，$P = 0.000\,849 < \alpha = 0.05$，所以拒绝原假设。

二、双因素无重复试验的方差分析

例 7 有 4 个品牌的洗衣机在 5 个地区销售，为分析洗衣机的品牌和销售地区对销售量的影响，对每个品牌在各地区的销售量取得以下数据(单位：台)。试分析品牌和销售地区对洗衣机的销售量是否有显著影响？($\alpha = 0.05$)

首先对行因素和列因素分别提出假设：

H_{01}：品牌因素对洗衣机销售量没有显著影响

H_{02}：地区因素对洗衣机销售量没有显著影响

操作步骤：

1. 在 Excel 中输入数据。

2. 在菜单中选取【工具】→【数据分析】，选定【方差分析：无重复双因素分析】选项，点击【确定】，显示【方差分析：无重复双因素分析】对话框。

3. 在【输入区域】框输入 A1：F5，选择“标志”，指定显著水平 $\alpha = 0.05$，选择输出区域。如图 11.4 所示。

4. 点击【确定】，得到图 11.5 所示结果。

图 11.5 中的“行”指行因素，即品牌因素；“列”指列因素，即地区因素。根据方差分析表的计算结果得出以下结论：

由于 $F_R = 18.107\,77 > F_\alpha = 3.490\,295$，所以拒绝原假设 H_{01}，表明 4 种品牌洗衣机的销售量的平均值之间的差异是显著的，这说明品牌对销售量有显著影响。

由于 $F_C = 2.100\,846 < F_\alpha = 3.259\,167$，所以不拒绝原假设 H_{02}，表明 5 个地区洗衣机

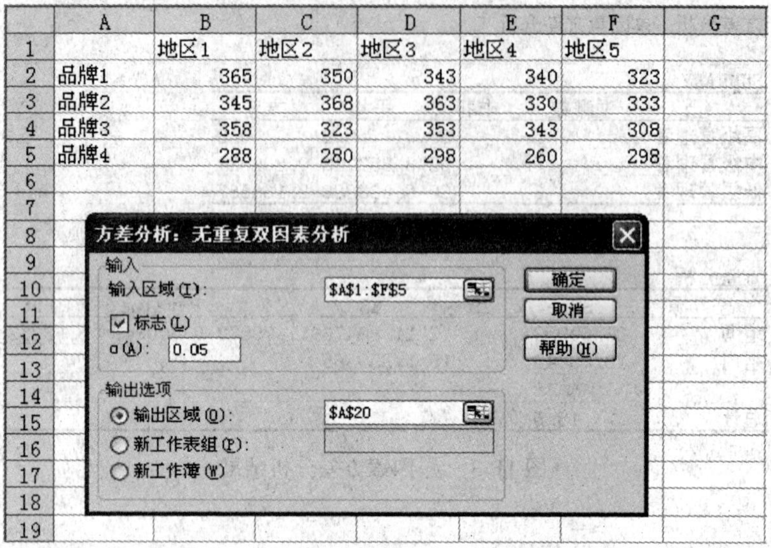

图 11.4 无重复双因素方差分析对话框

方差分析：无重复双因素分析						
SUMMARY	观测数	求和	平均	方差		
品牌1	5	1721	344.2	233.7		
品牌2	5	1739	347.8	295.7		
品牌3	5	1685	337	442.5		
品牌4	5	1424	284.8	249.2		
地区1	4	1356	339	1224.667		
地区2	4	1321	330.25	1464.25		
地区3	4	1357	339.25	822.9167		
地区4	4	1273	318.25	1538.917		
地区5	4	1262	315.5	241.6667		
方差分析						
差异源	SS	df	MS	F	P-value	F crit
行	13004.55	3	4334.85	18.10777	9.46E-05	3.490295
列	2011.7	4	502.925	2.100846	0.143665	3.259167
误差	2872.7	12	239.3917			
总计	17888.95	19				

图 11.5 无重复双因素方差分析结果

的销售量平均值之间的差异不显著，不能认为地区对销售量有显著影响。

直接用 P 值进行分析，结论也一样。用于检验行因素的 $P=9.46E-05<\alpha=0.05$，所以拒绝假设“品牌对销售量没有显著影响”，即认为品牌对销售量有显著影响；用于检验列因素的 $P=0.143\,665>\alpha=0.05$，所以不能拒绝假设“地区对销售量没有显著影响”，即认为地区对销售量没有显著影响。

三、双因素等重复试验方差分析

例 8 一家超市连锁店进行一周研究，确定超市所在的位置和竞争者的数量对销售额是否有显著影响。表 11.20 是获得的月销售额数据(单位：万元)。

表 11.20 **超市的销售额数据**

超市位置	竞争者数量			
	0	1	2	3 个以上
位于市内居民小区	41	38	59	47
	30	31	48	40
	45	39	51	39
位于写字楼	25	29	44	43
	31	35	48	42
	22	30	50	53
位于郊区	18	22	29	24
	29	17	28	27
	33	25	26	32

取显著性水平 $\alpha = 0.01$，检验：

(1) 竞争者的数量对销售额是否有显著影响？

(2) 超市的位置对销售额是否有显著影响？

(3) 竞争者的数量和超市的位置对销售额是否有交互影响？

首先对行因素、列因素和两者的交互作用分别提出假设：

H_{01}：超市位置对试验结果无显著影响；

H_{02}：竞争者数量对试验结果无显著影响；

H_{03}：超市位置和竞争者数量的交互作用对试验结果无显著影响。

操作步骤：

1. 在 Excel 中输入数据。

2. 在菜单中选取【工具】→【数据分析】，选定【方差分析：可重复双因素分析】选项，点击【确定】，显示【方差分析：可重复双因素分析】对话框。

3. 在【输入区域】框输入 A1：E10，在【每一样本的行数】框输入“3”，代表数据重复 3 次，指定显著水平 $\alpha = 0.05$，选择输出区域。如图 11.6 所示。

4. 点击【确定】，得到图 11.7 所示结果。

由图 11.7 可知，用于检验“超市位置”(行因素，输出为“样本”)的 $F = 34.305\,16 > F_\alpha = 5.613\,591$，拒绝原假设，表明不同位置的超市的销售额之间有显著

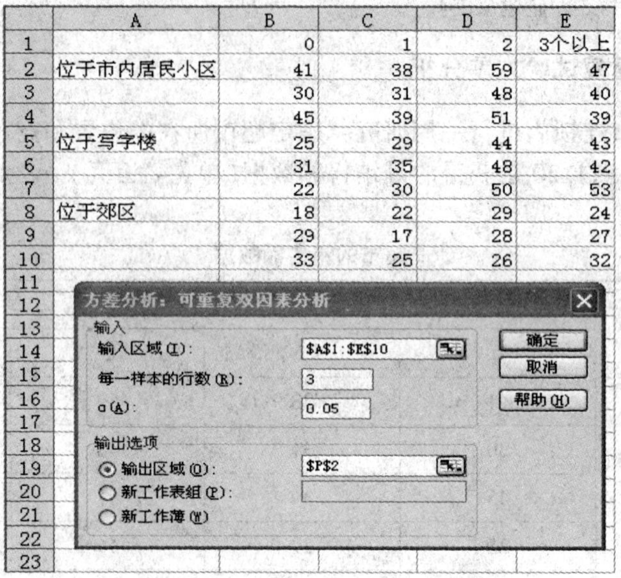

	A	B	C	D	E
1		0	1	2	3个以上
2	位于市内居民小区	41	38	59	47
3		30	31	48	40
4		45	39	51	39
5	位于写字楼	25	29	44	43
6		31	35	48	42
7		22	30	50	53
8	位于郊区	18	22	29	24
9		29	17	28	27
10		33	25	26	32

图 11.6　可重复双因素方差分析对话框

SUMMARY	0	1	2	3个以上	总计	
位于市内居民小区						
观测数	3	3	3	3	12	
求和	116	108	158	126	508	
平均	38.66667	36	52.66667	42	42.33333	
方差	60.33333	19	32.33333	19	67.51515	
位于写字楼						
观测数	3	3	3	3	12	
求和	78	94	142	138	452	
平均	26	31.33333	47.33333	46	37.66667	
方差	21	10.33333	9.333333	37	106.6061	
位于郊区						
观测数	3	3	3	3	12	
求和	80	64	83	83	310	
平均	26.66667	21.33333	27.66667	27.66667	25.83333	
方差	60.33333	16.33333	2.333333	16.33333	24.87879	
总计						
观测数	9	9	9	9		
求和	274	266	383	347		
平均	30.44444	29.55556	42.55556	38.55556		
方差	73.52778	53.52778	141.0278	87.77778		
方差分析						
差异源	SS	df	MS	F	P-value	F crit
样本	1736.222	2	868.1111	34.30516	9.18E-08	5.613591
列	1078.333	3	359.4444	14.20417	1.57E-05	4.718051
交互	503.3333	6	83.88889	3.315038	0.01605	3.666717
内部	607.3333	24	25.30556			
总计	3925.222	35				

图 11.7　可重复双因素方差分析结果

差异，即超市位置对销售额有显著影响；用于检验“竞争者数量”的 $F = 14.204\,17 > F_\alpha = 4.718\,051$，拒绝原假设，表明超市面对的竞争者数量对销售额有显著影响；交互作用反映的是位置因素和竞争者数量因素联合产生的对销售额的附加效应，用于检验的 $F = 3.315\,038 < F_\alpha = 3.666\,717$，因此不能拒绝原假设，没有证据表明位置和竞争者数量的交互作用对销售额有显著影响。

小　　结

本章主要介绍了方差分析的基本原理及其基本方法，重点介绍了单因素方差分析和双因素方差分析，分析包括双因素等重复实验的方差分析和双因素无重复实验的方差分析两类。对于双因素等重复实验的方差分析，必须考虑两因素之间的交互作用，计算起来相对比较复杂，但很具有现实意义，在商务、社会和经济生活中应用非常广泛。

关键术语

因素(因子)　　水平　　单因素方差分析　　双因素方差分析　　等重复试验
交互作用

习　　题

1. 假定某工厂运用三种方式推销某种产品：(1) 在报纸上刊登广告，(2) 在销售场所散发广告单，(3) 在商店里示范使用。为了了解三种方法的推销效果，在不同地区选择了12家规模相同的商店做试验，每种方法在不同地区的4家商店中试用一个月，其销售量(箱数)统计如表11.21。

表 11.21

推销方式	销售量			
1	5	3	10	6
2	10	15	8	7
3	23	18	16	11

试问该厂三种推销新产品方法的推销效果是否相同($\alpha = 0.05$)？

2. 某厂教育科随机选取15名工作效率相同的工人，分成3组，分别采用三种训练方法，经过一个月训练之后，测得三组工人每人每天的产量如表11.22。

表 11.22

训练方法	产	量			
A	90	85	105	88	92
B	97	85	102	95	101
C	88	96	86	91	79

试问三种训练方法对工人的日产量是否有显著影响?

3. 为了试验不同的包装方式及不同地区对工艺产品销售量是否有影响，特抽取 24 家规模相同、地处不同地区的百货商店，试验四种包装方式。经过两个月的试验，每月销售量统计如表 11.23。

表 11.23

	商业中心	居民区	郊区
A	4 587	4 672	3 554
B	3 260	4 853	3 268
C	3 764	3 660	3 441
D	4 245	4 032	2 735

试用双因素方差分析法，同时检验四种包装方式和三类不同地区对销售量是否有明显的影响($\alpha = 0.05$)。

4. 一家邮购公司设计了一个交互试验以检验杂志广告大小及广告方案对于收到邮购请求的数目(千个)的影响。考察了三种广告方案和两种不同大小的广告，得到表 11.24 中的数据：

表 11.24

方　案	广告大小	
	大	小
A	812	128
B	2 214	2 630
C	1 018	1 814

利用有交互作用的双因素等重复试验的方差分析检验广告方案、广告大小或交互作用的显著影响($\alpha = 0.05$)。

第十二章　品质变量分析

第一节　品质变量的含义和分类

一、什么是品质变量

品质变量是表明事物质的属性和特征的名称，一般采用基本概念、属性特征、通行惯例、人的感知和态度等对某一对象的某一方面进行文字描述或归类判断，以达到剖析问题和解决问题的目的。由于品质变量是以非量化的形式表现，其特点是外延宽、内涵广、主观性强、难以具体化，因此，品质变量分析的突破口就在于如何对品质变量进行科学的量化。

品质变量量化是对品质变量以计量方式进行表现，并减少和避免主观意念与属性概念所引起的误差，它应包括一系列科学方法与理念的运用，使量化结果能真正代表一种合理数量评判的最终结论。

二、品质变量的分类

要对品质变量进行分析，我们首先要对品质变量进行分类。品质变量的表现形式很多，我们可将其分为如下几类：

1. 刚性品质变量。这种品质变量通常都是在确定之前经过严格评审或本身具有非常明确的归类，如职称、学历、性别、行业、企业性质等。

2. 序数品质变量。这种品质变量常常以数字表现，好像是数量标志，但其本质是品质变量的范畴，如级别、等级、名次、温度。这里我们界定其是品质变量，是因为这些品质变量的数字表现的是序数，这些序数没有严格意义上的数学含义。例如，产品等级的一等品、二等品、三等品…… 这里的等级规定往往是以某种行业规定或者惯例所确定的，而且一般来说 $2-1 \neq 3-2$；又如温度，当比较两种温度 80℃ 与 20℃ 时，我们可以说，80℃ 的温度比 20℃ 的温度要热，但不能说 80℃ 的热度是 20℃ 的 4 倍。

3. 平滑品质变量。平滑品质变量用文字方式表达对某一现象或某一事物的认识或感知程度，它要么从最高程度到最低程度逐渐下降，要么从最低程度到最高程度逐渐上升，并且呈平滑变化。这种品质变量类似于序数品质变量，但它具有较强的粘连特征，两个平滑品质变量之间差异很小，但相隔的平滑品质变量之间的差异较为明显，如综合国力、感情、勤奋、态度、欲望、幸福、友谊、爱情、能力、压力、难度、自信心、自卑感、喜好度、凝聚力、兴趣等。

4. 柔性品质变量。这种品质变量是对某一现象或事物给予概括性的评价，通常具有较为深刻的内涵和较为宽广的外延，如知识经济、现代化、政绩、目标、仪表、修养、气质、人格、环境、管理制度、人文景观、民族精神等。

在对品质变量进行分类后，从表面上看，似乎对其无法量化，但如果我们以超脱精确数学和遵循现实生活基本逻辑的思路出发，我们就会发现，上述品质变量仍然存在可以量化的变量，而且品质变量可分为基本变量和合成变量，它们分别对应于品质变量的基本变量值和合成变量值。一个系统中的基本变量是有限的、少量的，而合成变量则是大量的，甚至是无限的。例如“能力”是一个基本变量，其合成变量却有很多变量值，如能力强、能力弱、能力大、能力小、协调能力、克制能力、管理能力等；“满意”是一个基本变量，其合成变量却有非常满意、基本满意、满意、不满意、无所谓、非常不满意等。而且合成变量还可以分为一次合成变量、二次合成变量…… 如上述的协调能力、克制能力、管理能力就是一次合成变量，能力强、能力弱、能力大、能力小就是二次合成变量。

第二节 品质变量分析方法介绍

品质变量的分析，涉及多学科的广泛应用，而且方法有很多。本书是第一次将品质变量的分析作为单独的一章写入统计学教材，其目的一方面是力图扩大统计学的研究范围，另一方面也是为这一方法论科学探讨一条新路。所以，这里只介绍几种方法，权做投石问路。

一、品质变量模糊分析法

(一) 模糊隶属度

现实生活中要精确地描述某一品质变量往往相当困难，例如用数量变量描述“某种颜色的鲜艳程度”就十分困难，人们只能用自然语言评述“某种颜色”“极鲜艳”，或“很鲜艳”，或“鲜艳”，或“不鲜艳”，就是说只能这样定性地区分“某种颜色”的鲜艳程度。

品质变量模糊分析中，“某种颜色”是我们考察描述的对象，常称为元素(或因素)；颜色的“鲜艳”属性是我们认识的对象的某种性质，常称为属性(或准则)；鲜艳的“程度”是衡量认识对象所体现某种性质的倾向大小，品质变量模糊分析中称为隶属度。

因此，模糊隶属度就是用数量描述评定某种元素在实际情况中表现出的某种属性的程度。

定义元素 i 在准则(属性) j 下的隶属度为 g_{ij}，g_{ij} 的取值区间在 $[0,1]$ 内。

例如某种颜色 i 的鲜艳程度为 g_i，则

$g_i = 1$，表明这种颜色 i 最为鲜艳(公认的最鲜艳)；

$g_i = 0$，表明颜色 i 一点都不鲜艳(比如黑色)。

以上是极端情况，一般我们研究的对象(元素)的隶属度介于0和1之间，反映着事物所体现的某种中介过渡性质。

例如颜色 i 的鲜艳程度 $g_i = 0.5$；

颜色 j 的鲜艳程度 $g_j = 0.6$。

据此我们可以准确地判定颜色j要比颜色i鲜艳，从g_i，g_j的值可以初步判定它们的鲜艳程度都不是"十分鲜艳"的。

模糊隶属度使我们能定量地描述大量的品质变量，从而为用统计方法处理复杂的经济管理决策问题奠定基础。

(二) 权重

权重(或称权数) 本质上也是一种模糊隶属度。它是对单一目标下，各准则相对于目标实现影响的重要性的一种度量。

例如，某学院在研究分配改革方案时，遇到这样一个问题：按多劳多得的分配原则，学院决定将收入分配与各系完成的工作量挂钩，将全院创收收入按各系工作量的比例切块给各系自主分配。但这个方案很快在实际操作中遇到了难题，有的系抱怨过于简单化，不公平。

他们的理由是：若有甲、乙两个系，甲系高级职称教师30人，中级职称教师40人，初级职称教师30人；乙系高级职称教师10人，中级职称教师40人，初级职称教师50人；若两系的教学工作量相等，都为10 000标准课时，如果按工作量比例分配，可能两系均为80 000元(全院匡算下来，平均每标准课时合8元钱)。但甲系高级职称多，课时标准高，乙系高级职称少，课时标准低，这样两系在自主分配时，可能发生甲系钱不够分，而乙系可能有剩余的情况。甲系因高级职称多而"吃亏"了，乙系因高级职称少而"占便宜"了。怎样解决这个问题呢？按平均单价计算(高级职称教师10元/课时，中级职称教师8元/课时，初级职称教师6元/课时，平均单价=(10+8+6)÷3=8元/课时) 是不合适的，而应采用所谓加权平均单价。

即分配给甲系，按单价：

$$\frac{30\times10+40\times8+30\times6}{30+40+30}=8\text{元/课时}$$

分配给乙系，按单价：

$$\frac{10\times10+40\times8+50\times6}{10+40+50}=7.2\text{元/课时}$$

甲系应切块分得80 000元，乙系应切块分得72 000元。

上述的30、40、30或10、40、50就可看做分别是反映甲系、乙系高、中、初级职称人数比例在确定课时单价时的权重。所以权重反映了因素影响事物按某种目标或准则发展的程度差异，或是因素重要性的度量。

同样道理，顾客在选购一辆满意合适的自行车时，要从多个方面(准则) 考虑。要考虑自行车的质量，还要考虑价格、外观等，一般不单纯考虑单一因素。但对于"选购一辆满意合适的自行车"这一目标而言，自行车的质量、价格、外观等因素的重要性又不是平等的。一般人首先重视车的质量，然后是价格，然后是外观；而生活不富裕的可能是先考虑价格因素，然后是质量，然后是外观；而对追求时新的人来说，也许首先考虑外观，然后考虑质量，然后考虑价格等。所以从客观实际情况出发，考虑到度量单一目标下的各准则的目标影响重要性不同，应给不同准则分配不同权数来反映。

（三）模糊隶属度和权重的确定方法

1. 经验公式确定法

这是指人们用根据许多统计资料而得出的经验公式来推断元素的模糊隶属度。

例如，设某人的年龄为 x 岁，分别确定该人属“青年”、“中年”、“老年”的隶属度 $g_{青}$，$g_{中}$，$g_{老}$ 的公式为：

$$\begin{cases} g_{青}=\dfrac{36-x}{18}, & 18\leqslant x\leqslant 36 \\ g_{青}=0, & x<18,\ x\geqslant 36 \end{cases}$$

$$\begin{cases} g_{中}=\dfrac{x-32}{13}, & 32\leqslant x<45 \\ g_{中}=\dfrac{55-x}{10}, & 45\leqslant x<55 \\ g_{中}=0, & x<32,\ x>55 \end{cases}$$

$$\begin{cases} g_{老}=\dfrac{x-50}{12}, & 50\leqslant x\leqslant 62 \\ g_{老}=1, & x\geqslant 62 \\ g_{老}=0, & x<50 \end{cases}$$

这样，我们根据某个人的年龄就能确定他在“青年”或“中年”或“老年”下的隶属度。

一般来说，由经验公式来确定元素的模糊隶属度比较客观、快捷，对于拥有较多定量统计资料或定量单位的元素是十分适用的。

2. 绝对评分法

大量的品质变量的属性程度往往是诸如企业素质的高低，技术进步程度的好坏，内部团结的紧密程度大小等情况，几乎无法量化。这种情况下，人们只好对品质变量所体现的某种属性的程度大小人为地划定若干等级，并确定相应的等级标准和分值，然后主观判定某元素的模糊隶属度处于哪一个等级，从而给予元素的模糊隶属度一个强制判定。这种方法称绝对评分法。

例如，对 A、B、C 三种类型的自行车的外观是否美观给予绝对评分，可按表 12.1 进行。

表 12.1

等级	等级划分标准	评分标准	得分			模糊隶属度		
			A	B	C	A	B	C
Ⅰ 很美观	色彩鲜艳大方，造型优美新颖，比例匀称，外观无任何损伤。	8 ~ 10	8.5			0.85		
Ⅱ 美观	色彩鲜艳大方，造型比较优美，比例较匀称，外观无任何损伤。	7 ~ 8		7.7			0.77	

续表

等级	等级划分标准	评分标准	得分			模糊隶属度		
			A	B	C	A	B	C
Ⅲ 一般	色彩一般，造型和比例尚匀称，外观有少许小损伤。	5 ~ 7			5.8			0.58
Ⅳ 不美观	色彩单调灰暗，造型一般，比例不匀称，外观有损伤。	5 以下						

表12.1中，满分为10分，将A、B、C三种类型自行车分别对照等级标准，按给定的评分标准打分，如A型车经评定后属第1等级偏下，评得8.5分，在美观上的模糊隶属度为0.85。B型车、C型车的打分照此进行。这种评分简便易行，几乎适合任何品质变量的定量化处理，但此法的主观随意性大。

3. 相对评分法

要对品质标志进行客观合理的打分，就必须注意到测度对象的相对属性，也就是说"颜色的鲜艳程度"只有在一种颜色与另一种(或几种)颜色相比较时才有意义，类似的情况比比皆是。相对评分法(包括所谓择优比较法、优先关系定序法、相对比较法、对比平均法等)就是适应品质变量具有相对属性的特点而设计的，它采用单一准则下被测度元素的两两比较给出对比矩阵(或比较矩阵)，并通过该矩阵给被测度元素打分，求得其在单一准则下的模糊隶属度。

仍以给A、B、C三种类型自行车外观的美观程度予以定量打分为例来说明。

首先定义A、B、C三元素(记为A_1，A_2，A_3)的比较规则：

$a_{ij}=3$，A_i 比 A_j 相当美观；

$a_{ij}=2$，A_i 比 A_j 美观；

$a_{ij}=1$，A_i 与 A_j 同样美观；

$a_{ij}=0$，A_i 不如 A_j 美观。

将元素A_1，A_2，A_3两两比较，得比较矩阵为：

$$
\begin{array}{cc} & \begin{array}{ccc} A_1 & A_2 & A_3 \end{array} \\
A = \begin{array}{c} A_1 \\ A_2 \\ A_3 \end{array} & \begin{bmatrix} 1 & 2 & 3 \\ 0 & 1 & 2 \\ 0 & 0 & 1 \end{bmatrix}
\end{array}
$$

A_1 的总得分为 $1+2+3=6$；

A_2 的总得分为 $0+1+2=3$；

A_3 的总得分为 $0+0+1=1$。

A_1 在美观上的模糊隶属度为$\dfrac{6}{6+3+1}=0.6$；

A_2 在美观上的模糊隶属度为$\dfrac{3}{6+3+1}=0.3$；

A_3 在美观上的模糊隶属度为$\frac{1}{6+3+1}=0.1$。

两两比较是该法的核心，而如何构造合适的比较规则及计算得分的规则可以是多种多样的，得依具体情况而定。

（四）品质变量模糊决策

品质变量模糊决策的方法有很多，这里只介绍模糊综合评判。

所谓综合评判，是指对多种因素所影响的事物或现象进行总的评价。模糊综合评判则是运用模糊分析原理与方法对多目标、多因素问题进行分析评价。

在经济管理活动中，决策者总是要比较各种事物，评价其优劣好坏，以进行相应的处理。例如，对若干个建设方案进行技术经济评价比较择优，主管部门对属下企业的等级资质评定，顾客或消费市场调查人员评价各种商品的好坏等。

由于同一事物具有多个目标，或受多种因素影响，因此，在评价事物时，应兼顾各个方面，尤其是在复杂的社会经济系统内，要作出任何一个决策都必须对多个相关的因素作综合考虑。

如何进行上述综合评判呢？我们以高考招生为例来说明其原理。高考招生实质上是综合评价学生在逻辑推理、文字表达、数理学习和外语应用等方面的能力，并以学生在六科考试中的总成绩(或总平均成绩）来综合反映学生智育的高低。

例如，甲生上述六科成绩分别为 75 分，80 分，73 分，82 分，68 分和 60 分；乙生上述六科成绩分别为 70 分，75 分，77 分，90 分，64 分和 58 分。

甲生六科的总平均成绩为 73 分；

乙生六科的总平均成绩为 72.33 分。

综合来看，甲、乙生成绩极为接近，甲略高于乙。如果单纯按总成绩，招生人员可能优先录取甲，可这未免有些简单化了。因为总平均分中把上述六科看成是同等重要的，这并不完全符合实际。实际上，影响事物的各个因素，其重要程度是各不一样的；而且同一因素，对甲事物很重要，对乙事物可能就不重要了。因此，进行模糊综合评判时，不仅应考虑因素的性质和多少，而且还应考虑各因素的重要程度。所以高校招生人员为了正确地评判考生的质量，做到合理录取，还应结合学科专业来考虑考生相关课程的成绩来决定。

假设欲录取甲、乙生到高校的物理专业，招生人员赋予各科成绩的权重是：政治占 10%，语文占 15%，数学占 20%，物理占 30%，化学占 10%，外语占 15%。

甲生各科加权平均分为：

$75\times10\%+80\times15\%+73\times20\%+82\times30\%+68\times10\%+60\times15\%=74.5$(分)

乙生各科加权平均分为：

$70\times10\%+75\times15\%+77\times20\%+90\times30\%+64\times10\%+58\times15\%=75.75$(分)

所以，考虑到专业特点，乙生的高考成绩加权平均分高于甲生，应考虑优先录取乙。

上述综合评判中，相应于每一因素，都有一确定的隶属度(分数），最终的综合结果也可用单一定量数值表达，称为单结语模糊综合评判。

另外有许多问题，结果并不能简单地用一个数字来加以评判。例如评价服装的好坏，这时，影响评判的因素有花色、样式、价格、耐用度等。显然，按同一评判因素，不同的人会得出不同的评判结果，如按花色来评判，有的认为好，有的认为差，有的认为一般，评判结果不再是一个确定的数，而是一个用多个数字并结合语言叙述来表达的模糊概念，这就称为多结语模糊综合评判。

总的说来，模糊综合评价方法把一个复杂问题先分解成若干只包含单一因素影响为主的简单的小问题，而决策者能比较方便地对这些简明的子问题作出定量判定，再把这些定量判定结果综合起来就得出复杂问题的分析评价结论。

二、聚类分析方法

聚类分析是对各种变量(包括数量变量和品质变量)进行分类的一种方法。例如在对各个企业的产值、利润、设备、技术力量、资金、产品质量、新品种种类等多项指标(即变量)进行调查测定后，可能将企业分成几类，例如可能是“先进”、“一般”、“后进”等几类。这属于对样品进行分类。另外还可以对变量进行分类，比如在评定企业优劣这一问题上，一些指标可能测量的是企业的规模，另一些指标测的是企业的效益，还有一些指标可能测量了企业的潜在力量等。因此也有可能将这些指标(变量)分成几类。

在分析多个变量的复杂关系时，一些直观的探索性的图解方法是很有帮助的，聚类分析就是通过建立一些法则或算法来进行比较直观的分类。为了得到比较自然的分类，就要按照研究对象(样品或变量)在性质上联系的紧密程度来进行。因此首先要考虑的问题是如何定量地描述研究对象联系的紧密程度。常用的手段有“距离”方法，这种方法常常用来对样品分类，直观地说，就是把样本中的每一个样品看成是 m 维空间(如果样本是被 m 个变量来描述的)的一个点，那么就可以把“距离”较近的点归为同一类，而将“距离”较远的点归为不同的类。“距离”方法是描述研究对象的相似性即联系紧密程度的方法。

一说到距离，我们自然会想到简单直线距离，即所谓的欧几里得距离。例如，两个点 A 和 B 的坐标如果分别是 (X_1, X_2, X_3) 和 (Y_1, Y_2, Y_3)，那么 A，B 两点的距离为：

$$d(A, B) = \sqrt{(x_1 - y_1)^2 + (x_2 - y_2)^2 + (x_3 - y_3)^2}$$

如果把欧氏距离的公式推广到 m 个变量所描述的两个点 A 和 B，其中 A 和 B 的 m 个坐标分别是 $(X_1, X_2, \cdots, X_m)$ 和 $(Y_1, Y_2, \cdots, Y_m)$，那么点 A、B 间的距离可以定义为

$$d(A, B) = \sqrt{\sum_{i=1}^{m}(x_i - y_i)^2}$$

对调查样本中的两个样本点，例如两个企业，或两个听众，就可以用上述公式计算的距离来测量它们间的“靠近”程度。

假定表 12.2 是某次收视率调查中的部分数据，那么 1 号与 2 号的“距离”为：

$$d(1, 2) = \sqrt{(25 - 60)^2 + (16 - 6)^2 + (40 - 120)^2 + \cdots}$$

但是，这样测到的距离是有问题的。首先，同一个变量单位不同会导致不同的距离。例如把时间由“分”换成“小时”，结果肯定不相同。其次，不同变量的度量不一致，无法判断哪个变量的值更大，哪个变量更重要，也就无法判断距离的意义了。例如年龄相差 35 岁，收看时间相差 80 分，我们不能说“80 分比 35 岁大”。

表 12.2　　收视率调查的部分数据

被访者编号	年龄 X_1(年)	文化 X_2(年)	日收看电视时间 X_3(分)	…
1	25	16	40	
2	60	6	120	
3	42	12	90	⋮
⋮	⋮	⋮	⋮	
600	34	14	150	
	$\overline{X}_1=41$，$S_1=20$	$\overline{X}_2=12$，$S_2=5$	$\overline{X}_3=90$，$S_3=40$	…

因此，要先对原始数据进行变换。最常用的方法是将所有变量都转换成均值为 0、方差为 1 的标准变量。例如对第一列的数据 X_1，假定 600 人的平均年龄为 41 岁、标准差 S_1 为 20 岁，那么按公式：

$$X_1=\frac{X_1-\overline{X}_1}{S_1}=\frac{X_1-41}{20}$$

就可以把 600 人的年龄都转化为标准值。以此类推，各列的数据都进行标准化后，就得到形如表 12.3 的标准化数据。按照标准化后的数据计算的距离，就有了两个样品相距远近的意义了。

表 12.3　　收视率调查的标准化数据

被访者编号	年龄 X_1(年)	文化 X_2(年)	日收看电视时间 X_3(分)	…
1	-0.8	0.8	1.25	
2	0.95	-1.2	0.75	
3	0.05	0.0	0.00	⋮
⋮	⋮	⋮	⋮	
600	-0.35	0.4	1.50	
	$\overline{X}_1=0$，$S_1=1$	$\overline{X}_2=0$，$S_2=1$	$\overline{X}_3=0$，$S_3=1$	…

除了欧氏距离外，聚类分析中常用的距离还有其他几种。现将 SPSS/PC 中的聚类分析(CLUSTER) 所提供的几种距离归纳如下：

(1) 欧氏距离的平方(SEUCLID)：

$$变量差^2+变量差^2+\cdots$$

(2) 欧氏距离(EUCLID)：

$$\sqrt{变量差^2+变量差^2+\cdots}$$

(3) 变量向量的余弦(COSINE)，这实际上是一种相似系数；

(4) 曼哈顿距离(BLOCK)，等于变量差的绝对值之和；

(5) 切比雪夫距离(CHEBYCHEV)，等于变量差中绝对值最大者；

(6) 幂距离POWER(p, r)，等于变量差的绝对值的p次方之和，再求r次方根。实际上距离(1)、(2)、(4)是它的特殊情况。

第三节 品质变量分析的衡量标准

要确立一个统一的品质变量分析的衡量标准，从某种意义上说是非常困难的，但我们仍然有许多在各种品质变量分析中可以参照的标准。

一、共性标准

由于品质变量本身非常繁多，要把这些具有广泛内涵的品质变量进行统一的定量分析，融合问题是关键，因此，对品质变量进行分析时，要有一个共性标准。对某一个具体的品质变量进行量化时，应考虑其他品质变量量化与它的量化的对应性和矛盾性。如：我们对某一管理者的业绩进行分析时，将"满意"的合成变量"非常满意"、"基本满意"、"满意"、"不满意"、"无所谓"、"非常不满意"分别量化为6、5、4、3、2、1，那么在对其"管理能力"的合成变量进行量化时，一方面，量化的大小顺序要与"满意"的合成变量保持一致，以保持正变量和逆变量的一致性和便于进行统计分析，另一方面，量化后的变量多少应尽可能保持一致。

二、明确标准

品质变量分析很容易受分析者本身的综合素质等因素的干扰，而产生出差异巨大的变量，同时，制定变量和使用变量之间也会出现偏离，而使得品质变量分析失去统计意义，因此就必须有一个明确标准。所谓明确标准，就是品质变量的变量值要么是人们约定俗成的某一分类，要么是行业惯例或某种质量标准，除此以外，就必须给定一个明确具体的量化说明。

三、弹性标准

明确标准并不等于说一成不变，对于很多品质变量来说，由于人们的观念变化，科学的进步，生活水准的提高等，从而变量的多少可能要变，变量之间差异程度也将发生变化，这样对品质变量的分析要有一定的弹性。这个弹性标准不能一概而论，应根据分析误差允许度来确定，其弹性度最大不能超过分析误差的允许度。

四、权重标准

一个完整的统计分析既包括对数量变量的分析，也包括对品质变量的分析。一旦我们的分析导向确定以后，就可以确定数量变量和品质变量的权重大小，与此同时，还要确定数量变量和品质变量里面各个变量分别在数量变量或品质变量上的权重。不管是数量变量与品质变量之间，还是这两类变量内部各个变量之间都应有一个共同的权重标准，那就是：某一个权重结果不应超过衡量某一事物的界限值。如当约定某一事物的分析值达到某一值即算通过，而衡量这一事物的变量中的某一变量的变量值本身就较大，再加上这一变量值的权重又很大，两者之积就可接近甚至达到或超过所约定的“通过”值，如果是这样，与之相匹配的其他变量和权重就失去了存在的意义，显然，这样衡量变量和权重是缺乏说服力的。

五、人性标准

由于品质变量的特殊性，在对其进行分析的过程中，我们不得不考虑这样一个标准，即：人性标准。因为品质变量的分析多具有规划、控制、考核、评价等功能，常常关系到“荣誉与兴衰”、“成功与失败”、“贡献与得失”、“真假与优劣”，因此，随之而来的必有人性的反映，即：责任与压力、抗拒与冲突。可见，确定人性标准，实际上是确定一个对品质变量分析的平衡标准，是一个充分提高责任、合理施加压力、减少冲突、避免对抗的人性标准，但不能认为是一个迁就标准。要想达到这样的标准，在我们设计品质变量的变量值时，就必须从观念沟通着手，达到人与人之间、部门与部门之间、地区与地区之间、国家与国家之间等最完美的认同感和人性统一。

小　结

品质变量分析是随着实践活动的需要所产生的一种新的统计分析方法。其研究方法和应用还处在初级阶段。基于此，我们只是对品质变量的一些最基本的问题进行介绍。本章主要介绍了什么是品质变量以及品质变量的一般分类。对品质变量的分析方法也只是简要介绍了品质变量模糊分析法、聚类分析法。最后，对品质变量分析的衡量标准进行了理论上的总结。

关键术语

品质变量　　模糊隶属度　　聚类分析

习　题

1. 什么是品质变量？
2. 请讨论并列举实际生活中，如何将品质变量和数量标志进行科学的融合。

第十三章　统计预测

这是来自美国内华达职业健康诊所的一份资料。内华达职业健康诊所是一家私人医疗诊所，位于内华达州的 Sparks 市。这个诊所专攻工业医疗，并且在该地区已经经营 15 年。1991 年初，该诊所的收入进入了迅速增长阶段。在其后的 26 个月里，该诊所每个月的账单收入从 57 000 美元增长到 300 000 美元。直至 1993 年 4 月 6 日，当诊所的主建筑物被烧毁时，诊所的收入一直经历着戏剧般的增长。

诊所的保险单包括实物财产和设备，还包括由于正常商业经营中断而引起的收入损失。确定实物财产和设备在火灾中的损失额，受理财产的保险索赔要求是一个相对简单的事情。但是在进行诊所重建的 7 个月中，确定收入的损失额是一件很复杂的事情，它涉及业主和保险公司之间的讨价还价。对如果没有发生火灾，诊所的账单收入"将会有什么变化"的计算，没有预先制定规则。为了估计失去的收入，诊所用了一种预测方法来测算 7 个月的停业期间可能实现的营业增长。火灾前的账单收入的实际历史资料为拥有线性趋势和季节成分的预测模型提供了基础资料。这个预测模型使诊所得到了损失收入的一个准确的估计值，这个估计值最终也被保险公司接受。

从这则案例看，内华达职业健康诊所之所以最终能让保险公司接受它的条件，关键一条在于正确运用了预测方法。单纯的"讨价还价"也许最终能够达成协议，但并不一定是双方满意的结局，而科学的预测方法却能令人心悦诚服。可见，对一个组织而言，能否正确运用预测方法预测未来并且制定合适的策略，直接关系着一个组织能否获得长远的成功。"凡事预则立，不预则废"，古人的话不可不察。

有关预测的方法有很多，有定性的，也有定量的。本章将主要介绍时间数列预测及其基本应用。

第一节　预测的含义

预测技术的发展源于社会的需求和实践，如 20 世纪初风靡一时的巴布生图表、哈佛大学每月指数图表等，都是从实践中应运而生的，为早期的市场预测以及商品市场、证券市场和货币市场预测提供了较好的依据，然而这些预测都未能揭示 1929—1933 年的经济危机，使工商界深感失望。之后，资产阶级经济学家从挫折中吸取教训，采用趋势和循环技术对工商业进行分析和预测，科学预测也从此萌生。至 20 世纪30 年代，凯恩斯提出政府干预和市场机制相结合的经济模型，诺依曼开发的扩展经济模型，对近代经济模型的发展都产生了重大影响。因此可以说，科学的经济和商业预测起步于 20 世纪 30 年代。

那么，到底什么是预测？预测的科学含义是什么？下面我们就来探讨这些问题。

一、预测的定义

所谓预测，通常是指在市场调查的基础上，在对历史资料充分把握的前提下，正确运用预测方法，对决策者关心的变量的变化趋势和未来可能水平做出估计与测算，为决策提供依据的过程。

以上定义说明，预测至少具有以下几个特点：

1. 预测离不开市场调研。市场调研是获取第一手资料的较好途径，离开市场调查，有些预测工作根本无法展开。

2. 预测是在对历史资料分析把握的基础上作出的估计和测算，不是凭空派生的。我们要预测下一年度季节销售量情况，就得观察该产品过去时期的实际销售资料。根据这些历史资料，我们可以得到销售的一般水平及趋势，如销售量随时间增长或下降的趋势等。对这些资料的进一步观察，可以显示一种季节轨迹，如每年的销售高峰出现在第 X 季度，而销售低谷出现在第 Y 季度。通过对这些历史资料的观察，我们就可以对过去的销售轨迹做到较好的把握，从而对产品的未来销售情况做出较好的推断。

3. 预测的方法很多，但并不是所有的预测方法都适用，所以正确选择预测方法问题，不仅是一门艺术，更是一种科学抉择。

4. 预测为决策服务。预测不是终极目标，预测的目的是为决策提供科学的依据。所以从总体上看，预测是经营决策过程中一个重要的组成部分。

二、预测的种类

预测的方法很多，从不同角度划分，可以分为不同的种类。

1. 按预测的性质分，可分为定性预测与定量预测两类。

定性预测主要是依靠直觉经验和理论分析来判断确定市场的未来发展趋势和发展方向。其具体方法很多，如德尔菲法、集合意见法、目标预测法、联测法、类比法、头脑风暴法等。

定量预测是根据已掌握的数据资料，运用统计方法和数学模型，揭示有关变量之间的规律性联系，来研究判断未来市场的发展水平和结构关系。定量预测主要包括时间数列法和因果关系法，其中时间数列法又包括移动平均法、指数平滑法、季节指数法、趋势延伸预测法等；因果关系法则包括趋势外推法、回归分析法、投入产出法等。有关时间数列法的内容将在下一节详细介绍。

目前，预测方法已达200多种，然而常用的不过30多种，在我国宜于推广和普及的也就是以下十余种(见图 13.1)。

2. 按时间长短划分，可以分为短期预测、中期预测和长期预测三类。但由于预测对象不同，短、中、长期包含的时间跨度也不尽相同。

(1) 经济和科技预测。一般划分标准是：短期，1 ~ 5 年；中期，5 ~ 15 年；长期，15 年以上。

(2) 经营预测。一般划分标准是：短期，1 ~ 3 年；中期，3 ~ 8 年；长期，8 年以上。

(3) 商业预测。一般划分标准是：短期，3 ~ 8 个月；中期，8 个月 ~ 2 年；长期，2

年以上。

而经济趋势月报以一个月为限；零售商业预测可能以一天为限。

涉外工业公司一般多开展短、中期预测，因为短、中期预测有助于及时调整公司研究开发计划和经营计划，以及合理安排重大研究项目的工作顺序和工作期限。短期预测时间界限一般定为5年，这与一种产品的市场生命周期相一致；而中期预测一般定为15年，这是因为一项新技术从开发到工业应用一般为 15 年左右。

- 实用预测方法
  - 定性预测方法
    - 德尔菲法
    - 目标预测法
    - 专家判断法
    - 类比法
    - 头脑风暴法
  - 定量预测方法
    - 时间数列法
      - 移动平均法
      - 指数平滑法
      - 季节指数法
      - 趋势延伸预测法
    - 因果关系法
      - 趋势外推法
      - 回归分析法
      - 数量经济模型法
      - 投入产出法
      - 灰色系统模型法

图 13. 1　推荐的实用预测方法系统图

第二节　时间数列预测法概述

时间数列预测法，就是将经济发展、购买力增长、销售额变化等统计指标数值，按时间序列排列起来，构成统计的时间数列，然后运用一定的数学方法，对时间数列进行加工整理和分析，利用数列所反映出来的客观变化过程、发展趋势和速度，进行外推与延伸，以预测市场未来的发展变化趋势，确定市场预测值。因此，时间数列预测法，也称外推法或历史延伸法。

时间数列预测法在经济和管理中占有极其重要的位置，在市场预测中处于核心地位，可以说，在各种预测方法中，时间数列预测法最成熟、简便、实用，最有说服力，因而用得也最多。在市场调查后整理数据时，往往先用时间数列预测法进行运算和预测。

时间数列预测法通常具有以下特点：

1. 时间数列预测法是根据市场过去的变化趋势来预测未来的发展，因此，时间数列预测法的前提是假定事物的过去同样会延伸到未来。

客观事物的发展总是带有规律性的，事物的过去、现在和未来是有联系的，完全的“真空地带”实际上是不存在的。因此，只要数据收集齐全，方法运用得当，时间数列预测法的这一“假定”在理论上完全站得住脚。

但是，由于市场的未来发展变化趋势还要受多种因素的影响，而各种影响因素又是不断变化发展的，这就决定了在一般情况下，时间数列预测法仅适用于短、近期预测，如果要延伸到更远的将来，用于中、长期预测，则带有很大的局限性。

2. 数列中的数据存在着较大的不规律性。

在一个时间数列中，通常包含四种独立的变动：趋势变动、循环变动、季节变动和不规则变动。它们彼此互相混合交织在一起，共同构成了时间数列的不规则性。下面我们分别讨论一下这四种变动。

(1) 趋势变动。趋势实际上代表一个事物发展的总方向。虽然从短期看，时间数列数据一般呈随机分布，无规律可循，但从较长一段时间内观察，则可以发现时间数列中存在着一种逐渐增加或逐渐减少或趋于平稳的转变或变化，这种转变或变化称为趋势，一般是长期因素影响的结果。如人口总量的变化、人口总体统计特征的变化、顾客偏爱的转变、GNP 与 GDP 的增长等都是长期因素。

时间数列中数据的趋势一般包括线性趋势和非线性趋势两种，其中线性趋势又有线性增加和线性减少之分。无趋势作为趋势的对称，也可能并发出现于数据中(见图 13.2)，当然在一个数列中，这几种情况可能单独存在，也可能同时存在，这并不是对时间数列趋势的否定。

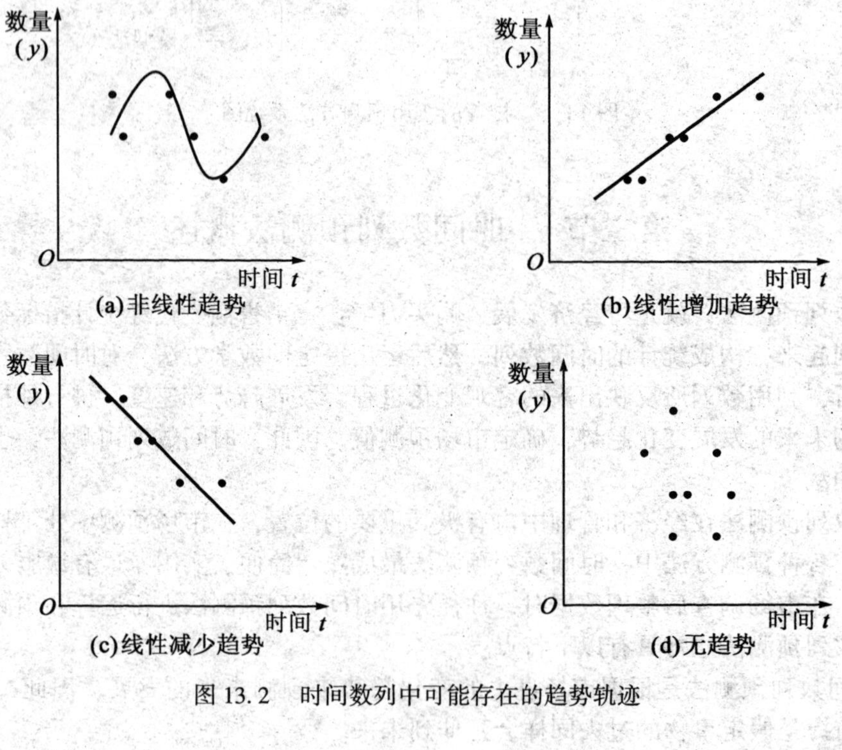

图 13.2 时间数列中可能存在的趋势轨迹

(2) 季节变动。季节变动的概念容易理解，一年四季的变化以及由此产生的生理、心理需求变动，导致时间数列中数据的季节变动，如棉衣的销售一般出现在冬季，而衬衣则相反；我们可以期待夏天的冰激凌卖个小高潮，却无法指望冬天的冰激凌也能有较大的作为，这些都是季节的使然。

尽管我们一般考虑的时间数列中的季节变动是在一年中周期性出现的，但季节变动也可以用来描述时间小于一年的、有规则性的、重复的运动，如每天的“车流量”就是一个“季节”变动指标。

(3) 循环变动。循环变动，又称周期波动，是指时间数列在为期较长的时间内(通常是在一年以上)，呈现出的跌宕起伏。它与趋势变动不同，不是朝一个方向持续变动，而是呈涨落相间的波浪式起伏变动；它与季节变动也不同，它的波动时间较长，波动周期长短不一，如经济危机中的四个变动周期——衰退期、复苏期、高涨期、萧条期，就是典型的循环变动。另外，在高通胀时期后的中通胀时期，经济发展的总的趋势是上升的，但在上升的趋势线上，仍有频率不同的上下波动(如图 13.3)，这种变动也属于循环变动，20 世纪 80 年代初期的许多时间数列都呈现出这种形态。

(4) 不规则变动。不规则变动，又称随机变动，是偶发事件导致的时间数列数据一种忽高忽低、时升时降、无规律可循的变动。不规则变动是由那些影响时间数列的短期的、不可预测的和不重复出现的因素引起的，如自然灾害、战争、动乱、罢工、政策调整等。不规则变动的出现，加大了时间数列中数据的不规则性。

3. 时间数列预测法撇开了时间数列的因果关系。

由于时间数列不讲因果，不受外界因素的影响，所以存在着较大的预测误差，当遇到外界发生较大变化时，时间数列预测法的偏差会增大。为了将误差降到理想的可接受状态，必须尽量将定性预测同定量预测结合起来，在充分研究影响市场变化的各种因素的基础上确定预测值。

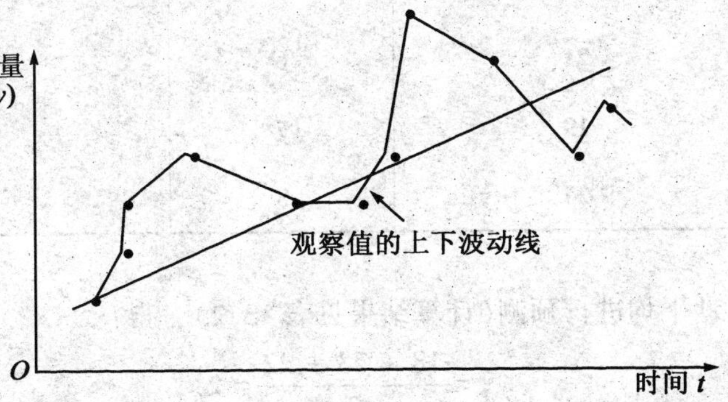

图 13.3

第三节　时间数列预测的具体方法及其应用

时间数列预测的具体方法也很多，本节我们将介绍几类常用的预测方法：移动平均法、指数平滑法、趋势延伸法和季节指数法。

一、移动平均法

移动平均法是时间数列预测中的一种基本方法。所谓移动平均，就是从时间数列的第一项开始，按照一定的项数求时序平均数，逐项移动，边移动边平均。这样做的目的在于剔除原有历史数据中的随机因素，使不规则的趋势大体上规则化，以显示预测对象的发展方向和趋势。

（一）简单移动平均法

简单移动平均法，又称一次移动平均法，就是对时间数列中最近几期的数据求算术平均，由此得出下一期的预测值。其计算公式如下：

$$\hat{y}_{t+1} = \frac{y_t + y_{t-1} + \cdots + y_i + \cdots + y_{t-(n-1)}}{n} \tag{13.1}$$

式中：$\hat{y}_{t+1}$ —— 第 $t+1$ 期的预测值

y_i —— 第 i 期观察数据（$i = t,\ t+1,\ \cdots,\ t-n$）

n—— 移动期限

例 1 某食用油公司在过去 8 周中每周的销售情况如表 13.1，现厂家要求预测第 9 周的销售量情况。

采用简单移动平均法，分别用 3 期移动和 5 期移动进行预测。

表 13.1 **某公司食用油销售量时间数列**

周次	销售量(百升)	周次	销售量(百升)
1	18	5	17
2	21	6	22
3	19	7	23
4	24	8	18

先采用 3 期移动平均进行预测（计算结果见表 13.2），得：

$$\hat{y}_9 = \frac{18 + 23 + 22}{3} = 21$$

再采用 5 期移动平均进行预测（计算结果见表 13.2），得：

$$\hat{y}_9 = \frac{18 + 23 + 22 + 17 + 24}{5} = 20.8$$

这两个预测值结果显然不同，到底哪一个预测值的预测误差更小呢？这就涉及一个预测精度的问题。

表 13.2　简单移动平均值计算结果总结

周次	销售量	3 期移动平均值	预测误差	预测误差的平方	5 期移动平均值	预测误差	预测误差的平方
1	18						
2	21						
3	19						
4	24	19.33	4.67	21.81			
5	17	21.33	-4.33	18.75			
6	22	20	2	4	19.8	2.2	4.84
7	23	21	2	4	20.6	2.4	5.76
8	18	20.67	-2.67	7.13	21	-3	9
9	-	21	-	55.69	20.8	-	19.6

预测值精度通常通过均方误差(*MSE*)来衡量。均方误差越小，预测精度就越高。所谓均方误差，也就是预测误差平方和的平均数。如上例：

3 期移动平均的均方误差为：

$$MSE_3 = \frac{55.69}{5} = 11.14$$

5 期移动平均的均方误差为：

$$MSE_5 = \frac{19.6}{3} = 6.53$$

这里，3 期移动平均法下的均方误差(MSE_3)大于 5 期移动平均法下的均方误差(MSE_5)，因此在确定移动期限时，应该选择 5 期移动法，这样所得的预测值精度较高。

可见，对一个特殊的时间数列而言，不同移动期限的移动平均数对准确预测时间数列的能力是不同的。因此，为使预测误差达到最小，可行办法就是通过试验和误差测算来确定移动期限，这个期限应使均方误差达到最小或尽可能小。

当然，预测精度固然越高越好，但有时很精确的方法所需要的时间数列资料很难得到或得到这些资料的费用很高，这就需要在费用与精度之间进行权衡，折中进行。

（二）加权移动平均法

加权移动平均法是给不同观察期数据以不同的权数，然后按不同的权数求得移动平均值，并以最后的移动平均值为基础来确定预测值的一种方法。其具体计算公式为：

$$\hat{y}_{t+1} = \frac{w_1 y_t + w_2 y_{t-1} + \cdots + w_n y_{t-(n-1)}}{w_1 + w_2 + \cdots + w_n} \tag{13.2}$$

式中：

w_i——第 i 期的权数（$i = 1, 2, \cdots, n$）

在加权移动平均法中，需要对每个数据值选择不同的权数。权数的选择一般比较随便，但在较大多数情况下，最近时期的观察值应取最大的权数，而比较远的时期权数应依次递减，原因在于最近时期的观察数据似乎更有理由说明下期预测值的变动趋势(季节变动除外)。下面我们看一个例题。

例2　对例1用3期加权移动平均法进行预测。取最近3期观察值的权数分别为3/6，2/6，1/6，则得第9周的预测值为：

$$\hat{y}_9 = \frac{18 \times \frac{3}{6} + 23 \times \frac{2}{6} + 22 \times \frac{1}{6}}{\frac{3}{6} + \frac{2}{6} + \frac{1}{6}} = 20.33$$

如果用5期加权平均法进行预测，最近5期权数分别取5、4、3、2、1，则得第9周的预测值为：

$$\hat{y}_9 = \frac{18 \times 5 + 23 \times 4 + 22 \times 3 + 17 \times 2 + 24 \times 1}{5 + 4 + 3 + 2 + 1} = 20.40$$

这两个预测值到底哪一个的预测误差更小呢？同样可以通过计算均方误差(*MSE*)来进行比较(有关计算结果见表13.3)。

$$MSE_3 = \frac{67.91}{5} = 13.58$$

$$MSE_5 = \frac{21.86}{3} = 7.29$$

由于$MSE_3 > MSE_5$，所以比较而言，应该选择5期加权移动平均法进行预测，也就是说，采用预测值20.40更有说服力。

表13.3　　**加权移动平均值计算结果总结**

周次	销售量	3期加权移动平均值	预测误差	预测误差平方	5期加权移动平均值	预测误差	预测误差平方
1	18						
2	21						
3	19						
4	24	19.50	4.5	20.25			
5	17	21.83	-4.83	23.33			
6	22	19.67	2.33	5.43	19.81	2.13	4.54
7	23	20.67	2.33	5.43	20.60	2.40	5.76
8	18	21.67	-3.67	13.47	21.40	-3.40	11.56
9	-	20.33	-	67.91	20.40	-	21.86

二、指数平滑法

指数平滑法是用过去时间数列值的加权平均数作为预测值，是加权移动平均法的一种特殊形式。指数平滑法一般适用于观察值具有趋势变动和季节性变动的预测。

指数平滑法可以分为一次指数平滑法和多次指数平滑法。

(一)一次指数平滑法

这种方法是利用本期的实际观察值和本期的预测值，通过对它们的不同加权分配，求得一个指数平滑值，作为下一期的预测值。其计算公式为：

$$\hat{y}_{t+1} = \alpha y_t + (1-\alpha)\hat{y}_t \tag{13.3}$$

式中：

$\hat{y}_{t+1}$——第 $t+1$ 期时间数列的预测值

$\hat{y}_t$——第 t 期时间数列的预测值

y_t——第 t 期时间数列的实际值

α——平滑系数($0 \leqslant \alpha \leqslant 1$)

式(3)表明，第 $t+1$ 期的预测值实际上就是第 t 期实际值和预测值的加权平均。在开始计算时，我们通常令 $\hat{y}_1$ 等于第一期时间数列的实际值，即令 $\hat{y}_1 = y_1$。下面我们看一个例题。

例 3　还是沿用例 1 中的原始数据，考虑用一次指数平滑法进行预测，取平滑系数 $\alpha = 0.2$ 进行计算。

$\hat{y}_1 = y_1 = 18$

$\hat{y}_2 = \alpha y_1 + (1-\alpha)\hat{y}_1 = y_1 = 18$

$\hat{y}_3 = \alpha y_2 + (1-\alpha)\hat{y}_2 = 0.2 \times 21 + 0.8 \times 18 = 18.6$

$\hat{y}_4 = \alpha y_3 + (1-\alpha)\hat{y}_3 = 0.2 \times 19 + 0.8 \times 18.6 = 18.68$

…

详细计算结果见表 13.4。

表 13.4　**$\alpha = 0.2$ 和 $\alpha = 0.3$ 的一次指数平滑法计算结果**

周次	销售量	指数平滑值 ($\alpha = 0.2$)	预测误差	预测误差平方	指数平滑值 ($\alpha = 0.3$)	预测误差	预测误差平方
1	18						
2	21	18	3	9	18	3	9
3	19	18.06	0.4	0.16	18.9	0.1	0.01
4	24	18.68	5.32	28.3	18.63	5.37	28.84
5	17	19.74	-2.74	7.5	20.24	-3.24	10.50
6	22	19.19	2.81	7.9	19.27	2.73	7.45
7	23	19.75	3.25	10.56	20.09	2.91	8.47
8	18	20.40	-2.4	5.76	20.96	-2.96	8.76
9		19.92	-	69.18	20.07	-	73.03

从表 13.4 可以看出，$\hat{y}_9 = 19.92$。

再用平滑系数 $\alpha = 0.3$ 进行计算，同理可得：

$$\hat{y}_1 = y_1 = 18$$

$$\hat{y}_2 = \alpha y_1 + (1-\alpha)\hat{y}_1 = y_1 = 18$$

$$\hat{y}_4 = \alpha y_3 + (1-\alpha)\hat{y}_3 = 0.2 \times 18 + 0.7 \times 18.9 = 16.63$$

$$\cdots$$

详细计算结果见表 13.4。

由表 13.4 可知，$\hat{y}_9 = 20.27$。

下面的问题就是预测精度的问题了，也就是平滑系数 α 到底取何值比较合适的问题。我们从基本公式入手，将其变形可得：

$$\begin{aligned}\hat{y}_{t+1} &= \alpha y_t + (1-\alpha)\hat{y}_t \\ &= \alpha y_t + \hat{y}_t - \alpha\hat{y}_t \\ &= \hat{y}_t + \alpha(y_t - \hat{y}_t)\end{aligned} \tag{13.4}$$

这样一变形就可以发现，第 $t+1$ 期预测值实际上就等于第 t 期的预测值再加上一个调整值，这个调整值就等于平滑系数 α 乘以最近的预测误差 $y_t - \hat{y}_t$。从这个变形公式可以看出，如果时间数列有较大的随机波动，应选择较小的平滑系数，这样做的原因是由于大多数预测误差都是由随机波动引起的，我们不希望过分反映和太快调整误差；对于较小随机波动的时间数列，应选较大的平滑系数，这样做的目的是当出现预测误差又允许预测迅速反映所改变的条件时，可以迅速调整预测。

从本题看，当 $\alpha = 0.2$ 时，其均方误差 $MSE_{\alpha=0.2} = 69.18/7 = 9.88$；当 $\alpha = 0.3$ 时，均方误差 $MSE_{\alpha=0.3} = 73.03/7 = 10.43$。时间数列有较大的随机波动，同时 $MSE_{\alpha=0.2} < MSE_{\alpha=0.3}$，所以我们倾向于选择平滑系数 $\alpha = 0.2$，因为用平滑系数 $\alpha = 0.2$ 得到的结果比用平滑系数 $\alpha = 0.3$ 得到的结果的精确度要好。

（二）二次指数平滑法

二次指数平滑法是多次指数平滑法的特例，它是在一次指数平滑法的基础上再进行一次平滑。其计算公式为：

$$\hat{y}_{t+1}^{(2)} = \alpha\hat{y}_{t+1}^{(1)} + (1-\alpha)\hat{y}_t^{(2)}$$

式中：

$\hat{y}_{t+1}^{(2)}$——第 $t+1$ 期二次指数平滑值

$\hat{y}_t^{(2)}$——第 t 期二次指数平滑值

$\hat{y}_{t+1}^{(1)}$——第 $t+1$ 期一次指数平滑值

由于指数平滑法与一次指数平滑法的解题思路基本相同，在此不作进一步讨论。

（三）多次指数平滑法

多次指数平滑法是在二次指数平滑法的基础上再进行一次或多次平滑，其计算方法与解题思路与一次指数平滑法基本相同，在此不作讨论。

三、趋势延伸预测法

由于任何事物的发展都有其延伸性，所以通过过去的发展规律来预测未来的变化趋势，便成了趋势延伸预测法的基本思路。趋势延伸预测法主要包括直线趋势法、曲线趋势法和戈珀兹曲线法。

（一）直线趋势法

当观察期的时间数列资料表现为接近一条直线，即表现为近似直线的上升或下降时，可以运用直线趋势法求出趋势直线，并以这条趋势直线的延伸来确定预测值。

直线趋势法的方程式为：

$$\hat{y}_t = a + b \cdot t \tag{13.5}$$

式中：

$\hat{y}_t$——第 t 期时间数列的预测值

t——期数

a，b——待定系数。a 为截距，b 为直线斜率，代表单位时间周期观察值的增(减)量估计值

直线趋势法的计算步骤如下：

1. 把因变量 y 和自变量 t 的值在坐标图上标出，观察其变化趋势。如果观察值的时间数列大体上为一条接近直线的趋势线，则可以采用直线趋势法进行预测；也可以利用 SPSS 统计软件作散点图，通过观察散点的分布状况，可以考虑是否采用直线趋势法进行预测。

2. 通过确定 a，b 的值，求出趋势直线方程。

$$\text{由 } y = a + b \cdot t \Rightarrow \begin{cases} a = \dfrac{\sum y - b\sum t}{n} \\ b = \dfrac{n\sum ty - \sum t\sum y}{n\sum t^2 - (\sum t)^2} \end{cases} \tag{13.6}$$

如果令 $\sum t = 0$，则可得到简便计算公式：

$$\begin{cases} a = \dfrac{\sum y}{n} \\ b = \dfrac{\sum ty}{\sum t^2} \end{cases}$$

3. 将 t 值代入，求出预测值。

下面我们看一个例题。

例 4　某企业某种产品过去六年的实际销售量见表 13.5，试对 2017 年该企业该产品销售量进行预测。

表 13.5 **某企业某产品过去六年的销售量**

年份(t)	2011	2012	2013	2014	2015	2016
销售量(y)(万台)	442	457	471	479	504	582

1. 以时间为横轴，销售量为纵轴，建立直角坐标系，然后在坐标图上标出各坐标点，观察能否拟合直线状态。从本题看，观察值的时间数列大体上成一条接近直线的趋势线，故可以考虑采用直线趋势法进行预测(坐标图略)。

2. 计算 a，b 的值。有关数据结果见表 13.6。

表 13.6 **与 a，b 计算有关的数据值**

n	t_i	y_i	$t_i \cdot y_i$	t_i^2	$\hat{y}_t = a + b \cdot t$	预测误差的平方
2011	1	442	442	1	418.06	573.12
2012	2	457	914	4	445.17	139.95
2013	3	471	1 413	9	472.28	1.64
2014	4	479	1 916	16	499.39	415.75
2015	5	504	2 520	25	526.50	506.25
2016	6	582	3 492	36	553.61	805.99
$\sum$	21	2 915	10 667	91	-	2 442.70

则：

$$b = \frac{n\sum ty - \sum t \sum y}{n\sum t^2 - (\sum t)^2} = \frac{6 \times 10\,667 - 21 \times 2\,915}{6 \times 91 - 21^2} = 27.11$$

$$a = \frac{\sum y - b\sum t}{n} = \frac{2\,915 - 27.11 \times 21}{6} = 390.95$$

所以其趋势方程为：

$$\hat{y}_t = 390.95 + 27.11t$$

3. 求出预测值。

要预测 2017 年的销售量，按时间数列推算，取 $t = 7$ 代入，则得 2017 年某产品销售量的预测值为：

$$\hat{y}_7 = 390.95 + 27.11 \times 7 = 580.72(\text{万台})$$

直线趋势预测法计算简便，但由于它对时间数列资料一律同等看待，在拟合中消除了季节、不规则、循环三类变动因素的影响，只反映时间数列资料长期趋势的平均水平，因而其预测误差较大。从本题看，其均方误差 $MSE = 2\,442.7/6 = 407.12$，说明预测误差已经很大了。

(二) 曲线趋势法

在很多情况下，用直线趋势法进行预测是不够准确的，因为很多市场经济活动是同时受多种因素的影响的，不同影响因素所表现出来的变动趋势是不同的，在这种情况下，仅考虑直线趋势法是不够的，必须引入曲线趋势法。曲线趋势法的一般方程式为：

$$\hat{y}_t = a + bt + ct^2 + \cdots + kt^n$$

这里，我们将主要介绍二次曲线趋势法。

二次曲线趋势法是通过建立二次曲线方程进行预测，它适用于对时间数列数据的变动呈二次曲线状态的趋势形态的预测。其趋势方程式为：

$$\hat{y}_t = a + bt + ct^2 \tag{13.7}$$

二次曲线趋势法的计算步骤如下：

(1) 绘制观察值曲线图，观察其变动形态。如果其变动趋势呈二次曲线状态，则宜采用二次曲线趋势法进行预测。

(2) 确定 a，b，c 的值。

由于 $\hat{y}_t = a + bt + ct^2$，所以：

$$\begin{cases} \sum y = na + b\sum t + c\sum t^2 \\ \sum ty = a\sum t + b\sum t^2 + c\sum t^3 \\ \sum t^2 y = a\sum t^2 + b\sum t^3 + c\sum t^4 \end{cases} \tag{13.8}$$

由此方程组联立可求得 a，b，c 的值。

如果令 $\sum t = 0$，则可求得简便方程组：

$$\begin{cases} \sum y = na + c\sum t^2 \\ \sum ty = b\sum t^2 \\ \sum t^2 y = a\sum t^2 + c\sum t^4 \end{cases} \tag{13.9}$$

(3) 将 t 值代入趋势方程，求得预测值。

例 5　某电子配件厂 2010—2016 年的销售资料见表 13.7。试采用合适的方法预测该企业 2017 年和 2018 年的销售额。

表 13.7　**某电子配件厂 2010—2016 年的销售资料**

年　份	2010	2011	2012	2013	2014	2015	2016
销售额(万元)	350	300	250	350	400	450	550

首先，将年份(t) 作为横轴，销售额(y) 作为纵轴建立直角坐标系，在坐标图上画出其趋势轨迹。通过观察可以发现，观察值的变动趋势为二次曲线形状，故可以考虑采用二次曲线趋势法进行预测。其方程式为：

$$\hat{y}_t = a + bt + ct^2$$

其次，计算 a，b，c 的值。有关数据见表 13.8。

表 13.8 **某电子配件厂 2010—2016 年销售资料的计算结果**

年份	销售额(y)	t	t^2	t^4	$t\cdot y$	$t^2\cdot y$	$\hat{y}_t = a + bt + ct^2$
2010	350	-3	9	81	-1 050	3 150	334.52
2011	300	-2	4	16	-600	1 200	303.57
2012	250	-1	1	1	-250	250	300
2013	350	0	0	0	0	0	323.81
2014	400	1	1	1	400	400	375.00
2015	450	2	4	16	900	1 800	453.57
2016	550	3	9	81	1 650	4 950	559.52
$\sum$	2 650	0	28	196	1 050	11 750	

利用简便计算公式(13.9)，从表 12.8 可知：

$$\begin{cases}2\ 650 = 7a + 28c\\1\ 058 = 28b\\11\ 750 = 28a + 196c\end{cases}$$

$$\Rightarrow\begin{cases}a = 323.81\\b = 37.5\\c = 13.69\end{cases}$$

所以二次曲线方程为：

$$\hat{y}_t = 323.81 + 37.5t + 13.69t^2$$

最后，求出预测值。

要预测 2017 年的销售额，按时间数列推移，取 $t = 4$(注意 t 的取值) 代入，则得 2017 年该电子配件厂销售额预测值为：

$$\hat{y}_4 = 323.81 + 37.5 \times 4 + 13.69 \times 4^2 = 692.85(\text{万元})$$

要预测 2018 年的销售额，按时间数列推移，取 $t = 5$(注意 t 的取值) 代入，则得 2018 年该电子配件厂销售额预测值为：

$$\hat{y}_5 = 323.81 + 37.5 \times 5 + 13.69 \times 5^2 = 853.56(\text{万元})$$

(三) 戈珀兹曲线法

戈珀兹曲线法主要适用于对具有生命周期的商品市场容量的预测。我们知道，产品生命周期主要包括投入期、成长期、成熟期和衰退期四个阶段。如果以时间数列为横轴，以销售量为纵轴，则产品生命周期表现为一条 S 型曲线(如图 13.4)，即在投入期和成长期增长很快；到成熟期时进入饱和状态，增长速度放缓，呈现出一条有增长上限的曲线。对于这类曲线，不宜采用二次曲线趋势法，应采用戈珀兹曲线法进行预测。

戈珀兹曲线法的方程式为：

$$\hat{y}_t = ka^{b^t}$$

改写成对数形式为：

$$\lg\hat{y}_t = \lg k + b^t \lg a$$

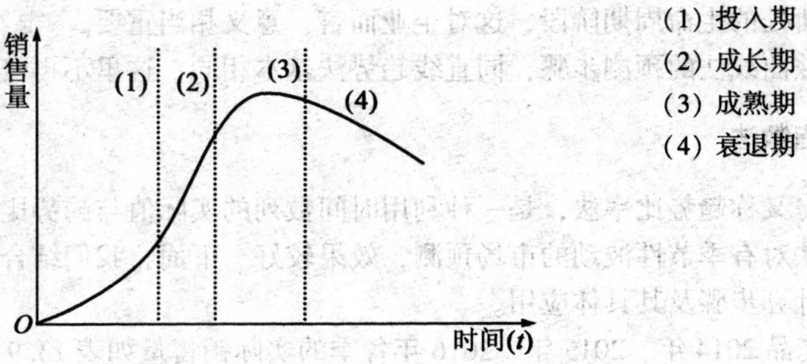

图 13.4　产品生命周期曲线

利用三段和估计法推算 k，a，b 的值，得：

$$b = r\sqrt{\frac{\sum_3 \lg y - \sum_2 \lg y}{\sum_2 \lg y - \sum_1 \lg y}}$$

$$\lg a = \left(\sum_2 \lg y - \sum_1 \lg y\right)\frac{b-1}{(b^r-1)^2}$$

$$\lg k = \frac{1}{r}\left[\sum_1 \lg y - \frac{b^r-1}{b-1}\lg a\right]$$

式中：

k，a，b 为戈珀兹曲线的参数，其中 k 代表产品发展过程中市场的极限值；

t 为 $\lg y$ 所处的时间周期；

$r=n/3$（n 为整个时间数列观察值个数），即将整个时间数列分成三段，每段所包含的观察值个数即为 r；

$\sum_1 \lg y$ 为观察期第一个 1/3 周期观察值 y 的对数之和；

$\sum_2 \lg y$ 为观察期第二个 1/3 周期观察值 y 的对数之和；

$\sum_3 \lg y$ 为观察期第三个 1/3 周期观察值 y 的对数之和。

戈珀兹曲线与产品生命周期之间存在着定量关系，我们从图 13.4 可以看出：

① 对于投入期和成长期而言，该段曲线为上升的凹弧，则有：

$$\frac{d\hat{y}_t}{dt} > 0,\ \frac{d^2\hat{y}_t}{dt^2} > 0$$

② 对于成熟期而言，该段曲线大部分为上升的凸弧，所以：

$$\frac{d\hat{y}_t}{dt} > 0,\ \frac{d^2\hat{y}_t}{dt^2} < 0$$

③ 对于衰退期而言，曲线表现为下降的凸弧，因此：

$$\frac{d\hat{y}_t}{dt} < 0,\ \frac{d^2\hat{y}_t}{dt^2} < 0$$

所以，求出戈珀兹曲线方程，然后对其一阶和二阶求导，通过对导数值的分析，即可大致得出产品所处的生命周期阶段，这对企业而言，意义相当重要。

有关戈珀兹曲线法的预测步骤，同直线趋势法基本相同，这里不再赘述。

四、季节指数法

季节指数，又称趋势比率法，是一种利用时间数列的实际值与趋势比率来进行预测的方法。这种方法对有季节性波动的市场预测，效果较好。下面，我们结合一个例子来说明季节指数法的计算步骤及其具体应用。

例 6 某产品 2014 年、2015 年、2016 年各季的实际销售量如表 13.9 所示，现要求根据这些历史数据预测 2017 年各季的销售量。

表 13.9 **某厂 2014—2016 年各季销售量**

年度＼季度	一	二	三	四
2014	18.3	29.7	48	18
2015	32	47	60.7	25
2016	29.3	52.3	65.3	26.7

我们可以分五步来进行计算。

第一步，求出趋势直线方程 $y = a + bx$。其计算方法等同直线趋势法。见表 13.10。

表 13.10 **各期趋势值**

季	度	销量(y_i)	x	xy	趋势值	趋势比率
2014	1	18.3	1	18.3	28.23	0.65
	2	29.7	2	59.4	29.95	0.99
	3	48.0	3	144.0	31.67	1.52
	4	18.0	4	72.0	33.39	0.54
2015	1	32.0	5	160.0	35.11	0.91
	2	47.0	6	282.0	36.83	0.28
	3	60.7	7	424.9	38.55	1.57
	4	25.0	8	200.0	40.27	0.62
2016	1	29.3	9	263.7	41.99	0.70
	2	52.3	10	523.0	43.71	1.20
	3	65.3	11	718.3	45.43	1.44
	4	26.7	12	320.4	47.15	0.57
合计		452.3	78	3 186		

通过计算可得：

$$a = 26.51$$
$$b = 1.72$$

$\therefore \quad y = a + bx = 26.51 + 1.72x$

第二步，计算各期趋势预测值 $\hat{y}_i$：

2014 年第 1 季度趋势预测值 $\hat{y}_1 = 26.51 + 1.72 \times 1 = 28.23$

2014 年第 2 季度趋势预测值 $\hat{y}_2 = 26.51 + 1.72 \times 2 = 29.25$

……

2016 年第 4 季度趋势预测值 $\hat{y}_{12} = 26.51 + 1.72 \times 12 = 47.15$

详细结果见表 13.10。

第三步，计算各期趋势比率 σ_i：

$$\text{某季度趋势比率}\ \sigma_i = \frac{\text{该季实际值}\ y_i}{\text{该季趋势预测值}\ \hat{y}_i}$$

则：

2014 年第 1 季度趋势比率 $\sigma_1 = \dfrac{y_1}{\hat{y}_1} = \dfrac{18.23}{28.23} = 0.65$

2014 年第 2 季度趋势比率 $\sigma_2 = \dfrac{y_2}{\hat{y}_2} = \dfrac{29.7}{29.95} = 0.99$

……

2016 年第 4 季度趋势比率 $\sigma_{12} = \dfrac{y_{12}}{\hat{y}_{12}} = \dfrac{26.7}{47.15} = 0.57$

详细结果见表 12.10。

第四步，计算各季节指数 f_i。各季节指数等于各年同季度趋势比率的平均值。

第 1 季度季节指数 $f_1 = \dfrac{\sigma_1 + \sigma_5 + \sigma_9}{3} = \dfrac{0.65 + 0.91 + 0.70}{3} = 0.75$

第 2 季度季节指数 $f_2 = \dfrac{\sigma_2 + \sigma_6 + \sigma_{10}}{3} = \dfrac{0.99 + 1.28 + 1.20}{3} = 1.16$

第 3 季度季节指数 $f_3 = \dfrac{\sigma_3 + \sigma_7 + \sigma_{11}}{3} = \dfrac{1.52 + 1.57 + 1.44}{3} = 1.51$

第 4 季度季节指数 $f_4 = \dfrac{\sigma_4 + \sigma_8 + \sigma_{12}}{3} = \dfrac{0.54 + 0.62 + 0.57}{3} = 0.58$

第五步，求出 2017 年对应的各季节预测值 $\tilde{y}_i$：

$$\tilde{y}_i = (a + bx_i) \cdot f_i$$

则：

2017 年第 1 季度预测值 $\tilde{y}_{13} = (26.51 + 1.72 \times 13) \times 0.75 = 36.65$

2017 年第 2 季度预测值 $\tilde{y}_{14}=(26.51+1.72\times 14)\times 1.16=58.68$

2017 年第 3 季度预测值 $\tilde{y}_{15}=(26.51+1.72\times 15)\times 1.51=78.99$

2017 年第 4 季度预测值 $\tilde{y}_{16}=(26.51+1.72\times 16)\times 0.58=31.34$

Excel 操作：移动平均和指数平滑

移动平均法就是把原时间数列的时距扩大，并逐期推移，依次计算扩大时距后的序时平均数，形成一个新的时间数列，以反映现象发展变化的趋势。采用移动平均法修匀时间数列，可以削弱或消除不规则变动的影响。

指数平滑法是用过去时间数列各期数值的加权平均数作为下一期的预测值，目的是通过平均以消除时间数列中的不规则变动，以得到反映时间数列变动的一般趋势。

用 Excel 工具可以很方便地用移动平均法和指数平滑法进行预测。我们以表 12.23 的数据为例予以介绍。

一、移动平均法

例 7 表 13.11 给出了我国居民消费价格指数(上年 = 100) 的时间数列(数据来源于国家统计局网站)。取移动间隔 $n=3$，用 Excel 计算各期的居民消费价格指数的预测值。

表 13.11 **居民消费价格指数时间数列**

年份	1990	1991	1992	1993	1994	1995	1996	1997	1998
CPI(%)	103.1	103.4	106.4	114.7	124.1	117.1	108.3	102.8	99.2
年份	1999	2000	2001	2002	2003	2004	2005	2006	
CPI(%)	98.6	100.4	100.7	99.2	101.2	103.9	101.8	101.5	

操作步骤：

1. 将原始数据录入 Excel 工作表。

2. 点击【工具】→【数据分析】，弹出【数据分析】对话框，在【数据分析】对话框中选择【移动平均】命令，点击【确定】，弹出【移动平均】对话框。

3. 在【输入区域】中输入原始数据区域地址，在【间隔】中输入“3”(表示 $n=3$)，在【输出区域】中输入相应地址，选中【标准误差】及【图表输出】复选框。如图 13.5 所示。

4. 点击【确定】，结果如图 13.6 所示。

二、指数平滑法

根据表 13.11 的居民消费价格指数数据，选择平滑系数 $\alpha=0.3$ 和 $\alpha=0.5$，采用 Excel 进行指数平滑预测，计算预测误差。

操作步骤：

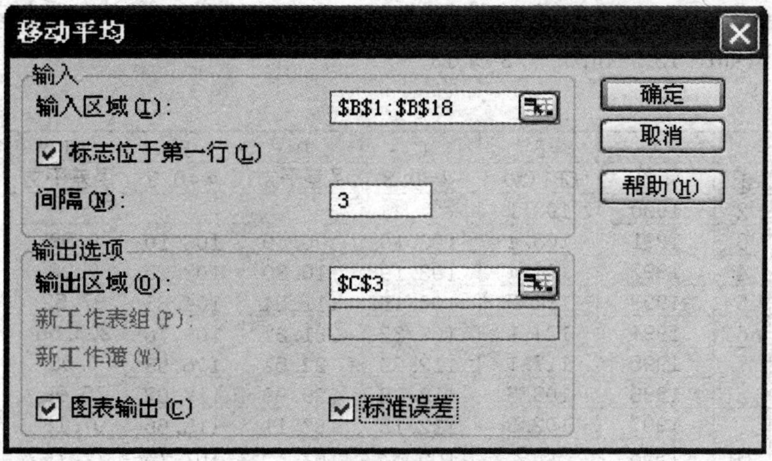

图 13.5 【移动平均】对话框

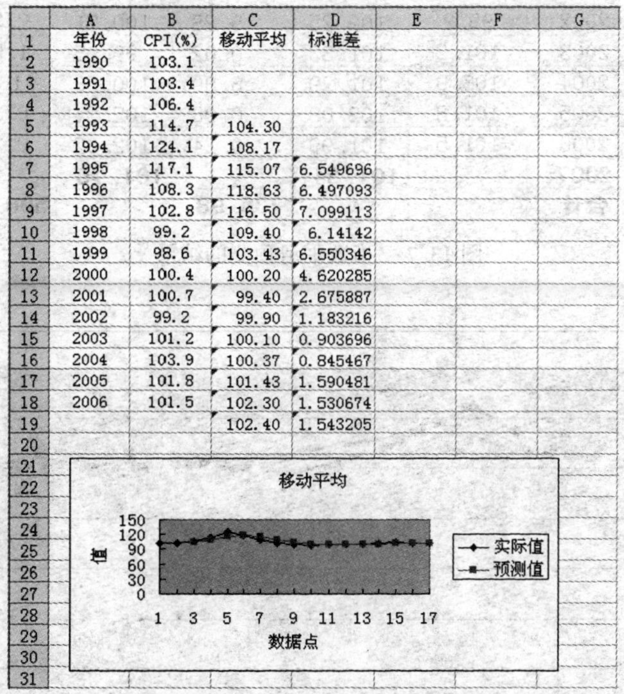

	A	B	C	D	E	F	G
1	年份	CPI(%)	移动平均	标准差			
2	1990	103.1					
3	1991	103.4					
4	1992	106.4					
5	1993	114.7	104.30				
6	1994	124.1	108.17				
7	1995	117.1	115.07	6.549696			
8	1996	108.3	118.63	6.497093			
9	1997	102.8	116.50	7.099113			
10	1998	99.2	109.40	6.14142			
11	1999	98.6	103.43	6.550346			
12	2000	100.4	100.20	4.620285			
13	2001	100.7	99.40	2.675887			
14	2002	99.2	99.90	1.183216			
15	2003	101.2	100.10	0.903696			
16	2004	103.9	100.37	0.845467			
17	2005	101.8	101.43	1.590481			
18	2006	101.5	102.30	1.530674			
19			102.40	1.543205			

图 13.6 移动平均的输出结果

1. 将原始数据录入 Excel 工作表。

2. 点击【工具】→【数据分析】，弹出【数据分析】对话框，在【数据分析】对话框中选择【指数平滑】命令，点击【确定】，弹出【指数平滑】对话框。

3. 在【输入区域】中输入原始数据区域地址，在【阻尼系数】中输入 $1-\alpha$ 的值，在【输出区域】中输入相应地址(通常选择与第一期数值对应的单元格)。

4. 点击【确定】即可。

比较 $\alpha=0.3$ 和 $\alpha=0.5$ 的误差平方可知，$\alpha=0.5$ 时预测的效果较好。不同 α 的预测值和实际观察值如图 13.7 和图 13.8 所示。

	A	B	C	D	E	F
1	年份	CPI(%)	α=0.3	误差平方	α=0.5	误差平方
2	1990	103.1				
3	1991	103.4	103.10	0.09	103.10	0.09
4	1992	106.4	103.19	10.30	103.25	9.92
5	1993	114.7	104.15	111.24	104.83	97.52
6	1994	124.1	107.32	281.67	109.76	205.56
7	1995	117.1	112.35	22.54	116.93	0.03
8	1996	108.3	113.78	29.99	117.02	75.96
9	1997	102.8	112.13	87.11	112.66	97.18
10	1998	99.2	109.33	102.69	107.73	72.74
11	1999	98.6	106.29	59.19	103.46	23.66
12	2000	100.4	103.99	12.85	101.03	0.40
13	2001	100.7	102.91	4.88	100.72	0.00
14	2002	99.2	102.25	9.28	100.71	2.27
15	2003	101.2	101.33	0.02	99.95	1.55
16	2004	103.9	101.29	6.80	100.58	11.04
17	2005	101.8	102.08	0.08	102.24	0.19
18	2006	101.5	101.99	0.24	102.02	0.27
19	**2007**		**101.84**		**101.76**	
20	**合计**			**738.98**		**598.40**

图 13.7 指数平滑预测的结果

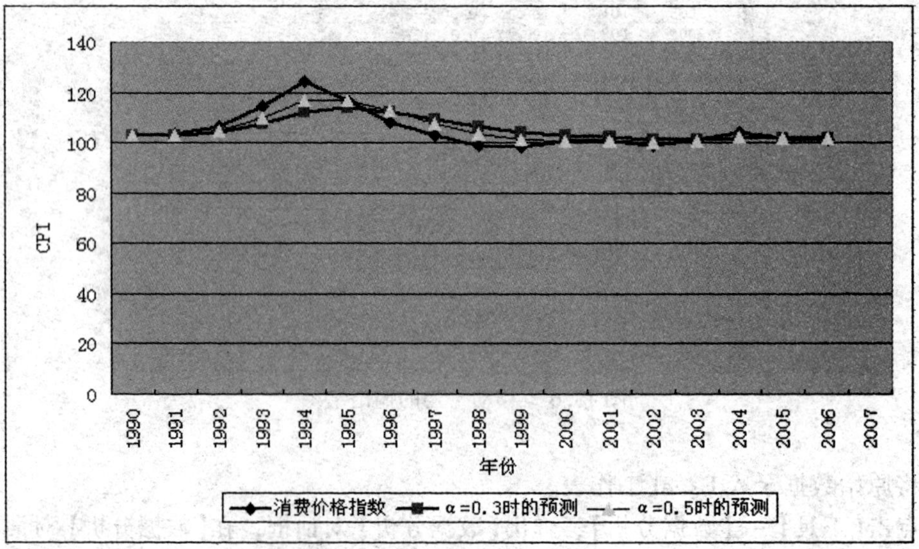

图 13.8 不同平滑系数预测的对比

小　结

本章主要介绍了时间数列预测法及其基本应用。在时间数列预测法中，主要分析了移动平均法、指数平滑法、趋势延伸预测法和季节指数法四类。这四类预测法各有优缺点及应用场合，在具体应用时应结合具体情况具体分析。

关键术语

预测　　时间数列预测法　　循环变动　　移动平均法　　指数平滑法
季节指数法

案　例　1

Vintage 饭店位于靠近佛罗里达的 Fort Myers 的 Captiva 岛上，是一个公众常去的场所。它由 Karen Payne 拥有和经营，到目前经营已超过 30 年。在这期间，Karen 一直在寻求建立以新鲜海味为特征的高质量正餐的饭店信誉。Karen 及其员工的努力被证实是成功的，她的饭店成为岛上最好的营业额增长最快的饭店之一。

Karen 为确保饭店未来的增长计划，需要建立一个系统，这个系统使她可提前一年预测今后每个月食品和饮料的销售量。Karen 拥有如下资料，这些资料是她三年的经营中有关食品和饮料的销售量。见表 13.12。

表 13.12

月份	第 1 年	第 2 年	第 3 年
1	242	263	282
2	235	238	255
3	232	247	265
4	178	193	205
5	184	193	210
6	140	149	160
7	145	157	166
8	152	161	174
9	110	122	126
10	130	130	148
11	152	167	173
12	206	230	235

要求：为 Karen 准备一份包括你的发现、预测和建议的报告，其内容包括：

1. 时间数列的图形。

2. 对数据的季节分析。指出每个月季节指数，并讨论各月销售量的高低、季节指数有直观上的意义吗？对此加以讨论。

3. 预测第 4 年 1 ~ 12 月的销售量。

4. 当用来说明新的销售资料时，提出对你所建立的系统的建议。

5. 在你的分析报告中，给出分析评论的结果。

6. 假设第 4 年 1 月份的销售额为 295 000 美元，你的预测误差为多少？如果这个误差太大，Karen 可能会对你的预测值和实际销售额的差异产生疑惑，你将如何消除她对预测方法的疑惑？

案　例　2

珍珠泉啤酒销售预测

选题

珍珠泉啤酒近 5 年销售量直线上升。为了正确制订第六年的生产经营计划，组织好原材料和包装物的采购供应，搞好生产设备检修、产品存储设施的准备、销售网点增设等工作，特对第六年啤酒销售量进行趋势预测和季节预测。

资料搜集整理

1. 本厂珍珠泉啤酒近五年分品种销售量(见表 13.13)。

表 13.13　**珍珠泉啤酒销售量**　单位：吨

年　份	瓶装啤酒	散装啤酒	散装扎啤	合　计
1	86	102		188
2	182	164		346
3	293	205	20	518
4	409	236	40	685
5	517	284	55	856

2. 近五年啤酒分月销售量(见表 13.17)。

分析过程

1. 分析啤酒销售量发展趋势并预测第六年销售量(见表 13.14)。

表 13.14 单位：吨

项目 \ 年序	1	2	3	4	5
啤酒销售量	188	346	518	685	856
逐期增长量	-	158	172	167	171

从表 13.14 可以看出，啤酒销售逐期增长量大体相同，属直线型发展趋势，可配合直线方程式进行趋势预测。现列表整理资料如下(表 13.15)。

表 13.15

年 序	X	Y	X^2	XY
1	-2	188	4	-376
2	-1	346	1	-346
3	0	518	0	0
4	1	685	1	685
5	2	856	4	1 712
$\sum$	0	2 593	10	1 675

设直线方程为 $y = a + bx$

$$a = \frac{\sum y}{n} = \frac{2\,593}{5} = 518.6$$

$$b = \frac{\sum xy}{\sum x^2} = \frac{1\,675}{10} = 167.5$$

$$y = 518.6 + 167.5x$$

第六年 $x = 3$，其预测值为：

$$y_6 = 518.6 + 167.5 \times 3 = 1\,021.1(\text{吨})$$

得第六年啤酒销售量预测值为 1 021.1 吨。

2. 分析品种构成，以便预测各种啤酒销售量(见表 13.16)。

表 13.16 单位：吨

年 序	瓶装啤酒		散装啤酒		散装扎啤		合 计	
	数量	比重(%)	数量	比重(%)	数量	比重(%)	数量	比重(%)
1	86	45.7	102	54.3			188	100.0
2	182	52.6	164	47.4			346	100.0

续表

年序	瓶装啤酒		散装啤酒		散装扎啤		合计	
	数量	比重(%)	数量	比重(%)	数量	比重(%)	数量	比重(%)
3	293	56.6	205	39.5	20	3.9	518	100.0
4	409	59.7	236	34.5	40	5.8	685	100.0
5	517	60.4	284	33.2	55	6.4	856	100.0

从表 13.16 可以看出，瓶装啤酒和散装扎啤比重逐渐增大，散装啤酒比重逐渐缩小，这与销售地区远近和运输条件有关。但第四年和第五年的构成比重趋于稳定，可以按第五年的构成比重预测第六年的分品种销售量。

3. 分析啤酒销售季节比重，以便进行季节预测(见表 13.17)。

表 13.17 单位：吨

月份	第1年	第2年	第3年	第4年	第5年	相同月平均数	季节比重(%)
1	18	20	27	40	48	30.6	5.90
2	10	12	18	30	36	21.2	4.09
3	4	5	10	18	23	12.0	2.32
4	4	6	9	15	30	12.8	2.47
5	11	25	40	45	78	39.8	7.67
6	15	30	55	80	97	55.4	10.68
7	18	42	90	114	125	77.8	15.00
8	12	21	25	40	47	29.0	5.59
9	10	15	17	35	45	24.4	4.71
10	25	40	75	90	103	66.6	12.84
11	30	72	80	105	128	83.0	16.00
12	31	58	72	73	96	66.0	12.73
合计	188	346	518	685	856	518.6	100.0

分析报告

啤酒销售趋势预测和季节预测

近5年来，我厂珍珠泉啤酒销售量直线上升，第五年达到856吨，每年平均递增46%。我厂啤酒销售大幅度增长的原因，一方面是市场需求增长，啤酒消费者越来越多，需求量越来越大；另一方面是我厂加强了营销力度，大力扩大品种，提高产品质量，增加销售网点，搞好售前售后服务，从而提高了在啤酒市场上的竞争力。

据调查，第六年啤酒市场需求量仍是增长趋势，我厂已制订出新的营销措施，进一步提高产品质量，降低产品成本，适当调低产品出厂价格，再增设三个销售网点。通过这些措施，力争第六年销售量的增长速度不低于近5年的平均增长速度。

据分析，近5年我厂啤酒销售量属直线型发展趋势，拟配合直线方程式进行预测。按照表13.15资料，$\sum y = 2\,593$，$\sum xy = 1\,675$，$\sum x^2 = 10$，$n = 5$，第六年 $x = 3$，设：

$$y = a + bx$$

$$a = \frac{\sum y}{n} = \frac{2\,593}{5} = 518.6$$

$$b = \frac{\sum yx}{\sum x^2} = \frac{1\,675}{10} = 167.5$$

$$y = 518.6 + 167.5x$$

$$y_6 = 518.6 + 167.5 \times 3 = 1\,021(\text{吨})$$

即第六年销售量预测值为1 021吨。

根据以上预测，结合表13.16中第五年各种啤酒构成比重，预计第六年分品种销售量为：瓶装啤酒617吨，散装啤酒为339吨，散装扎啤为65吨。

为了使各个生产环节和各个部门的工作密切配合，按照季节规律搞好生产和经营，进一步提高经济效益，现根据表13.17中近5年形成的啤酒销售季节比重，对第六年啤酒销售量进行季节预测(见表13.18)：

表13.18　　单位：吨

项目 月份	五年相同 月平均数	季节比重 (%)	季节 预测值
1	30.6	5.90	60
2	21.2	4.09	42
3	12.0	2.32	24
4	12.8	2.47	26
5	39.8	7.67	78
6	55.4	10.68	109
7	77.8	15.00	153
8	29.0	5.59	57
9	24.4	4.71	48
10	66.6	12.84	131
11	83.0	16.00	163
12	66.0	12.73	130
合计	518.6	100.00	1 021

启示

一、数学模型预测法是定量分析方法，但在不同的情况下应用什么方法合适，必须从实际出发，首先进行定性分析。本案例销售预测采用直线型趋势预测法，是定量分析，而对趋势类型的分析判断，则是定性分析。一般统计分析都要经过定性——定量——定性的过程。

二、趋势预测以时间序号为自变量，如果以中间年份为原点，使 $\sum x = 0$，则可以使计算公式简化。本案例采用了这种简化方法。

习　　题

1. 表 13.19 是 3A 级公司债券连续 12 个月的利率。

表 13.19

9.5	9.3	9.4	9.6	9.8	9.7
9.8	10.5	9.9	9.7	9.6	9.6

（1）计算这个时间数列的 3 个月和 4 个月的移动平均数，哪个提供更合适的预测？

（2）下一个月的移动平均预测值是多少？

2. 表 13.20 是过去 12 个月某种特殊产品销售时间数列。

表 13.20

月	销售量	月	销售量
1	105	7	145
2	135	8	140
3	120	9	100
4	105	10	80
5	90	11	100
6	120	12	110

（1）用 $\alpha = 0.3$ 计算这个时间数列的指数平滑值。

（2）用平滑系数 0.5 计算指数平滑值。平滑系数为 0.3 和 0.5，哪个提供更合适的预测？

3. 表 13.21 是 15 个季度生产能力利用情况(%) 的资料。

表 13.21

季度/年	利用率(%)	季度/年	利用率(%)
1/2014	82.5	1/2016	78.8
2/2014	81.3	2/2016	78.7
3/2014	81.3	3/2016	78.4
4/2014	79.0	4/2016	80.0
1/2015	76.6	1/2017	80.7
2/2015	78.0	2/2017	80.7
3/2015	78.4	3/2017	80.8
4/2015	78.0		

(1) 计算这个时间数列的 3 个季度和 4 个季度的移动平均数。对 2017 年第 4 季度，哪种移动平均数提供更合适的预测?

(2) 用平滑系数 $\alpha = 0.4$ 和 $\alpha = 0.5$ 计算 2017 年第 4 季度的预测值，哪个平滑系数提供更合适的预测?

(3) 通过分析(1) 和(2) 的结果，在移动平均法和指数平滑法中，哪种提供更合适的预测?

4. 在过去的三年中，大学教材的季度销售量资料如表 13.22。

表 13.22

季　　度	第 1 年	第 2 年	第 3 年
1	1 690	1 800	1 850
2	940	900	1 100
3	2 625	2 900	2 930
4	2 500	2 360	2 615

(1) 计算四个季度的季节指数。

(2) 教材出版社何时获得最大的季节指数? 为什么?

5. 根据表 13.23 佛罗里达三年中关于六单元公寓的支出资料，计算月度季节指数。用 12 个月的移动平均法计算。

表 13.23

月份	支出		
	第1年	第2年	第3年
1	170	180	195
2	180	205	210
3	205	215	230
4	230	245	280
5	240	265	290
6	315	330	390
7	360	400	420
8	290	335	330
9	240	260	290
10	240	270	295
11	230	255	280
12	195	220	250

第十四章　统 计 决 策

统计决策是统计学中一个相对比较新的研究领域。虽说决策理论在企业管理科学中已相当成熟，但在统计科学中，统计决策的应用历史并不长，而且其中很多理论有待进一步完善和充实。最早开展统计决策研究的是统计学家瓦尔德(A. Wald)。瓦尔德于1950年推出第一本关于统计决策的专著《统计决策函数》，系统地阐述了统计决策的基本理论和方法。从那以后，统计决策的应用就变得越来越广泛。本章着重阐述统计决策的相关理论及其基本应用。

第一节　统计决策的基本概念

一、 什么是统计决策

所谓决策，就是在占有一定信息的基础上，利用各种方法，对影响特定目标的各种因素进行计算和分析，从而选择关于未来行动的“最佳方案” 或“满意方案” 的过程。

而统计决策，通常理解为利用一切统计方法和统计信息的决策。统计决策研究的一般是非确定性和非对抗性的决策问题，是一种以统计分析和统计预测为基础的定量决策。

统计决策通常包括风险性决策、不确定性决策和贝叶斯决策。

我们将在后面的章节里重点介绍这几类决策。

二、 决策方案与自然状态

新兴公司购买了一块地皮准备建造豪华沿江公寓楼。在该地带可以观赏到两支河流融汇的美丽风景。每个单元的售价从300 000元到1 200 000元不等，具体价格取决于单元的所在楼层、住房面积以及诸如厨房和宽大阳台等可供选择的配套设施情况。公司已为这个工程准备了三套规模不同的建筑施工图：6层30个单元，12层60个单元，18层90个单元。显然，该项目的赢利情况主要取决于公司对于大厦建造规模的选择。现在，让我们来看看如何进行决策以选择将要进行的工程规模。

决策分析中第一步是确定可以被考虑的行动方案。对于新兴公司，有三个方案可供选择。

d_1： 6层30单元的小型大厦结构

d_2： 12层30单元的中型大厦结构

d_3： 18层30单元的大型大厦结构

新兴公司对大厦市场需求的预测是决定究竟应选择哪个方案的关键因素。当涉及市场对这个公寓楼可能的反映问题时，主管经理决定将其视为全部或全无状态，即只考虑两种可能：市场需求旺盛足以接受所有的销售单元，或者市场对大厦需求不足只能消化有限的销售单元。尽管新兴公司能够通过做广告的方式影响市场需求，但单元的销售表明市场需求很大程度上受一系列因素的影响，而这些因素新兴公司是没办法控制的。

在决策分析中，会发生决策者无法控制的事件，我们称之为自然状态。自然状态的概率表显示了哪些事件会出现。这些状态的发生彼此独立，而且最终有且只有一种状态会出现。对于新兴公司，可能的两种状态为：

s_1：市场需求旺盛，所有的单元均能售出。

s_2：市场需求不足，有限的单元能售出。

三、 收益矩阵表

给定三个选择方案和两个自然状态情况下，那么新兴公司会选择哪种大厦结构？要回答这个问题，公司管理人员还需要获取每种状态下与各个方案对应的项目赢利信息。例如，如果新兴公司建造了大型结构的公寓楼(d_3)，而恰好此时市场需求旺盛(s_1)，公司能实现多少利润？又如，若新兴公司选择了大型的大厦结构(d_3)，不巧赶上市场需求低迷(s_2)，此时又能获得多大赢利？在决策中，我们把由某一决策方案的选择和某种特定状态的发生所导致的结果称为收益。而用于显示与各决策方案、自然状态相联系的收益表格则叫做收益矩阵表。

运用所有可得的有效信息，管理人员就可以估计出有关新兴公司大厦项目的收益或利润。这些估计(以百万元为单位表示利润)列在表 14.1 中。一般来说，收益矩阵表中的条目可以是利润、成本、时间、距离或者任何其他符合所分析情况的事件。如果某一收益在决策方案 i 和自然状态 j 下产生，则标记为 V_{ij}。相应的，在表 14.1，$V_{31}=20$，意味着如果建造大型大厦结构(d_3)，市场需求旺盛(s_1)的话，预计利润是 20 百万元。而 $V_{32}=-9$ 则表明如果建造了大型大厦结构(d_3)而市场不景气(s_2)，反而会亏损 9 百万元。

表 14.1 **新兴公司大厦项目的收益矩阵表** 单位：1 000 000 元

选择方案	自然状态	
	需求旺盛(s_1)	需求低迷(s_2)
小型结构(d_1)	8	7
中型结构(d_2)	14	5
大型结构(d_3)	20	−9

四、 决策树

决策树是决策过程的图形表示。图 14.1 就是有关新兴公司例子的决策树。需要注意的是它是按时间顺序来展示决策的逻辑过程。首先，新兴公司必须在建造规模问题上作出抉择(d_1, d_2, d_3)。在方案实施后，状态 s_1，或 s_2 接着发生。位于树每一结束端的数字显示了该特定序列产生的收益。例如，最顶端的收益 8 表明如果新兴公司建造了小型大厦(d_1)，而市场需求证明为高涨(s_1)，则预计可获 8 百万元的利润。下一行的收益 7 表明大厦结构是小型的(d_1) 且市场认可度不高(s_2) 的情况下，利润预计为 7 百万元。这样决策树就以图形的方式显示了新兴公司项目中 6 个可能结果的决策方案和自然状态的发生过程。

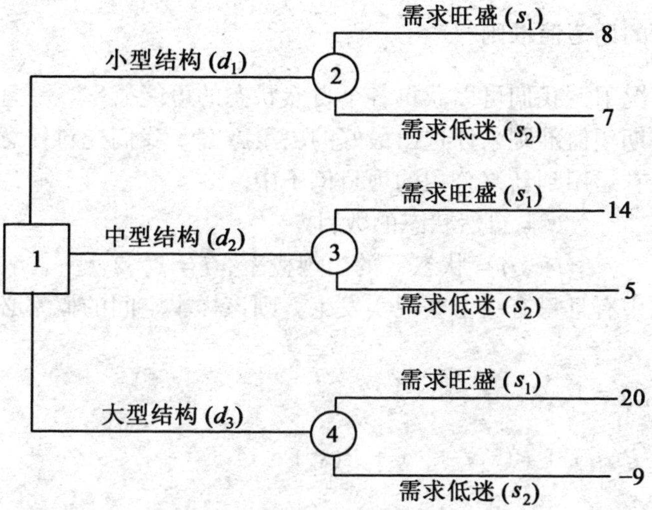

图 14.1　新兴公司项目的决策树(收益单位：百万元)

决策树中的交错结我们叫做节点，连接节点与节点的连线称做枝。图 14.1 中的决策树有 4 个节点。如果离开节点的树枝代表决策方案的选择，则该节点称做决策点，并用四方形表示，该树枝称为方案枝，每条线条代表一个方案，上面应标明方案的内容。类似的，离开节点的树枝若代表自然状态的发生，则该节点为自然状态点，该树枝为状态枝。自然状态点用圆圈表示，状态枝的末端可以连接另一个状态点，也可以连接决策点或终点。那么图中节点 1 就是决策点，而节点 2、节点 3 和节点 4 则为自然状态点。如果决策树上只有一个决策点，则为单级决策树，若不止一个决策点，则为多级决策树。制作决策树时，我们从决策点开始，由左到右逐步从方案选择到状态发生，按时间顺序进行。而利用决策树进行决策分析时，则从右到左，由终点开始，顺状态点、方案枝倒推回决策点。计算的结果标在对应的状态点旁，以进行评价和挑选。

对同样的问题，不同的人看待的角度不同。因此，画一个问题的决策树的正确方法并不唯一，但通常合适的决策树会帮助我们更好地理解问题。确定决策方案、自然状态和与之相关的收益只是完成了决策过程的第一步。现在我们的问题转变为：决策者该如何最有效的利用收益矩阵表或决策树中的信息来作出最终的决策？

第二节　风险性决策

所谓风险性决策，是指决策者对未来的情况无法作出肯定的判断，但可判明各种情况发生的概率。例如，某种商品的未来市场状态可能有畅销(θ_1)、一般(θ_2)和滞销(θ_3)三种，属于何种，没有十分的把握。但可判明$P(\theta_1)=0.3$，$P(\theta_2)=0.5$，$P(\theta_3)=0.2$。因此，作任何一种决策都要冒一定的风险，故称此种决策为风险性决策。

一、风险决策的期望值准则

在许多决策情况下，我们可以获得各个自然状态的可能概率。一旦这样的概率可得，那么我们就能运用期望值准则来评选出最好的决策方案。我们先对任意一决策方案的期望值进行定义，再将它运用到新兴公司的项目例子中。令：

N = 自然状态的数目

$P(s_j)$ = 状态 s_j 的出现概率，$j=1, 2, \cdots, N$

因为N个状态中有且只有一个会现实发生，则该样本空间的概率必须满足以下两个条件：

1. $P(s_j)\geqslant 0, j=1, 2, \cdots, N$

2. $\sum_{j=1}^{n} P(s_j)=P(s_1)+P(s_2)+\cdots+P(s_n)=1$

则决策方案 d_i 的期望值定义为：$E(d_i)=\sum_{j=1}^{n} P(s_j)V_{ij}$

换句话说，一个决策方案的期望值就是该方案可能实现收益的加权平均值。收益的加权平均值为各收益与其对应状态概率的乘积之和，而对应状态概率又是该收益能获得的概率。下面，我们将此用到新兴公司的项目中具体看一下期望值准则的使用。

新兴公司对大型结构的公寓楼的市场前景十分看好。反映到决策中，主观认为对于市场需求旺盛情形出现的概率为0.8，相应的市场前景不景气概率为0.2。用概率符号表示，$P(s_1)=0.8$，$P(s_2)=0.2$。借助表14.1和上面的公式，我们有三种方案各自的期望值：

$$E(d_1)=0.8\times 8+0.2\times 7=7.8$$

$$E(d_2)=0.8\times 14+0.2\times 5=12.2$$

$$E(d_3)=0.8\times 20+0.2\times(-9)=14.2$$

利用期望值准则我们发现大型结构方案的预期值为14.2，是三个方案中最大的，因此选择修建大型结构的公寓楼是最有利于公司的。

从例子中可以看出，所谓的期望值决策准则就是：如果后果是收入值，那么选择最大期望值对应的方案作为决策结果；如果后果是支付值，那么选择最小期望值对应的方案作为决策结果。

采用期望值决策准则进行择优能够把各种自然状态对行动方案的影响结果都纳入计算加以分析，因而考虑比较全面，这是它的主要优点。但是它也存在一个突出的缺点：容易掩盖风险，使得在一定的情况下应用此准则风险较大。

例如，有一期望值决策收益矩阵表如表 14. 2。

表 14. 2 **期望值决策收益矩阵表**

	D_1	D_2	D_3	D_4	期望值
	0. 3	0. 4	0. 2	0. 1	
S_1	80	40	- 10	- 50	33. 0
S_2	30	40	30	10	32. 0
S_3	20	30	40	15	27. 5

按期望值决策准则对表 14. 2 的资料进行抉择，方案 d_1 应该入选。但这一方案隐含着亏损 50 万元的风险和获利 80 万元的机会，这种风险和机会却在期望值中得不到体现。而方案 d_2 期望收益仅比方案 d_1 少 1 万元，却没有任何亏损的危险。显然，多数决策者都会倾向于选择后者。事实上，期望值定义本身就决定了期望值决策准则更适用于“多次重复”、“长期”的决策问题。而在该决策问题中，人们更看重的是货币量的得失量，因而宜采用稍后介绍的效用决策标准评价，从而取得较好的效果。

二、风险决策的最大可能性准则

当各种自然状态出现的概率相差较大，且有一种状态出现的概率明显地高于其他自然状态的概率时，我们就可以只考虑概率较大的那个自然状态下各决策方案的损益值，并从中择取最佳的方案。这种选择的方法就是以最大可能性为准则的决策法。回到新兴公司的例子，我们知道公寓楼的市场需求旺盛的可能为 0. 8，市场反应冷淡的概率为 0. 2。从一次性损益的角度考虑，既然“需求旺盛” 的可能性很大，采用最大可能性准则择优是比较合理的。由于在“市场需求旺盛” 的情况下，方案 d_3 能提供 20 百万的最大利润，所以，应选择建造大型结构的大厦。

有时候，期望值准则和最大可能性准则的结果会出现分歧。这时就要结合各种准则的适用范围来取舍结果。前面我们说过，期望值准则比较适合多次重复、长期性的随机事件或现象，而对于只做一次的决策问题，最大可能性准则可能更适合。

三、 决策树法

利用期望值法则选择最优方案的计算过程我们也可以利用决策树完成。图 14. 2 是标记了各自然状态发生概率的新兴公司项目决策树。在决策树中进行倒推，我们首先得到位于各个自然状态节的期望值，也就是在每一个自然状态点上，将可能得到的收益与其对应的概率值相乘。利用同样的方法，我们进而得到节点 2、节点 3 和节点 4 的期望值，具体见图 14. 3。

既然决策者可以控制从节点 1 出来的方案枝，而且我们的目标是希望得到最大的预期利润，那么，在节点 1 的最佳选择是方案枝 d_3。因此，决策树分析表明期望值为 14. 2 百万

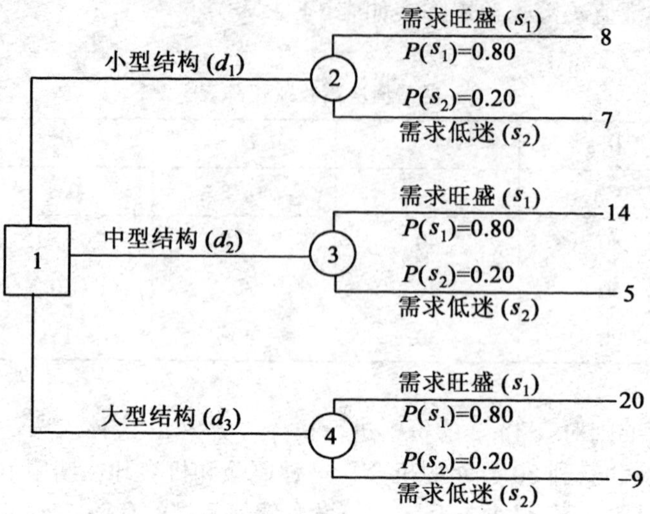

图 14.2 附概率值的新兴公司决策树

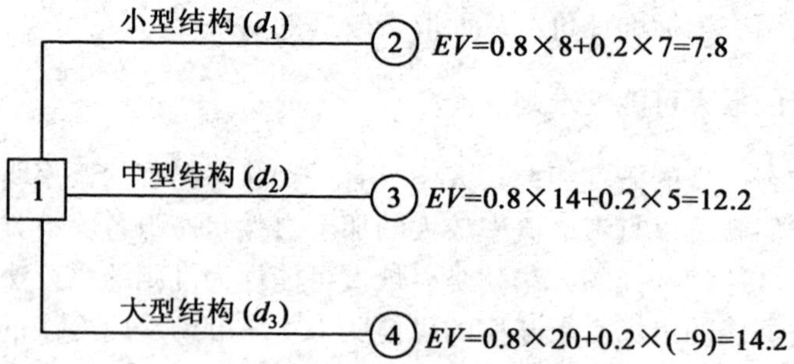

图 14.3 利用决策树算出的各方案期望值

元的方案 d_3 是最优的。这一点与我们利用收益矩阵表计算出的结果是一致的。

其他的决策问题可能会比新兴公司的问题要复杂千万倍，但是如果决策方案以及自然状态的确定是合理的，我们就可以使用决策树来进行决策。首先，画出包含决策、自然状态节点以及树枝的决策树，显示问题发生的自然顺序。如果我们要运用期望值法，那么接下来的一步就是决定每个自然状态的概率，并计算在每个自然状态点的期望值。然后选择连接具有最大期望值的自然状态点的方案枝，而与该树枝对应的决策方案就是最佳策略。

与收益矩阵表相比，决策树法还具有可以分析多目标决策问题的优势。当各个方案面临的自然状态不同，或当所需要进行的决策不能一步完成，必须在前一阶段决策基础上进行第二次、第三次等进一步的决策时，收益矩阵表便无法清晰的列出各数据资料及其中的逻辑顺序，此时就需要用决策树的方法来表示决策所面临的各种状态、条件、方案和可能结果，以便从中择优挑选。

考虑一实际例子。某无线电制造厂主要产品是收录机。目前该厂正考虑制定改革工艺计划。拟订了两个方案：方案1是从国外购买专利，估计成功概率为0.8；自行研制为方案2，成功可能性有0.6，但费用比前者便宜10万元。无论采用哪个方案，只要工艺改革成功，生产规模就可以扩大，扩大程度可自行选择，或增加1倍，或增加2倍。改革失败，产量维持原状。根据市场预测，今后相当一段时期内，该厂产品的需求量较高的可能为0.3，较低的可能为0.2，一般的概率是0.5。具体见下面的收益矩阵表(表14.3)。

这是个两阶段决策的问题，最后决策在购买和自行研制的方案中选择，而这个选择又有赖于生产规模方案的选择。显然，这种情况的决策问题无法使用收益矩阵表，因此需要用决策树来帮助进行决策分析。

首先画出相应的决策树(见图14.4)，并计算出状态点8，9，10，11，12，13的期望利润值，将结果填在各状态点旁。收益单位为万元。

点8：$500 \times 0.3 + 250 \times 0.5 + 0 \times 0.2 = 275$

点9：$700 \times 0.3 + 400 \times 0.5 + (-200) \times 0.2 = 370$

点10：$150 \times 0.3 + 10 \times 0.5 + (-100) \times 0.2 = 30$

点11：$500 \times 0.3 + 100 \times 0.5 + 0 \times 0.2 = 200$

点12：$800 \times 0.3 + 300 \times 0.5 + (-200) \times 0.2 = 350$

点13：$150 \times 0.3 + 10 \times 0.5 + (-100) \times 0.2 = 30$

表14.3　**无线电制造厂改革计划收益矩阵表**

		销售高	销售中	销售低
		0.3	0.5	0.2
按原工艺生产		150	10	-100
购买专利成功	1倍	500	250	0
	2倍	700	400	-200
自行研制	1倍	500	100	0
	2倍	800	30	-200

根据以上的计算结果，作出第一阶段的决策，即在决策点4，5，6和7各自后面的方案枝中选出期望值最大的方案枝进入下一阶段：在决策点4选“增产2倍”；在决策点5选“维持原产”；在决策点6选“增产2倍”；在决策点7选“维持原产”。

再计算状态点2和3的期望利润值，得

点2：$370 \times 0.8 + 30 \times 0.2 = 302$

点3：$350 \times 0.6 + 30 \times 0.4 = 222$

由于购买专利的期望利润高于自行研制，则最后的选择是购买专利。

四、风险决策的效用决策准则

在上面介绍的各种决策准则中，方案在状态下的后果都是用货币作为单位。但是，即使对于同一个货币值，具有不同经济实力、经营风格的人也可能有不一样的认识。或者

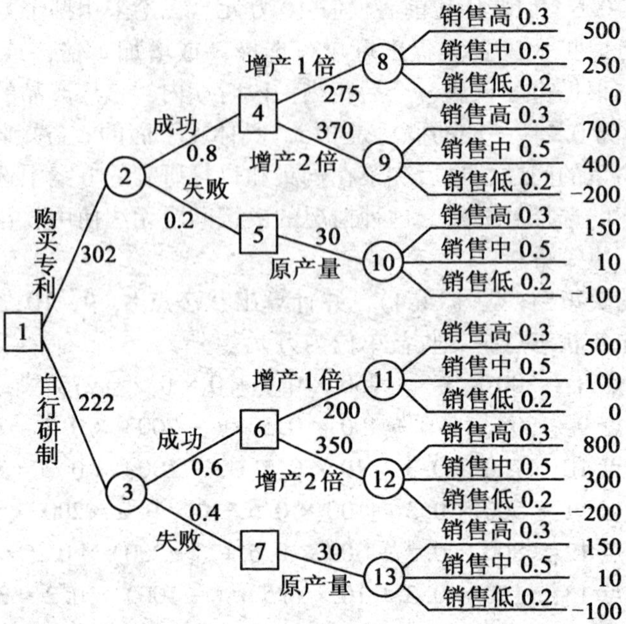

图 14.4 两阶段决策图

说，同样的货币值对他们的满足程度不同。因此，有必要介绍一种新的后果值——效用值。某一事物或事件给予人们需求的满足程度定义为效用。通常，我们用某个数值标记特定事物给予的效用，这个值称做效用值。一般的，效用值越大，我们的满意程度越高，越倾向于选择该事物。那么，利用效用进行决策，首先就要规定所涉及的方案的效用值。

显然，即使是同一个方案，例如"可能收益为1 000元的方案"，对于不同的决策者来说，它满足决策者需要的能力是不同的，因此，可能具有不同的效用值。换句话说，方案的效用值应该针对决策者来规定。

效用的大小可用概率的形式来表示，效用值在0～1，即0≤效用值≤1。效用的测定方法很多，最常用的是冯·诺依曼和摩金斯顿于1944年提出的，称为标准测定法。现结合具体例子来介绍这种方法。

1. 选定标尺。有一特定的决策者甲，他最大的愿望是收益4 000元，最多能承受－2 000元收益(损失)。我们就说"肯定收益4 000元的方案"的效用值为1，"肯定收益(损失)－2 000元的方案"的效用值为0，且分别记为$U(+4\,000)=1$，$U(-2\,000)=0$。这样，我们就选定了特定决策者甲效用值的确定标尺。

2. 确定中间值。记"肯定收益a元的方案"为a，$-2\,000<a<4\,000$。我们来确定$U(a)$。显然，对决策者愈有利的方案，效用值愈大。注意到$U(+4\,000)=1$，$U(-2\,000)=0$以及$-2\,000<a<4\,000$，所以$U(a)$应满足$0<U(a)<1$。现在以$a=0$为例，确定$U(0)=?$的过程来说明中间点效用值的确定方法。

构造如下决策问题。A1：以0.5的概率获利4 000元收益，以0.5的概率得

到 $-2\ 000$ 元。$A2$：以100%的把握获利0元收益。那么决策者甲对 $A1$、$A2$ 两个方案选择哪一个？

假设决策者选择了 $A2$，说明 $A2$ 的效用高于 $A1$ 方案的期望值，不能等价。这时提问者需调整问题，例如，将 $A1$ 方案改为以0.2的概率获得 $-2\ 000$ 元的收益，以0.8的概率获得4 000元的收益。方案 $A2$ 不变。甲又会怎样选择？如果他选择方案 $A1$。我们再适当升高 $A1$ 取得 $-2\ 000$ 元的概率，降低获得4 000元的概率，继续让甲选择下去，直到他认为采用方案 $A1$ 与方案 $A2$ 对他来说是同样时为止。此时，方案 $A1$ 与方案 $A2$ 在决策者甲的心目中地位平等，称为等效方案(行为)。

设这时的方案 $A1$ 获得 $-2\ 000$ 元收益的概率为0.5，获得4 000元收益的概率也是0.5，则在甲看来，方案 $A1$ 与方案 $A2$ 效用相等。我们有：

$$0.5 \times U(+4\ 000) + 0.5 \times U(-2\ 000) = U(0)$$

把 $U(+4\ 000) = 1$，$U(-2\ 000) = 0$ 代入上式，得

$$0.5 \times 1 + 0.5 \times 0 = U(0)$$

所以 $U(0) = 0.5$。

运用同样的方法，我们可以继续得到 $-2\ 000$ 元和0元之间点 $-1\ 100$ 元的效用值以及0元与4 000元的中间点1 500元的效用值。当得到的点足够多时，我们在以货币值为横轴，效用值为纵轴的坐标轴中描出这些点并连线，就得到决策者甲的效用曲线图(图14.5)。

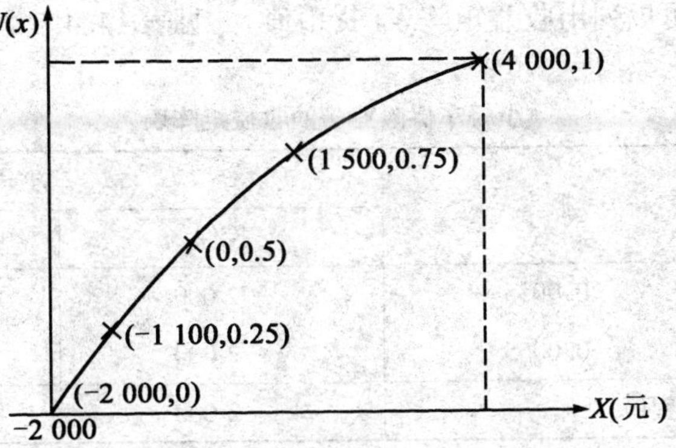

图14.5　某决策者的效用曲线图

效用曲线因人而异，但基本上可以归结为三种类型，三种类型的曲线如图14.6所示。

曲线 A 是一条上凸曲线，反映决策者对损失反应特别敏感，对收益反应较不敏感，代表的决策者是一个不求大利、小心谨慎、较为保守的人。曲线 C 是一个下凸曲线，反映决策者对损失反应较为迟钝，属于为谋求高利敢冒风险的积极进取型的人。曲线 B 是一个直线。此类决策者认为等额的确定收益值和有风险的期望值具有相同的效用，他们决策时仅仅考虑收益的大小，而不考虑风险。这种效用曲线说明决策者是一种循规蹈矩和按常规办事的人。

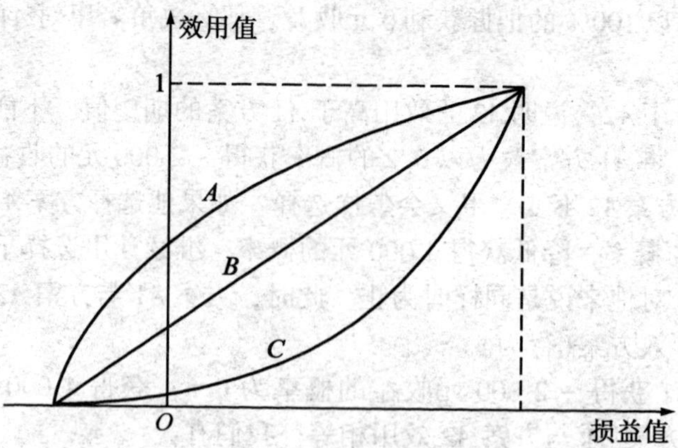

图 14.6　三种类型的效用图

现在我们来介绍效用决策准则的运用。应用效用准则决策，就是通过对行动方案期望值的比较，选出期望效用值最大的方案作为最优的方案。我们以保险公司业务为例来阐述效用期望值决策准则的使用，以及它与货币值期望值决策准则的区别。

保险公司有一项小轿车保险业务。假定每辆小轿车的价值为 20 万元，保险费占 1%，即 2 000 元。对办妥保险手续的车主，一旦车祸发生，保险公司将承担全部损失 20 万元。从过去的资料中知道，发生车祸等不幸事故的可能性很小，在 10 000 户中仅占 65 户，即概率为 0.0065。先用货币期望值决策准则对这一问题进行决策。

根据上述资料，可以列出收益矩阵表(货币值)，见表 14.4。

表 14.4　　**小轿车保险业务的收益矩阵表**　　单位：万元

状态	概率	方案	
		投保	不投保
正常	0.9935	-2 000	0
不幸	0.0065	-2 000	-20 000
货币期望值		-2 000	-130

因为 E(投保) $<$ E(不投保)，由货币值期望值准则，应该选择不投保的方案。但实际上许多小轿车主仍然踊跃去保险公司投保，怎么解释？让我们改用效用期望值准则来决策。

第一步，选定标尺。

对于车主来说，不损失最好，损失小轿车最坏，即

$$U(0)=1,\quad U(-200\,000)=0$$

第二步，求 $U(-2\,000)=?$

构造决策问题：

$A1$：以概率 p 得收益 0 元，以概率 $1-p$ 得收益 $-200\,000$ 元；

$A2$：肯定得收益 $-2\,000$ 元。

这里 $A1$ 中的 p 是指不发生车祸的概率。从 $p=0$ 起，逐步增加。显然，p 很小时，即发生车祸概率很大，车主们会毫不犹豫地去投保。即使 $p=0.99$，车主也会想，尚有 1% 的可能性发生车祸，那可受不了，还是情愿投保。当 p 再增加，即安全系数增大时，比如 $p=0.999$ 时，他才认为付出 2 000 元保险与不保险一样，我们就认为 $U(-2\ 000)=0.999$。

于是，我们可以作出效用值决策收益矩阵表(见表 14.5)。

表 14.5　**效用值决策收益矩阵表**

状态	概率	方案	
		投保	不投保
正常	0.9935	0.999	1
不幸	0.0065	0.999	0
效用期望值		0.999	0.9935

因为 EU(投保) > EU(不投保)，由效用期望值决策准则，应选择投保的方案。

五、风险决策的敏感性分析

不管是哪一种风险型决策问题，在采用期望值决策时，状态概率是十分重要的，它的变化将直接影响决策的结果。因此，有必要来分析一下状态概率影响决策结果的敏感性。敏感性指决策方案中的状态概率发生变化时，原选择方案的期望收益值发生变动的程度。若变动程度大，就是敏感的；若变动程度不大，则不敏感。敏感性分析通过分析决策方案的敏感性，确定较为稳定的方案作为决策方案，以减少因自然状态与预期结果不同而造成的决策失误所带来的损失。由于敏感性分析是决策后的分析，因此也称为优化后分析。

现假设新兴公司不确知公寓楼市场旺盛的概率具体为多少，只能计为 p。那么 p 在什么范围内变化，决策结果为 d_3？

先算出各个方案期望值：

$$E(d_1)=p\times 8+(1-p)\times 7=7+p$$

$$E(d_2)=p\times 14+(1-p)\times 5=5+9p$$

$$E(d_3)=p\times 20+(1-p)\times(-9)=-9+29p$$

若要决策结果为选择方案 d_3，应有 $E(d_3)>E(d_2)$；$E(d_3)>E(d_1)$，即 $-9+29p>7+p$；$-9+29p>5+9p$，则 $p>4/7$；$p>2/5$。

所以，$4/7<p\leqslant 1$ 时，决策结果为选择方案 d_3。

我们也知道，在期望值决策中，概率 $P(d_i)$ 只描述了状态为 (d_i) 发生可能性的大小。因此，即使占有大量的资料得出了 $P(d_i)$，据此做出的决策究竟会遇到哪一种状态出现仍然是随机的。这样，就提出了有关花代价去换取出现哪一种状态的“完全信息”的价值的问题。

六、完全信息下的期望价值

现在假设新兴公司有机会通过市场调查来评估购买者对于公司公寓楼工程的兴趣，从而获得能够修正各自然状态发生概率的有用信息。为确定这一信息的潜在价值，我们首先假定该调查可以提供有关自然状态发生的完全信息，即我们假定新兴公司能够正确无误的判断出将来哪一种自然状态会出现的概率。与之对应，新兴公司的决策策略变为一旦知道哪种状态会发生，就选择在该状态下获利的方案。回忆表 14.1 中的收益矩阵。如果新兴公司确信状态 s_1 会发生，那么最优的选择方案就是此时获利 20 百万元。类似地，如果新兴公司确定自然状态 s_2 会发生，最优的选择变为获利情况为 7 百万元。于是利用以下的方式我们可以标记在完全信息条件下的新兴公司决策策略：

如果 s_1 发生，选择 d_3

如果 s_2 发生，选择 d_1

现在我们计算这一决策策略的期望价值。计算完全信息条件下的期望值，我们先回忆对于各可能的自然状态的原始概率估计：$P(s_1)=0.8$，$P(s_2)=0.2$。假定完全信息显示恰有0.8的概率发生状态s_1。这种情况下，选择的方案d_3提供20百万元的利润。同样，发生 s_2 的概率为 0.2，其最优方案 d_1 贡献 7 百万元的利润。于是，使用完全信息下的决策策略的期望值为：

$$8\times 20+0.2\times 7=17.4(\text{百万元})$$

将其记为完全信息下的期望值。前面我们得到方案 d_3 的期望值为 14.2 百万元，这是在没有利用完全信息的情况下计算出的，故而称为无完全信息下的期望值。两者的差 3.2(即 17.4－14.2) 百万元，即为完全信息的价值。换句话说，如果可以得到有关自然状态发生的完全信息，则可获得 3.2 百万元的额外收益。

一般情况下，市场调查提供的信息并不是“完全”的，但如果进行得好，同样会使公司获得不小的额外收益。因而企业在决策某一项目之前往往会进行一番市场调查。收益与成本对应，市场调查同样有成本，其成本的上限即为完全信息的价值。具体到新兴公司的例子中，为摸准市场行情所花的代价不能超过 3.2 百万元。

第三节 贝叶斯决策

在运用期望值决策时，我们发现有关自然状态的概率对于期望值的计算和方案的挑选影响重大。通常情况下，决策者会对面临的自然状态的概率进行初步或事先的估计，这也是当时可以得到的最符合实际的概率。然而，为了做出最佳的决策，当事人会设法寻求更多涉及自然状态的信息，进而对事先得出的概率值进行修正或改动，为最终的决策构建更优的状态概率估计基础。

新信息的获取经常借助样本调查的方式，如原材料抽样、产品测试以及市场调查等都属于这种可以让决策者获取修改事先估计概率的方法。下面的讨论中，我们会再一次利用新兴公司的例子来演示如何运用样本信息来修正自然状态的概率以及如何利用修正后的概率进行最优决策。也就是通常所说的贝叶斯决策和后验决策。

假设新兴公司的管理者对市场情形的事先主观概率是市场旺盛的概率为 0.8、市场低迷的概率为0.2。因为$P(s_1)=0.8$和$P(s_2)=0.2$是在进行任何样本信息收集活动之前确定的，因而被称为自然状态的先验概率。在前面的章节里，我们借助先验概率选择了期望值为 14.2 百万元的建造大型结构大厦的方案 d_3；完全信息的期望值显示有关状态概率的新信息潜在价值可以达到 3.2 百万元。

现假设新兴公司决定进行一次 6 个月的市场调查以评估市场行情以及最终消费者对公寓楼的购买欲望。市场调查得来的新信息将借助贝叶斯程序对先验概率加以修正，修正后的概率称为后验概率。图 14.7 概括了这一修正过程。至于从调查或实验中得到的新信息我们定义为指示状态。许多情况中，这种为获取信息而进行的试验或调查会包括一个统计样本的抽取，所以得到的新信息也称为样本信息。

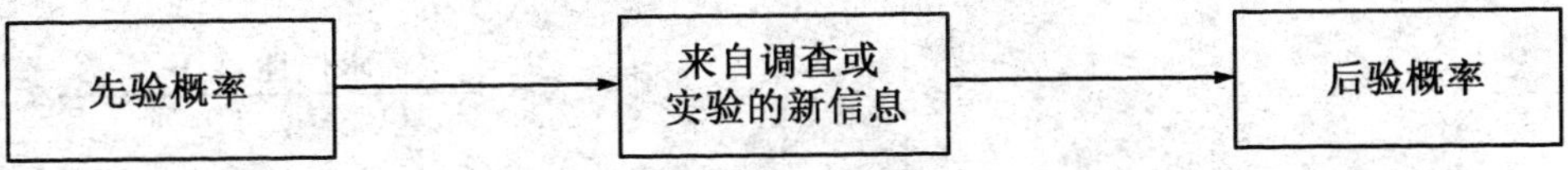

图 14.7　建立在新信息基础上的概率修正

通过指示状态的术语，我们定义新兴公司市场调查的结果如下：

I_1 = 有利的市场调研报告(例如接触的消费者普遍表示出对新兴公司公寓楼感兴趣)

I_2 = 不利的市场调研报告(例如接触的消费者普遍对新兴公司公寓楼反应冷淡)

用给定指示状态的状况来改进两种自然状态的概率估计。那么利用贝叶斯修正过程得到的将是一组形似 $P(s_j \mid I_k)$ 的后验概率。其中 $P(s_j \mid I_k)$ 表示假定市场调查结果为指示状态 I_k 时自然状态 s_j 会发生的条件概率。

为了有效利用指示信息，我们必须知道指示状态和自然状态之间的概率联系。如在新兴公司的问题中，如果状态最终显示为需求旺盛，那会有多大可能市场调研的结果为有利？也就是我们希望得到给定自然状态 s_1 指示 I_1 出现的概率，即 $P(I_1 \mid s_1)$。与此类似，其他给定状态下的指示状态出现的概率分别为 $P(I_1 \mid s_2)$、$P(I_2 \mid s_1)$ 和$P(I_2 \mid s_2)$。

假定新兴公司项目中，以下的估计可作为条件概率(表 14.6)。

表 14.6

自然状态	市场调查报告	
	有利报告 I_1	不利报告 I_2
需求旺盛(s_1)	$P(I_1 \mid s_1) = 0.9$	$P(I_2 \mid s_1) = 0.1$
需求低迷(s_2)	$P(I_1 \mid s_2) = 0.25$	$P(I_2 \mid s_2) = 0.75$

这些概率值实际提供了市场调查可信度的合理评估。如果真实的状态是 s_1，则市场调查报告有利的概率为 0.9，而报告不利的可能是 0.1。反之，如果真实的状态是 s_2，则市场调查报告有利的概率为 0.25，而报告不利的可能是 0.75。市场调研为有利的 25% 的误判断潜在可能性的原因也许在于某些潜在消费者刚听到公寓楼的消息时，他们的热情会导致对他们真实兴趣的高估。一旦面临要签订购买合同、支付预定款时，消费者的最初热情反应可能会很快消失。

下面来看包含贝叶斯修正过程的贝叶斯决策。

如完全信息一节所述，决策策略就是获得新信息之后在若干可供选择的方案中进行挑选的决策规则和方法。新兴公司的问题里，要做的决策是在知道市场调研结果满意或不满意状态下确定某特定决策方案。我们可以利用决策树分析法帮新兴公司做出最优的决策。

图 14.8 显示了如果进行市场调研新兴公司所面临的决策树。从左到右，该树形图依

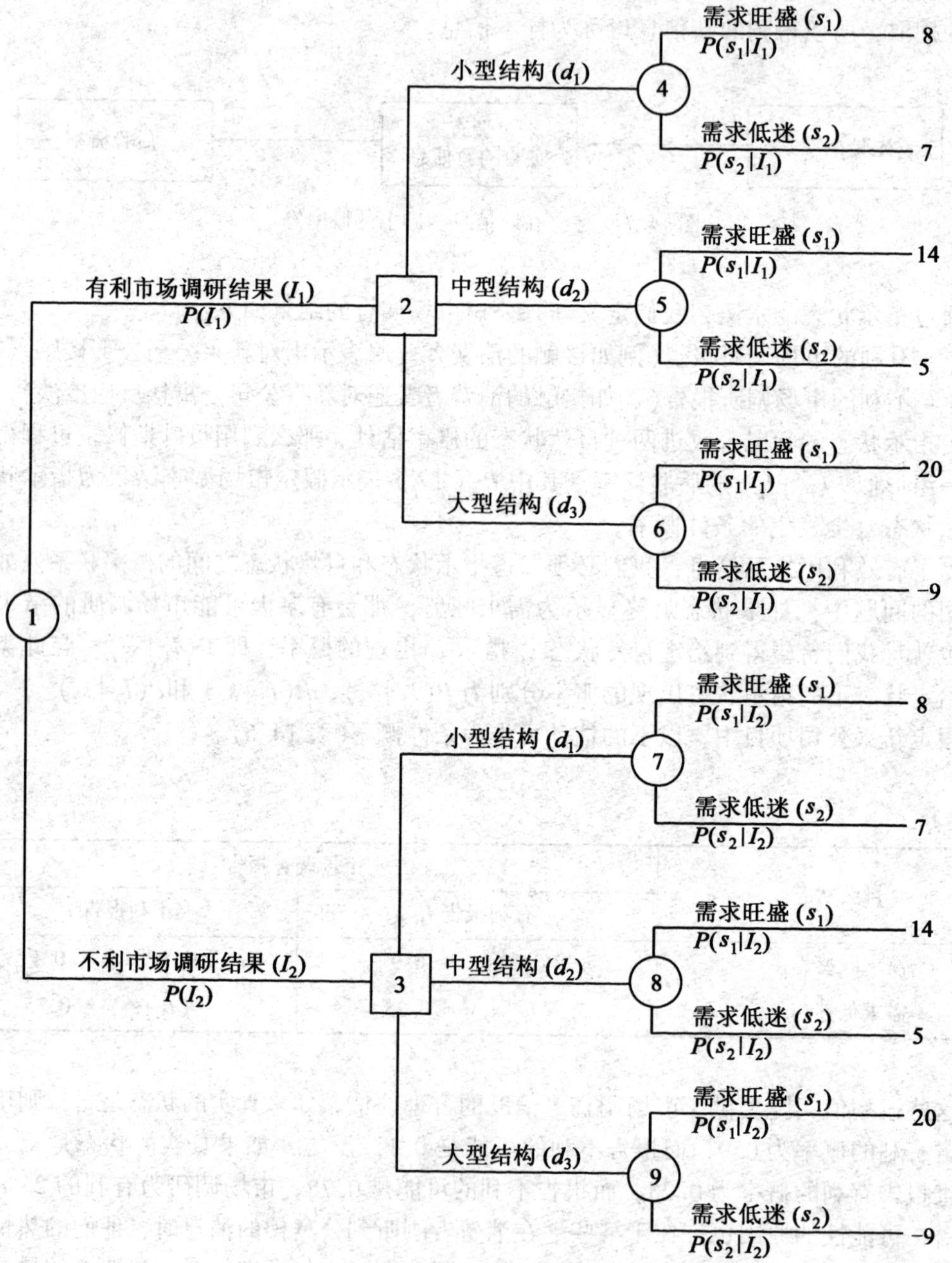

图 14.8 包含市场调研结果的新兴公司决策树(单位：百万元)

次说明了决策过程的自然或逻辑顺序。首先，公司得到市场调研的指示状态(I_1或I_2)，然后，确定决策方案(d_1，d_2或d_3)，最后，遭遇自然状态(s_1或s_2)。结合决策方案与自然状态得出最终的利润或损失。

这里运用决策分析法时，我们引进了指示状态点1以及指示枝I_1和I_2。由指示点引出的分枝不由决策者控制，而是决定于概率，因而其形状与自然状态点类似，以圆圈表示。节点2、3是决策点，节点4、5、6、7、8、9为自然状态点。在决策点，决策者必须选择要采用的特定方案d_1，d_2或d_3，选择最优的决策枝就等于做出最优的决策。然而，由于指示枝以及自然状态枝不在决策者控制内，各分枝的出现取决于各自相对应的概率大小。因此在进行分析之前，必须计算出各指示枝和自然状态枝对应的概率。自然状态枝位于指示枝之后，这样当我们计算自然状态枝的概率时，必然要事先确定之前是哪一种指示状态出现，也就是我们将以给定指示状态I_k的条件下自然状态s_j的概率来显示自然状态的概率，记为概率$P(s_j \mid I_k)$的形式。

现在计算各分枝的概率。回忆前面的章节关于新兴公司自然状态的先验概率为$P(s_1)=0.8$和$P(s_2)=0.2$；市场调研指示和自然状态之间服从条件概率：

$$P(I_1 \mid s_1)=0.9 \qquad P(I_1 \mid s_2)=0.25$$

$$P(I_2 \mid s_1)=0.1 \qquad P(I_2 \mid s_2)=0.75$$

现在我们需要的是$P(I_k)$和自然状态枝的概率$P(s_j \mid I_k)$。问题转化为怎样利用前面得到的概率$P(s_j)$和条件概率$P(I_k \mid s_j)$来计算决策枝概率$P(I_k)$和$P(s_j \mid I_k)$。借助第五章所介绍的贝叶斯定理及有关其运用的知识，这一点很容易做到。为简化起见，我们采用列表的方法来计算新兴公司决策树的决策枝概率。以有利市场调研结果I_1为基础的新兴公司的问题计算归总在表14.7。表格演化步骤如下：

1. 表格第一列显示自然状态，其先验概率填入第二列，关于指示状态I_1对应的各自然状态的条件概率填入第三列。

2. 第四列计算指示状态和自然状态的联合概率，即第二列的先验概率与第三列同行的条件概率相乘。

3. 加总第四列的联合概率得到$P(I_1)$、指示状态I_1的概率。

4. 计算第五列的后验概率，即第四列的联合概率分别除以$P(I_1)=0.77$。

表14.7说明得到一个满意的市场调研的概率是$P(I_1)=0.77$。对应的自然状态概率是$P(s_1 \mid I_1)=0.9351$和$P(s_2 \mid I_1)=0.0649$。也就是说，如果市场调查结果让人满意，公寓楼项目就有0.9351的概率获得较高的市场接受度。因此，一个有利的市场调研报告将促使新兴公司继续按照计划建造大型的公寓楼。

用同样的方法得到表14.8。这里不利市场调研结果的概率为$P(I_2)=0.23$，即在这种调研报告情况下，市场需求旺盛(s_1)的后验概率是0.3478，而市场需求低迷(s_2)的后验概率为0.6522。图14.9综合说明了各分枝的概率情况。

表 14.7　**以有利市场调研结果 I_1 为基础的新兴公司问题计算表**

自然状态 s_j	先验概率 $P(s_j)$	条件概率 $P(I_k \mid s_j)$	联合概率 $P(I_k \cap s_j)$	后验概率 $P(s_j \mid I_k)$
S_1	0.8	0.9	0.72	0.9351
S_2	0.2	0.1	0.05	0.0649
			$P(I_1)=0.77$	

表 14.8　**以不利市场调研结果 I_2 为基础的新兴公司问题计算表**

自然状态 s_j	先验概率 $P(s_j)$	条件概率 $P(I_k \mid s_j)$	联合概率 $P(I_k \cap s_j)$	后验概率 $P(s_j \mid I_k)$
S_1	0.8	0.10	0.08	0.3478
S_2	0.2	0.75	0.15	0.6522
			$P(I_2)=0.23$	

计算出决策枝的概率后，我们就可以利用期望值方法选出最优的决策方案。回到图 14.9 的决策树图。我们先计算每个自然状态枝点的期望值，在每个自然状态点，以其出现的概率加权可能的损益，从而得到节点 4 至节点 9 的期望值如下：

$$E(\text{点}4)=0.9351\times8+0.0649\times7=7.935$$

$$E(\text{点}5)=0.9351\times14+0.0649\times5=13.416$$

$$E(\text{点}6)=0.9351\times20+0.0649\times(-9)=18.118$$

$$E(\text{点}7)=0.3478\times8+0.6522\times7=7.348$$

$$E(\text{点}8)=0.3478\times14+0.6522\times5=8.130$$

$$E(\text{点}9)=0.3478\times20+0.6522\times(-9)=1.086$$

因为决策者控制决策分枝，并寻求最大化的预期利润，于是节点 2 处的最优抉择是方案 d_3，其期望利润值为 18.118。我们记节点 2 的期望值 $E(\text{点}2)=18.118$。同样可得节点 3 的期望值 $E(\text{点}3)=8.130$。回推到节点 1。节点 1 的两个可能的分枝，分别指示 I_1 和 I_2。我们必须用指示分枝的概率来计算最终的总期望值。

$$\begin{aligned}E(\text{点}1)&=P(I_1)\times E(\text{点}2)+P(I_2)\times E(\text{点}3)\\&=0.77\times18.118+0.23\times8.130=15.82\end{aligned}$$

15.82 百万元即为新兴公司进行市场调查并运用调研结果选择修建公寓楼的规模情况下所得到的最优决策的期望利润值。

注意到新兴公司还未最终决定公寓楼的规模。而在决定建造何种大厦之前，管理人员需要知道市场调查的结果。然后在以上分析的基础上，公司可以进行如下的决策：

如果调查结果为有利 I_1，建造大型结构大厦。

如果调查结果为不利 I_2，建造中型结构大厦。

对于其他问题，贝叶斯决策的程序是类似的。首先，画出带有指示状态点、自然状态点以及相应分枝的决策树，从而显示特定的决策过程及其对应结果。再计算出先验概率，确定指示分枝和自然状态分枝的概率值。然后，倒推决策树，算出自然状态点和指示点的预期值，选择决策点的最佳决策枝，确定相对应的决策策略以及最终的期望利润值。

由上述的决策分析可知，如果市场调查结果显示有利，新兴公司应该建筑大型公寓

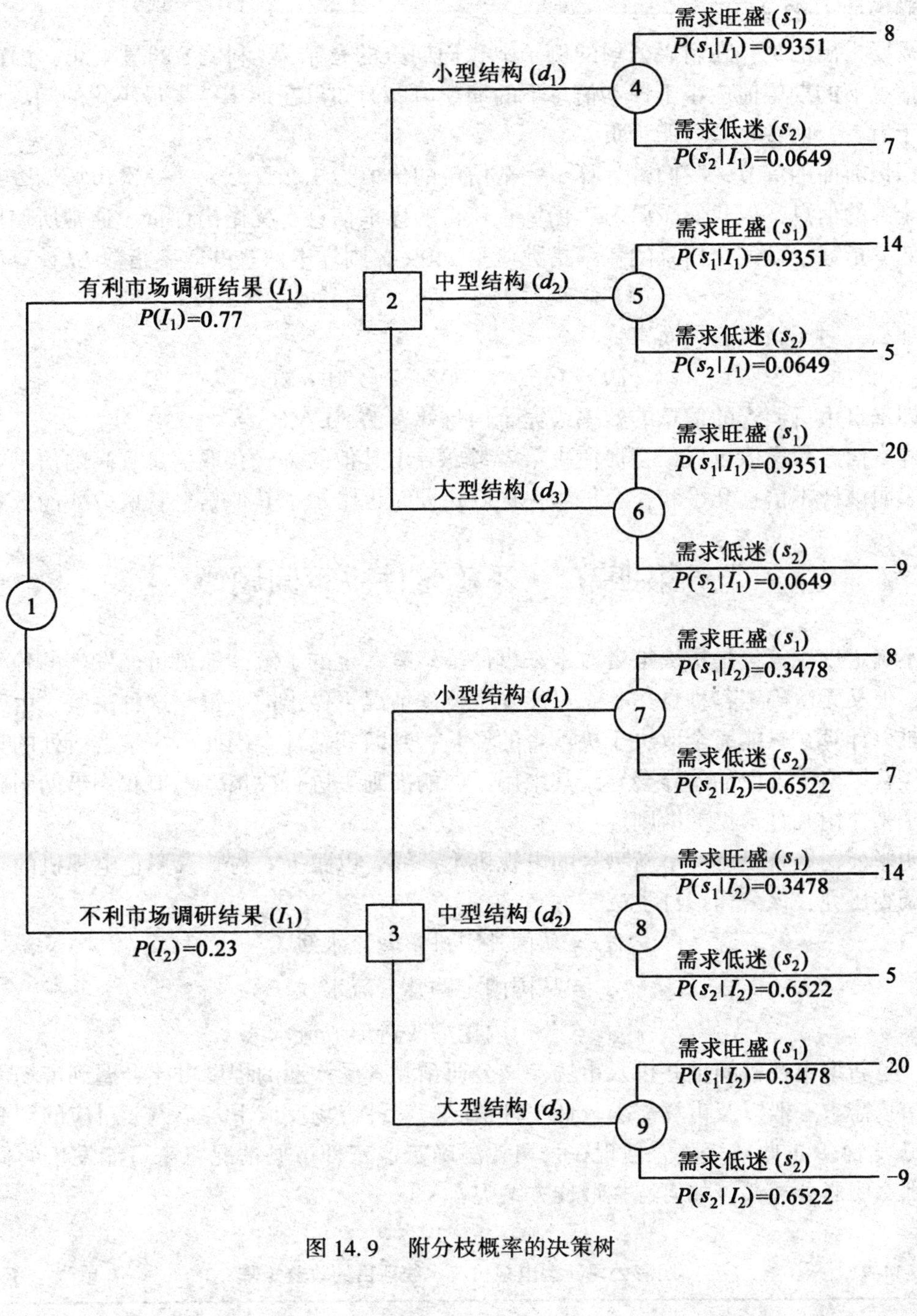

图 14.9　附分枝概率的决策树

楼；反之，若调查结果不利，新兴公司最好选择中型的公寓楼。这样做出的决策的期望值为 15.82，我们称之为样本信息下的期望值。只利用原始概率 $P(s_1)=0.8$ 和 $P(s_2)=0.2$ 做出的决策策略是选择方案 d_3，其方案期望值为 14.2。因为这是在缺乏样本信息的情况下做出的，所以我们又称之为缺乏样本信息的期望值。于是我们很快得到样本信息的价值，即为两个期望值的差 1.62(即 15.82 − 14.2) 百万元。换句话说，样本信息的使用导致期望利润增加 1.62 百万元。

需要指出的是，在新兴公司的例子中我们期望的是结果(利润)的最大化，因而缺乏样本信息下的期望值应小于样本信息下的期望值。但如果在期望结果最小化的问题中，前者大于后者，两者之差可能为负。

回忆前面的章节，我们曾计算出完全信息的价值为 3.2 百万元。一次市场调查并不能获得全部的信息，但我们需要对市场调查获得的样本信息情况做出评价，通常所使用的指标为效率指数。设完全信息的效率指数值是 100%，则样本信息的效率指数 EI 计算如下：

$$EI = (\text{样本信息价值} / \text{完全信息价值}) \times 100$$

那么，对于新兴公司而言：

$$EI = 1.62 \times 100/3.2 = 50.6\%$$

即来自市场调查的信息的效率为完全信息效率的 50.6%。

样本信息效率值过低，会促使决策者考虑寻求其他的方式获取信息。高的信息效率指数值表明该样本信息几乎和完全信息一样好，同时也暗示了其他信息获取方式的低效。

第四节 不确定性决策问题

不确定性决策，是指决策者对未来事件虽然有一定的了解，知道可能发生的各种自然状态，但又无法确定各种自然状态可能发生概率情况下做出的决策。这种决策，由于有关因素难以计算，只能完全取决于决策者的经验、判断和估计。因此，决策者所处的具体立场、经营风格等方面的差异会导致其采用不同的准则去进行决策。本节我们借助明彩公司的例子来介绍几种常见的准则。

明彩公司准备投产一个新型号的电视机生产线，以跟上农村普及彩色电视机的趋势。经过调查研究，该公司拟订了三套方案：

d_1 = 从国外引进整套流水线

d_2 = 从国内定购整套流水线

d_3 = 公司内挖潜改造形成流水线

一旦新型电视机问世并投入市场，该公司预测其受欢迎的程度可能会遇到市场需求较高、市场需求一般以及市场需求较低三种情况。三种市场反应下各个方案对应的利润收入具体见表 14.9 的收益矩阵。但现在公司无法确定这三种市场情况将来可能发生的概率大小，那么明彩公司又该如何选择最佳方案呢？

表 14.9 **明彩公司新型电视机流水线项目的收益矩阵** 单位：万元

状态	方案		
	d_1：从国外引进	d_2：从国内定购	d_3：公司内挖潜改造
S_1：高需求	500	300	100
S_2：中需求	250	200	100
S_3：低需求	−200	−100	100

一、最大最小决策准则

假设明彩公司的资金并不是很充裕，对于每一个投资都比较谨慎，希望获得稳妥的收益，因而在决策中首先考虑可能的最坏状态。具体到某一方案，其关注的是该方案在各种状态下后果值的最小值。对于方案 d_1，收益最小值为 -200(万元)；对于方案 d_2，最小收益为 -100(万元)；而方案 d_3 的最小收益是100(万元)，于是新型电视机流水线项目的三个方案后果最小值组成集合：{-200，-100，100}。

而在各个方案的最小后果值中，明彩公司期望获得最大的利润。自然，关注“收益100万元”。注意到该值对应于方案 d_3，则决策结果为：选择方案 d_3——公司内改造形成流水线。这种“小中取大”的决策准则就叫最大最小决策准则。这种准则的运用，往往是决策者认为形势比较严峻，在未来的各种自然状态中，最坏状态出现的可能性较大。为此，从最坏处着眼，采用较为稳妥的决策准则，即从各个行动方案的最小收益值中选取收益最大的方案为最优方案。它属于一种保守的决策法，故而又称悲观准则。

悲观准则步骤：

1. 从损益矩阵各列中选取最小值，构成一个集合。
2. 从第一步得到的集合中选取最大值。
3. 找出从第二步所得到的最大值所对应的方案作为决策结果。

有必要指出的是，如果损益矩阵中的数值不表示收益，而是成本、投资的话，那么，悲观准则的实质是“大中取小”。

我们再看一个例题。假设某企业对于投资建设某种产品的生产线有三个备选方案：一是投资500万元，建设年产1万台的生产能力；二是投资300万元，建设年产5 000台的生产能力；三是不投资。未来市场需求有大、中、小三种可能。方案一在市场需求大的状态下，可得净现值400万元；在市场需求中的状态下，可得净现值100万元；在市场需求小的状态下，可得净现值 -140万元。方案二在三种需求状态下(大、中、小)，可分别获得净现值200万元，200万元，-20万元。方案三在三种需求状态下，净现值都是0。试根据最大最小收益准则进行决策。见表14.10。

表14.10　**某项投资的收益矩阵表**　单位：万元

状态	需求大	需求中	需求小
方案一	400	100	-140
方案二	200	200	-20
方案三	0	0	0

方案一在各种状态下的最小收益为 -140万元，方案二在各种状态下的最小收益为 -20万元，方案三在各种状态下的最小收益为0。根据最大最小决策准则，应选择方案三，即不投资。

二、乐观决策准则

如果明彩公司决策时不是做好最坏的打算，而是考虑最好的结果，则情况会大不相同。从最好情况出发，明彩公司会首先关注各个方案所带来的最大利润。则收益矩阵第一列中的最大值500，第二列中的最大值300，以及第三列中的最大值100组成集合{500，300，100}。同样对各方案的最大后果值，明彩公司期望收益最大；而“大中取大”的值500对应方案 d_1，决策结果为：选择方案 d_1——从国外引进整套流水线。

决策从最好情况出发，是具有一定冒险性的，但同时也反映了决策者对未来乐观冒进的态度。所以这种从各个方案的最大收益中，再选取收益最大的对应的方案为最优方案的方法称为乐观准则。

乐观准则步骤：

1. 从损益矩阵各列中选取最大值，构成一个集合。
2. 从第一步得到的集合中选取最大值。
3. 找出从第二步所得到的最大值所对应的方案作为决策结果。

有必要指出的是，如果损益矩阵中的数值不表示收益，而是成本、投资的话，那么，乐观准则的实质是“小中取小”。

三、赫威斯决策准则

该准则又名乐观系数决策准则，它是介于悲观准则和乐观准则之间的一种决策准则，其特点是对客观条件的估计既不那么乐观，也不悲观，主张折中平衡，是一种折中决策方法。运用这种准则进行决策时，首先要确定一个乐观系数（对乐观程度的一个基本估计），通常用 α 表示，$0 \leqslant \alpha \leqslant 1$。$\alpha$ 越趋近于1，决策者对未来状态的估计越乐观；反之，α 越趋近0，决策者对未来状态的估计越悲观。当乐观系数确定后，就可以按下面的公式计算各种方案的现实估计收益值。

$CV_i = \alpha \times (\text{最大收益值}) + (1-\alpha) \times (\text{最小收益值}) \quad (i=1, 2, \cdots, n)$

选择 CV_i 最大值对应的决策方案为最优方案。

赫威斯决策准则步骤：

1. 确定乐观系数。
2. 计算 CV_i 值。
3. 找出从第二步所得到的 CV_i 中的最大值所对应的方案作为决策结果。

如果明彩公司决策者的乐观系数 $\alpha = 0.7$，则各方案的现实估计收益值如表14.11。

表14.11 **明彩公司新型电视机流水线项目的现实估计收益计算表** 单位：万元

决策方案	最大收益值	最小收益值	现实估计收益值(CV_i)
d_1：从国外引进	500	－200	$0.7 \times 500 + 0.3 \times (-200) = 290$
d_2：从国内定购	300	－100	$0.7 \times 300 + 0.3 \times (-100) = 180$
d_3：公司内挖潜改造	100	100	$0.7 \times 100 + 0.3 \times 100 = 100$

计算结果表明，从国外引进整套流水线的现实估计收益值290万元为最大，故按赫威斯准则，从国外引进是最优的决策方案。

四、悔值准则

不论是乐观者还是悲观者所采用的准则，其决策结果都有待于经受实践的检验。这是因为，决策在前，状态发生在后。如果明彩公司选择方案 d_1，它所期待的状态 s_1 发生的话，收益 500 万元才能真正得到；届时偏偏是状态 s_3 发生的话，它所得到的收益是 -200 万元，即亏本 200 万元。显然，在后一种情况下，它可能会后悔。同样，如果明彩公司选择方案 d_3，它当然能稳妥的得到这个收益值100万元。但届时偏偏是状态 s_1 发生的话，它也会后悔——当初为什么不选择方案 d_1 呢，否则，将得到500万元收益值，定量地说，100万元 - 500万元 = -400万元，它将后悔少收入400万元。所以明彩公司可以从事后可能的机会损失的角度进行决策。

首先构造后悔矩阵。具体地从损益矩阵：

$$C_1 = \begin{vmatrix} 500 & 300 & 100 \\ 250 & 200 & 100 \\ -200 & -100 & 100 \end{vmatrix}$$

选出每行中的最大值，这里是(500，250，100)。

再把 C_1 中每一行各数分别减去本行中最大值，得到：

$$C_2 = \begin{vmatrix} 0 & -200 & -400 \\ 0 & -50 & -150 \\ -300 & -200 & 0 \end{vmatrix}$$

C_2 即称为悔值矩阵。

再对悔值矩阵采用悲观准则决策。注意到 -400 表示后悔少收入400万元；-200 表示后悔少收入 200 万元；0 表示后悔少收入 0，因此，悔值以大为好（$-400 < -200 < 0$）。换句话说，应该适用“小中取大”的悲观准则。这里，对悔值矩阵 C_2，先求出各列最小值：

$$\{-300, \ -200, \ -400\}$$

再找出最小值中的最大值 -200，其对应的是方案 d_2。因此，悔值准则的决策结果是选择方案 d_2——在国内订购流水线。

悔值准则步骤：

1. 对损益矩阵各行元素，令它们各减去本行最大值，构成一个悔值矩阵。
2. 对悔值矩阵用“小中取大”的悲观准则。

有必要指出的是，如果决策表或损益矩阵中的数值不表示收益，而是表示成本、投资的话，那么，悔值准则的具体步骤应该是：

1. 对损益矩阵各行元素，令它们各自减去本行最小值，构成一个悔值矩阵。
2. 对悔值矩阵用“大中取小”的悲观准则。

五、等概率决策准则

如果明彩公司在决策过程中不能肯定哪种状态容易出现，哪种状态不容易出现时，就

"一视同仁"，认为它们出现的可能性(概率)是相等的。在这种假定条件下再利用同等概率来计算各个行动方案的期望收益值，而具有最大收益期望值的方案，就是最优方案。同样，如果我们计算的是同等概率条件下的损失值，那么具有最小损失值的方案就是最优方案。这种决策即为等概率决策准则。

现在假定三种自然状态(需求高、需求中、需求低)发生的概率相等，均为1/3，试用等概率决策准则进行决策。

这里先计算出各种方案的等概率期望收益值，见表14.12。

表14.12　**等概率期望收益值计算表**　单位：万元

决策方案	等概率期望收益值
d_1：从国外引进	$500\times1/3+250\times1/3+(-200)\times1/3=183.3$
d_2：从国内定购	$300\times1/3+200\times1/3+(-100)\times1/3=133.3$
d_3：公司内挖潜改造	$100\times1/3+100\times1/3+100\times1/3=100$

由表14.12的计算结果可看出，从国外引进整套流水线的期望收益183.3万元为最大。因此，按等概率准则进行决策，从国外引进整套流水线的方案为最优方案。

六、决策准则的评价与选择

非确定型决策中的各种决策方法，都是决策者从不同的角度出发，依据不同的决策准则来选取最优方案。无疑这类决策过程都涉及了决策者的主观意识。主观意识不同，其决策的出发点也就不一样。最大最小准则，就是从最坏的角度出发来考虑最优方案的选取。这对于那些企业规模小，技术装备不良，担负不起较大的经济风险的企业来说，决策者对未来的信心不足，故采用这一稳妥的准则进行决策，所以这一决策准则反映了决策者一种悲观意识。乐观准则，即决策者从最好状态出发，对未来的发展充满乐观，有充分的信心取得每一决策方案的最理想的结果，所以它反映了决策者的乐观情绪和冒险精神。赫威斯准则，实际上是对于悲观、保守的最大最小准则和过于乐观冒险的乐观准则的一种折中。利用这种准则进行决策，消除了悲观决策准则和乐观决策准则的两种极端倾向，反映了决策者既不悲观又不过于乐观的心理状态。但以这种准则进行决策，只顾及到最好和最坏两个极端状态，而忽略了收益函数提供的全部信息，因此这种准则的决策，也就不能全面、真实地达到理想的效果。后悔值决策准则，是从最坏处出发结合后悔值(机会损失)来考虑最优方案的选取，类似于最小最大准则，也反映了决策者的悲观情绪和保守意识。等概率决策准则，它是在决策者对未来各个状态出现的可能性未知的情况下，假定各状态发生的概率相等，求各方案下的收益期望值。显然这一准则的运用充分利用了收益函数所提供的所有信息，但对各未来状态发生的概率相等这一假定本身就带有很大的主观性。

以上几种非确定型决策准则，均反映了决策者的一种主观随意性。但是主观意识若脱离了决策问题所处的客观环境，即使运用再完美的决策准则来决策都将失去它的科学价值。因此，就一个具体的决策问题而言，其准则的选取还必须以决策问题所处的客观条件作为决策基础。

小　　结

本章我们介绍了如何在面对若干个决策方案和若干自然状态时运用决策分析从中选出最优的决策方案。根据自然状态的发生概率能否确定，决策分析分为风险性决策和不确定性决策。

风险性决策中，我们以期望值准则为主线，依次介绍了最大可能性准则、效用决策准则和贝叶斯决策，其间穿插决策分析的决策树法、决策的敏感性分析，并对决策者可获得的各种有用的价值进行了评价，即完全信息下的期望值、样本信息下的期望值和效率指数。

不确定性决策中，几种常见的决策准则是最大最小决策准则、乐观决策准则、赫威斯决策准则、悔值准则和等概率决策准则。需要指出的是，以上几种非确定型决策准则都涉及了决策者的主观意识，即主观意识不同，其选择的决策准则也就不一样。但是主观意识若脱离了决策问题所处的客观环境，即使运用再完美的决策准则来决策都将失去它的科学价值。因此，就一个具体的决策问题而言，其准则的选取还必须以决策问题所处的客观条件作为决策基础。

关键术语

不确定性决策　风险性决策　自然状态　收益　收益矩阵　决策树
完全信息下的期望值　先验概率　后验概率　指示状态
样本信息下的期望值　效率指数　乐观系数

习　　题

1. 某成衣制造公司现在必须决定是从供应商处购买一种制衣饰件还是由自己的子公司自行生产。如果市场需求旺盛，则自己生产饰件比较有利。然而如果市场需求低迷，则自行生产的成本过高。具体该决策项目的利润收益情况如表14.13所示(单位：百万元)。

各自然状态对应的概率是：$P(s_1)=0.35$，$P(s_2)=0.35$ 和 $P(s_3)=0.3$。

问题：

(1) 画出该决策项目的决策树。

表14.13

决策方案	市场需求		
	低 s_1	一般 s_2	高 s_3
自己生产 d_1	-20	40	100
购买饰件 d_2	10	45	70

(2) 运用完全信息下的期望值来判断该成衣制造公司是否应进行市场调查以获得更好的概率估计。

对于产品市场潜在需求的市场调查要么表现为有利结果(I_1)，要么表现为不利结果(I_2)。相应条件概率为：

$$P(I_1 \mid s_1) = 0.10,\ P(I_2 \mid s_1) = 0.9$$
$$P(I_1 \mid s_2) = 0.40,\ P(I_2 \mid s_2) = 0.60$$
$$P(I_1 \mid s_3) = 0.60,\ P(I_2 \mid s_3) = 0.40$$

(3) 市场调查结果表示有利的概率为多少?

(4) 该公司的最优决策方案是哪个?

(5) 样本信息下的期望值为多少?

(6) 求该决策的信息效率指数。

2. 某科研单位2018年有两项投资。投资A：肯定收益10万元；投资B：以概率0.8收益5万元，以概率0.2收益20万元。为了从这两个投资方案选择其一向某基金会上报，该科研机构仔细调查了该基金会历年批准投资项目的资料，发现：

(1) 该基金能承受的最大损失为10万元，期望得到的最大收益为30万元。

(2) 2015年，基金会同时批准过两个项目。

投资1：肯定收益20万元

投资2：以概率0.8收益30万元，以概率0.2损失10万元

(3) 2016年，基金会同时批准过两个项目。

投资3：肯定收益10万元

投资4：以概率0.6收益30万元，以概率0.4损失10万元

(4) 2017年，基金会同时批准过两个项目。

投资5：肯定收益5万元

投资6：以概率0.4收益30万元，以概率0.6损失10万元

根据这些资料，该科研单位应该向基金会上报哪项投资(用效用决策准则)?

3. 某合资日用化妆品公司，在市场需求不稳定、竞争激烈、市场预测公司产品销路不够理想的情况下，决定按最大最小准则决策，采用较稳妥的经营方针。该公司的经营方式、市场状态及年收益情况如表14.14所示(单位：万元)。

表14.14

经营方式	市场状态		
	畅销	一般	滞销
D_1	9	7	4
D_2	12	8	−1
D_3	10	6	3

该决策者按此准则应采用何种经营方式?

4. 某机械出口公司出口的普通机床，一向由包装合作社进行包装，每件费用为200元。公司现在考虑安装自行包装的设备。设备有大、中、小型三种。小型设备的每年固定费用为100 000元，可变费用(包括材料及人力等)为每件180元；中型设备每年固定费用为200 000元，可变费用为每件150元；大型设备每年固定费用为480 000元，可变费用为每件120元。机械出口公司是按安装设备后比委托合作社代理包装能节约多少费用作为决策损益的依据。

(1) 如果采用小型设备，问每年需要包装多少件才能使费用与委托合作社代理包装的费用相等？按同样要求，分别计算中型和大型设备的包装件数。

(2) 设每年包装7 000件，求分别采用小、中、大型设备比委托包装所能节约的费用各为多少元。

(3) 假定公司估计全年需要包装出口的件数为4 000件、7 000件或10 000件的概率分别为0.4、0.3和0.3。列出公司的决策损益表，并检查损益表是否有应予以剔除的劣势行动。

(4) 作出决策树图，包括委托包装的行动，但剔除劣势行动，并确定最优行动及其损益期望值。

(5) 计算完全信息条件下的损益期望值。

(6) 计算完全信息的期望值。

5. 一家服装厂设计出一种女大衣，式样新颖，但是对于是否能迎合顾客的喜好没有把握。厂家估计成功的可能性为50%，如果推销成功，估计可以获利40万元，如果失败则要损失20万元。厂家也可以采用内部试用的办法进行试验，试验费用(包括试制成本、试验设计、搜集与分析资料等人力物力的开支)为2万元。试验结果是肯定的话，则推销成功的概率为90%；结果是否定时，则推销成功的概率只有20%。按厂家过去的经验，一种新型服装试用取得肯定结果的概率为40%。根据以上条件，作出决策树图，并应用后向归纳法确定工厂关于是否推销和是否试验的决策准则。

第十五章　博弈分析

第一节　博弈论概述

一、博弈的概念

博弈论译自英文Game Theory。其实Game的基本意义是游戏，说起游戏当然大家都非常熟悉，日常生活中的下棋打牌、博彩和田径、球类等各种体育比赛等都是不同种类、不同形式的游戏。如果我们认真观察、思考一下就能发现，很多游戏都有这样一个共同的特点，即策略(或称计谋)在其中有着举足轻重的影响和作用。虽然在有些游戏中体力和其他固有条件的作用会更大，但一旦这些条件及其对结果的影响既定以后，策略选择的好坏就成了可以由游戏参加者掌握运用的能左右游戏结果的最关键的因素，而在各游戏参加者的初始条件完全平等的游戏中，策略选择就更成了游戏结果的唯一的决定因素。进一步观察还可以归纳出游戏的下列四个共同特征：

第一，都有一定的规则。这些规则规定游戏的参加者(个人或队组)可以做什么，不可以做什么，按怎样的次序做，什么时候结束游戏和一旦参加者犯规将受怎样的处罚等。

第二，有一个结果。如一方赢一方输，平局或参加者各有所得等，而且结果常能用正或负的数值表示，至少能按照一定的规则折算成数值。

第三，策略至关重要。游戏参与者不同的策略选择常常对应不同的游戏结果。

第四，策略有相互依存性，即每一个游戏者从游戏中所得结果的好坏不仅取决于自身的策略选择，同时也取决于其他参加者(如果有的话)的策略选择。有时甚至一个坏的策略选择会给选它的一方带来并不坏的结果，原因是其他方选择了更坏(对自己不利，但对前者有利)的策略。

上述几点正是一般游戏的本质特征，但是，具有这样特征的却并不只有我们平常所理解的各种真正的游戏，许多我们平时并不以游戏相称的重要得多的活动同样具有这几个特征，如经济活动中的经营决策，市场竞争，政治、军事活动中的竞选、谈判、联合和战争等斗智斗勇的较量等，如果抽象出它们的本质特征，也都与一般游戏一样，是在一定规则之下各参加方的决策较量(假设实力因素及其作用基本确定)。当然，政治、军事、经济活动中的决策较量不可能像日常生活中的游戏那样轻松愉快，但基本原理却是与一般游戏相同的，有共同的规律性，可用同样的方法加以分析研究。换句话说，从研究游戏规律得出的结论可用来指导经济、政治等重要活动中所遇到的决策问题。由于博弈论研究的不少决策问题是在各博弈方之间的对抗、竞争或面对一种局面时的对策选择，因此博弈论在我国也常被称为“对策论”，具体的博弈问题则被称为“对策”问题。其实，用对策和对策论称呼博弈和博弈论并不是很恰当，因为“对策”在实际中常用来表示具体的应对方案，而我们所研究的决策问题却是有开始、有结束、有结果的过程，在这种过程中可能包含多个面对一定局面的对策选择，而问题的解则常常是由一组对策构成的一个完整的行动计划。进一步，我们对这些决策问题的研究也不仅仅局限于站在某个决策方的立场上找出针对其他方的对策，更重要的是要分析在这些决策过程中各博弈方相互制约、相互作用的规律，导出合理的结果并用以说明相应的实际问题，不仅为了指导各决策方合理决策，也为了指导具有组织和管理职责的政府和其他社会组织制定合理的政策和规则。因此，用较能表达一个完整的过程的意思的“博弈”而不是用常表示具体的针对性的反应的“对策”称呼我们所研究的决策问题更为合适。

博弈即一些个人、队组或其他组织，面对一定的环境条件，在一定的规则下，同时或先后，一次或多次，从各自允许选择的行为或策略中进行选择并加以实施，从中各自取得相应结果的过程。从上述定义可以看出，定义一个博弈需要设定下列几个方面：(1) 博弈的参加者。即在所定义的博弈中究竟有哪几个独立决策、独立承担结果的个人或组织。对我们来说，只要在博弈中统一决策、统一行动、统一承担结果，不管这个组织有多大，哪怕是一个国家，甚至是由许多国家组成的联盟，都可作为博弈中的一个参加方。并且，博弈的规则确定以后，各参加方都是平等的，大家都必须严格按照规则办事。为统一起见，本书今后将博弈中的每个独立参加方都称为一个博弈方。(2) 各博弈方各自可选择的全部策略或行为的集合，即规定每个博弈方在进行决策时(同时或先后，一次或多次) 可以选择的方法、做法或经济活动的水平、量值等。在不同的博弈中可供博弈方选择的策略或行为的数量很不相同，在同一博弈中，不同博弈方的可选策略或行为也常不同，有时只有有限的几种，甚至只有一种，而有时又可能有许多种，甚至有无限多种可选策略或行为。(3) 进行博弈的次序。在现实的各种决策活动中，当存在多个独立决策方进行决策时，有时候这些博弈方必须同时作出选择，因为这样能保证公平合理，而很多时候各博弈方的决策又必须有先后之分，并且在一些博弈中每个博弈方还要作不止一次的决策选择，这就免不了有一个次序问题。因此，规定一个博弈就必须规定其中的次序，不同的次序必然是不同的博弈，即使其他方面都相同。(4) 博弈方的收益。对应于各博弈方的每一组可能的决策选择，博弈都有一个结果表示各博弈方在该策略组合下的所得和所失，由于我们对博弈结果的评判分析只能通过对数量大小的比较来进行，因此我们所研究的博弈的结果必须本身是数量或至少可以量化为数量，结果无法量化为数量的决策问题不能放在博弈论中研究。我们把博弈中各种可能的结果的量化数值称为博弈中各博弈方在相应情况下的收益，规定一个博弈必须对收益作出规定。收益即收入、利润、损失、量化的效用、社会效用和经济福利等，可以是正值，也可以是负值。值得注意的是，虽然各博弈方在各种情况下的收益是客观存在的，但这并不意味着各博弈方都充分了解各方的收益情况，在许多博弈中，总存在某些博弈方对其他博弈方的收益无法肯定的情况。这些我们以后会再加说明。

以上四个方面是定义一个博弈时必须首先设定的，确定了上述四个方面就是确定了一个博弈。博弈论就是系统研究用上述方法定义的各种各样的博弈问题，寻求各博弈方合理选择策略的情况下博弈的解，并对这些解进行讨论分析的理论。不过，我们在此还必须对我们将要在本书中讨论的博弈问题加一个限定，那就是我们所讨论的博弈问题都是建立在“个体行为理性”基础上的“非合作博弈”。所谓“个体行为理性”是指个体的行为始终都是以实现自身的最大利益为唯一目标，除非为了实现自身最大利益的需要，否则不会考虑其他个体或社会的利益这样一种决策原则。而“非合作博弈”则是指在各博弈方之间不能存在任何有约束力的协议，也就是说各博弈方不能公然“串通”、“共谋”。在社会、经济活动中，既有相互竞争，也有相互合作，甚至是长期的合作，为什么我们只研究“非合作博弈”问题，而不研究允许合作的博弈问题呢？原因在于竞争是一切社会、经济关系的根本基础，不合作是基本的，合作是有条件的和暂时的，只要搞清了非合作的社会、经济关系，则合作的关系就非常容易理解。事实上，在我们证明非合作博弈无效率或低效率的同时，就自然说明了存在着合作的可能性和必要性。对此，我们将在具体的博弈问题中再加以讨论和论证。

二、博弈的类别

依据不同的标准，博弈的分类有很多种。

（一）单人博弈、两人博弈、多人博弈

根据博弈中的博弈方数目不同，可以将博弈分为单人博弈、两人博弈、多人博弈。一般来说，博弈方越少问题越简单，博弈方越多则问题越复杂难解。事实上，由于博弈方数目不同，博弈还可能表现出不同的性质和特点。所谓单人博弈就是指只有一个博弈方的博弈。只有一个博弈方的单人博弈，由于不存在其他博弈方对这种博弈中唯一的博弈方的决策和行为的反应和反作用，因此，相对人数较多的博弈要简单得多。严格地讲，单人博弈已经退化为一般的最优化问题，即一个个人或公司企业面对一既定的局面和情况时如何决策的问题。两人博弈就是在两个各自独立决策，相互具有策略依存关系的博弈方之间的决策问题。两人博弈是博弈中最普通、最常见，也是研究得最多的博弈类型。齐威王与田忌赛马，猜硬币，日常生活中的棋牌、球类比赛，以及经济活动中两厂商之间的竞争、谈判、兼并收购、劳资纠纷等都是两人博弈问题。当然，根据策略、收益、决策次序等方面的不同，两人博弈还可分为许多不同情况或种类。多人博弈有三个或三个以上博弈方。多人博弈本质上同样也是博弈方在意识到其他博弈方的存在，意识到其他博弈方对自己决策的反应和反作用存在的情况下寻求自身利益最大化的决策活动。因而，它们的基本性质和特征与两人博弈是相似的，我们常常可以用与研究两人博弈同样的思路和方法来研究它们，或将两人博弈的结论推广到多人博弈。不过，毕竟多人博弈中出现了更多的追求各自利益的独立决策者，因此，策略的相互依存关系也就更为复杂，对任一博弈方的决策引起的反应也就要比两人博弈中复杂得多。

（二）零和博弈、常和博弈、变和博弈

在两人或多人博弈中，每个博弈方在每种结果下都有各自相应的收益，我们可将每个博弈方在同一种结果中各自的收益相加算出各博弈方收益的总和，并可将其看做这个小范围内的“社会总收益”。在不同的博弈中，总收益的情况会很不相同，但有时候，有些博弈中的这种各博弈方的收益之和却有相同的特征，根据这些特征，我们可将博弈分为“零和博弈”、“常和博弈”、“变和博弈”三种类型。（1）零和博弈。在不少博弈中，一方的收

益必定是另一方的损失，某些博弈方的赢肯定是来源于其他博弈方的输，如在各种赌胜博弈和法律诉讼、战争中常常都是这样。这种博弈的特点是不管各博弈方如何决策，最后的社会总收益，即各博弈方收益之和总是为0。在这种博弈中，究竟出现哪种结果，对全体博弈方构成的总体的利益来讲是没什么区别的。我们称这种类型的博弈为“零和博弈”。零和博弈是非常常见的博弈类型，特别是其中的两人零和博弈，更是十分普遍，同时也是被研究得最早、最多的博弈问题。(2) 常和博弈。与上述零和博弈不同，在有些博弈中，每种结果之下各博弈方的收益之和不等于0，但总是等于一个非零常数，这也是一类有特殊意义的博弈，我们称之为“常和博弈”。当然零和博弈本身可被看做是常和博弈的特例。常和博弈也是很普遍的博弈类型，如在几个人或几个方面之间分配固定数额的奖金、财产或利润等就一定构成常和博弈。不管这些博弈中各博弈方决策的具体内容如何，与零和博弈一样，常和博弈中各博弈方之间的利益关系也是对立的，因此这些博弈方之间的基本关系也是竞争。不过，由于常和博弈中并不一定要有输家，利益的对立性体现在利益的多少，结果能出现大家分得合理或者说满意的一份，因此也比较容易相互协调、和平共处。(3) 变和博弈。零和博弈和常和博弈以外的所有博弈都可被称为变和博弈。变和博弈即意味着在不同策略组合中博弈方的收益之和一般是不相同的。变和博弈是最一般的博弈类型，而常和博弈和零和博弈则都是它的特例。

(三) 静态博弈、动态博弈

在许多博弈，或其相对应的日常生活、经济活动的对抗、竞争中，如果某些博弈方事先知道其他博弈方的决策选择，就可以有针对性地安排自己的行为、策略或相应调整、改变自己的决策选择，从而使自己立于不败之地或获取更多的利益，这肯定就造成了博弈方之间的不公平、不平等。因此，为了公平合理起见，也为了使计谋和决策对抗更有意义，常常要求各博弈方在博弈中同时进行决策选择，同时行动，或者虽然各博弈方作出决策的时间不一定真正一致，但至少在他们作出各自的选择之前都不允许知道其他各博弈方的策略选择，在知道其他博弈方的策略选择以后不能改变自己已经作出的选择，因而我们仍可将各博弈方的选择看做是同时作出的，前者如齐威王与田忌赛马，后者如猜硬币、投标(在投标活动中，投标人投出标书一般总是有先有后的，但因为所有投标人在开标之前都无法知道其他投标人的标价，因此可看做同时决策的) 等。所有博弈方同时或可看做同时选择策略的博弈我们称为“静态博弈”。除了与上述静态博弈相类似，有各博弈方同时决策特征的博弈以外，也有大量实际中的决策活动构成的博弈中各博弈方的选择和行动不仅有先后次序，而且后选择、后行动的博弈方在自己进行选择、行动之前可以看到在他之前选择、行动的博弈方的选择、行动。这种博弈无论在哪种意义上都无法被看做同时决策的静态博弈。我们把这种各博弈方不是同时，而是先后、依次进行选择、行动，而且后选择、行动的博弈方在自己选择行动之前一般能看到此前其他博弈方的选择、行动的博弈称为“动态博弈”。在动态博弈中，各博弈方轮流进行的可能是方向、大小、高低等的选择，也可能是各种其他的具体的“行动”，今后我们一般都称之为“行为”。弈棋显然可看做一种动态博弈，因为它是两博弈方(对弈者) 依次轮流按规则选择移动棋子的行为。并且，在这个动态博弈中，每个博弈方不是只有一次行为的机会，而是有许多次，当然，在任何一方的每次行为之前都对此前的博弈过程完全清楚。经济活动中也有大量的动态博弈问题。如经常见到的商业大战，因为常常是各家轮流出新招，所以可看做是动态博弈问题。还有如各种商业谈判、讨价还价，因为也常常是双方甚至多方你来我往很多回合的较量，因此也属于动态博弈问题。

（四）完全信息博弈、非完全信息博弈

当你与他人对抗、竞争，甚至是合作时，对自己和他方的处境、条件是否清楚，是否有足够的了解是至关重要的。如果把上述各种活动看做博弈，那么，博弈中关于各方环境、条件的信息就是重要的决策依据和决定博弈结果的重要因素。当然，我们并不是说缺乏某些信息就一定不能进行决策，甚至也不是说拥有较多的信息就必然会得到较多的利益，但至少信息方面的差异必然会造成决策行为的差异和博弈结果的不同，这一点却是可以肯定的。博弈中最重要的信息之一就是关于收益的信息，即每个博弈方在每种结果（策略组合）下的收益情况。在许多博弈问题中，每个博弈方除了对自己的收益情况完全清楚以外，对其他博弈方在各种结果下的相应收益也都完全清楚，因此每个博弈方对双方在每种情况下的收益都非常清楚。在齐威王与田忌赛马、猜硬币等博弈中，因为一方的赢就是另一方的输，因此双方也都有关于收益的全部信息。但并不是所有博弈的博弈方都像上述几个博弈中的博弈方一样都有关于收益或了解收益所需要的全部信息。典型的例子是在投标、拍卖活动构成的博弈中，由于各博弈方（竞投、竞拍者）对其他博弈方关于投标、拍卖标的物的估价常常并不清楚，因此，即使最后的成交价是大家都能看到的，每个博弈方也都仍然无法知道其他博弈方中标、拍得标的物的真正利益（收益）究竟是多少。一般地，我们将博弈中各博弈方都完全了解所有博弈方各种情况下收益的博弈称为“具有完全信息的博弈”，而将在博弈中至少存在部分博弈方不完全了解其他博弈方收益情况的博弈称为“具有不完全信息的博弈”。当然，不完全了解其他博弈方收益的博弈方就是“具有不完全信息的博弈方”。是否了解所有博弈方的收益情况是一个非常重要的差别，它会影响各博弈方的决策和行为。在这方面不同的博弈，即使其他方面情况都相同，结果也会有很大的差异。因此，我们必须重视这种区别，正是因为这个原因，博弈论要将博弈分成完全信息博弈和不完全信息博弈两大类。

（五）完美信息博弈、不完美信息博弈

在许多动态博弈中，轮到行为的博弈方都能看到在他行为之前行为的其他博弈方的行为，也即对博弈的“进程”或“历史”有完美的“知识”，如弈棋这种两人动态博弈中，双方的每一步棋都是大家一目了然的，每方在走每一步之前都清楚此前的对局（博弈）过程。但是，也有一些动态博弈中有某些（一般不是全部）轮到行为的博弈方并不完全清楚此前行为的其他博弈方都作了怎样的选择，博弈的进程究竟如何，对博弈进程没有完美的知识或了解。如围绕一个提案，赞成和反对的双方向国会议员进行游说活动，因为这些游说活动不是完全公开进行的，因此任何一方对对方的每一步行动不可能都很清楚。动态博弈中如果轮到行为的博弈方对博弈的进程，即此前行为的各博弈方的行为完全了解，我们称这样的博弈方为“具有完美信息的”博弈方，如果动态博弈中的所有博弈方都是具有完美信息的，则该动态博弈称为“完美信息的动态博弈”。动态博弈中轮到行为的博弈方不完全了解此前全部博弈进程时，我们称这样的博弈方为“具有不完美信息的”博弈方，有这样的博弈方的动态博弈则称为“不完美信息的动态博弈”。同样容易理解的是，在动态博弈中各博弈方是否具有完美信息对他们的决策、行为及博弈的结果都有很大的影响。没有完美的关于博弈进程的信息就意味着一定的盲目性，为了作出正确的决策，必须对博弈进程作出尽可能准确的“判断”。当然，博弈的结果也就只能是一个概率期望而不可能像在完美信息博弈中那样是确定的结果。

三、博弈的表述

用博弈分析方法分析现实问题时，面临着如何将现实问题转化成便于博弈分析的形式，所以，首先必须了解博弈最基本的几种表述形式。

(一) 收益矩阵法

所谓收益矩阵就是将博弈方的收益以矩阵的形式表现出来。收益矩阵往往用于静态博弈中，而且由于平面的二维性，在收益矩阵中很难将多人博弈的收益结果表现出来，因此收益矩阵法往往用于单人和两人博弈中，下面我们通过一个例子来介绍收益矩阵法的基本要点。

有一个非常古老的游戏 —— 猜硬币。在游戏中，两个人通过猜测硬币的正反面赌输赢，盖硬币方和猜硬币方为本博弈的两个博弈方，其中一个人用手盖住一枚硬币，由另一方猜是正面还是反面朝上。若猜对，则猜赢者赢一元，盖硬币者输一元；否则，盖硬币者赢一元，猜者输一元。用收益 1 表示赢，用 - 1 表示输。如果真以该游戏赌输赢，这种表示方法是非常合理的。由于一方的赢必定是另一方的输，它们各有正面和反面两种可选择的策略。由于每一方都不会让对方在选择之前知道自己的选择，因此，可看做两博弈方是同时做决策的。我们可以用下面的收益矩阵表示这个猜硬币问题(如图 15.1)。图中盖硬币方和猜硬币方代表本博弈中的两个博弈方，矩形中的每个元素都是由两个数字组成的数组，表示所处行列代表的两博弈方所选策略的组合下双方的收益，其中第一个数字表示盖硬币方(矩形左侧) 的收益，第二个数字为猜硬币方(矩形上面) 的收益。

		猜硬币方	
		正面	反面
盖硬币方	正面	(−1,1)	(1,−1)
	反面	(1,−1)	(−1,1)

图 15.1　猜硬币游戏的收益矩阵

(二) 在动态博弈中，博弈方策略中包括了多步行动选择，对于动态博弈而言用“扩展形”加以描述更加清楚

假设某甲在开采一价值为 10 万元的矿产时缺 2 万元资金，而乙正好有 2 万元资金可以投资。当然甲希望乙能将 2 万元资金借给自己用于开矿，并许诺乙在开采矿产后与乙对半

分成，乙是否会将资金借给甲？假设矿产的价值是经过权威部门探测确认的，没有必要怀疑。可以用下面的扩展形(如图 15.2) 表示该博弈，图中的两个圆圈称为两个“选择结点”，也称为“信息集”，其中，甲、乙分别表示这些结点对应的博弈中需要博弈方进行选择的两个地点，每个终端的括号中的两个数字表示了两个博弈方在沿相应的决策路径达到该终点时各自的收益，数字中的前一个表示博弈中先做决策的一方。如在上面的例子中 (0，10) 表示乙在选择借资金给甲，而且甲在采掘后选择不分收益给乙时，乙的收益为 0，甲的收益为10；(5，5) 表示乙在选择借资金给甲，而且甲在采掘后选择与乙分配收益时，乙的收益为5，甲的收益为5；(2，0) 表示乙在选择不借资金给甲，乙的收益为2，而甲的收益为0。

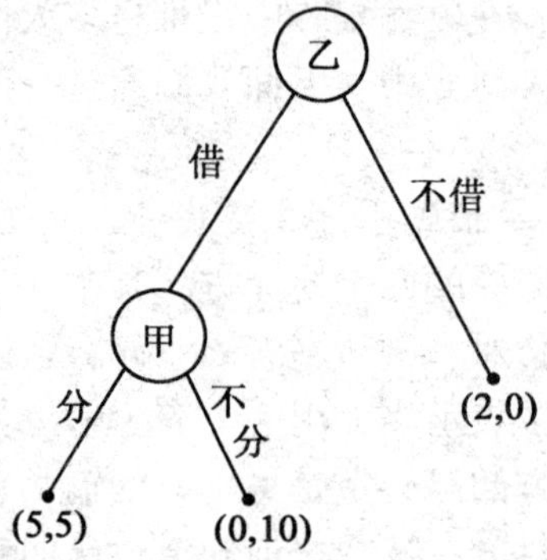

图 15.2 开金矿博弈的扩展形

第二节 博弈分析的基本原理

在前面介绍博弈的基本概念时，我们就强调过我们所讨论的博弈问题都是建立在“个体行为理性”基础上的“非合作博弈”。所谓“个体行为理性”是指个体的行为始终都是以实现自身的最大利益为唯一目标，除非为了实现自身最大利益的需要，否则不会考虑其他个体或社会的利益这样一种决策原则。那么我们在解博弈问题时就是根据博弈方的收益最大化来解决博弈问题。

一、纳什均衡

为了给出纳什均衡的正式定义，我们引进几个概念的一般记法：在以后的博弈问题中，我们用 G 表示一个博弈；如果 G 有 n 个博弈方，每个博弈方的全部可选择策略的集合称为策略空间，分别用 S_1，S_2，…，S_n 表示；$S_{ij} \in S_i$ 表示博弈方 i 的第 j 个策略，其中 j 可取有限个值(有限策略博弈)，也可取无限个值(无限策略博弈)；博弈方 i 的收益用 u_i 记，u_i 是各博弈方策略的多元函数。n 个博弈方的博弈 G 常写成 $G = \{S_1, S_2, \cdots, S_n; u_1, u_2, \cdots, u_n\}$。

在博弈 $G = \{S_1, S_2, \cdots, S_n; u_1, u_2, \cdots, u_n\}$ 中，如果策略组合 $(s_1^*, s_2^*, \cdots, s_n^*)$

中任一博弈方 i 的策略 s_i^* 都是对其余博弈方的策略组合 $(s_1^*, s_2^*, \cdots, s_{i-1}^*, s_{i+1}^*, \cdots, s_n^*)$ 的最佳对策，即 $u_i(s_1^*, s_2^*, \cdots, s_{i-1}^*, s_i^*, s_{i+1}^*, \cdots, s_n^*) \geqslant (s_1^*, s_2^*, \cdots, s_{i-1}^*, s_{ij}, s_{i+1}^*, \cdots, s_n^*)$ 对任意 $S_{ij} \in S_i$ 都成立，则称 $(s_1^*, s_2^*, \cdots, s_n^*)$ 为 G 的一个“纳什均衡”。

通过对纳什均衡定义的介绍，很显然我们求解博弈问题的目标就是要求出该博弈的纳什均衡。

二、几种简单的求解方法

虽然纳什均衡的定义给出了非常理想的博弈问题的解，但没有给出具体求解的办法，求解博弈的方法也很多，包括下画线法、严格劣策略反复消去法、逆推归纳法等。

(一) 下画线法

我们一再强调个体的行为始终都是以实现自身的最大利益为唯一目标，下画线法就是在博弈的收益矩阵中比较博弈方的众多策略，找出针对另一个博弈方的每一个策略，从而找出自己最优的对策。我们还是通过一些例子来介绍求解方法。

我们用博弈论中最经典的例子——囚徒困境来讲解下划线法。警察抓住两个正在偷汽车的罪犯，在审问的过程中，警长感觉到，这两个人可能参与了上个月的银行抢劫案。不过，这仅仅是一种猜想，除非其中有一个人坦白交待，否则，警长不会得到任何证据。为了得到所需要的口供，警察决定将他们分别关押以防止他们形成串谋，并分别跟他们讲清楚了他们的处境和面临的选择：如果他们两人都不认罪，则他们会按偷窃罪被各判 2 年徒刑；如果其中一人坦白认罪，则坦白者立即释放而另一人将重判 10 年徒刑；如果两人都坦白，则他们将被各判 8 年监禁。我们用收益矩阵将该博弈表述如图 15.3。

		囚徒 2	
		不坦白	坦白
囚徒 1	不坦白	–2,–2	–10,0
	坦白	0,–10	–8,–8

图 15.3　画线法求解囚徒的困境

对囚徒 1 来说，假设囚徒 2 的策略是不坦白，则囚徒 1 不坦白的收益为 – 2，坦白的收益为 0，最佳对策是坦白。我们在图中囚徒 1 坦白，囚徒 2 不坦白的策略组合所对应的囚徒 1 的收益 0 的下面画一短线，表示囚徒 1 在囚徒 2 不坦白的时候的最大收益。同样，我们找出囚徒 2 坦白时，囚徒 1 的最佳对策，结果发现还是坦白，其最大收益为 – 8，我们也在该数字下画一短线。囚徒 2 的决策思路与囚徒 1 是同样的，因此也在他针对囚徒 1 不坦白、坦白两种对策给他带来的最大收益 0 和 – 8 下画线，见图 15.3。这样在收益矩阵的四个策略组合的最后收益数组中，对应(不坦白，不坦白)的收益数组(– 2， – 2)的两个数字下面都没有画上线，这意味着该策略组合中两博弈方的策略都不是各自针对另一方策略的最佳对策，也意味着该策略组合不可能是博弈的最终解。在两个一方坦白、一方不坦白的策略组合对应的收益数组中，都只有一个数字下面画有短线，即只有一方的策略是对另一方策略的最佳对策，而另一方的策略却不是针对对方策略的最佳对策，因此这两个策略组合也不可能是双方都乐意接受的结果。只有双方都采取坦白策略组合所对应的收益数组(－8，－8)下都有下画线，意味着双方的坦白对策都是对方对策的最佳对策，而(－8，－8)就是该策略组合的收益数组。在本博弈中，(－8，－8)所对应的策略组合(坦白，坦白)是唯一的由相互是对方策略的最佳对策的策略组合。通过上面下画线求解博弈的方法通常被称为"下画线法"。

在用下画线法求解博弈时必须注意的是画线的数字在收益矩阵中不是收益最大的策略组合，如图15.3中最优的收益应该是(－2，－2)，但这个收益对于收益获得者而言必定是在对方选择某一策略时所能获得的最好收益。正是由于这个原因，所以博弈求出的解对博弈方不一定是最好的结果。

下画线法是一种求解博弈的非常简单的方法，对于能用于收益矩阵表示的静态博弈，我们都可以应用这种方法。当然，并不是每一个静态博弈都可以通过下画线求解的。可能不存在两个数字都有画线的收益数组(如图15.4)，也可能出现多个收益数组的两个数字都有画线的情况，这时我们就要用其他方法来求解。

		猜硬币方	
		正面	反面
盖硬币方	正面	−1,1	1,−1
	反面	1,−1	−1,1

图15.4　画线法求解猜硬币

(二) 严格劣策略反复消除法

对于博弈中的任何博弈方都可能存在这样的情况：不管其他博弈方的策略如何变化，自己的某一策略给他带来的收益总是比其他某些(不必是全部)策略给他带来的收益要小，该策略称为"其他某些策略"的"严格劣策略"。当然，明智的博弈方在博弈中不可能选择严格劣策略，也就是说，如果在博弈的收益矩阵中我们通过比较发现某一博弈方的某一策略相对于其他某些策略而言是严格劣策略，则我们可以将它从该博弈方的策略空间中去掉，这样就只剩下较少的策略空间。在该博弈方余下的策略空间和其他博弈方的策略构成的策略组合中我们仍然可以检查是否存在严格劣策略。如果有，通过相同的办法将之消除，如此反复，直到没有严格劣策略为止。如果最后只剩下唯一的一个策略组合幸存下来，则它就是该博弈的解。这种求解博弈的方法称为"严格劣策略反复消除法"。

在囚徒困境中，我们很容易发现，无论是囚徒1还是囚徒2，不坦白都是相对于坦白的严格劣策略，因为无论对方选择何种策略，自己选择坦白的收益都高于选择不坦白的收益，我们将不坦白从他们的策略空间中去掉，剩余的唯一策略组合为(坦白，坦白)，它就是博弈的解，可以看出这与我们在前面用下画线法求出的结果一致。

我们再用一个例子，来认识严格劣策略消除法。图15.5中的收益矩阵表示博弈方1有

博弈方1 \ 博弈方2	*A*	*B*	*C*
上	1,1	1,3	0,2
下	0,6	0,4	2,0

图 15.5　严格劣策略求解博弈图例

两个可选择的策略上、下，而博弈方2有三个可选择的策略*A*、*B*、*C*，相应策略组合的收益如图 15.5。如果用下画线法，很显然，收益矩阵中的(1，3) 是最优收益，他们对应的策略组合是(上，*B*)。下面，我们通过严格劣策略消除法求解该博弈。如果先从博弈方 1 看起，则博弈方1的上、下两个策略都不是他的严格劣策略，因为当博弈方2选择*A*、*B*策略时，博弈方 1 选择上策略优于下策略，但当博弈方 2 选择 *C* 策略时，博弈方 1 选择下策略优于上策略。如果我们从博弈方2看起，则发现*C*策略相对于*B*策略是严格劣策略，因为无论博弈方 1 选择上策略，还是选择下策略，博弈方 2 选择 *C* 策略的收益都小于选择 *B* 策略。因此我们可以先将 *C* 策略从博弈方 2 的策略空间中去掉，这时博弈的收益矩阵简化成图 15.6，然后我们再在剩下的只有四个策略组合的博弈中比较博弈方1的策略，此时发现下策略相对于上策略为劣策略，我们再将下策略从博弈方 1 的策略空间中消去，这样博弈化为图 15.7，在剩下的两个策略组合中，博弈方 2 肯定会选择 *B* 策略，最终策略组合(上、*B*) 就是博弈的解。

博弈方1 \ 博弈方2	*A*	*B*
上	1,1	1,3
下	0,6	0,4

图 15.6　消去 *C* 策略后的收益矩阵

博弈方1 \ 博弈方2	*A*	*B*
上	1,1	1,3

图 15.7　再消去下策略后的收益矩阵

(三) 逆推归纳法

在动态博弈中，先行动的博弈方在选择自己的行为时往往先要考虑后行动博弈方在后

阶段(常常也是原博弈的子博弈)中的选择将怎样，因此后阶段博弈或子博弈是动态博弈中首先要关注的。将这个思路推广，就得到我们分析动态博弈的一般方法——“逆推归纳法”。

逆推归纳法就是从动态博弈的最后一个阶段或最后一个子博弈开始，逐步向前倒推求解动态博弈的方法。下面我们用逆推归纳法求解在前面讲到过的开采金矿的博弈，其扩展形如图15.8。

图15.8中子博弈是博弈方甲的决策过程，他的收益是收益数组中后面的数据，他选择分配策略时的收益为5，而选择不分配策略时的收益为10，比较二者，甲在作决策时肯定会选择不分配的策略，此时博弈方乙的收益为0，同时，博弈简化成下面的扩展形(如图15.9)。

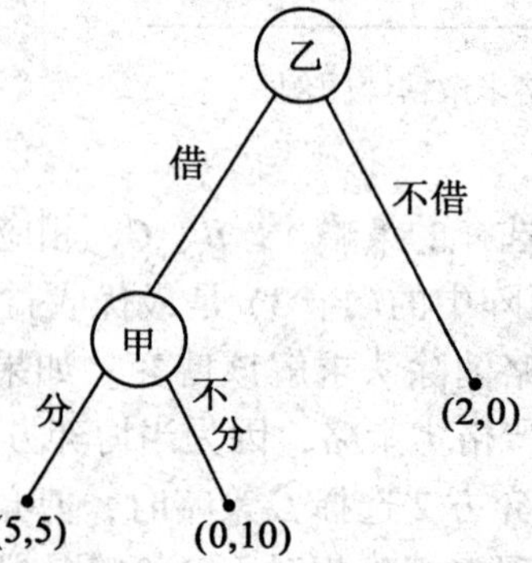

图15.8 逆推归纳法求解开金矿博弈

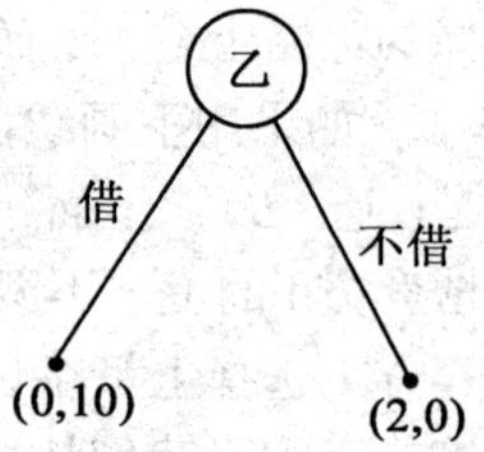

图15.9 逆推归纳法向上逆推

显然，此时乙在比较自己的收益时就可以发现，借钱策略的收益为0，而不借钱策略的收益为2，所以乙会选择不借钱的策略。此博弈的解就是乙不借钱给甲。当然，这个解似乎与现实中的情况不一样，其主要原因在于我们在假定博弈方甲如果在开采了矿产后不分配收益给乙，乙只能接受这一结果。然而，现实世界与这一假设不一致，因为此时乙可以通过法律手段来获得自己应该得到的收益，而且法院可能会对甲进行罚款。我们假设乙采取这种手段的收益数组是(2，0)，此时博弈就变成了下面的扩展形(如图15.10)。

此时，从博弈的第二层的子博弈(图中的虚线部分)开始分析，乙在决策时考虑自己的收益，如果不起诉收益为0，起诉的收益为2，显然乙会选择起诉这一策略。这样博弈又简化成下面的扩展形(如图15.11)。

此时分析第一层子博弈(图15.11中的虚线部分)，甲的最优策略是选择分配，收益为5，否则收益为0；然后乙选择的策略应该为借钱，其收益也为5，这样得出了本博弈的解(借钱，分配)，相对应的收益数组为(5，5)。这样的结果与现实社会中的实际情况一致。

至此我们介绍了几种解答简单博弈问题的几种方法，当然博弈论的问题本身就非常的复杂，还可能涉及很多优化问题，如果读者有兴趣可以参阅一些专门的博弈论教材。

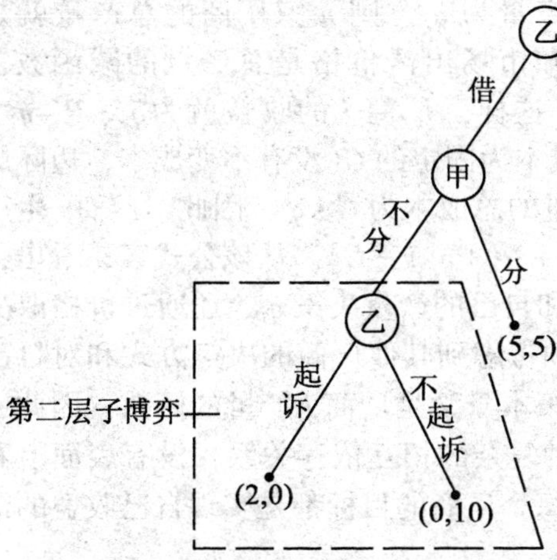

图 15.10　开金矿博弈 —— 乙采取起诉

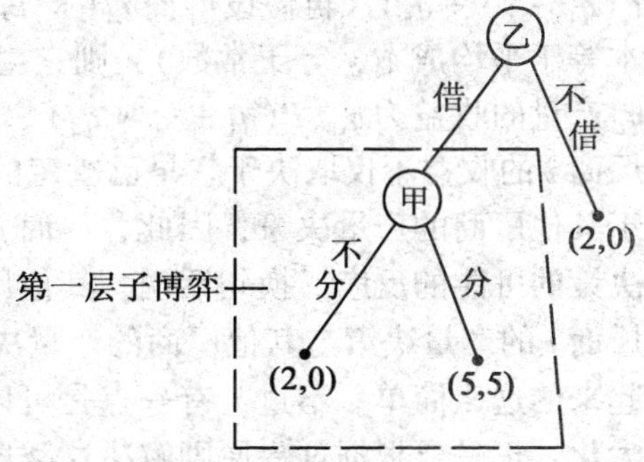

图 15.11　逆推归纳法向上逆推

第三节　博弈分析方法的应用举例

一、关于产量决策的古诺模型

前面所介绍的几个例子本身都不是经济问题。当然，不少经济问题可以化成与它们类似的博弈。为了让读者对经济活动中的博弈问题有所了解，我们先介绍一个经典的经济博弈：关于产量决策的古诺模型。已知在某个市场有 n 个厂商销售完全相同的商品，因为这个市场的容量有限，因此在一定的价格水平上该市场只能销出有限数量的该种商品，如果向该市场投放超出前述数量的该种商品，则必须降价才能将它们全部销售出去。换言之，能够将商品全部销出的“市场出清价格”是投放到该市场上的该种商品总量的函数，商品总量越大，市场出清价格就越低，而商品的总量当然就是这 n 个厂商各自产量的总和。如果我们再假设这 n 个厂商的产量决策是各自独立的，他们可各自自由选择自己喜欢的有能力生产的任何产量，厂商之间既没有相互的协商，也都不受任何的限制，并且他们是在同一时间决定各自的产量(严格意义上的同时决定产量不容易做到，但也是不必要的，这里的同时决定主要是表明各厂商在决定自己生产多少时无法知道其他厂商的决定，这一点由于许多商品的生产周期都相当长，从投产到上市往往需要相当长的时间，因此常常都是成立的)。那么，这 n 个厂商该如何作这个产量决策呢？如果我们将上述决策问题看做一个博弈，n 个厂商就是其中的 n 个博弈方。它们可以选择的策略就是自己要生产并投放到市场的产量。如果我们假设产量是连续可分的(这时数学处理和讨论较容易)，则即使将超过厂商生产能力的不可能的产量去掉以后，每个厂商还都有无限多种可供选择的产量，因此，该博弈中各博弈方的可选策略数是无穷大，这就意味着我们不可能用罗列的办法或矩阵、图表的形式把它们表达出来。根据假设，我们已知这是一个各博弈方同时决策的博弈。最后，我们需要知道的是该博弈中各方的收益情况。对进行生产的厂商来说，收益就是生产的利润，也就是销售收益减去成本后剩下的余额。因此，要了解厂商的收益，就必须搞清它们的收益和成本两个方面。设厂商 i 的产量为 q_i，则 n 家厂商的总产量就是 $Q = q_1 + q_2 + \cdots + q_n$。根据前面的讨论，我们已知市场出清价格是总产量的减函数，即 $P = P(Q)$，因此 $P = P(Q) = P(q_1 + \cdots + q_n)$。这样，厂商 i 的收益就为 $q_i \cdot P = q_i \cdot P(q_1 + \cdots + q_n)$。再假设厂商 i 生产每单位产量的成本为固定的 C（没有不变成本，边际成本等于平均成本，等于常数），则它生产 q_i 单位产量的总成本为 $C \cdot q_i$，因此，厂商 i 生产 q_i 产量的收益为 $q_i \cdot P(q_1 + \cdots + q_n) - Cq_i = q_i[P(q_1 + \cdots + q_n) - C]$。从该公式容易看出，厂商 i 的收益不仅取决于它早已既定的单位成本 C 和自己的产量决策 q_i，还通过价格取决于其他厂商的产量决策，因此，厂商 i 在决策时必须考虑到其他厂商的决策方式和对自己决策的可能的反应。换句话说，其他厂商的产量决策本身又是厂商 i 产量的函数，因此，厂商 i 的产量决策与其他厂商的产量决策之间有一种复杂的相互依存关系，没有表面上看起来的这么简单。不过，有一点是可以肯定的，即每个厂商的目标都是实现自己收益的最大化，正是要根据这一原则解决这类博弈问题。

这里我们通过一个具体的两寡头例子作较仔细的分析。设一市场有 1、2 两家厂商，它们生产相同的产品。设厂商 1 的产量为 q_1，厂商 2 的产量为 q_2，则市场总产量为 $Q = q_1 + q_2$。设 P 为市场出清价格（可以将产品全部卖出去的价格）。假设 P 是市场总产量的函数 $P = P(Q) = 8 - Q$。再假设两厂商的生产都没有固定成本，且每增加一个单位产量的边际生产成本相等，为 $C_1 = C_2 = 2$，即它们分别生产 q_1 和 q_2 的产量，成本为 $2q_1$ 和 $2q_2$。最后，强调这两个厂商是同时决定各自的产量的，即在决策之前不知道另一方的产量。在上述问题构成的博弈中，博弈方为厂商 1 和厂商 2。它们的策略空间都是由不同的产量组成，因为产量受生产能力的限制，因此理论上产量是有一个上限的，但如果假设产量是连续可分的，则它们各自都有无限多种可选策略。该博弈中两博弈方的收益自然是各自的利润，即各自的销售收益减去各自的成本，根据给定的情况，分别为 $u_1 = q_1 P(Q) - C_1 q_1 = q_1[8 - (q_1 + q_2)] - 2q_1 = 6q_1 - q_1 q_2 - q_1^2$ 和 $u_2 = q_2 P(Q) - C_2 q_2 = q_2[8 - (q_1 + q_2)] - 2q_2 = 6q_2 - q_1 q_2 - q_2^2$。两博弈方（厂商）的收益（利润）都取决于双方的策略（产量）。虽然本博弈中两博弈方都有无限多种可选策略，因而无法用收益矩阵表示该博弈，但纳什均衡的概念同样还是适用的，即对两博弈方的一个策略组合 (q_1^*, q_2^*)，只要其中 q_1^* 和 q_2^* 相互是对对方策略的最佳对策，就是一个纳什均衡。并且，如果我们可证实它是该博弈中唯一的纳什均衡，则它同样是博弈的解。前面我们介绍的画线法等都是通过在不同策略之间两两比较找出纳什均衡的，这些方法在有无限多种策略时显然不适用，那么我们该如何去找本博弈的纳什均衡呢？实际上，画线法等方法的原理都是寻找针对其他博弈方策略的最佳对策，即在其他博弈方的一定策略下本方能实现自身最大收益的策略，这其实就是数学中的最大值的概念。因此，当我们研究的博弈有无限多种策略，收益函数为连续函数时，我们只要根据数学中求最大值的方法，求出各博弈方在给定其他博弈方策略时能实现自身最大收益值的策略，并找出它们的交叉点，就一定是我们要找的纳什均衡。

因此，在本博弈中，(q_1^*, q_2^*) 的纳什均衡的充分必要条件是 q_1^* 和 q_2^* 是如下最大值问题：

$$\begin{cases} \max\limits_{q_1}(6q_1 - q_1 q_2^* - q_1^2) \\ \max\limits_{q_2}(6q_1 - q_1^* q_2 - q_2^2) \end{cases}$$

的解。因为求最大值的两个式子都是各自变量的二次式，且二次项的系数都小于0，因此q_1^*、q_2^*只要能使它们各自对q_1、q_2的导数为0，就一定能实现它们的最大值。令：

$$\begin{cases}6-q_2^*-2q_1^*=0\\6-q_1^*-2q_2^*=0\end{cases}$$

解之，得$q_1^*=q_2^*=2$，并且这是唯一的一组解。因此(2，2)是本博弈唯一的纳什均衡策略组合，也就意味着它是本博弈的解。两厂商将各生产2单位产量，双方收益(利润)都为$2\times(8-4)-2\times2=4$。市场总产量为$2+2=4$，价格为$8-4=4$，两厂商的利润总和为$4+4=8$。上述是两厂商独立同时作产量决策，它们根据实现自身最大利益的原则行动而得到的结果。那么这个结果究竟怎么样，两厂商有没有真正实现自身的最大利益，从社会总体的角度来看效率又如何？为了对这些问题作出一个判断，我们必须换一个角度来考察这个问题。

上面是假设两厂商都是从追求自己一家的利益出发进行决策的，虽然它们不能忽视其他博弈方的存在，但却不关心其他博弈方的利益，不是以总体利益为目标的。如果我们现在以总体利益为目标来考虑市场的最佳产量，结果会有怎样的不同呢？首先我们可以根据市场的条件求出实现最大总收益(总利润)的总产量。设总产量为Q，则总收益$U=QP(Q)-CQ=Q(8-Q)-2Q=6Q-Q^2$。很容易求得使总收益最大的总产量$Q^*=3$，最大总收益$U^*=9$。将此结果与两厂商独立决策，只追求自身利益时博弈的结果相比，总产量较小，而总利润却较高。因此，从两厂商构成的总体来看，后一种方法的效率更高。换句话说，如果两厂商可以合作，联合起来决定产量，找出使总利益最大的产量后各自生产该产量的一半1.5，则各自可分享到比双方不合作，只考虑自己利益而独立决策时更高的利益(4.5 > 4)。但是，在独立决策，缺乏协调机制的企业之间的这种合作并不很容易，即使双方认识到了合作的好处，达成了一定的协议，这种协议也往往缺乏足够的强制力，最终是很难维持上述对双方都真正最有利的产量，原因主要是各生产一半实现最大利润的总产量的策略组合(1.5，1.5)不是纳什均衡，也就是说，在这个策略组合(产量组合)下，双方都可以通过独自改变(增加)自己的产量而得到更高的利润，它们都有突破限额1.5的冲动，在缺乏有足够强制力的协议等限制手段的情况下，这种冲动注定它们不可能维持限额，最终是大家都增产，直至达到纳什均衡水平(2，2)，达到稳定状态。这实际上就是"囚徒困境"博弈的一个变种。

上述两寡头的产量博弈只是古诺模型的比较简单的例子。更一般的模型是n个寡头的寡占市场的产量决策，市场出清价格与市场总产量的函数关系$P=P(Q)$也可能会更复杂一些，而每个厂商的成本也可能会有所不同。不过，对这种更一般的古诺模型分析的方法、思路却与两寡头模型完全相似，只是构成纳什均衡的各寡头的产量变成n个偏微分为0的联立方程组的解。容易理解，对一般的古诺模型，纳什均衡产量组合同样不是能使各厂商实现最大利润的产量组合，这是一种更多博弈方之间的"囚徒困境"。

古诺模型在现实中最好的例子是石油输出国组织的限额和突破。石油输出国组织成员国已知各自为政、自定产量的博弈结果肯定是使油价下跌、利润受损，因此有共同磋商、制定产量限额以维持油价的意愿。但一旦规定各国的生产限额，且按照这个限额生产时，每个成员国都会发现，如果其他国家都遵守限额，只有自己超产，则自己将获得更多的利润，并且因为只有一国超产，油价不会下跌太多，从而使其他各国只是普遍受少量损失，因此各成员国在本位利益的驱使下，都会希望其他国家遵守限额而自己偷偷超产，独享更多的利益。最终的结果是各国普遍突破限额，限产计划破产，油价严重下跌，各国都只能得到不是最满意的纳什均衡的利润。

二、公共资源问题

在人们的经济活动和日常生活中常会涉及对公共资源的利用。在经济学中，所谓公共资源是指具有(1) 没有哪个个人、企业或其他组织拥有，(2) 大家都可自由利用这两个特征的自然资源或人类生产的供大众免费使用的设施和财货。例如大家都可开采使用的地下水、可自由放牧的草地、可自由排放废水的公共河道(假设政府未予限制)、公共道路、楼道照明灯等。由于公共资源有上述两个特征，因而利用这些资源时一般是不需要支付任何代价的，除非政府将这些资源收归国有，对使用者征收资源税或收取类似的费用，但一旦政府采取这类措施以后，相应的资源也就不再是严格意义上的公共资源，而更应称为国有资源。这里所讨论的公共资源是大家都可以自由免费利用的严格意义上的公共资源。从1739年休谟(Hume) 开始，学者们就已经开始认识到在人们完全从私人动机出发自由利用公共资源时，公共资源倾向于被过度利用、低效率使用和浪费，并且过度利用会达到使任何利用它的人都无法得到多少实际好处的程度。

我们用下面的公共草地问题作为例子来论证上述结论。设某村庄有 n 个农户，该村有一片大家都可自由放牧羊群的公共草地。由于这片草地的面积有限，因此草的数量只能让某一数量的羊吃饱，如果在此草地上放牧的羊的实际数量超过这个限度，则每只羊都无法吃饱，从而羊的产出(毛、皮、肉的总价值) 就会减少，甚至只能勉强存活或要饿死。假设这些农户在夏天才到公共草地放羊，而每年春天决定养羊的数量，则可看做各农户在决定自己养羊的数量时是不知道其他农户养羊数的，即各农户养羊数的决策可看做是同时作出的。再假设所有农户都清楚这片公共草地最多能养多少羊和在草地上羊的总数的各个水平下每只羊的产出，这就构成了 n 个农户之间关于养羊数的博弈，并且是一个静态博弈。在此博弈中，博弈方就是 n 个农户；他们各自的策略空间就是他们可能选择的养羊数目 $q_i(i=1,\cdots,n)$ 的集合；当各户养羊数为 $q_1,q_2,\cdots,q_n$ 时，放在公共草地上的羊的总数为 $Q=q_1+\cdots+q_n$。根据前面的介绍，每只羊的产出应是羊的总数 Q 的减函数 $V=V(Q)=V(q_1+\cdots+q_n)$，假设购买和照料每只羊的成本对每个农户都是相同不变的常数 c，则农户 i 养 q_i 只羊的收益为：

$$\begin{aligned} u_i &= q_iV(Q)-q_ic \\ &= q_iV(q_1+\cdots+q_n)-q_ic \end{aligned}$$

为了讨论的简单和得到直观的结论，我们用一个具体化的例子来分析。假设 $n=3$，即只有三个农户，每只羊的产出函数为 $V=100-Q=100-(q_1+\cdots+q_n)$，而成本 $c=4$。并且，为了方便起见，我们先假设羊的数量是连续可分的。这时，三农户的收益函数分别为：

$$\begin{cases} u_1 = q_1[100 - (q_1 + q_2 + q_3)] - 4q_1 \\ u_2 = q_2[100 - (q_1 + q_2 + q_3)] - 4q_2 \\ u_3 = q_3[100 - (q_1 + q_2 + q_3)] - 4q_3 \end{cases}$$

依次对这三个方程求偏导数，令其均为零：

$$\begin{cases} \dfrac{\partial u_1}{\partial q_1} = 0 \\ \dfrac{\partial u_2}{\partial q_2} = 0 \\ \dfrac{\partial u_3}{\partial q_3} = 0 \end{cases}$$

解此联立方程组，即得 $q_1 = q_2 = q_3 = 24$。再将 $q_1 = q_2 = q_3 = 24$ 代入他们的收益函数，可得 $u_1 = u_2 = u_3 = 576$，此即三农户独立同时决定在公共草地放羊数量时所能获得的稳定的结果。

我们同样也可从总体利益的角度来考察一下公共草地上羊的最佳数量。设在该草地上羊的总数为 Q，则总收益为：$U = Q(100 - Q) - 4Q = 96Q - Q^2$。使总收益 U 最大的养羊数 Q^* 必使总收益函数的导数为0，即：$96 - 2Q^* = 0$，解之得 $Q^* = 48$，将 $Q^* = 48$ 代入总收益函数，得 $U = 2\,304$，比三农户各自独立决定自己养羊数时三农户收益的总和 1 728 大。而养羊数 $Q^* = 48$ 则比三农户独立决策时草地上的羊的总数$3 \times 24 = 72$ 小。因此，三农户独立决策时实际上使草地处于过度放牧的状况，浪费了资源，农户也没有得到最好的效益，如果各农户能将养羊数自觉限制在 $48/3 = 16$ 只，则他们都能得到更多的利益。

这个例子又一次证明了纳什均衡常常是低效率的，如果可以利用公共资源的人数进一步增加，则纳什均衡策略的效率会更低。假如允许外来者任意加入利用这个公共资源的行列，则所有利用这个资源的人的利益很快就会消失，即在公共草地问题中，羊的数量会随着放牧农户数的增加而增加到刚好不至于亏损的水平，各农户完全不能从在公共草地上放羊得到任何好处，即公共资源完全被浪费了。之所以在公共资源利用方面会出现这样的悲剧，原因在于每个可以利用公共资源的人都相当于面临一种囚徒困境：在总体上有加大利用资源可能(至少加大利用者自己还能增加收益)时，自己加大利用而其他人不加大利用则自己得利，自己加大利用但其他人也加大利用则自己不至于吃亏，最终是所有人都加大利用资源直至不能再加大(再加大肯定要受损)的纳什均衡水平，而这个水平肯定是高于能实现资源利用总体最佳效率，从而也是个人最佳效率的水平的。在许多需要人类生产、提供的公共设施的问题上，做搭便车者(Free Rider)总是比做提供者合算，因此，许多很需要的公共设施，如楼道里的电灯等就总是没人提供。

这些公共资源博弈问题的结果说明了在公共资源的利用、提供方面政府的组织、协调和制约是非常必要的，这也可以说是政府之所以存在的根本理由之一。公共资源的悲剧在我国有许多例子。如在我国西北某些受风沙、沙漠化威胁的地区，当地居民关于保护还是毁坏防风防沙林带的选择就可看做一种公共资源博弈问题。每个人都想：如果只有自己砍几棵树，只要人家不砍就无关紧要，自己就可得利。如果其他人都砍只有自己不砍，则防沙林也保护不了，还不如自己也砍，最后的结论是砍总是合算的。大家这样想的结果是导致防护林带完全被破坏，致使整个村庄都被沙漠吞没，人人被迫离乡背井，倒霉的还是自己。

小结

博弈论在现代经济学最新发展中的地位越来越重要。博弈即一些个人、队组或其他组织，面对一定的环境条件，在一定的规则下，同时或先后，一次或多次，从各自允许选择的行为或策略中进行选择并加以实施，并从中各自取得相应结果的过程。如经济活动中的经营决策、市场竞争，政治、军事活动中的竞选、谈判、联合和战争等斗智斗勇的较量等。如果抽象出它们的本质特征，也都是与一般游戏一样，在一定规则之下各参加方的决策较量(假设实力因素及其作用基本既定)。当然，政治、军事、经济活动中的决策较量不可能像日常生活中的游戏那样轻松愉快，但基本原理却是与一般游戏相同的，有共同的规律性，可用同样的方法加以分析研究。换句话说，从研究游戏规律得出的结论可用来指导经济、政治等重要活动中所遇到的决策问题。由于博弈论研究的不少决策问题是在各博弈方之间的对抗、竞争或面对一种局面时的对策选择，因此博弈论在我国也常被称为“对策论”，具体的博弈问题则被称为“对策”问题。表达一个博弈可以用收益矩阵法和“扩展形”。博弈分析中往往假定它为“个体行为理性”基础上的“非合作博弈”。所谓“个体行为理性”是指个体的行为始终都是以实现自身的最大利益为唯一目标，除非为了实现自身最大利益的需要，否则不会考虑其他个体或社会的利益这样一种决策原则。那么我们在解博弈问题时就是根据博弈方的收益最大化来解决博弈问题。求解博弈的方法也很多，包括下画线法、严格劣策略反复消除法、逆推归纳法等。博弈分析方法远不止我们介绍的这么简单，有兴趣的读者可以参阅一些专门的书籍。

关键术语

博弈　　博弈的参加者　　博弈方的收益　　个体行为理性　　非合作博弈
严格劣策略　　逆推归纳法

习题

1. 你在考虑是否用自己的100万元开设一家饭店。假定未来的情况预期如下：你决定开，则有0.35的概率你将获得收益300万元(包括投资)，有0.65的概率你会全部亏损；如果不开，你不会有收益但也不会有风险。(1) 用收益矩阵和扩展形表示该博弈。(2) 如果你是风险中性的投资者，你的决策如何？(3) 如果成功的概率降为0.3，你的策略是否会有变化？(4) 如果考虑到货币的时间价值，折现系数为1.1，你的策略如何？

2. 在本章产量决策的古诺模型中，假设厂商个数 n 趋向无穷大时会出现什么现象？

3. 假设有两人就如何分割1万元进行谈判，并且已经定下这样一个规则：首先由甲提出一个分割比重，对此，乙可以接受也可以拒绝；如果乙拒绝甲的方案，则他自己应该提出另一个方案，让甲选择接受与否，如此循环，假设讨价还价多增加一次，由于谈判费用和利息损失等，双方的收益都要打一次折扣，折扣率为 a，a 被称为消耗系数。试求解这个博弈问题。

附录一　有关公式的推导与证明

1. $S_e^2 = \dfrac{\sum(y-y_c)^2}{n-2}$　$S_e = \sqrt{\dfrac{\sum(y-y_c)^2}{n-2}}$

·上式简便计算公式为：

$$S_e = \sqrt{\frac{\sum y^2 - a\sum y - b\sum xy}{n-2}}$$

证明 $\sum(y-y_c)^2 = \sum y^2 - a\sum y - b\sum xy$

证明：$\because y_c = a + bx$，$\sum y = na + b\sum x$，$\sum xy = a\sum x + b\sum x^2$

$$\begin{aligned}\therefore \sum(y-y_c)^2 &= \sum[y-(a+bx)]^2 = \sum y^2 - 2\sum y(a+bx) \\ &\quad + \sum(a+bx)^2 \\ &= \sum y^2 - 2(a\sum y + b\sum xy) + na^2 + 2ab\sum x + b^2\sum x^2 \\ &= \sum y^2 - 2(a\sum y + b\sum xy) + a(na + b\sum x) \\ &\quad + b(a\sum x + b\sum x^2) \\ &= \sum y^2 - 2(a\sum y + b\sum xy) + (a\sum y + b\sum xy) \\ &= \sum y^2 - (a\sum y + b\sum xy) = \sum y^2 - a\sum y - b\sum xy\end{aligned}$$

2. $\overline{X} > \overline{X}_G > \overline{X}_H$

证明：设 a、b 为两个任意不等于 0 的数。

则　$(a-b)^2 = (a^2 - 2ab + b^2) > 0$

$(a^2 + b^2) > 2ab$

$\dfrac{(a^2+b^2)}{2} > ab$

令 $X_1 = a^2$，$X_2 = b^2$

便有　$\dfrac{X_1 + X_2}{2} > \sqrt{X_1 \cdot X_2}$

即算术平均数大于几何平均数。

又令　$\dfrac{1}{\sqrt{X_1}} = a$，$\dfrac{1}{\sqrt{X_2}} = b$

$$\frac{\frac{1}{X_1}+\frac{1}{X_2}}{2} > \frac{1}{\sqrt{X_1 \cdot X_2}}$$

两边取倒数

便有　$$\frac{2}{\frac{1}{X_1}+\frac{1}{X_2}} < \sqrt{X_1 \cdot X_2}$$

即几何平均数大于调和平均数。

3. $N\sigma^2 = \sum_{j=1}^{K} n_j(S_j^2 + d_j^2)$

证明：
$$\begin{aligned} N\sigma^2 &= \sum_{j=1}^{K} n_j E(X_{ij} - \bar{X})^2 \\ &= \sum_{j=1}^{K} n_j E(X_{ij} - \bar{X}_j + \bar{X}_j - \bar{X})^2 \\ &= \sum_{j=1}^{K} n_j E[(X_{ij} - \bar{X}_j)^2 + 2(X_{ij} - \bar{X}_j)(\bar{X}_j - \bar{X}) + (\bar{X}_j - \bar{X})^2] \\ &= \sum_{j=1}^{K} n_j [E(X_{ij} - \bar{X}_j)^2 + 2E(X_{ij} - \bar{X}_j)(\bar{X}_j - \bar{X}_j) + E(\bar{X}_j - \bar{X})^2] \\ &= \sum_{j=1}^{K} n_j(S_j^2 + d_j^2) \end{aligned}$$

4. 样本均值的均值和方差证明：只对无限总体情形作出证明。

证明：
$$\begin{aligned} E(\bar{X}) &= E\left(\frac{1}{n}\sum_{i=1}^{n} X_i\right) = \frac{1}{n}\sum_{i=1}^{n} E(X_i) \\ &= \frac{1}{n}\sum_{i=1}^{n} \mu = \mu \end{aligned}$$

$$\begin{aligned} V(\bar{X}) &= V\left(\frac{1}{n}\sum_{i=1}^{n} X_i\right) = \frac{1}{n^2} V\left(\sum_{i=1}^{n} X_i\right) \\ &= \frac{1}{n^2}\sum_{i=1}^{n} V(X_i) = \frac{1}{n^2}\sum_{i=1}^{n} \sigma^2 = \frac{\sigma^2}{n} \end{aligned}$$

5. 相关系数 r 和回归系数 b 的关系。

$$\begin{aligned} r &= \frac{\sum (X - X)(Y - Y)}{\sqrt{\sum (X - X)^2} \cdot \sqrt{\sum (Y - Y)^2}} \\ &= \frac{\sum (X - X)(Y - Y) \cdot \sqrt{\sum (X - X)^2}}{\sqrt{\sum (X - X)^2} \cdot \sqrt{\sum (X - X)^2} \cdot \sqrt{\sum (Y - Y)^2}} \\ &= \frac{\sum (X - X)(Y - Y) \cdot \sqrt{\sum (X - X)^2}}{\sqrt{\sum (X - X)^2} \cdot \sqrt{\sum (Y - \bar{Y})^2}} \end{aligned}$$

$$= b\frac{\sqrt{\sum(X-X)^2}}{\sqrt{\sum(Y-Y)^2}}$$

$$\text{或} = b\cdot\frac{\sigma_x}{\sigma_y}$$

6. 总偏差=剩余偏差+回归偏差，即

$$\sum(Y-\overline{Y})^2=\sum(Y-\hat{Y})^2+\sum(\hat{Y}-\overline{Y})^2$$

证明：　$\sum(Y-\overline{Y})^2=\sum[(Y-\hat{Y})+(\hat{Y}-\overline{Y})]^2$

$$=\sum(Y-\overline{Y})^2+2\sum(Y-\hat{Y})(\hat{Y}-\overline{Y})+\sum(\hat{Y}-\overline{Y})^2$$

∵ 其中：$2\sum(Y-\hat{Y})(\hat{Y}-\overline{Y})$　∵ $(\hat{Y}-\overline{Y})=b(X-\overline{X})$

$$=2\sum(Y-\overline{Y})\cdot b(X-\overline{X})$$

$$=2b[\sum X(Y-\hat{Y})-\overline{X}\sum(Y-\overline{Y})]$$

$$=0$$

$$\therefore \sum(Y-\overline{Y})^2=\sum(Y-\hat{Y})^2+\sum(\hat{Y}-\overline{Y})^2$$

7. $r=\sqrt{r^2}=\sqrt{\dfrac{\sum(\hat{Y}-\overline{Y})^2}{\sum(Y-\overline{Y})^2}}$

证明：

$$\sqrt{\frac{\sum(\hat{Y}-\overline{Y})^2}{\sum(Y-\overline{Y})^2}}=\sqrt{\frac{b^2\cdot\sum(X-\overline{X})^2}{\sum(Y-\overline{Y})^2}}\quad\because\quad(\hat{Y}-\overline{Y})=b(X-\overline{X})$$

$$=\sqrt{\frac{\left[\dfrac{\sum(X-\overline{X})(Y-\overline{Y})}{\sum(X-\overline{X})^2}\right]^2\cdot\sum(X-\overline{X})^2}{\sum(Y-\overline{Y})^2}}$$

$$\because\quad b=\frac{\sum(X-\overline{X})(Y-\overline{Y})}{\sum(X-\overline{X})^2}$$

$$=\sqrt{\frac{[\sum(X-\overline{X})(Y-\overline{Y})]^2}{\sum(X-\overline{X})^2\cdot\sum(Y-\overline{Y})^2}}$$

$$=\frac{\sum(X-\overline{X})(Y-\overline{Y})}{\sqrt{\sum(X-\overline{X})^2}\cdot\sqrt{\sum(Y-\overline{Y})^2}}=r$$

8. 应用 S 来代替 σ 的依据是样本方差 S^2 的期望值就是总体方差 σ^2，即：

$$E(S^2)=\sigma^2$$

证明：

$$E(S^2)=E\left[\frac{\sum(x_i-\bar{x})^2}{n-1}\right]\quad[\text{按 }S^2\text{ 的定义}]$$

$$=\frac{1}{n-1}E\left\{\sum[(x_i-\mu)-(x-\mu)]^2\right\}$$

$$=\frac{1}{n-1}\left\{E\sum[(x_i-\mu)^2-2(x_i-\mu)(\bar{x}-\mu)+(\bar{x}-\mu)^2]\right\}$$

$$=\frac{1}{n-1}E\left[\sum(x_i-\mu)^2-2(\bar{x}-\mu)\sum(x_i-\mu)+n(\bar{x}-\mu)^2\right]$$

[$\bar{x}$ 和 μ 都是常数]

$$=\frac{1}{n-1}E\left[\sum(x_i-\mu)^2-2n(\bar{x}-\mu)^2+n(\bar{x}-\mu)^2\right]$$

（因为 $2(\bar{x}-\mu)\sum(x_i-\mu)=2(\bar{x}-\mu)(n\bar{x}-n\mu)$
$=2n(\bar{x}-\mu)^2$）

$$=\frac{1}{n-1}E\left[\sum(x_i-\mu)^2-n(\bar{x}-\mu)^2\right]$$

$$=\frac{1}{n-1}\left[\sum E(x_i-\mu)^2-nE(\bar{x}-\mu)^2\right]$$

$$=\frac{1}{n-1}\left(n\sigma^2-n\cdot\frac{\sigma^2}{n}\right)$$

（按定义，$E(x_i-\mu)^2=\sigma^2$，$E(\bar{x}-\mu)^2=\dfrac{\sigma^2}{n}$）

$$=\frac{(n-1)\sigma^2}{n-1}=\sigma^2$$

9. $\sigma_{\bar{x}}=\dfrac{\sigma}{\sqrt{n}}$

公式中 n 是样本量。要推导这一公式，让我们先证明

$$\sigma_{\bar{x}^2}=\frac{\sigma^2}{n}$$

如上述，从总体变量 X 中抽取样本数量为 n 的样本，抽得的 x_1，x_2，x_3，…，x_n 为互相独立的随机变量。每一变量的分布和总体变量的分布是一样的，因而它们的方差都相等，即 $\sigma_{x_i}^2=\sigma^2$。这样，根据平均值的定义：

$$\sigma_{\bar{x}}{}^2=\sigma^2\left[\frac{x_1+x_2+\cdots+x_n}{n}\right]$$

$$=\frac{1}{n^2}\sigma^2(x_1+x_2+\cdots+x_n)$$

$$=\frac{1}{n^2}(\sigma_{x_1}^2+\sigma_{x_2}^2+\cdots+\sigma_{x_n}^2)$$

$$= \frac{1}{n^2}(\sigma^2 + \sigma^2 + \cdots + \sigma^2)$$

$$= \frac{n\sigma^2}{n^2} = \frac{\sigma^2}{n}$$

即
$$\sigma_{\bar{x}}{}^2 = \frac{\sigma^2}{n}$$

所以
$$\sigma_{\bar{x}} = \frac{\sigma}{\sqrt{n}}$$

10.
$$\sum Y = Na + b\sum X$$
$$\sum XY = a\sum X + b\sum X^2$$

这两个方程式是应用微分方法推导出来的。

证明：
$$\sum(Y - Yc)^2 = \sum(Y - a - bX)^2$$
[因 $Yc = a + bX$]

这个平方和是 a 和 b 的函数，记为 $F(a, b)$，则

$$F(a, b) = \sum(Y - a - bX)^2$$

F 关于 a 和 b 的导数分别为

$$\frac{\partial F}{\partial a} = -2\sum(Y - a - bX)$$

$$\frac{\partial F}{\partial b} = -2\sum X(Y - a - bX)$$

$$= -2\sum(XY - aX - bX^2)$$

F 为最小值的必要条件是$\frac{\partial F}{\partial a}$和$\frac{\partial F}{\partial b}$都等于 0，即

$$\sum(Y - a - bX) = \sum y - Na - b\sum X = 0$$
$$\sum(XY - aX - bX^2) = \sum XY - a\sum X - b\sum X^2 = 0$$

从而推导出上述正规方程。

注意：$\sum(Y - a - bX) = 0$，就是 $\sum(Y - Yc) = 0$，即各个观察值 Y 与拟合线差距和为 0。

11.
$$\sum(X_i - \overline{X}) = 0$$

证明：
$$\sum(X_i - \overline{X}) = (X_1 - \overline{X}) + (X_2 - \overline{X}) + (X_3 - \overline{X})$$
$$+ \cdots + (X_n - \overline{X})$$
$$= (X_1 + X_2 + X_3 + \cdots + X_n) - n\overline{X}$$
$$= \sum X_i - n\overline{X}$$

$$= \sum X_i - n\frac{\sum X_i}{n}$$
$$= 0$$

12. 在总体单位总数 N 中具备所研究特征的单位数所占的比重为成数 P，即 $\frac{N_1}{N}$（若研究对象是样本的话，则分别表示为 p 和 $\frac{n_1}{n}$）。例如，研究产品合格率，则合格产品在全部送检产品中的比重即为成数 P。在总体单位总数 N 中不具备所研究特征的单位数所占的比重为成数 Q，即 $\frac{N_0}{N}$（若研究对象是样本的话，则分别表示为 q 和 $\frac{n_0}{n}$）。例如，研究产品合格率，则产品不合格率即为成数 Q。两者的关系是 $P+Q=1$，即 $\frac{N_1}{N}+\frac{N_0}{N}=\frac{N_1+N_0}{N}=1$，于是 $Q=1-P$。则

是非标志算术平均数：

$$\bar{x} = 1\times\frac{N_1}{N} + 0\times\frac{N_0}{N} = \frac{N_1}{N} = P$$

是非标志方差：

$$\begin{aligned}\sigma^2 &= (1-P)^2\frac{N_1}{N} + (0-P)^2\frac{N_0}{N}\\ &= (1-P)^2P + P^2(1-P)\\ &= (1-P)[(1-P)P+P^2]\\ &= (1-P)[P-P^2+P^2]\\ &= P(1-P)\end{aligned}$$

13.
$$r = \frac{n\sum xy - \sum x\sum y}{\sqrt{n\sum x^2 - (\sum x)^2}\sqrt{n\sum y^2 - (\sum y)^2}}$$

简捷算法公式是由 $r = \dfrac{\frac{1}{n}\sum(x-\bar{x})(y-\bar{y})}{\sqrt{\frac{1}{n}\sum(x-\bar{x})^2}\sqrt{\frac{1}{n}\sum(y-\bar{y})^2}}$ 推导而来的。

证明：$\because$

$$\begin{aligned}&\frac{1}{n}\sum(x-\bar{x})(y-\bar{y})\\ &= \frac{1}{n}\left(\sum xy - \bar{x}\sum y - \bar{y}\sum x + n\bar{x}\,\bar{y}\right)\\ &= \frac{\sum xy}{n} - \bar{x}\frac{\sum y}{n} - \bar{y}\frac{\sum x}{n} + \frac{n\bar{x}\,\bar{y}}{n}\\ &= \frac{\sum xy}{n} - \bar{x}\,\bar{y} - \bar{y}\,\bar{x} + \bar{x}\,\bar{y} = \frac{\sum xy}{n} - \bar{x}\,\bar{y}\end{aligned}$$

$$= \frac{\sum xy}{n} - \frac{\sum x}{n} \cdot \frac{\sum y}{n} = \frac{\sum xy}{n} - \frac{\sum x \sum y}{n^2}$$

$$= \frac{n \sum xy - \sum x \sum y}{n^2}$$

$$\frac{1}{n} \sum (x - \bar{x})^2 = \frac{1}{n}(\sum x^2 - 2\bar{x} \sum x + n \bar{x}^2)$$

$$= \frac{\sum x^2}{n} - 2\bar{x} \frac{\sum x}{n} + \frac{n \bar{x}^2}{n}$$

$$= \frac{\sum x^2}{n} - 2\bar{x}^2 + \bar{x}^2 = \frac{\sum x^2}{n} - \bar{x}^2$$

$$= \frac{\sum x^2}{n} - \frac{(\sum x)^2}{n^2}$$

$$= \frac{n \sum x^2 - (\sum x)^2}{n^2}$$

同理$\frac{1}{n} \sum (y - \bar{y})^2 = \frac{n \sum y^2 - (\sum y)^2}{n^2}$

将这三个结果代入积差法公式即得：

$$r = \frac{\frac{1}{n} \sum (x - \bar{x})(y - \bar{y})}{\sqrt{\frac{1}{n} \sum (x - \bar{x})^2} \sqrt{\frac{1}{n} \sum (y - \bar{y})^2}}$$

$$= \frac{\frac{1}{n^2}(n \sum xy - \sum x \sum y)}{\sqrt{\frac{1}{n^2}[\sum x^2 - (\sum x)^2]} \sqrt{\frac{1}{n^2}[\sum y^2 - (\sum y)^2]}}$$

$$= \frac{\frac{1}{n^2}(n \sum xy - \sum x \sum y)}{\frac{1}{n^2}\sqrt{[n \sum x^2 - (\sum x)^2] \cdot [n \sum y^2 - (\sum y)^2]}}$$

$$= \frac{n \sum xy - \sum x \sum y}{\sqrt{n \sum x^2 - (\sum x)^2} \sqrt{n \sum y^2 - (\sum y)^2}}$$

14. 简单随机不重复抽样

$$\mu_x = \sqrt{\frac{\sigma^2}{n} \cdot \left(\frac{N - n}{N - 1}\right)}$$

证明：在不重复抽样条件下，样本变量 x_1，x_2，x_3，…，x_n 不是相互独立的。

展开$\mu_x^2 = E(\overline{X}_i - \overline{X})^2$得

$$\mu_x^2 = E[\overline{X} - E(\overline{X})]^2$$

$$= E\left(\frac{x_1 + x_2 + x_3 + \cdots + x_n}{n} - \frac{n\overline{X}}{n}\right)^2$$

$$= \frac{1}{n^2}E[(x_1 - \overline{X}) + (x_2 - \overline{X}) + \cdots + (x_n - \overline{X})]^2$$

$$= \frac{1}{n^2}[E(x_1 - \overline{X})^2 + E(x_2 - \overline{X})^2 + E(x_3 - \overline{X})^2 + \cdots + E(x_n - \overline{X})^2 +$$

$$2E(x_1 - \overline{X})(x_2 - \overline{X}) + 2E(x_2 - \overline{X})(x_3 - \overline{X}) +$$

$$2E(x_3 - \overline{X})(x_4 - \overline{X}) + \cdots + 2E(x_{n-1} - \overline{X})(x_n - \overline{X})]$$

$$= \frac{1}{n^2}[E(x_1 - \overline{X})^2 + E(x_2 - \overline{X})^2 + E(x_3 - \overline{X})^2 + \cdots +$$

$$E(x_n - \overline{X})^2 + \sum_{i \neq j}(x_i - \overline{X})(x_j - \overline{X})] +$$

$$\underbrace{\frac{1}{n^2}\sum_{i \neq j}^{n} E(x - \overline{X})^2 + \frac{1}{n^2}\sum_{i \neq j} E(X - \overline{X})(x_j - \overline{X})}_{\text{共}n(n-1)\text{个}}$$

现在分别计算$E(x_i - \overline{X})^2$和$E(x_i - \overline{X})(x_j - \overline{X})$。

$$E(x_i - \overline{X})^2 = \sum_{j=1}^{N} P_i(x_i - \overline{X})^2 = \frac{1}{N}\sum_{j=1}^{N}(x_i - \overline{X})^2 = \frac{1}{N} \cdot N\sigma^2 = \sigma^2$$

$$E(x_i - \overline{X})(x_j - \overline{X}) = \sum_{K \neq L} P_{KL}(X_K - \overline{X})(X_L - \overline{X})$$

$$= \frac{1}{N(N-1)}\sum_{K \neq L}(X_K - \overline{X})(X_L - \overline{X})$$

其中：K，$L = 1$，2，…，N。

P_{KL}表示第i个被抽中的单位取值为X_K，第j个被抽中的单位取值为X_L的概率。其概率等于$\frac{1}{N(N-1)}$。

而且　$\sum(X_K - \overline{X})(X_L - \overline{X}) = \left[\left(\sum_{j=1}^{N}(x_j - \overline{X}\right)\right]^2$

$$\sum_{j=1}^{N}(x_j - \overline{X})^2 = -\sum_{j=1}^{N}(x_j - \overline{X})^2 = -N\sigma^2$$

$$\therefore \quad E(X - \overline{X})(X_j - \overline{X}) = \frac{1}{N(N-1)}(-N\sigma^2) = \frac{-\sigma^2}{N-1}$$

再将$E(x_i - \overline{X})^2$和$E(x_i - \overline{X})(x_j - \overline{X})$的计算结果代入上述公式求得：

$$\mu_x^2 = \frac{1}{n^2}\sum_{i=1}^{n} E(x_i - \overline{X})^2 + \frac{1}{n^2}\sum_{i \neq j} E(x_i - \overline{X})(x_j - \overline{X}) = \frac{1}{n^2}\sum_{i=1}^{n}\sigma^2 +$$

$$\frac{1}{n^2}\sum_{i\neq j}\frac{-\sigma^2}{N-1}[\text{其中}\sum_{i\neq j}\text{共有 } n(n-1)\text{ 项}]$$

$$=\frac{\sigma^2}{n}+\frac{-(n-1)\sigma^2}{n(N-1)}=\frac{\sigma^2}{n}\left(1-\frac{n-1}{N-1}\right)$$

故　$\mu_x=\sqrt{\frac{\sigma^2}{n}\left(\frac{N-n}{N-1}\right)}$

在总体单位数 N 很大的情况下，可以近似地表示为：

$$\mu_x=\sqrt{\frac{\sigma^2}{n}\left(1-\frac{n}{N}\right)}$$

附录二　统 计 用 表

1. 正 态 概 率 表

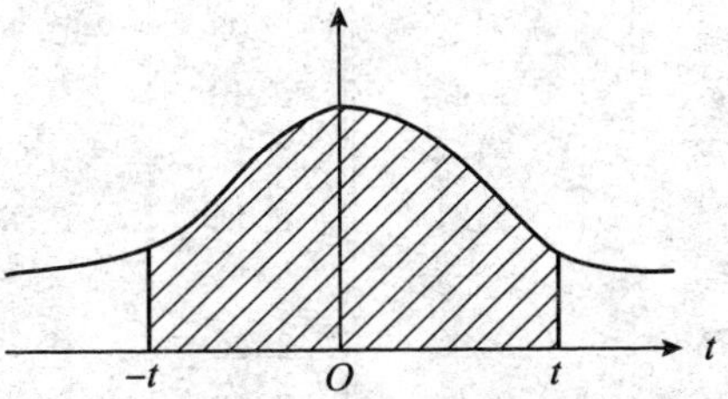

t	F(t)	t	F(t)	t	F(t)	t	F(t)
0.00	0.0000	0.33	0.2586	0.66	0.4907	0.99	0.6778
0.01	0.0080	0.34	0.2661	0.67	0.4971	1.00	0.6827
0.02	0.0160	0.35	0.2737	0.68	0.5035	1.01	0.6875
0.03	0.0239	0.36	0.2812	0.69	0.5098	1.02	0.6923
0.04	0.0319	0.37	0.2886	0.70	0.5161	1.03	0.6970
0.05	0.0399	0.38	0.2961	0.71	0.5223	1.04	0.7017
0.06	0.0478	0.39	0.3035	0.72	0.5285	1.05	0.7063
0.07	0.0558	0.40	0.3108	0.73	0.5346	1.06	0.7109
0.08	0.0638	0.41	0.3182	0.74	0.5407	1.07	0.7154
0.09	0.0717	0.42	0.3255	0.75	0.5467	1.08	0.7199
0.10	0.0797	0.43	0.3328	0.76	0.5527	1.09	0.7243
0.11	0.0876	0.44	0.3401	0.77	0.5587	1.10	0.7287
0.12	0.0955	0.45	0.3473	0.78	0.5646	1.11	0.7330
0.13	0.1034	0.46	0.3545	0.79	0.5705	1.12	0.7373
0.14	0.1113	0.47	0.3616	0.80	0.5763	1.13	0.7415
0.15	0.1192	0.48	0.3688	0.81	0.5821	1.14	0.7457
0.16	0.1271	0.49	0.3759	0.82	0.5878	1.15	0.7499
0.17	0.1350	0.50	0.3829	0.83	0.5935	1.16	0.7540
0.18	0.1428	0.51	0.3899	0.84	0.5991	1.17	0.7580
0.19	0.1507	0.52	0.3969	0.85	0.6047	1.18	0.7620
0.20	0.1585	0.53	0.4039	0.86	0.6102	1.19	0.7660
0.21	0.1663	0.54	0.4108	0.87	0.6157	1.20	0.7699
0.22	0.1741	0.55	0.4177	0.88	0.6211	1.21	0.7737
0.23	0.1819	0.56	0.4245	0.89	0.6265	1.22	0.7775
0.24	0.1897	0.57	0.4313	0.90	0.6319	1.23	0.7813
0.25	0.1974	0.58	0.4381	0.91	0.6372	1.24	0.7850
0.26	0.2051	0.59	0.4448	0.92	0.6424	1.25	0.7887
0.27	0.2128	0.60	0.4515	0.93	0.6476	1.26	0.7923
0.28	0.2205	0.61	0.4581	0.94	0.6528	1.27	0.7959
0.29	0.2282	0.62	0.4647	0.95	0.6579	1.28	0.7995
0.30	0.2358	0.63	0.4713	0.96	0.6629	1.29	0.8030
0.31	0.2434	0.64	0.4778	0.97	0.6680	1.30	0.8064
0.32	0.2510	0.65	0.4843	0.98	0.6729	1.31	0.8098

续表

t	$F(t)$	t	$F(t)$	t	$F(t)$	t	$F(t)$
1.32	0.8132	1.65	0.9011	1.98	0.9523	2.62	0.9912
1.33	0.8165	1.66	0.9031	1.99	0.9534	2.64	0.9917
1.34	0.8198	1.67	0.9051	2.00	0.9545	2.66	0.9922
1.35	0.8230	1.68	0.9070	2.02	0.9566	2.68	0.9926
1.36	0.8262	1.69	0.9090	2.04	0.9587	2.70	0.9931
1.37	0.8293	1.70	0.9109	2.06	0.9606	2.72	0.9935
1.38	0.8324	1.71	0.9127	2.08	0.9625	2.74	0.9939
1.39	0.8355	1.72	0.9146	2.10	0.9643	2.76	0.9942
1.40	0.8385	1.73	0.9164	2.12	0.9660	2.78	0.9946
1.41	0.8415	1.74	0.9181	2.14	0.9676	2.80	0.9949
1.42	0.8444	1.75	0.9199	2.16	0.9692	2.82	0.9952
1.43	0.8473	1.76	0.9216	2.18	0.9707	2.84	0.9955
1.44	0.8501	1.77	0.9233	2.20	0.9722	2.86	0.9958
1.45	0.8529	1.78	0.9249	2.22	0.9736	2.88	0.9960
1.46	0.8557	1.79	0.9265	2.24	0.9749	2.90	0.9962
1.47	0.8584	1.80	0.9281	2.26	0.9762	2.92	0.9965
1.48	0.8611	1.81	0.9297	2.28	0.9774	2.94	0.9967
1.49	0.8638	1.82	0.9312	2.30	0.9786	2.96	0.9969
1.50	0.8664	1.83	0.9328	2.32	0.9797	2.98	0.9971
1.51	0.8690	1.84	0.9342	2.34	0.9807	3.00	0.9973
1.52	0.8715	1.85	0.9357	2.36	0.9817	3.20	0.9986
1.53	0.8740	1.86	0.9371	2.38	0.9827	3.40	0.9993
1.54	0.8764	1.87	0.9385	2.40	0.9836	3.60	0.99968
1.55	0.8789	1.88	0.9399	2.42	0.9845	3.80	0.99986
1.56	0.8812	1.89	0.9412	2.44	0.9853	4.00	0.99994
1.57	0.8836	1.90	0.9426	2.46	0.9861	4.50	0.999993
1.58	0.8859	1.91	0.9439	2.48	0.9869	5.00	0.999999
1.59	0.8882	1.92	0.9451	2.50	0.9876		
1.60	0.8904	1.93	0.9464	2.52	0.9883		
1.61	0.8926	1.94	0.9476	2.54	0.9889		
1.62	0.8948	1.95	0.9488	2.56	0.9895		
1.63	0.8969	1.96	0.9500	2.58	0.9901		
1.64	0.8990	1.97	0.9512	2.60	0.9907		

2. χ^2 分布表

ν \ p	0.99	0.975	0.95	0.90	0.50	0.10	0.05	0.025	0.01	0.001
1	0.000	0.001	0.004	0.016	0.455	2.71	3.84	5.02	6.64	10.83
2	0.020	0.051	0.103	0.211	1.386	4.61	5.99	7.38	9.21	13.82
3	0.115	0.216	0.352	0.584	2.366	6.25	7.82	9.35	11.34	16.27
4	0.297	0.484	0.711	1.064	3.357	7.73	9.49	11.14	13.28	18.47
5	0.554	0.831	1.145	1.610	4.351	9.24	11.07	12.83	15.09	20.52
6	0.872	1.24	1.635	2.204	5.35	10.65	12.59	14.45	16.81	22.46
7	1.239	1.69	2.167	2.833	6.35	12.02	14.07	16.01	18.48	24.32
8	1.646	2.18	2.733	3.490	7.34	13.36	15.51	17.53	20.09	26.13
9	2.088	2.10	3.325	4.168	8.34	14.68	16.92	19.02	21.67	27.88
10	2.558	3.25	3.940	4.865	9.34	15.99	18.31	20.48	23.21	29.59
11	3.05	3.82	4.57	5.58	10.34	17.28	19.68	21.92	24.73	31.26
12	3.57	4.40	5.23	6.30	11.34	18.55	21.03	23.34	26.22	32.91
13	4.11	5.01	5.89	7.04	12.34	19.81	22.36	24.74	27.69	34.53
14	4.66	5.63	6.57	7.79	13.34	21.06	23.69	26.12	29.14	36.12
15	5.23	6.26	7.26	8.55	14.34	22.31	25.00	27.49	30.58	37.70
16	5.81	6.91	7.96	9.31	15.34	23.54	26.30	28.85	32.00	39.25
17	6.41	7.56	8.67	10.09	16.34	24.77	27.59	30.19	33.41	40.79
18	7.02	8.23	9.39	10.87	17.34	25.99	28.87	31.53	34.81	42.31
19	7.63	8.11	10.12	11.65	18.34	27.20	30.14	32.85	36.19	43.82
20	8.26	9.59	10.85	12.44	19.34	28.41	31.41	34.17	37.57	45.32
21	8.90	10.28	11.59	13.24	20.34	29.61	32.67	35.41	38.93	46.80
22	9.54	10.98	12.34	14.04	21.34	30.81	33.92	36.78	40.29	48.27
23	10.20	11.69	13.09	14.85	22.34	32.01	35.17	38.02	41.64	49.73
24	10.86	12.40	13.85	15.66	23.34	33.20	36.42	39.36	42.98	51.18
25	11.52	13.12	14.61	16.47	24.34	34.38	37.65	40.64	44.31	52.62
26	12.20	13.84	15.38	17.29	25.34	35.56	38.89	41.92	45.64	54.05
27	12.88	14.57	16.15	18.11	26.34	36.74	40.11	43.19	46.96	55.48
28	13.56	15.31	16.93	18.94	27.34	37.92	41.34	44.46	48.28	56.89
29	14.26	16.05	17.71	19.77	28.34	39.09	42.56	45.72	49.59	58.30
30	14.95	16.79	18.49	20.60	29.34	40.26	43.77	46.98	50.89	59.70

3. t- 分布表

ν \ p	单边检验显著性水平 p							
	.005	.01	.025	.05	.1	.15	.2	.25
1	63.66	31.82	12.71	6.84	3.08	1.96	1.38	1.00
2	9.98	6.97	4.30	2.92	1.89	1.39	1.06	0.82
3	5.34	4.54	3.18	2.36	1.64	1.25	0.98	0.77
4	4.60	3.75	2.78	2.13	1.53	1.19	0.94	0.74
5	4.03	3.37	2.57	2.02	1.48	1.16	0.92	0.73
6	3.71	3.14	2.45	1.94	1.44	1.13	0.91	0.72
7	3.50	3.00	2.37	1.90	1.42	1.12	0.90	0.71
8	3.36	2.90	2.31	1.86	1.40	1.11	0.89	0.71
9	3.25	2.82	2.26	1.83	1.38	1.10	0.88	0.70
10	3.17	2.76	2.23	1.81	1.37	1.09	0.88	0.70
11	3.11	2.72	2.20	1.80	1.36	1.09	0.88	0.70
12	3.06	2.68	2.18	1.78	1.36	1.08	0.87	0.70
13	3.01	2.65	2.16	1.77	1.35	1.08	0.87	0.69
14	2.98	2.62	2.15	1.76	1.35	1.08	0.87	0.69
15	2.95	2.60	2.13	1.75	1.34	1.07	0.87	0.69
16	2.92	2.58	2.12	1.75	1.34	1.07	0.87	0.69
17	2.90	2.57	2.11	1.74	1.33	1.07	0.86	0.69
18	2.88	2.55	2.10	1.73	1.33	1.07	0.86	0.69
19	2.86	2.54	2.09	1.73	1.33	1.07	0.86	0.69
20	2.85	2.53	2.09	1.73	1.33	1.06	0.86	0.69
21	2.83	2.52	2.03	1.72	1.32	1.06	0.86	0.69
22	2.82	2.51	2.07	1.72	1.32	1.06	0.86	0.69
23	2.81	2.50	2.07	1.71	1.32	1.06	0.86	0.69
24	2.80	2.49	2.06	1.71	1.32	1.06	0.86	0.69
25	2.79	2.49	2.06	1.71	1.32	1.06	0.86	0.68
26	2.78	2.48	2.06	1.71	1.32	1.06	0.86	0.68
27	2.77	2.47	2.05	1.70	1.31	1.06	0.86	0.68
28	2.76	2.47	2.05	1.70	1.31	1.06	0.86	0.68
29	2.76	2.46	2.05	1.70	1.31	1.06	0.85	0.68
30	2.75	2.46	2.04	1.70	1.31	1.06	0.85	0.68
∞	2.58	2.33	1.96	1.65	1.28	1.04	0.84	0.68
ν	.01	.02	.05	.10	.20	.30	.40	.50
p	双边检验显著性水平 p							

4. F-分布表（$\alpha=0.05$）

ν_2 \ ν_1	1	2	3	4	5	6	7	8	9	10	12	15	20	60	∞
1	161. 4	199. 5	215. 7	224. 6	230. 2	234. 0	236. 8	238. 9	240. 5	241. 9	243. 9	245. 9	248. 0	252. 3	254. 3
2	18. 51	19. 00	19. 16	19. 25	19. 30	19. 33	19. 35	19. 37	19. 38	19. 40	19. 41	19. 43	19. 45	19. 48	19. 50
3	10. 13	9. 55	9. 28	9. 12	9. 01	8. 94	8. 89	8. 85	8. 81	8. 79	8. 74	8. 70	8. 66	8. 57	8. 53
4	7. 71	6. 94	6. 59	6. 39	6. 26	6. 16	6. 09	6. 04	6. 00	5. 96	5. 91	5. 86	5. 80	5. 69	5. 63
5	6. 61	5. 79	5. 11	5. 19	5. 05	4. 95	4. 88	4. 82	4. 77	4. 74	4. 68	4. 62	4. 56	4. 43	4. 36
6	5. 00	5. 14	4. 76	4. 53	4. 39	4. 28	4. 21	4. 15	4. 10	4. 06	4. 00	3. 94	3. 87	3. 74	3. 67
7	5. 59	4. 74	4. 35	4. 12	3. 97	3. 87	3. 79	3. 73	3. 68	3. 64	3. 57	3. 51	3. 44	3. 30	3. 23
8	5. 32	4. 46	4. 07	3. 84	3. 69	3. 58	3. 50	3. 44	3. 39	3. 35	3. 28	3. 22	3. 15	3. 01	2. 93
9	5. 12	4. 26	3. 86	3. 63	3. 48	3. 37	3. 29	3. 23	3. 18	3. 14	3. 07	3. 01	2. 94	2. 79	2. 71
10	4. 96	4. 10	3. 71	3. 48	3. 33	3. 22	3. 14	3. 07	3. 02	2. 98	2. 91	2. 85	2. 77	2. 62	2. 54
11	4. 84	3. 98	3. 59	3. 36	3. 20	3. 09	3. 01	2. 95	2. 90	2. 85	2. 79	2. 72	2. 65	2. 49	2. 40
12	4. 75	3. 89	3. 49	3. 26	3. 11	3. 00	2. 91	2. 85	2. 80	2. 75	2. 69	2. 62	2. 54	2. 38	2. 30
13	4. 67	3. 81	3. 41	3. 18	3. 03	2. 92	2. 83	2. 77	2. 71	2. 67	2. 60	2. 53	2. 46	2. 30	2. 21
14	4. 60	3. 74	3. 34	3. 11	2. 96	2. 85	2. 76	2. 70	2. 65	2. 60	2. 53	2. 46	2. 39	2. 22	2. 13
15	4. 54	3. 68	3. 29	3. 06	2. 90	2. 79	2. 71	2. 64	2. 59	2. 54	2. 48	2. 40	2. 33	2. 16	2. 07
16	4. 49	3. 63	3. 24	3. 01	2. 85	2. 74	2. 66	2. 59	2. 54	2. 49	2. 42	2. 35	2. 28	2. 11	2. 01
17	4. 45	3. 59	3. 20	2. 96	2. 81	2. 70	2. 61	2. 55	2. 49	2. 45	2. 38	2. 31	2. 23	2. 06	1. 96
18	4. 41	3. 55	3. 16	2. 93	2. 77	2. 66	2. 58	2. 51	2. 46	2. 41	2. 34	2. 27	2. 19	2. 02	1. 92
19	4. 38	3. 52	3. 13	2. 90	2. 74	2. 63	2. 54	2. 48	2. 42	2. 38	2. 31	2. 23	2. 16	1. 98	1. 88
20	4. 35	3. 49	3. 10	2. 87	2. 71	2. 60	2. 51	2. 45	2. 39	2. 35	2. 28	2. 20	2. 12	1. 95	1. 84
21	4. 32	3. 47	3. 07	2. 84	2. 68	2. 57	2. 49	2. 42	2. 37	2. 32	2. 25	2. 18	2. 10	1. 92	1. 81
22	4. 30	3. 44	3. 05	2. 82	2. 66	2. 55	2. 46	2. 40	2. 34	2. 30	2. 23	2. 15	2. 07	1. 89	1. 78
23	4. 28	3. 42	3. 03	2. 80	2. 64	2. 53	2. 44	2. 37	2. 32	2. 27	2. 20	2. 13	2. 05	1. 86	1. 76
24	4. 26	3. 40	3. 01	2. 78	2. 62	2. 51	2. 42	2. 36	2. 30	2. 25	2. 18	2. 11	2. 03	1. 84	1. 73
25	4. 24	3. 39	2. 99	2. 76	2. 60	2. 49	2. 40	2. 34	2. 28	2. 24	2. 16	2. 09	2. 01	1. 82	1. 71
30	4. 17	3. 32	2. 92	2. 69	2. 53	2. 42	2. 33	2. 27	2. 21	2. 16	2. 09	2. 01	1. 93	1. 74	1. 62
40	4. 08	3. 23	2. 84	2. 61	2. 45	2. 34	2. 25	2. 18	2. 12	2. 08	2. 00	1. 92	1. 84	1. 64	1. 51
60	4. 00	3. 15	2. 76	2. 53	2. 37	2. 25	2. 17	2. 10	2. 04	1. 99	1. 92	1. 84	1. 75	1. 53	1. 39
120	3. 92	3. 07	2. 68	2. 45	2. 29	2. 17	2. 09	2. 02	1. 96	1. 91	1. 83	1. 75	1. 66	1. 43	1. 25
∞	3. 84	3. 00	2. 60	2. 37	2. 21	2. 10	2. 01	1. 94	1. 88	1. 83	1. 75	1. 67	1. 57	1. 32	1. 00

F-分布表（$\alpha=0.01$）

ν_2 \ ν_1	1	2	3	4	5	6	7	8	9	10	12	15	20	60	∞
1	4052	4999. 5	5403	5625	5764	5859	5928	5982	6022	6056	6106	6157	6209	6313	6366
2	98. 50	99. 00	99. 17	99. 25	99. 3	99. 33	99. 36	99. 37	99. 39	99. 40	99. 42	99. 43	99. 45	99. 48	99. 5
3	34. 12	30. 82	29. 46	28. 71	28. 24	27. 91	27. 67	27. 49	27. 35	27. 23	27. 05	26. 87	26. 69	26. 32	26. 13
4	21. 20	18.	16. 69	15. 98	15. 52	15. 21	14. 98	14. 8	14. 66	14. 55	14. 37	14. 20	14. 02	13. 65	13. 46
5	16. 26	13. 27	12. 06	11. 39	10. 97	10. 67	14. 46	10. 29	10. 16	10. 05	9. 89	9. 72	9. 55	9. 2	9. 02
6	13. 75	10. 92	9. 78	9. 15	8. 75	8. 47	8. 26	8. 10	7. 98	7. 87	7. 72	7. 56	7. 4	7. 06	6. 88
7	12. 25	9. 55	8. 45	7. 85	7. 46	7. 19	6. 99	6. 84	6. 72	6. 62	6. 47	6. 31	6. 16	5. 82	5. 65
8	11. 26	8. 65	7. 59	7. 01	6. 63	6. 37	6. 18	6. 03	5. 91	5. 81	5. 67	5. 52	5. 36	5. 03	4. 86
9	10. 56	8. 02	6. 99	6. 42	6. 06	5. 80	5. 61	5. 47	5. 35	5. 26	5. 11	4. 96	4. 81	4. 48	4. 31
10	10. 04	7. 56	6. 55	5. 99	5. 64	5. 39	5. 20	5. 06	4. 94	4. 85	4. 71	4. 56	4. 41	4. 08	3. 91
11	9. 65	7. 21	6. 22	5. 67	5. 32	5. 07	4. 89	4. 74	4. 63	4. 54	4. 40	4. 25	4. 10	3. 78	3. 6
12	9. 33	6. 93	6. 95	5. 41	5. 06	4. 82	4. 64	4. 50	4. 39	4. 30	4. 16	4. 01	3. 86	3. 54	3. 36
13	9. 07	6. 70	5. 74	5. 21	4. 86	4. 62	4. 44	4. 30	4. 19	4. 10	3. 96	3. 82	3. 66	3. 34	3. 17
14	8. 88	6. 51	5. 56	5. 04	4. 69	4. 46	4. 28	4. 14	4. 03	3. 94	3. 80	3. 66	3. 51	3. 18	3
15	8. 68	6. 36	5. 42	4. 89	4. 56	4. 32	4. 14	4. 00	3. 89	3. 80	3. 67	3. 52	3. 37	3. 05	2. 87
16	8. 53	6. 23	5. 29	4. 77	4. 44	4. 3	4. 03	3. 89	3. 78	3. 69	3. 55	3. 41	3. 26	2. 93	2. 75
17	8. 40	6. 11	5. 18	4. 67	4. 34	4. 1	3. 93	3. 79	3. 68	3. 59	3. 46	3. 31	3. 16	2. 83	2. 65
18	8. 29	6. 01	5. 09	4. 58	4. 25	4. 01	3. 84	3. 71	3. 6	3. 51	3. 37	3. 23	3. 08	2. 75	2. 57
19	8. 18	5. 93	5. 01	4. 5	4. 17	3. 94	3. 77	3. 63	3. 52	3. 43	3. 3	3. 15	3	2. 67	2. 49
20	8. 1	5. 85	4. 94	4. 43	4. 1	3. 87	3. 7	3. 56	3. 46	3. 37	3. 23	3. 09	2. 94	2. 61	2. 42
21	8. 02	5. 78	4. 87	4. 37	4. 04	3. 81	3. 64	3. 51	3. 4	3. 31	3. 17	3. 03	2. 88	2. 55	2. 36
22	7. 95	5. 72	4. 82	4. 31	3. 98	3. 76	3. 59	3. 45	3. 35	3. 26	3. 12	2. 98	2. 83	2. 5	2. 31
23	7. 88	5. 66	4. 76	4. 26	3. 94	3. 71	3. 54	3. 41	3. 3	3. 21	3. 07	2. 93	2. 78	2. 45	2. 26
24	7. 82	5. 61	4. 72	4. 22	3. 9	3. 67	3. 5	3. 36	3. 26	3. 17	3. 03	2. 89	2. 74	2. 4	2. 21
25	7. 77	5. 57	4. 68	4. 18	3. 85	3. 63	3. 46	3. 32	3. 22	3. 13	2. 99	2. 85	2. 7	2. 36	2. 17
30	7. 56	5. 39	4. 51	4. 02	3. 7	3. 47	3. 3	3. 17	3. 07	2. 98	2. 84	2. 7	2. 55	2. 21	2. 01
40	7. 31	5. 18	4. 31	3. 83	3. 51	3. 29	3. 12	2. 99	2. 89	2. 8	2. 66	2. 52	2. 37	2. 02	1. 80
60	7. 08	4. 98	4. 13	3. 65	3. 34	3. 12	2. 95	2. 82	2. 72	2. 63	2. 5	2. 35	2. 2	1. 84	1. 60
120	6. 85	4. 79	3. 95	3. 48	3. 17	2. 96	2. 79	2. 66	2. 56	2. 47	2. 34	2. 19	2. 03	1. 66	1. 38
∞	6. 63	4. 61	3. 78	3. 32	3. 02	2. 8	2. 64	2. 51	2. 41	2. 32	2. 18	2. 04	1. 88	1. 47	1. 00

5. t 的临界值

df (n)	单尾检验的显著水准					
	.10	.05	.025	.01	.005	.0005
	双尾检验的显著水准					
	.20	.10	.05	.02	.01	.001
1	3.078	6.314	12.706	31.821	63.657	636.619
2	1.886	2.920	4.303	6.965	9.925	31.598
3	1.638	2.353	3.182	4.541	5.841	12.941
4	1.533	2.132	2.776	3.747	4.604	8.610
5	1.476	2.015	2.571	3.365	4.032	6.859
6	1.440	1.943	2.447	3.143	3.707	5.959
7	1.415	1.895	2.365	2.998	3.499	5.405
8	1.397	1.860	2.306	2.896	3.355	5.041
9	1.383	1.833	2.262	2.821	3.250	4.781
10	1.372	1.812	2.228	2.764	3.169	4.587
11	1.363	1.796	2.201	2.718	3.106	4.437
12	1.356	1.782	2.179	2.681	3.055	4.318
13	1.350	1.771	2.160	2.650	3.012	4.221
14	1.345	1.761	2.145	2.624	2.977	4.140
15	1.341	1.753	2.131	2.602	2.947	4.073
16	1.337	1.746	2.120	2.583	2.921	4.015
17	1.333	1.740	2.110	2.567	2.898	3.965
18	1.330	1.734	2.101	2.552	2.878	3.922
19	1.328	1.729	2.093	2.539	2.861	3.883
20	1.325	1.725	2.086	2.528	2.845	3.850
21	1.323	1.721	2.080	2.518	2.831	3.819
22	1.321	1.717	2.074	2.508	2.819	3.792
23	1.319	1.711	2.069	2.500	2.807	3.767
24	1.318	1.711	2.064	2.492	2.797	3.745
25	1.316	1.708	2.060	2.485	2.787	3.725
26	1.315	1.706	2.056	2.479	2.779	3.707
27	1.314	1.703	2.052	2.473	2.771	3.690
28	1.313	1.701	2.048	2.467	2.763	3.674
29	1.311	1.699	2.045	2.462	2.756	3.659
30	1.310	1.697	2.042	2.457	2.750	3.646
40	1.303	1.684	2.021	2.423	2.704	3.551
60	1.296	1.671	2.000	2.390	2.660	3.460
120	1.289	1.658	1.980	2.358	2.617	3.373
∞	1.282	1.645	1.960	2.326	2.576	3.291

6. D-W 检验临界值表(Durbin-Watson 检验临界值表)

$\alpha=0.01$

n	$q=1$		$q=2$		$q=3$		$q=4$		$q=5$	
	d_L	d_U	d_L	d_U	d_L	d_U	d_L	d_U	d_L	d_U
15	0.81	1.07	0.70	1.25	0.59	1.46	0.49	1.70	0.39	1.96
16	0.84	1.09	0.74	1.25	0.63	1.44	0.53	1.66	0.44	1.90
17	0.87	1.10	0.77	1.26	0.67	1.43	0.57	1.63	0.48	1.85
18	0.90	1.12	0.80	1.26	0.71	1.42	0.61	1.60	0.52	1.80
19	0.93	1.13	0.83	1.26	0.74	1.41	0.65	1.58	0.56	1.77
20	0.95	1.15	0.86	1.27	0.77	1.41	0.68	1.57	0.60	1.74
21	0.97	1.16	0.89	1.27	0.80	1.41	0.72	1.55	0.63	1.71
22	1.00	1.17	0.91	1.28	0.83	1.40	0.75	1.54	0.66	1.69
23	1.02	1.19	0.94	1.29	0.86	1.40	0.77	1.53	0.70	1.67
24	1.04	1.20	0.96	1.30	0.88	1.41	0.80	1.53	0.72	1.66
25	1.05	1.21	0.98	1.30	0.90	1.41	0.83	1.52	0.75	1.65
26	1.07	1.22	1.00	1.31	0.93	1.41	0.85	1.52	0.78	1.64
27	1.09	1.23	1.02	1.32	0.95	1.41	0.88	1.51	0.81	1.63
28	1.10	1.24	1.04	1.32	0.97	1.41	0.90	1.51	0.83	1.62
29	1.12	1.25	1.05	1.33	0.99	1.42	0.92	1.51	0.85	1.61
30	1.13	1.26	1.07	1.34	1.01	1.42	0.94	1.51	0.88	1.61
31	1.15	1.27	1.08	1.34	1.02	1.42	0.96	1.51	0.90	1.60
32	1.16	1.28	1.10	1.35	1.04	1.43	0.98	1.51	0.92	1.60
33	1.17	1.29	1.11	1.36	1.05	1.43	1.00	1.51	0.94	1.59
34	1.18	1.30	1.13	1.36	1.07	1.43	1.01	1.51	0.95	1.59
35	1.19	1.31	1.14	1.37	1.08	1.44	1.03	1.51	0.97	1.59
36	1.21	1.32	1.15	1.38	1.10	1.44	1.04	1.51	0.99	1.59
37	1.22	1.32	1.16	1.38	1.11	1.45	1.06	1.51	1.00	1.58
38	1.23	1.33	1.18	1.39	1.12	1.45	1.07	1.52	1.02	1.58
39	1.24	1.34	1.19	1.39	1.14	1.45	1.09	1.52	1.03	1.58
40	1.25	1.34	1.20	1.40	1.15	1.46	1.10	1.52	1.05	1.58
45	1.29	1.38	1.24	1.42	1.20	1.48	1.16	1.53	1.11	1.58
50	1.32	1.40	1.28	1.45	1.24	1.49	1.20	1.54	1.16	1.59
55	1.36	1.43	1.32	1.47	1.28	1.51	1.25	1.55	1.21	1.59
60	1.38	1.45	1.35	1.48	1.32	1.52	1.28	1.56	1.25	1.60
65	1.41	1.47	1.38	1.50	1.35	1.53	1.31	1.57	1.28	1.61
70	1.43	1.49	1.40	1.52	1.37	1.55	1.34	1.58	1.31	1.61
75	1.45	1.50	1.42	1.53	1.39	1.56	1.37	1.59	1.34	1.62
80	1.47	1.52	1.44	1.54	1.42	1.57	1.39	1.60	1.36	1.62
85	1.48	1.53	1.46	1.55	1.43	1.58	1.41	1.60	1.39	1.63
90	1.50	1.54	1.47	1.56	1.45	1.59	1.43	1.61	1.41	1.64
95	1.51	1.55	1.49	1.57	1.47	1.60	1.45	1.62	1.42	1.64
100	1.52	1.56	1.50	1.58	1.48	1.60	1.46	1.63	1.44	1.65

续表

n	q=1		q=2		q=3		q=4		q=5	
	d_L	d_U	d_L	d_U	d_L	d_U	d_L	d_U	d_L	d_U
15	0.95	1.23	0.83	1.40	0.71	1.61	0.59	1.84	0.48	2.09
16	0.98	1.24	0.86	1.40	0.75	1.59	0.64	1.80	0.53	2.03
17	1.01	1.25	0.90	1.40	0.79	1.58	0.68	1.77	0.57	1.98
18	1.03	1.26	0.93	1.40	0.82	1.56	0.72	1.74	0.62	1.93
19	1.06	1.28	0.96	1.41	0.86	1.55	0.76	1.72	0.66	1.90
20	1.08	1.28	0.99	1.41	0.89	1.55	0.79	1.70	0.70	1.87
21	1.10	1.30	1.01	1.41	0.92	1.54	0.83	1.69	0.73	1.84
22	1.12	1.31	1.04	1.42	0.95	1.54	0.86	1.68	0.77	1.82
23	1.14	1.32	1.06	1.42	0.97	1.54	0.89	1.67	0.80	1.80
24	1.16	1.33	1.08	1.43	1.00	1.54	0.91	1.66	0.83	1.79
25	1.18	1.34	1.10	1.43	1.02	1.54	0.94	1.65	0.86	1.77
26	1.19	1.35	1.12	1.44	1.04	1.54	0.96	1.65	0.88	1.76
27	1.21	1.36	1.13	1.44	1.06	1.54	0.99	1.64	0.91	1.75
28	1.22	1.37	1.15	1.45	1.08	1.54	1.01	1.64	0.93	1.74
29	1.24	1.38	1.17	1.45	1.10	1.54	1.03	1.63	0.96	1.73
30	1.25	1.38	1.18	1.46	1.12	1.54	1.05	1.63	0.98	1.73
31	1.26	1.39	1.20	1.47	1.13	1.55	1.07	1.63	1.00	1.72
32	1.27	1.40	1.21	1.47	1.15	1.55	1.08	1.63	1.02	1.71
33	1.28	1.41	1.22	1.48	1.16	1.55	1.10	1.63	1.04	1.71
34	1.29	1.41	1.24	1.48	1.17	1.55	1.12	1.63	1.06	1.70
35	1.30	1.42	1.25	1.48	1.19	1.55	1.13	1.63	1.07	1.70
36	1.31	1.43	1.26	1.49	1.20	1.56	1.15	1.63	1.09	1.70
37	1.32	1.43	1.27	1.49	1.21	1.56	1.16	1.62	1.10	1.70
38	1.33	1.44	1.28	1.50	1.23	1.56	1.17	1.62	1.12	1.70
39	1.34	1.44	1.29	1.50	1.24	1.56	1.19	1.63	1.13	1.69
40	1.35	1.45	1.30	1.51	1.25	1.57	1.20	1.63	1.15	1.69
45	1.39	1.48	1.34	1.53	1.30	1.58	1.25	1.63	1.21	1.69
50	1.42	1.50	1.38	1.54	1.34	1.59	1.30	1.64	1.26	1.69
55	1.45	1.52	1.41	1.56	1.37	1.60	1.33	1.64	1.30	1.69
60	1.47	1.54	1.44	1.57	1.40	1.61	1.37	1.65	1.33	1.69
65	1.49	1.55	1.46	1.59	1.43	1.62	1.40	1.66	1.36	1.69
70	1.51	1.57	1.48	1.60	1.45	1.63	1.42	1.66	1.39	1.70
75	1.53	1.58	1.50	1.61	1.47	1.64	1.45	1.67	1.42	1.69
80	1.54	1.59	1.52	1.62	1.49	1.65	1.47	1.67	1.44	1.70
85	1.56	1.60	1.53	1.63	1.51	1.65	1.49	1.68	1.46	1.71
90	1.57	1.61	1.55	1.64	1.53	1.66	1.50	1.69	1.48	1.71
95	1.58	1.62	1.56	1.65	1.54	1.67	1.52	1.69	1.55	1.71
100	1.59	1.63	1.57	1.65	1.55	1.67	1.53	1.70	1.51	1.72

续表

n	q=1		q=2		q=3		q=4		q=5	
	d_L	d_U	d_L	d_U	d_L	d_U	d_L	d_U	d_L	d_U
15	1.08	1.36	0.95	1.54	0.82	1.75	0.69	1.97	0.56	2.21
16	1.10	1.37	0.98	1.54	0.86	1.73	0.74	1.93	0.62	2.15
17	1.13	1.38	1.02	1.54	0.90	1.71	0.78	1.90	0.67	2.10
18	1.16	1.39	1.05	1.53	0.93	1.69	0.82	1.87	0.71	2.06
19	1.18	1.40	1.08	1.53	0.97	1.68	0.86	1.85	0.75	2.02
20	1.20	1.41	1.10	1.54	1.00	1.68	0.90	1.83	0.79	1.99
21	1.22	1.42	1.13	1.54	1.03	1.67	0.93	1.81	0.83	1.96
22	1.24	1.43	1.15	1.54	1.05	1.66	0.96	1.80	0.86	1.94
23	1.26	1.44	1.17	1.54	1.08	1.66	0.99	1.79	0.90	1.92
24	1.27	1.45	1.19	1.55	1.10	1.66	1.01	1.78	0.93	1.90
25	1.29	1.45	1.21	1.55	1.12	1.66	1.04	1.77	0.95	1.89
26	1.30	1.46	1.22	1.55	1.14	1.65	1.06	1.76	0.98	1.88
27	1.32	1.47	1.24	1.56	1.16	1.65	1.08	1.76	1.01	1.86
28	1.33	1.48	1.26	1.56	1.18	1.65	1.10	1.75	1.03	1.85
29	1.34	1.48	1.27	1.56	1.20	1.65	1.12	1.74	1.05	1.84
30	1.35	1.49	1.28	1.57	1.21	1.65	1.14	1.74	1.07	1.83
31	1.36	1.50	1.30	1.57	1.23	1.65	1.16	1.74	1.09	1.83
32	1.37	1.50	1.31	1.57	1.24	1.65	1.18	1.73	1.11	1.82
33	1.38	1.51	1.32	1.58	1.26	1.65	1.19	1.73	1.13	1.81
34	1.39	1.51	1.33	1.58	1.27	1.65	1.21	1.73	1.15	1.81
35	1.40	1.52	1.34	1.58	1.28	1.65	1.22	1.73	1.16	1.80
36	1.41	1.52	1.35	1.59	1.29	1.65	1.24	1.73	1.18	1.80
37	1.42	1.53	1.36	1.59	1.31	1.66	1.25	1.72	1.19	1.80
38	1.43	1.54	1.37	1.59	1.32	1.66	1.26	1.72	1.21	1.79
39	1.43	1.54	1.38	1.60	1.33	1.66	1.27	1.72	1.22	1.79
40	1.44	1.54	1.39	1.60	1.34	1.66	1.29	1.72	1.23	1.79
45	1.48	1.57	1.43	1.62	1.38	1.67	1.34	1.72	1.29	1.78
50	1.50	1.59	1.46	1.63	1.42	1.67	1.38	1.72	1.34	1.77
55	1.53	1.60	1.49	1.64	1.45	1.68	1.41	1.72	1.38	1.77
60	1.55	1.62	1.51	1.65	1.48	1.69	1.44	1.73	1.41	1.77
65	1.57	1.63	1.54	1.66	1.50	1.70	1.47	1.73	1.44	1.77
70	1.58	1.64	1.55	1.67	1.52	1.70	1.49	1.74	1.46	1.77
75	1.60	1.65	1.57	1.68	1.54	1.71	1.51	1.74	1.49	1.77
80	1.61	1.66	1.59	1.69	1.56	1.72	1.53	1.74	1.51	1.77
85	1.62	1.67	1.60	1.70	1.57	1.72	1.55	1.75	1.52	1.77
90	1.63	1.68	1.61	1.70	1.59	1.73	1.57	1.75	1.54	1.78
95	1.64	1.69	1.62	1.71	1.60	1.73	1.58	1.75	1.56	1.78
100	1.65	1.69	1.63	1.72	1.61	1.74	1.59	1.76	1.57	1.78

附注：n=样本个数　　d_L=*Durbin-Watson* 检验下限值

q=自变量个数　　d_u=*Durbin-Watson* 检验上限值

7. 威尔科克森 T 值

N	2α.15 α.075	.10 .050	.05 .025	.04 .020	.03 .015	.02 .010	.01(双尾) .005(单尾)
4	0						
5	1	0					
6	2	2	0	0			
7	4	3	2	1	0	0	
8	7	5	3	3	2	1	0
9	9	8	5	5	4	3	1
10	12	10	8	7	6	5	3
11	16	13	10	9	8	7	5
12	19	17	13	12	11	9	7
13	24	21	17	16	14	12	9
14	28	25	21	19	18	15	12
15	33	30	25	23	21	19	15
16	39	35	29	28	26	23	19
17	45	41	34	33	30	27	23
18	51	47	40	38	35	32	27
19	58	53	46	43	41	37	32
20	65	60	52	50	47	43	37
21	73	67	58	56	53	49	42
22	81	75	65	63	59	55	48
23	89	83	73	70	66	62	54
24	98	91	81	78	74	69	61
25	108	100	89	86	82	76	68
26	118	110	98	94	90	84	75
27	128	119	107	103	99	92	83
28	138	130	116	112	108	101	91
29	150	140	126	122	117	110	100
30	161	151	137	132	127	120	109
31	173	163	147	143	137	130	118
32	186	175	159	154	148	140	128
33	199	187	170	165	159	151	138
34	212	200	182	177	171	162	148
35	226	213	195	189	182	173	159
40	302	286	264	257	249	238	220
50	487	466	434	425	413	397	373
60	718	690	648	636	620	600	567
70	995	960	907	891	872	846	805
80	1318	1276	1211	1192	1168	1136	1086
90	1688	1638	1560	1537	1509	1471	1410
100	2105	2045	1955	1928	1894	1850	1779

威尔科克森是带有正负号的等级统计量 T 的临界值。这里 T 是最大整数，即 $P_r(T\leqslant t/N')\leqslant\alpha$ 累积的单尾概率。

参 考 文 献

1. 李连友，等．统计学原理·经济统计应用．北京：法律出版社，1995.
2. 刘汉良．统计学教程．上海：上海财经大学出版社，1995.
3. 柯惠新，等．调查研究中的统计分析法．北京：北京广播学院出版社，1992.
4. 黄良文．统计学原理问题研究．北京：中国统计出版社，1988.
5. 戴维 R. 安德森，等．商务与经济统计．北京：机械工业出版社，2000.
6. 何晓群．现代统计分析方法与应用．北京：中国人民大学出版社，1998.
7. 徐国祥．管理统计学．上海：上海财经大学出版社，1995.
8. 李志伟，等．统计分析概论．北京：对外贸易教育出版社，1984.
9. 文章代，等．模糊管理．济南：石油大学出版社，1999.
10. 李燕萍．现代统计学．武汉：武汉大学出版社，1996.
11. 谢雨德．企业统计分析案例．北京：中国统计出版社，1999.
12. 钟彼德．管理统计案例．北京：机械工业出版社，1999.
13. 谢识予．经济博弈论．上海：复旦大学出版社，1997.
14. 骆克任．现代实用统计与计算机应用．上海：立信出版社，1996.
15. 倪安顺．Excel 统计与数量方法应用．北京：清华大学出版社，1998.
16. 王寿安．统计学．北京：中国统计出版社，1994.

21世纪经济学管理学系列教材

- 政治经济学概论
- 政治经济学（社会主义部分）
- 技术经济学
- 财政学
- 计量经济学
- 国际贸易学
- 管理信息系统
- 国际投资学
- 宏观经济管理学
- 统计学
- 经济预测与决策技术
- 会计学
- 人力资源管理
- 物流管理学
- 管理运筹学
- 经济法
- 消费者行为学
- 管理学
- 生产与运营管理
- 战略管理
- 国际企业管理
- 公共管理学
- 税法
- 组织行为学

图书在版编目(CIP)数据

统计学/游士兵主编.—3版.—武汉：武汉大学出版社,2018.2

21世纪经济学管理学系列教材 国家统计局统计学推荐教材

ISBN 978-7-307-19927-9

Ⅰ.统… Ⅱ.游… Ⅲ.统计学—高等学校—教材 Ⅳ.C8

中国版本图书馆CIP数据核字(2017)第323976号

责任编辑:范绪泉 责任校对:汪欣怡 版式设计:马 佳

出版发行：**武汉大学出版社** (430072 武昌 珞珈山)

(电子邮件：cbs22@whu.edu.cn 网址：www.wdp.com.cn)

印刷:湖北睿智印务有限公司

开本:787×1092 1/16 印张:27 字数:639千字 插页:1

版次:2001年8月第1版 2010年3月第2版

2018年2月第3版 2018年2月第3版第1次印刷

ISBN 978-7-307-19927-9 定价:50.00元
